精品课程立体化教材
北京市高等教育精品教材

管理学

（2013年修订版）

张明玉 等 编著

科学出版社
北 京

内 容 简 介

本书分为管理绪论、管理职能、管理艺术、管理应用和管理发展五篇，系统论述了管理学的基础常识，管理学的产生与发展，管理的计划、组织、领导、控制、决策等功能，以及管理学的沟通、激励和团队，管理学在人力资源、营销、物流、生产、财务、信息、质量等方面的专业管理和管理学目前及未来的创新、知识、战略等研究热点。

本书可作为高等院校管理专业本科生、研究生、MBA、EMBA以及建筑项目工程硕士、物流工程硕士等应考参考书。

图书在版编目（CIP）数据

管理学/张明玉等编著. —北京：科学出版社，2007

精品课程立体化教材

ISBN 978-7-03-015385-2

Ⅰ. 管…　Ⅱ. 张…　Ⅲ. 管理学　Ⅳ. C93

中国版本图书馆CIP数据核字（2005）第035603号

责任编辑：王伟娟　李俊峰/责任校对：桂伟利

责任印制：赵　博/封面设计：耕者工作设计室

科学出版社出版

北京东黄城根北街16号

邮政编码：100717

http://www.sciencep.com

固安县铭成印刷有限公司印刷

科学出版社发行　各地新华书店经销

*

2005年5月第　一　版　开本：787×1092　1/16

2025年8月第二十二次印刷　印张：34 1/4

字数：794 000

定价：78.00元

（如有印装质量问题，我社负责调换）

作 者 介 绍

张明玉教授，工学博士，经济学博士后，管理学博士生导师。北京交通大学经济管理学院党委书记，发展战略研究所所长，北京市高校学科带头人，北京市教学名师，铁道部科技拔尖人才。国家“十五”科技攻关项目“农产品现代物流技术研究与示范”首席专家，中国国际工程咨询公司专家委员会委员。研究领域是企业战略与创新战略、区域战略与产业战略。近年来主持国家级课题 9 项、省部级、地方政府、企业委托课题 28 项，发表学术论文 110 余篇，出版专著 5 本，获北京市科学技术二等奖等省部级学术奖励 5 项、省部级教学奖励 4 项。

张明玉教授领导的管理学教学团队由 10 位工商管理专业的教授、副教授和讲师组成，其中，教授 3 名（张明玉，李培煊，邬文兵），副教授 4 名（张文松，吕海军，陈运涛，顾元勋），讲师 3 人（杨湘玉，王树祥，姜文生）。8 名具有博士学位。他们分别从北京大学、南开大学、中国人民大学、西安交通大学、北京交通大学等全国重点大学获得博士学位。团队平均年龄 38.6 岁。其中，北京市教学名师奖 1 人，校级优秀教师 2 人，优秀主讲教师 4 人。团队主要成员知识面广，一专多能。主讲教师均具有 10 年以上的教学经历，以管理学教学为主，兼顾战略管理、企业创新学、生产管理、质量管理、管理沟通、营销管理、企业诊断与咨询等与管理相关课程的教学工作，教学经验丰富。

《管理学》（2013 年修订版）说明

《管理学》自 2005 年出版以来，由于教材独特的编写结构以及理论性、实践性、趣味性于一体的风格，得到了广大读者的欢迎和厚爱。很多学校把该书作为“管理学”的教材使用。由于需求量的不断增大，科学出版社于 2006 年、2007 年进行了第二次、第三次印刷，增加了第二章及第四章的内容。随着需求的继续扩大，编者又对《管理学》进行了修订。此次修订，对全书内容进行修改完善，修改较大的有第一章、第七章和第八章，目的是使得重点内容更加突出、全面与完整。希望《管理学》（2013 年修订版）能够继续得到广大读者的厚爱，并希望提出宝贵的意见和建议。

前　言

管理水平与科学技术是现代文明的两大支柱，科学技术是硬件，管理水平是软件，只有两者紧密结合，才能产生出巨大的效能。

管理学的研究和运用，对于提高管理水平，调动组织成员的积极性、主动性和创造性，合理组织社会生产力，推动社会经济发展，具有重要意义。现代管理追求科学化的管理，科学的管理需要管理科学的指导。“企业兴衰，三分靠技术，七分靠管理”，从某种意义上讲，管理水平的高低代表着生产力发展水平的高低，也是经济发达、社会发展的重要因素之一。

管理学作为研究人类社会管理活动中各种现象及其规律的科学，是在近代社会化大生产条件下和在自然科学与社会科学日益发展的基础上形成的一门边缘性、交叉性、综合性科学。它不仅运用于工商组织，也运用于医院、学校、研究单位以至军队、政府机关等公共组织。因此，不仅各级经济部门和企业的工作者，而且非经济组织的工作者都有必要学习和掌握管理学的理论和方法。管理学课程已经成为各高等学校普遍开设的热门课程之一。

本书力求简明扼要、全面系统地介绍现代管理学的原理和方法，并努力反映国内外管理学理论和实践的新发展和新变化。本书分为管理绪论、管理职能、管理艺术、管理应用和管理发展五篇，系统论述了管理学的基础常识，管理学的产生与发展，管理的计划、组织、领导、控制、决策等职能，管理学的沟通、激励和团队，管理学在人力资源、财务、信息、物质、质量等方面的专业管理以及管理学目前以及未来的比如战略、知识、创新等研究热点。

与国内外已经出版的同类书籍比较，本书具有如下特点：

■ 全面性。本书参阅并引用了许多著名学者的观点，借鉴吸收了国内外管理学权威著作的精华，结合中国教师的教学特点和学生的学习特点，力求内容丰富全面。

■ 系统性。本书以周而复始的管理过程中诸要素、各环节的内在联系及其发展变化所发生的管理活动为研究对象，系统而概括地论述了现代管理的基础理论、基本原理、方法技能和发展应用。

■ 创新性。本书按照管理的内在逻辑创新了管理学的内容结构体系，并把20世纪国际管理理论界最新的研究成果有机地结合起来。突破了目前管理学的条框限制，创造性地按照“管理绪论、管理职能、管理艺术、管理应用和管理发展”的组织结构，把管理学庞大的体系有机、有序地组合起来。

■ 简洁性。本书力求用大量的图表、简洁的语言、精辟的案例和最有说服力的故事来讲解一些相对深奥的道理。每章的开头给出了一个学习目标，以明确学习的主要内容及目的，而结尾则附有学习小结及讨论题，便于读者进一步深入思考和加深理解。

■ 实用性。本书立足现代中国，从我国国情出发，理论联系实际，专设管理应用篇，为管理理论和管理方法的运用提供案例，也为无机会学习专业管理知识的非工商管理专业学生拓宽知识面。特别需要指出的是，编著本书的主要作者具有多年为众多企业咨询的丰富经验，其中许多观点、案例、模型和方法是在北京交通大学发展战略研究所为众多企业量身定做的咨询报告的基础上提炼出来的，从这方面讲，本书更具有实战性和操作性。

本书由张明玉、李培煊、张文松担任主编，邬文兵、姜文生、陈运涛、吕海军、王树祥、杨湘玉、蒋宏伟担任副主编。各章初稿完成后，由主编对全书进行了修改、定稿。

全书共分为五篇二十章，各章节分工如下：张明玉（第十八章）；张文松（第一章、第十三章、第二十章）；邬文兵（第二章、第四章、第十一章）；姜文生（第五章）；陈运涛（第六章、第十二章、第十七章）；吕海军（第三章、第八章、第十五章、第十九章）；王树祥、蒋宏伟（第七章、第十四章、第十六章）；杨湘玉（第九章、第十章）。

本书融学术性、实践性和可读性于一体，既有对管理学的发展史、基本理论、原则和方法的系统梳理，又有对管理学的艺术性和应用性的科学概括，同时也对当代管理学发展的新趋势做了全面诠释。因此，本教材的读者面比较广泛，既可以用作高等院校本科生及研究生（MBA、EMBA、项目管理工程硕士、物流管理工程硕士）的教材，也可以供其他层次的管理类专业学生选用。此外，对管理学界广大教师、研究人员和企业中的实际管理工作者及其他对管理理论与实践感兴趣的读者，本书也具有重要的参考价值。

本书出版以来，承蒙广大读者的厚爱和支持，在《管理学》课程组的持续努力下，北京交通大学的《管理学》课程在 2006 年被评为北京市精品课、北京交通大学精品课。

本书再版前，作者对第一版中存在的问题进行了认真细致的检查、修正，力求做到完善无缺。尽管如此，由于本书编者的水平有限，书中难免会出现一些错误和不妥之处，恳请读者不吝批评指正，以便于再版时修订。

编著者

2006 年 8 月

目　　录

第三篇　管理艺术

第四篇 管理应用

第五篇　管理发展

第一篇 管理绪论

☆ 管理与管理学

☆ 管理思想的演进

第一章

管理与管理学

◇ 掌握管理、效率与效益、管理基本职能等基本概念

◇ 了解管理者的分类、管理者的基本素质

◇ 掌握管理学的性质特点

◇ 认识管理学的价值

在人类的历史上，还很少有什么事比管理的出现和发展更为迅猛，对人类具有更为重大和更为激烈的影响。

——彼德·德鲁克

卓越管理无止境，只有不断学习、不断留意世界的发展，管理者才有可能不断超越自己，为公司或组织开创美好的未来！

——汤姆·比得斯

强化企业管理，提高科学管理水平，是建立现代企业制度的内在要求，也是国有企业扭亏增盈、提高竞争能力的重要途径。必须高度重视和切实加强企业管理工作，从严管理企业，实现管理创新，尽快改变相当一部分企业决策随意、制度不严、纪律松弛、管理水平低下的状况。

——摘自《中共中央关于国有企业改革和发展若干重大问题的决定》

1.1 管理的概念与特点

1.1.1 管理的含义

在现代社会中，管理可以说无时不在，无处不在。不管人们从事何种职业，人人都在参与管理：或管理国家，或管理家庭，或管理业务，或管理子女。国家的兴衰、企业的成败、家庭的贫富，无不与管理是否得当有关。因此，管理是一个广义的名词，它包括各种各样的管理，如政治管理、军事管理、城市管理、交通管理、教育管理、经济管理、企业管理等。虽然这些领域都有自己的具体对象，但在管理的含义上却有着共性，即一般意义上的管理实质。由于考察角度不同，人们对管理含义的解释也不尽相同，最主要有以下几种：

1）赫伯特·A. 西蒙（Herbert A. Simon）等认为：决策贯穿于管理的全过程和所有的方面；组织是由一些决策者构成的系统；决策正确与否直接关系到组织工作的成败。因此“管理就是决策”。

2）孔茨（Koontz）的定义是：“管理就是设计和保持一种良好环境，使人们在群体里高效率地完成既定目标。”

3）小詹姆斯·H. 唐纳利（James H. Donnelly）等认为：“管理就是由一个或更多的人来协调他人活动，以便收到个人单独活动所不能收到的效果而进行的各种活动。”

4）法约尔（Fayol）等人则认为：“管理，就是实行计划、组织、指挥、协调和控制。”

5）路易斯·布恩和戴维·克茨（Boone，Kurtz）认为：“管理就是使用人力及其他资源去实现目标。”

6）德鲁克认为：“管理是一种以绩效责任为基础的专业职能。管理是一种实践，其本质不在于‘知’而在于‘行’；其验证不在于逻辑，而在于成果；其唯一权威就是成就。”

7）管理就是协调人际关系，激发人的积极性，以达到共同目标的一种活动。该理论从组织行为学的观点出发，强调管理的核心是协调人际关系，管理通过激励、沟通等方法激发人的积极性，完成组织目标。

8）管理就是领导。这种说法强调了管理者个人在管理活动中的领导作用。

9）管理就是经由他人完成任务。这种说法强调了管理者发挥下属人员作用的重要性。

上述各类定义，可以概括为三个方面的内容：首先，管理是计划、组织、控制、激励和领导五项基本活动，这五项活动也称为管理的五大基本职能；其次，管理是通过协调人力、物力和财力资源实现组织目标的活动，即围绕着组织目标使组织的各类资源的利用和谐化、同步化的活动；再次，管理是协调组织资源使组织成员更加高效率地达到组织目标的过程。

根据以上三个方面的内容，管理可以定义为：管理是通过计划、组织、领导和控制等环节，经过不断地创新与决策，协调人力、物力和财力资源以期高效率地达到组织目标的过程。如图 1-1 所示。

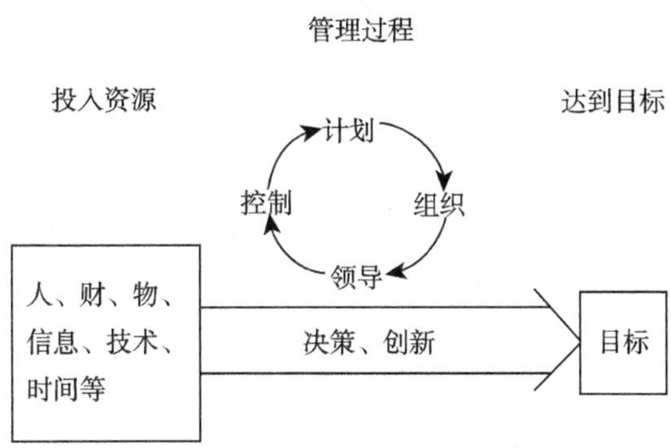

图 1-1　管理过程

这一定义包含着以下七重含义：

1）管理是一种有意识、有组织的群体活动，不是盲目无计划的、本能的活动。

2）管理是围绕着某一共同目标进行的。

3）管理是一个动态的协调过程，协调人与人之间的活动和利益关系，它贯穿于整个管理过程的始终。

4）管理包括一系列相互关联的职能，即计划、组织、领导、控制等。

5）管理工作强调有效合理地利用资源，确保组织的效率和效果。

6）管理是在特定环境下开展工作的，有效的管理必须审时度势，根据环境的特点进行活动。

7）管理是人类改造世界的实践过程，是一种特殊形态的实践活动。

1.1.2　管理的要素

管理是一项有组织的社会活动，它包括 5 个基本要素：管理主体、管理客体、管理目标、管理职能和管理手段。

1. 管理主体

所谓管理主体是指从事管理活动的人员。组织中的管理主体由两类人构成：一类是根据组织既定目标将目标任务分解为各类管理活动、工作任务，并督促完成既定目标的人。这类人员通常是组织的核心人物，或者说是组织的高层管理人员。另一类人员是从事各方面具体管理活动的人，这类人员通常是组织中的骨干人物，即组织的中层管理人员和基层管理人员。没有他们，组织既定的目标难以实现。后者在成为管理主体的同时，又是前者管理活动的作用对象，即受前者领导和控制，从而执行前者分解的组织目标和任务。因此，后者既是管理活动的发出者，又是管理活动的收受者。也就是说，其既是管理的主体又是管理的客体。

2. 管理客体

管理客体是指管理活动所作用的对象，即管理的收受者。从这个定义出发，管理的客体可以分成 3 类：

1）组织中的一般成员。组织中的一般成员均是管理的客体，他们执行组织分配给予的工作任务，遵守一定的运行规则进行工作。

2）组织中的其他资源。组织中的其他资源包括物质资源、信息资源、关系资源等，这些资源均是管理的客体，都是管理的收受者，它们在管理的作用下经过特定的技术转换过程就成为组织的产出物。

3）与组织的扩张和发展相关的人力、财力、物力、信息和其他组织。这一类客体具有很大的不确定性，经常发生变动。

3. 管理目标

管理目标——管理活动的努力方向和所要达到的目的。凡是管理活动都必然有目标，尽管各种管理活动的主体不同、客体不同、内容不同、范围不同，甚至具体的目标也有很大差别，但都不会没有目标，否则，就不成为管理活动。

管理目标具有层次性。低层的管理目标是指一项具体的管理活动或管理工作的目标。如企业的利润管理就是要通过增加企业的销售收入，降低产品成本，以达到利润增加的目标；市场营销管理就是要通过市场调查，生产市场所需的产品，在满足消费者需求的基础上实现组织营利的目标。这一层次的目标对于具体的管理活动或管理工作来说是非常重要、不可缺少的。因为管理活动若没有这一具体的欲达成的目标，这个活动本身就没有存在的必要了；另外，低层管理目标又是组织高层管理目标规定下的产物，管理的终极目标就是组织的最高层的战略目标。因为具体的管理活动或管理工作的目标若与组织高层目标相脱离，则管理就不可能实现组织的最终目标。

4. 管理职能

管理职能是指为了达到管理目标，管理者和管理对象之间用什么方式对管理活动进行计划、组织、领导和控制的问题，它是管理者和管理对象之间发生联系的纽带，是管理活动的主要体现。

5. 管理手段

管理手段是指为了达到管理目标和实现管理职能，管理者所使用的管理方法和管理工具作用于管理对象，以期提高管理效率和管理效能。

1.1.3 管理学特点

管理学与其他学科相比，有许多不同的特点，主要表现在以下几个方面。

1. 一般性

管理学主要是研究管理活动中的共性原理和基础理论。既然是一般原理，它适用于一切企业组织和事业单位，不管是工厂、学校、科研机构、政府、军队、社会团体、服务机构，它们为了实现本单位的既定目标，都需要完成包括计划、组织、领导和控制等一系列的管理职能，协调各种关系。在特殊性中孕育着共性，需要用管理学中共同普遍的原理和方法去指导。

2. 综合性

鉴于管理工作的复杂性，它涉及许多学科方面的业务和知识，概括起来有哲学、心理学、人类学、社会学、政治学、经济学、历史学、伦理学、数学、统计学、运筹学、系统学、会计学、工艺学、教育学、法学、计算机科学等近二十个学科。因此可以说管理学是一门交叉学科或边缘学科，它要在内容上和方法上综合利用上述多学科的成果，才能发挥自己的作用。

3. 模糊性

鉴于管理工作既有科学性的一面，又有艺术性的一面，实际工作中所遇到的复杂因素，使它在研究方法上不同于数学和自然科学，很难完全定量化，也难于在现实生活中找出绝对理想的最优管理方案，管理科学在整体上重视定性分析和定量分析相结合的方法，追求满意决策。因此就某种程度上讲，它是一门不精确的科学。这种提法并不是要贬低管理学研究的意义，而是要人们认识管理活动的特点，在学习管理理论的同时，更加重视管理的艺术性一面。因地、因时、因人制宜地创造适合自身组织的管理经验。

4. 实践性

管理学是为管理者提供管理的有用理论、原则和方法的实用学科，只有把管理理论同管理实践相结合，才能真正发挥这门学科的作用。如果把管理学仅仅停留在某些理论方面的研究，就失去了学科本身的作用。学习管理学应该全面结合国内外典型的案例分析，并且通过在实际工作中所取得的经济效益和社会效益来验证是否真正掌握了管理学的本质和精髓。

1.2 管理的性质与作用

1.2.1 管理的性质

围绕管理职能所开展的管理工作，有其独特的品性，这主要表现在以下几个方面。

1. 管理具有二重性

从生产力和生产关系的高度来研究和分析管理活动，可以认为管理具有双重属性，即自然属性和社会属性。

管理的自然属性是指管理要处理人与自然的关系，要合理组织生产力，故亦称为管理的生产力属性。管理产生于共同劳动，并在社会生产力发展和社会分工发展过程中获得发展。因此，管理是社会协作过程本身的要求，共同劳动和协作的规模越大，管理就越显得重要。管理活动的主要目的在于促使各种社会和经济资源、各种生产要素得到有效的利用。围绕这一目标，管理科学的许多理论和方法、手段是人类社会生产实践经验的总结，也是人类社会共同的财富，这一特点不以人的意志为转移，也不因社会制度、意识形态的不同而有所改变，所以可以称其为自然属性。

管理的社会属性，是指管理要处理人与人之间的关系，要受一定生产关系、政治制度和意识形态的影响与制约，在经济管理领域，管理的社会属性也称为管理的生产关系属性。从人类管理活动的产生和发展来看，当人类进入有阶级的社会后，管理就含有鲜明的阶级性。管理的社会属性要回答：管理权属于谁、管理的目的是什么、管理的基本方式是什么，生产关系的性质决定管理的目的、权力归属及方式等问题。在漫长的人类发展历史进程中，管理工作从来就是为生产资料的占有者（即统治阶级）服务的。从这一角度分析，也可以说它是上层建筑的一部分，历来受到社会意识形态的影响，特别是社会制度与社会伦理道德以及各种人际关系的影响。例如，在我国历史上的封建社会，实行高度集权的行政管理体制，主张重农轻商，对保持社会稳定有一定作用，但却抑制了流通领域的发展。资本主义社会早期，英国学者亚当·斯密在其著作《国富论》中指出“应当允许个人最大限度地追求利润和财富”，指出市场经济是看不见的手，适者生存。在这一管理思想指引下，大大刺激了资本主义商品经济的发展，但是又造成了社会分配不均和贫富悬殊的现象。1936 年凯恩斯（J. M. Keynes）在《就业、利息和货币通论》一书中又提出，为了充分地利用资源，要求用外力提供平衡机制——政府干预，使资本主义经济体系得以不断调整和完善。在当代，我国改革开放的总设计师邓小平同志提出了建设有中国特色的社会主义市场经济理论，极大地促进了我国国民经济的发展。种种事例表明，管理工作受到各种社会文化、意识形态的重大影响和制约，它不能不是一定社会生产关系的反映。

管理二重性的观念对管理工作者有重要的指导作用。它启迪人们在学习、借鉴和引进其他国家和地区先进的管理经验、方法和手段时，既要大胆、坚定，又要注意组织环境特有的国情、民情、厂情，结合实际，创造性地继承、发扬和创新。在这方面，包括日本在内许多东亚国家和地区，都有许多成功的经验。

管理二重性的现实意义在于：①管理既要合理组织生产力，又要努力改善生产关系。发展生产力是社会进步的要求，也是管理的首要任务。但是，共同劳动又是在一定的生产关系下进行的，如果忽视生产关系，就难以提高管理效率；②管理人员既应具备组织生产力的技术知识和能力，又需要具备处理人际关系的知识和技能。只懂业务技术或只善于处理社会关系的管理者，都难以全面而顺利地完成组织目标；③全面地认识国外管理理论和经验，即不仅要学习国外的生产力组织管理方面的理论和经验，而且也要在正确认识国外有关人际关系和社会关系方面的先进管理理论和经验基础上，有选择地学习和借鉴。

2. 管理是科学与艺术的统一

管理是一门科学，管理工作有其内在的规律性，同其他科学一样，管理的科学性表现在它是大量管理实践经验的升华，管理活动的基本规律以及从事管理活动的科学手段与方法，对从事任何管理工作均有重要的指导作用。管理工作者都要认真地学习它，掌握它的本质。孔茨认为“科学是经过整理的知识。任何科学的根本特点是运用科学的方法去发展知识”。管理作为进行社会生产的必要条件，它的科学性同社会生产的规律性紧密相连，社会生产的规律性要求管理具有科学性。同时，管理形成了一套系统的理论和科学方法。它借助于现代科学技术和手段，利用系统的管理基本原理和科学方法，研究和探索人们如何有组织地、有效地实现既定目标，从中揭示管理活动的各种规律。管理在总结和概括反映客观规律的理论和方法的同时，也在不断通过管理实践的结果验证和丰富理论本身。因此，管理的科学性，表现在它以反映管理客观规律的管理理论和方法为指导，有一套分析问题、解决问题的科学方法论等方面。

管理也是一门艺术，艺术的含义是指能够熟练地运用知识并且通过巧妙的技能来达到某种效果。而有效的管理活动正反映了此特点。在现实的管理实践中，仅仅掌握科学的管理理论和方法是不够的。任何管理理论并不能为所有的管理者提供解决一切问题的标准答案。管理工作者只有根据管理基本理论和基本方法，密切结合实际，根据实际情况的变化，运用自身的才智和丰富的实践经验，才能取得良好的管理成果。因为管理作为一门科学就像其他科学一样是不断地发展的，它本身还不够完善。同时，在现实生活中的管理问题千差万别，必须灵活运用管理理论，才能进行有效的管理。

管理的艺术性，即强调管理的实践性，没有实践则无所谓艺术。当然，最富有创造性的“艺术”总是以对它借助的科学的理解为基础的。因此，科学和艺术并不是相互排斥的，而是相互补充的。机械地搬用管理原理，难以从实际出发有效地达到管理的目标；但是，管理人员如不掌握管理科学，只能是凭直觉或经验管理。因此，管理的科学性和艺术性反映了理论知识和灵活运用相结合的必要性。

3. 管理工作不同于作业工作

一个组织正常的运转需要有两类活动，即管理活动与作业活动，它们共存于同一组织中，确保组织目标的圆满完成。作业工作是指在组织中专门从事某项具体生产业务活动和专门技术工作的人员所进行的工作，他们大多位于一线，直接从事生产与技术工作；而管理工作则是为作业工作提供服务的活动，从本质上讲，就是通过他人并使他人同自己一起去完成组织的目标和任务。在通常的情况下，管理者大量的时间和精力主要用于包括计划安排、组织与领导以及检查控制等基本管理职能方面。需要说明的是，作业工作和管理工作虽然是相对独立的不同性质的工作，但这不意味着管理工作者不能去从事作业工作。例如，一位研究所所长直接参与重大科研工作，往往有利于促进与下属人员的沟通与理解，对工作起到一定的激励作用。但是，作为管理者，要注意工作的主次。如果把大部分时间和精力都用于作业工作，那就等于忘记了管理者的身份，因而也不可能成为称职的管理者和有效的管理者。

1.2.2 管理的意义

管理的重要作用，可以从以下三个方面进行表述。

1. 管理是一种社会现象或文化现象

只要有人类社会存在，就会有管理的存在。马克思说：“一切规模较大的直接社会劳动或共同劳动，都或多或少地需要指挥，以协调个人的活动，并执行生产总体的运动——不同于这一总体的独立器官的运动——所产生的职能。”这种职能就是管理。马克思的论述深刻地揭示了管理对人类社会的必要性。从理论上讲，人类的活动不但具有目的性，而且具有相互依存性，这一特征说明只有有效的管理才能协调人们共同的劳动，最大限度地发挥人力资源的作用，促进人类社会和文明的发展，同时也回答了为什么管理实践与人类历史同样悠久。

2. 管理和技术是促进社会和经济发展的两只车轮

科学技术是生产力，已经成为人们的共识，但是科学技术和管理的发展从来就是相辅相成、缺一不可的。从人类的历史发展进程看，18 世纪末，英国率先开展了第一次工业革命，资本主义得到了长足的发展，与生产和技术的发展相呼应，英国出现了一批如亚当·斯密、巴贝奇、罗伯特·欧文等优秀的经济学家和管理工作者，他们的理论又进一步指导和刺激生产和经济技术的发展，使英国在长达一个多世纪的年代里，充当了世界霸主的角色。进入 20 世纪以来，英国人在管理上趋于保守和落后，而美国却后来居上，1911 年泰勒创立了科学管理理论，使西方国家的工业管理由传统管理迈入了科学管理的轨道。随后在美国又创立并发展了管理的三大工程（工业工程、价值工程、系统工程）和行为科学理论，在很大程度上促进了工业生产和科学技术的迅猛发展，以致在 1953 年，英国不得不向美国派出第一个企业管理考察团，考察结果，主张引进美国的企业管理。英国人很有感慨地说：“出现世界上第一个工厂的是英国，然而走了一百多年，还要从美国学企业管理。”原因是显而易见的，谁重视管理的革新，谁就能促进技术和经济的飞速发展。同样，第二次世界大战后，作为战败国的日本，在经济上取得高速的发展，也是因为他们在战略上以管理作为战后重建的中心。首先是认真系统地学习美国先进管理经验，然后加以消化，结合本国情况和东方文化的特点，创造出一套具有日本特色的管理方法。20 世纪 70 年代以来，美国在某些方面也参加到向日本学习管理的行列中来了。

对于现阶段世界上大多数发展中国家来说，管理就更为重要。大量的事实说明，单是资金与技术方面的援助，并不能给这些国家带来发达和造血功能，问题几乎都出在他们缺乏有效的管理。有一些学者甚至认为：所谓发展中国家，并非发展落后，而是管理落后。

通过对历史的回顾，不难看出：

1）一个国家、一个地区科学技术的落后，固然是阻碍生产发展的重要因素，但是任何高新技术的运用并不一定都能自动形成很高的生产能力。许多国家的实践都证明，只有通过有效的管理，才能使科学技术真正转化为生产力。同时，管理工作本身与上层建筑有着密切的联系，一般情况下，往往滞后于生产力的发展，如果不加重视，反过来，就很可能成为发展生产力的制约因素。

2）现代的社会大生产不同于任何历史时期的小生产，管理工作的复杂性远远超过某些单纯的技术工作和作业工作。因为现代化管理要求协调社会各个行业、各种专业、各类人员之间的相互关系，合理地运用有限的资源，调动各方面的积极性。如果管理不善，不仅会导致效率低下，甚至会阻碍社会和企业的发展。

3. 中国20多年改革开放的实践，验证了管理的必要性

20世纪50年代，我国全面学习前苏联的管理模式，实行高度集中统一的计划经济体制，对刺激国民经济的发展起到了重要作用。但是随着时间的推移，这一管理体制逐渐暴露出许多固有的弱点和问题，特别是中国经历了文化大革命的十年动乱和大倒退，使我国国民经济到了崩溃的边缘。正反两个方面深刻的经验和教训，说明只有改革、寻求适合中国特点的现代管理方法和手段，才是唯一的出路。邓小平同志提出的具有中国特色的社会主义市场经济，为我国今后的经济和社会的发展指明了正确的方向，但是要实现这一伟大的目的，就必须不断地探索和实践，特别是进行管理的实践。中国作为发展中国家，资源短缺，特别是资金、能源、原材料短缺，往往成为企业和经济持续发展的重要不利因素。因此，如何将有限的资源进行合理的配置和利用，使其最大限度地形成有效的社会生产力，同时又不造成环境和生态的破坏，就必须探索和加强有效的管理。中国的未来要进一步发展市场经济，就需要不断地有选择地学习发达的资本主义国家先进的管理理论、方法和手段，有步骤地进行管理体制和管理方法的改革。同时，我国在社会制度、文化传统、价值观念上和西方国家又有很大的不同，这就需要我国的管理不但要学习他人，更要不断地创新和发展。中国有丰富的人力资源，他们聪明、勤劳，但多数人文化素质不高，如何有效地开发和利用这一庞大的人力，实施有效的管理，也是当前和今后所面临的重大课题。

1.3 管理的主体与职能

1.3.1 管理者的角色变化

1. 管理者角色

（1）谁是管理者

在明确谁是管理者之前，搞清楚组织的含义是非常重要的。因为管理者都是在组织中工作的。

组织是指一种由人们组成的、具有明确目的和系统性结构的实体。各种组织，无论大小，无论是企业还是学校，他们都具有以下三个共同特征：①每个组织都有一个明确的目标；②每个组织都是由人组成的；③每个组织都发育出一种系统性的结构，用以规范和限制成员的行为。

管理者在组织中工作，但并非在组织中工作的每一个人都是管理者。组织中的成员可以分为两种类型：管理者和操作者。操作者是指直接从事某项工作或任务的人，不具有监督他人工作的职责。例如汽车装配线上的装配工人，麦当劳店里烹制汉堡包的厨师等；相反，管理者就是指挥别人活动的人，他们要为下级人员卓有成效的工作创造良好环境，实现预期的目标。根据管理者在组织中所处的层次不同，将管理者分为以下三种类型：基层管理者、中层管理者和高层管理者（图 1-2）。

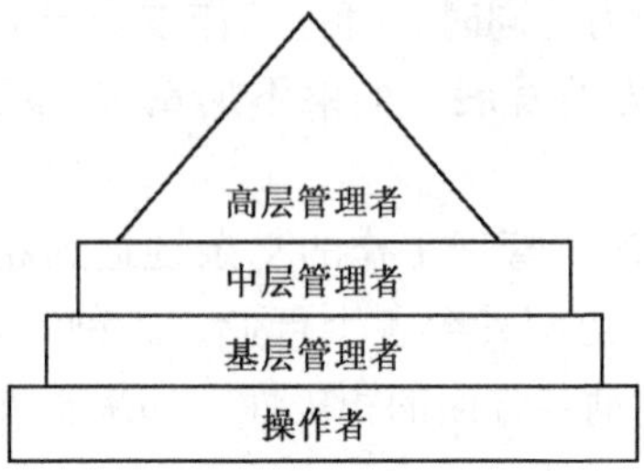

图 1-2　组织中的层次

基层管理者在制造工厂中，可能被称为领班；中层管理者可能享有部门或办事处主任、项目经理、地区经理、部门经理的头衔；在企业中最高管理者的头衔有总裁、副总裁、总经理、首席执行官等。

凡是管理者都要执行管理职能，但由于管理者在组织中所处的层次不同，他们在执行这些职能时也就各有侧重。就职能来说，随着管理者在组织中的晋升，他们从事更多的计划和更少的直接监督工作。所有管理者，无论他处于哪个层次上，都要制定决策，履行计划、组织、领导和控制职能，只是他们花在每项职能上的时间不同。例如，最高管理层要考虑整个企业组织的设计，而基层管理者集中于工作小组的工作设计。

（2）管理者的角色

美国著名管理学家德鲁克 1955 年提出了“管理者的角色”，管理者的角色是指特定的管理行为范畴。德鲁克认为管理是一种无形的力量，这种力量是通过各级管理者体现出来的。

20 世纪 60 年代末，亨利·明茨伯格对五位总经理的工作进行一项仔细研究后，提出管理者在组织活动中扮演着 10 个不同的但却高度相关的角色。明茨伯格将管理者的角色分为以下三个方面：人际关系方面、信息传递方面和决策制定方面，见表 1-1。

表 1-1　明茨伯格的管理者角色理论

角色	描述	特征活动
人际关系方面		
挂名首脑	象征性的首脑，必须履行许多法律性的或社会性的例行义务	迎接来访者，签署法律文件
领导者	负责激励和动员下属，负责人员配备，培训和交往的职责	实际上从事所有的有下级参与的活动
联络者	维护自行发展起来的外部接触和联系网络，向人们提供恩惠和信息	发感谢信，从事外部活动
监听者	寻求和获取各种特定的即时的信息，以便透彻地了解组织与环境，作为组织内部和外部信息的神经中枢	阅读期刊和报告，保持私人接触
传播者	将从外部和下级得到的信息传递给组织的其他成员——有些是关于事实的信息，有些是解释和综合组织的有影响的人物的各种价值观点	举行信息交流会，用打电话方式传达信息

续表

角色	描述	特征活动
发言人	向外界发布有关组织的计划、政策、行动、结果等信息，作为组织所在产业方面的专家	举行董事会议，向媒体发布信息
决策制定方面		
企业家	寻求组织和环境中的机会，制定改进方案以发起变革，监督某些方案的策划	制定战略，检查会议执行情况，开发新项目
混乱驾驭者	当组织面临重大的、意外的动乱时，负责采取补救行动	制定战略，检查陷入混乱和危机的时期
资源分配者	负责分配组织的各种资源——事实上是批准所有重要的组织决策	调度、询问、授权，从事涉及预算的各种活动和安排下级的工作
谈判者	在主要的谈判中作为组织的代表	参与工会进行合同谈判

资料来源：斯蒂芬·罗宾斯：《管理学》，中国人民大学出版社，1997 年。

明茨伯格的管理者的角色与计划、组织、领导和控制管理职能理论是一致的。首先，管理职能提供一种清晰的、界限分明的方法，使我们能够对管理者从事的各种活动和用以实现组织目标的各种技术进行明确的分类；其次，虽然明茨伯格的管理角色的分类更详细，但是这些角色实质上与四种职能是一致的。许多角色基本上可以归入一个或几个职能中。比如，资源分配角色是计划的一部分，企业家角色也属于计划职能中。所有人际关系角色都是领导职能的组成部分。

（3）如何做一个有效的管理者

1）有效管理的八个步骤：

第一步：评估结果——我们到达哪里？

第二步：分析需要——我们现在哪里？

第三步：设立目标——我们应该做什么？怎样衡量进展？

第四步：确定责任——何人何时做何事？

第五步：衡量进展——我现在做得怎么样？你现在做得怎么样？我们现在做得怎么样？

第六步：评价表现——我完成得怎么样？你完成得怎么样？我们完成得怎么样？

第七步：认可工作进步——将如何奖励你？

第八步：规划未来——接下来我们要做什么？我们应该停止哪些工作？哪些东西要进行改革？

2）有效管理者的条件（图 1-3）。

2. 管理者的角色变化

现实中当组织类型不同，组织内所处不同层次的管理者所扮演的角色的侧重点是不同的，这就是管理者角色的变动。

（1）组织中的管理层次

一个组织可能很庞大，成员众多，而每个管理者的管理能力又是有限的，即不可能一个人把所有的事都管好，因此，组织内进行分工，进而划分管理的层次就十分必要。

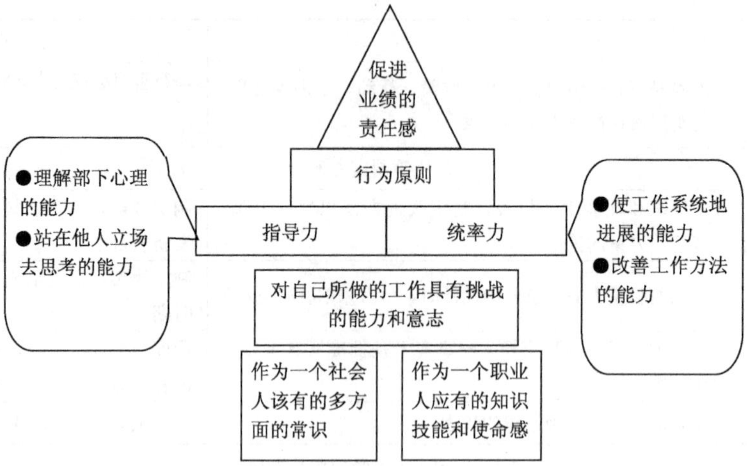

图 1-3　有效管理者的条件

通过划分组织内的管理层次，可以使高一级的管理者通过委派工作给下一级管理者而减轻其压力，从而保证工作的有效性；另一方面使自己管理的下属保持合理数量，也使协调变得容易。

威廉姆森教授曾提出最优科层的概念：假定组织有 1000 个专业化的成员，他们各从事 1000 种不同的专业，组织用一个科层结构来组织分工。这个科层结构可以分成三层：最高层是一个主管，他管 10 个部门的部长，每个部长管 10 个工作单位，每个工作单位负责人管 10 个专业成员。该科层结构也可以只设一层，一个主管管 1000 个专业成员。

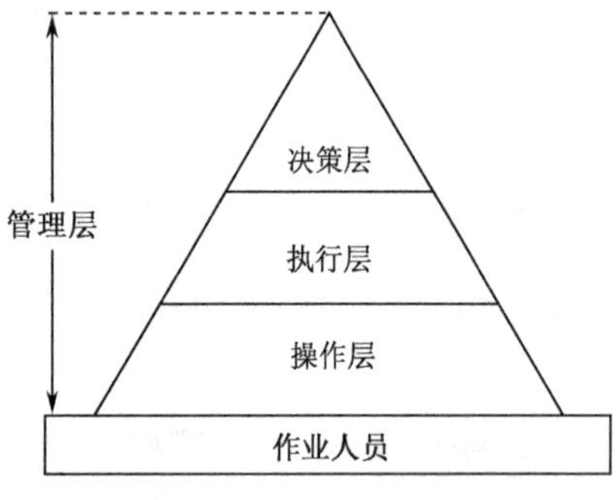

图 1-4　管理的层次

三层结构的坏处是管理人员多，工资开销大；而其好处是，每个层次负责人管的人少，因而协调容易。一层结构的好处是管理人员的工资开销少，而坏处是协调困难，会导致组织效率的下降和损失。所以，最优科层结构就是折中这个两难的局面，找到一个最优层次数，因而使好处减去坏处的净利最大化。

事实上，一般组织通常都可以分成三个管理层次：决策层、中间层（或执行层）、操作层（图 1-4)。

组织的层次划分通常呈现为金字塔式，即决策层的管理者少，执行层的管理者多一些，操作层的管理者更多。决策层的管理者有时又称为高层管理者，执行层的管理者称为中层管理者，操作层的管理者则称为基层管理者。

(2) 管理者角色的变动

不同层次不同岗位的管理者，在组织运行中 10 种角色上扮演的频率、程度等方面均是不同的。高层管理者最重要的角色是决策角色；中层管理者在三个方面的角色分配方面基本上是一致的，这也是因为中层管理者既承上启下，又独当一面的特点所决定；

基层管理者则主要是调动下属成员进行团队合作，故而人际关系的处理对其而言尤为重要，所以角色分配时应以人际角色为主。

另外，处于不同管理层次中的管理者在计划、组织、领导和控制 4 个管理职能中所花费的时间和精力也是不同的（图 1-5）。随着管理者在组织中的晋升，他们将花更多的时间用于计划工作和组织工作，用于直接从事督促和领导工作的时间随之减少，而用于控制工作的时间和精力则略有增加。

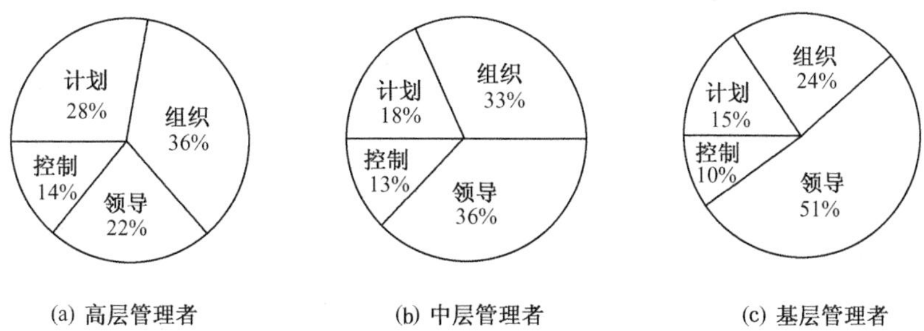

图 1-5　不同层次的管理者在管理过程中职能时间分配

（3）组织规模对角色重要性的影响

组织规模是不同的，有的组织甚至大到有成千上万的成员，有的组织或许只有几个成员。尽管划分组织规模大小除了用拥有成员多少为标准外，还可以用其他标准，如企业的年销售收入、净资产规模，或者如医院的病床拥有量等。虽然不能说，组织规模大这个组织就特别具有重要性，小组织就微不足道；但由于组织规模的不同，不同组织内的管理者角色的重要性却是不同的（图 1-6）。

小组织管理者最重要的角色是发言人，这是因为小组织的管理者要花大量时间让他人认识本组织，要花大量时间筹措资源，寻找新的机会促进发展。而大组织的管理者则已无这些事务（因为已解决了）缠身，故他可以主要处理内部资源的有效配置以获得最佳的资源配置效果。与大组织的管理者相比，小组织的管理者更可能是一个多面手，他的工作内容可能上至最高领导的必要工作，下至基层管理者的必要工作。

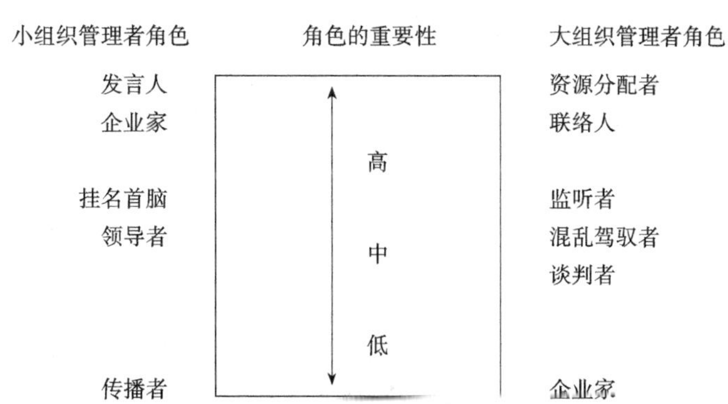

图 1-6　组织规模与角色的重要性

1.3.2 管理者的职能定位

管理职能是什么？学者们至今尚无完全统一的看法。法国管理大师亨利·法约尔在1915年提出管理的职能应包括计划、组织、指挥、协调、控制五项。后来，西方许多学者在此基础上，做了发展和补充，先后出现了所谓的三职能说、四职能说、五职能说、六职能说乃至七职能说。学者对管理职能的阐述可见表1-2。

表1-2 西方管理学者关于管理职能划分的主要观点

年代	对管理职能的划分	计	组	指	协	控	激	调集	通讯	决	人	创
	管理学者	划	织	挥	调	制	励	资源	联系	策	事	新
1916	法约尔（H. Fayol）	√	√	√	√	√						
1934	戴维斯（R. C. Davis）	√	√			√						
1937	古利克（L. Gulick）	√	√	√	√	√			√		√	
1947	布朗（A. Brown）	√	√	√		√		√				
1951	纽曼（W. Newman）	√	√	√	√	√		√				
1955	孔茨（H. Koontz）	√	√			√					√	
1956	特里（George Terry）	√	√	√	√	√	√					
1958	麦克法兰（D. Mcfarland）	√	√	√		√						
1964	梅西（J. L. Massie）	√	√			√				√	√	
1964	米（J. E. Mee）	√	√			√	√			√		√
1966	希克斯（H. G. Hicks）	√	√			√	√		√			√

尽管对管理职能的划分有不同的理解和分类，但是大多数专家都承认，管理的基本职能就是管理工作所包括的几种基本活动的内容，其中有四项基本职能是多数专家所公认的，即计划、组织、领导和控制。

1. 计划

指在一定时间内，对组织预期目标和行动方案所做出的选择和具体安排。简单地说，计划涵盖了组织的目标和实现目标的途径，它是一切管理活动的前提，可以说离开了计划，其他管理职能就无法行使。有效的计划不仅为组织指明了发展的目标和方向，统一组织的思想，同时也为组织制定行动步骤提供了衡量的基点，它是名副其实的管理第一职能。

2. 组织

组织是从事管理活动的载体，包括对组织结构和组织行为的分析和研究。主要完成下述职能：①设计组织，包括设计组织结构、部门与岗位设置及其相互联系；②人员配备，即根据各种岗位从事活动的需要，解决好人员选聘、考核和培训问题，确保将合适的人选安置在各级组织机构相应的工作岗位上；③组织运行，根据业务活动与环境的变化，维持组织的正常运转，处理好组织中的各种关系，并研究和实施组织结构的调整和变革。

3. 领导

领导是指在组织确立之后，各级管理者利用组织赋予的权力和自身的影响力，指导和影响组织成员为实现组织目标所做出努力和贡献的过程与艺术。有效的领导工作是组织任务完成的关键因素，在日常的管理活动中发挥着指挥、协调、监督、相互沟通以及对员工的激励等必不可少的作用。

4. 控制

控制是指为了确保系统按预期目标运作，对其发展过程不断地调整和施加影响的过程。世界上任何事物的发展都需要有效和适当的控制，管理控制尤其必不可少。管理控制的手段虽然多种多样，但其目的都在于组织适应环境的变化，限制偏差的累积，以保证计划目标的兑现，或根据客观环境的变化，适时地做出调整。

1.4 管理学原理及方法

所谓原理是指某种客观事物的实质及其客观规律的表述。这里的“原”就是原本，“理”就是道理和规律。管理的原理就是指在管理活动中所应当遵循的基本规律，而管理方法则是指在管理活动中，为确保管理目标的实现、管理工作的顺利进行所采用的工作方式。管理原理和管理方法是彼此相互联系和相辅相成的。管理原理只有通过必要的管理方法才能在管理的实践活动中发挥作用，而管理方法只有在正确的管理理论指导下，才不致产生盲目性，并能取得有效的成果。

管理本身兼有科学性和艺术性。具有科学性说明管理活动完全是有章可循的。管理原理正是管理活动的高度抽象和实践经验的升华，是指导一切管理的行为准则。因此，可以说掌握了管理的原理就等于掌握了管理活动的基本规律，从而提高管理工作的科学性，并有助于建立科学的管理制度和方式方法。

管理方法是管理的自然延伸与具体化，是实现管理目标的途径和重要手段，也是从事管理活动不可缺少的中介和桥梁。事实上，我们身边大量的事例都说明，一个成功的管理者，都是因为他所从事的管理活动符合了管理的客观规律（即便是无意识的，也是如此)，同时，也得益管理方法上的科学性和有效性。基于这一观点，本章中将对管理原理和管理方法分别进行概括和表述。

1.4.1 管理学的基本原理

1. 系统原理

世间的一切事物都具有系统的属性。所谓系统，是指由相互联系和相互作用的若干部分组成，并具有特定功能的有机整体。加上它所处的环境，则是一个更大的系统。因此，在现代管理中，必须把任何一个企业、单位或部门看成是一个系统。把系统原理应用到现代管理事业。

1）管理工作必须有统筹兼顾的全局性，把整体目标优化作为根本的出发点。从决策方案选择，到组织、指挥、协调、控制等具体管理工作过程，都要运用系统的观点和系统分析方法，正确处理整体与局部、局部与局部以及各要素之间的关系。把整体观念、全局利益始终放在首位，并精心运筹、全面安排，实现系统的整体优化。只有这样，才能避免轻重缓急倒置、大小不分、是非混淆等片面孤立研究解决问题的不良倾向。

2）必须力求各管理局部的良好分工与协作，使之充分发挥各自的职能和作用，以求管理全局的最佳效能；必须对人、财、物、事等各要素科学组织、调节和运用，以取得“人尽其才、物尽其用、财尽其利”的优良效果。

3）搞好企业（部门或单位等）与环境的协调统一，使管理系统自身的调节与社会大系统的动态变化保持顺应同步的态势，这是管理经营能够立足和发展的宏观必要条件。为此，管理者必须重视国内外市场和商品信息的调查和搜集，重视国内外政治、经济、文化、科技等方面的重大变化，并据此及时制定出管理的决策和对策，为不断适应时代潮流、赶上时代步伐打下良好基础。

4）根据系统的动态性原理，强调管理工作的时限性。系统处在不断的变化之中，其中内因是变化的依据，外因是变化的条件。所以管理工作不存在一成不变的模式，应当因地、因时、因人制宜，不断调整。

2. 人本原理

人是管理系统中最积极、最活跃、最有主观能动作用的因素，从而也是首要的因素；管理应“以人为中心”，充分发挥人的聪明才智，最大限度调动人的积极性和创造性，这是做好管理工作的根本。主要表现在：

1）人是企业管理的主体，管理者一定要正确地认识人、尊重人、依靠人，要坚决抛弃传统管理中把人视为机器附属物的错误观念。在这种思想的指导下，强调企业应适度分权，职工参与管理，发挥职工代表大会以及股份制董事会职工代表及股东大会的作用。国外一些企业中，实行股权分散化和大众化，吸引更多的员工关心和参与企业的管理工作，这在我国的许多企业中也得到了应用。

2）管理者应重视满足广大职工的合理需要。组织行为学认为，需要是人的行为动力的源泉，人的需要可分为物质需要和精神需要。管理者在可能的条件下，千方百计满足职工在衣食住行等基本物质条件上的需求以及在社会交往、知识、道德、荣誉等多方面的精神需求，将会极大地调动人的积极性，同时也有助于人的良好个性的形成与发展。

3）强调管理工作是为人服务的。邓小平同志说过一句名言：“领导就是服务。”管理工作包括对职工、用户、顾客乃至全社会的服务，重视建立良好的人际关系与和谐的企业内外环境。

3. 责任原理

责任原理是指管理工作必须在合理分工的基础上，明确规定组织各级部门和个人必须完成的工作任务和相应的责任。职责明确，才能对组织中每一个员工工作业绩做出正确的考核和评价，有利于挖掘人的潜能和保证组织任务的完成。管理的责任原理启迪我们：

（1）在管理工作中，要强调职责、权限、利益和能力的协调和统一

责任原理的核心是职责，必须在数量、质量、时间、效益上有明确的规定，并通过相应的条例、规程等形式表现出来。明确了每个人的职责，就要授予其相应的权力（包括人、财、物各个方面），并通过相应的利益来体现人们完成职责、创造业绩的补偿，即责、权、利的一致性。完成职责要以人的能力作为后盾，所谓能力是指人们顺利完成某种活动的心理特征，它以知识和技能作为基础。

职责、权限、利益和能力之间存在着等边三角形的边与高的关系，如图 1-7 所示。

在图 1-7 中，职责、权限、利益为等边三角形的三个边，彼此是相等的，而能力是等边三角形的高，根据具体情况，可以小于职责。这是因为，人的潜在能力是很强的，承担挑战性的工作，适当的工作压力有利于开发潜能，促使人们自觉地学习知识和提高技能，努力把自己的工作做得更好。

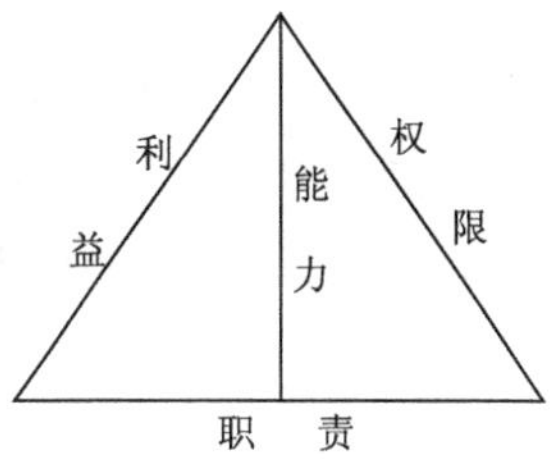

图 1-7　责、权、利和能力关系图

（2）在管理工作中，对人的奖惩要分明，注意公正和及时

对人的奖惩是对某工作职责及其业绩客观与公正的评价，有助于提高人的积极性和工作动机的激发。奖惩要以科学准确的考核为前提，使人产生公平感。奖惩工作要及时，立竿见影，对强化人的行为（不管是正强化还是负强化）有着十分重要的作用。奖励和惩罚对管理工作都是不可缺少的，但惩罚可能招致人们的挫折感，处理不当会出现消极行为等负面效应，因此应更多地强调奖励等正强化的方法，辅助以惩罚等手段，形成科学和规范的奖惩制度与方法。

4. 权变原理

管理的权变原理，是指在组织活动的环境和条件不断发展变化的前提下，管理应因人、事、时、地而权宜应变，采取与具体情况相适应的管理对策以达成组织目标的一项管理原理。

管理与环境之间存在着一种函数关系，一般情况下，前者构成因变数，后者为自变数，但这种函数关系不一定是因果关系，更准确的解释应为“如果-就应”的关系，即“如果”发生或存在某种环境情况，“就应”采取与之相适应并能有效解决所针对的管理问题的工作对策。组织所要研究的环境问题，不但包括一个组织所处的一般外部环境、任务环境（也称特定外部环境）和内部环境，还包括内部环境与外部环境的相互作用。一般外部环境包括政治、经济、文化、科学技术、国际等方面的因素。这些因素之间会相互作用，对组织运营起间接的影响。任务环境会直接地对组织产生影响，是组织更加关注的一类外部环境，它包括竞争对手、供应商、顾客、有关的政府管理机构等。存在组织外部的环境大多数是动态的，许多时候是难以预料的，这就给管理带来相当大的不确定性。从这个意义上说，管理出现某些失误也是不可避免的。环境的不确定性取决于环境的变化程度和复杂程度。组织外部环境如果变化剧烈，可称之为动态环境；如果变

化很小，可称之为稳态环境。一个组织所处的环境不确定性越大，对组织的管理抉择和决定组织自身命运的自由限制就越大。

权变管理理论以系统观点为基础，将组织视为由若干子系统有机组成的开放系统，管理中要根据组织所处的内外环境随机应变，不存在一种一成不变、普遍适用、一劳永逸的最好的管理理论与方法，管理的成效取决于组织与其环境之间的适应性。该理论贴近于人们对具体问题进行分析、具体对待的科学认识过程，较之单纯追逐抽象的、普遍适用的管理理论与方法更能为人们所接受，也能更有效地解决具体的管理问题。这就为我们把这个理论归结为管理的权变原理提供了扎实的依据基础。权变管理理论的核心是正确的，但要反对走向相对主义的极端，认为权变就是“一切只能视条件而定”，不存在普遍适用的管理思想，那就犯了认识论上的错误。矛盾具有普遍性，因此解决矛盾的指导思想和处理原则也具有普遍性。普遍的矛盾在不同的发展过程中，在不同的具体情况下，会有其各自不同的特点，会有许多新问题，不认识这一点，也就解决不了许多具体问题。

权变原理在管理的计划、组织、领导、控制等职能中运用得十分普遍，小到某一管理的权变方法，如PACD计划循环法、滚动计划法，或在特定条件下某一领导方式的选择，某一激励措施的采取，大到组织结构权变设计原则的提出等。把权变思想作为一个原理在理论上加以确立首先归功于权变理论学派努力。这个学派不仅提出权变管理某些指导性思想，而且还提出了在管理中如何应用的具体方法。

5. 效益原理

效益和对效益不断的追求是管理活动永恒的主题。任何组织管理的最终目标都是为了追求和获取效益。所谓效益是指有效产出和其投入之间的一种比例关系。它包括经济效益和社会效益两个方面。通常经济效益比较直观，可以直接运用若干经济指标来计算和考核，而社会效益则具有间接性，较难以完全量化。经济效益和社会效益既有联系，又有区别，二者是不可分割的，管理工作应该将两种效益有机地结合起来，而不能顾此失彼。效益原理要求管理工作应充分注意到：

(1) 正确处理组织管理工作中效率、效果和效益三者之间的关系

在管理工作中，效率是指单位时间内所取得成果的数量，它体现了输入与输出之间的关系，而效果是指经过投入转换所得到的有用成果，它体现了对组织目标与任务的完成情况。效益是指生产成品中，为社会所接受的成果。效率、效果和效益三者之间，既可以是一致的，也可以是不一致的。在管理活动中，有效率、有效果而无效益的情况大量存在，例如在我国家用电器和房地产开发中曾经发生过的重复引进和盲目开发的情况，均属于忽视效益的体现。

(2) 在管理活动中，必须建立正确的效益观

管理工作必须克服在传统体制下以生产为中心的管理思想，转变为以效益为中心。追求效益应当成为管理活动的出发点和归宿，管理者，特别是主要管理者要以经营战略的眼光去处理企业的效益，正确处理企业局部效益与全局效益的关系，特别是追求长期稳定的高效益，并遵循客观规律去取得效益。

6. 反馈控制原理

管理系统是一个复杂系统，而且是一个开放的复杂系统，这个系统内部不但包含相互联系和相互作用的子系统，同时还不断与外部环境进行各种交换并产生相互影响。这种情况下，为了使经营管理活动取得良好效果，必须依靠各类信息对系统加以有效控制，才能使系统正常运行并保证实现既定目标，这种根据信息反馈所进行的控制，称为反馈控制原理。因此，现代管理工作者必须重视贯彻和运用信息及其反馈控制原理。

（1）重视信息的收集、整理和有效运用

信息论的创始人申农（G. E. Shannon）指出：所谓信息是指人们对事物了解不定性的减少和消除。这就是说，信息泛指消息、情报、指令、数据、图标、信号等一切有价值的情况和资料，人们能够获得并认识它们，就意味着在该领域中，对事物了解不定性的减少和消除。在管理系统中，信息如同神经系统，其状态决定管理机体运动是否正确、敏捷，正确而完备的信息是正确决策的基础和前提。重大和关键信息的收集和运用，甚至关系到管理事业的兴衰和成败。因此，各项管理工作都要重视信息的收集、存储、加工整理和运用，力求获得全面、及时、准确、可靠的信息，并在预测、决策、计划、组织、指挥和控制管理工作中进行有效运用。

（2）通过反馈控制，保障管理系统正常运行，并实现既定管理目标

反馈这一概念是1920年由贝尔实验室哈罗德·布朗克（H. S. Black）首先提出来的。当时是指电子放大器输出信号再回输到其输入端，后来这一概念的使用扩大到更广泛的领域。科学管理理论奠基人之一的亨利·法约尔（Henri Fayol）在《工业管理与一般管理》一书中指出："在一个企业中，控制就是核实一下各项工作是否都与已定的计划、所下达的指示及所确立的原则相符合。控制的目的在于指出工作中的缺点和错误，以便加以纠正并避免重犯。控制对物、对人、对行动都起作用"。可见，通过反馈控制，可以保证管理系统的正常运行，从而顺利地实现既定的目标。

反馈控制原理所反映的客观规律，在生物系统、社会系统和管理系统是普遍存在的。这一原理对管理的一切领域都具有重要的指导意义。反馈控制对管理的全过程具有以下三方面作用：保持管理系统的稳定性；减少或消除偏差，增强准确性；有效实现优化。

1.4.2 管理学的研究方法

任何管理，都要选择、运用相应的管理方法。各种管理任务的完成，需要体现管理艺术的多种办法和技巧。管理，不能不解决方法论问题。

1. 管理方法的系统层次与类别

毛泽东曾经说过："我们不但要提出任务，而且要解决完成任务的方法问题。我们的任务是过河，但是没有桥或没有船就不能过。不解决桥或船的问题，过河就是一句空话。不解决方法问题，任务也是瞎说一顿。"管理过程不能只是确定管理的目的，提出管理的任务，还要研究、解决管理的方法问题。管理中研究、解决达成管理目的、完成管理任务的方法问题，是十分重要的。管理活动是人们协作劳动的客观需要，是认识活动和实践活动的统一，各项管理职能的实现，都要借助于一定的管理方法。管理方法存

在于整个管理过程中，它的适用性会直接影响、制约管理过程的有效开展。得法者才能事半功倍。

管理方法是指为保证管理活动顺利进行，达成管理目标，在管理过程中管理主体对管理客体进行有目的作用的方式、手段、办法、措施、途径的总和。

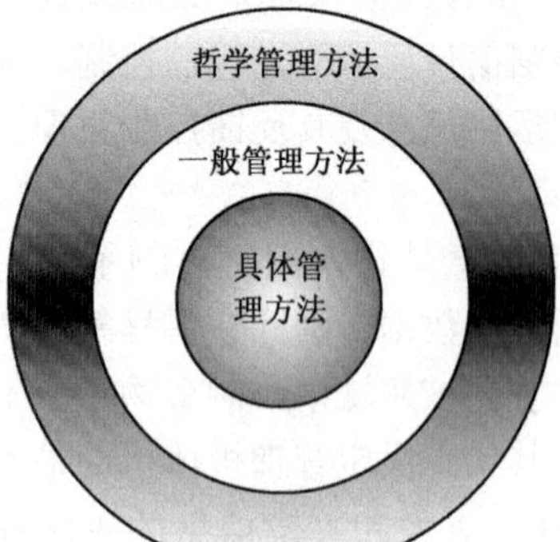

图 1-8　管理方法的层次

管理的任务、对象、内容、环境是复杂多变的，因此，社会实践中运用的管理方法也是多种多样的。管理方法按其普遍性程度不同，由低到高，大体上可分为三个层次（图 1-8)。

第一层次是具体管理方法。它是对某种活动过程、某个资源要素实施管理所特有的专门方法，是为解决具体管理问题服务的。企业中各种类型的职能管理，由于其目的、内容、对象、要求在相互间都有所区别，就要求有适合这些不同职能管理的特殊、专门方法。网络技术、量本利分析、全员设备管理等是以物质资源为主要管理对象的具体管理方法，预测技术、决策技术是以信息资源为主要管理对象的具体管理方法，而激励管理、政治思想工作则是以人力资源为管理对象的具体管理方法。“各种物质运动形式中的矛盾，都带有特殊性”，“用不同的方法去解决不同的矛盾”是由各种不同管理活动所具有的特殊性决定的，对具体的管理活动过程的认识和控制，有其具体的、特殊的方法。

第二个层次是一般管理方法。它是从许多领域、类型管理活动中总结概括出来的，往往具有一定范围的通用性。任何组织的运行都需要确定计划，按计划要求组织资源并加以控制，需要对相应的活动进行协调，对参与活动的人们加以激励。这些管理活动的共同性决定了某些管理方法的通用性。对于这一点的认识是一致的，但是，究竟哪些方法是管理的一般方法，人们的看法又不尽一致，甚至有很大的区别。有的学者从管理的认识角度归纳，认为观察、调查、实验、模型等方法是管理的一般方法，提出“不论管理学者和管理者具有什么样的认识和观点，也不论他们是自觉地还是自发地主张从实际出发，要正确地提出和解决管理中的问题，都必须应用观察、调查、实验、模型等基本方法，从多方面了解管理对象的现状和变化的趋势”。有的学者从对方法运用的普遍性程度分析入手，认为“调查的方法、抽象的方法、系统论方法、控制论方法、目标管理法等，对于各种不同的管理活动都是适用的”。管理方法是完成管理“过河”任务的“桥”或“船”，基于这样的认识，我们认为行政方法、经济方法、法律方法、教育方法是管理的几个较为重要的一般方法。

第三个层次是哲学管理方法。哲学思想影响着人们的思维方式并引导人们怎样去观察和认识世界。管理是一种基本的社会实践，从事管理活动的人们的动机和行为一样要受到一定哲学思想或观点的支配。哲学对管理的指导作用任何时候都存在着，这主要表现在为管理提供正确的价值观和方法论。管理中缺乏哲学观点和哲学方法的正确运用，就难以获得对所从事的管理活动有本质性的认识。哲学方法是重要的。我们除了要认识到，“一个特定企业的管理人员不管他们是否研究过他们所继承的哲学遗产，都会按照某种哲学观念来经营自己的企业”，而且要认识到，“在管理的武库中最具威力的武器还是哲学”，但在管理实践中不能停留在哲学的层次上夸夸其谈。哲学方法不能替代一般管理方法或具体管理方法。人们要借助哲学方法提供的最普遍的指导思想去构造解决管理问题的一般方法或具体方法，把解决管理问题的思维上升到哲学高度。满足于对哲学方法的掌握而欠缺管理的一般方法或具体方法，会使我们面对复杂的管理问题无能为力。

管理方法的类别，还可以按照其他的角度进行划分。

1）按管理职能类别，有预测方法、决策方法、计划方法、组织方法、指挥方法、控制方法、激励方法等。

2）按所用方法的定量化程度，有定性管理方法和定量管理方法之分。

3）按管理对象的范围划分，有宏观管理方法和微观管理方法等。

4）按管理活动的类型划分，有生产管理方法、物资管理方法、信息管理方法、技术管理方法、人事管理方法等。

5）按用于制定决策还是用于实施决策的不同功能划分，可分为管理认识方法（观察方法、调查方法、实验方法、逻辑方法等）和管理实践方法（强制性控制方法、动机激励方法、思想教育方法、社会推动方法等）。

6）按管理者类型划分，有专制型管理方法、民主型管理方法和放任型管理方法。

7）按管理组织形式类别，又可有一长制管理方法、委员制管理方法、集体领导分工负责制管理方法和参与式管理方法等。

8）按管理方法产生的前后时序分类，有传统管理方法和现代管理方法。

管理方法来源于管理实践。管理的发展过程，也即管理方法的发展过程。现代管理方法是一个多层次、多序列，且内容十分丰富的体系。管理方法的丰富性，反映了现代管理内容更加丰富、复杂，反映了现代管理科学水平的不断提高，反映了人类管理能力的不断增强。对管理方法进行不同层次和角度的分类，可使我们全面了解不同管理方法的内容、特点和运用领域，以便在管理中适当地选择方法、创新方法、运用方法和完善方法。

2. 管理方法

(1) 辩证唯物主义与历史唯物主义

马克思主义的辩证唯物主义和历史唯物主义是研究和学习管理学的总的方法论。从辩证唯物主义的认识论出发，检验真理的标准只能是社会实践。管理学产生于管理的实践活动，是管理实践经验的科学总结和理论的概括。研究和学习管理学，必须坚持实事求是的观点，结合管理实践并用判断和推理的方法，使管理实践上升为理论。同时，管理实践是不断发展变化的，把握管理活动的规律，还必须运用历史的观点去考察和分析问题，比较管理实践的过去和现在，判断未来的发展趋势。

(2) 定性和定量分析相结合的方法

许多管理活动的开展是为了解决问题的需要。解决问题要从对问题的分析入手。管理分析中应用的诸多方法都可以从定性与定量角度加以归类。这两种或是说这两种结合起来应用的管理分析方法，在实际工作中应用得极其普遍，对它们的选择与应用的效果如何又直接影响管理分析的质量。

管理中人们对分析对象的认识，是从把握该分析对象的质的依存性开始的。这种质的依存性是管理者认识分析对象内在规律性的起点。然而，任何质的依存性、规律性都表现为一定的量。量的分析是质的分析的延伸，而且在量的分析的基础上，又可以加深对质的认识。所以，要把握管理分析对象的内在规律，就必须在把握该分析对象质的规律性的基础上，深入研究它的量的规定性，即在定性分析的基础上进行定量分析。这两种分析方法的运用不可偏废。

管理中所讲的定性，是指文字描述分析对象的性质；定量，是指以数量表示所分析的事物将来可能发展的范围与性能，可能产生何种程度的影响。运用数理知识和方法，对管理现象及其发展趋势，以及与之相联系的各种因素，进行计算、测量、推导、预见等，是定量分析方法。基本情况加判断，粗略统计加估计是定性分析方法。这两种方法并存运用，原因有四：一是不同的组织管理水平。管理中分析往往是为决策提供抉择方案。仅凭定性分析方法不能满足先进的管理要求，须采用现代定量分析方法。相对落后的管理，传统的经验型的定性分析方法大体上可与之相适应。二是因为各种分析对象的特点不同。比如有些商品的供求关系较简单，消费变化不大，相关因素少，用定性分析方法即可满足决策需要，又比如有些分析对象若采用定性方法所得出的分析对策不能构成决策依据，就须采用定量分析方法。三是数据信息的局限。对于那些统计、会计等有关资料上可反映出来的经济数值，适宜通过数学计算得出较准确的结论。而对有些社会、政治、心理、生理、自然现象的变化，虽然它们与管理活动有关，但这些信息模糊度、不定度大，无法或很难做出准确测算，唯有借助定性分析方法才能做出若干原则性、方向性的结论。四是由于管理者知识素质之差别。掌握了有关定量分析的方法与技术，在复杂的分析对象面前能综合测评，甄别相关影响，把握其发展趋势。管理者的定量分析知识修养差，实践经验不足，分析时很可能力不从心，只好退而采用过去常用的、轻车熟路的定性分析方法。

(3) 系统分析方法与结构分析方法

"任何一个系统都是要素的总和，要素之间存在一定关系，这些总和构成统一的整体发挥其功能。""有机体——不论是社会有机体还是自然有机体的发展，一方面使它的各部分之间的机能的再分部分增加，另一方面使部分之间的关系更为密切，这个原理是没有很多例外的。每一部分的自给自足越来越少，越来越多地依靠其他部分，因此，一个高度发达的有机体的任何部分出了毛病，就会影响其他部分。"同样，任何事物及其派生现象都是一个复杂的整体，都具有一定的结构，因此都是一个系统。结构方法和系统方法对它们的分析只不过是从不同的角度出发，达到不同的目的而已。结构方法着重于要素的分析，目的是把握结构的功能；系统方法侧重于联系的分析，目的是选择最优状态。结构方法不满足于对事物存在状态的探求而要深入事物的内在结构，用整体关系的思维方式来探求事物内在的质和功能；系统方法同样不满足于对事物的简单的了解，而是用整体思维的方式来分析复杂的事物。要使企业这样一个复杂系统能够作为一个适应性开放系统有效运行，必须视其组织为一个整体——即整体观（holistic view）。但是，整体系统方法由于其固有的抽象性和高度概括性，使人们在具体运用时，往往感到无从下手，如奥斯波恩所言："整体性是系统方法的强势所在，但它又是如此的模糊和抽象，以至在实际运作中难以应用。"系统观反对把组织还原成要素、把机体还原成细胞的"还原论"做法，强调不仅要注意系统构成的要素，更应了解由要素组成的有机系统的整体特性，并兼顾考虑内部环境与外部环境因素，以使各子系统发挥应有的协同作用。企业是一个复杂系统，各单元之间联系广泛而紧密，呈网络状分布，通常需要联立方程来描述，联立方程就需要同时考虑整体与局部。

（4）自组织分析方法

自组织理论是系统理论（主要是贝塔朗菲的一般系统论）的新发展，由耗散结构（dissipative structure）理论、协同学（synergetics）、突变论（catastrophe theory）和超循环理论（super circle）组成，但基本思想和理论内核可以完全由耗散结构理论和协同学给出。自组织理论以新的基本概念和理论方法研究自然界和人类社会中的复杂现象，并探索复杂现象形成和演化的基本规律。从自然界中非生命的物理、化学过程怎样过渡到有生命的生物现象，到人类社会从低级走向高级的不断进化，等等，都是自组织理论研究的课题。

自组织理论方法主要包括自组织的条件方法论、自组织的协同动力学方法论、自组织演化路径（突变论）的方法论、自组织超循环结合方法论、自组织分形结构方法论、自组织动力学（混沌）演化过程论、综合的自组织理论方法论等。

自组织的协同动力学方法论有三大要点：第一，在大量子系统存在的事物内部，在平权输入必要的物质、能量和信息的基础上，需激励竞争，形成影响和相互作用的网络；第二，提倡合作，形成与竞争相抗衡的必要的张力，并不受干扰地让合作的某些优势自发地、自主地形成更大的优势；第三，一旦形成序参量后，要注意序参量的支配不能采取被组织方式进行，应按照体系的自组织过程在序参量支配的规律下组织系统的动力学过程。这可能产生两种有序运动，一种是数量化的水平增长，其复杂性和组织程度的演化，另一种则是突变式的组织程度跃升动力学演化。

自组织演化路径的方法论认为：演化的路径有三条：一是经过临界点或临界区域的演化路径，演化结局难以预料，小的激励极可能导致大的涨落；二是演化的间断性道路，有大的跌宕和起伏，常出现突然的变化，其间大部分演化路径可以预测，但有些区域或结构点不可预测；三是渐进的演化道路，路径基本可以预测。突变论所利用的形态演化方法（结构化方法）在整体背景上进行自组织演化路径的突变可能性分析，为研究者提供了一个整体观。

混沌论对研究复杂性的非线性方法具有重大贡献。首先，混沌不仅可以出现在简单系统中，而且常常通过简单的规则就能产生混沌。简单系统能够产生复杂行为，复杂系统也能够产生简单行为。分层、分岔、分支、锁定、放大，非线性的发展或演化过程就是这样神奇而不可预测。其次，非线性动力学混沌是内在的，固有的，而不是外加的、外生的。尤其是在管理中的混沌特性决定了“混沌管理”方法的非最优化和不确定性。企业并不追求最优化和最高效率——这是由稳定的管理价值观所决定的；管理过程与结果之间无决定的直接关系。

研究复杂的企业系统的行为，自组织的方法论要求我们在企业管理中，必须从整体出发，把管理看作是一个复杂的过程而且是自组织演化的过程。企业的发展有其自己的发展演变轨迹，企业管理者必须顺着企业发展的“脉络”实施恰当的管理。

（5）归纳法

归纳法就是对一系列典型的事物进行观察分析，找出各种因素之间的因果关系，从中找出事物发展变化的一般规律，这种从典型到一般的研究方法也称为实证研究。鉴于影响管理活动的相关因素很多，许多因素对管理系统单独的影响程度很难量化，所以归纳法的运用相当广泛。改革开放以来，在我国农村广泛推行经营承包责任制，由于它比较适合我国当前农村生产力的发展水平，对农业的发展起到了重要促进作用。它的产生就是对安徽农村试行农村经营承包的典型经验，加以总结概括而形成的有效管理制度与形式，可以说是应用归纳法的典型事例。归纳法的运用一定要注意选好典型，调查对象应有足够的数量，即要尽可能多地选取样本。调查研究要综合包括访谈法、问卷法等多种形式，保证调查结果有必要的精度，在此基础上弄清各种事物之间的相关关系，分析整理应尽量避免主观主义和形而上学的方法，以便找出符合客观事实、对相同事物有指导意义的结论。

（6）试验法

试验法是人为地为某一试验创造一定的条件，并观察试验结果，再与未给予这些试验条件（对照组）的对比试验的实际结果进行比较分析，从中寻求外加条件与试验结果之间的因果关系，找出其中某些普遍适用的规律性。例如，美国在1927～1932年所进行的霍桑试验，以后根据其试验结果所发表的人际关系理论就是一个典型的试验法事例。这种方法在微观管理工作中如生产管理、设备管理、产品质量管理以及营销方法、劳动组织等许多领域中，都能得到广泛的应用。

（7）演绎法

该法是指对某些较复杂的管理问题，可以从某种概念出发，运用某种逻辑推理和统计分析的方法，找出各种变量间的相互关系，建立某种相关的数学和经济模型，反映管理活动简化了的事实，例如管理学中常见的投入产出模型、决策模型、预测模型、库存模型、现金流量模型等。演绎法的发展和运用，进一步加强了数学与管理学的结合，大大促进了管理学定量分析方法的推广，特别是现代计算机技术迅速发展，使得运用演绎法处理管理问题的速度、精度以及使用范围都得到进一步的改善和加强。

1.5 管理学性质及对象

1.5.1 管理学的性质

管理学是一门综合性的学科，不仅具有社会科学属性，而且具有自然科学的属性。首先，在内容上它需要从社会生活的各个领域和方面，从各类组织的管理活动中，概括和抽象出对各门具体管理学科都具有普遍指导意义的管理思想、原理和方法。其次，在方法上它需要综合运用现代社会科学、自然科学和技术科学的成果，来研究管理活动过程中普遍存在的基本规律和方法。如在优化资源配置方面，经济学的机会成本、弹性系数、盈亏分析、边际效用等理论，都为管理决策提供了有效的分析工具；心理学是研究个人行为、领导方式和激励行为最基本的理论；在组织行为方面，社会学和社会心理学对组织模式、权威、信息沟通以及个体在群体中的行为等研究做出了贡献；在个人的基本价值观、士气和接受行为的规范方面，文化的差别有着直接的影响。个人价值系统（如人们对事物重视的优先顺序）会影响人们的士气、工作态度和行为。这些问题的研究是以人类学为基础的；政治、权力、领导与被领导矛盾是管理活动中的现实问题，政治学关于权力、权威和团体矛盾的构成等内容，为研究组织的政治问题提供了理论前提；改善工作设计、工作流程和程序、选择厂址和工厂设计等是管理的具体内容，在这些方面，工程学对管理学的贡献是十分突出的；在大多数的管理方法中，应用了大量数学和统计学原理，特别是在现代管理预测和决策方面，计量分析已经成为主要方法；计算机科学与控制论的产生和发展对管理活动产生重大影响。控制论中的反馈原理，为管理学中决策科学化提供了正确决策的基础。

综上所述，管理学同其他许多社会科学和自然科学有着密切关系，是综合利用各学科成果来发挥作用的学科。

1.5.2 管理学的研究对象

1. 管理学的广义研究对象：生产力、生产关系和上层建筑

（1）生产力方面

主要研究生产力的合理组织问题，即研究如何根据组织目标合理配置组织中的各项资源，以求获得最佳的经济、社会效益的问题。

（2）生产关系方面

主要研究如何处理各类组织之间、组织内部人与人之间的经济关系、协作关系和分配关系，建立完善的管理体制，为实现组织目标服务。

（3）上层建筑方面

主要研究如何使组织内部环境和组织外部环境相适应的问题；研究如何使组织的各项规章制度、劳动纪律与社会的政治、哲学、法律、道德等上层建筑保持一致的问题，从而维持正常的生产关系，促进生产力的发展。

2. 管理学的狭义研究对象：管理原理、管理职能、管理方法、管理者和管理历史

（1）管理原理

管理学首先研究管理的基本规律，即研究适用于一切社会和个别社会形态的各种基本规律。如管理的目的、过程、原则和内容等。

（2）管理功能或职能

管理的各种功能既体现管理的基本任务，又反映了管理的全过程。

（3）管理的主要方法、技术和手段

管理功能的执行和完成，是靠管理方法、技术和手段来实现的。因此，对管理方法、技术和手段的研究是管理学的重要内容。

（4）管理者

管理者是管理的主体。管理者是能否实施有效管理的关键因素。管理者群体结构的优化以及他们之间的关系，是管理学研究的重要课题。

（5）管理历史

管理学要研究管理思想及实践的发展历史，以便更好地继承和发展管理理论和方法。

概括以上内容，管理学的研究对象是现代社会条件下管理活动的基本规律和一般方法。管理学研究的对象和内容，如图 1-9 所示。

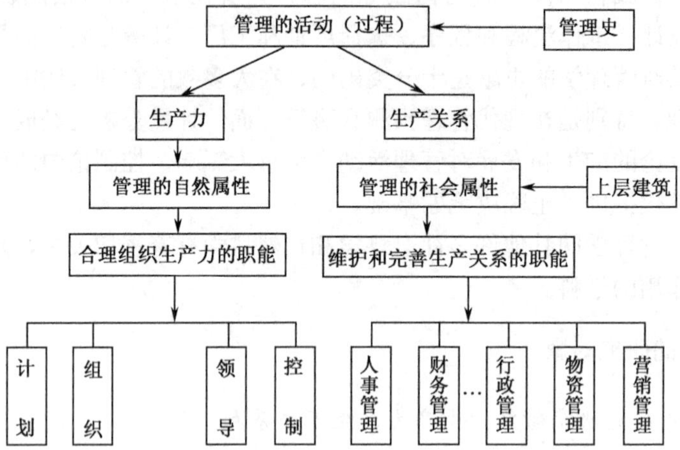

图 1-9　管理学研究的对象和内容示意图

1.6　管理学科体系结构

1.6.1　管理体系

一个组织的管理体系应当是一个三维的立体结构（图 1-10），它包括管理层次维、管理领域维和管理过程维。管理层次维包括高层管理——战略管理层，中层管理——战术管理层，基层管理——作业管理层；管理领域维包括业务管理、人事管理和财务管理等；管理过程维包括计划、组织、领导和控制等职能。这 3 个方面交织在一起构成了完整的管理体系。

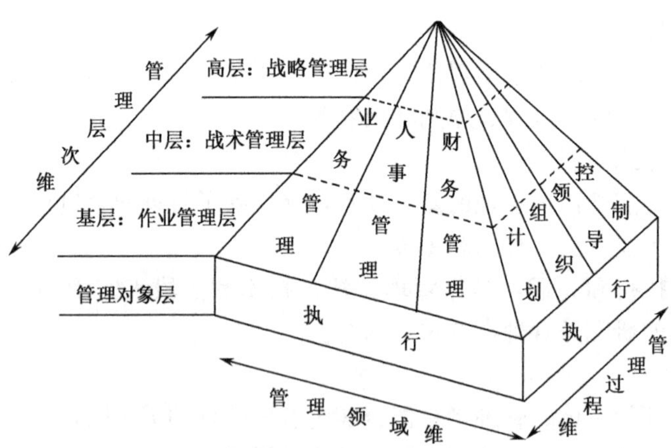

图 1-10　管理体系结构图

无论是从管理人员的数量、总体工作量、工作的繁琐程度，还是从所涉及的信息量、信息处理量、信息的精细程度和使用频度来看，下层管理都要比上层管理“庞大”

得多，因此我们通常都把管理的体系结构画成金字塔形。而上层管理通常具有难度大、影响面大、风险大，以及综合性和系统性强等特点。

1. 管理层次维

一个规模较大，结构和功能比较复杂的组织必须分层次地进行管理。否则，大到组织发展方向，小到员工考勤，事无巨细，一律由同一个管理层进行管理，这样将无法达到预期的管理效果，是不符合管理规律的。如果一个大公司的总经理，一手抓产品开发和市场战略，一手抓车间生产调度的各个细节和每个员工的劳动纪律，很难想像他能够胜任这项工作，能够管理好这个公司。高层管理、中层管理和基层管理只有分工明确、相互协调，才能使组织的事业有条不紊地向前发展。上层管理要为下层管理提供指导，下层管理则要对上层管理的指令进行细化和具体化，并加以实现。而执行层是各管理层的管理对象，它将对各层管理指令进行终端实现，它已不属于管理的范畴。

（1）高层管理

高层管理又称为战略管理，其管理人员主要是组织的最高领导者，如企业的董事长、首席执行官、总裁、总经理等。该层次管理者的主要任务是制定组织的长远发展战略（如2～5年），组织和安排战略规划的实施，领导中层管理人员完成组织的各项任务，进行组织与外部环境以及组织内部各部门之间的相互协调与沟通，控制战略规划的执行效果等。高层管理除了关心组织的总体发展外，还要考虑其中各个领域的发展战略，如企业的市场战略、产品战略、人才战略和财务战略等，因为这些领域的发展战略是支撑总体战略的重要内容。

（2）中层管理

中层管理又称为战术管理，其管理人员是组织的中层领导者。例如，大学里学院的院长、教务处处长、科研处处长、学生处处长、研究生院院长、图书馆馆长等；企业的分公司经理、产品系列主管、项目主管、分区经理、部门主管、工厂主管、首席人力资源长官、首席财务长官、首席信息长官等。中层管理人员的主要任务是根据高层管理的要求，制定本部门较短期的行动计划（如6个月～2年），组织力量实施该计划，并且在实施过程中进行协调和控制，以保证管理任务的顺利完成。中层管理既要考虑组织的整体利益和长远目标，又要兼顾部门的局部利益和短期目标；既要考虑本部门基层管理之间的联系，又要考虑与其他部门的相互关联。

（3）基层管理

基层管理又称为低层管理、底层管理或作业管理，其管理人员是组织的基层领导者，如企业的作业单元主管、基层业务主管、广告组经理、营销点经理、营业部主任、班组长、工段长、工头、领班、监管人员等。基层管理需对中层管理的目标和计划作进一步分解，使其更加具体和可操作，并制定出单项的短期作业计划（如1周～6个月），然后进入实质性的执行阶段，并对执行过程进行直接监督、调整和控制，以便最终实现高层管理计划。可见，基层管理是末端管理层，它决定着最终执行效果的优劣，因此其重要性也是不容忽视的。

2. 管理领域维

管理的领域维是对组织的不同业务或职能范围的划分，因此它又称作管理范围维、管理业务维或管理领域职能维等。管理领域维一般分为业务管理、人事管理和财务管理等。对于大多数组织来说，人事管理和财务管理一般都是必不可少的，而业务管理对不同的组织则包含了不同的内容。例如，一个企业的业务管理包括市场营销管理、生产管理、物资管理、质量管理、设备管理、技术管理等；而一所大学的业务管理则包括教学管理、科研管理、招生和毕业管理、学生培养管理、校办产业管理、实验室管理、后勤管理等。

管理领域通常和组织的职能或业务部门的关系比较密切。例如，财务管理一般由财务处负责，人力资源管理主要由人事处负责。但是，管理领域和职能部门往往不是一一对应的，有时一个管理领域涉及多个部门。例如，企业的市场营销管理与销售部、市场部和新产品开发部等都有关系；生产管理涉及生产部和生产车间；质量管理与质量检验部、生产车间、采购部、设备处等部门都有关系。有时一个部门也可能涉及多个管理领域，如生产车间与生产管理、质量管理和成本管理等都有关系，技术处和技术管理、生产管理、质量管理、研究与开发管理等领域相联系。

另外，每一个管理领域一般都有各自的战略管理问题、战术管理问题和作业管理问题。例如，市场营销的战略层管理问题通常包含企业的长远市场规划、新产品和新市场的规划、顾客服务战略模型的谋划等内容；其战术层管理问题包括下一年度的市场研究和预测、销售计划、新产品计划、分销渠道计划、广告和促销计划、价格政策等较为近期的管理工作；而作业层的管理问题则包含销售力量的组织和分配，销售订单、发票、顾客服务等日常管理，销售开支的预算和成本控制，近期广告和促销活动的效果分析等更为具体的管理事务。表 1-3 列出了生产、人力资源和财务管理在不同管理层次中的管理问题的例子。

表 1-3　各管理领域在不同层次中的管理问题举例

管理层次 / 管理领域	战略管理	战术管理	作业管理
市场营销管理	长远市场规划，新产品或新市场规划，顾客服务战略模型	年度市场研究和预测，销售计划，新产品计划，分销渠道计划，广告和促销计划，价格政策等	销售力量的组织和分配，销售订单、发票、顾客服务等管理，预算和成本控制，广告和促销效果分析等
生产管理	生产规模、生产能力和生产技术的长远发展规划；大型生产线的引进，基建与改造项目，纵向一体化等重大决策	年度生产计划：品种、数量、质量及其结构；能源、设备等辅助计划	生产作业计划和物料需求计划的制定；劳动组织与管理，现场管理，生产进度控制；质量管理，库存管理等
人力资源管理	5 年内组织人力资源的专业结构、学历结构、年龄结构等方面的调整目标，人才引进、培养和使用的战略对策等	年度人才招聘计划，包括人数、类别和要求等；1～2 年的人才培训计划；员工业绩考核与奖励的制度和实施方案等	人力资源管理按月的分解计划，招聘、培训、考核、奖惩等详细计划，以及实施过程中的组织、协调工作
财务管理	战略规划所需的大笔资金的筹措：数量、类型和方式等；资金使用的战略规划	固定资产、流动资金、利润和财务收支平衡等方面的年度计划	资金筹措、回收、使用，纳税和分配等日常管理；财务分析、核算、监督和控制等

3. 管理过程维

从各类组织、各类业务领域以及各管理层次的具体的管理过程中，可以抽象出一些具有共性的基本的管理程式，如决策、计划、组织、领导、协调、沟通和控制等，我们把这些管理内容称为管理的过程职能。而关于管理过程职能的基本理论、原则和方法对任何组织、任何管理领域、任何管理层次都是存在的，而且基本上是相通的。

以管理决策为例，不同的组织都需要做各种各样、大大小小的决策，如政府部门关于城市建设规划的决策、企业促销方式的策划、银行贷款发放的决策、大专院校新上专业的抉择、军队作战方案的确定等；不同的业务领域都需要做出各种类型的决策，如企业销售网点的设置、生产调度决策、财务预算的制定、管理干部的选用、奖金发放方案的确定等；不同的管理层次都需要制定各种决策，如企业经营方向的战略性决策、产品结构调整的战术性决策、某次广告策划方案的作业性决策等。而做出这些决策所需要的理论、方法、步骤和技巧等都是相通的。进一步地，管理过程维、管理层次维和管理领域维构成了一个相互交织在一起的有机的整体。以生产管理为例，在生产管理的每一个层次中，都存在着计划、组织、领导和控制等过程；同样，营销管理、人力资源管理、财务管理等管理领域也可以在管理过程维和管理层次维两方面进行分解。其具体内容和形成见表 1-4 所示的结构。

表 1-4 三维结构的具体内容和形成

管理层次 / 管理过程	战略管理	战术管理	作业管理
计划	5 年内生产规模和产品结构的战略规划	年度基本生产计划和辅助生产计划	生产作业计划、物料需求计划和车间调度计划
组织	生产组织的总体设计，分厂设置，各分厂厂长任命等	各分厂内部的机构设置，如车间、生产科、物资科和质检科等	各车间、科室内部的机构设置，如生产线、班组、工段等，人员安排，岗位职责的建立等
领导	公司领导协调各分厂之间的关系，优化资源配置，调动厂长的积极性等	分厂领导协调各车间、科室的工作，调动基层干部的积极性等	车间和科室领导协调生产过程中的人力、原材料、设备、时间等资源，使生产过程有序地进行
控制	检查生产规模、产品结构和质量等方面的发展情况，采取宏观调控措施	检查生产计划的执行情况，采取相应措施解决生产问题	检查生产作业计划和物料需求计划等方面的执行情况，及时采取调整措施解决生产作业问题

这些过程本身也并不是截然分开的，而是相互交织在一起的。例如，决策在管理的各个过程中都是存在的，计划需要决策，组织需要决策，领导和控制等过程也需要决策；决策、计划、组织和控制等都需要领导能力和领导方法，反过来，领导工作也需要有决策、计划、组织、协调、沟通和控制的能力。控制过程实际上是决策、计划、组织、协调和沟通等过程的有机组合。

1.6.2 管理学科的体系

随着科学技术和社会经济的不断发展以及市场竞争的日益激烈，管理问题变得越来越复杂、越来越重要，因而管理学得到了前所未有的重视和发展，现代管理科学的门类和内容已经相当丰富。例如，在管理的门类方面有行政管理、工商管理、国民经济管理等；在管理学内容方面出现了各种专门的管理学分支：战略管理学、组织管理学、人力资源管理学、财务管理和决策科学等。作为管理学的基础理论，管理学原理（有的学者称它为一般管理学或普通管理学）试图揭示各行业或各部门管理活动中的一般规律和普遍原理，并且描述各种专门的管理学之间的相互关系，进而构筑起管理体系的整体结构。

图 1-11 给出了管理学科的体系结构。由图 1-11 可以看出，管理学是一门横跨社会科学、自然科学和技术科学的交叉学科。长期以来，有人为管理学究竟是属于社会科学还是属于自然科学的问题争论不休，实际上，它是在这些学科的基础上发展起来的一门独立的学科，它既不属于社会科学，也不属于自然科学，更不可能属于技术科学，也就是说，理、工、文、管等是相互平行的学科。

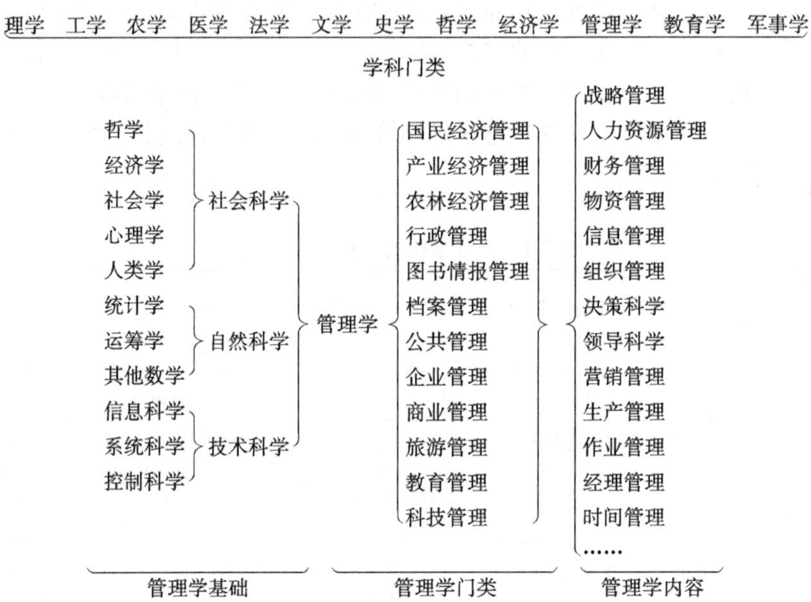

图 1-11　管理学的学科体系

管理学的基础科学主要有 3 类：在社会科学方面，管理学主要涉及哲学（含系统哲学）、经济学、社会学、心理学和人类学等学科；在自然科学方面，管理学的基础主要是数学，其中包括统计学、运筹学、概率论、线性代数、矩阵论、随机过程理论、动态优化论等；在技术科学方面，包括信息科学与信息技术（含计算机技术和网络技术等）、系统科学与系统工程、控制理论与控制技术等学科。

管理学的基本原理运用在不同的部门或行业就出现了各种管理门类，如国民经济管理、产业经济管理、行政管理、企业管理、商业管理、旅游管理、教育管理和科技管理等。从这些管理门类中可以抽象出一些相通的和具有共性的管理学内容，如战略管理、人力资源管理、财务管理、物资管理、信息管理、组织管理、决策科学、领导科学、管理控制、营销管理、生产管理、作业管理等。

案例及习题

一、案例

查克·斯通曼的一天

查克·斯通曼真的相信那句老话“早鸟得虫”。这一天是星期二，清晨，他比往常早一个小时就起来了。先是原地不动地骑车运动，接下来是洗澡、穿衣、吃早饭、快速地浏览晨报，当查克驱车上路时，他看了一眼手表，5：28！从家里开车到上班地点只需 15 分钟。查克是勒那食品公司奥马哈工厂的经理。勒那公司生产牛肉和猪肉产品，以私有商标卖给 60～70 家大型超级市场连锁店。

一边开着车，查克的思绪一边回到昨天晚上。昨夜，查克和他的妻子安妮外出吃饭，庆祝他们结婚 15 周年纪念日。他们回忆起他们的初次约会（那是由双方的朋友安排的），当时他们俩事先都没抱多大希望。他们还谈起一些老朋友，他们之间已经多年没有通过信了。昨天晚上的谈话使查克萌生出一种怀旧感，他的思绪开始漫游。他想到他是怎么最后来到奥马哈，经营一家肉类加工厂，手下管着 650 名工人的。

查克 1979 年毕业于伊利诺伊大学，获商学学士学位。毕业后他进入勒那食品公司，一直干到今天。开始是在芝加哥工厂做生产计划助理，在后来的 12 年中，他逐级晋升高级生产计划员、生产领班、轮班工长，以及塔萨斯城工厂的经理助理。1991 年，他被提升担任了现在的职务。图 1-12 所示的简化的组织图中，表明了查克在勒那公司的等级结构中所处的位置以及他的直接下属。

查克和安妮喜欢奥马哈，打算在这里把他们的两个儿子抚养成人，安妮最后利用她的统计学学位在奥马哈投资公司找到了一份保险统计员的工作。

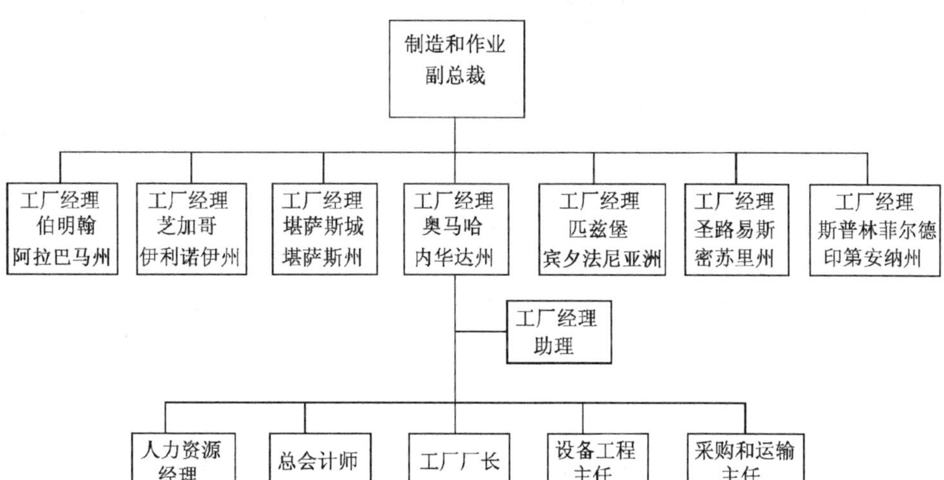

图 1-12 勒那食品公司组织图

查克今天早晨心情特别好，最后的生产率报告表明，奥马哈工厂超过了堪萨斯城工厂和伯明翰工厂，成为公司人均劳动生产率最高的工厂。经过 10 个月的经营，奥马哈工厂已成为公司所属 7 家工厂中获利最多的工厂。昨天，查克在与上司的通话中得知，他的半年绩效奖金为 23 000 美元，而过去，他最多只拿到过 8500 美元。

查克决定今天要把手头的许多工作清理一下，像往常一样，他总是尽量做到当日事当日毕。除了下午 3：30 有一个幕僚会议以外，一天的其他时间都是空着的，因此他可以解决许多重要的问题。他打算仔细审阅最近的审计报告并签署他的意见，并仔细检查一下工厂 TQM 计划的进展情况。他还打算开始计划下一年度的资本设备预算，离申报截止日期还有不到两个星期了，他一直抽不出时间来做这件事。查克还有许多重要的事项记在他的"待办"日程表上：他要与工厂厂长讨论几个雇员的投诉；写一份 10 分钟的演讲稿，准备应邀在星期五的商会会议上致辞；审查他的助手草拟的贯彻"美国职业安全健康法"（OSHA）的情况报告，工厂刚接受过安全检查。

查克到达工厂时是 5：45，他还没走到自己的办公室，就被会计总监贝斯拦住了，查克第一个反应是：她这么早在这里干什么？很快他就搞清楚了。贝斯告诉他工资协调员昨天没有交上来工资表，贝斯昨晚一直等到 10 点，今天早上4：30就来了，想在呈报的最后期限之前把工资表造出来。贝斯告诉查克，实在没办法按时向总部上报这个月的工资表了。查克作了个记录，打算与工厂的总会计师交换一下意见，并将情况报告他的上司——公司副总裁。查克总是随时向上司报告任何问题，他从不想让自己的上司对发生的事情感到突然。

最后，在他的办公室里，查克注意到他的计算机在闪烁，一定是有什么新到的信息。在检查了他的电子邮件后，查克发现只有一项需要立即处理。他的助手已经草拟出下一年度工厂全部管理者和专业人员的假期时间表，它必须经查克审阅和批准。处理这件事只需 10 分钟，但实际上占用了查克 20 分钟的时间。

现在首先要办的事是资本设备预算，查克在他计算机的工作表程序上，开始计算工厂需要什么设备以及每项的成本是多少。这项工作刚进行了 1/3，查克便接到工厂厂长打来的电话。电话中说在夜班期间，三台主要的输送机有一台坏了，维修工修好它得花费 45 000 美元，这些钱没有列入支出预算，而要更换这个系统大约要花费 120 000 美元。查克知道，他已经用完了本年度的资本预算，于是他在 10：00 安排了一个会议，与工厂厂长和工厂会计师研究这个问题。

查克又回到他的工作表程序上，这时工厂运输主任突然闯入他的办公室，他在铁路货车调度计划方面遇到了困难，经过 20 分钟的讨论，两个人找到了解决办法。查克把这件事记下来，要找公司的运输部长谈一次，好好向他反映一下工厂的铁路货运问题，其他工厂是否也存在类似的问题？什么时候公司的铁路合同到期重新招标？

看来打断查克今天日程的事情还没有完，他又接到公司总部负责法律事务的职员打来的电话，他们需要数据来为公司的一桩诉讼辩护，奥马哈工厂一位前雇员向法院起诉公司歧视他。查克把电话转接给他的人力资源部。查克的秘书又送来一大叠信件要他签署。突然，查克发现 10：00 到了，会计师和厂长已经在他办公室的外面等候。3 个人一起审查了输送机的问题并草拟了几个选择方案，准备将它们提交到下午举行的幕僚会议上讨论。现在是 11：05，查克刚回到他的资本预算编制程序上，就又接到公司人力资源部部长打来的电话，对方花了半个小时向查克说明公司对即将与工会举行的谈判的策略，并征求他对特别与奥马哈工厂有关的问题的意见。挂上电话后，查克下楼去人力资源部长办公室，他们就这次谈判的策略交换了意见。

查克的秘书提醒他与地区红十字运动的领导约定共进午餐的时间已经过了，查克赶紧开车前往约定地点，好在不过迟到了10分钟。

下午1：45，查克返回他的办公室，工厂厂长已经在那里等他。两个人仔细检查了工厂布置的调整方案，以及通道面积是否符合专为残疾雇员制定的法律要求。会议的时间持续得较长，因为中间被三个电话打断。现在是3：35，查克和工厂厂长穿过大厅来到会议室，幕僚会议通常只需要1个小时，不过，讨论劳工谈判和输送系统问题的时间拖得很长。这次会议持续了2个多小时，当查克回到他的办公室时，他觉得该回家了。他和安妮今晚要在家中招待几位社区和企业的领导人。

开车回家的时间对查克来说仿佛用了1个小时而不是15分钟，他已经精疲力竭了。12个小时以前，他还焦急地盼望着一个富有成效的工作日，现在这一天过去了，查克不明白："我完成了哪件事？"当然，他知道他干完了一些事，但是本来有更多的事他想要完成的。是不是今天有点特殊？查克承认不是，每天开始时他都有着良好的打算，而回家时都不免感到有些沮丧。他整日就像置身于琐事的洪流中，中间还被不断地打断。他是不是没有做好每天的计划？他说不准。他有意使每天的日程不要排得过紧，以使他能够与人们交流，使得人们需要他时他能抽得出时间来。但是，他不明白是不是所有管理者的工作都经常被打断和忙于救火，他能有时间用于计划和防止意外事件发生吗？

思考及讨论题

1. 用计划、组织、领导和控制四种职能理论评价查克的活动。
2. 用系统方法评价查克一天的活动。
3. 查克在完成他的职责上是有效率的吗？是有效果的吗？请说明理由。
4. 查克要成为更好的管理者应当做些什么？

二、习题

1. 什么是管理？管理的基本职能是什么？
2. 什么是管理的二重性？这一特性对研究企业管理有什么意义？管理是科学还是艺术？
3. 管理学的特点是什么？管理学的研究方法有哪些？
4. 管理学研究的对象是什么？
5. 管理学研究和学习的方法是什么？

第二章

管理思想的演进

◇ 了解中国管理思想的演进

◇ 了解西方管理思想发展背景

◇ 掌握各阶段代表人物及其理论观点

◇ 掌握现代管理学派的主要理论

中华民族几千年的文明，积淀了许多管理思想，本书撷取了其中最具代表性的流派：中国古代传统管理思想——以孔子、老子、庄子、管子、荀子、墨子、孙子等为代表的儒、道、墨、法、商等思想；中国近代管理思想——以林则徐、张之洞、李鸿章、康有为、孙中山为代表的改革派、洋务派、改良派、民主派等思想；中国现代管理思想——以毛泽东、邓小平为代表的现当代管理思想。

西方国家管理实践活动的历史源远流长，尤其是许多工业发达国家，经历了奴隶社会、封建社会、资本主义社会的全过程，积累了较为丰富的管理实践经验及管理理论。奴隶社会时期——古埃及、巴比伦、古希腊涌现出了以苏格拉底、色诺芬、柏拉图、亚里士多德等早期管理思想；封建社会——西欧的商业复兴、城市兴起、行会手工业的形成和对外贸易的发展带来了以威尼斯为代表的工商管理。资本主义时期——分为管理理论萌芽、古典管理理论、行为科学理论、现代管理理论。

资本主义早期萌芽阶段从产业革命前后到19世纪，是西方管理思想发展中的一个重要时期，代表人物有亚当·斯密、大卫·李嘉图、罗伯特·欧文、查尔斯·巴贝奇。这个时期尽管对管理的发展有着重要的贡献，但由于这些管理思想还不系统、不全面，没有形成专门的管理学派。因此，属于传统的经验管理阶段。

古典的管理理论是以“经济人”假设为基础的管理理论，其出发点是经济利益是驱动员工提高劳动效率的主要动力。在研究方法上侧重于从静态的观点分析管理过程的一般规律。其代表性的理论有泰勒的科学管理理论、法约尔的管理过程理论以及马克斯·韦伯的行政组织体系理论等。

行为科学产生于20世纪20～30年代。随着资本主义社会的发展，员工的觉悟不断提高，不仅要求经济状况的改善，而且也越来越要求政治上的民主权利，这在客观上有力地推动了对“人的因素”的深入研究。本书将行为科学理论分为早期、中期、后期。

人力资源方法早期的倡导者，最突出的有四个人：罗伯特·欧文、雨果·明斯特伯格、玛丽·帕克·福莱特和切斯特·巴纳德。玛丽·帕克·福莱特的“利益结合”的论述同泰勒的“精神革命”基本相似，而她关于协作的论述同行为学派梅约等人的论点相似，福莱特完成了由科学管理到行为科学的过渡任务。

中期行为科学有以梅约为代表的人际关系理论，第一次以长期的科学实验所取得的成果为基础形成的科学理论，为管理理论的研究打开了一个新的局面，它把心理学、社会学的理论应用于管理，为开创新的管理理论奠定了基础。

后期行为科学的研究内容大体上可分为三个层面：员工个体行为的研究、员工群体行为的研究、组织行为的研究。以上三个层面的研究虽然有各自不同的侧重点，但它们是相互联系、不可割裂的。比如，对员工的人性假设不仅影响到针对个体所采取的激励措施，还影响到了领导行为及其他各项管理措施。个体与团体行为学说包括：马斯洛的“需要层次理论”、赫茨伯格的双因素理论、弗鲁姆的期望机率模式理论、麦格雷戈的“X-Y理论”；组织行为学说包括：领导行为理论、组织变革和发展理论。

20世纪50年代之后，随着社会生产力和现代科学技术的迅速发展，世界各国，特别是发达国家对管理理论、方法、手段的研究也日臻深入，形成了各具特色、流派纷呈的现代管理思想丛林：管理过程学派、人际关系学派、群体行为学派、经验（或案例）学派、社会协作系统学派、社会技术系统学派、系统学派、决策理论学派、数学学派或管理科学学派、权变理论学派、经理角色学派。

管理自初步形成理论以来，已经历了近一个世纪的演变，其间凝结了无数管理实践者与思想者的心血与汗水，而我们正是站在巨人的肩膀上，才可以不断发展创新。研究管理的历史，能够帮助我们了解当今的管理理论与实践是如何一步步演变而来的，正如丹尼尔·A. 雷恩所言："下面让我们翻开过去的历史，为将来做好准备。"

2.1 中国管理思想

2.1.1 中国古代管理思想

1. 中国古代的管理实践

中国有许多世界历史上伟大的工程，如长城、大运河和都江堰工程等。其中长城总长达到 6700 多公里，从公元前 7 世纪我国春秋战国时开始修建，一直延续到明朝万历年间（1573 年）。在漫长的封建社会中，我国建立了高度集权的行政管理体制，特别是在人才的选拔和录用方面，建立了比较完善的科举制度。从现代的观点看，尽管科举制度在考试内容和选聘标准上存在着许多问题，但是通过考试和平等竞争的方法选用人才，在人类历史上可以说是开辟了一个范例，有的学者甚至把它说成是西方公务员制度的先驱。中国古代重视对产品质量的管理，历史上的赵州桥、应县木塔和兵马俑等伟大的建筑和艺术，都是产品质量和工艺管理上的杰作。近千年来，中国的陶瓷制器一直享誉世界，不愧为瓷器之国。传统的瓷器工业在世界上独占鳌头，也体现在它在技术、工艺、管理上的完美结合。

2. 中国古代的管理思想及其贡献

中国古代传统的管理思想，对世界，特别是对东方的文化产生过巨大影响，出现过一批像孔子（孔丘）、管子（管仲）、荀子（荀况）、墨子（墨翟）、老子（老聃）、庄子（庄周）、孙子（孙武）、韩非子、商鞅、李斯、诸葛亮、李世民（唐太宗）、王安石、康熙（玄烨）等一大批政治家、军事家、思想家、教育家，同时他们也称得上是伟大的管理学家。

（1）儒家思想

儒家思想是中国传统文化的主流，它不仅对中国有深远的影响，而且在日本、韩国、新加坡等许多亚洲国家广为流传。近 30 年来，许多东亚、东南亚国家相继走上了现代化道路，社会经济得到了高速发展，企业管理也达到了世界先进水平，这恰恰是吸收了东西方文化中的有益成分，并结合本国的实际取得的巨大的成功。他们用儒家的观点塑造现代企业文化，形成了与西方管理文化截然不同的特色，一些国家和地区把它称为"新儒学派"。

以儒家思想为代表的中国传统管理思想和管理文化的内核是什么？归纳起来包括以下方面。

1）民本思想。民本思想强调管理活动要"以民为本"，重视人的因素，提倡"德治”和“仁政”。

2）中庸。中庸是孔子和儒家管理思想的基础，中庸的本意是讲对事不偏不倚、折中和调和。

3）人和。孔子和儒家主张“礼之用，和为贵”。在《论语》中，孔子说“君子和而不同，小人同而不和”，这里孔子所说的和是指社会成员之间协调与和睦，而不是无原则的苟同与同流合污。

4）义利观。“君子喻于义，小人喻于利”。这里的君子可以理解为管理者，他们的价值取向应是先义后利，先人后己，而对被管理者的价值取向应是先利后义，亦所谓“先富之，后教之”。

5）教育观。“为政在人”，管理者要注意选才和育才。“学而优则仕”，即学习要达到一定的“度”，才能成为人才，才有可能为事业做出贡献。

（2）道家的管理思想

老子是道家学派的创始人，著有《老子》一书，《老子》，又称《道德经》，分《道经》和《德经》上下两篇。《老子》这部书有丰富的管理思想，既有“治国”，又有“用兵”；既有宏观调控，又有微观权术，被称为“君王南面之术”的重要著作。

1）无为而治的管理原则。老子及其道家则把“无为”看作管理的最高原则，并把它建立在“道法自然”的哲学思想的基础上，从而使“无为而治”成了老子及其道家管理思想的核心内容。

2）以弱胜强的管理策略。《老子》的“以弱胜强”思想包括以下内容：

其一，“哀者胜”——以弱胜强的前提条件；

其二，“以正治国”——以弱胜强的基础；

其三，后动制敌——以弱胜强的实现。

3）善下的用人思想。“知人者智”，这就是说，认识人才，发现人才，才称得上有智慧。

（3）墨家的管理思想

墨子是战国时期墨家学派的创始人。

墨家的管理思想是针对当时社会的现实问题，站在劝说当权者治国的立场，阐述有关管理问题的，有丰富的内容和值得借鉴之处。

1）管理目标——富民治国。墨子认为，统治者治理国家的目标是政治清明，法纪井然，国富民众，民富国治。他借鉴历史的经验，把富国和消除民困的“三患”即“饥者不得食、寒者不得衣、劳者不得息”作为努力的目标。

2）人际关系——兼相爱，交相利。所谓“兼相爱”，即是长幼贵贱皆爱；所谓“交相利”，就是利人才能利己，利人也是为了利己。只有这样才能万民和，国家富，百姓暖衣、温饱无忧虑的理想便可达到了。

3）用人之道——尚贤。墨子主张用人唯贤，“不辨贫富、贵贱、远迩、亲疏，贤者举而尚之，不肖者抑而废之”，这是“为政之本”。

4）行政管理——尚同。尚同是与尚贤相辅而行的行政管理原则。墨子认为，政令不一，只能导致社会纷乱。尚同与尚贤一样，是“为政之本”。

5）消费原则——节用。

(4) 法家的管理思想

法家是战国时期形成的一个重要学派，它是代表当时新兴地主阶级的一个政治派别。主要代表人物有李悝、吴起、商鞅、韩非等，主张“以法治国”的行政管理思想，“富国以农”的经济管理思想，“用人唯贤”的人事管理思想。

(5) 商家的管理思想

商家，是先秦时期一个颇有特色的管理思想流派。商家的学派宗师和代表人物主要有子贡、陶朱公、白圭等。主张：重视市场预测、重视商业经营策略、重视商业经营素质。

(6)《孙子兵法》

《孙子兵法》是公元前5世纪的中国著名军事家孙武所著。《孙子兵法》共有兵法13篇，语言简练，其内容却博大精深。例如在《孙子兵法》第一篇“计篇”中，孙武指出决定事物成败和战争胜负的“五事”（五个因素），即所谓“道”、“天”、“地”、“将”、“法”。这里所说的“道”是指道义，即只有顺道，才能做到上下同心同德。“天”是指天时，“地”是指地利，即企业面临的内外环境。“将”是指人才，“法”是指组织与管理。台湾企业家陈茂榜先生将孙子兵法的“五事”理解为企业管理的五大原则，即：道——经营目标，天——机会，地——市场，将——人才，法——组织与编制。正是由于“五事并重”，使其成了“生意兴隆通四海”的著名经营者。

在人才素质方面，《孙子兵法》提出了领导者应具备“五德”，即“智、信、仁、勇、严也”。在经营谋略方面，《孙子兵法》提出了“知己知彼，百战不殆”、“兵不厌诈”、“攻其无备，出其不意”、“避实就虚”、“令之以文，齐之以武”、“兵贵胜，不贵久”、“有备无患”、“不可取于鬼神，必取于人”等许多著名论断，这可以说是给后人，特别是给军事家、企业家们所留下的极其宝贵的财富。

中国古代的管理思想和管理理论绝不仅仅限于上述内容，诸如在治国安邦、法制、经济管理、系统理论，中国古代的学者、思想家们也有许多著名论断和独到的见解，需要我们认真学习、发掘和研究。

2.1.2 中国近代管理思想

进入近代时期，中国传统管理思想与西方科学管理思想逐渐融合，这是在近代社会性质转变、近代民族工业发展、近代民主政治演进的宏观氛围下完成的。

1. 近代管理思想的主要内容

(1) 行政管理思想

地主阶级改革派林则徐是一位向西方寻求救国真理的思想先驱，他不仅是为近代中国勇开风气之先的有识之士，而且在选材用人的问题上也独具慧眼，重视和使用一些“社会地位卑下”的外语人才，以顺应时代对选材用人的需要。魏源则主张庶人议政，他认为，执政者只有广开言路，尽量全面地听取来自各方面的意见，才会使自己目明耳聪，把国家的大事做好。

洋务派张之洞提出“旧学为体，新学为用”的观点，即“中体西用”论。“旧学为体”，就是用封建的“圣道”作为统治人民的根本；“新学为用”，就是学一些西方技术为我所用。

资产阶级改良派康有为认为，在全面变法中，必以政治改革为根本，在政治改革中，又必以君主立宪为根本。只有实行了君主立宪，解决了根本问题，然后其他各方面的变法才能次第实现，才能使中国免于灭亡而走上富强独立的资本主义道路。梁启超根据西方天赋人权学说，也提出在中国实行君主立宪，设议员、兴民权的政治变革主张。

资产阶级革命派孙中山提出以民权主义为特征的政治管理思想。民权主义的基本内容是“建立民主立宪政体”。他把“三权分立”变成“五权分立”，就是将原来的立法、行政、司法三权加上考试权和监察权。

（2）经济管理思想

地主阶级改革派林则徐提出严禁鸦片贸易、不禁一般贸易的贸易管理思想，还提出铸银币、用钱票、开银矿的货币管理思想。魏源不仅对传统的“重本抑末”、“黜奢崇俭”的观点提出新的解释，而且对漕运、盐政和赋税管理方面提出改革主张。魏源在“师夷长技”口号下，提出了移植西方新式工业的主张，是中国近代工业管理思想的直接先驱。

洋务派李鸿章提出“自强”、“求富”为管理目标的思想，兴办了近代军事工业、民用工业。他还提出“官督商办”的思想，所谓“官督商办”，就是商人出资，政府派官管理。

资产阶级改良派康有为提出“富国”、“养民”，发展资本主义的经济纲领。富国之法包括钞法、铸银、铁路、机器轮舟、开矿、邮政六项纲领，养民之法包括务农、劝工、惠商、恤穷四项纲领。梁启超提出振兴实业论和利用外资论，其目的都是为了发展资本主义经济。

资产阶级革命派孙中山提出以民生主义为特征的经济管理思想。他为宏观经济管理所制定的目标是，同时注意“贫”和“不均”两个方面的问题，但把解决贫的问题放在首位。他在宏观经济管理模式方面的主张是倾向于国家干涉主义。廖仲恺的经济管理思想集中表现为“新国家建设”思想，基本内容是：“从政治上求解决”是新国家建设的前提；“平均地权”是新国家建设的基础；“发展铁路交通”是新国家建设的核心内容。

（3）企业经营管理思想

随着中国民族资本主义企业的产生和发展，中国民族资产阶级的企业经营管理思想应运而生。张謇作为中国近代最早的和规模最大的民族资本企业的创始人，他在企业经营管理方面，如资金管理、人才管理、生产管理等若干问题的见解独特而有理论价值。“棉纺巨子”穆藕初第一个把西方科学管理理论引进中国，他不仅在思想上认识到引进先进管理学说的必要性，而且在实践中大力加以贯彻实施，并取得一定的成效。旧中国最大的民族资本主义企业荣氏企业集团的创始人荣宗敬、荣德生的企业经营管理思想值得后人借鉴，如勇于开拓，急于扩展；敢于竞争，抢占市场；重视人才，加强培训等。被誉为“煤炭大王”、“火柴大王”、“企业大王”的刘鸿生创办的刘氏企业集团，合轻重工业、运输业、商业及金融业于一体，他的重视企业战略决策、主张分散投资策略、提出人才竞争策略及市场竞争策略的企业经营管理思想，是符合当时社会历史条件和中国特定国情的。曾被毛泽东誉为旧中国实业界“四个不能忘记”的人物之一的卢作孚，他的关于经营目标、企业精神、组织管理、人事管理等企业经营管理思想，至今仍给人们以启示。

2. 近代管理思想的特点

(1) 近代时期是中国管理思想融合的阶段

中国管理思想从先秦时期产生，秦汉至唐时期发展，到宋元明清时期承接，其内容实质一直没有发生根本的变化。如行政管理思想，始终以建立专制主义中央集权体制为目标，即使封建社会后期这一体制发生严重危机时，也只是在不触动封建制度的前提下，自上而下地作某些调整变革。近代时期就不同了，先是资产阶级改良派主张君主立宪、改革官制，接着是资产阶级革命派主张推翻君主专制、建立民国，使中国传统行政管理思想发生了新的转变，这也是西方资产阶级政治思想传入和冲击的结果。

(2) 近代时期管理思想出现了新的内容

中国古代没有企业，因而不可能有企业经营管理思想。近代产生了新式工商企业，企业经营管理思想也就应运而生。近代民族企业家最早把美国泰勒的科学管理原理引进国内，并在企业中实践，他们又继承中国传统管理思想的精华，并与西方科学管理思想融合起来。

2.1.3 中国现代管理思想

中国现代的管理思想是与西方科学管理思想整合之后，根据中国的特色发展起来的，主要的代表是毛泽东的管理思想和邓小平的管理理论。

1. 毛泽东的管理思想

(1) 毛泽东的社会管理思想

毛泽东把马克思列宁主义同中国革命和建设实际结合起来，对社会主义的社会管理提出了许多新观点，进一步丰富和发展了马克思主义的社会管理思想。

1) 为建设一个伟大的社会主义国家而奋斗。确立反映社会利益和社会一般发展规律的目标，是社会管理主体有效活动的基础。

2) 不要四面出击。毛泽东说过要学会“弹钢琴”，主要矛盾解决了，其他问题便迎刃而解，绝不可四面出击。

3) 调动一切积极因素，为社会主义事业服务。在社会管理过程中，确立正确的目标和战略策略之后，重要任务是要组织和协调各种力量，为实现目标而奋斗。

4) 统筹兼顾，适当安排。调动一切积极因素，最重要的是要调动人的积极性。为此，毛泽东提出“统筹兼顾，适当安排”的方针，这是社会主义社会管理的一个正确方针。

5) 全面规划，加强领导。计划或规划，为社会生活的发展提出了目标和具体任务，协调社会生活各方面的关系，综合运用各种调节手段，能促使社会按照预定的目标协调地向前发展。

(2) 毛泽东的企业管理思想

1) 要给企业一定的独立性。毛泽东重视发挥企业的积极性，他认为要兼顾国家、生产单位和劳动者间的关系。在《论十大关系》中，毛泽东十分明确地指出：“这里还要谈一下工厂在统一领导下的独立性问题。把什么东西统统集中在中央或省市，不给工厂一点权力，一点机动的余地，一点利益，恐怕不妥。中央、省市和工厂的权益究竟应当各有多大才适当，我们经验不多，还要研究。从原则上说，统一性和独立性是对立的统一，要有统一性，也要有独立性。”“各个生产单位都要有一个与统一性相联系的独立性，才会发展得更加活泼。”

2）要实行“两参一改三结合”。毛泽东认为，所有制问题基本解决以后，最重要的问题是管理问题，也就是人们在生产中的相互关系问题。为了正确处理人们在生产中的相互关系问题，毛泽东提出要实行“两参一改三结合”的制度。他认为，领导人员要以普通劳动者的姿态出现，以平等态度待人，一两年整一次风，进行大协作。对企业的管理，采取集体领导和群众运动相结合，干部参加劳动，工人参加管理，不断改革不合理的规章制度，工人群众、领导干部和技术人员三结合。

3）用托拉斯的组织形式管理工业。1949 年后，在工业管理上，我们一直偏重于用行政组织、行政方法，造成了管理多头、多级，管理机构臃肿重叠。《工业七十条》的颁布实施，对于加强工业企业内部的经营管理起到了重要的作用，但是对于工业内部企业与企业之间、行业与行业之间如何加强组织与管理未能涉及。针对这种情况，中共中央提出，要在工业、交通中试办托拉斯，用托拉斯的组织形式来管理工业。

毛泽东的管理思想是丰富的，他提出的社会主义管理中的一些重要指导原则和具体思想，至今仍闪烁着耀眼的光辉，为探索有中国特色的社会主义现代管理体制提供了历史性的思想理论成果，做出了重要的理论贡献。学习和回顾毛泽东关于管理的这些思想与主张，仍然可以深受裨益。

2. 邓小平的管理思想

邓小平的著作中包含着十分丰富的管理思想，是邓小平理论的有机组成部分。邓小平的管理思想对中国现代管理思想有着极其深远的影响。

1978 年党的十一届三中全会以后，邓小平带领全党和全国人民进入了改革开放和社会主义现代化建设的新时期。新时期最鲜明的特点就是改革开放。在开放条件下的改革是中国的第二次革命，它不仅对各个领域的管理提出了全新的要求，而且，改革开放在广阔领域的不断深入，也进一步为丰富和发展邓小平管理思想提供了基础。

1）加强学习。在新的形势和任务下，高瞻远瞩，提出学习管理的任务。十一届三中全会以后，党和国家的工作重点转移到以经济建设为中心。大力发展社会生产力，实现社会主义现代化，成为新时期党和国家的主要任务。正是在这种转折中，1978 年 12 月 13 日，邓小平同志在实际上是十一届三中全会主题报告《解放思想，实事求是，团结一致向前看》的著名讲话中，针对现代化建设提出“全党必须再重新进行一次学习”。除了根本的要学习马列主义、毛泽东思想，大多数干部还要着重抓紧三个方面的学习：一个是学经济学，一个是学科学技术，一个是学管理。学习好，才可能领导好高速度、高水平的社会主义现代化建设。

2）克服官僚主义。在管理方法上，要特别注意克服官僚主义。官僚主义是小生产的产物，同社会化的大生产是根本不相容的。现在，经济管理工作机构臃肿，层次重叠，手续繁杂，效率极低，关键要从制度上解决问题，官僚主义虽有思想作风问题的一面，但是制度问题不解决，思想作风问题也解决不了。

3）民主与集中。民主与集中是管理决策中的两个层面，管理要正确处理民主与集中的关系，贯彻民主集中制。“我们要发扬民主，但是同时需要集中”，但二者又不是等同的关系。我们需要集中统一的领导，但是必须有充分的民主，才能做到正确的集中。可见，民主是集中的前提和基础，集中则是民主的延伸和结果。

4）体制改革。管理要改革体制，从改革领导制度及其他制度入手。邓小平同志多次在关于军队、科技、教育和企业工作的讲话中强调体制改革的重要性。他指出，体制问题，实际上同“消肿”是一个问题的两个方面。要靠改革，要形成一套有效的制度。

5）重视科技。邓小平同志提出“科技是第一生产力”，科技管理要统一机构，统筹规划，形成合力。

6）重视人才。管理要靠专业人才，管理就是做人的工作。邓小平同志指出，我们就是要建立这样一套制度，使那些有专业知识的、年富力强的人，被选拔到能够发挥他们才干的工作岗位上来。

7）强调思想政治工作。思想政治工作就是做人的工作，也是管理工作的重要方面。

8）借鉴先进经验和方法。管理要学习借鉴国外的先进经验和方法，要有创造性。在改革开放的过程中，邓小平同志特别重视学习借鉴世界上先进的管理经验和方法。他说：社会主义要赢得与资本主义相比较的优势，就必须大胆吸收和借鉴人类社会创造的一切文明成果，吸收和借鉴当今世界各国包括资本主义发达国家的一切反映社会化生产规律的先进经营方式、管理方法。

邓小平管理思想，来源于中国革命和建设事业管理的实践，并随着这一实践的发展而不断丰富。它是邓小平理论的重要组成部分，是指导党和国家、军队管理工作的理论瑰宝。新的世纪，在我们全面推进建设有中国特色社会主义伟大事业的过程中，这一思想必将发挥重要的指导作用，指引我们有效地管理好各项事业，实现社会主义现代化建设的宏伟目标。

2.2　西方管理萌芽

西方国家管理实践活动的历史源远流长，尤其是许多工业发达国家，经历了奴隶社会、封建社会、资本主义社会的全过程，积累了较为丰富的管理实践经验及管理理论。

2.2.1　奴隶社会

1. 古埃及人的管理思想

古埃及在国家制度上，建立了以法老为首的一整套专制体制的管理机构，掌握行政、司法、军事大权。国家统一后，开始统一管理灌溉系统，观测、记录尼罗河的水位，以便发展农业生产。法老下面设有各级官吏，最高的是宰相。宰相辅助法老处理全国政务，并且总管王室农庄、司法、国家档案、监督公共工程的兴建；宰相每天向法老汇报工作，接受指示并经常代表法老巡视各地，了解和监督地方工作。宰相下设一批大臣，分别管理财政、水利建设和各地的事务。这些机构和人员的设立，说明他们已经有了自上而下的管理者的责任和权力规定，有了较严格的国家管理机构和体制的管理思想。

埃及金字塔的修建，也反映了古埃及时代在管理方面的重大成就。其中最有代表性的是建于公元前27世纪的胡夫金字塔。据估计，埃及人在修建这个金字塔上花费10万人次20年以上的劳动。这表明：他们已经有了分工和协作的思想，较好地把科学技术运用于劳动过程，体现了较严密的组织制度。

在埃及人的著作中也可以发现许多管理思想。《普塔-霍特普教诲书》大约成书于公元前2700年左右，在公元前1500年时已作为埃及学校教材，里面就包含着丰富的管理思想。

2. 古巴比伦的管理思想

巴比伦王国于公元前1894年由阿摩利人建立，它是以两河流域为中心的古代东方的奴隶制国家。在当时建立的乌尔王朝，就以成文法典来管理国家。当时的法典就经商、物价控制、刑事处罚等作了不少规定。其中汉谟拉比王（公元前1792～前1750年）颁布的《汉谟拉比法典》，较为集中地体现了巴比伦王国的管理思想。

从法典的内容来看，已经详细地涉及了工资、控制、债权、债务、财产、商业活动、租金、责任、行为等内容，从多方面反映了当时巴比伦人的管理思想。

3. 希伯来人的管理思想

公元前15世纪左右，希伯来人居住在巴勒斯坦地区。希伯来人在征服自然、管理国家的过程中，萌发了许多管理思想。他们的管理思想主要反映在《圣经》中。据《圣经》记载，摩西是希伯来人的领袖，他在立法、人际关系、人员选择和训练方面都很出色。摩西的岳父曾对摩西的管理方法提出了批评，认为摩西处理政务事必躬亲，并不利于管理。他提出三点建议：第一，制定法令，昭告民众；第二，建立等级委任制度；第三，责成各级管理人分级管理，只有最重要的政务才提交摩西。这些建议表明现代管理理论的例外原则、授权原则、管理跨度原则等早在古代已有萌芽。

4. 古希腊的管理思想

希腊是欧洲古代文化的发源地，到公元前5～前4世纪，随着希腊经济的强盛，奴隶制度的确立，管理水平不断提高，出现了诸如苏格拉底、色诺芬、柏拉图、亚里士多德等思想家，他们的伟大思想对后人影响很大。

（1）苏格拉底

苏格拉底主张，国家的领导及国家的各种职务，应由经过挑选并受过训练的人来担任；主张有才能的人才能当权。他认为，公众事业的管理技术和私人事业的管理技术是可以相互通用的。实际上他已认识到管理的普遍性。

（2）色诺芬

色诺芬是苏格拉底的门生，曾著《家庭管理》一书，这是古希腊流传下来的，专门论述经济的第一部著作。在这本书中，他详细地论述了奴隶主应如何加强对奴隶的管理，从而使自己的财富不断增加的经济思想；书中提出了劳动管理的思想并分析了分工的重要性等。

(3) 柏拉图

柏拉图是苏格拉底的学生，古希腊著名的哲学家、思想家。柏拉图一系列的政治观点和经济管理学说都是在他的代表作《理想国》里阐述的。书中研究了国家范围内的分工和组织国家的原则。

(4) 亚里士多德

亚里士多德是柏拉图的学生，古代伟大的思想家，他出生于塔吉拉城。亚里士多德在管理上的主要贡献是发展了色诺芬的“家庭管理”思想。他比色诺芬更加精确地规定了“家庭管理”的研究对象和任务。他认为“家庭管理”包括两个内容：一是研究家庭成员之间的关系，即主权、夫权、父子之间的关系，其中奴隶和奴隶主的关系是首要关系；二是研究致富的技术，包括巧妙地经营房地产是发财致富的自然方式。

5. 古罗马的管理思想

古罗马在世界史上是最大的奴隶制国家之一，最初形成于意大利半岛的罗马城，后逐步扩张为横跨欧、亚、非三大洲的奴隶制大国。

首先，从罗马奴隶制的建立过程中我们可以看出，他们对于国家的政治体制已经有了集权、分权再到集权的实践，与不同的国家体制相适应，还建立了相应的管理机构。

其次，一些奴隶主思想家在其政治、军事、经济、法律等著作中，也体现出了较为丰富的管理思想。这些思想家的突出代表是贾图。

贾图（公元前234～前149年）是古罗马的政治家、作家，历任执政官、监督官等职。其主要著作是《论农业》，这本书中的主要管理思想有三点：第一，认为农业是罗马人最重要的职业。主张奴隶主必须认真经营农业，用心管好自己的农庄；第二，强调对奴隶的严格管理；第三，明确提出管家要经过挑选并规定了管家的职责。

2.2.2 封建社会

1. 西欧封建社会的组织结构

在西欧封建社会建立和发展的过程中，其社会组织结构始终是围绕着集权——分权这一核心来形成的。随着封建社会的发展，其内部终于形成了一整套等级制度，成为西欧封建社会组织的特点。它主要是通过由上而下的分级授权来体现的，即：由拥有最高权力的国王，把除自己留用外的土地封给大诸侯，条件是要为国王提供军事和财税等方面的需要服务。各大诸侯又以同样的方式从自己的封臣那里获得各种服务。这种逐级分封的制度形成了一种连续的等级制，形成公、侯、伯、子、男等爵位和骑士采邑，骑士、采邑又有他的从属门户。构成了由上至下的“金字塔”式结构。

2. 西欧封建社会的经济特点

西欧封建社会早期是非常暗淡的“黑暗时代”，直到中期和后期，由于手工业从农业中分离并迅速发展，城市的兴起和商业、贸易的发展，西欧封建社会的经济才发生了一些新的变化。随着手工业生产水平的提高，产品的增加，仅在本地区内销售已不切实际，这样就促使了对外贸易的发展，当时西欧就已开辟了多条海上商路，形成了多个贸易中心。贸易和商业的发展，各种核算制度和银行业务也发展了起来，产生了现代簿记学、银行、信用、期票等的雏形。

3. 威尼斯的工商管理

威尼斯位于亚德里亚北海岸，到10世纪末期，已成为一个富庶的商业国家。当时威尼斯的金币“松卡特”几乎成为全欧的通用货币，从而威尼斯商人也远近闻名。

威尼斯的商业管理最突出的两个方面是商业组织类型和会计制度。商业组织类型主要为合伙企业和合资企业，已经和现代企业类型比较接近。

在15世纪早期，威尼斯商业企业中就开始用复式簿记，设立了日记账和分类账，实行了成本控制和会计控制。

威尼斯的工业管理是以兵工厂为代表。主要包括：流水线的出现，严格的会计管理制度，对成本的分析与核算，较健全的人事管理制度，存货控制的技术和标准化等。

2.2.3 资本主义早期

产业革命前后到19世纪，是西方管理思想发展中的一个重要时期。由于资本主义社会的初步形成和产业革命的顺利进行，对管理提出了新的要求。这一时期虽然没有形成完整的管理理论，但许多著名的经济学家、思想家、工程学者对管理思想进行了积极的探索。

1. 亚当·斯密

亚当·斯密（1723～1790）认为，国民财富的增加，取决于两个条件：一是增加生产者人数；二是提高劳动生产率。后者更为重要。如何提高生产率呢？他认为应该依靠分工，这是因为“有了分工，同数量劳动者就能完成比过去多得多的工作量，其原因有三：第一，劳动者的技巧因业专而日进；第二，由一种工作转到另一种工作，通常须损失不少时间，有了分工，就可以免除这种损失；第三，许多简化劳动和缩减劳动的机械的发明，使一个人能够做许多人的工作”。在这里，亚当·斯密已经充分地认识了劳动分工和合理组织能够使生产形成专业化、标准化和简化趋势。他对分工理论的系统论述，为以后的管理思想发展产生了深远的影响。

亚当·斯密在提出劳动分工提高经济效率的基础上，还提出了“生产合理化”这样一个重要的管理概念。同时还指出，价值高的机器，在用旧以前所做的工作应能赚回本金，并至少能提供正常利润，这实际上是提出了投资效果的问题，是斯密对工业管理思想的一大贡献。

亚当·斯密在研究经济现象时的基本论点是所谓“经济人”的观点，即经济现象是具有利己主义的人们的活动所产生的。他认为：人们在经济活动中，追求的完全是私人利益，但每个人的私人利益又受其他人利益限制。这就迫使每个人必须顾及到其他人的利益。由此产生了相互的共同利益，进而产生了社会利益。社会利益正是以个人利益为立足点的。这种“经济人”的观点，正是资本主义生产关系的反映，同样对以后资本主义管理思想的发展产生了深远的影响。

2. 大卫·李嘉图

大卫·李嘉图（1772～1823）是英国古典政治经济学的主要代表人物，其代表作为1817年出版的《政治经济学及赋税原理》。在这部著作中，他以劳动价值论为基础，研究工厂工资、利润和地租，论述了资本主义经营管理的中心问题。他认为：劳动者创造的价值是工资、利润、地租的源泉，因此工资越低，利润越高；工资越高，利润就越低。

3. 罗伯特·欧文

罗伯特·欧文（1771～1858）是19世纪初英国卓越的空想社会主义者。从1800年开始，他在苏格兰新纳拉克经营一家纺织厂，在这个工厂里，他实行了前所未有的实验，推行了许多改革办法。他改善了工厂的工作条件：把长达十几个小时的劳动日缩短为十个半小时；严禁未满9岁的儿童参加劳动；提高工资；免费供应膳食；建设工人住宅区，改善工作和生活条件；开设工厂商店，按成本出售职工所需必需品；设立幼儿园和模范学校；创办互助储金会和医院，发放抚恤金等。这些改革的目标是探索既能改善工作生活条件，又有利用工厂所有者的方法。其结果确实改善了工人的生活，也使工厂获得了优厚的利润。欧文这一系列改革的指导思想体现了他对人的因素的重视。他认为：人是环境的产物，对人的关心至少应同对无生命的机器关心一样多。

欧文的管理理论和实践突出了人的地位和作用，实际上是人际关系和行为科学理论的思想基础，对以后的管理产生相当大的影响，有人称他为"人事管理之父"。

4. 查尔斯·巴贝奇

查尔斯·巴贝奇（1792～1871）是英国有名的数学家，剑桥大学数学教授，他的好学精神引导他研究了不少手工业工场和工厂的实际问题，从而在经济学和管理思想上也做出了让人称赞的贡献。

巴贝奇指出分工可以提高劳动生产率，这是因为分工节省了学习所需的时间。如果生产中包含的不同工序越多，所需的学习时间就越长。而一个工人只做其中一道工序，学习时间就缩短了；由于劳动分工所需学习的内容减少。学习时间缩短，学习所需耗费的材料也就相应地减少；由于分工节省了由一道工序转变到另一道工序所耗费的时间，而且还可以保证工人有足够的体力来完成繁重的工作；由于分工节省了改变工具所耗费的时间；由于分工能够使工人较快地熟练工作，大大提高效率；由于分工，劳动时较容易集中在比较单纯的作业上，出现问题容易发现，有利于改进工具和机器，也容易设计出更加精密适用的工具和机器。

巴贝奇虽然是数学家，却没有忽视人的作用。他认为工人与工厂主之间能够存在利益的共同点，由此他竭力提倡一种工资加利润分成的报酬制度。工人可以按照他对生产率所做出的贡献，分得工厂利润的一部分，主张工人的收入应该由三个部分组成：按工作性质所确定的固定工资；按对生产率所做出的贡献分得的利润；为增进生产率提出建议而应得的奖金。按生产率高低来确定报酬的制度，是巴贝奇的一个重大贡献。

2.3 古典管理理论

古典的管理理论是以“经济人”假设为基础的管理理论，其出发点是经济利益是驱动员工提高劳动效率的主要动力。在研究方法上侧重于从静态的观点分析管理过程的一般规律。其代表性的理论有泰勒的科学管理理论、法约尔的管理过程理论以及马克斯·韦伯的行政组织体系理论等。

2.3.1 科学管理理论

1. 弗雷德里克·温斯洛·泰勒——“科学管理之父”

泰勒（有些书译为泰罗）(Frederick Winslow Taylor，1856～1915）生于美国宾夕法尼亚州的一个律师家庭。泰勒一生的著作和文章很多，在管理方面的主要著作和论文有 1895 年发表的《计件工资制》；1903 年发表的《工场管理》；1906 年发表的《大学和工厂中训练方法的比较》；1909 年发表的《制造业者为什么不喜欢大学毕业生》；1912 年发表的《效率的福音》和《科学管理的原理和方法》。泰勒的科学管理理论主要反映在这些通过实践和实验总结出来的著作中。

泰勒中学毕业后由于眼疾无法继续深造，曾先后进入美国米德瓦尔和伯利恒钢厂当技工，由于工作勤奋，1884 年被提升为总工程师。泰勒在工作期间，深切感到工人劳动效率不高，他认为原因在于：①工人消极怠工，普遍存在磨洋工和偷懒现象；②工人缺少培训，没有正确的操作方法和适合的工具，影响生产率的提高。

基于上述观点，泰勒从 1898 年起，着手进行了一系列著名的科学试验，内容包括：

（1）科学试验

1）搬铁块试验。伯利恒钢厂有五座高炉，生产的生铁块由 75 名装卸工负责将其装运到货车车厢，搬运距离为 30 米。由于工作效率不高，每人每天平均只能搬运 12.5 吨。泰勒通过观察分析，并挑选一名叫施米特的工人进行试验。由于改进了操作方法和作息时间，试验获得了成功，使班组每人每天的劳动定额都提高到 47.5 吨，即比原来提高了 3 倍，工人的工资也由当时每天的 1.15 美元提高到 1.85 美元。

2）铁锹试验。泰勒对伯利恒钢厂堆料厂工人的铁锹进行了系统研究，并重新进行了设计，使每种铁锹的载荷都能达到 21 磅左右，同时训练工人使用新的操作方法，结果使堆料场的劳动力从 400～600 人减到 140 人，平均每人每天的工作量从 16 吨提高到 59 吨，每吨操作成本从 7.2 美分降至 3.3 美分，每个工人的工资也由每日 1.15 美元增至 1.88 美元。

3）金属切削试验。泰勒从米德瓦尔工厂工作开始，先后对金属切削进行了长达 26 年之久的各种试验，试验次数共计 3 万次以上，耗费 80 万磅钢材，资金 15 万美元。试验结果发现了能大大提高金属切削加工产量的高速钢，并取得了各种车床适当转速和进刀量的完整资料。

泰勒致力于寻求做每一件工作的最佳方法，然后，选择适当的工人并培训他们严格按最佳方法从事工作；为了激励工人，泰勒主张采用刺激性工资计划。总的来说，泰勒取得了生产率在200%甚至更高范围内的持续改进。他重申了管理者在计划与控制方面的作用。他的《科学管理原理》一书和他的其他论文，把他的思想不仅传播到美国各地，而且传播到法国、德国、俄国和日本。

引起美国公众对科学管理兴趣的一个最大的推动事件，是在1910年期间，他们听到效率专家宣布通过应用科学管理，铁路每天可以节约100万美元的运行费用（相当于1994年的1400万美元），这意味着铁路票价可以大幅度降低。由于美国制造公司较早地接受了科学管理方法，从而使它们与外国公司相比处于相对优势的地位，至少在其后的50年里，美国制造业的效率一直令世界注目。

（2）科学管理原理

泰勒的科学管理有三个基本的出发点：一是谋求最高的工作效率，科学管理的中心问题是提高劳动生产率；二是谋求取得最高工作效率的重要手段；三是要求管理人员和工人双方实行重大“精神变革”，在工作中要互相协作，共同努力。

1911年泰勒根据这三个出发点，在试验的基础上，发表了著名的《科学管理原理》一书，其主要内容有：

1）操作方法标准化，即动作研究。通过分析研究工人的操作，选用最合适的劳动工具，集中先进合理的操作动作，省去多余的不合理的操作动作，最终制定出各种工作的标准操作方法。

2）劳动工时的合理运用，即时间研究。通过对工人工时消耗的研究，规定完成合理操作的标准时间，制定出劳动的时间定额。

3）实行有差别的计件工资制，即按照工人在工作中的实际表现，而不是根据工作类别来支付工资。对于按照标准做法在规定时间定额内完成工作任务的工人，以较高的工资率计发工资，而未完成者，则以较低的工资率（正常工资的80%）计发工资。

4）按标准操作方法对工人进行培训。泰勒主张运用科学的手段挑选和系统培训工人，使他们掌握和合理运用操作方法和工具，在体力和能力方面都有所提高，成为“第一流的工人”。

5）计划职能和执行职能的明确分工。泰勒认为计划职能人员负责研究计划、调查、控制以及指导，逐步形成管理人员专业化，即实行“职能工长制”。将管理工作进一步细化，所有的管理者只承担一种职能，而工人只负责具体作业，管理者和劳动者分工合作，各负其责。

泰勒的理论和实践，是管理工作的一场革命，对当时企业管理从单凭经验到走向科学化的道路，起到了重要作用。他所推行的一套制度和方法被称为“泰勒制”，泰勒本人也被奉为“科学管理之父”。

2. 其他学者的贡献

美国管理学者吉尔布雷斯（F. B. Gilbreth）夫妇、甘特（H. L. Gantt）、福特（H. Ford）等人在管理理论和实践方面也做出了许多贡献，这是对泰勒制的进一步补充、发展和完善，使科学管理理论更具有推广和应用价值。

（1）吉尔布雷斯夫妇

吉尔布雷斯夫妇在设计和采用适当的工具和设备使工作绩效最优化方面进行了大量

试验。弗兰克·吉尔布雷斯最著名的实验，恐怕要数关于省略砌砖动作的研究。通过仔细地分析砌砖时的工作过程，吉尔布雷斯将砌外墙砖的动作从 18 个减少到一半甚至 4 个，将砌内墙砖的动作从 18 个减少到 2 个。

吉尔布雷斯夫妇是首先采用动作摄影来研究手和身体动作的研究者之一。他们发明了一种瞬时计，用来记录 1/2000 秒的时间，把它置于要拍照的研究现场，以决定工人在每个动作上花费的时间，从而能够辨认出被肉眼忽略的浪费动作并将其省去。吉尔布雷斯夫妇还设计出一种分类体系，用来标识手的 17 种基本的动作（诸如“寻找”、“选择”、“抓取”、“持握”等），他们称之为基本动作元素（therbligs，“gilbreth”一词的反向拼写），这套体系使吉尔布雷斯夫妇能够以更精确的方式，分析任何操作者手的运动包含的动作要素。

吉尔布雷斯夫妇对管理思想的贡献主要是五个方面，即：动作研究、疲劳研究、建立制度管理、分析了工人自身素质对工作成绩产生的影响、研究了管理人员的培训和提升问题。

（2）甘特

与吉尔布雷斯夫妇一样，甘特寻求通过科学的调查研究提高工人的效率，他扩展了某些泰勒最初的思想，并加进了自己的理解。

例如，甘特发明了一种奖金制度，对那些以少于标准规定的时间完成工作者给予额外奖励。他还引入了一种对领班的奖金制度，只要领班手下的所有工人都完成了定额，不仅工人而且领班本人也可以得到一份额外的奖金，从而使科学管理的应用对象不仅包括操作者还包括工作的管理者。

甘特最著名的发明是创造了甘特图，使管理者能够利用它来进行计划和控制。甘特图（Gantt chart）在一个坐标轴上表示出计划的工作与完成的工作，在另一个坐标轴上表示出已经过去的时间，这在当时称得上是一项革命。甘特图使管理当局能够随时看到计划的进展情况和及时采取必要的行动保证项目按时完成。甘特图及它的各种改进，今天仍广泛用于各种组织作为安排工作进度计划的手段。

（3）亨利·福特

福特在 1914～1920 年创立了汽车工业的流水生产线，不但大大提高了工作效率，也为生产组织工作进一步标准化（产品标准化、零件规格化、工厂专业化、机器与工具专门化、作业专门化）与生产自动化创造了条件。

（4）路易斯·布兰代斯

出生于美国，曾担任过美国最高法院副法官的路易斯·布兰代斯对管理思想的贡献主要是两方面，即：提出“科学管理”这一名称，宣传了科学管理制度。

（5）莫里斯·库克

莫里斯·库克对管理思想的贡献主要是四个方面：一是把科学管理原理应用于大学管理，二是把科学管理原理应用于市政管理，三是主张管理要“人情化”，四是运用“询问法”来解决工业中的浪费现象。

（6）哈林顿·埃默森

埃默森对管理思想的主要贡献是：①提出提高效率的 12 条原则；②提出直线和参谋组织形式；③宣传和推广科学管理。

3. 科学管理理论的评价

泰勒和其他人提出的许多改进生产率的指导原则，在今天来看已成为常识。但是，泰勒、吉尔布雷斯夫妇和甘特生活的时代，那时生活水平很低，生产还是高度人力密集型的。米德韦尔钢铁公司在20世纪初时，雇佣着20名或30名工人专门从事将生铁锭装到铁路货车上的工作，然而今天，那些人一天的工作量，可能由一个工人开着液压装卸车在几个小时内就可以完成，而那个时代却没有这种机器设备。同样，如果能考虑到在那个时代大多数建筑物都是用砖砌的，土地很便宜，工厂和住宅建筑的主要成本是材料（砖）和人工成本的话，就会认识到科学管理的重要意义了。

科学管理之所以重要，是因为它能够提高整个国家的生活水平。此外，花费6个月甚至更多的时间研究一项工作的最佳方法（像泰勒所做的生铁搬运试验），只是对许多人从事同一种工作的劳动密集型工作程序才有意义。

泰勒的科学管理的根本目的是谋求最高效率，而最高的工作效率是雇主和雇员达到共同富裕的基础，使较高工资和较低的劳动成本统一起来，从而扩大再生产的发展。要达到最高的工作效率的重要手段是用科学化的、标准化的管理方法代替经验管理。

科学管理不仅仅是将科学化、标准化引入管理，更重要的是泰勒所倡导的精神革命，这是实施科学管理的核心问题。许多人认为雇主和雇员的根本利益是对立的，而泰勒所提的科学管理却恰恰相反，它相信双方的利益是一致的。对于雇主而言，追求的不仅是利润，更重要的是事业的发展。而正是这事业使雇主和雇员相联系在一起，事业的发展不仅会给雇员带来较丰富的工资，而且更意味着充分发挥其个人潜质，满足自我实现的需要。只有雇主和雇员双方互相协作，才会达到较高的绩效水平，这种合作观念是非常重要的。正像1992年泰勒在美国众议院特别委员会听证会上所作的证词中强调的，科学管理是一场重大的精神变革，每个人都要对工作、对同事建立起责任观念；每个人都要有很强的敬业心和事业心。这样雇主和雇员都把注意力从利润分配转移到增加利润数量上来。当双方友好合作，互相帮助以代替对抗和斗争时，通过双方共同的努力，就能够生产出比过去更大的利润来，从而使雇员提高工资，获得较高的满意度，使雇主的利润增加起来，使企业规模扩大。

科学管理的许多思想和做法至今仍被许多国家参照采用，泰勒最强有力的主张之一就是制造业的成本会计和控制，使成本成为计划和控制的一个不可缺少的组成部分。而现在我国企业仍存在低质量，高成本，低效率，高能耗现象。曾经有人提出向管理要效益，的确，好的管理可以出效益，但在实践层次上，我国企业还有差距，这也是强调科学管理的原因所在。

泰勒的科学管理主要有三大贡献：一是在历史上第一次使管理从经验上升为科学；二是讲求效率的优化思想和调查研究的科学方法；三是计划职能与执行职能相分离。

科学管理理论是建立在“经济人”假设的前提下的，因此兼之与时代的局限性，使得科学管理存在以下不足：

1）泰勒对工人的看法存在局限性；

2）仅重视技术的因素，不重视人群社会的因素；

3）内容窄，局限于车间管理。

2.3.2 一般管理理论

亨利·法约尔（Henri Fayol）和马克斯·韦伯（Max Weber）与泰勒在同一时期，不过他们关注的焦点是整个组织，被称为一般行政管理理论家（general administrative theorists）。在发展更一般的管理理论方面，即解释管理者的工作是什么以及有效的管理由哪些要素构成方面，他们发挥了重要作用。由于他们的著作为当代管理和组织思想建立了框架，故他们与科学管理思想家们通常被称为古典理论家（classical theorists）。

亨利·法约尔把管理看作一组普遍的职能，即计划、组织、指挥、协调和控制。法约尔虽然与泰勒处于同一时代，但是，泰勒关心的是车间层的管理，采用的是科学方法；而法约尔关注的是所有管理者的活动，并且是把他的个人经验上升为理论。泰勒是一个科学家；而法约尔作为法国一家大型煤炭企业的经理，是一个管理实践者。

1. 亨利·法约尔——“管理过程之父”

亨利·法约尔（Henri Fayol）1841 年出生于法国的富裕家庭，受过良好的教育，一生长期从事高级管理工作，对一般管理理论的研究方面有重要贡献，其代表著作是《工业管理和一般管理》，法约尔一般管理的主要内容包括：

（1）企业活动类别和人员能力结构

法约尔认为，企业不论大小，其全部活动都可以概括为六种工作：

1）技术性工作——生产、制造；

2）商业性工作——采购、销售与交换；

3）财务性工作——资金的筹措、运用与控制；

4）会计性工作——成本核算、统计与盘点；

5）安全性工作——设备维护和人员、货物的安全；

6）管理性工作——计划、组织、指挥、协调与控制。

法约尔指出，无论是管理者或执行者，都需要培养完成六种工作的能力，特别是管理能力和技术能力。对于基层的工人，主要要求其具备技术能力。随着组织中职位的提高，人员的技术能力重要性相对降低，而管理能力则要求不断地加大。

（2）管理的一般原则

法约尔根据自己长期的管理经验，提炼出了 14 项管理原则。他强调，这些原则并不完整，也不能回答特殊问题；他也不要求在实际工作中盲目地刻板地运用。他认为，如何使这些原则灵活地适应于各种环境和特殊情况，要依靠管理人员的“艺术”，管理人员的精神特性将决定最终成果。

一般管理有 14 条原则，具体如下。

1）劳动分工。劳动专业化分工可以提高效率，这种分工同时适用于技术工作和管理工作。专业化分工要适度，并非愈细愈好。

2）权力与责任。所谓权力就是指挥他人的“权”和要求别人服从的“力”。法约尔指出，随着职位的升高，明确其责任就越困难，只有不断地提高领导者个人的素质和修养，才能避免其滥用权力。法约尔将管理人员的权力分为职位权力和个人权力。职位权力是上级组织赋予的，而个人权力则是由个人的智慧、知识、品德和能力等个性因素所形成的。一个优秀的领导者，必须以个人权力去补充职位权力，才能更有效地工作。

3）纪律。法约尔强调纪律对实现组织目标的重要性，他认为，严明的纪律是任何组织都不可缺少的要素。无论哪个社会组织，其纪律的状况都取决于领导者的道德状况。因此，高层领导者应和下属一样，必须接受纪律的约束。

4）统一指挥。统一指挥就是指无论什么行动，每个职工只应接受一个领导人的命令，这是一条普遍和永恒的原则。双重命令是对权威、纪律和稳定性的一种威胁，破坏了统一指挥原则，组织将会出现混乱和一事无成。

5）统一领导。健全的组织要实行统一领导。对于同一目标的全部活动，只应有一个领导者和一项计划。只有这样，资源的应用与协调才能指向实现同一目标。统一领导是统一指挥的前提，统一指挥只有在统一领导下才能存在。

6）个人利益服从集体利益。个人利益不能置于整体利益之上，但应注意集体目标应包含员工的个人目标。领导者要以身作则，协调集体目标与个人目标，缓和二者之间的矛盾。

7）合理的报酬。法约尔指出报酬制度应当公平，与工作成绩和绩效挂钩。但奖励应有一定的限度，即应以能激发起职工的热情为限，否则将会出现副作用。

8）适度的集权与分权。法约尔认为，集权与分权作为一种管理制度并无好坏之分，只是两者适用的组织特点不同。组织的集权程度是由管理层和员工的素质以及企业所处的环境和条件所决定的。因此领导者要根据本组织的实际情况，适时改变集权与分权的程度。

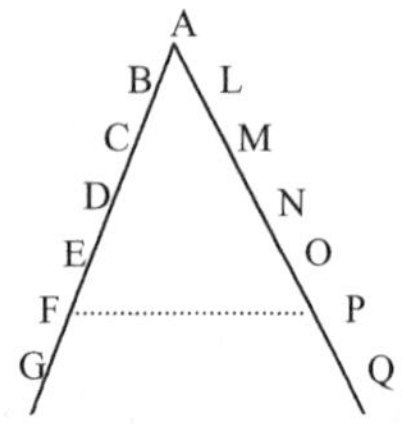

图 2-1　法约尔“跳板”

9）跳板原则。法约尔指出，为了保证组织的命令统一，各种沟通都要按照组织的等级和层次逐级进行，但这样则可能产生信息的延误现象。为了解决这一问题，法约尔提出了跳板原则，如图 2-1 所示。

图中的字母分别表示组织的各个等级与层次。假如从 F 部门向 P 部门发出和传递信息，必须攀登从 F 到 A 的阶梯，然后再由 A 下降至 P，信息传递不仅速度慢，且容易失真。法约尔设想，可以在不同的等级之间（如图 2-1 中的 F、P 之间）建立一条连线，即所谓的“法约尔桥”，允许部门之间进行相应的信息交流和沟通。这种横向沟通的形式，不仅维护了统一组织的原则，减少了许多“文件旅行”，而且大大地提高了组织的工作效率。

10）秩序。法约尔强调，任何组织都要建立秩序，没有秩序的工作将会是杂乱无章的。因此他要求组织的每一要素（包括人、财、物等）都应在它应有的位置上，即凡事各就其位。

11）公平。公平是组织管理人员处理人际关系的一条道德价值准则。在如何对待下属人员的问题上，领导者要特别注意他们要求平等和公平的愿望。既使这种愿望得到满足，同时又不忽视和违反组织的总体利益。

12）人员的稳定。保持组织中人员的稳定是管理者的重要职责。人员不必要的流动是企业管理不善的结果。任何组织都应鼓励职工从事长期服务并不断补充新的员工。

13）首创精神。管理人员不仅自己要有首创精神，而且还要尽可能地鼓励和发展职工的首创精神。高明的领导者可以牺牲自己的荣誉心去满足下级的荣誉感和责任心。

14）团结。法约尔指出，一个机构内集体精神的强弱取决于机构内部职工之间的和谐与团结。它是企业发展的巨大力量，所以领导者应尽一切可能，维护和巩固组织中人员的团结。

（3）管理工作的五大职能

法约尔管理思想另一项重大贡献是他首先提出将管理活动划分为五大职能（要素）——计划、组织、指挥、协调和控制。

法约尔把管理看作一组普遍的职能，他对五大管理要素进行了详细的分析和研究。法约尔认为，计划就是探索未来和制定行动方案；组织就是建立企业的物质和社会的双重结构；指挥就是使其人员发挥作用；协调就是连接、联合、调和所有的活动和力量；控制就是注意一切是否按已制定的规章和下达的命令进行工作。法约尔不但阐述了管理各项职能的作用和相互关系，而且还特别强调管理的五项职能是组织的管理者与全体成员共同的职责。法约尔对管理职能的研究不仅为日后管理过程学派的形成，同时也为管理学体系的形成打下了重要的基础。

2. 一般管理理论的评价

（1）主要贡献

1）指出管理是任何有组织的社会的一个独特因素，是协调组织、努力达到组织目的的过程。它如同法律、医学等一样，有一定的原则可遵循，而这些原则是可以用科学方法来发现的。

2）分析了管理过程，明确了各项职能。在泰勒把计划职能与执行职能分离开来的基础上，法约尔把管理划分为五个要素，实际上也就是管理的五项职能。虽然它们之间相互关系还缺乏逻辑的明确性，但是却为后来管理理论的研究和提高打下了基础，指出了一种研究方向。

3）提出了实现管理职能必须遵循的原则、准则。实现各项职能绝不是随意进行的，而应该按照科学的原则和指导路线进行。

4）提出了管理的重要组织形式。传统的组织形式来源于当时军队的直线式组织结构。泰勒尝试建立职能制的组织结构，但未能广泛采用。法约尔则在军队的直线组织结构形式的基础上，提出了直线——参谋组织结构的基本概念，促进了组织形式的发展。

（2）主要局限性

1）把人看成是“经济人”。工人是“生产工具”、“活的机器”，是一种“机械因素”。这些观点，反映了资本主义生产关系状况。

2）根据上述基本出发点，在组织结构上，基本倾向于独裁式的管理。强调上下级系统不得破坏，劳动者只能听命于管理人员的训练、安排。

3）把组织看成是一个封闭系统，很少考虑外部环境的影响，没有把外部环境同组织的生存发展、变化联系起来进行研究。一般管理理论认为组织功能的改善和职能的提高，仅依靠组织内部的合理化就可以实现。这当时在一定程度上对企业是有效的，各个企业为了谋求最佳利益，不断加强和改善企业内部组织，使企业的组织性达到相当高的程度。

2.3.3 行政组织理论

1. 马克斯·韦伯（Max Weber）——“组织理论之父”

马克斯·韦伯是德国著名的管理学者，他在管理理论上的重要贡献是提出了所谓“理想的行政组织体系”，是古典组织理论的重要代表人物。

韦伯主张建立一种高度结构化的、正式的、非人格化的“理想的行政组织体系”，他认为这是对个人进行强制控制的最合理手段，是达到目标、提高劳动生产率的最有效形式，而且在精确性、稳定性、纪律性和可靠性方面优于其他组织。他的这一套思想体现在其著作《社会和经济理论之中》。

韦伯认为，任何组织都必须以某种形式的权力作为基础，没有某种形式的权力，任何组织都不能达到自己的目标。人类社会存在如下三种为社会所接受的权力。

* 传统权力（traditional authority）：传统惯例或世袭得来；
* 超凡权力（charisma authority）：来源于别人的崇拜与追随；
* 法定权力（legal authority）：法律规定的权力。

对于传统权力，韦伯认为：人们对其服从是因为领袖人物占据着传统所支持的权力地位，同时，领袖人物也受着传统的制约。但是，人们对传统权力的服从并不是以与个人无关的秩序为依据，而是在习惯义务领域内的个人忠诚。领导人的作用似乎只为了维护传统，因而效率较低，不宜作为行政组织体系的基础。

而超凡权力的合法性，完全依靠对于领袖人物的信仰，他必须以不断的奇迹和英雄之举赢得追随者，超凡权力过于带有感情色彩并且是非理性的，不是依据规章制度，而是依据神秘的启示。所以，超凡的权力形式也不宜作为行政组织体系的基础。

韦伯认为，只有法定权力才能作为行政组织体系的基础，其最根本的特征在于它提供了慎重的公正。原因在于：

1）管理的连续性使管理活动必须有秩序的进行。

2）以“能”为本的择人方式提供了理性基础。

3）领导者的权力并非无限，应受到约束。

韦伯认为合理的组织结构应具有如下特点（表 2-1）。

表 2-1　合理组织结构的特点

劳动分工	把各种工作分解成简单、常规化、明确的各项任务，明确规定每一个人的权力和责任
权力体系	各种公职或职位按权力等级排列，上一级指挥和控制下一级
正规选择	根据通过教育和训练所获得的技术资格或通过正式考试来挑选组织中的所有成员
规章制度	制定明确的规章制度以规范管理者和员工的行为，以确保统一性
非人格化	组织的规章制度是组织中的每一个人都必须遵守的，它不受个人情感和个人背景的影响
职业导向	组织中的管理者是专业的公职人员，而不是该组织的所有者，他们领取固定的薪金，并在组织中谋求他们的发展

2. 理想的行政组织理论的评价

韦伯认为高度集中的、正式的、非人格化的理想的行政组织体系是达成组织目标、提高组织绩效的有效形式，适用于一切组织。韦伯的这一理论也是对泰勒、法约尔理论的一种重要补充，是古典的管理理论的重要组成部分。

韦伯的理想的行政组织体系是古典组织结构较为极端的表现形式，它有许多可取之处，但也可能导致下列三个后果：第一，由于过分强调组织形式的作用，不注重人性化，忽视了组织成员间不拘形式的相互交往的关系和感情作用，可能导致人与人之间的关系趋向淡薄。第二，过分重视成文的法律制度，忽视了管理活动应根据环境的变化而灵活地进行。用刻板的规章制度处理一切变化的事物，各项决策都受规章制度所束缚，必然限制成员的创造性、主动性，并且容易造成上下之间的敌对情绪，从而难以高效地达到组织的目的。第三，长期实行高度的组织化，不仅容易造成成员的行为刻板、谨小慎微，组织缺乏弹性、僵化，而且往往会使组织成员颠倒组织目标与法规制度的关系，把尊重规章制度变成目的，而忽略组织的真正目标。

2.4 行为科学理论

行为科学产生于20世纪20～30年代。随着资本主义社会的发展，员工的觉悟不断提高，不仅要求经济状况的改善，而且也越来越要求政治上的民主权利。工人由不自觉地对资本家进行怠工，发展成为有组织地（工会）向资本家进行罢工斗争。为了改善劳资关系，调和矛盾，维护资本主义社会的发展，西方学者开始专门研究人与人的关系。科学的进步，技术的发展，使资本主义生产规模越来越大，越来越机械化、自动化。这样对生产者水平的要求也越来越高，不但要求体力劳动与脑力劳动紧密结合，而且越来越强调劳动的重要性，越来越强化了人在生产中的地位和作用。这在客观上有力地推动了对“人的因素”的深入研究。

以后随着一系列社会心理学、工业心理学著作的相继问世，一些企业管理学家，开始对效率、环境、需要、情绪、动机等进行深入研究和试验。在这种条件下，人际关系学说应运而生。

2.4.1 早期行为科学

19世纪末至20世纪初，有许多人都认识到人的因素对组织成功的重要性，由于管理者必须与员工一起完成组织的任务，这使得一些研究者从人力资源（human resources approach）方面来研究管理。作为人力资源方法早期的倡导者，最突出的有四个人：罗伯特·欧文（Robert Owen）、雨果·明斯特伯格（Hugo Munsterberg）、玛丽·帕克·福莱特（Mary Parker Follett）和切斯特·巴纳德（Chester Barnard）。

（1）罗伯特·欧文

罗伯特·欧文是一位成功的苏格兰生意人。欧文指出，把钱花在提高劳动力素质上是企业经理最佳的投资之一。他认为关心雇员既能为管理当局带来高利润，同时又能减轻人们的痛苦。

欧文设想了一个乌托邦式的工作场所。正如一位作者所评论的，欧文的成功没有载入管理史，人们记得的是他减轻工人阶级痛苦的勇气和承诺。早在1825年，他领先于他生活的时代100多年提出，应在法律上规定工作日时间，制定童工法，普及教育，由公司提供工作餐，以及企业参与社区发展计划。

（2）雨果·明斯特伯格

雨果·明斯特伯格开创了工业心理学领域——对工作中的个人进行科学研究以使其生产率和心理调适最大化。他的著作《心理学与工业效率》发表于1913年。在这本书中，他论述了对人类行为进行科学研究以辨认出一般模式和解释个人之间差异的重要性。明斯特伯格建议用心理测验来改进雇员的选拔，用学习理论评价培训方法的开发，以及对人类行为进行研究，以便搞清什么方法对激励工人是最有效的。有趣的是，他看出了科学管理与工业心理学之间的联系，二者都是通过科学的工作分析，以及通过使个人技能和能力更好地适合各种工作的要求，寻求提高生产率。我们今天关于甄选技术、雇员培训、工作设计和激励的知识，很多都建立在明斯特伯格的研究工作基础上。

（3）玛丽·帕克·福莱特

最早认识到应当从个人和群体行为的角度考察组织的学者之一，是玛丽·帕克·福莱特。作为一个变革者，她的著作虽然写作于科学管理时代，但却提出了更富人本导向的思想。福莱特夫人是一位社会哲学家，但她的思想澄清了管理实践中的许多内在假设。

玛丽·帕克·福莱特认为，组织应该基于群体道德而不是个人主义，个人的潜能只有通过群体的结合才能释放出来，否则永远是一种潜能。管理者的任务是调和与协调群体的努力，管理者和工人应将他们看作合作者——看作共同群体的一个部分。因此，管理者应当更多地依靠他的知识和专长去领导下属，而不是依靠他的职务的正式权力。福莱特的人本思想影响着我们看待动机、领导、权力和权威的方式。

玛丽·帕克·福莱特认为社会组织内部总是有冲突存在的，如何对待冲突，她认为有三种处理的办法：①压服的办法。这意味着对另一方取得胜利，这是最简单的一种处理冲突的办法，但被压服的一方一定要伺机反抗。②妥协的办法。冲突的双方各自都做些让步。这样，被打断了的活动可以继续进行，但每一方都感到不满足，以后可能会提出更高的要求。③利益结合的办法。就是把冲突双方的利益结合起来，这样会使双方都得到满足，谁都不需要做出任何牺牲。在对付冲突时，应主要采取这种办法，这是一种创造性的解决办法。当然采取这种办法需要智慧、识别力和创造力。

福莱特认为，要实现“利益结合”，人们必须重新考虑他们对权威和权力的看法，要用“共同行动”来代替赞同和压制。这种共同行动是以协作为基础的。

玛丽·帕克·福莱特的“利益结合”的论述同泰勒的“精神革命”基本相似，而她关于协作的论述同行为学派梅约等人的论点相似，所以说福莱特完成了由科学管理到行为科学的过渡任务。

（4）切斯特·巴纳德

巴纳德把社会学理论、行为科学理论与系统理论有机地结合起来，提出了独树一帜的组织理论。

巴纳德提出组织是一个由人组成的协作系统。他认为，一个组织能够顺利实现系统的目标，则称它具有协作效用。而在实现目标的过程中，个人是否得到满足则是衡量一个组织是否具有协作效率的标准。协作效用和协作效率是不可分割的，只有在组织目标实现的同时，也确保个人目标的实现，才能保证系统的运转效率。

巴纳德还提出了组织存在的三个基本条件，即：①明确的目标。组织不仅有自己的目标，而且必须为组织的成员理解和接受。两种目标要相互协调。②协作的意愿。巴纳德认为一个人在组织中协作意愿的强度取决于其为组织提供的服务与在组织中所获得的利益与报偿之比，若后项大于前项，则能加强人与组织协作的意愿。组织应努力为其成员提供报偿的机会。③信息沟通。巴纳德强调信息沟通是实现组织目标的基础，没有有效的信息沟通，就无法协调所有成员为实现组织目标的统一行动。

巴纳德的理论还特别强调管理人员的权威不是来自上级的授予，而是来自下级的认可，管理者要特别注意征询下级的意见，取得他们的支持与合作。

巴纳德的组织理论是对传统的认为组织是刚性结构，下级必须无条件地服从上级的观点的一种否定，更多地体现了以人为中心的现代管理思想。

切斯特·巴纳德的思想在古典管理观点和人力资源观点之间架设了桥梁。像法约尔一样，巴纳德也是一位实践者，他曾任新泽西贝尔电话公司的总裁。他读过韦伯的著作并深受其影响。但是与韦伯对组织的机械论和非人格性观点不同，巴纳德将组织看作一个社会系统，这个系统要求人们之间的合作。他在他的《经理的职能》一书中阐述了他的这种观点，该书发表于 1938 年。

巴纳德认为组织是由具有相互作用的社会关系的人们组成的，管理者的主要作用是在沟通和激励下级方面尽最大努力。在巴纳德看来，组织成功主要取决于获得员工的合作。他还指出，成功取决于与员工和组织与之打交道的外部机构保持良好关系。基于组织依赖于投资者、供应商、顾客和其他外部机构的认识，巴纳德引入了管理者必须审视环境，然后调整组织以保持与环境的平衡状态的思想。不管一个组织的生产多么有效率，如果管理当局不能确保材料和资源的连续投入，或不能为其产出找到市场，则组织的生存就会受到威胁。

2.4.2 中期行为科学

1. 霍桑研究

人力资源方法对管理的最重要的贡献来自霍桑研究（Hawthorne studies），该项研究是在西方电气公司（Western Electric）设在伊利诺伊州西塞罗的霍桑工厂中实施的。此项研究始于 1924 年，最后在 30 年代早期又扩大范围继续研究了几年。

最初的研究是由西方电气公司的工业工程师们设计的，目的是检查不同的照明水平对工人生产率的影响。研究人员建立了试验组和对照组，试验组被给予不同的照明强度，而对照组则保持原有的照明强度不变。工程师们原来估计个人的产量与光线亮度有直接关系，但是，他们发现当试验组的亮度增加时，两个组的产量都增加了。更令工程师们惊异的是，当试验组亮度水平下降时，两个组的生产率继续提高。事实上，只当光线亮度降至月光的水平时，试验组的生产率才有所下降。工程师们得出结论，照明强度与生产率没有直接关系，但他们不能解释他们所目睹的工人的行为。

1927年，西方电气公司的工程师们邀请哈佛大学的乔治·埃尔顿·梅约（George Elton Mayo）教授作为顾问加入研究。于是试验又重新开始，一直持续到1932年。

新的试验包含大量的试验方案，其中有工作的重新设计，改变工作周和工作日的长度，在工作中间引入休息时间，以及个人工资计划和群体工资计划的比较等。例如，其中一项试验设计是用于评估群体计件奖金制度对群体生产率的影响。结果表明，奖金计划对工人生产率的影响小于群体的压力、接纳和安全感的影响，由此得出结论，群体的社会准则或标准是决定工人个人行为的关键要素。

学者们公认霍桑研究对管理思想的演变方向有显著的影响。梅约的结论是：行为和情绪是密切相关的；群体对个人的行为有巨大影响；群体工作标准规定了单个工人的产量；在决定产量方面，金钱因素比群体标准、群体情绪和安全感的作用要小。这些结论导致在组织如何发挥功能和获取目标方面对人的因素的新的重视，同时也导致家长式管理的增多。

虽然一些人对试验的程度、现象的分析，以及结论的导出提出了批评。但是，从历史的观点来看，霍桑研究在学术上是否严谨，以及其结论是否得到证明并不是很重要的，重要的是，它激起了对人的因素的兴趣。霍桑研究对改变当时那种认为人与机器没有差别的流行观点起了很大作用。

2. 人际关系理论

人际关系理论是由美国哈佛大学心理教授乔治·埃尔顿·梅约在总结霍桑试验成果的基础上提出的。1927～1932年，以梅约为首的一批学者，在美国西方电气公司所属的霍桑工厂进行了长达五年的一系列试验，他们通过变换车间的照明条件（照明试验）、改变职工的福利条件（福利试验）以及对群体工人工作动机和行为的观察（群体试验），广泛同职工接触和谈话（谈话试验）等方法，仔细地了解和分析了社会与心理因素对职工行为和生产效率的影响，第一次把工业生产中的人际关系问题提到了首要地位。1933年梅约在《工业文明中的人性问题》一书中，发表了著名的“人际关系理论”，其基本观点是：

1）人是“社会人”，影响人的生产积极性的因素，除物质条件以外，还有社会与心理因素。

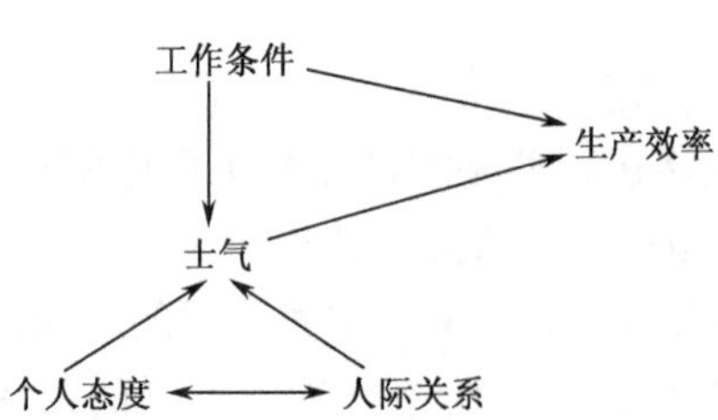

图2-2　人际关系理论中行为和效率的关系

2）生产率的提高和降低，主要取决于人的士气，而士气是来自家庭的、社会的和企业的人与人的关系。

3）注意到企业中非正式群体的存在，这种无形的组织有其特殊的规范，影响着群体的行为。

4）一个新型的领导者应该具备解决技术经济和处理人际关系两种能力。

人际关系理论强调社会人的观点，否定了传统的生产效率与工作条件（工资、福利、劳动条件）之间存在的一种单纯的因果关系，建立了由图2-2所体现的管理新模式。

梅约的人际关系理论的主要贡献包括：

1）对人性做出了不同的假设，提出人是“社会人”的观点。

2）首次提出了非正式群体（组织）的概念。强调群体，尤其是非正式群体对职工的影响，这一理论对企业管理思想和组织工作有重大指导意义。

3）为行为科学的发展奠定了基础。人际关系理论是行为科学最重要的奠基理论之一。

人际关系理论出现不久，有些学者就对其展开批评，其论点主要是：

1）人际关系理论偏重于非正式组织的研究。非正式组织未必经常对每个人的行为产生有规律的影响，而且构成社会的基本单位不是非正式组织，而是为实现一定目的的正式组织。

2）人际关系理论过于强调非合理性的感情逻辑。由于理论认为在企业的人与人关系方面起作用的是非合理性的感情逻辑，所以在经营实践中开展以人与人关系为中心的经营活动时，个人决策的合理性往往被企业中非合理的人与人关系所歪曲，结果造成利润率的下降。

3）人际关系理论对“经济人”假设过分否定。过分否定经济报酬、工作条件、作业标准的影响，例如凯里认为，关于工资不是生产效率的变量的主张是完全错误的。西蒙也说：“不把经济刺激放在重要位置的人的模式，对于大多数人来说，是不完全的模式。”

4）人际关系理论过于强调“士气”对生产效率的影响。理论认为，生产效率是否能提高是由职工的“士气”决定的，员工的“士气”高低是员工满意度的函数，满足度越高的车间，生产效率就越高。他们认为这种说法不准确。有人提出，感到满足的员工无法激发出为提高生产效率而采取行动的动机。

人际关系论尽管受到不少的批评，但它毕竟是第一次以长期的科学实验所取得的成果为基础形成的科学理论，为管理理论的研究打开了一个新的局面，它把心理学、社会学的理论应用于管理，为开创新的管理理论奠定了基础。

2.4.3 后期行为科学

行为管理思想产生之初因为侧重于研究人们之间的相互关系，所以被称作“人际关系学说”。这种思想在经历了20世纪三四十年代的迅速发展后，已经形成了一个庞大而复杂的学科群，吸引着来自心理学、社会学、人类学、管理学、人机工程等众多领域的研究者。在1949年美国芝加哥召开的一次学术会议上，来自各个不同领域的与会者一致认为，围绕行为研究所取得的现有成果已足以证明该类研究具有了独立学科的地位，于是正式将之定名为“行为科学”。但鉴于广义的行为科学是一个研究包括人的行为以至动物的行为在内的涵盖范围广泛的学科体系。20世纪60年代后，有些专门研究行为科学在企业中应用的学者提出了“组织行为学”这一名称。

组织行为学的研究内容大体上可分为三个层面：

1）有关员工个体行为的研究。这是最微观层面的研究，涉及的内容主要包括人的需要、动机和激励，以及企业中人的特性问题。人际关系学说提出了员工是“社会人”而不是“经济人”的假设，后期行为研究者进一步提出了“自我实现人”的主张。这些基于对员工需要类型和特征的识别而提出的“人性”假设，实际上是对管理者对员工所采取的种种不同管理哲学、理念和管理措施的概括反映。

2）有关员工群体行为的研究。这一层面的研究突出地强调了企业中的员工不是相互孤立的个人，而是各式各样正式和非正式群体的成员，彼此之间存在着一定程度的相互接触、相互影响和相互作用。将员工置于群体的背景中进行研究，结果发现，人在群体中的行为，与其作为独立的个人时的行为相比较，会表现出许多独特或差异之处。关于群体压力、群体中成员互动过程的动力的研究，以及群体中沟通问题、竞争和冲突问题的研究，构成了群体行为研究的主要内容。

3）有关组织行为的研究。这是针对组织整体这一最高层次展开行为方面的研究。主要包括“以人为中心”的领导理论，体现“人本”原则的工作设计与组织设计理论，以及组织发展和组织变革理论等。

以上三个层面的研究虽然有各自不同的侧重点，但它们是相互联系，不可割裂的。比如，对员工的人性假设不仅影响到针对个体所采取的激励措施，还影响到了领导行为及其他各项管理措施。在哈佛大学和麻省理工学院长期从事心理学教学与科研工作的道格拉斯·麦克雷戈（Douglas M. McGregor），就是立足于对现实中企业管理者对员工所采取的管理方式不同而提出“X-Y 理论”两分法。他在 1957 年发表的《企业的人性面》中指出，按“X 理论”来进行管理的传统方式，需要向体现“Y 理论”观点的新模式转变。

1. 个体与团体行为学说

（1）马斯洛——需要层次理论

需要层次理论是美国心理学家和行为科学家马斯洛提出来的。在 1943 年出版的《人类动机的理论》中，马斯洛提出了人的五种需要层次论。即生理的需要、安全的需要、社会交往需要、尊重的需要和自我实现需要。

马斯洛的需要层次理论认为，人的需要是依次要求、依次满足的，是逐级上升的。当生理需要满足后，第二层安全需要就出现了，并要求满足。这种需要是按先后顺序发展的，满足了的需要不再是激励因素。

（2）赫茨伯格——双因素理论

美国著名的心理学家和行为科学家弗雷德里克·赫茨伯格，在他的著作中提出著名的“双因素理论”，即激励因素和保健因素。

激励因素是成就、赞赏、工作本身、责任和进步等五种因素，是属于工作本身和工作内容方面的因素。这类因素具备后，可使员工感到满意，但员工感到不满时却很少是因为缺少这些因素，只有这些因素才能激发起人们在工作中的积极性、创造性，产生使员工满意的积极效果。

保健因素是公司政策与管理方式、上级监督、工资、人际关系和工作条件等五种因素，是属于工作环境和工作条件方面的因素。这类因素不具备或强度太低，容易导致员工不满意，但即使充分具备、强度很高也很难使员工感到满意。保健因素没有激励作用。

（3）弗鲁姆——期望机率模式理论

弗鲁姆在马斯洛和赫茨伯格理论的基础上，提出期望机率模式理论，认为一个人从事某项活动的动力或激励力的大小，取决于两项因素，即“该项活动所产生成果的吸引力的大小”和“该项成果实现机率的大小”。

期望机率模式可用公式来表示

某项活动成果的吸引力×期望机率＝激励力

为了激励职工，增加激励力，管理部门应该使职工了解某项活动成果的吸引力；尽可能加大这种吸引力，另外要采取措施帮助职工实现其期望，提高其期望率。

（4）麦格雷戈——X-Y 理论

美国行为科学家道格拉斯·麦格雷戈（Douglas M. McGregor）于 1957 年在其《企业中的人性面》一文中提出了著名的“X-Y 理论”。

X 理论对人性假设的内容是：

1）人生下来就厌恶工作，只要可能就逃避工作。

2）人生下来就缺乏进取心，工作不愿负责任，宁愿被领导，没有什么抱负。

3）人生下来就习惯于明哲保身，反对变革，把对安全的要求看得高于一切。

4）人缺乏理性，容易受外界和他人的影响，做出一些不适宜的举动。

5）人生下来就以自我为中心，无视组织的需要，所以对多数人必须使用强迫以至惩罚、胁迫的办法，去驱使他们工作，方可达到组织目标。

6）只有极少数人，才具有解决组织问题所需要的想像力与创造力。

从上述的假设出发，管理者必然要采取“命令与统一”、“权威与服从”的管理方式。管理者把人看作物件一样，忽视人的自身特征和精神需要，只注意人的生理需要和安全需要的满足，把金钱作为主要的激励手段，把惩罚作为有效的管理方式，采用软硬兼施的管理办法。X 理论把人放在被动的位置，强调外因和客观因素，远不适应人类科学文明水平不断提高的需要。

随着社会科学的发展，麦格雷戈对人的需要、行为的动机进行了重新的研究，又提出另一种新的假设，即 Y 理论。

Y 理论对人的本性作如下假设：

1）人生来并不一定厌恶工作，要求工作是人的本能。

2）人追求的需要与组织的需要并不矛盾，并非必然对组织的目标产生抵触和消极态度，只要管理适当，人们能够把个人目标与组织目标统一起来。

3）人对于自己所参与的工作目标，能够实行自我管理和自我指挥。

4）大多数人都具有解决组织问题的丰富想像力和创造力。

用这种理论作为指导思想的管理实践必然是：能充分利用企业的人、财、物等生产要素，实现企业的经营目标；按照每个人的爱好，安排具有吸引力的工作，发挥其主动性和创造性；重视人的自身特征，把责任最大限度地交给工作者，相信他们能自觉地完成任务。外部控制、操纵、说服、奖惩，不是促使人们努力工作的唯一办法，应该采用启发与诱导方法，对每个工作人员要信任。Y 理论强调人的主观因素，注意发挥人的主观能动作用，适应工业化社会经济发展的需要。

2. 组织行为学说

（1）有关领导行为的理论

1）领导者素质论。美国行为科学家亨利提出，成功的领导者应具备的品质包括：

成就需要强烈，把工作成就看成是最大的乐趣；干劲大，工作积极努力，愿意承担新工作；用积极的态度对待上级、尊重上级、与上级关系较好；组织能力强；决断力强；自信心强等。

2）“支持关系”的理论。伦西斯·利克特是美国的心理学家、行为科学家，曾长期担任美国密歇根大学研究中心主任，对企业领导方式进行了很长时间的研究。1967 年出版了《人群组织：其管理和价值》。对企业领导方式提出了“支持关系”的理论。利克特认为，在一切管理工作中，对人的领导是第一位的；在对人的领导工作中，必须让每个人了解自己个人价值的重要性，而且让每个人把自己的知识和经验看成是对自己个人价值重要性的支持。这种关系叫支持关系。利克特认为领导方式如何，直接影响到生产效率的高低。如果企业领导者能采用以职工为中心的领导方式，发挥职工的作用，这样的团体士气就高，内部就团结，工人工作决心大，生产率就能提高；相反，领导者只关心生产，不注意团结工人，对职工施加不必要的压力，动辄训斥和处罚，必然影响内部团结，工人士气低，不安心工作，生产效率必然要降低。利克特认为，领导方式有四种，即专权的命令式、温和的命令式、协商式、参与式。

专权命令式属于传统的领导方式，而温和的命令式和协商式属于命令式和权力主义的领导方式。参与式属于参与型管理方式，这种管理方式是效率高的管理形式。激励形式有四种，即经济激励、自我激励、安全激励和创造激励。只有按照这些激励形式进行管理，才能完成既定的任务，而参与型管理方式正是按照这种需要建立起来的。

（2）有关组织变革和发展的理论

企业必须随着内外环境的变化而适时调整自己的目标、组织结构和各种规章制度以求最充分地运用人力、财力、物力资源，这种调整就是变革。变革的目的是为了发展。而在组织变革中，必须处理好人的问题，这是变革成功的关键。美国行为科学家卢因提出组织变革有三个基本阶段。

第一个阶段是现状的解冻。变革会造成一定的损失，一些人反对变革。为了实现“现状的解冻”，使人们愿意改变现状，可采取以下六种方法：①搜集有关现状不能使人满意的客观证据；②和其他组织进行比较，说明进行变革的必要性；③由企业外部专家来证明进行变革的必要性；④使企业职工集中精力考虑变革问题；⑤提出进行变革的形势和压力；⑥利用领导当局的指令来促使下属进行变革。

第二阶段要转变到新的情况。转变到新的情况后，人们往往不理解，会出现抵触和反对，为减少职工的抵触情绪，可采取下列措施：①让职工都理解，进行变革是形势的需要，而不是某个人的主观意见；②注意保持职工合理的习惯，使职工不至于感到特别突然；③变革之前就应向职工进行宣传，提供有关信息，使人们都有充分的思想准备；④鼓励职工参与变革计划的拟订和执行；⑤保证职工不遭受损失，但可分享因变革带来的利益；⑥就变革问题向职工提供咨询；⑦对变革出现的问题同职工进行协商和谈判，取得大家都满意的解决办法。

第三个阶段是冻结新的现状。为使变革后出现的新的现状稳固下来，最好的办法是：①搜集变革获得成功的证据，提高人们对变革的信心；②用专家和高级领导的证明来加强变革的信心；③使参加变革的职工得到变革带来的利益；④使变革的部分和没有变革的部分协调配合，步调一致。

2.5 现代管理理论

20 世纪 50 年代之后，随着社会生产力和现代科学技术的迅速发展，世界各国，特别是发达国家对管理理论、方法、手段的研究也日臻深入，形成了各具特色、流派纷呈的现代管理思想丛林，对各国生产力的发展起到了进一步的推动作用。

现代管理理论和管理思想的新特点主要体现在如下方面：

1）广泛地运用了现代自然科学和技术的最新成果发展现代管理理论、管理方法和管理手段。例如，现代系统论、控制论、信息论的理论和观点已被作为重要的指导思想运用于管理理论与方法的研究；在数学领域内，由于概率论、运筹学以及模糊数学的发展，大大促进了现代管理学管理模型和定量分析方法的研究和运用，特别是计算机科学的发展，对现代管理方法和手段的改进，起到了巨大的推动作用，加速了企业信息的采集、加工和运用。许多企业已经开始从建立数据处理系统（EDP）向管理信息系统（MIS）以及决策支持系统（DSS）发展。

现代科学技术在管理学科的普遍运用，其实质是泰勒提出的科学管理的进一步发展和延伸。

2）更加重视人的因素。由于行为科学的产生和发展，使管理者更加重视对组织中人的行为的分析和研究。从研究个体行为发展到研究群体行为乃至整个企业文化。同时，管理者也开始重视社会文化对人的心理与行为的影响，以人为中心的现代管理思想已经成为管理者的共识。

3）系统理论和权变理论的发展与运用。现代管理注意运用系统的、动态的、开放的观点去研究组织与管理，即把组织看成是一个开放的社会技术系统，如图 2-3 所示。

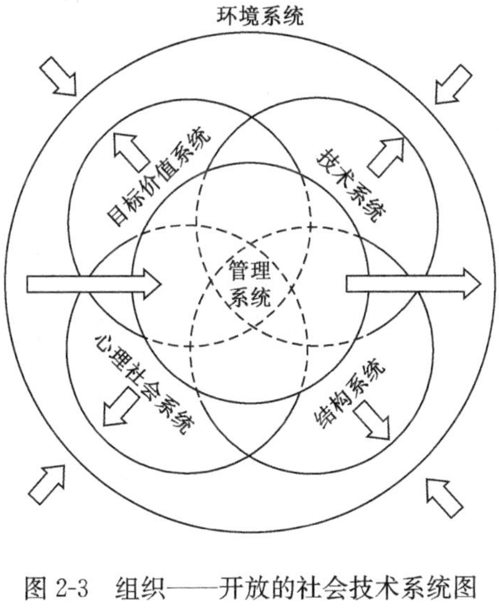

图 2-3　组织——开放的社会技术系统图

该图强调，组织是以管理为核心的若干子系统的组合。它们相互影响，相互制约，推动组织的发展和改革。组织处在特定的环境之中，并且不断地与外界进行物质、能源和信息的交换，组织的发展必须与外部环境的发展与变化相互协调一致，才会有巨大的生命力。

2.5.1 管理理论丛林

孔茨在1980年出版的《再论管理理论的丛林》将现代管理理论分为11个学派。

1. 管理过程学派

该学派是在法约尔管理思想的基础上发展起来的，其代表人物有美国的哈罗德·孔茨（Harold Koontz）等人。该学派认为管理是一个过程，此过程包括计划、组织、领导、控制等若干个职能。这些管理职能对任何组织的管理都具有普遍性。管理者可以通过对各个职能的具体分析，归纳出其中的规律与原则，指导管理工作，提高组织的效率和效益。

他们把管理看作是在组织中通过别人或同别人一起完成工作的过程。应该分析这一过程，从理论上加以概括，确定一些基础性的原理，并由此形成一种管理理论。有了管理理论，就可以通过研究，通过对原理的实验，通过传授管理过程中包含的基本原则，改进管理的实践。管理过程学派的创始人是法约尔。这个学派把它的管理理论建立在以下七条基本信念的基础上：①管理是一个过程，可以通过分析管理人员的职能从理性上很好地加以剖析。②可以从管理经验中总结出一些基本道理或规律。这些就是管理原理。它们对认识和改进管理工作能起一种说明和启示的作用。③可以围绕这些基本原理开展有益的研究，以确定其实际效用，增大其在实际中的作用和适用范围。④这些原理只要还没有被证明为不正确或被修正，就可以为形成一种有用的管理理论提供若干要素。⑤就像医学和工程学那样，管理是一种可以依靠原理的启发而加以改进的技能。⑥即使在实际应用中由于背离了管理原理而造成损失，但管理学中的原理，如同生物学和物理学中的原理一样，仍然是可靠的。⑦尽管管理人员的环境和任务受到文化、物理、生物等方面的影响，但管理理论并不需要把所有的知识都包括进来才能起一种科学基础或理论基础的作用。

2. 人际关系学派

这一学派是从20世纪60年代的人类行为学派演变来的。这个学派认为，既然管理是通过别人或同别人一起去完成工作，那么，对管理学的研究就必须围绕人际关系这个核心来进行。这个学派把有关的社会科学原有的或新近提出的理论、方法和技术用来研究人与人之间和人群内部的各种现象，从个人的品性动态一直到文化关系，无所不涉及。这个学派注重管理中“人”的因素，认为在人们为实现其目标而结成团体一起工作时，他们应该互相了解。

3. 群体行为学派

这一学派是从人类行为学派中分化出来的，因此同人际关系学派关系密切，甚至易于混同。但它关心的主要是群体中人的行为，而不是人际关系。它以社会学、人类学和社会心理学为基础，而不以个人心理学为基础。它着重研究各种群体行为方式。从小群体的文化和行为方式，到大群体的行为特点，都在它研究之列。它也常被叫做“组织行为学”。

4. 经验（或案例）学派

经验或“案例”学派，亦称经验主义学派或经验主义。这一派的基本管理思想是：有关企业管理的科学应该从企业管理的实际出发，特别是以企业的管理经验为主要研究对象，将其加以理论和概括化，然后传授给管理人员或向企业经理提出实际的建议。简言之，他们认为，管理学就是研究管理经验。通过研究管理中成功经验或失误，就能理解管理问题，就自然学会了进行有效的管理。

经验管理学派的主要代表人物有彼得·德鲁克（1909～?）、欧内斯特·戴尔、艾尔弗雷德·斯隆（1875～1996）、威廉·纽曼等。

在关于管理的性质、任务、职责等问题上，经验主义学派的代表人物们的看法分歧很大，但是在下述看法上是一致的：管理是对人进行管理的技巧，是一个特殊的、独立的活动和知识领域。管理的具体概念，随管理客体的类型而有所变化，但管理是一个特定的人群团体用以确定、阐明和实现其目的和目标的技能。

经验主义学派在管理实践方面的一个很大贡献，就是德鲁克针对泰勒重视动作分解而忽视工人劳动兴趣，把计划与执行分开等问题方面的弊端提了出来，于1954年提出目标管理（简称MBO）的设想。目标管理综合了以工作为中心和以人为中心的管理技能及管理制度，能使管理人员和广大员工在工作中实行自我控制，满足自我实现的需要，因而也同时能实现企业的目标。

经验主义学派对企业管理的组织结构问题也非常重视，几乎在他们的代表作中都有较为详细的论述。1957年，德鲁克在他的《今日管理组织的新样板》一文中，把企业管理的组织结构概括为五种类型：①集权的职能性结构；②分权的联邦式结构；③规划-目标结构（矩阵结构）；④模拟性分权制结构；⑤系统结构。其中①、③是以工作任务为中心的组织设计；②、④是以成果为中心的组织设计；⑤则是以关系为中心的组织设计。

在研究和总结管理经验的问题上，经验主义学派一般都强调应从企业管理的实际经验出发，而不是从一般原则出发来研究。戴尔1960年出版的《伟大的组织者》一书，断然否认存在有关组织和管理的“普遍原则”。他根本不使用“原则”这个词。他说管理知识的真正源泉就是大公司中“伟大组织者”的经验及其非凡的个性。研究管理问题，主要就是发现并描述他们的“基本类似点”，而这“基本类似点”就是可应用于其他企业的管理知识。

5. 社会协作系统学派

它与行为学派关系密切而且常常互相混同。有些人，如马奇和西蒙，把社会系统（即一种文化的相互关系系统）只限于正式组织，把“组织”这个词同企业等同起来，而不是指管理学中最常用的那项职权活动概念。另外一些人则不区分正式组织和非正式组织，而把所有人类关系的各种系统都包括进来。这个学派的创始人是切斯特·巴纳德。这个学派对管理学做出过许多值得注意的贡献。把有组织的企业看成是一个受文化环境的压力和冲突支配的社会有机体，这对管理的理论和实际工作人员都是有帮助的。而在另外一些方面，如对组织职权的制度基础的认识，对非正式组织的影响的认识，以及对怀特·巴基称之为“组织黏合剂”的一些社会因素的认识，则帮助更大。巴纳德还有其他一些颇有教益的见解，如他的关于激励的经济性的思想，把社会学认识引入管理实践之中等。

6. 社会技术系统学派

这一学派的创始人是特里司特及其在英国塔维斯托克研究所中的同事。他们通过对英国煤矿中长壁采煤法生产问题的研究，发现单只分析企业中的社会方面是不够的，还必须注意其技术方面。他们发现，企业中的技术系统（如机器设备和采掘方法）对社会系统有很大的影响。个人态度和群体行为都受到人们在其中工作的技术系统的重大影响。因此，他们认为，必须把企业中的社会系统同技术系统结合起来考虑，而管理者的一项主要任务就是要确保这两个系统相互协调。

7. 系统学派

其主要代表人物是卡斯特（F. E. Kast）等人。该派理论是以系统为基础来研究管理,强调任何组织都是由若干子系统所构成。企业的经营系统可以划分为战略子系统、协调子系统和作业子系统。在管理工作中，强调通过各个子系统之间的协调，以实现组织大系统的整体优化。

近年来，许多管理学家都强调管理学研究与分析中的系统方法。他们认为系统方法是形成、表述和理解管理思想最有效的手段。所谓系统，实质上就是由相互联系或相互依存的一组事物或其组合所形成的复杂统一体。这些事物可以像汽车发动机上的零件那样是实物，也可以像人体诸组成部分那样是生物的，还可以像完整综合起来的管理概念、原则、理论和方法那样是理论上的。尽管我们给理论规定出界限，以便更清楚地观察和分析它们，但是所有的系统（也许只有宇宙除外）都同它们的环境在相互起作用，因而都受到其环境的影响。

8. 决策理论学派

这一学派的管理思想，其基本观点是：企业管理问题的主要研究对象不是作业而是决策；决策贯穿管理的全过程，管理就是决策；应该按“令人满意”的准则来决策，而不是按“最优化”准则来决策。

决策理论学派的代表人物是美国的经济学家和社会学家赫伯特·西蒙与詹姆士·马奇。他们在巴纳德创立的社会系统理论中也做出了杰出的贡献。后来，以社会系统理论为基础，吸收了行为科学、系统理论、运筹学和计算机科学的有关成果，创立了决策理论学派。西蒙等人认为，组织就是作为决策者的个人所组成的系统。任何一个成员的第一个决策就是是否参加这个组织；倘若做出参加的决策，他个人的目标虽然依旧存在，但需退居第二位并从属于组织的目标，并因此做出其他一系列的种种决策。但是，任何孤立的个人的决策都不能达到高度的客观合理性，只有组织的决策才能做到一点。

西蒙在《管理决策新科学》一书中提出了“管理的关键是决策”、“管理就是决策”。

决策贯穿管理的全过程、决策程序就是全部的管理过程等思想，以及企业中所有成员都是“决策人”的思想，突出了决策的重要性并扩大了决策的时空范围。这种主张否定了传统的决策观。传统的决策观仅仅把决策看成为组织上层管理者的职能以及仅仅把决策看成是决断的瞬间行为。西蒙等人的这种管理思想有利于调动下属的积极性和责任感，参与管理即参与决策，容易加速决策和减少贯彻时的阻力，实现个人目标与企业目标的一致。

这一学派的人数正在增加。他们的基本观点是，由于决策是管理的主要任务，因而应集中研究决策问题。他们认为，管理是以决策为特征的，所以管理理论应围绕决策这个核心来建立。

9. 数学学派或“管理科学”学派

尽管各种管理理论学派都在一定程度上应用数学方法，但只有数学学派把管理看成是一个数学模型和程序的系统。一些知名的运筹学家或运筹分析家就属于这个学派。这个学派的人士有时颇为自负地给自己取上一个“管理科学家”的美名。这类人的一个永恒的信念是，只要管理、或组织、或计划、或决策是一个逻辑过程，就能用数学符号和运算关系来予以表示。这个学派的主要方法就是模型。借助于模型可以把问题用它的基本关系和选定目标表示出来。由于数学方法大量应用于最优化问题，可以说，它同决策理论有着很密切的关系。当然，编制数学模型绝不限于决策问题。

10. 权变理论学派

权变理论学派也称权变学派，有的管理学者还称之为因地制宜理论。权变管理即权宜管理和应变管理的合称。这一学派基本的管理思想是：在企业管理中，没有什么一成不变、普遍适用的，“最好的”管理理论和管理方法，企业管理必须随着企业所处的内外条件变化而随机应变。管理者应做什么以及怎么做，要取决于当时的既定情况。

权变学派的主要代表人物是美国的管理学者约翰·莫尔斯、杰伊·洛希和弗莱德·E. 菲德勒等。权变理论学派的理论基础是“超Y理论”。他们针对美国麻省理工学院教授麦格雷戈提出的“X-Y理论”进行了研究，得出结论是：“Y理论”并不是在任何情况下都比“X理论”优越，管理思想和管理方式要依据成员素质、工作特点、环境情况而定，不能一概而论。由此他们在《超Y理论》一文和《组织及其成员：权变方式》一书中，提出了“超Y理论”。其要点如下：①人们是怀着许多不同的需要加入工作组织的，而人们的需要有不同的类型；有的人需要正规化的组织机构和条例规章，但不愿参与决策和承担责任；有的人却需要更多的自治、更多的责任、更多的发挥创造性的机会去实现胜任感。②组织形式和管理方法要与工作性质和人们的需要相适应。③组织机构和管理层次的划分、职工的培训和工作的分配、工资报酬和控制程度的安排，都要从工作性质、工作目标、职工素质等方面来考虑，不能千篇一律。④当一个目标达到以后，要继续激起职工的胜任感，使之为达到新的、更高的目标而努力。

权变学派在企业组织结构方面的共同点，是把企业看成为一个受外界环境影响而又对外界环境施加影响的“开放式系统”，但在模式问题上。这一派的不同学者则有不同的分类。

权变学派在领导方式方面，同组织结构方面一样，认为不存在普遍适用的“最好的”或普遍不适用的“最不好的”领导方式。领导方式应以企业的任务、个人和团体的行为特点以及领导同职工的关系而定；弗雷德·菲德勒在多年实验基础上提出的“领导的权变模式”是三维的，即认为有三个重要因素直接影响着领导效果：①领导与成员的关系——下属对领导人的信任与忠诚程度以及领导者对下属的吸引力；②任务的结构——下属任务的常规化程度；③职位权力——领导职位、官方权威以及相关联的奖惩权，领导从上级和整个组织所得到的支持的大小。菲德勒认为，不应当简单地谈什么好的领导或差的领导；一位在一种情况下取得成功的领导在另一种情况下未必成功；指令性领导或宽容性领导在一定的情况下都能发挥最好的作用。

11. 经理角色学派

这是最新的一个学派，同时受到管理学者和实际管理者的重视，其推广得力于亨利·明茨伯格。这个学派主要通过观察经理的实际活动来明确经理角色的内容。对经理（从总经理到领班）实际工作进行研究的人早就有，但把这种研究发展成为一个众所周知的学派的却是明茨伯格。

明茨伯格系统地研究了不同组织中五位总经理的活动，得出结论说，总经理们并不按人们通常认为的那种职能分工行事，即只从事计划、组织、协调和控制工作，而是还进行许多别的工作。

明茨伯格根据他自己和别人对经理实际活动的研究，认为经理扮演着10种角色。

1）人际关系方面的角色有3种：①挂名首脑角色（作为一个组织的代表执行礼仪和社会方面的职责）；②领导者角色；③联系人角色（特别是同外界联系）。

2）信息方面的角色有3种：①信息接受者角色（接受有关企业经营管理的信息）；②信息传播者角色（向下级传达信息）；③发言人角色（向组织外部传递信息）。

3）决策方面的角色有4种：①领导者角色；②故障排除者角色；③资源分配者角色；④谈判者角色（与各种人和组织打交道）。

2.5.2 当代西方管理思想

1. 七S管理分子图理论

关于七S管理分子图中的“七”，一是指管理跨度的最佳数目，他们认为多于此数则难于系统把握，而少于此数则易于漏掉重要项目。二是指管理必须抓住七个要素。这七个要素的名称均以“S”字母开头：①积极、主动、灵活的战略；②集中而又松散的结构；③层次分明而又公开的体制和制度；④技术、技能、技巧；⑤用社会化企业的哲学来管理主体人员；⑥不慌不忙、不紧不慢、不声不响的作风；⑦作为道德和信仰的总体体现的精神和价值观念。他们认为，无论是什么管理问题，这七个要素都存在，并且七要素依情况排列成一个分子图，以说明管理系统性、层次性和结构性。

2. 企业文化理论

1981年7月，美国哈佛大学教授泰伦斯·狄尔和麦肯锡咨询公司顾问爱伦·肯尼迪合著的《企业文化》一书问世，标志着在西方现代管理理论丛林中，又生长出一枝企业文化学派。关于管理文化的构成要素及其分类，《企业文化》一书将其归纳为以下五点：

1）企业环境，是塑造企业文化的最重要因素。

2）价值观，构成企业文化的核心。

3）英雄人物，把组织的价值观“人格化”，并提供了广大员工效法的实际典型。

4）典礼及仪式，是企业有系统、有计划的日常例行事务所构成的动态文化，它能使企业文化的价值观得以健全和发展。

5）文化网，是企业中基本的（但非正式的）沟通方式，它能有效地传递企业的价值观和英雄意识。

《企业文化》一书在阐明了企业文化的五大要素后指出，关键问题在于要掌握这些要素组合在一起后是如何在企业内部发生作用的。

关于企业文化的分类，作者按照企业的经营方式，将企业文化分为四种类型：

1）硬汉文化。由于自信追求最佳、最大、最伟大，而敢于冒大风险。

2）努力工作及尽情享乐文化。以紧张地努力工作来增强企业实力，避免大的风险。

3）长期赌注文化。

4）过程文化。

企业文化理论认为，企业文化是企业生命的基础，行动的准则，成功的核心。一个组织能够长久生存下来，最主要的条件并非结构形式或管理技能，而是我们称之为信念的那种精神力量，以及这种信念对于组织的全体成员所具有的感召力。

3. K 理论

新西兰大学的四位学者克尔·英克森、希赖思·亨谢尔、尼克·马奇和吉尔·埃莉丝创立的“K 理论”模式，以比较形象和更为概念化的图解方式表现了“企业文化”的宗旨，提出了导致企业成功的 8 个“K 因素”（这些因素的英文开头字母均为“K”）。“K 理论”认为，企业中起主导作用的是核心人物，即企业中的主管人员。核心人物的眼光即公司发展的方向，要转化为明确的企业目标。要实现目标，就需要职工的凝聚力。要生产这种凝聚力就需要创新，并灵活机敏地对外界变化做出反应，就需要以简明的控制和企业文化显现的和隐含的力量来维持系统的顺利运行。

4. 组织生命周期理论

1981 年，美国 RHR 公司发表了《管理的挑战》一书，书中提出了称之为“组织生命周期”的理论。该理论的基本观点包括：

1）组织同人一样，具有生命周期，有它的童年、青年、壮年和老年时期，所以组织应随着衰退期的出现而注意改革和更新换代。

2）组织同人一样，具有个性，具有生命力，这种生命力是由各种力量和因素综合决定的。

3）在组织的生命周期中，每一阶段对组织的生存和发展都有特殊的要求，因此，每一阶段所要求的管理职责、管理风格、管理方法也不同，不同阶段的管理者对组织的发展所负使命也不相同。

5. 形势管理理论

20 世纪 70 年代，美国还发展起来一种形势管理理论。“形势管理理论”这一术语是莫克莱在 1971 年首先使用的。形势管理理论的基本思想是管理应当着重研究具体的经营管理形势，以便使组织活动最大限度地适应形势和最有效率。形势理论者认为只有认清系统面临的具体形势，才能设计和采取最有效的决策方案。在形势理论者中，菲德勒和利克特侧重以行为主义观点分析形势；卜劳连斯和罗尔斯则侧重对组织结构进行形势分析；米勒和斯塔尔则从形势方法的角度出发对业务管理经验作了总结；莱登提出了管理劳动效率的形势理论，并自诩是对以往资本主义经营管理经验的集中总结。莱登认为“形势”这一概念在任何情况下都包括五个典型因素，即工艺、下属人员、同事、领导和组织。莱登认为，从泰勒起发展的西方主要学派都关注这五个因素，但这些学派都没有系统地研究形势，因而不可能使管理的效率有稳定的保证，只有全面考虑上述五个因素才能取得效果。

总之，在当今的世界上，管理理论和管理思想、管理方法呈现出百花齐放的情况，是管理科学不断发展和繁荣的体现。它们相互之间取长补短，兼容并蓄，各具特色。作为现代的管理者应注意吸取各家之长，综合运用这些理论，使管理水平不断地迈向新的台阶。

案例及习题

一、案例

1. 如何进行管理

在一个企业管理经验交流会上，有两个厂的厂长分别论述了他们各自对如何进行有效管理的看法。

A 厂长认为，企业首要的资产是员工，只有员工们都把企业当成自己的家，都把个人的命运与企业的命运紧密联系在一起，才能充分发挥他们的智慧和力量为企业服务。因此，管理者有什么问题，都应该与员工们商量解决；平时要十分注重对员工需求的分析，有针对性地给员工们提供学习、娱乐的机会和条件；每月的黑板报上应公布出当月过生日的员工的姓名，并祝愿他们生日快乐；如果哪位员工生儿育女了，厂里派车接送，厂长应亲自送上贺礼。在 A 厂长厂里，员工们都普遍地把企业当作自己的家，全心全意地为企业服务，工厂日益兴旺发达。

B 厂长则认为，只有实行严格的管理才能保证实现企业目标所必须开展的各项活动的顺利进行。因此，企业要制定严格的规章制度和岗位责任制，建立严密的控制体系；注重上岗培训；实行计件工资制等。在 B 厂长厂里，员工们都非常注意遵守规章制度，努力工作以完成任务，工厂发展迅速。

思考及讨论题

这两个厂长谁的观点更有道理，为什么？

2. UPS 的管理

联合邮包服务公司（United Parcel Service，UPS）雇用了 15 万员工，平均每天将 900 万个包裹发送到美国各地和 180 个国家和地区。为了实现他们的宗旨，“在邮运业中办理最快捷的运送”，UPS 的管理当局系统地培训他们的员工，使他们以尽可能高的效率从事工作。让我们以送货司机的工作为例，介绍一下他们的管理风格。

UPS 的工程师们对每一位司机的行驶路线都进行了时间研究，并对每种送货、暂停和取货活动都设立了标准。这些工程师们记录了红灯、通行、按门铃、穿过院子、上楼梯、中间休息喝咖啡的时间，甚至上厕所的时间，将这些数据输入计算机中，从而给出每位司机每天工作的详细时间标准。

为了完成每天取送 130 件包裹的目标，司机们必须严格遵循工程师设定的程序。当他们接近发送站时，他们松开安全带，按喇叭，关发动机，拉起紧急制动杆，为送货完毕的启动离开做好准备，这一系列动作严丝合缝。然后，司机从驾驶室来到地面上，右臂夹着文件夹，左手拿着包裹，右手拿着车钥匙。他们看一眼包裹上的地址把它记在脑子里，然后以每秒钟 3 英尺的速度快步走到顾客的门前，先敲一下门以免浪费时间找门铃。送货完毕后，他们在回到卡车上的路途中完成登录工作。

这种刻板的时间表是不是看起来有点烦琐？也许是，它真能带来高效率吗？毫无疑问！生产效率专家公认，UPS 是世界上效率最高的公司之一。举例来说吧，联邦快运公司（Federal Express）平均每人每天不过取送 80 件包裹，而 UPS 却是 130 件。在提高效率方面的不懈努力，看来对 UPS 的净利润产生了积极的影响。人们普遍认为它是一家获利丰厚的公司。

思考及讨论题

这种管理方式在这家企业是很有效的，为什么？

二、习题

1. 试评述中国古代传统管理思想。
2. 泰勒创建的科学管理的主要内容有哪些？科学管理的贡献与局限是什么？
3. 简述梅约人际关系理论的基本观点，并说明其对管理理论发展有何贡献？
4. 简述管理理论丛林的主要内容。

第二篇

管理职能

☆ 计划
☆ 组织
☆ 领导
☆ 控制
☆ 决策

第三章

计　　划

◇ 理解计划的含义、性质、作用、类型

◇ 理解计划工作的过程

◇ 掌握影响计划的因素、计划工作的原理

◇ 理解目标的作用、基本特性及制定组织目标的基本原则

◇ 掌握目标管理的概念、本质、过程，对目标管理的评价及如何推行目标管理

◇ 掌握滚动计划法

◇ 了解甘特图法、计划评审技术

3.1 计划概述

计划工作是全部管理职能中最基本的职能，与其他四项职能有着密切的关系。计划工作就是要确定组织的目标及实现这些目标的途径。主管人员围绕着计划规定的目标，去从事组织工作、领导工作和控制工作，以达到预定的目标。为使组织中各种活动能够有节奏地进行，必须有良好的计划工作。

3.1.1 计划的概念

1. 计划的含义

计划作为管理过程的起点，是在一定时间内对组织预期目标和行动方案所做出的选择和具体安排，即确定组织未来发展目标以及实现目标的方式，是一切管理活动的前提。可以说，离开了计划，其他管理职能就无法行使。有效的计划不仅为组织指明了发展的目标和方向、统一了组织的思想，同时也为组织制定行动步骤提供了衡量的基点，它是名副其实的第一职能。

计划可以分为三个步骤：①决定组织所要追求的目标。②决定为了实现这一目标需要采取的行动路线。也就是制定整体战略以实现这些目标以及将计划逐层展开，以便协调和将各种活动一体化。③决定如何配置组织资源来实现上述目标。

我们正处在一个新技术革命不断孕育、发生和发展的时代，变革和经济发展带来了机会，同时也带来了风险。环境在迅速变化（change），竞争（competition）日益加剧，顾客（customer）在市场上日益占据主导地位，或者说是买方市场。在这样的环境下，计划工作就是要确定组织长期发展的方向，制定周密的长期计划和行动计划，充分利用机会，最大限度地降低风险，实现组织的目标。

2. 计划的性质

计划作为管理的基本职能之一具有首要性、目的性、普遍性、效率性、创造性等特性。下面分别予以说明。

（1）首要性

计划是进行其他管理职能的基础或前提条件。常言之，计划在前，行动在后。组织的管理过程首先应当明确管理目标、筹划实现目标的方式和途径，而这些恰恰是计划工作的任务，因此计划位于其他管理职能的首位。例如，在制定控制的标准时，必须以计划为主要依据，并且控制的目的就是为了更好地实现计划的目标，所以没有计划就谈不上控制。组织职能、领导职能也都与计划职能相关联。组织结构设计和组织权责的划分是以实现组织目标为目的的，由计划制定的组织目标往往会导致组织结构的调整和组织权责的重新划分。各级管理者在行使领导职能时，对员工进行引导、激励和约束（例如进行绩效评价、实施奖惩）也都是为了实现计划指定的组织目标，因此，计划具有首要性。图 3-1 概略地描述了这种相互关系。

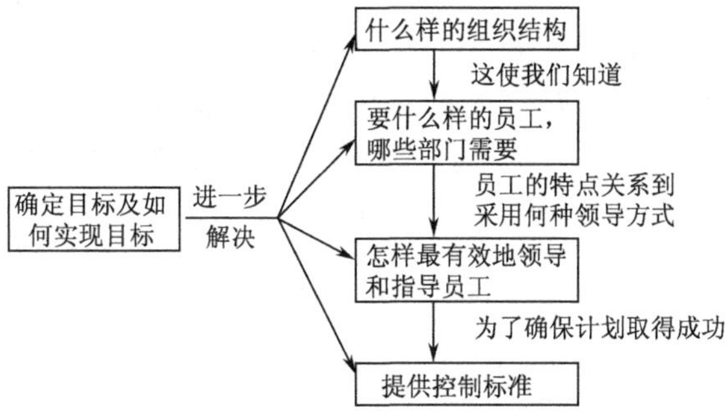

图 3-1　计划工作领先于其他管理职能

（2）目的性

计划的目的性是非常明显的。任何组织或个人制定的各种计划都是为了促进组织的总目标和一定时期的目标的实现。

（3）普遍性

由于人的能力是有限的，现代组织中的工作是如此复杂，即使是最聪明最能干的领导人，也不可能包揽全部计划工作。因此，实际的计划工作涉及到组织或企业中的每一位管理者及员工，上至高层管理者，下至基层管理者及员工。一个组织的总目标确定后，各级管理人员为了实现组织目标，使本层次的组织工作得以顺利进行，都需要制定相应的分目标和分计划。这些具有不同广度和深度的计划有机地结合在一起，便形成了一个多层次计划系统。因此，计划具有普遍性。

（4）效率性

计划的效率性主要是指时间和经济性两个方面。任何计划都有计划期的限制，也有实施计划时机的选择。计划的时效性表现在两个方面，一是计划工作必须在计划期开始之前完成计划的制定工作，二是任何计划必须慎重选择计划期的开始时间和截止时间。例如在企业中，一般会制定五年或十年期的长期规划、年度计划、季度计划、月度计划等，这些计划具有不同的计划期。经济性是指组织计划应该以最小的资源投入获得尽可能多的产出。

（5）创造性

计划工作总是针对需要解决的新问题和可能发生的新变化、新机会而做出的决定，因而它是一个创造过程。计划工作是对管理活动的设计，正如一种新产品的成功在于创新一样，成功的计划也依赖于创新。

3.1.2　计划的作用

管理是人类有目的的活动，而计划是组织目标的具体表现形式，它是为实现组织目标而拟订方案和措施的过程。关于计划对管理的重要性已被所有的管理者所认识。归纳起来计划对管理的重要意义有以下几个方面。

1. 计划是管理活动的依据

计划为管理工作提供了基础，是管理者行动的依据。管理者要根据计划分派任务并确定下级的权利和责任，促使组织中全体人员的活动方向趋于一致，而形成一种复合的组织行为，以保证达到计划所设定的目标。国家要根据五年计划安排基本建设项目的投资，企业要根据年度生产经营计划安排各月的生产任务，并进行新产品开发和技术改造。计划使得管理者的指挥、控制、协调更有效，使管理工作的监督和检查、纠偏有了明确的依据。

2. 计划是合理配置资源、减少浪费、提高效益的手段

计划工作的重要任务就是使未来的组织活动均衡发展。预先进行认真的计划能够消除不必要活动所带来的浪费，能够避免在今后的活动中由于缺乏依据而进行轻率判断所带来的损失。计划可以使组织的有限资源得到合理的配置，通过各种方案的技术分析，选择最有效的方案用于实施。由于有了计划，组织中各成员的努力将合成一种组织效应，这将大大提高工作效率，从而带来经济效益。

3. 计划是降低风险、掌握主动的手段

未来的情况是不断变化的，计划是预期这种变化并且设法消除变化对组织造成不良影响的一种有效手段。组织如果对环境没有预先估计，就可能导致组织行为的失效，给组织带来各种风险。计划作为组织未来活动的一种筹划，必然会对未来的各种情况进行预测，针对各种变化因素制定各种应对措施，以最合理的方案安排达到目标的系列活动，使组织未来活动的风险大大降低。

4. 计划是管理者制定控制标准的依据

计划的重要内容是组织目标，它是制定控制标准的主要依据。有了控制标准才能衡量实际的实施效果，发现偏差，即时纠正，使组织活动不脱离管理者所期望的发展方向。

3.1.3 计划的类型

计划有多种类型，下面是几种常见的划分方法及相应种类。

1. 根据时间跨度，可以分为长期计划、中期计划和短期计划

人们习惯于把时间跨度在五年以上的计划称为长期计划，时间跨度在一年以上、五年之内的计划称为中期计划，时间跨度在一年及一年以内的计划称为短期计划。长期计划主要围绕两方面的问题制定：一是组织的长远目标和发展方向，二是怎样达到组织的长远目标，例如，一个企业的长期计划要指出该企业的经营目标、经营方针和经营策略等，一般包括企业的发展方向，企业的发展规模，科研方向和技术水平，主要的技术经济指标等；中期计划来自长期计划，比长期计划具体、详细，主要是协调长期计划和短缺计划之间的关系，长期计划以问题、目标为中心，中期计划则以时间为中心，具体说明各年应达到的目标和应开展的工作；短期计划比中期计划更为具体和详尽，它主要说明计划期内必须达到的目标，以及具体的工作要求，要求能够直接指导各项活动的开展，如企业中的年度利润计划、销售计划、生产计划等。在一个组织中，长期计划和短

期计划之间应是“长计划、短安排”的关系，即为了实现长期计划中提出的各项目标，组织必须制定相应的一系列中期、短期计划，而中、短期计划的制定则必须围绕着长期计划中所提出的各项目标。

2. 根据计划所涉及的广度，可以分为战略计划和行动计划

战略计划体现了组织在未来一段时间内的总体发展目标和寻求组织在环境中的地位以及实施的途径的计划。战略计划具有长远性、全局性和指导性，它决定在相当长时间内组织资源的运动方向，并将在较长时间内发挥指导作用；行动计划是在战略计划所规定的方向、方针、政策框架内，确保战略目标的落实和实现，确保资源的取得与有效运用的具体计划，它主要描述如何实现组织的整体目标，是战略计划的具体化或是战略实施计划。战略计划与行动计划之间的比较如表 3-1 所示。

表 3-1　战略计划与行动计划

比较项目	战略计划	行动计划
时间跨度	三年或三年以上	三年以内（周、月、季、年）
范围	涉及到整个组织	限于特定的部门或活动
侧重点	确定组织宗旨、目标，明确战略和重大措施	明确实现目标和贯彻落实战略、措施的各种方法
目的	提高效益	提高效率
特点	全局性、指导性、长远性	局部性、指令性、一次性

3. 根据计划的对象和应用范围，可以分为综合计划、部门计划和项目计划

综合计划涉及的内容是多方面的，部门计划只涉及某一特定的部门，项目计划则是为某项特定的活动而制定的计划。综合计划一般是指具有多个目标和多方面内容的计划，就其所涉及的对象而言，它关联整个组织和组织中的许多方面。习惯上人们把预算年度的计划称为综合计划，在企业中它是指年度的生产经营计划。部门计划是在综合计划的基础上制定的，它的内容比较专一，局限于某一特定部门或职能，一般是综合计划的子计划，是为了达到组织的分目标而制定的。某企业销售部门的年度销售计划，生产部门的生产计划等，都是属于这一类型的计划。项目计划是针对组织的特定活动所做的计划，例如某项产品的开发计划，职工俱乐部建设计划等都属于项目计划。

4. 根据计划对执行者的约束力，可以分为指令性计划和指导性计划

指令性计划是由上级下达的具有行政约束力的计划，它规定了计划执行单位必须执行的各项任务，其规定的各项指标没有讨价还价的余地；指导性计划是由上级给出一般性的指导原则，具体如何执行具有较大灵活性。

5. 根据计划的灵活性，可以分为应变计划和弹性计划

应变计划是指发生偶然事件或未预期事件出现时的计划。应变计划可以帮助组织中的人员明了在这些事件出现时应该怎样做并能保持组织正常运转。例如，可以预先制定

A、B、C三种计划，计划A预期产品可能被市场接受的程度及其具体的生产数量和成本；计划B可以是应付出现比预期更好的形势而制定；如果出师不利，则可采用计划C。这样的计划如果能在事先制定好，一个企业就能更好地应付可能出现的各种结果，就能通过或增加资源、或消减资源来实现更为现实的目标。

弹性计划是指考虑到计划在执行中可能发生变化的因素而制定的，能适应变化的组织内外环境，有一定弹性的计划。

6. 根据计划的表现形式及所起作用的不同层次，可以分为宗旨、目标、战略和策略、政策、程序、规则、规划、预算

(1) 宗旨

宗旨描述组织的价值观、组织的抱负和组织存在的原因。宗旨就是着重表明社会对该组织的基本要求、组织的基本作用和根本任务的计划。宗旨对组织的各项任务只作最一般的表述，其重点是明确组织是干什么的、应该干什么和最终要达到的目的是什么。巨大成功的企业之所以能成功首先在于有明确的宗旨。如英特尔公司的宗旨是：在工艺技术和营业这两方面都成为并被承认是最好的、领先的，是第一流的。

一个好的宗旨是组织目标和计划的基础。如果没有明确的宗旨，组织的目标和计划可能就是随意决定的，并且不能使组织向它本应该的方向前进。通常的宗旨应该包括定义组织区别于其他类似组织的基本业务范围，宗旨的内容常常指向市场、顾客和识别经努力可以达到的领域。一些宗旨描述了组织的特点，如合作价值、产品质量、设备地点和对雇员的态度。另外，宗旨常常揭示组织的文化和目标。

(2) 目标

宗旨是一个组织最基本的目的，它需要通过目标的具体化才能成为行动的指南。所谓目标是指一个组织在未来一段时间内要实现的目的。它着重表明一定时期活动所针对的最终结果的，一般需要用定量数据表述。组织一定时期的目标构成组织的基本计划，组织中的部门也可以有一定时期的目标，也就是说通常目标是分层次的。各层次的目标可能相同也可能不完全相同，高一级的、宏观的目标支配着低一级的目标，但不如低一级的目标具体。

(3) 战略和策略

战略和策略是着重为实现组织长远目标所选择的途径，主要指出组织活动方向、工作重点和资源布置优先次序的总纲。战略和策略并不确切地概述组织怎样完成目标，而是为组织提供指导思想和行动框架。

(4) 政策

政策的作用是为组织活动建立一般指南。政策是指明组织的活动范围和方针、表明组织鼓励什么和限制什么，以保证行动同目标一致的计划的一系列导向性规定。

政策的实质在于自主权，它为组织规定范围和界限，鼓励下级在规定的范围内自由处置问题。政策应有统一性、持久性、连续性，但是政策的表述往往不容易做到十分规范和精确，容易使人产生曲解，并且情况在不断变化，这些都导致政策有时难以连贯和稳定。

（5）程序

程序是制定处理未来活动的必须方法的计划，它规定了处理问题的例行方法和步骤。它是指导如何采取行动的工作步骤，而不是指导如何思考问题。一般是对大量例行的日常工作过程及工作方法的提示。程序一般按照例行方法和步骤的时间顺序对必要的活动进行排列。

（6）规则

规则通常是一种简单形式的计划，它为组织的具体工作做出一系列限制和规定，详细阐明哪些是必需的行动、或者非必需的行动，并且没有酌情处理的余地。

人们经常把规则、政策和程序混淆。规则不是程序，规则虽然指导行动但却不标明时间顺序；政策的目的是指导决策，并给管理人员留有酌情处理的余地，规则也起指导的作用却没有自行处理的权力。

（7）规划

规划是综合性计划，包括目标、政策、程序、规则、任务分配、要采取的步骤、要使用的资源，以及为完成既定行动方针所需要的其他因素。规划可能很大，像某城市建设规划；也可能很小，像提高某公司财务部门工作人员士气的规划。并且，一个主要的规划可能需要很多的支持计划，以某城市建设规划为例，由于需要建设许多市政设施，如果要使投资得当，就需要很多支持计划，如必须详细制定城市土地使用规划、必须制定城市公共交通规划、城市环境规划、城市卫生规划、城市发展规划等。

（8）预算

用数字表示预期结果的报表，是一种“数字化”的计划。在许多公司型组织中，预算是基本的计划工作手段，它通常是为规划服务的，同时预算也是一种控制手段。不同的预算在精确性、详细性和目的性上是不同的。

3.1.4 计划的内容

计划工作的内容可以概括为六个方面，即做什么（what）？为什么做（why）？何时做（when）？何地做（where）？谁去做（who）？怎么做（how）？简称为“5W1H”。这六个方面的具体含义如下：

“做什么”：要明确组织的使命、宗旨、战略、目标，以及行动计划的具体任务和要求，明确一个时期的中心任务和工作重点。例如，企业在未来五年要达到什么样的战略目标；企业年度生产计划的任务主要是确定生产哪些产品、生产多少，合理安排产品投入和产出的数量和进度，在保证按期、按质、按量完成订货合同的前提下，使生产能力得到尽可能充分的利用。

“为什么做”：要论证组织的使命、宗旨、战略、目标和行动计划的可能性和可行性，也就是说要提供制定的依据。实践表明，计划工作人员对组织和企业的宗旨、目标和战略了解越清楚，认识得越深刻，就越有助于他们在计划工作中发挥主动性和创造性。

“何时做”：规定计划中各项工作的开始和完成的进度，以便进行有效的控制和对能力及资源进行平衡。

“何地做”：规定计划的实施地点或场所，了解计划实施的环境条件和限制，以便合理安排计划实施的空间组织和布局。

"谁去做"：计划不仅要明确规定目标、任务、地点和进度，还应规定每个阶段由哪个部门、哪个人负责。

"怎么做"：制定实现计划的措施，以及相应的政策和规则，对资源进行合理分配和集中使用，对人力、生产能力进行平衡，对各种派生计划进行综合平衡等。

实际上，一个完整的计划还应包括控制标准和考核标准的制定，使组织中所有部门与成员不但知道组织的使命、宗旨、战略、目标和行动计划，而且还要明确本职工作的内容，如何去做，以及要达到什么标准。

3.2 计划工作

计划工作是各级管理者所要完成的一项劳动。本节主要阐述计划工作的过程、影响计划的因素及编制计划的原则。

3.2.1 计划工作的过程

任何完整的计划，都要经过一个工作过程，这就是认识机会、确立目标、拟定前提条件、确定可供选择的方案、评价可供选择的方案、挑选方案、制定辅助计划、用预算使计划数字化。

1. 认识机会

根据市场、竞争、顾客的需要，组织的优点、弱点，初步看到机会，留意外界环境和组织内的机会是编制计划的真正起点。只有这样，管理人员才能了解将来可能出现的机会，并能清楚而全面地了解这些机会对组织的有利与不利、怎样解决将要出现的问题、为什么要解决这些问题以及能得到什么期望的结果。

2. 确定目标

计划应有明确的目标，目标规定预期结果，并说明组织要做哪些工作。战略计划主要侧重于目标的制定，而行动计划主要侧重于组织目标体系中必须进行的某项活动。组织应根据要在什么方向、需要实现什么目的和何时完成而确立目标。

3. 拟定前提条件

拟定前提条件就是关于组织实现计划的环境假设条件，即组织将在什么样的环境中（内部或外部）执行计划。由于未来极其复杂，要把计划的实施环境的每一个细节都做出假设是不切合实际的。因此，所考虑的前提条件仅限于那些对计划而言是关键性的或具有策略意义的假设条件，即那些最影响计划贯彻实施的假设条件。同时为了协调各个计划，并且为实现预期的目标做出最有效的贡献，需要有一致性的前提条件，即计划应保持与前提条件的协调一致。

4. 确定可供选择的方案

同决策的过程一样，寻求为完成目标可供选择的、有希望的方案。不能因方案不引人注意而放弃，也不能使可供选择的方案过多。在确定可供选择的方案时，有必要通过初步考察或估算，排除希望较小的那些方案。

5. 评价可供选择的方案

在找出了各种可供选择的方案后，就应根据拟定的前提和目标，对方案进行评估。并使用各种定性的、定量的以及计算机模拟的方法进行此项工作。

6. 选择最终方案

被评估过的方案可能不止一个是可行的，应在可行的方案中，选择一个方案作为最终将要采取的行动方案。

7. 编制支持计划

支持计划就是针对组织选定的计划制定的辅助性计划，例如购买设备的计划、财务计划、培训和雇佣人员的计划、开发新产品的计划。一个综合性计划必然要有一系列的支持计划的支持才能实现。

8. 编制预算

编制预算就是使计划数字化，其主要工作是根据选择的方案，对组织可利用的资源进行分配，涉及到计划需要哪些资源、各需要多少及何时投入、各投入多少等问题。

3.2.2 影响计划的因素

在有些情况下，长期计划可能更重要，而在其他情况下可能正相反。类似地，在有些情况下指导性计划比具体计划更有效，而换一种情况却未必如此。那么决定不同类型计划有效性的因素有哪些呢？

1. 组织的层次

图 3-2 表明了组织的管理层次与计划类型之间的一般关系。在大多数情况下，基层管理者的计划活动主要是制定作业计划，当管理者在组织中的等级上升时，他的计划角色就更具战略导向。而对于大型组织的最高管理者，他的计划任务基本上都是战略性的。

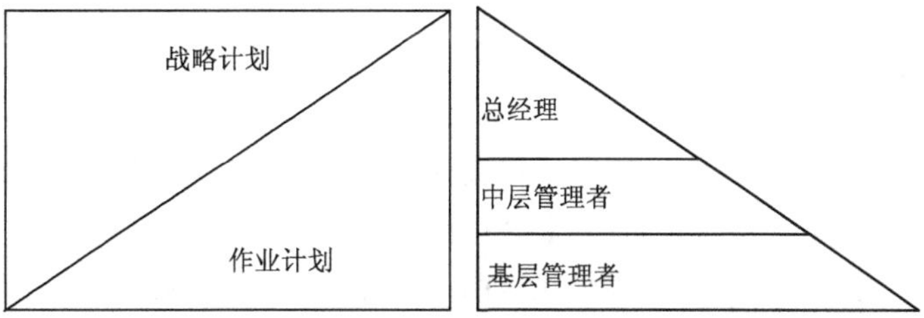

图 3-2　组织等级结构中的计划

2. 组织的生命周期

组织要经历一个生命周期（life cycle），开始于形成阶段，然后是成熟，成长，最后是衰退。在组织生命周期的各个阶段上，计划的类型并非都具有相同的性质，正如图 3-3所描绘的，计划的时间长度和明确性应当在不同的阶段上作相应调整。

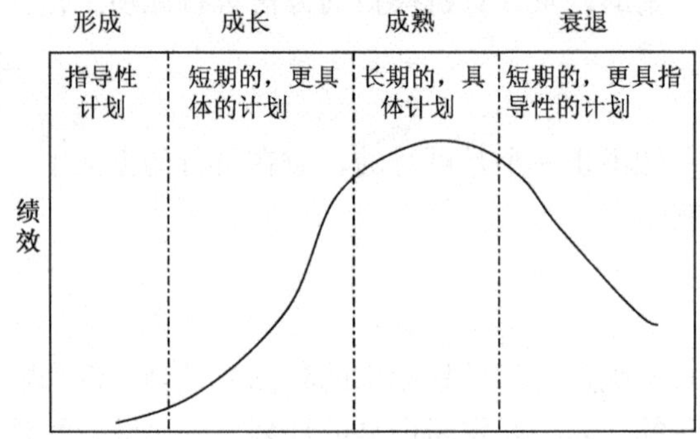

图 3-3　计划和组织的生命周期

当组织进入成熟期后，可预见性最大，从而也最适用于具体计划。而在组织的幼年期，管理者应当更多地依赖指导性计划，因为处于这一阶段要求组织具有很高的灵活性。在这个阶段上，目标是尝试性的，资源的获取具有很大的不确定性，辨认谁是顾客很难，而指导性计划使管理者可以随时按需要进行调整。在成长阶段，随着目标更确定、资源更容易获取和顾客的忠诚度的提高，计划也更具有明确性。当组织从成熟期进入衰退期，计划也从具体性转入指导性，这时目标要重新考虑，资源要重新分配。

计划的期限也应当与组织的生命周期联系在一起。短期计划具有最大的灵活性，故应更多地用于组织的形成期和衰退期；成熟期是一个相对稳定的时期，因此更适合制定长期计划。

3. 环境的不确定性程度

环境的不确定性越大，计划更应当是指导性的，计划期限也应更短。

如果正在发生着迅速的和重要的技术、社会、经济、法律或其他变化，精确规定的计划实施路线，反而会成为组织取得绩效的障碍。而且，变化越大，计划就越不需要精确，管理就越应当具有灵活性。

4. 未来许诺的期限

由于计划工作要求现在为不确定的将来做出承诺，要完成计划就是要完成承诺。因此承诺的大小就与计划的期限，即未来许诺的期限有关。这就是说，计划的期限应延伸到足够远，以便在此期限中，能够实现当前的许诺。如果计划的期限比其许诺能完成的期限短，计划就会失败。

5. 管理者对计划的态度

虽然从最高层到基层，大家普遍认识到计划的重要性，但是却有很多人宁愿去救火，也不愿去做计划，因为这些活动看起来似乎更重要，也更能引起人们的注意，也即人们常常推迟或拖延制定计划的工作；同时，有些管理者认为，如果对工作作了计划，工作就会顺利进行，因此，他们只作计划，而不去管计划的贯彻实施；更有些管理者把计划作为争取资源的手段，只强调它的有利一面，而不顾其可行与否。这些都是对计划的错误态度，会影响到计划的效果。

6. 经验

在缺少足够的控制技术和信息资料的情况下，制定者的经验对计划很重要，但计划是一个理性的过程，不能过分地依赖经验。

3.2.3 计划工作的原则

在制定计划的过程中，应遵循的主要原则有：限制因素原则、许诺原则、灵活性原则和导向变化原则。

1. 限制因素原则

所谓限制因素，是指妨碍组织计划实现的因素。在其他因素不变的情况下，仅仅改变这些因素，就可以影响组织计划的实现幅度与程度。例如，据全国家电行业协会的调查，DVD 产品的市场需求与其价格关系密切，当其单价降到 1000 元以内时，将取代 VCD 类产品成为市场需求与消费热点，这时，对研究开发与生产 DVD 的企业而言，是否能以 DVD 为其今后一段时期的主导产品，关键看其 DVD 生产成本是否能降至 1000 元以下。因此，在备选方案中进行选择时，人们越准确地识别并解决那些妨碍既定目标实现的限定性因素和关键性因素，也就会越能够有针对性地、有效地选定最有利的备选方案。这一原则又称木桶原则，即决定事物成败的因素取决于最短的木板。

2. 许诺原则

许诺原则是指任何一项计划都是对完成各项工作所做出的承诺，因而许诺越大，实现许诺的时间就越长，实现许诺的可能性就越小。这一原则涉及计划期限的问题。一般来说，经济上的考虑影响到计划期限的选择。因此，组织在作计划时，不仅要考虑到实现目标的合理期限，更应该结合经济评价来综合考虑计划的期限。

3. 灵活性原则

计划中体现的灵活性越大，由于未来意外事件引起损失的危险性就越小，但是，不能总是以推迟决策的时间来确保计划的灵活性，同时，使计划具有灵活性是要付出代价的，因此，计划的灵活性的成本应当同它所带来的好处放在一起来权衡。

4. 导向变化原则

计划制定出来以后，计划工作者就要管理计划，促使计划的实施，而不能被计划所管理，不能被计划所束缚。由于计划不能面面俱到，情况在不断变化，因此计划赶不上变化，所以要定期检查计划、调整计划和重新制定计划。

灵活性原则和导向变化原则是计划工作中的应急方法。灵活性是指计划本身应对变化有一定的适应性，涉及计划中所包含的变化的能力，而导向变化原则是指计划在执行的过程中应具有一定的应变能力，即要经常地检查计划工作的进行，并且如果事态变化和所期待发生的事情出现变化，就重新起草计划。除非计划具有内在的灵活性，要么进行导向上的变化可能会很难和成本太高。

3.3 目标管理

任何社会活动都有自己的目标，目标是活动的最终结果。计划工作的首要任务就是要为组织确立合理的目标，没有目标，组织也就失去了存在的意义。组织的工作只有围绕着目标展开才能取得预想的成果。长期以来，人们在实践中探索着运用目标进行管理的方法。本节主要阐述目标与目标管理方法。

3.3.1 目标概述

1. 目标的作用

目标是根据组织的宗旨而提出的组织在一定时期内所要达到的预期成果，目标是宗旨的具体化。如2001年获得国家质量奖的青岛啤酒股份有限公司，为了实现成为“世界驰名品牌，建国际化大公司”的宗旨，提出了“2005年销售量500万吨，进入世界啤酒十强；2010年销售量800万吨，进入世界啤酒三强”。

一般而言，目标的作用主要有以下几个方面：

(1) 指明组织的方向

目标指期望的成果，一个在未来某一时间内要实现的成果。这些成果是个人、小组或整个组织努力要达到的结果，它是一定时间内管理的方向，使组织的所有活动、可获得的资源都用于目标的实现。

(2) 激励和凝聚组织中的成员

组织目标是组织一定时期的目的，组织成员的个人目标是组织成员希望通过个人在组织中的努力所要达到的目的，管理者如果能使组织目标与组织成员个人目标相结合，则组织成员无需管理者的监督就会努力地去完成组织要求的工作，组织目标就成为激励组织成员的因素。

由于组织成员的工作都是以实现组织目标为基础的，共同的目的使组织成员之间存在相互协调和配合的基础，存在相互沟通的条件，因此组织目标有凝聚组织成员的作用。

(3) 促进合理决策

管理者经常面临各种管理问题，在解决这些问题的过程中，管理者只有通过组织目标，才能明确组织应完成的任务，明确应选择什么方案达到组织所希望的合理结果。

(4) 衡量组织绩效

组织绩效及组织成员绩效的高低是根据其行为是否符合组织目标及其对目标实现程度的估价，因此组织目标可以作为标准，用来衡量实际的绩效。

2. 目标的基本特性

(1) 目标的多样性

一个组织的目标具有多样性，即使是组织的主要目标，一般也是多种多样的。例如，对工商企业来说，通常要在八个主要方面设立目标，它们是：①市场地位；②创新和技术进步；③生产率；④物质和财力资源；⑤利润率；⑥主管人员的绩效和发展；⑦员工的工作质量和劳动态度；⑧社会责任。每一个方面都还有更具体的目标，例如利润率方面，就至少应该有销售利润率、资金利润率、投资报酬率等目标。然而，尽管组织的目标是多种多样的，组织除了主要目标之外，还有一些次要的目标，但并非目标越多越好。相反，应当尽量减少目标的数量，尽量突出主要目标。

了解目标的多样性，有助于主管人员正确地确定目标和充分发挥目标的作用。

(2) 包含关键结果

目标的多样性告诉我们，组织的目标不可能面面俱到，如果是面面俱到，那么组织的目标也会变得毫无意义。因此，管理者应该确定少数——大约涉及 4～5 个工作的关键结果。这些关键结果应是对组织贡献最大的活动。例如，一个在美国许多州都有业务的电话公司的市场部，就确定下述关键结果是它的目标：识别服务机会迅速增长的领域，用有意义的信息帮助区域的市场活动，开发一个基于客户需要、竞争和市场预测的市场战略。

(3) 目标的层次性与网络性

目标是分层次的体系和网络。从组织的不同层次分析组织的目标，整个组织有一个总目标，而组织内的各部门、各层次又有自己的相应目标。例如，市场部有关于扩大销售量以及分享市场的目标；生产部有关与降低成本、提高产品数量和质量以及生产率的目标。而个人除了与自己所在单位的有关目标之外，还可能有各自的目标。例如，各人关于争取提高工资、提升和发展方面的目标等。从层次上分析，组织的目标可以分为环境层目标、战略层目标、操作层目标等。环境层目标是社会加于组织的目标；战略层目标是作为一个利益共同体和一个系统的组织的整体目标，即取得组织资源的最大和谐一致；操作层目标是组织对组织成员的目标。组织中各级各类目标构成一个目标网络，各目标彼此协调、互相支援、互相连接，成为一个组织目标的有机体。如图 3-4 所示。

(4) 明确和可衡量的目标

只要可能，目标应该用数量表示，如增加 2%的利润、减少 1%的废品率等。并不是所有的目标都能用数字表示，但不明确的目标对雇员没有什么激励作用。数量表示的目标是可考核的目标，即指在一段时间的努力之后，能够确定是否已经达到的目标。明确的可考核的目标，便于管理活动的效果与效率。

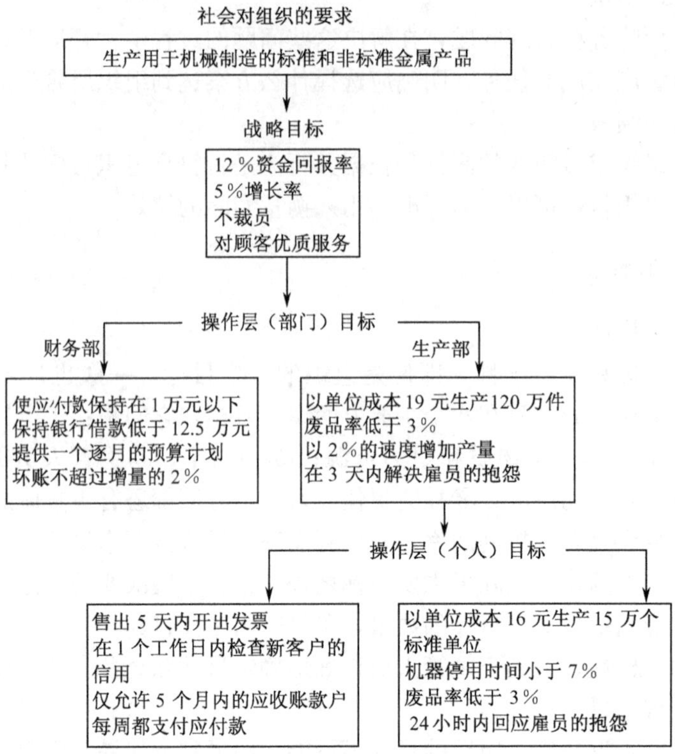

图 3-4　生产型企业的目标层次

（5）具有挑战性但经过努力可以达到的目标

目标应具有挑战性，但不是不可及的。如果目标不可及，将导致工作效率低下和士气低落，如果目标太容易，则不能对员工产生任何激励。管理者必须知道，目标应建立在时间期限、设备及资金等现有资源的基础上。

（6）确定时间期限

目标必须确定实现的时间期限以便于检查。一般而言，组织内的各种目标的时间跨度也是不一样的。例如，一般来说每年增加销售量及股息方面的目标是短期的。组织内的层次越低其目标越具体，即时间跨度越短；中层的目标比较抽象，其时间跨度也比较长，大多数为1～5年；组织的总目标战略最抽象，时间跨度也最长。例如，开辟新产品市场，寻找新油田等都属于长期的目标，其时间跨度可能在五年以上。

（7）与奖励相联系

最后，对终极目标产生影响的是基于目标实现程度的工资的增长速度及奖励的情况。实现目标的员工应予以奖励。

3. 制定组织目标的基本原则

要确保制定的目标对组织有效，就应该遵循一定的制定目标的基本原则，并满足目标的基本特性，在确定组织目标时，应遵循以下的基本原则。

（1）以满足社会或市场需求为前提

组织要生存，就必须对社会做出贡献，能满足一定的社会需求。在此前提下，才可能进一步考虑组织发展的需要和实现持续发展的可能性。因此，要把分析社会需求、满足社会需求作为制定组织目标的基础，只有这样，组织才有可能得到社会的承认并取得不断的发展。

从这个意义上看，组织的目的可以看作是组织最基本的目标。例如，美国的福特、日本的丰田和我国的上海大众这类制造公司的目的就是获取最大的利润；而大学的目的就是传授知识、培养人才；医院的目的就是提供医疗保健。上述各种组织的目的都是较为明显的。

管理者还必须选择最好的途径和办法使总目标付诸实施。必须选用的最佳途径和办法就是组织的任务。例如，上海摩托车有限公司和上海宝山钢铁集团公司为了实现各自的利润目标（总目标），他们就特别给自己选定了生产摩托车和钢铁的任务（实现总目标的战略）。

（2）以提高组织的绩效为出发点

由于任何组织所拥有的资源都是有限的，所以组织在选择目标方案时，要充分体现获取最大绩效的原则，即要选择能较好地使用有限的资源发挥最大效益的目标方案。这就要求在确定组织目标时，要全面、系统地分析影响组织效益的一切因素，在此基础上，设计多个目标方案，通过比较论证，择优确定。

（3）所制定的目标值应是经过努力有可能实现的

订立目标是为了实现目标，组织目标值的确定必须有切实可行性。在制定目标时，要全面分析组织各种资源条件和主观努力能够达到的程度，即不能脱离实际，凭主观愿望把目标订得过高，从而使组织成员的努力无法实现；也不要把目标订得过低，失去激励作用，并使社会对组织的需求无法实现。

（4）要考虑组织的社会责任

组织是社会的基本单位，都要承担一定的社会责任和义务。因此，每个组织在考虑本身的组织目标时，都应考虑其应尽的社会责任。例如要符合法律、注意环境保护等。

3.3.2 目标管理

1. 目标管理的产生及概念

（1）传统的目标设定方法

传统的设定目标方法是：目标由组织的最高层管理者设定，然后分解成子目标落实到组织的各个层次上，这是一种单向的过程：由上级给下级规定目标，是典型的“命令式管理”。其管理的特点是“非操作性”。即目标在从抽象性转化为具体性的过程中，不得不经过组织的层层过滤，在每一层加上可操作性含义，例如：

最高管理当局	我们需要改进公司的绩效
事业部经理	我希望看到我们事业部利润显著增长
部门管理者	增加利润，不管用什么方法
雇员个人	不必担心质量，只管快干

显然这种目标设定方法，丧失了目标清晰明确以及一致性的特点，是不科学的，也是不好的。人们逐步发现，要使组织上下目标一致，且全体成员完全了解，应由组织成员亲自参加工作目标的制定，实现“自我控制”，并努力完成目标。这样目标管理就产生了。目标管理提供了一种将组织的整体目标转换为每一单位和每个成员目标的有效方式。

(2) 目标管理的形成与发展

目标管理（management by objectives，MBO）是20世纪50年代中期出现于美国，以泰勒的科学管理和行为科学理论（特别是其中的参与管理）为基础形成的一套管理制度，其形成与发展经历了一个阶段。

1954年，彼得·德鲁克在《管理实践》一书中首先使用了这个概念，并在其后的论述中，提出了“目标管理与自我控制”的主张。德鲁克认为，一个组织的目的和任务，必须转化为目标，如果一个领域没有明确的目标，则这个领域必然被忽视。而目标管理最大的好处是，它使员工能够控制他们自己的成绩，这种自我控制会激励员工尽自己的最大力量把工作做好。因此，他提出，让每个员工根据总目标的要求，自己制定个人目标，并努力达到个人目标，就能使总目标的实现更有把握。在目标管理的实施阶段和成果评价阶段，应做到充分信任员工，实行权力下放和自我管理，发挥每个员工的主动性和创造性。德鲁克的分析在当时的管理领域产生了巨大的影响，并为目标管理的实际应用打下了坚实的基础。

几乎与德鲁克出版《管理实践》一书的同时，1954年美国通用电气公司进行改组，在分散化的管理决策中，要求用具体的客观目标和目标实施进程的客观计量来代替主观的评价和个人的监督。在这里，公司使用了目标管理的各种要素，突出了目标的可考核性，并用定量的、客观的标准去衡量管理绩效和进行工作评价，从而丰富了目标管理的内容，使目标管理很快地成为工作评价的主要方法。

1957年，美国著名的行为科学家道格拉斯·麦格雷戈在《哈佛商业评论》上发表文章，就工作绩效的评价问题批判了传统的主观评价法——把评价的焦点放在人的个性特征和品格上，主张应在目标的基础上进行客观的工作评价。这种客观评价法的核心是注重业绩。在目标管理的前提下，下属人员根据总目标为自己设置短期目标，并承担了实现这些目标的责任，最后下属人员对照预定的目标来评价业绩。这种以目标为基础的评价可以创造一种激励的环境，激发人们的工作热情，并在评价中注重个人能力的提高。从而使目标管理作为一种激励手段运用于业绩的评价。

目标管理自诞生之日起，已经发生了许多变化，而随着实践的发展，目标管理也逐步地完善。

(3) 目标管理的概念与特点

目标管理是一种综合的以工作为中心和以人为中心的管理方法；是一个组织中上级管理人员同下级管理人员，以及同职工一起共同制定组织目标；使目标同组织内每个人的责任和成果相互密切联系，并明确地规定了每个人的职责范围，并用目标来进行管理、评价和决定每个成员的贡献和奖励报酬等。因此目标管理就是一个组织的上下级管理人员和组织内的所有成员共同制定目标，共同实施目标的一种管理方法。

由此可见，目标管理有四个特点：

1）组织目标是上级与下级共同商定的，而不是上级下达指标，下级仅仅是执行者。

2）每个部门和个人的任务、责任及应该达到的分目标是根据组织的总目标决定的。

3）每个部门和个人的一切活动都围绕着这些目标展开，这就使履行职责与实现目标紧密地结合起来。

4）个人和部门的考核均以目标的实现情况为依据。

2. 目标管理的本质及过程

（1）目标管理的本质

目标管理的本质可以归纳为如下几个方面：

1）目标管理是以目标为中心的管理。目标管理强调，明确目标是有效管理的首要前提。明确的目标使组织有了协同行动的准则，可使每个成员的行动统一一致，以最经济有效的方式实现组织的目标。因此，在目标管理中，应注重目标的制定，各分目标都必须以总目标为依据，分目标是总目标的有机组成部分，计划的制定和执行以目标为导向，计划执行完成后又以目标的完成情况来进行考核。同时，由于目标管理把重点放在目标的实现上，这克服了只注重工作而忽略目标的旧式管理的弊端，有助于克服管理的盲目性、随意性，能够收到事半功倍的效果。

2）目标管理强调系统性。任何组织都有不同层次、不同要求的多个目标，如果各目标之间相互不能协调一致，组织规模越大、人员越多，发生冲突和浪费的可能性就越大；同时，组织总目标的实现有赖于组织各分目标的实现，这要求组织各目标之间应相互支持、相互保证，形成相互支援的目标网络体系，从而保证目标的整体性和一致性。

3）目标管理强调人的因素。目标管理是一种参与式、民主式、自我控制的管理制度，也是一种把个人需求与组织目标结合起来的管理制度。目标管理强调以人为中心，通过目的性的、自我控制式的、个人创造性的目标进行管理。目标管理强调由管理者和下属共同确定目标和建立目标体系，下属不再只是做工作、执行命令，他们本身就是制定目标的参与者；目标是上下级人员共同协商研究的结晶，这不仅能使组织目标更符合实际、更具有可行性，而且能激发各级人员在实现目标时的积极性和创造性，能使员工发现工作的兴趣和价值，享受工作的满足感和成就感。在这种制度下，上下级之间是平等、尊重、信赖和支持的关系，下级在承诺目标和被授权后是自觉、自主和自治的。

（2）目标管理的具体过程

一般而言，目标管理可以分为以下三个步骤。

1）建立一套完整的目标体系。实行目标管理，首先要建立一套完整的目标体系。这项工作总是从企业的最高主管部门开始的，然后由上而下逐级确定目标。上下级的目标之间通常是一种“目的—手段”的关系；某一级的目标，需要用一定的手段来实现，这些手段就成为下一级的次目标，按级顺推下去，直到作业层的作业目标，从而构成一种锁链式的目标体系。

这个过程比较复杂，实际操作中应该把握以下几个要点：一是目标管理必须被全体员工所理解，并真正得到上级领导的全力支持。因此，理想的目标管理应开始于组织的最高层，高层领导者在初始阶段要向下属人员解释什么是目标管理，为什么要搞目标管理，在评价业绩时它起什么作用。这项工作可以起到动员和宣传的作用，有利于形成一个实行目标管理的良好组织氛围。二是上下级共同参与制定目标，并对如何实现目标达成一致意见。下级参与目标的制定和执行是目标管理中一个非常重要的问题，它反映了目标管理的实质，有助于调动员工实现目标的主动性和积极性。三是目标的制定是一个反复的过程。由高层设置的目标是初步的，由下级拟定出整个可考核的目标系列时，根据它来进行修改。上级对下级的目标也有一个大体的设想，这个设想也随着与下级一起制定目标的进程而改变。管理人员应反复地与他的上级一起审查所有下级的工作目标和他自己的目标，直到部门中的每项工作都制定合适的目标。这样，目标的制定不仅是一个连续的过程，而且也是一个反复循环、相互作用的过程。四是最终形成的目标体系应既有自上而下的目标分解体系，又有自下而上的目标保证体系，从而保证总目标的实现。

2）目标的实施。通过各级授权，使每个人都明确在实现总目标的过程中自己应承担的责任，实行职责范围内的自主管理、自我监督、自我调整，以保证全面实现预定的绩效目标。

在此过程中要把握以下几个要点：一是实行充分授权。根据权责一致原则，若承担某一任务，必须拥有完成这一任务所需要的权力。组织的总目标落实到个人后，管理者要实行充分授权，创造个人自由完成目标所需要的条件。二是实行自我管理。管理者授权以后，员工按照自己所承担的目标责任，在实施目标中进行自助的管理。自我管理的最大成效就是使员工感到工作是出自内心愿望，从而能够发挥最大的积极性。三是要保持定期的或经常的成果反馈或检查。目标在实施的过程中一般来说主要靠员工自己管理或自我控制。但是，也必须定期地检查各项任务的进展情况。下级定期地向上级讨论实施目标的进展情况，上级则不断地将衡量的结果反馈给下级，以便他们能够调整自己的行动，与组织的整体保持一致。例如，如果一个目标和任务要在一年里完成，那么，管理人员和有关的下属人员最好每一季度检查讨论一次这项任务的进展情况，以便及时发现问题，采取相应的措施。

3）对成果进行检查和评价。当目标管理一个周期结束时，领导必须与有关的下级或个人逐个地检查目标任务完成的情况，并与原订的目标进行比较，完成好的，要充分肯定成绩，对未能完成任务的，要分析和找出原因，并根据各人完成任务的情况给予相应的报酬和各种奖励。对未能完成任务的，应分析具体情况，对非个人原因造成的问题，一般不要采用惩罚措施，重点在于共同总结经验教训，以便为以下一周期的目标管理提供宝贵的经验，把以后的工作做好。

3. 对目标管理的评价

目标管理现在已经成为世界上很流行的一种计划方法和管理制度。很多美国企业，如杜邦和通用汽车公司等都采用目标管理方法。根据美国《幸福》杂志最近的调查，在美国最大的500家工业公司中有40％的公司采用了目标管理。当然，目标管理有优点也有缺点。

（1）优点

采用目标管理最突出的优点在于能调动广大管理人员和员工的积极性、主动性，提高了士气。由于目标是经过商定的，他明确了自己的工作在整体工作中的地位和作用，他参与了讨论并做了许诺，有了授权，并受到支持。通过目标和奖励，将个人利益和组织的利益紧密联系在一起，这时他不再是只听从命令等待指示和决定的盲目的工作者，而是一个主动的自己能够掌握命运的可以在一个领域内施展才华的积极工作者。目标管理评价企业和个人的标准是目标的达成程度。这种评价比较公正、客观，目标完成后及时给予奖励和升迁，无形中也提高了士气。总而言之，目标管理实现了“三全”——全员参与、全员保证、全员管理，由压制人的管理变成以自我控制为主的管理，显著地提高了管理成效。

目标管理是比较科学和有效的管理方法，往往会带来良好的绩效，起到立竿见影的效果。如销售额的增加，成本的降低，利润的扩大。目标管理使各项活动的目的性很明确，有利于避免形式主义。目标管理是一种达到目标的科学周密的方法。目标锁链是由于对目标进行了分解，而目标分解是为了目标相互支持。如此环环扣紧，把各方面的力量、积极性和可能采取的措施都汇集起来了，从而使目标切实可行，易见成效。

目标管理有助于改进组织结构和职责分工。在建立完整的目标体系时，目标体系应与组织结构相吻合，从而使组织每个部门都有明确的目标，每个目标都有人明确负责。然而，组织结构与职责分工往往不是按组织在一定时期的目标而建立的，因此，在按逻辑展开目标和按组织结构展开目标之间，时常会存在差异。有时从逻辑上看，一个重要的分目标却找不到对此负全面责任的管理部门或员工，而组织中的有些部门或员工却很难为其确定重要的目标。这种情况的反复出现，可能最终导致对组织结构的调整和职责的重新分工。从这个意义上说，目标管理还有助于搞清组织机构和职责分工的作用。

目标管理表现出良好的整体性。组成一个完整的目标锁链和目标体系之后，将企业的所有任务和目标连成一个有机的整体：自上而下，目标层层分解；自下而上，目标层层保证。

（2）缺点

1）目标难以设定。德鲁克在《管理实践》中说：“真正的困难不是确定我们需要哪些目标，而是决定如何设立这些目标。”人们在设置目标时，真正可考核的目标很难确定，许多岗位工作难以使目标定量化。另外，由于过分强调定量化目标，可能导致忽视一些定量性不明显的目标，如只奖励高生产率而损害创造性。为了保证目标实现的可能性并使目标具有激励作用，目标必须既具有挑战性又是可以实现的。这些导致设置目标困难重重。

2）目标期限短。在多数实行目标管理的组织中，管理人员所确定的目标一般都是短期的。只追求短期目标极有可能是以牺牲长期目标为代价。因此，为防止短期目标所导致的短期行为，上级主管人员必须从长期目标的角度提出总目标和制定目标的指导方针。

3）目标管理的哲学假设不一定都存在。目标管理对于人员的动机作了过分乐观的假设：认为多数人都有发挥潜力、承担责任、实行自治和富有成就感的需要，都有事业心和上进心，而且只要有机会，他们就会通过努力工作来满足这些需要，把工作中取得成就看得比金钱更重要。这就是“自我实现人假设”，即Y理论。而现实并不完全这样，特别是目标的考核和奖励搞在一起后，往往指标要低，出力要少，奖励要多。这样会破坏信任的气氛，形不成承诺、自觉、自治与愉快的感觉。

4）缺乏组织内最高级领导人的支持。总目标、总战略虽然由最高管理层做出，但是它们常常把任务交给较低级的管理人员去负责执行，这样一些高层领导人实际上就没有为此而承担起自己的真正责任，其积极性自然也就没有得到发挥，这就必然会影响到目标管理的效果。

5）目标的商定很费时间。目标的商定要几上几下，统一思想。而有些采用目标管理的公司过分强调了数量目标，要求报表和总结过多。有些管理人员忙于写总结、忙报表，对下级只是分派任务或提提建议，很少坐下来与下级共同研究问题。结果就造成个别人缺乏责任心。处理不好，可能会造成流于形式，达不到应有效果。

6）不灵活的危险。目标管理要取得成效，就必须保持其明确性和肯定性，如果目标常变，就难以说明它是经过深思熟虑和周密计划的结果，这样的目标是没有意义的。但是，计划是面向未来的，而未来存在许多不确定因素，这又使得必须根据已经变化了的计划工作前提对目标进行修正。然而，修订一个目标体系与制定一个目标体系所花费的精力相差无几，结果可能迫使主管人员不得不在中途停止目标管理的过程。

总而言之，目标管理是管理体系中一种极为有用的方法，然而要使目标管理获得更佳的效果，管理者也必须注意克服缺点。

4. 如何推行目标管理

推行目标管理，除了要掌握具体的方法外，要特别注意下面三个问题：

1）推行目标管理要有一定的思想基础和科学管理基础。所谓思想基础是指要教育员工确立全局观念，长期利益观念，要正确处理好社会、组织、个人之间的关系。这是因为目标管理容易滋长急功近利本位主义的倾向，如果没有一定的思想基础，设定目标时就可能出现不顾整体利益和长远利益的现象。所谓科学管理基础是指各项规章制度比较完善，信息比较通畅，能够比较准确地度量和评估工作成果。

2）能否推行目标管理关键在于领导。目标管理制度中的领导不是原则的领导，而是具体的实际的领导，对各项指标都要心中有数。因此实行目标管理不是对领导要求低了而是更高了。目标管理中的领导者与被领导者之间不是命令与服从的关系，而是平等、尊重、信赖和相互支持的关系。因此，要求领导改进作风，提高水平，发扬民主，善于沟通。另外，目标管理中的领导者应善于授权，因为没有分权就不能创造个人自由地达成目标的条件，这必然要导致目标管理的失败。

3）目标管理要逐步推行，长期坚持。推行目标管理需要许多配套工作，如提高员工的素质，健全各种机制，做好其他管理的基础工作，制定一系列有关的政策等。这些都是企业的长期任务，所以目标管理也只能逐步推行，先试点，在试点的基础上总结经验，再推广。因此，目标管理的推行需要长期坚持，不断发展和完善，这样才能收到良好的效果。我国从1978年开始，伴随着推行全面质量管理，在一些大企业中试行目标管理方法。例如，获得2002年全国质量奖提名的山东新华制药厂，从1980年开始实施目标管理，始终坚持不懈。新华制药厂每年都要把企业的总目标向下层分解，中层管理者要对本部门的目标与总目标的关系，以及实施本部门目标的依据和保证条件向由高层管理者组成的答辩委员会进行说明，每半年进行检查。由上到下，依此类推，形成了本企业的管理特色，取得了很好的成果。

3.4 计划制定

计划工作的效率高低和质量的好坏在很大程度上取决于所采用的计划方法。现代计划方法为制定这种切实可行的计划提供了手段。在计划的质量方面，现代计划方法可以确定各种复杂的经济关系，提高综合平衡的准确性，能够在众多的方案中选择最优方案，还能够进行因果分析，科学地进行预测，在效率方面，由于采用了现代数学工具并以计算机技术作为基础，大大加快了计划工作的速度，这就使得管理者从繁杂的计划工作中解脱出来，能够集中精力考虑更重要的问题。总之，现代计划方法具有许多优点，已经逐渐为更多的计划工作所采用。下面介绍其中几种主要方法。

1. 滚动计划法

滚动计划法是一种定期修订未来计划的方法。这种方法根据计划的执行情况和环境变化情况定期修订未来的计划，并逐期向前推移，将短期计划、中期计划和长期计划有机地结合起来制定计划。由于在计划工作中很难准确地预测影响未来发展的各种因素的变化，而且计划期越长，这种不确定性就越大，因此，若硬性地按几年前制定的计划实施，可能会导致重大的损失。滚动计划法则可避免这种不确定性可能带来的不良后果。

滚动计划法的具体做法是，在计划制定时，同时制定未来若干期的计划，但计划内容采用近细远粗的办法，即近期计划尽可能地详尽，远期计划的内容则较粗；在计划期的第一阶段结束时，根据该阶段计划执行情况和内外部环境变化情况，对原计划进行修订，并将整个计划向前滚动一个阶段，以后根据同样的原则逐期滚动。如图 3-5 就是一个五年的滚动计划制定方法。

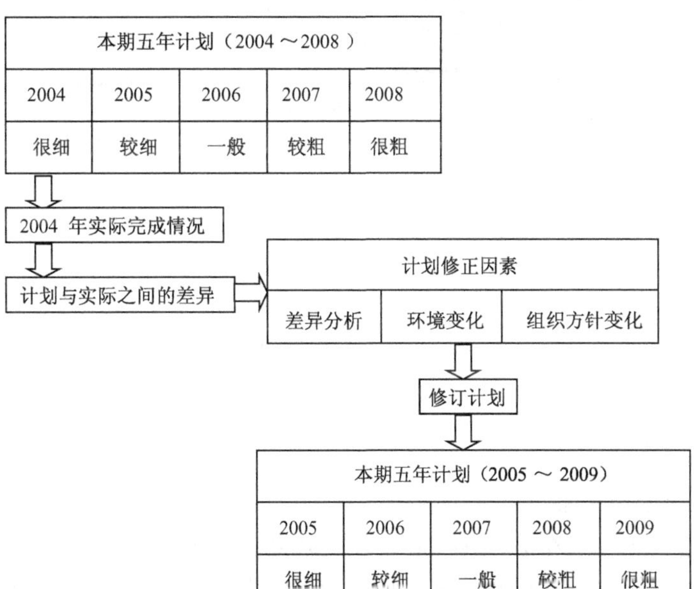

图 3-5 滚动计划法示意图

滚动计划法适用于任何类型的计划。其优点是：

1）使计划更加切合实际，由于滚动计划相对缩短了计划时期，加大了对未来估计的准确性，能更好地保证计划的指导作用，从而提高了计划的质量。

2）使长期计划、中期计划和短期计划相互衔接，短期计划内部各阶段相互衔接。这就保证了能根据环境的变化及时地进行调节，并使各期计划基本保持一致。

3）大大增强了计划的弹性，从而提高了组织的应变能力。

滚动计划法的缺点是计划编制的工作量较大。

2. 甘特图法

甘特图（Gantt chart）是在 20 世纪初由亨利・甘特开发的，它基本上是一种线状图，横轴表示时间；纵轴表示安排的活动；线条表示在整个期间上计划的和实际的活动完成情况。甘特图直观地表明任务计划在什么时候进行，以及实际进展与计划要求的对比。它虽然简单但却是一种重要的工具，它使管理者很容易搞清楚一项任务或项目还剩下哪些工作要做，并且能够评估工作是提前了还是拖后了，或是按计划进行。

图 3-6 绘出了一个图书出版的甘特图，时间以月为单位表示在图的上方，主要活动从上到下列在图的左边。计划需要确定书的出版包括哪些活动，这些活动的顺序，空白的线框表示活动的实际进度。甘特图可以作为一种控制工具，帮助管理者发现实际进度偏离计划的情况。在本例中，除打印长条校样以外，其他各项活动都是按计划完成，而长条校样比计划进度落后了 2 周。给出这些信息，项目的管理者就可以采取纠正行动，或是赶出落后的 2 周时间，或是保证不再有延迟发生。

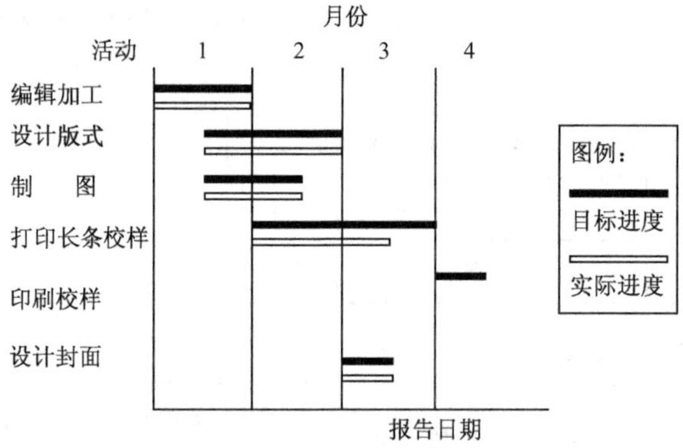

图 3-6　图书出版甘特图

3. 计划评审技术

计划评审技术（program evaluation and review technique，通常称为 PERT 或 PERT 网络分析技术）是在 20 世纪 50 年代末开发出来的。PERT 网络是一种类似流程图的箭线图，它描绘出项目包含的各种活动的先后次序，标明每项活动的时间或者相关的成本。对于 PERT 网络，项目管理者必须考虑要做哪些工作，确定时间之间的依赖关系，辨认出潜在的可能出问题的环节，借助 PERT 还可以方便地比较不同行动方案在进度和成本方面的效果。因此，PERT 可以使管理者监控项目的进程，识别可能的瓶颈环节，以及必要时调度资源确保项目按计划进行。

为了运用 PERT 网络技术，应该掌握事件、活动和关键路线三个基本概念，也要掌握开发 PERT 网络的步骤。所谓事件，表示主要活动结束的那一点；活动表示从一个事件到另一个事件之间的过程，它要花费时间和资源；关键路线是 PERT 网络中花费时间最长的事件和活动的序列。另外，开发 PERT 网络可以按以下步骤来进行：

1）确定完成项目必须进行的每一项有意义的活动，完成每项活动都产生事件或结果。

2）确定活动完成的先后次序。

3）绘制活动流程从起点到终点的图形，明确表示出每项活动及与其他活动的关系，用圆圈表示事件，用箭线表示活动，结果得到一幅箭线流程图，这就是 PERT 网络。

4）估计和计算每项活动的完成时间。在理想条件下完成活动所需的时间为乐观时间（t_o）；以最可能时间（t_m）表示正常情况下活动的持续时间；以悲观时间（t_p）表示在最差的条件下完成活动所需的时间。则期望的活动时间（t_e）的计算公式为

$$t_e = \frac{t_o + 4t_m + t_p}{6}$$

5）借助包含活动时间估计的网络图，管理者能够制定出包括每项活动开始和结束日期的全部项目的日程计划。沿关键线路的任何延迟需要引起特别注意，因为它将延迟整个项目，就是在关键线路上没有松弛时间，沿关键线路的任何延迟都直接延迟整个项目的完成期限。

假定你是一家建筑公司的施工经理，你被分派监督一座办公楼的施工过程，你必须决定建这座办公楼需要多长时间。你仔细地将整个项目分解为活动和事件，表 3-2 概括了主要事件和你对完成每项活动所需时间的估计，图 3-7 画出了基于表 3-2 的数据的 PERT 网络。

表 3-2　办公楼建设的主要事件及其时间估计

事件	描述	期望时间（周）	预备事件
A	审查设计和批准动工	10	—
B	挖地基	6	A
C	立屋架和砌墙	14	B
D	建造楼板	6	C
E	安装窗户	3	C
F	搭屋顶	3	C
G	室内布线	5	D，E，F
H	安装电梯	5	G
I	铺地板和嵌墙板	4	D
J	安装门和内部装饰	3	I，H
K	验收和交接	1	J

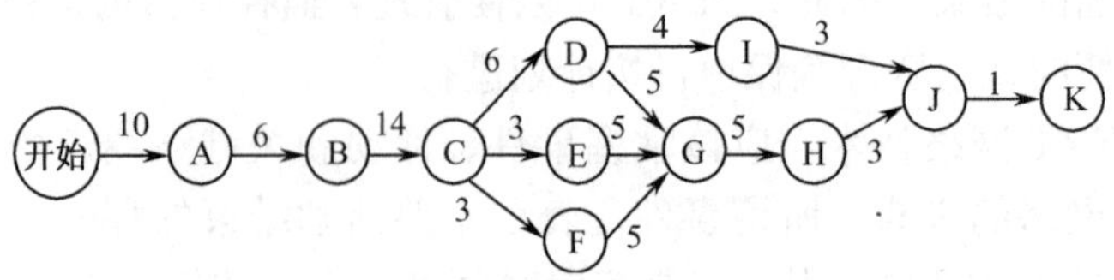

图 3-7 PERT 网络图

通过计算，我们得知关键线路为 A—B—C—D—G—H—J—K，完成这栋办公楼需要 50 周的时间。

通过分析，PERT 网络计划技术的优点有：

1）能把整个工程的各项任务的时间顺序和相互关系清晰地表示出来。并指出完成工程的关键环节和路线，使管理人员在制定计划时既可统筹安排、又不失去重点。

2）可对工程的时间进度与资源利用实行优化。通过调动非关键路线上的人力、物力与财力加强关键作业，既可节省资源，又能加快工程进度。

3）可事先评价达到目标的可能性，指出实施中可能发生的困难点和这些困难点对整个任务产生的影响，以便准备好相应的措施，以减少完不成任务的风险。

4）便于组织和控制，特别对于复杂的大项目，可分成许多子系统采取分别控制。

5）简单易懂，具有中等文化程度的人就能够掌握，对复杂的多节点工作，可以利用已有的软件在计算机上优化。

6）应用范围十分广泛，适用于各行各业。

案例及习题

一、案例

1. 小天鹅公司的战略性思考

近年来，越来越多的企业透过全球范围内出现的产品过剩、价格下滑现象，逐步认清我们所面临的虚拟经济社会是一个“合作第一”的时代，没有合作就没有竞争。兼并重组就是虚拟经济的一种主要形式，它是企业根据自身战略发展的需要，实现企业规模扩张的有效途径。当今许多名闻遐迩的跨国公司，他们的企业发展史也正是一部成功的兼并重组史。

众所周知，企业文化是一个“动态稳定”的概念，是二者辩证的统一。“动态”说明它是不断发展变化的，“稳定”则说明它有较强的延续性。文化重组成功与否，不仅要看企业的类别，领导的决心，更要看员工思想的转变，因为企业文化是生动活泼的，只有让每一个员工都认可，并在他们身上得以体现，才能成为一个有机的统一整体，才算完成文化重组。用钱可以收购成百上千个企业，可是却买不到优秀的企业文化。

“小天鹅”的崛起是因为企业内部有一种巨大的精神因素在起作用，这就是“小天鹅”的企业文化和企业精神。“小天鹅”在兼并重组的过程中注重文化重组，不断探索，逐步熟悉，并针对不同文化差异采取不同的策略，把握时机，出奇制胜，创造双赢。

“小天鹅”与武汉“荷花”的合作具有中国特色，这种合作是在跨地区的国有企业之间进行的，不仅仅是一种经济行为，更有丰富的文化内涵。

武汉荷花洗衣机厂是国内十大洗衣机厂之一，近几年来由于经营不善，成为武汉市亏损大户。李建民厂长针对当时“荷花”产品的市场萎缩、品牌声誉下降、企业资金短缺等具体问题几经思考，主动找出路，谋求与有实力的企业合作。“小天鹅”想壮大，“荷花”想发展，双方异曲同工、不谋而合。但是“小天鹅”与“荷花”毕竟各自有不同的出发点，产品也不仅仅是换牌子就行的，所以双方的合作首先要了解和磨合的是企业文化而不是产品。

“小天鹅”进驻“荷花”的工作组在调研中发现：“荷花”厂缺的是质量文化。要让大家都知道：只有健康的思想才能指导健康的行动，进而保证企业健康发展。如何控制质量，这要求所有人、所有过程、所有工作都必须围绕质量来完成。按“小天鹅”5000次无故障运行的标准，他们对“荷花”产品进行测试，让“荷花”的产品接受严峻的考验，让“荷花”员工看到他们产品的问题，自然也就找到了努力的方向。工作组邀请“荷花”厂的领导一起考察市场，一起听取客户和用户的意见。“荷花”厂领导终于明白：“荷花”的出路就是在企业内部做好质量基础工作，依法治厂。

“荷花”厂抽调70名大学生和中层干部到市场感受竞争；听取用户反映，并且在厂内设立了劣质零件曝光台。产品严格按“小天鹅”的5000次无故障运行的高质量标准考核，可靠的产品质量为占领市场打下了扎实的基础。

“荷花”的员工也在合作中逐步接受“小天鹅”的质量文化：末日理念。倘若有一天，“荷花”没有了“小天鹅”的双缸机订单，“荷花”厂将面临停产。

由于条件限制，“小天鹅”与“荷花”的产品外观相同，只有区分市场，避免冲突，才能形成一种协同作战、平等竞争的局面。如果市场冲突，同室操戈，势必影响双方合作。“小天鹅”所有的双缸机不在湖北露面。“小天鹅”信守诺言，让出部分国内市场，此举赢得了荷花员工的信任和当地政府的好感，为以后更大的发展打下了坚实的基础。

思考及讨论题

1. “小天鹅”在进行合并时是如何进行战略性思考的？

2. “小天鹅”与武汉“荷花”的合并属于哪一层的战略？制定这一层的战略需要考虑哪些因素？

2. 新宇化工公司的目标管理

新宇化工公司是一个地方中型企业，在实行目标管理之前，公司领导总感到职工的积极性没有最大限度发挥出来，上下级之间关系也比较紧张，管理很不顺畅。所以公司效益从1993年以来连续下滑。为从根本上扭转这种被动的管理局面，从管理中要效益，公司领导班子达成共识，从“九五”计划第一年（1996年）开始在公司实行目标管理。

一、确定目标

新宇化工公司根据企业“九五”计划的总体要求来确定公司的总目标。总目标包含以下四个方面，并尽量用定量指标表达，目标又分期望和必达两种。分别如下（以

1996年为准）：

1. 对社会贡献目标。新宇化工公司作为一个地方化工企业，不仅要满足地区经济发展的物质要求，而且要满足人民群众对化工产品的不断增长需求。具体指标为：总产值7914万元必达，期望8644万元；净产值1336万元必达，期望1468万元；上缴税收517万元必达，期望648万元。

2. 对市场目标。随着市场经济的发展与深入，化工产品市场竞争越来越激烈。新宇公司在本省是具有竞争力的企业，所以在力图巩固现有市场份额的基础上，强化市场营销策略，不断扩大销售量，并开拓外省（市）市场，从而提高市场占有率。对销售指标：期望年增8%～10%，必须达到年增6%～7%；对市场占有率指标：期望达到38%，必须达到34%。

3. 公司发展目标。新宇公司根据“九五”计划发展规划，确定其发展目标为：销售收入6287万元必达，期望达到7100万元，且年增6%～8%；资产总额650万元，且年增10%～12%；必须开发5个新系列化工产品，期望开发6个新产品系列；职工人数年增长3%，且实行全员培训，职工培训合格率必达85%，期望98%。

4. 公司利益和效益目标。确定的具体表达指标如下：利润总额480万元，期望实现540万元；销售利润率7.6%，期望达到8.5%；劳动生产率年增85%，期望年增105%；成本降低率递减5%；合格品率达到92%，期望达到95%；物质消耗率年下降7%；一级品占全部合格品比重达50%，期望达到60%。

二、目标分解

新宇化工公司对于总目标的每一个表达指标，都按纵横两个系统从上至下层层分解。从横向系统看，即公司每一个职能部门都细分到各自的目标，并且一直到科室人员。从纵向系统看，从公司总部到下属车间、段、班组直至每个岗位工人都要落实细分的目标。由此形成层层关联的目标连锁体系。

现以公司实现利润总额480万元为例，对其目标进行分解。为确保1995年实现利润总额480万元，经过分析、取决于成本的降低，而成本降低又分解为原材料成本、工时成本、废品损失和管理费用四个第三层次的目标，然后继续分解下去，共细分成96项具体目标，涉及到降低物耗，提高劳动生产率，保证和提高产品质量以及管理部门节约高效的具体要求。最后按归口分级原则落实到责任单位和责任人。

三、执行目标

新宇化工公司按照目标管理的要求，让各目标执行者“自主管理”，使其能在“自我控制”下充分发挥积极性和潜能。为职工实现自己的细分目标创造一个宽松的管理环境，不再强调上级对下属严密监督和下级任何事情都必须请示上级才行动的陈旧管理模式。

在此阶段，新宇化工公司领导注重做到以下几点：

1. 对于大多数公司所属部门和岗位，都进行充分的委权和放权，提高自主管理和自我控制的水平。对于极少数下属部门和岗位，上级领导对下属部门和成员仍应实施一定的监督权，以确保这些关键部门和岗位的目标得以实现。

2. 公司建立和健全了自身的管理信息系统，创造了执行目标所需的信息交流条件，使得上下级和平级之间的不同单位、部门、人员都能在执行各自目标得到信息的支持。

3. 公司各级领导人员对下属及成员并不是完全放任不管不问。他们的职责主要表现在以下方面：一是为下属创造良好的工作环境；二是对下级部门和下属人员做好必要的指导和协调工作；三是遇到例外事项时，上级要主动到下属中去协商研究解决，而不是简单下指令。

在上述新宇公司成本降低的96项具体目标落实到公司有关部门和个人后，他们就按各自目标制定具体实施方案。实施方案包括执行目标所需的权限、工作环境、信息交流渠道、工作任务、计划进度、例外事项处理原则等。在每天的工作中，每个执行目标者都要自己问自己，我今天要做到些什么才能对自己目标的完成做出贡献？然后对每天的工作和时间进行最佳组合的安排，尽可能取得最大工作效率。

四、评定成果

新宇化工公司在进行目标管理时，很重视成果评定。当预定目标实施期限结束时（一般为一年），就大规模开展评定成果活动。借以总结成绩，鼓励先进，同时发现差距和问题，为更好地开展下一轮的目标管理打好基础。

新宇化工公司强调评定成果要贯彻三项原则：一是以自我评定为主，上级评定与自我评定相结合；二是要考虑目标达到程度、目标的复杂程度和执行目标的努力程度，并对这三个主要因素进行综合评定；三是按综合评定成果进行奖励，体现公平、公正的激励原则。

例如，三车间聚丙乙烯产品成本目标是6500元/吨，公司考核部门的标价标准是：达到6500元，得100分；降至6400元/吨以下，得120分；超过6600元/吨，得10分；处在6500元至6600元之间/吨时，得50分。三车间全体职工经过一年奋斗，最终自评成绩是120分，成功使成本降至6400元/吨以下，在达到目标程度这一因素上取得了最优级，并经过公司考核部门认可。

成本是一个综合项目，涉及到企业管理的许多方面。三车间的成本目标定为6500元/吨，确属于比较复杂、困难、繁重的目标。公司考核部门在制定评价标准时，把6500元/吨订为难度比较大的目标，记为100分；6400元/吨以下为难度极大的目标，记为120分；6600元/吨以上为较为容易目标，记为10分。在评定时，影响成本的环境和条件没有大的改变。所以，三车间和公司考核部门一致确认，6500元/吨的成本目标应记为100分。

在评定执行目标的努力程度时，公司考核部门也制定了很努力、比较努力、一般努力三个等级，分值分别是120分、100分和80分。三车间自评结论是在全车间同心协力，努力奋斗一年，应该记120分。

当然，在确定目标的复杂程度和执行的努力程度时，公司考核部门都有一些更多的细分指标和因素来保证。比如，执行努力程度要看出勤率、工时利用率，合理化建议多少等。

对于不同层级的部门和岗位，三个因素在评定成果中所占的比例有所不同。一般越是上级职位和部门，第一要素所占比重越大。本例三车间属基层部门，可按5∶3∶2比例，对其成果分值最终予以确定。

三车间综合评价分＝120×50%＋100×30%＋120×20%＝114（分）

（目标达到程度）（目标复杂程度）（执行中努力程度）

由于三车间进行的目标管理成绩很大，新宇化工公司对其进行了表彰和奖励。三车间每个职工也通过评定成果，做了一次认真全面系统的总结。每个职工也有自己细分目标的评定结果，成绩并非一刀切完全相同。所以后进职工认真总结教训和学习先进职工的经验，以便把下一轮目标管理搞好。

新宇化工公司执行目标管理的第一年就取得了丰硕成果。公司总目标都超额实现，总产值达到8953万元，净产值达1534万元，上缴税收680万元。总目标中对社会贡献的目标全部超过期望目标。在市场目标方面：1996年比1995销售量增长9%，市场占有率达到35%，都超过了必达目标。在公司发展目标方面：销售额达到7130万元，比上年增长85%；资产总额730万元，比上年增长15%；已开发出6个新品种系列；职工培训上岗合格率已达93%。在公司利益和效益目标上，已实现利润总额630万元，其他各项经济效益指标也全部达到、甚至超过预定目标。

同时，在公司内部的上下级关系和人际关系方面开始变得融洽、和睦，职工群众的积极性、主动性、创造性得以真正发挥出来。全公司呈现一种同心协力、努力奋斗，力争实现公司目标的新景象。

思考及讨论题

1. 新宇化工公司为什么要推行目标管理？推行目标管理有哪些作用？
2. 从管理角度分析，目标管理有何特色？
3. 新宇化工公司是如何按照目标管理的程序来操作的？你认为在实际应用目标管理中还要注意什么问题？
4. 你认为目标管理除在企业适用外，是否还适用于其他组织，如学校，机关、研究所等单位？请你设计一个实例进行程序操作。

二、习题

1. 选定目标时应注意哪些问题？
2. 计划职能与管理的其他职能有什么联系？
3. 目标管理与经济承包责任制有何异同？
4. 实施目标管理应该具备哪些基本条件？
5. 在高等院校应如何建立目标管理体系？

第四章

组　　织

◇ 掌握组织的任务，集权与分权，直线领导与参谋，分工与协调，正式组织与非正式组织，部门的划分等内容及组织结构、组织变革的相关内容

◇ 理解组织文化的内容

组织工作、组织现象存在于社会生产和生活的方方面面。在一条崎岖的山路上，连续几天的降雨突然导致山洪暴发、土方崩塌，引起公路交通受阻，面临困境的司机们可能自动协作起来清除路障，进行自救，这种协作行为和状态就是一种“组织”。

组织可以是自发形成的，也可能是事先有意识策划和安排的结果。我们将形成工作中分工与协作关系的策划和安排过程，称做“组织设计”。而特定时期设计出来的组织，可能要在运行一段时间后进行再设计或重组变革，并采取有效的变革管理措施使之顺利地过渡到一种新的状态。

搞好组织设计与再设计工作，意义非同一般。“三个和尚没水吃”、“三个臭皮匠，顶个诸葛亮”的故事均为世人熟知，那么，是什么导致了这两种截然不同的组合效果呢？为什么“整体可能大于各部分之总和”，也可能“小于各部分之总和”呢？其根本原因在于要素组合在一起的特定方式不同，从而造成了要素间配合或协同关系的差异。

组织工作做得好，可以形成整体力量的汇聚和放大效应，否则，就容易出现“一盘散沙”，甚至“窝里斗”的局面。正是基于这一原因，组织工作的重要性在各类组织中得到了普遍重视。

4.1 组织理论

一般管理理论的创始人法约尔曾认为组织是管理中最重要的职能。法约尔尽管也认为计划工作十分重要，但他一再强调组织是一切管理活动的基础。现在一个普遍接受的观点是，组织是管理的基本职能之一，是在计划职能之后的第二项重要的基本职能。在管理的计划职能确定了组织的具体目标，并对实现目标的途径作了大致的安排之后，为了使人们能够有效地工作，还必须设计和维持一种组织结构，它包括组织机构，职务系统和相互关系。具体地说，就是要把实现组织目标而必须从事的各项工作或活动进行分类组合，根据管理跨度原理，划分出若干管理层次，划分出若干部门；对人员进行选聘、考评和培训，为组织结构中的每个职位配备合适的人员，并把监督每类工作或活动所必需的职权授予各个管理层次、各部门的主管人员，以及规定上下左右的协调关系。此外，还需要根据组织内外诸要素的变化，不断地对组织结构做出调整和变革，以确保组织目标的实现。这就是管理学中组织工作职能的范围。

组织理论是管理科学的重要组成部分，目前已成为管理科学中的一个独立的研究领域。组织理论实质上就是研究如何合理、有效地进行分工。这里的分工包括业务工作的分工、工作量的分配、职责和权限的划分，分工之后为每一个职位配备合适的人员以及相互之间的配合与协作等。

组织结构（organization structure）描述组织的框架体系。就像人类由骨骼确定体形一样，组织也是由结构来决定其形状。组织结构可以被分解为三种成分：复杂性、正规化和集权化。

复杂性（complexity）指的是组织分化的程度。一个组织愈是进行细致的劳动分工，具有愈多的纵向等级层次，组织单位的地理分布愈是广泛，则协调人员及其活动就愈是困难。

正规化（formalization）是指组织依靠规则和程序引导员工行为的程度，有些组织仅以很少的这种规范准则运作，另一些组织，有些规模还很小，却具有各种规定指示员工可以做什么和不可以做什么。一个组织使用的规章条例越多，其组织结构就越正规化。

集权化（centralization）考虑决策制定权力的分布。在一些组织中，决策是高度集中的，问题自下而上传递给高级经理人员，由他们选择合适的行动方案。另外一些组织，其决策制定权力则授予下层人员，这被称为分权化（decentralization）。

管理人员在设立或变革一个组织的结构时，就是进行组织设计（organization design）。

接下来，我们会详细说明组织结构的这三大部分是如何得到结合和匹配，以便设计出各式各样的组织结构。

社会的发展使人们的需求日趋复杂化、多样化，要不断满足这种需求，单靠个人努力是无法实现的，因此不得不依靠众多人的共同努力。为此人们形成了组织。在组织当中统筹安排人力、物力和财力，力求用尽可能小的消耗取得尽可能大的成果。这种统筹效用将成倍增加。在一些情况下，组织的作用并不明显，而在另外一些情况下，组织的作用却非常显著。这两种情况我们都能很容易地在周围发生的活动当中找到范例。金刚石和石墨，其化学成分都是碳，但结构不同，其物理性能就相差极大；训练有素的军队同普通群众相比，即使双方使用一模一样的武器，打起仗来，一支很小的部队就可能征服与控制很大的人群，可见组织的威力有多么强大。但无论如何，组织存在本身就足以说明，它对人类的生存起着重要的作用。管理人员的主要任务之一就是要使组织不断发展、完善，使之更加富有成效。

组织从不同的角度来理解，可以有不同的定义，本书认为组织大致可以有这样两方面的含义。

1）一般意义的组织。这是人们进行合作活动的必要条件。一般泛指各种各样的盈利或非盈利的社会组织，企业、政府、学校、医院等。美国管理学家巴纳德认为：由于生理的、心理的、物质的、社会的限制，人们为了达到个人的和共同的目标，就必须进行合作，于是形成群体，而社会群体的集合即组织。

2）管理学意义的组织。这是按照一定目的和程序，人们进行分工协作的过程及由此组成的一种权责角色结构系统。巴纳德认为：组织不是集团，而是相互协作的关系，是人们相互作用的系统。正式组织是人们自觉的、有意识的、有目的的加以协调的两个或两个以上人的活动或力量的系统。作为过程，组织是在一定的时间和空间内向各个成员分配工作，统一各种行为的动态活动；作为结构，组织是使动态活动中有效合作的相互关系相对静止而形成的静态模式。

组织作为一个系统，一般包含四个重要要素：①目标。因为任何组织都是为目标而存在的，不论这种目标是明确的，还是模糊的，目标是组织存在的前提。没有目标，也就没有组织存在的必要性。②人员与职务。人既是组织中的管理人员，又是组织中的被管理人员，建立良好的人际关系，是建立组织系统的基本条件和要求。明确每个人在系统中所处的位置以及相应的职务，便可形成一定的职务结构。③职责与职权。职责是指某项职位应该完成某项任务的责任。反映上下级之间的一种关系。下级有向上级报告自己工作绩效的义务或责任；上级有对下级的工作进行必要指导的责任。这是每个人员所在岗位职务的一种义务。职权是指经由一定的正式程序所赋予某项职位的一种权力。居其位者，可以承担指挥、监督、控制，以及惩罚、裁决等工作。这种权力是一种职位的权力，而不是某特定个人的权力。④信息。组织内部及内部与外部的联系，主要是信息联系。只有信息沟通，才能保证组织的有效运转。

组织也可以理解为是一些职位和一些个人之间的关系网络式结构。组成结构的要素是人、职位、任务以及它们之间的特定关系网络，这是静态的一面。结构有助于我们对组织进行观察和比较。结构是所有学科中的一个基本概念。一般来说，正式组织结构都是经过认真考虑后才建立起来的。管理人员把任务进行分工，再按一定关系使它们联结起来而形成组织结构。这种结构相对来说是稳定的、连续的、逐渐变化的。大的变化都发生于剧烈变革的时代，例如政治的、经济的、社会的、技术的剧烈变革。经济体制改革和政治体制改革必然要引起有关的组织结构产生较大的变化。虽然决定组织基本结构是组织中高、中层主管人员的责任，但所有管理人员在他们职权范围内都对结构产生影响，另外，由于组织结构相对稳定，所以它一经建立，就形成一种框架，这种框架或者方便了管理人员的工作，或者使管理人员的工作发生障碍。因此，要不时地对组织结构进行检查和调整，使之有利于达到组织目标。

4.2 组织设计

4.2.1 组织设计的任务

组织设计就是对组织开展工作、实现目标所必需的各种资源进行安排，以便在适当的时间、适当的地点把工作所需的各方面力量有效地组合到一起的管理活动过程。组织设计的直接结果是形成一种关系网络，用现代管理理论创始人巴纳德的话来说，就是“有意识地加以协调的两个或两个以上的人的活动或力量的协作系统”。

在许多情形下，这种协作系统或关系网络，通常被称做“组织结构”。组织设计工作包括以下三项具体的任务：

1. 职务分析与设计

职务分析与设计是组织设计的最基础工作。它是在对组织目标进行逐级分解的基础上，具体确定出组织内各项作业和管理活动开展所需设置的职务的类别与数量，以及每个职务所拥有的职责权限和任职人员所应具备的素质。

2. 部门划分和层次设计

根据各个职务所从事工作的性质、内容及职务间的相互联系，采取一定的部门化方式，依照一定的原则，将各个职务组合成被称为“部门”的作业或管理单位。这些部门单位又可以按一定的方式组合成上一层级的更大的部门，这样就形成了组织的“层次”。

3. 结构形成

通过职责权限的分配和各种联系手段的设置，使组织中的各构成部分（各职务、各部门、各层次）联结成一个有机的整体，使各方面的行动协调配合起来。

组织设计工作的结果通常体现在两份书面文件上。

一是组织机构系统图，亦称组织图或组织结构图。它一般是以树形图的形式简洁明了地展示组织内的机构构成及主要职权关系。绘图时常以“方框”来表示职位或部门，方框的垂直排列位置说明该职位或部门在组织层级中所处的位置，而上下两方框间相连的“直线”则体现这两个职位或部门之间的隶属和权力关系。

二是职务说明书，有时亦称作职位说明书。它一般是以文字的形式规定某一职位的工作内容、职责和职权，与组织中其他职务或部门的关系，以及该职务担当者所必须具备的任职条件，如基本素质、学历、工作经验、技术知识、处理问题的能力等。

4.2.2 组织设计的原则

管理者在进行组织设计工作过程中，应该遵循一些什么原则，才能使所建立的组织结构更好地促进组织目标的实现？长期的理论研究与实践探索总结出了如下几条基本原则：

1. 目标至上、职能领先原则

组织结构只是实现组织目标的手段，组织机构只是落实组织机能或职能的器官或工具。因此，管理者在进行组织设计工作时，无论是决定选取何种形式的组织结构，还是决定配置哪些职位、部门与层次，都必须服从于组织目标的实现。组织在一定时期内所要实现和开展的战略目标和关键职能，往往对组织结构的形式与构成起着决定性作用。对组织特定目标和职能的关注应该贯穿到组织设计和变革工作的全过程中。

2. 管理幅度原则

管理幅度亦称管理跨度或管理宽度，就是一个主管人员有效领导的直接下属的数量。一般来讲，任何主管人员能够直接有效地指挥和监督的下属数量总是有限的，管理幅度过大，会造成指导监督不力，使组织陷入失控状态；管理幅度过小，又会造成主管人员配备增多，管理效率降低。所以，保持合理的管理幅度是组织设计工作的一条重要原则。

3. 统一指挥原则

统一指挥指的是组织中的每个下属应当，而且只能向一个上级主管直接汇报工作，以避免多头领导。可以说，组织内部的分工越是细致深入，统一指挥原则对于保证组织目标实现的作用就越重要。政出多门、命令不统一，一方面会使真正想做事的下属产生无所适从的感觉；另一方面，也会给一些不想做事的下属利用矛盾来逃避责任的机会。

4. 权责对等原则

在进行组织设计时，既要明确每一部门或职务的职责范围，又要赋予其完成职责所必须的权力，使职权和职责两者保持一致，这是组织有效运行的前提，也是组织设计中必须遵循的基本原则。只有责任，没有职权或权限太小，会使工作者的积极性和主动性受到严重束缚；相反，只有职权而无责任，或者责任程度小于职权，则会导致组织中出现权力滥用和无人负责现象的出现。

5. 因事设职与因人设职相结合的原则

组织中每个部门、每个职务都必须由一定的人员来完成规定的工作任务。组织设计必须确保实现组织目标活动的每项内容都能落实到具体的职位和部门，做到“事事有人做”，而不是“人人有事做”。这样，组织设计中自然就要求从工作特点和需要出发，因事设职，因职用人。但这并不意味着组织设计可以忽视人的因素，忽视人的特点和人的能力。组织设计必须在保证有能力的人有机会去做他们真正胜任的工作的同时，使工作人员的能力在组织中获得不断提高和发展。一句话，“人”与“事”的要求应该得到有机的结合。

4.2.3 组织设计的问题

1. 管理幅度与管理层次

110 在任何一个具有一定规模的组织之中，最高行政主管由于受到时间、精力等诸多因素的限制，他不可能直接领导整个组织的所有方方面面的活动。相反，他通常只是直接领导几个有限数量的下属管理人员，委托他们协助完成自己的部分管理责任。这些承担受托责任的下一级管理人员，可能又需要通过若干直接下属来协助完成管理使命，依此类推，直至受托人能直接安排和协调组织成员的具体作业活动。这样就形成了组织中由最高主管到具体工作人员之间的不同层级的管理层次。通常来说，一个组织由最高层到基层作业人员间的管理层次越多，这样的组织就越倾向于高耸型的，而管理层次较少的组织则相对说来是扁平型的。扁平型组织所配备的管理人员要明显地少于高耸型组织，但组织层次并不是可以随意减少的（图 4-1）。管理层次即组织层次中作业层以外的层次。

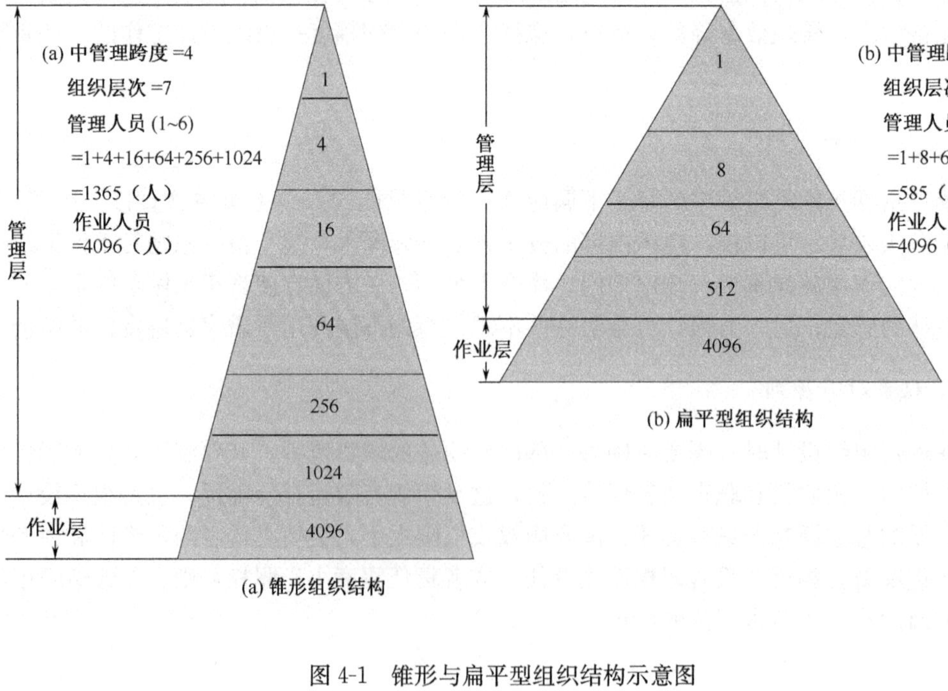

图 4-1　锥形与扁平型组织结构示意图

一个组织究竟设有多少级的管理层次比较合理？这需要考虑组织规模和管理幅度的影响。管理幅度是指每个主管直接领导的下属的数量。在管理幅度给定的条件下，管理层次与组织规模大小成正比，组织的规模越大，作业人员数量越多，那么所需要的管理层次就越多。在组织规模给定的条件下，管理层次与管理幅度成反比，每个主管所能直接领导的下属人数越多，所需的管理层次就越少。

任何组织在进行结构设计时都必须考虑每个主管人员直接指挥与监控的下属人数以多少为宜这一管理幅度问题。一般来说，即使在同样获得成功的组织中，每位主管直接管辖的下属数量也不一定相同。有效管理幅度的大小受到管理者本身的素质及被管理者的工作内容、能力、工作环境与工作条件等诸多因素的影响，每个组织及组织中的每一个管理者都必须根据自身的情况来确定适当的管理幅度，在此基础上再确定组织的管理层次数。

近年来，各种组织的演进趋势是扁平化，加宽管理跨度。但为了确保绩效不因跨度加大而受到影响，这些组织都不约而同地加大了员工培训的力度。有效管理幅度的影响因素主要有如下几种。

（1）工作能力

主管人员的综合能力、理解能力、表达能力强，则可以迅速地把握问题的关键，对下属的工作提出恰当的指导建议，并使下属明确地理解，从而可以缩短与每一位下属接触所占用的时间。同样，如果下属人员的工作能力较强，受到良好的系统的培训，则可以在很多问题上根据自己的符合组织要求的主见去解决，从而可以减少向上司的请示。这样，主管人员的管理幅度便可适当宽些。

（2）工作内容和性质

1）主管人员的工作主要在于决策和用人，但处在管理系统中不同层次的主管人员，决策与用人的比重各不相同。决策的工作量越大，主管人员用于指导和协调下属的时间就越少。所以，越是接近组织高层的主管人员，其决策职能越重要，管理幅度较中层和基层管理人员就越小。

2）下属工作的相似性。同一主管领导下的下属人员，如果所从事工作的内容和性质相近，则对每人工作的指导和建议大体相同。在这种情况下，主管人员就可指挥和监督更多的下属人员。

3）计划的完善程度。任何工作都需要在计划的指导下进行。由下属执行的计划如果制定得非常详尽周到，下属对计划的目的和要求有十分清楚的了解，这样，需要主管人员亲自指导的情形就减少。反之，如果下属要执行的计划本身制定得并不完善，或者需要下属做进一步的分解，那么，主管对下属指导、解释的工作量就要增加，其有效的管理幅度就势必要缩小。

4）非管理性事务的多少。主管人员作为组织不同层次的代表，往往需要花费相当的时间去从事一些非管理性事务。处理这些事务所需的时间越多，则用于指挥和领导下属的时间越少，此时管理幅度就越不可能扩大。

（3）工作条件

1）助手的配备情况。如果有关下属工作中遇到的所有问题，都不分轻重缓急需要主管亲自去处理，那么，主管人员所能直接领导的下属数量就会受到一定限制。但是，如果给主管配备必要的助手，由助手去和下属进行一般的联络，并直接处理一些明显的次要问题，这样就可以大大减少主管的工作量，增加其有效的管理幅度。

2）工作地点的接近性。同一主管人员领导下的下属，如果工作岗位在地理上的分布较为分散，那么，下属与主管，以及下属与下属之间的沟通就相对比较困难，从而该主管所能领导的直接下属数量就要减少。

3）信息手段的配置情况。掌握信息是进行管理的前提。利用先进的信息技术去收集、处理和传输信息，一方面可以帮助主管人员更及时、全面地了解下属的工作情况，从而提出有用的忠告和建议；另一方面下属人员也可以更多地了解到与自己工作有关的情况，从而更好地自主处理分内的事务。这显然有利于扩大主管人员的管理幅度。

（4）工作环境

组织面临的环境是否稳定，会在很大程度上影响组织活动内容和政策的调整频率与幅度。环境变化越快，变化程度越大，组织中遇到的新问题就越多，下属向上级的请示就越有必要、越经常；而此时上级能用于指导下属工作的时间和精力就越少，因为他必须花更多的时间去关注环境的变化，考虑应变的措施。因此，环境越不稳定，各层次主管人员的管理幅度就会越小。

2. 集权与分权

（1）组织中的职权及其分布

所谓“职权”，就是指组织设计中赋予某一管理职位的做出决策、发布命令和希望命令得到执行而进行奖惩的权力。职权与组织内的一定职位相关，而与占据这个职位的人无关，所以它通常亦被称做制度权或法定权力。

职权在整个组织中的分布可以是集中化的，也可以是分散化的。所谓“分权”，即职权的分散化，也就是决策权在很大程度上分散到处于较低管理层次的职位上。所谓“集权”，即职权的集中化，也就是指决策权在很大程度上向处于较高管理层次的职位集中的组织状态和组织过程。

在现实中，既不存在绝对的分权，也不存在绝对的集权。因为绝对的集权意味着职权全部集中在一个人手中，这样的人不需要配备下级管理者，管理组织设计也就成为多余；而绝对的分权也不可能，因为上层管理者一旦没有了监督和管理的权利与义务，那也就没有必要设置这样的职位。管理组织的存在必然意味着某种程度的分权。集权和分权是两个彼此对立但又互相依存的概念，它们只能存在于一个连续统一体中。

（2）影响集权与分权程度的主要因素

集权或者分权不能简单地用“好”或“坏”来加以判断。在成功的企业中，既有许多被认为是相对分权的企业，也有许多被认为是相对集权的企业。就是在同一个企业的不同发展阶段，其集权和分权的程度也不完全相同。因此，并不存在着一个普遍的标准，可以使管理者依据它来判断应当分权到什么程度，或是应当集权到什么程度。确定一个组织中职权集中或分散的合理程度，需要考虑如下几方面影响因素：

1）经营环境条件和业务活动性质。如果组织所面临的经营环境具有较高的不确定性，处于经常变动之中，组织在业务活动过程中必须保持较高的灵活性和创新性，这种情况就要求实行较大程度的分权。反之，面临稳定的环境和按常规开展业务活动的组织，则可以实行较大程度的集权。

2）组织的规模和空间分布广度。组织规模较小时，实行集权化管理可以使组织的运行取得高效率。但随着组织规模的扩大，其经营领域范围甚至地理区域分布可能相应地扩大，这就要求组织向分权化的方向转变。

3）决策的重要性和管理者的素质。一般而言，涉及较高的费用支出和影响面较大的决策，宜实行集权，重要程度较低的决策可实行较大的分权。组织中管理人员素质普遍较高，则分权具备比较好的基础。

4）方针政策一致性的要求和现代控制手段的使用情况。鉴于集权有利于确保组织方针政策的一致性，所以在面临重大危机和挑战时，组织往往会采取集权的办法。另外，拥有现代化通信和控制手段的组织，在职权配置上经常会呈现两个方向的变动：一是重要和重大问题的决策可以实行更大程度的集权，而次要问题的决策则倾向于更大程度的分权。

5）组织的历史和领导者个性的影响。严格地说，这些是对组织集权或分权程度的现实影响因素。如果组织是在自身较小规模的基础上逐渐发展起来，并且发展过程中亦无其他组织的加入，那么集权倾向可能更为明显。因为组织规模较小时，大部分决策都是由最高主管（层）直接制定和组织实施的，这种做法可能延续下来。同样，组织中个性较强和自信、独裁的领导者，往往喜欢其所辖部门完全按照自己的意志来运行，这时集权就是该类组织经常会出现的状态。对这些现实的影响组织职权配置状态的因素，应该辩证地加以看待。现实的未必就是合理的，但现实的往往是不得不遵从的。

（3）过分集权的弊端

正确地处理集权与分权关系对于组织的生存和发展至关重要。从国内企业的实际情况来看，许多组织都普遍地存在一种过分集权的倾向。集权过度会带来一系列弊端，主要表现在：

1）降低决策的质量和速度。在规模相对比较大的组织中，高层主管距离生产作业活动的现场较远，如果管理权力过于集中，现场发生的问题需要经过层层请示汇报后由高层人员做出，这样做出来的决策，不仅难以保证其应有的准确性，而且时效性也会受到影响。

2）降低组织的适应能力。过分集权的组织，可能使各个部门失去自我适应和自我调整的能力，从而削弱组织整体的应变能力。

3）致使高层管理者陷入日常管理事务中，难以集中精力处理企业发展中的重大问题。

4）降低组织成员的工作热情，并妨碍对后备管理队伍的培养。管理权力的高度集中，不仅会挫伤下层管理人员和作业人员的工作主动性和创造性，而且也使他们丧失了在实践中锻炼和提高自己能力的机会，从而可能对组织的长远发展造成不利的影响。

（4）分权的标志

考察一个组织集权或分权的程度究竟多大，最根本的标志是要看该组织中各项决策权限的分配是集中的还是分散的。具体地说，判断组织集权或分权程度的标志主要有：

1）所涉及决策的数目和类型。如果组织中低层管理者可以自主做决定的事项数目越多，则组织分权程度就越大。同时，低层管理者所做的决策越具有重要性，影响范围越广泛，组织的分权程度也越大。趋于将较多和较大的决策权集中到高层的组织是集权化的，而只集中少量重大问题决策的组织则是相对分权化的。

2）整个决策过程的集中程度。组织中如果有不同的部门参与了决策信息的收集，或者决策方案的拟定和评价工作与决策方案的选择工作是相对分离的，这种组织中的决策权限相对来说是比较分散的。而如果所有这些决策步骤都由某主管一人来承担，这样的决策就较为集权。在决定做出之后、付诸执行之前，如果必须报请上级批准，那么分权程度就降低。而且，被请示的人越多且其所处层次越高，分权程度就越小。

3）下属决策受控制的程度。主管人员如果对下属的活动进行高密度的监督和控制，则分权程度比较低。如果组织制定出许多细致的政策、程序、规则来对成员的决策行为施加前提影响，这样分权程度也降低。反之，如果约束人们行为的规章制度较少，或者虽有规章制度，但内容较粗，给予人们的自由度比较大，则组织的分权程度就较高。

（5）分权的实现途径

分权可以通过两种途径来实现：一是改变组织设计中对管理权限的制度分配；二是促成主管人员在工作中充分授权。前者是对组织中职权关系的一种再设计，是在组织变革过程中实现的；后者则是在组织运行中，通过各层领导者的权力委让行为，系统地将决策权授予中下层管理者，使他们切切实实地得到组织制度所规定的权力。

管理者的授权行为是促进组织达到分权状态的重要途径。所谓授权，就是指上级管理者随着职责的委派而将部分职权委让给对其直接报告工作的部属的行为。授权的本质含义就是：管理者不要去做别人能做的事，而只做那些必须由自己来做的事。任何一个管理者，其时间、精力、知识和能力都是有限度的，一个人不可能事必躬亲去承担实现组织目标所必需的全部任务。授权可以使管理者的能力在无形中得以延伸。真正的管理者必须知道如何可以有效地借助他人的力量去实现组织的目标。

科学、合理的授权过程是由四个有机联系的环节构成：

1）任务的分派。管理者在进行授权的时候，需要确定接受授权的人即受权人所应承担的任务是什么。正是从实现组织目标而执行相应任务的需要出发才产生了授权。

2）职权的授予。即根据受权人开展工作、实现任务的需要，授予其采取行动或者指挥他人行动的权力。授权不是无限制地放权，而是委任和授放给下属在某些条件下处理特定问题的权力，所以，必须使受权者十分明确地知道所授予他们的权限的范围。

3）职责的明确。从受权人这一方来说，他在接受了任务并拥有了所必需的权力后，相应地就有责任和义务去完成其所接受的任务，并就任务完成情况接受奖励或处罚。有效的授权必须做到使受权者“有职就有权，有权就有责，有责就有利”，并且授权前要遵循“因事择人，施能授权”和“职以能授，爵以功授”的原则正确地选择受权者，做到职、责、权、利、能相互平衡。

4）监控权的确认。授权者应该明白自己对授予下属完成的任务执行情况负有最终的责任，为此需要对受权者的工作情况和权力使用情况进行监督检查，并根据检查结果调整所授权力或者收回权力。可以说，建立反馈机制、加强监督控制，这是确保授权者对受权者的行为保持监控力的一项重要措施，也是授权区别于“放任自流”做法的一个重要方面。

3. 直线与参谋

(1) 直线职权、参谋职权及其相互关系

在组织中，直线职权与参谋职权是两类不同的职权关系。直线关系本质上是指挥和命令的关系，直线人员所拥有的是一种决策和行动的权力；相反，参谋关系则是一种服务和协助的关系，授予参谋人员的只是思考、筹划和建议的权力。正确处理直线与参谋的关系，充分发挥参谋人员的合理作用，是组织设计和运作中有效地发挥各方面力量协同作用的一项重要内容。

应该看到，从职权关系角度划分的直线与参谋概念，不同于前文所指的直线部门与参谋部门的概念。后者是根据不同管理部门或人员在实现组织目标过程中的作用而进行区分的，依此将那些对组织目标的实现负有直接责任的部门称为直线机构，而把那些协助直线人员工作而设置的辅助于组织基本目标实现的部门称为参谋机构。根据这个标准，制造业企业中致力于生产或销售产品和劳务的部门就是直线机构，而采购、人事、会计等部门则被列为参谋机构。参谋机构对直线机构的关系通常是一种参谋性的职权关系，但在其行使职能职权的场合，职能部门对受其权力所影响的直线部门，实际上就构成了一种直线职权的关系。更为常见的，参谋机构对其内部人员的管理，本质上就与直线部门内部的管理一样，也都需要依靠直线职权。因此可以说，直线职权关系并不仅仅存在于直线系统内。

(2) 参谋职权的类别

通常而言，参谋职权可分为如下几种：

1) 建议权。参谋人员的权限仅限于提供建议、提案或协助，其意见可能得到有关人员的欢迎和采纳，也可能被置之不理。

2) 强制协商权。此时参谋人员的影响力在一定程度上有所提高。也即有关人员在做出决定之前必须先询问和听取参谋人员的意见。处理这种关系的关键在于，要具体地规定在什么情况下参谋人员的意见应得到应有的重视，而又不限制直线主管人员的自主决定权。

3) 共同决定权。这时参谋人员的权限提高到了足以影响直线人员自主决定权的程度。换句话说，直线人员不仅要在做出决定前认真地听取参谋人员的意见，而且在命令采取行动时还需得到参谋人员的同意和许可。这种权力常在企业某项决策必须确保得到专家评定的情况下采用。

4) 职能职权。这是对直线主管人员行使决策和指挥权限的最高程度的限制。这种情况允许参谋人员对有关人员直接下达指示，而且这些指示要像来自直线主管的命令一样得到同等的重视。当然，这种指示也有可能被直线主管撤回，但在此之前它是绝对必须执行的。这通常是在参谋人员的专门知识和技能是开展某项工作的重要条件的情况下采用。

(3) 直线与参谋的矛盾

从理论上说，设置作为直线主管助手的参谋职务，不仅有利于适应复杂管理活动对多种专业知识的要求，同时也应该能够保证直线系统的统一指挥。然而在实践中，直线与参谋的矛盾冲突，往往成为造成组织运行缺乏效率的重要原因之一。考察这些低效率的组织活动，通常可以发现这两种不同的倾向：要么保持了命令的统一性，但参谋作用不能充分发挥；要么参谋作用发挥失当，破坏了统一指挥的原则。这使得两者常常在实际中相互产生一种不满、对立的情绪。

（4）正确发挥参谋的作用

合理利用和正确发挥参谋人员的作用，需要注意如下几点：首先，要求明确直线与参谋的关系，分清双方的职权关系与存在价值，形成相互尊重、相互配合的良好基础；其次，必要时授予参谋机构在一定专业领域内的职能职权，以提高参谋人员工作的积极性；最后，直线经理要为参谋人员提供必要的信息条件，以便从参谋人员处获得有价值的支持。

概言之，处理好直线与参谋之间的矛盾关系，一方面要求参谋人员经常提醒自己"不要越权"、"不要篡权"；另一方面，也要求直线经理尊重参谋人员所拥有的专业知识，自觉利用他们的工作，取长补短。

4. 分工与协调

对工作分工与协调关系的处理，是组织设计中的一个重要问题。传统组织设计强调工作的专业化分工，认为分工是大生产的标志，不仅作业活动要进行分工，管理活动也要实行分工，通过分工提高各方面工作的质量和效率。专业化分工成为传统组织设计的一条基本原则。但是随着生产力水平的提高，分工的缺点也日益暴露出来，如分工带来了本位主义，助长了专业管理人员的片面观点；分工造成了工作的单调乏味，影响了员工的工作热情和创造性思维；分工还引起办事程序和手续的烦琐复杂，增大部门之间的协调工作量等。因此，分工并不是越细致越好，而应该有一个合适的"度"。对这个"度"的把握，就需要全面考虑分工带来的益处是否足以抵补员工工作积极性下降和工作过程协调成本上升等缺陷。

基于对过细分工所产生问题的认识，现代组织设计中出现了机构职能综合化和业务流程整合化的改革趋向。以事业部制取代职能型结构，就标志着企业中间管理层的直线管理机构由过去强调专业职能分工转变为将特定事业领域内的生产经营过程集中在一个相对封闭的单位内完成，增强单位内部的协调性。参谋职能机构设置中将职能相似程度高、相互关联较强的工作合并在一起，由"综合部"来负责多项职能管理工作，这样也有利于实现相关业务的归口统一管理。比如，有些钢铁企业改变过去技术处与质量处分设的做法，设立了集技术管理与质量管理于一身的技术部，不仅把工艺质量标准的制定与质量标准的监督检查放在同一部门内，而且变按工艺阶段为按产品类别来设置全工艺过程一贯到底的质量管理科室（如板钢科、条钢科、钢管科等），使产品质量标准的制定与其监督执行整合到了一个科室内部。这种强化协调、削弱分工的做法，在 20 世纪 90 年代兴起的"业务流程重组"热潮中得到了最鲜明的体现。

业务流程重组，亦称业务流程再造（简称"BPR"），指的就是利用现代信息技术手段，对业务流程作根本的重新思考和彻底的重新设计，以取得质量、成本和业务处理周期等绩效指标的显著改善。重组、再造的实质是打破分工，将协调注入到业务流程开展中。业务流程重组最初是由两位有丰富企业咨询经验和计算机技术背景的美国学者迈克尔·哈默和詹姆斯·钱皮提出的，后来在世界范围迅速传播开来，引起了企业组织设计和运作方式的根本改变。

业务流程重组概念中包含着四方面关键的内涵：

1）显著。即着眼于使企业绩效获得戏剧性的、大幅度的改善，而不是微小的进步。

2）根本。即要抛弃原有的一切，从零开始，追根溯源，进行彻底的改革，而不是现有状况的改良。

3）流程。指重组改革针对的是一系列相互关联的业务工作活动所形成的过程或流程，而不是支离破碎、彼此孤立的单项工作活动及其承担的部门或单位。

4）重新设计。指通过业务流程的重组、重建或者再造，使业务工作方式产生飞跃性变化，从而达到大幅度提高绩效的目的。

在以分工为导向的传统组织中，一项业务活动的开展过程往往需要由许多专业化职位或职能化部门来共同承担，从而产生了频繁的跨部门联系和协调的需要。为此，配备了层层叠叠的管理人员，并制定了细致严密的程序规则，企图通过这些上级指挥和程序规范等措施确保整个流程的工作能按部就班地进行。然而，这种“先分后合”的传统组织设计方式导致了组织中各职位、各部门的人员只是习惯于“对内”向各自所承担的局部工作负责，“对上”遵照老板的指示执行，可就是没有人能在工作中以全局的、外向的眼光对整个业务流程及其所服务的顾客负起全面责任，结果上级主管疲于协调、文山会海不断升级，也终究改变不了整个流程效率低下、顾客满意度低、对市场变化反应迟缓等问题。所以，哈默等人提出，面临顾客日益挑剔、竞争日益激烈、变化日益频繁这三股力量冲击的现代企业，必须彻底改变传统的工作组织方式，从更好满足内部和外部顾客需求出发，将流程涉及的一系列跨职能、跨边界的活动集成和整合起来，亦即以首尾相连的、完整连贯的一体性流程来取代以往的被各部门割裂的、片段黏合式的破碎性流程。

以 IBM 公司属下信用公司进行的融资业务流程重组为例，这家为客户提供购买 IBM 电脑、软件及服务所需贷款的信用分支机构，最初在融资业务流程上采取的是专业化分工的组织方式：当 IBM 地方销售员打电话要求提供融资时，首先会有 14 个经办员负责将他们的要求记录在一张申请单上；接着，这些融资申请单被送到楼上的信用部，由其审核该顾客的信用状况；然后，信用部会将审查结果写在融资申请单上传递至商务部，由该部门负责订立融资契约条款；之后，申请书被转到估价部，由其估算顾客的贷款利率；最后，所有的材料连同融资申请单一并转交给文书组，写成正式信贷文件后签发给地方销售员。一般情况下，整个流程平均需要六天时间，有时还可能拖至两个星期。这样耗时长久的融资申请过程很容易使地方销售员在竞争中丢失即将到手的生意。进行流程再造以后，IBM 信用公司撤换了信用审核员、估价员、契约专家及文书等专门职能的部门和人员，而代之以一个通才的“专案员”，负责每笔融资交易的整个过程，结果使流程总处理时间缩短至四个小时，从而带来了公司融资业务量上百倍地增长。

当然，并不是所有整合以后的业务流程都可以由一个像 IBM 信用公司“专案员”那样的通才人员来承担。在大多数的情况下也许企业仍然需要配备各式各样的专门人才，但在流程再造后的组织中，这些专门人才不再是作为相对独立的个体，而是作为“专案组”性质的流程工作团队中的一个成员，相互协作和密切配合地完成整合设计后的某类业务流程的全部工作。这样围绕流程而组建的工作团队，需要的不单单是专门人员间的互补技能，更需要成员之间的整体意识和相互依存、相互影响的关系。实践表明，成员对团队的忠诚奉献和责任感，成员间相互的信任和良好的沟通，教练式的领导，全体参与、协商一致的决策风格，以及有益的组织内部和外部支持环境，这些对以工作团队为基本业务单元的组织的成功运作起着至关重要的作用。

从协调整合的角度构建了组织基本业务单元后，企业的整体结构也将随“再造”改革的深化而逐渐从以往的纵向金字塔形的层级制结构转变为一种横向的水平型结构。在这种新的结构中，企业内部部门之间、职能之间、专业之间的界限被打破，企业与供应商、顾客等外部单位间也建立起广泛而密切的联系、合作甚或联盟，从而在企业内外呈现出低分化程度的“无边界组织”形态。而且，再造后的企业往往授予跨职能、跨组织边界的团队以高强度的自主决策、自我管理的权利，并随着这种管理权限的授放（通常称为“授权于员工”），管理层的队伍得到大幅压缩，从而管理层次趋于扁平化。在文化价值观方面，管理者不再将员工视为“车轮上的轮齿”而视为“工作伙伴”，也不再将外部的供应商、顾客乃至同业制造商视为“竞争对手”而看作是“商业伙伴”，从而信任、互动、合作成为新型组织运作的主旋律。所以，“企业再造”的倡议者们相信，以面向顾客需要为出发点的围绕工作流程而不是部门职能来构建的水平型组织，将给面临迅速多变环境的企业提供一种前所未有的灵活适应变化的敏捷性、创新性和组织学习能力。

5. 正式组织与非正式组织

（1）非正式组织的产生

非正式组织是伴随着正式组织的运转而形成的。正式组织中某些成员，由于工作性质相近、社会地位相当，对一些具体问题的认识基本一致、观点基本相同，或者由于性格、业余爱好和感情比较相投，他们在平时相处中会形成一些被小群体成员所共同接受并遵守的行为规则，从而使原来松散、随机形成的群体渐渐成为趋向固定的非正式组织。任何组织，不论规模多大，都可能有非正式组织存在。非正式组织与正式组织相互交错地同时并存于一个单位、机构或组织之中，这是组织生活的一个现实。

（2）正式组织与非正式组织的对比

正式组织是组织设计工作的结果，是经由管理者通过正式的筹划，并借助组织图和职务说明书等文件予以明确规定的。正式组织有明确的目标、任务、结构、职能以及由此形成的成员间的责权关系，因此对成员行为具有相当程度的强制力。正式组织的基本特征有：

1）目的性。正式组织是为了实现组织目标而有意识建立的，因此，正式组织要采取什么样的结构形态，从本质上说应该服从于实现组织目标、落实战略计划的需要。这种目的性决定了组织工作通常是紧随于计划工作之后进行的。

2）正规性。正式组织中所有成员的职责范围和相互关系通常都在书面文件中加以明文的、正式的规定，以确保行为的合法性和可靠性。

3）稳定性。正式组织一经建立，通常会维持一段时间相对不变，只有在内外环境条件发生了较大变化而使原有组织结构显露出不适应时，才提出进行组织重组和变革的要求。

与正式组织对比，非正式组织是未经正式筹划而由人们在交往中自发形成的一种个人关系和社会关系的网络。机关里午休时间的扑克会、工余时间的球友会等，都是非正式组织的例子。在非正式组织中，成员之间的关系是一种自然的人际关系，他们不是经由刻意的安排，而是由于日常接触、感情交融、情趣相投或价值取向相近而发生联系。与正式组织的特征相对应，非正式组织的基本特征是：自发性、内聚性和不稳定性。

(3) 非正式组织的作用

非正式组织的存在及其活动，既可对正式组织目标的实现起到积极促进的作用，也可能产生消极的作用。非正式组织的积极作用主要表现在，它可以为员工提供在正式组织中很难得到的心理需要的满足，创造一种更加和谐、融洽的人际关系，提高员工的相互合作精神，最终改变正式组织的工作情况。

非正式组织的消极作用主要在于，如果非正式组织的目标与正式组织目标发生冲突，则可能对正式组织的工作产生极为不利的影响。非正式组织要求成员一致性的面对压力，可能会束缚其成员的个人发展。此外，非正式组织的压力还会影响到正式组织的变革进程，造成组织创新的惰性。

(4) 对待非正式组织的策略

由于非正式组织的存在是一个客观的现象，也由于非正式组织对正式组织具有正负两方面的作用，所以，管理者不能采取简单的禁止或取缔态度，而应该对它加以妥善地管理。就是要因势利导，善于最大限度地发挥非正式组织的积极作用而克服其消极的作用。

一方面，管理者必须认识到，正式组织目标的实现，要求有效地利用和发挥非正式组织的积极作用。为此，管理者必须正视非正式组织存在的客观必然性和必要性，允许乃至鼓励非正式组织的存在，为非正式组织的形成提供条件，并努力使之与正式组织相吻合。

另一方面，考虑到非正式组织可能具有的不利影响，管理者需要通过建立、宣传正确的组织文化，以影响与改变非正式组织的行为规范，从而更好地引导非正式组织做出积极的贡献。

6. 部门的划分

要提高工作效率，必须对整个组织的工作进行充分细致的分析，并进行明确的分类。在此基础上进行科学的综合，就形成我们通常所指的部门。部门是指组织中主管人员为完成规定的任务有权管辖的一个特定的领域。部门的划分是组织的横向分工。

部门划分的目的，在于确定组织中各项任务的分配与责任的归属，以求分工合理、职责分明，有效地达到组织的目标。正如法约尔所指出的，它是“为了用同样多的努力生产更多和更好的产品的一种分工”。

(1) 部门划分的原则

1) 确保目标的实现。必要的职能均应具备，以确保目标的实现。在企业中，其主要职能是生产、销售和财务等，在医院里，主要职能是医疗服务等，像此类的职能都必须要有相应的部门。当某一个职能与两个以上部门有关联时，应将每一部门所负责的部分，加以明确规定。

2) 组织机构应具有弹性。划分部门应随业务的需要而增减。在一定时期划分的部门，没有“永久”性的“商标”，其增设和撤销应随业务工作而定。可设立临时部门或工作组来解决临时出现的问题。

3）力求维持最少部门。组织机构是由管理层次、部门结合而成的。组织机构要求精简，部门必须力求量少。但这是以有效地实现组织目标为前提的。

总之，部门的划分，解决了因管理跨度的限制而约束组织规模扩大的问题，同时把业务工作安排到各个部门中去，有利于组织目标的实现。由于业务工作的划分难以避免地带来部门间不协调的问题。因此，在划分部门的同时，也必须考虑到这种不协调所带来的消极影响。

（2）部门划分的主要标志、方法及特点

组织活动的特征，随着目标的不同而千差万别。但大量的实证研究表明，部门划分的标志与方法却具有普遍适用性。这些标志与方法主要有：

1）按人数划分。单纯地按人数多少来划分部门可以说是一种最原始、最简单的划分方法。军队中的师、团、营、连即是用此方法划分的。这种按人数划分部门的方法是抽取一定数量的人在主管人员的指挥下去执行一定的任务。一般来讲，这种划分方法的特点是仅仅考虑人力，因此在现代高度专业化的社会中有逐渐被淘汰的趋势。当然并不排除在现代社会的某些场合，尤其是在基层的部门划分中仍然适用。

2）按时间划分。这种方法多见于组织的基层。它是在正常的工作日不能满足工作需要时所采用的一种划分部门的方法。例如许多工业企业按早、中、晚三班制进行生产活动，那么部门设置就可以是三个。此外，交通、邮电、医院等组织也采用这种轮班制的方法来进行部门的划分。这种划分方法给管理带来的主要问题是监督、效率以及中晚班的费用比较高，除此而外，没有什么别的问题。

3）按职能划分。按职能划分部门是许多现代组织最广泛采用的一种方法。这种方法是根据生产专业化的原则，以工作或任务的性质为基础来划分部门的。

按职能划分部门的优点在于，它遵循分工和专业化原则，因而有利于充分发挥专业职能，使主管人员的注意力集中在组织的基本任务上，有利于目标的实现，同时它简化训练工作，为上层主管部门提供了进行严格控制的手段。但是这种划分，容易使各职能部门的专业人员产生“隧道视野”，即除了自身领域外，其他什么也看不见，从而给各部门之间的横向协调带来一定的困难。

4）按地区划分。对于分散在不同地区的组织来说，按地区划分部门是一种比较普遍采用的方法。这种方法是在当组织地理位置分布于不同地区，各地区的政治、经济、文化等因素影响到组织的经营管理时，把某个地区或区域内的业务工作集中起来，委派一位经理来主管其事。其目的是为了调动各个地区的积极性，从而取得地方化经营的优势效益。

这种按地区划分部门的方法，责任下放到基层，有利于改善地区内部的协调，降低重复设置的成本，取得地区经营的经济效益，同时也有利于主管人员的培养和训练。但是，这种方法的缺点是，需要更多的具有全面管理能力的人员，增加了最高主管部门控制的困难，而且地区之间往往不易协调，集中的经济服务工作也不容易进行等。

5）按产品划分。按产品划分部门是按产品或产品系列来组织业务活动的一种方法。例如大学里的系、研究所就是按照不同领域里的课程和研究而设置的。

这种按产品划分部门的方法一般能够发挥个人的技能和专长，发挥专业设备的效率，有利于部门内的协调。同时，它还使各部门的主管人员把注意力集中在产品上，这对产品的改进和发展是十分重要的。但是，这种方法要求更多的人具有全面管理的能力，造成各产品部门的独立性较强而整体性则较差。这就加重了主管部门在协调和控制方面的困难。

6）按服务对象划分。这是一种多用于最高主管部门以下的一级管理层次中的划分部门的方法。它根据服务对象或顾客的需要，在分类的基础上来划分各个部门。这种方法也是许多不同类型的组织中所普遍采用的。例如一所大学的学生，可以分为研究生、本科生、专科生、进修生、函授生、夜大学生等类型。那么，对这些不同类型的学生的安排，就形成了学校的不同部门。

这种按服务对象划分部门的方法，最大的优点就是能满足各类对象的要求，社会效益比较好。但按这种方法组织起来的部门，主管人员常常要求给予特殊的照顾，从而使这些部门和按照其他方法组织的各部门之间的协调发生困难。此外，这种方法有可能使专业人员和设备得不到充分的利用。

7）按设备划分。这也是一种划分部门的基本方法。这种方法常常和其他划分方法结合起来使用。例如医院的放射科、心电图室、脑电图室、超声波室等部门的形成，就是按这种方法划分的。又如现在许多组织都已建立起来的电子计算机站或信息处理中心，也是这种划分方法的一个例子。这种划分方法的优点在于，能够经济地使用设备，充分发挥设备的效益，使设备的维修、保管以及材料供应等更为方便，同时也为发挥专业技术人员的特长以及为上级主管的监督管理提供了方便。

以上介绍的是一些划分部门的主要的基本方法，除此之外，还有一些方法如按市场销售渠道划分、按工艺划分等。总而言之，设计组织的横向结构，即划分各层次的业务部门，是为保证组织目标的实现而对业务工作进行安排的一种手段。所以，在实际的运用中，每个组织都应根据自己的特定条件，选择能取得最佳效果的划分方法。

应该指出的是，划分方法的选择不是唯一的，并不一定要求各层次的业务部门都整齐划一。在很多的情况下，常常采用混合的方法来划分部门，即在一个组织内或同一组织层次上采用两种或两种以上的划分方法。例如一所大学，在中层这个管理层次上，就可以按领域划分为各个系、所；按职能划分为总务处、财务处、保卫处、教务处、人事处、外事处等；按服务对象划分为研究生院、成人教育学院；按设备划分为电化教育中心、计算机中心等。这种混合划分部门的方法，常常能够更有效地实现组织的目标。

4.3 人员配备

组织设计仅为系统的运行提供了可供依托的框架。框架要能发挥作用，还需由人来操作。因此，在设计了合理的组织机构和结构的基础上，还需为这些机构的不同岗位选配合适的人员。人员配备是组织设计的逻辑延续。人员配备的直接任务是为组织结构中的各个职位配备合适的人员，其内容包括选拔、聘任、考评、培训以及吸引各类人员等五个方面。组织中任何一项管理职能的实施，任何一项任务或工作的完成都是经由人来进行的，可以说，人是组织目标实现的直接推动力。因此，组织结构中各个职位的人员配备是每一组织都应十分关心的问题，因为它直接关系到组织的活动是否有效、组织目标能否实现。

人员配备除了是人事部门的具体工作以外，主管人员在这方面负有不可推卸的责任。主管人员是否用人得当，是否能增强组织的凝聚力，以便更多地留人，都直接影响着自己的工作绩效以及组织的生存发展。因此，从管理是一个系统的观点来看，人员配备作为管理的一项职能是构成管理系统完备的不可缺少的组成部分。

组织结构中需要配备的人员大体上可分为两类：一是各级主管人员；二是一般员工。由于这两类人员的配备所采用的基本方法和原则是相似的，而主管人员在组织的作用更重要，所以我们将着重论述有关主管人员配备的内容、原则和方法。

4.3.1 人员配备

1. 人员配备的概念

人员配备，即根据组织结构中所规定的职务的数量和要求，对所需人员进行恰当而有效的选择、考评和培训，其目的是为了配备合适的人员去充实组织中的各项职务，以保证组织活动的正常进行，进而实现组织的既定目标。

2. 人员配备的重要性

人是组织中最重要的资源，是构成组织五要素中最重要的要素，组织活动的进行，组织目标的实现，无一不是由人所决定的。因此，人员配备主要涉及的是对人的管理，其重要性是显而易见的。

（1）人员配备是组织有效活动的保证

对于一个组织来说，组织目标的确定为组织活动明确了方向，组织结构的建立，又为组织活动提供了实现目标的条件。但是，再好的组织结构，如果人员的安排不合理，那么这个组织结构也是不能发挥正常功能的。由于人员配备不适当而导致组织结构不仅不能成为实现组织目标的保证，而且还会干扰组织的有效活动，阻碍和破坏目标的实现。因此，人员配备无疑具有更大的重要性。主管人员是组织中对他人及其工作负责的管理人员，他们的基本任务是设计和维持一种环境，使身处其间的其他成员能在组织内一起工作，以完成预期的任务和目标。由此可见，主管人员在组织活动中居于主导地位，是实现组织目标的关键人物。因而组织的有效活动往往在很大程度上决定于主管人员的配备情况，决定于主管人员的质量如何。

（2）人员配备是做好领导以及控制工作的关键

人员配备职能不是孤立的，从管理是一个系统的观点来看，它以计划工作的组织工作为前提，是计划工作与组织工作的人员落实，又为领导工作以及控制工作奠定了一定的基础。一个组织中，如果人员配备不适应，或人员配备工作不完善，例如配备的主管人员的德才与职务的要求不符，或对主管人员的考评或培训工作不重视等等，那么，这样配备出来的主管人员是无法发挥出色的领导才能、不可能创造出一种良好的环境，使其中成员的积极性、主动性得到发挥的。同样道理，下属工作人员配备得不合理，势必会给控制工作带来更大的麻烦，使控制的范围加大，难度也会更深，从而加重上层主管的监督和纠正偏差的工作。因此，人员配备就管理系统而言，它也是一项关系其他职能能否高质量实施的重要职能。

(3) 人员配备是组织发展的准备

组织发展是相应于组织内外环境的变化而作出的反应。一个组织只有不断地发展，不断地获得新的生命力，才能适应内外环境的变化而立于不败之地。组织发展的能动因素是人，其中主管人员又是起决定作用的。因此，人员配备作为专门从事充实组织活动所需的各类人员作好准备。所以说，人员配备是组织发展的准备。

3. 人员配备的过程

人员配备是一个系统的逻辑过程，这个过程受组织内外许多因素的影响。一般地，组织内部的影响因素主要有：组织目标；任务；技术特点；组织结构、组织所雇用的人员种类；组织风气；组织内部对主管人员的供求状况、报酬制度，以及各种人事政策等等。外部影响因素则主要包括社会文化教育水平；处事态度；经济条件；直接影响人员配备工作的一些法令或条例，以及组织外部对主管人员的供求情况等。以上这些内外影响因素互相交织在一起，使得人员配备这个过程显得格外复杂。尽管如此，我们仍可以按一定的系统的逻辑步骤描述这一活动过程。这些逻辑步骤如下：

(1) 主管人员需要量分析

一个组织中未来主管人员的需要量，基本上取决于组织的计划、组织结构的规模与复杂程度，以及组织的扩充发展计划和主管人员的流动率。在计划工作确定了组织的目标，以及实现这一目标的大致安排之后，随之而来就要求建立一个与之相适应的组织结构，以创造一个有利于实现组织目标的工作环境。组织结构有了以后，其中所设计的各个主管职位，就是组织所需主管人员数。然而这只是从静态的方面来考察未来主管人员的需要量。在现实生活中，由于组织是随着所处环境的不断变化而需要不断调整的，组织环境的变化，要求组织随时修正其目标和计划，与之相适应，所需的主管人员数也不是一成不变，而是随着组织结构的变化而增减的。此外，主管人员的流动率，即由于退休、病休、死亡或降级、调离等原因造成的主管职位上人员的空缺，需要有新的主管人员来填充，这也是影响主管人员需要量的一个重要的动态因素。一个组织中未来主管人员需要量通过以上几个方面的分析是可以基本确定出来的。

当然，对主管人员的需求分析除了数量以外，在质量上也应有需求，即每一主管职位所要求的资格，二者结合起来，才能选出最合适的主管人员。

(2) 主管人才的开发

当主管人员的需要量确定之后，下一步考虑的便是这些所需的主管人员从哪里能获得。这就涉及到一个主管人才的开发问题。一般地，组织内部的人才开发是借助于人才储备图的形式来进行的。

在图 4-2 中，总部主任可以清楚地看出该组织中有关主管人员的状况。总部主任的接班人目前具备条件的，也许是第一分部主任，而第一分部主任也认为下属局长可以立即得到提升。依次往下，又有一个在近期内就可以提升的下属，可是再往下是一个没有可能提升的人和一个刚聘用不久，但将来有希望提升的人。再看第二分部的情况，这种情况也是经常见到的。第二分部主任是属于那种在工作中能够胜任但不宜提升的人，可是这位主任却阻碍了一个立即可以提升的下属的道路。类似这样的人员配备情况是不能令人满意的。

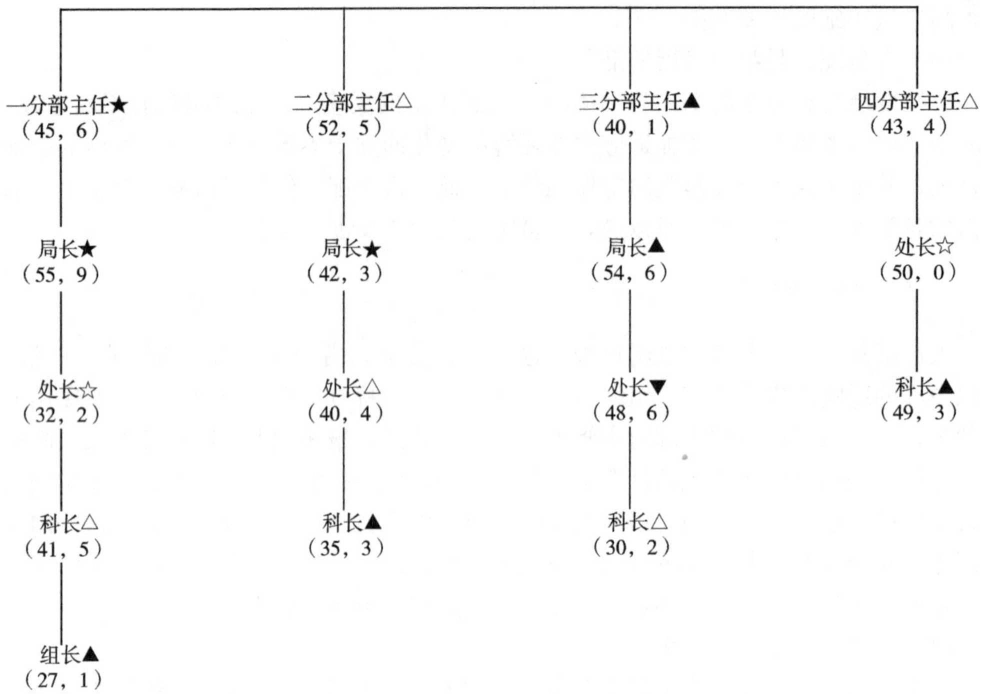

注：★表示现在可以提升　　☆表示近期内可以提升
▲表示将来有希望提升　　△令人满意但不能提升　　▼不胜任
（30，2）30 表示年龄，2 表示在该职位上的工作年限

图 4-2　主管人才储备图

从主管人才储备图中，还可以了解各部门和各级主管人员的年龄分布。年龄也是人员配备中必须考虑的一个非常重要的变量。对于任何组织来说，如果不注意主管人员的年龄因素，将可能会带来许多麻烦的问题。例如相同层次的几个主管人员同时退休，或同一部门相邻级别的主管人员同时退休等等，就可能会使组织出现青黄不接的现象，从而为组织的继续发展带来很大的困难。因此，从事人员配备工作的主管人员和相应的部门在最初委任职务时就应充分考虑到年龄这个因素。

人才储备图除了可以告诉主管人员在一个既定时间内，有可能提升到各个管理层次上的人员数量外，还有一个重要的作用就是：能够使主管人员将一些不仅现在，而且将来也不大可能提升的下属，在他们尚未感到前途无望并想离开这个部门或组织之前，就疏导到别的部门或组织中去，这样做无论对组织还是对个人都是有好处的。

未来主管人员的获得途径除了组织内部之外，还有一条重要的途径就是组织外部。因此，绝不能忽视在组织外部对组织所需的主管人才的开发工作。组织外部的人才开发多是借助于一些就业服务机构以及各种专业的管理协会等来进行的，通过与这些社会部门的联系，可以了解有无自己要求的主管人才。

（3）主管人员的选拔

包括能够胜任未来某种职务的主管人员，也包括那些具有某种潜力、有可能胜任某种职务要求的各种后备主管人员。其过程就是从候选人中选择最合适者的过程。

(4) 主管人员的考评

对主管人员的实际工作绩效进行考评。通过考评，上级可以了解下属的实际工作能力以及执行任务情况的好坏，下属也可以知道上级对他们工作的认可或满意程度。对主管人员的考评可以说既是主管人员培训的基础，又是主管人员培训的终结。因为只有客观地考核和评价了一个人的长处和短处之后，才有可能因材施教，取长补短，而考评又是衡量培训是否收到预期效果的唯一尺度。

(5) 主管人员的培训

管理能力的提高是一个循序渐进的过程，只有不断地学习，不断地接受培训，才能积累起必要的知识和技能。因此，主管人员的培训应该是人员配备工作中一项长期的日常任务。

4.3.2 主管人员的选聘

主管人员的选聘是人员配备职能中最关键的一个步骤，因为这一工作的好坏，不仅直接影响到人员配备的其他方面，而且对整个管理过程的进行，乃至整个组织的活动，也都有着极其重要和深远的影响。主管人员的质量是任何一个组织不断取得成功的最重要的决定因素。“得人者昌，失人者亡”，这是古今中外都公认的一个组织成功的要诀。因此，组织能否选拔和招聘到合适的主管人员是关系到组织活动成败的一项重要工作。

1. 选聘的依据

选聘主管人员，首先必须明确选聘的依据是什么，也就是根据什么标准来选聘。总的说应该是德才兼备。但是从具体担任管理职位来说，选聘的依据可以概括为以下两个方面：职位本身的要求及主管人员应具备的素质和能力。

(1) 职位的要求

为了有效地选聘主管人员，首先必须对拟派去担任主管职位的性质和目的有一个清楚的了解。通常，组织结构设计中职位说明书，对各职位已有了总的规定。在选聘主管人员时，我们还可以通过职务分析来确定某一职务的具体要求。

1) 职位范围应该适当。一个职位范围如果规定得过窄就没有挑战性，没有成长的机会，也没有成就感，优秀的主管人员也因此感到厌烦和不满意。当然，职位范围也不能过宽，否则会使主管人员无法有效地进行工作。

2) 职位工作量应饱和。如果某一职位的工作量不饱满，将会使主管人员感到自己没有被充分利用。结果就可能导致他们过多地干预下属人员的工作，给下属执行自己的任务带来一定的麻烦。

3) 职位应当反映所要求的主管工作技能。一般要以所要完成的各项任务为出发点来规定。因此，职位的具体要求除了在工作方面作出清楚的规定外，还要具有某些灵活性以发军个人特长。

(2) 主管人员应具备的素质和能力

1) 个人素质。

对于一个主管人员来说，个人素质如何是很重要的，因为个人素质与管理能力密切相关，它虽然不是管理能力的决定因素，但管理能力的大小是以素质为基础的。这在后面的领导部分将有更详尽的论述。

2）管理能力。

管理能力即完成管理活动的本领。它的涉及面非常广。主管人员应该具备的管理能力包括三类：①规划决策能力。指遇到问题能从大处着眼，认清形势，统筹规划，果断地做出正确决策的能力。②技术能力。指在业务方面的知识的掌握的熟练程度。③人事能力。指同员工共事的能力；它是组织协作、配合，以及创造一个能使其员工安心工作，并自由发表意见的环境的能力。

2. 选聘的途径、程序和方法

（1）选聘的途径

选聘主管人员的途径，有两种：一是从组织内部提升（内升制），一是从组织外部招聘（外求制）。

1）内部提升。

从内部提升是指从组织内部提拔那些能够胜任的人员来充实组织中的各种空缺职位。它意味着组织中的一些人将从较低的职位被选拔到较高的职位，担负更重要的工作。实行内升制一般要求在组织中，建立起详尽的人员工作表现的调查登记材料，以此为基础绘制出主管人才储备图，以便在一些主管职位出现空缺时，能够据此进行分析研究，从而选出合适的未来主管人员。

①内部提升的优点：

i. 由于对组织中人员有比较充实和可靠的资料供分析比较，候选人的长处和弱点都看得比较清楚。因此，一般来说，人选比较准确。

ii. 被提升的组织内成员对组织的历史、现状、目标以及现存的问题比较了解，能较快地胜任工作。

iii. 可激励组织成员的上进心，努力充实提高其本身的知识和技能。

iv. 组织成员感到有提升的可能，工作有变换的机会，可提高员工的兴趣和士气，使其有一个良好的工作情绪。

v. 可使组织对其成员的培训投资获得回报，获得比当初投资更多的培训投资效益。

②内部提升的缺点：

i. 当组织对未来所需主管人员的供需缺口比较大，即组织存在较多的主管空缺职位，而组织内部的主管人才储备或者是在量上不能满足需要，或者是在质上不符合职务要求时，如果仍然坚持从内部提升，就将会使组织既失去得到一流人才的机会，又使不称职的人占据主管职位，这对组织活动的正常进行以及组织的发展是极为不利的。

ii. 容易造成“近亲繁殖”。由于组织成员习惯了组织内的一些既定的做法，不易带来新的观念，而不断创新则是组织生存与发展的不可缺少的因素。

iii. 因为提升的人员数量毕竟有限，若有些人条件大体相当，但有的被提升，而有的仍在原来的岗位，这样，没有被提升的人的积极性将会受到一定程度的挫伤。

2）外部招聘。

从外部招聘是指从组织外部得到急需的人员，尤其是那些起关键作用的主管人员。外部招聘的渠道很多，可以通过广告、就业服务机构、一些管理协会或学校、组织内成员推荐等途径来进行。要使外部招聘得以有效实施，就必须将组织空缺职位的有关情况，事先真实地告诉应聘者，例如职位的性质和要求、工作环境的现状和前景、报酬以及福利待遇等等。

①外部招聘的优点：

i. 有效广泛的人才来源满足组织的需求，并有可能招聘到第一流的管理人才。

ii. 可避免近亲繁殖，给组织带来新的思想、新的方法，防止组织的僵化和停滞。

iii. 可避免组织内没有提升到的人的积极性受挫，避免造成因嫉妒心理而引起的情绪不快和组织成员之间的不团结。

iv. 大多数应聘者都具有一定的理论知识和实践经验，因而可节省在培训方面所耗费的大量时间和费用。

②外部招聘的缺点：

i. 如果组织中有胜任的人未被选用，则从外部招聘会使他们感到不公平，因而可能产生与应聘者不合作的态度。此外，这些人由于对自己的前途失去了信心，因此，他们的士气或积极性将会受到影响。

ii. 应聘者对组织的历史和现状不了解，需要有一个了解和熟悉的过程。

iii. 由于不太了解应聘者的实际工作能力，因而在招聘过程中不可避免地会过多地注重其学历、文凭、资历等等，有时将会导致对应聘者产生很大的失望。

从以上对主管人员选聘途径的讨论来看，主管人员的选聘无论是“内升制”，还是“外求制”招聘，都不是十全十美，而是各有其优缺点的。但在实际工作中，还是有一些一般的规律可循的。一般说来，当组织内有能够胜任空缺职位的人选时，应先从内部提升，当空缺的职位不很重要，并且组织已有既定的发展战略时，应当考虑从内部提升。然而，当组织急缺一个关键性的主管人员，而组织内又无能胜任这一重要职位的人选时，就需从外部招聘，不然的话，勉强提拔内部人员将是不可思议的，它将会导致组织处于停顿甚至后退状态。在通常情况下，选拔主管人员往往是采用内部提升和外部招聘相结合的途径，将从外部招聘来的人员先放在较低的岗位上，然后根据其表现再行提升。

总之，一个组织选聘主管人员究竟是采用“内升制”，还是采用“外求制”招聘，要根据组织的具体情况而定，随机制宜地选择选聘的途径。

（2）选聘的程序和方法

在组织未来所需主管人员的数量和要求已经明确，并且制订了选聘政策之后，就要开始实施具体的选聘工作。选聘可在组织内由各级负责人员配备的主管人员和人事部门主持进行，也可委托组织外的机构或专家对候选人进行评价。

选聘的具体程序应包括哪些步骤，这是随着组织的规模和性质，以及空缺主管职位的特殊性和要求的不同而不同的。不过在设计步骤时，应考虑到实施这些步骤的诸如时间、费用、实际意义以及难易程度等因素。选聘过程的主要程序如下：

1）负责人员配备的主管人员和人事部门，根据组织的主管人才储备图和组织外部的应聘者初步筛选出可做为候选人的名单。

2）获取有关的参考资料。候选人参考资料的获得有两条途径：①从候选人的申请表中获得，亦可从候选人的档案以及推荐信、证明书、工作鉴定等一些他人提供的资料中获得。②面谈。面谈可以获得许多候选人的直接的第一手材料，例如仪表举止、表达能力、思维是否敏捷、脑瓜是否灵活等等。面谈可以举行一次，也可举行多次，以便进一步了解情况。面谈的内容一般可以分为三类，即事先拟定的、半拟定的和未拟定的。事先拟定好的问题大多是：最近担任的职位中，具体的任务和职责是什么？在这个职位中取得了哪些成绩？这些成绩在多大程序上是由于自己的努力？别人的贡献是什么？对于你过去的职位，哪些你喜欢，哪些你不喜欢？为什么要变换职位？等等。对半拟定和未拟定的问题，具体与候选人面谈的主管人员就主动性比较大，可随机地部一些问题。面谈的优点是直接简便，可以淘汰那些显然不合格的候选人，但其不足之处是容易受候选人表面现象的影响。

3）举行测验。进一步了解候选人各方面的素质和能力，通常的测试有四大类：①智力测验。目的是衡量候选人的记忆力、思考的速度和观察复杂事物相互关系的能力；②熟练程度和才能测验。目的在于发现候选人的兴趣所在，现有的技能以及进一步掌握技能的潜力和能力；③业务测验。目的是发现候选人最适宜的职务；④个性测验。目的是衡量候选人在管理才能方面的潜力。

3. 选聘过程中应遵循的基本原则

（1）公开竞争原则。公开竞争原则可以表述为：组织越是想获得高质量的主管人员，提高自己的管理水平，就越应在选择和招聘未来主管人员的过程中鼓励公开竞争。按照这一原则，就是要将组织的空缺职位向一切最适合的人选开放，而不管他们是组织内部还是组织外部的，大家都机会均等，一视同仁，这样才能保证组织选到自己最满意的人员。

（2）用人之长原则。用人之长原则可以表述为：在主管人员的选聘过程中，要根据职务要求，知人善任，扬长避短，为组织选择最合适的人员。人无完人，每个人都有其长处和短处，只有当他处在最能发挥其长处的职位上，他才能干得最好，组织也才能获得最大的益处。因此，选聘主管人员，关键在于如何根据职位要求，发挥人的长处，既使候选人能够各得其所，各遂其愿，人尽其才，又能使组织得到最合适的人选。

4.3.3 主管人员的考评

主管人员的考评，即对主管人员的考核和评价，是人员配备工作的一项重要内容，也是整个组织管理体系中的一个重要的组成部分。只有了解了一个主管人员在计划、组织、领导、控制等方面的工作做得如何，才能确知那些占有主管职位的人是否有效地进行着管理工作。这是组织中的一个十分重大的问题，关系到组织目标的实现，关系到组织的生死存亡。因此，任何组织要想有效地实现其目标，就必须十分重视和切实搞好主管人员的考评工作。

1. 考评的要求

做好考评工作，明白对考评工作本身的要求很重要，因为它直接关系到考评结果的质量。主要的要求有：

1）考评的指标要客观。考评，是以考评的内容为基础的，在内容的基础上，需要设计一系列指标，才能具体地衡量主管人员在各方面的工作绩效。指标设计的重要标准之一就是客观。

2）考评方法要可行。方法可行是指考评的方法要为人们所接受并能长期使用，这一点对考评是否能真正取得成效是很重要的。方法的可行与否，同方法本身的难易繁简有很大关系。

3）考评时间要适当。因为组织内处于不同层次、不同职务的主管人员，他们的活动和要求，以及与上下左右的关系等等都不一样。因此，考评的时间也不可能相同。具体确定考评时间的长短，需视其主管人员个人情况以及主管职位的相对重要性而定。由于管理的效果总是要经过一段较长的时间才能表现出来，如果时间太短，则两次考评结果可能没有什么差别，而时间太长，则既不利于纠正偏差，也不利于鼓励工作出色的主管人员。

4）考评结果要反馈。考评的结果应该告诉被考评者，这是为了使被考评者能够及时知道自己的优缺点，知道自己在哪些方面做得比较好，在哪些方面还有欠缺，以使能在今后的工作中发扬长处，克服不足。此外，反馈也可促使被考评者通过别人的考评，对自己有一个正确的评价，例如自己有没有能力胜任工作？工作中出现漏洞或缺点，是由于自己知识和能力的欠缺所引起的，还是由于疏忽大意而引起的？如果是知识、能力的不足，能否通过培训来弥补？等等。

2. 考评的内容

一般来说，为确定工作报酬提供依据的考评着重管理人员的现时表现，而为人事调整或组织培训而进行的考评则偏向技能和潜力的分析。然而，组织具体进行的人事考评，往往不是与一种目的有关，而是为一系列目的服务的。因此，考评的内容不能只侧重于某一方面，而应尽可能地全面。

（1）贡献考评

贡献考评是指考核和评估管理人员在一定时期内担任某个职务的过程中对实现企业目标的贡献程度，即：评价和对比组织要求某个管理职务及其所辖部门提供的贡献与该部门的实际贡献。

贡献往往是努力程度和能力强度的函数。因此，贡献考评可以做为决定管理人员报酬的主要依据。贡献评估需要注意以下两个问题：①应尽可能把管理人员的个人努力和部门的成就区别开来，即力求在所辖部门的贡献或问题中辨识出有多大比重应归因于主管人员的努力。这项工作可能在实践中是非常困难的，但也是非常重要的。因为在个人提供的努力程度不变的情况下，外部完全有可能发生不可抗拒的、内部无能为力的、但对内部的部门目标的实现起着重要的促进或阻滞作用的变化。在这种情况下，需要考察和分析的不是管理人员的表现和能力，而是组织机构的合理性。②贡献考评既是对下属的考评，也是对上级的考评。贡献考评是考核和评价具体人员和部门对组织的贡献，往往是根据组织的要求来提供的。因此，只有在被考评时期开始以前，组织对每个部门和管理岗位的工作规定具体的目标和要求，考评才可以进行。否则，不仅使下级不能了解努力的方向，从而不能提供有效的贡献，而且使考评失去了客观的标准。在这种情况下，下级不能提供积极贡献的原因不在他们自己，而在上级。所以说，对下级贡献的考评，也是对上级进行考评，考评上级组织下属工作的能力。

（2）能力考评

贡献虽可在一定程度上反映管理人员的工作能力，但不仅仅取决于后者。能力的大小与贡献的多少并不存在着严格的一一对应关系。所以为了有效地指导企业的人事调整或培训与发展计划，还须对管理干部的能力进行考评。

能力考评是指通过考察管理人员在一定时间内的管理工作，评估他们的现实能力和发展潜力，即分析他们是否符合现任职务所具备的要求，任现职后素质和能力是否有所提高，从而能否担任更重要的工作。

根据对管理人员的工作要求来进行能力考评，不仅具有方便可行、能够保证得到客观结论的好处，而且可以促使被考评者注意自己的日常工作，根据组织的期望注意改进和完善自己的管理方法和艺术，从而能起到促进管理能力发展的作用。

3. 考评的方式

1）自我考评。自我考评就是主管人员根据组织的要求定期对自己工作的各个方面进行评价。这种方式有利于主管人员自觉地培养和提高自己的政治素质、业务水平和管理能力，增强工作的责任感，其评价结果还可用来作为上级对下级评价时的参考，从而减少被考评者对考评的不信任感。自我考评很易受个性的强烈影响，此外被考评者由于担心上级考评不能客观地评价自己，因而会过多地谈论自己的成绩，而较少涉及自己的不足。一般而言，自我总结是自我考评方式常采用的一种形式。

2）上级考评。这是对主管人员的考评中最常见的一种方式。一方面由于他是被考评者的直接上级，与被考评者的直接联系较多。因而能够从对被考评者的直接经常性的接触和观察中了解其各方面的状况；另一方面，作为上级来讲，一般比较理解考评的目的，熟悉考评的标准，而且责任心也比较强。这两方面结合起来，就使得上级考评一般能够对被考评者作出比较客观和公正的评价。但上级考评有时也不免带有主观成分。

3）同事考评。同事考评，即与被考评者一起工作的同事对其进行考评。由于工作关系，同事之间是互相最了解的人。因此，同事考评的结果也较为客观和可信，这种方式常用的形式是小组评议。但同事考评受人关系的影响也较大，容易出现“你好我好大家都好”的现象。

4）下级考评。下级考评是从另一个角度对主管人员进行考评。即他们更熟悉被考评者的领导方式、领导作风等等方面，因而在这些方面的评价也是比较客观和准确的。我们常说的“民意测验”就是这种考评方式的一种具体形式。下级考评则是下级可能由于怕被“穿小鞋”，而不愿讲真话。

5）全方位考评。

4.3.4 主管人员的培训

在现代化大生产的条件下，对任何一个组织来说，无论是主管人员，还是一般员工，都只有通过不断的学习、进步、充实和提高，才能适应组织内外环境的日新月异的变化，才能胜任要求不断提高的各项工作。这一点，随着社会的不断发展，已为世界上越来越多的人所认识。近几十年来，世界各国都把组织人员培训提到越来越重要的地位，认为这方面的投资是最重要的投资。不仅各类组织都非常重视培训工作，将其作为一项长期的工作内容，而且国家也对这方面的工作给予积极的鼓励和支持。

主管人员的培训是人员配备职能中的一个重要的方面。其目的是要提高组织中各级主管人员的素质，管理知识水平和管理能力，以适应管理工作的需要，适应新的挑战和要求，从而保证组织目标的实现。由于主管人员是组织活动的主导力量，主管人员管理水平的高低，直接决定着组织活动的成败。因而每一组织都应将对主管人员的培训工作看作是一项关系组织命运、前途的战略性工作来对待。应当要把培训工作作为组织的一项长期活动的内容，建立起有效的培训机构和培训制度，针对各级各类主管人员的不同要求，采用各种方法进行培训，切实做好培训工作。

1. 培训的对象

主管人员的培训对象就是主管人员，这似乎是不言自明的，但这样说未免太笼统。主管人员作为培训对象，根据其培训特点的不同，可以分为两大类：①任职的主管人员；②刚刚选拔出来准备任职的主管人员，他们虽然也可能现正任职，但却是准备提升到更高的职务上的。这一类又可细分为两种情况：一是准备立即提升的；二是还须进一步锻炼提高之后才能提升的。对于第一类任现职的主管人员来说，人们往往认为培训的主要对象是较低层次的主管人员，特别是那些基层的主管人员。实际上，这种看法是片面的。每一个现职的主管人员，无论是上层的、中层的还是基层的，为了更好地履行现行职责，做好现任工作，都有提高自己各方面素质和能力的要求。因此，培训的对象不仅仅主要是中下层的主管人员，也应包括上层的主管人员。而且，上层主管人员还应该首先受到培训，这是由他所在的重要的岗位所决定的。其次是因为在整个培训过程中，他负有培训下级主管人员的不可推卸的责任。作为教员，他自己必须对管理学科的基本原理有比较深刻的理解，必须率先学习和运用管理的一些新观点、新方法和新技术，必须理论联系实际，现身说法，这样才要在理论上总结自己的经验，不断地丰富管理理论的内容，从而促进管理学这门学科的发展。总之，无论上层、中层、基层，凡是任现职的主管人员，其培训的重点都是提高现有的各方面素质和能力，圆满地做好现任工作。对于第二类新选拔出来的主管人员，并且将被马上提升的人来说，他们即将离开熟悉的现任职位，奔赴新的、责任更重大、风险和机会也更多的陌生的职位。所以，其培训的重点应是尽快地了解和熟悉新的环境，以使他们能够迅速地胜任新的本职工作。而对于那些也是新选拔出来的，但目前还不具备提升条件的主管人员，他们的培训重点则是分别根据各自的弱点和不足，通过各种方式尽快地补课，以达到拟提升职务对主管人员的要求。

2. 培训的内容

无论哪种类型的培训对象，其培训的具体内容一般都包括以下三个方面。

1）政治思想教育。一般说来，政治思想教育包括马克思主义基本原理的学习，党和国家方针政策的学习，社会伦理道德的学习以及爱国主义教育，理想教育等等。这是我国这样的社会主义条件下任何组织的主管人员都必须接受的一种思想教育，其目的是要培养主管人员的政治素质，力求通过学习，使主管人员懂得马克思主义的基本原理，掌握和理解党和国家在某一时期的方针政策，遵纪守法，培养高尚的道德情操，树立远大的理想，从而端正各类各级组织活动的指导思想。

2）管理业务知识。这里所说的管理知识是指广义的管理知识。作为一个主管人员来说，没有广博的知识是不可能搞好管理的，这一点，主管人员所处的管理层次越高，其体会就越深。管理科学是一门边缘学科，涉及社会科学和自然科学的许多领域，例如社会科学的社会学、政治学、伦理学、哲学、史学、法学等等，自然科学中的数学、物理、化学、天文学、海洋学、心理学、生物学、材料科学、能源科学、空间科学、农业科学、医学科学，以及系统论、信息论、控制论等应用科学技术。管理科学可能涉及这么多学科，但并不是每一个主管人员都必须掌握这些学科的内容，这既无必要，也不可能。作为一个主管人员，需要掌握的只是一些必要的管理学知识——管理的基本原理，以及与组织业务活动有关的科学技术知识，在此基础上，各方面的知识面要尽可能地宽。这就是我们常说的 T 型知识结构。因此，组织在进行具体的培训时，应重点要求主管人员掌握管理的基本原理和方法，掌握与组织业务活动相关的必要的科学技术知识，同时，也要尽可能多地学一些与以上相联系的其他知识。

3）管理能力。管理能力包括管理技巧，都是管理知识运用到管理实践中的反映。管理是一门科学，它还是一门艺术，具有很强的实践性。因此，管理能力的培训就是要让主管人员运用管理科学的基本原理和方法，提高在实际工作中认识问题、分析问题和解决问题的能力和技巧。但是不同层次的主管人员，由于他们的工作性质、职责和职权范围等都不一样，因此所需的管理能力和技巧等等也就都不一样。所以，培训时还要注意根据层次的不同特点来进行。基层主管人员是第一线的管理人员，在他们的工作中，技术能力、人事能力，包括沟通和人际关系的才能是很重要的。此外，他们大多以前没有系统地学习过管理的基本理论，因此，对基层主管人员培训的重点应该是技术培训和管理基本理论及方法的学习。中层主管人员一般是由有若干年经验的基层主管人员提拔上来的，对于管理的基本理论不仅有了了解，而且有了成功的实践。此外，中层主管人员一般是部门负责人，他们有大量的信息沟通，人际交往、组织协调和决策等项工作要做，这些工作都要求有较高的领导艺术和管理技能。因此，中层主管人员培训的重点，应该是领导艺术和管理技能的提高。上层主管人员是处于组织最高领导层的主管人员，他们要照顾全局的利益，正确分析环境的变化，为组织未来的发展做出决策。为了做好这些工作，就需要有较高的战略分析和规划决策的能力。因此，上层主管人员培训的重点，是提高战略分析和规划决策的能力。

3. 培训的方法

1）理论培训。理论培训是提高主管人员理论水平的一种主要方法。尽管主管人员当中有些已经具备了一定的理论知识，但总还需要在深度和广度上接受进一步的培训。理论培训有助于提高受训者的理论水平，有助于他们了解某些管理理论的最新的发展动态，有助于在实践中及时运用一些最新的管理理论和方法。

2）职务轮换。职务轮换是使受训者在不同部门的不同主管位置或非主管位置上轮流工作，以使其全面了解整个组织的不同的工作内容，得到各种不同的经验，为今后在较高层次上任职打好基础。职务轮换包括非主管工作的轮换，主管职位间的轮换等。

①非主管工作的轮换。非主管工作的轮换主要是在组织的基层第一线进行的。目的在于使被培训者了解组织最基层的各类业务活动；了解这些活动的基本特点、基本过程；了解基层非主管人员的工作情况和精神状态。这种轮换的时间一般不要求太长，参加轮换的人多为刚从组织外部招聘来的人员以及一些基层主管人员。目前，我国大部分组织都采用

这种方法作为培训的一种基本方法。它的优点是通过轮换，主管人员可以对组织内的各类业务活动有所了解，密切同基层非主管人员的关系，为今后在领导岗位上从事管理打下了一定的基础。缺点是这种方法在时间上不易掌握，时间长了费用太大，而且也会影响受训者的情况；时间短了，犹如走马观花，不容易了解和把握各类业务活动的实质。

②在主管职位间轮换。这种轮换是在组织的同一层次上的各个不同部门的主管职务上进行的。这种轮换的目的是要使将要提拔到较高层次的主管人员，在不同的职务上根据各部门的不同特点，学习实际的管理经验。这种方法不要求主管人员对部门活动有很深的了解，而是强调他们全面管理技能的提高，使他们积累在不同管理部门的经验，以胜任较高层次上的管理工作。这种轮换的优点是可以开阔主管人员的视野，了解各部门的特点及其相适应能力和实际的管理能力。缺点则是这种轮换会影响各个部门的相对稳定性。

3）提升。

①有计划的提升。这种方法有助于培养那些有发展前途的，将来拟提拔到更高一级职位上的主管人员。它是按照计划好的途径，使主管人员经过层层锻炼，从低层逐步提拔到高层。这种有计划的提升，不仅上级主管人员知道，而且受训者本人也知道，因此不仅有利于上级领导对下级进行有目的的培养和观察，也有利于受训者积极地学习和掌握各种必备知识，为将来的工作打下较为扎实的基础。

②临时提升。临时提升是指当某个主管人员因某些原因，例如度假、生病或因长期出差而出现职务空缺时，组织便指定某个有培养前途的下级主管人员代理其职务，这样，临时提升就既是一种培养的方法，同时对组织来说也是一种方便。代理者在代理期间做出决策和承担全部职责时所取得的经验是很宝贵的。与此相反，如果他们只是挂名，不做决策，不真正进行管理，那么在此期间能得到的锻炼就是很有限的。

③设立副职和助理职务。副职的设立，是要让受训者同有经验的主管人员一道密切工作，后者对于受训人员的发展给予特别的注意。这种副职常常以助理等头衔出现。有些副职是暂时的，一旦完成培训任务，副职就被撤销，有些副职则是长期性的。无论是长期的，还是临时的，副职对于培训主管人员都是很有益的。这种方法以使配有副职的主管人员起到教员的作用，通过委派受训者一些任务，并给予具体的帮助和指导，由此培养他们的工作能力。而对受训者来说，这种方法又可以为他们提供实践机会，并观摩和学习现职主管人员分析问题、解决问题的能力和技巧。

④研讨会。研讨会是指各有关人员在一起对某些问题进行讨论或决策。通过举行研讨会，组织中的一些上层主管人员与受训者一道讨论各种重大问题，可以为他们提供一个机会，观察和学习上级主管人员在处理各类事务时所遵循的原则和具体如何解决各类问题，取得领导工作的经验。同时，也可以通过参加讨论，通过参与组织一些大政方针的讨论，了解和学习利用集体智慧来解决各种问题的方法。

4.4 组织结构

尽管从理论上说，企业组织结构的形式可以有无数种，但是在现实组织中得到采用并占主导地位的组织结构则仅有其中的几种，即直线制、直线职能制、事业部制、矩阵组织结构、企业集团组织结构等。这些组织结构其实没有绝对的优劣之分。不同的环境中的企业或同一企业中不同单位的管理者，都可根据实际情况选用其中某种最合适的组织结构。

1. 直线制

直线制形式是一种最古老的组织结构，最初广泛在军事系统中得到应用，后推广到企业管理工作中来。如图 4-3 所示，直线制组织结构的突出特点是，企业的一切生产经营活动均由企业的各级主管人员直接进行指挥和管理，不设专门的参谋人员和机构，至多只有几名助理协助厂长（或经理）工作。企业日常生产经营任务的分配与运作，都是在厂长（或经理）的直接指挥下完成的。

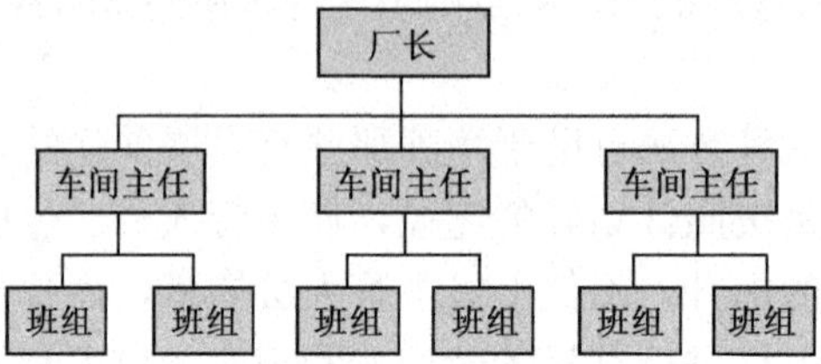

图 4-3　直线制组织结构

直线制组织的优点是管理结构简单，管理费用低，指挥命令关系清晰、统一，决策迅速，责任明确，反应灵活，纪律和秩序的维护较为容易。但是，这种组织结构要求企业的各级领导者精明能干，具有多种管理专业知识和生产技能知识。现实中，每个管理人员的精力都毕竟有限，依靠主管个人的力量很难对问题做出深入、细致、周到的思考。因此，管理工作就往往显得比较简单和粗放。同时，组织中的成员只注意上情下达和下情上达，成员之间和组织单位之间的横向联系比较差。另外，原胜任的管理者一旦退休，他的经验、能力无法立即传给继任者，再找到一个全能型又熟悉该单位情况的管理者立即着手工作也面临困难。直线制组织的缺点就源于它对管理工作没有进行专业化分工。

2. 职能制

职能制组织结构实际是在提倡管理工作分工的“科学管理之父”泰勒所提出的职能工长制基础上演化而来的。其主要特点是，采用专业分工的职能管理者，代替直线制的全能管理者。为此，在组织内部设立各专业领域的职能部门和职能主管，由他们在各自负责的业务范围内向直线系统直接下达命令和指示。各级单位负责人除了要服从上级行政领导的指挥外，还要服从上级职能部门在其专业领域内的指挥，如图 4-4 所示。

职能制的主要优点是：每个管理者只负责一方面的工作，有利于充分发挥专业人才的作用；专业管理工作可以做得细致、深入，对下级工作指导比较具体。职能机构的作用如若发挥得当，可以弥补各级行政领导人管理能力的不足。

但是，这种职能制组织有一个明显的缺点，那就是容易形成多头领导，削弱统一指挥。有时各职能部门的要求可能相互矛盾，造成下级人员无所适从。因此，职能制组织结构在现实中没有得到广泛使用，而使用更多的是它的变异形式——直线职能制。

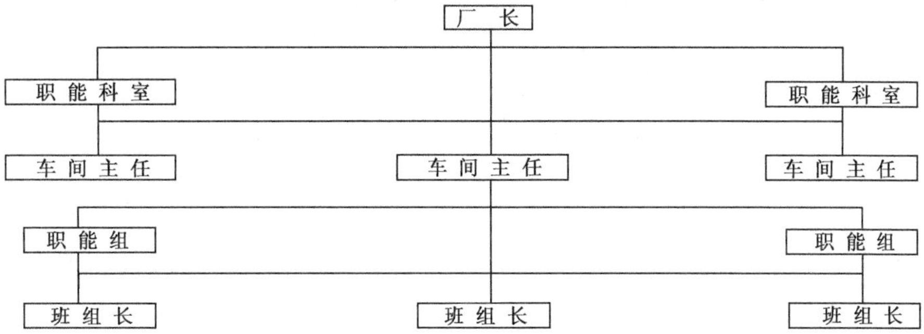

图 4-4　职能制组织结构

3. 直线职能制

直线职能制组织结构是对职能制组织结构的一种改进。如图 4-5 所示，直线职能制组织与职能制组织一样，也对管理工作按照职能部门化方式进行了专业化分工（正是因为这两种组织结构都采用了按职能划分部门这相同的部门化方式，所以它们通常被统称为“职能型组织”）。但是在直线权力的分配方面，直线职能制组织结构与职能制组织结构有着实质性的区别。具体表现就是，直线职能制对只负责某一特定专业领域管理工作的职能部门和职能主管的权限进行了严格限定，使之仅具有出谋划策的建议权，而无直接向直线系统下级人员发布指示命令的指挥权。

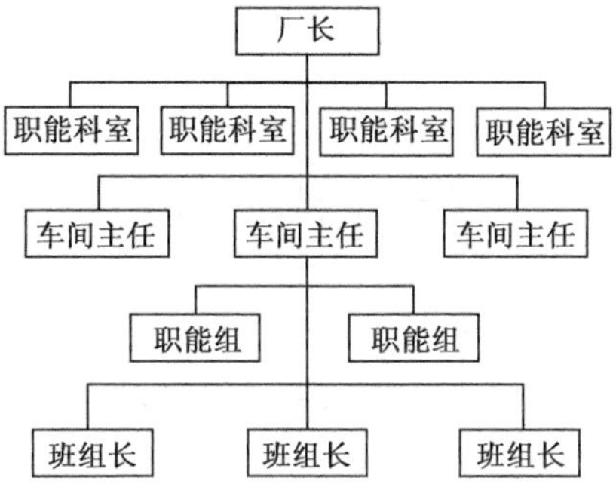

图 4-5　直线职能制组织结构

直线职能制，严格地说，应该称作“直线参谋制”。因为这种组织结构是以直线制为基础，在保持直线制组织统一指挥的原则下，增加了为各级行政主管领导出谋划策但不进行指挥命令的参谋部门而综合形成的。其特点是：只有各级行政主管才具有对下级进行指挥和下达命令的权力，而各级职能机构（“参谋机构”）只是作为行政负责人的参谋发挥作用，对下级只起到业务指导作用。虽然有些机构如人事、外事、财务等部门，当行政负责人授予他们直接向下级发布指示的权力时会拥有一定程度的指挥命令权（如前所述，这种由参谋部门人员行使的直线权力便称做“职能职权”，从而这样的参谋部门也变成为“职能部门”），但这种情况通常只是少数的例外。而如果夹杂有行使职能职权的职能部门，企业的组织结构实际上就演化为直线参谋制与职能制的混合形态。这种时候，为明确起见，我们常常将之称为“直线职能参谋制”。

直线职能制组织结构是在综合直线制和职能制各自优点的基础上形成的，因而既有利于保证集中统一的指挥，又可发挥各类专家的专业管理作用。它的缺点是，各职能单位自成体系，往往不重视工作中的横向信息沟通，加上狭窄的隧道视野和注重局部利益的本位主义思想，可能引发组织运行中的各种矛盾和不协调现象，对企业生产经营和管理效率造成不利的影响。而且，如果职能部门被授予的权力过大、过宽，则容易干扰直线指挥命令系统的运行。

另外，按职能分工的组织通常弹性不足，对环境变化的反应比较迟钝。同时，职能工作不利于培养综合型管理人才。尽管直线职能制组织结构有这些潜在的缺点，它目前在我国绝大多数企业尤其是面临较稳定环境的中小型企业中得到了广泛采用。

4. 矩阵制

矩阵制组织结构是在直线职能制垂直指挥链系统的基础上，再增设一种横向指挥链系统，形成具有双重职权关系的组织矩阵，所以称之为矩阵制组织。如图 4-6 所示。为了完成某一项目（如航空、航天领域某型号产品的研制），从各职能部门中抽调完成该项目所必需的各类专业人员组成项目组，配备项目经理来领导他们的工作。这些被抽调来的人员，在行政关系上仍旧归属于原所在的职能部门，但工作过程中要同时接受项目经理的指挥，因此他实际上拥有两个上级。项目组任务完成以后，便宣告解散，各类人员回到原所属部门等待分派新的任务。此时，原项目组不复存在，但新的项目组随时都可产生，所以矩阵制组织通常亦被称为“非长期固定性组织”。

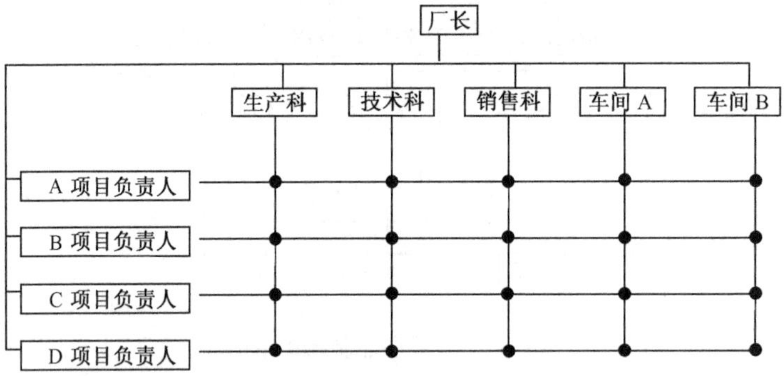

图 4-6　矩阵制组织结构

矩阵制组织的主要优点是：加强了横向联系，克服了职能部门相互脱节、各自为政的现象；专业人员和专用设备随用随调，机动灵活，不仅使资源保持了较高的利用率，也提高了组织的灵活性和应变能力；各种专业人员在一段时期内为完成同一项任务在一起共同工作，易于培养他们的合作精神和全局观念，且工作中不同角度的思想相互激发，容易取得创新性成果。

矩阵制组织的缺点在于：成员的工作位置不固定，容易产生临时观念，也不易树立责任心；组织中存在双重职权关系，出了问题，往往难以分清责任。

根据矩阵结构的基本特点，目前有企业已经开发出了多维组织结构形式。其中一种便是三维组织结构。它由专业职能部门、地区管理机构和产品事业部三重指挥链所构成，围绕某种产品的研发、生产和销售等重大问题，协调三方面的力量，加强相互之间的信息沟通和联系。这种三维结构适用于跨地区从事大规模生产经营而又需要保持较强的灵活反应能力的大型企业中。

5. 事业部制

事业部制组织结构是在多个领域或地域从事多种经营的大型企业所普遍采用的一种典型的组织结构形式，如图 4-7 所示。这种组织结构最初由美国通用汽车公司副总裁斯隆创立，故被称作“斯隆模型”。有时也称为“联邦分权制”，因为它是一种分权制的企业内部组织结构。

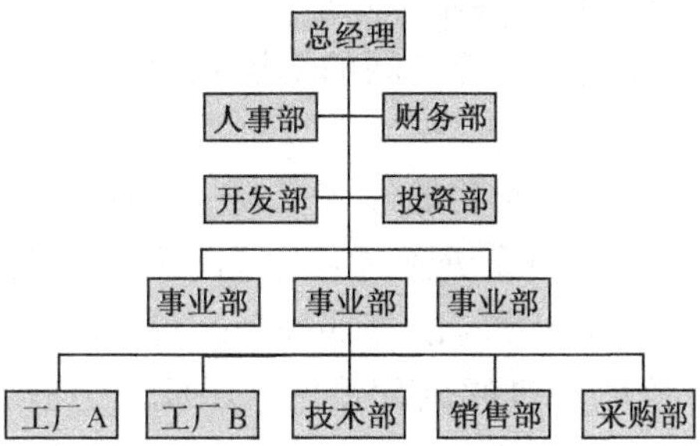

图 4-7　事业部制组织结构

事业部制是在一个企业内对具有独立产品市场或地区市场并拥有独立利益和责任的部门实行分权化管理的一种组织结构形式。其具体做法是，在总公司下按产品、地区、销售渠道或顾客分设若干事业部或分公司，使它们成为自主经营、独立核算、自负盈亏的利润中心。总公司只保留方针政策制定、重要人事任免等重大问题的决策权，其他权力尤其是供、产、销和产品开发方面的权力尽量下放。这样，总公司就成为投资决策中心，事业部是利润中心，而下属的生产单位则是成本中心，并通过实行“集中政策下的分散经营”，将政策控制集中化和业务运作分散化思想有机地统一起来，使企业最高决策机构能集中力量制定公司总目标、总方针、总计划及各项政策。事业部在不违背公司总目标、总方针和总计划的前提下，充分发挥主观能动性，自主管理其日常的生产经营活动。

事业部制组织结构的优点是：公司能把多种经营业务的专门化管理和公司总部的集中统一领导更好地结合起来，总公司和事业部间形成比较明确的责、权、利关系；事业部制以利润责任为核心，既能够保证公司获得稳定的收益，也有利于调动中层经营管理人员的积极性；各事业部门能相对自主、独立地开展生产经营活动，从而有利于培养综合型高级经理人才。

事业部制形式的主要缺点是：对事业部经理的素质要求高，公司需要有许多对特定经营领域或地域比较熟悉的全能型管理人才来运作和领导事业部内的生产经营活动；各事业部都设立有类似的日常生产经营管理机构，容易造成职能重复，管理费用上升；各事业部拥有各自独立的经济利益，易产生对公司资源和共享市场的不良竞争，由此可能引发不必要的内耗，使总公司协调的任务加重；总公司和事业部之间集分权关系处理起来难度较大也比较微妙，容易出现要么分权过度，削弱公司的整体领导力，要么分权不足，影响事业部门的经营自主性。

事业部制组织结构在欧美和日本大型企业中得到了广泛采用。成功的经验表明，采用事业部制应当具备以下一些基本条件：

1）公司具备按经营的领域或地域独立划分事业部的条件，并能确保各事业部在生产经营活动中的充分自主性，以便能担负起自己的盈利责任。

2）各事业部之间应当相互依存，而不能互不关联地硬拼凑在一个公司中。这种依存性可以表现为产品结构、工艺、功能类似或互补，或者用户类同或销售渠道相近，或者运用同类资源和设备，或具有相同的科学技术理论基础等。这样，各事业部门才能互相促进，相辅相成，保证公司总体的繁荣发达。

3）公司能有效保持和控制事业部之间的适度竞争。因为过度的竞争可能使公司遭受不必要的损失。

4）公司要能利用内部市场和相关的经济机制（如内部价格、投资、贷款、利润分成、资金利润率、奖惩制度等）来管理各事业部门，尽量避免单纯使用行政的手段。

5）公司经营面临较为有利和稳定的外部环境。可以说，事业部制组织结构利于公司的扩张，但相对不利于整体力量的调配使用，因此不适宜在动荡、不景气的环境下使用。

6. 集团控股型组织结构

现代企业的经营已经超越了企业内部边界的范围，开始在企业与企业之间结成比较密切的长期的联系。这种联系在组织结构上的表现就是形成了控股型和网络型组织结构。

控股型组织是在非相关领域开展多种经营的企业所常用的一种组织结构形式。由于经营业务的非相关或弱相关，大公司不对这些业务经营单位进行直接的管理和控制，而代之以持股控制。这样，大公司便成为一个持股公司，受其持股的单位不但对具体业务有自主经营权，而且保留独立的法人地位。

控股型结构建立在企业间资本参与关系的基础上。由于资本参与关系的存在，一个企业（通常是大公司）就对另一企业持有股权。这种股权可以是绝对控股（持股比例大于50%以上）、相对控股（持股比例不足50%但可对另一企业的经营决策发生实质性的影响）和一般参股（持股比例很低且对另一企业的活动没有实质性的影响）。

基于这种持股关系，对那些企业单位持有股权的大公司便成为了母公司，被母公司控制和影响的各企业单位则成为子公司（指被绝对或相对控股的企业）或关联公司（指仅被一般参股的企业）。子公司、关联公司和母公司一道构成了以母公司为核心的企业集团（图4-8）。

母公司，亦称为集团公司，处于企业集团的核心层，故称之为集团的核心企业。相应地，各子公司、关联公司就是围绕该核心企业的集团紧密层和半紧密层的组成单位。此外，企业集团通常还有一些松散层的组成单位，即协作企业，它们通过基于长期契约

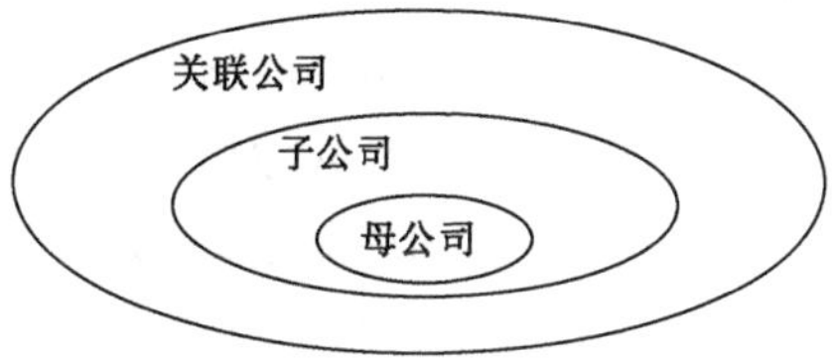

图 4-8 控股型组织结构

的业务协作关系而被联结到企业集团中。对这种契约关系，将在后面的“网络型组织”中予以介绍。

集团公司或母公司与它所持股的企业单位之间不是上下级之间的行政管理关系，而是出资人对被持股企业的产权管理关系。母公司作为大股东，对持股单位进行产权管理控制的主要手段是：母公司凭借所掌握的股权向子公司派遣产权代表和董事、监事，通过这些人员在子公司股东会、董事会、监事会中发挥积极作用而影响子公司的经营决策。

7. 网络型组织结构

网络型组织是运用现代信息技术手段而建立和发展起来的一种新型组织结构，如图 4-9 所示。现代信息技术使企业与外界的联系加强了，利用这一有利条件，企业可以重新考虑自身机构的边界，不断缩小内部生产经营活动的范围，相应地扩大与外部单位之间的分工协作。这就产生了一种基于契约关系的新型组织结构形式，即网络型组织。

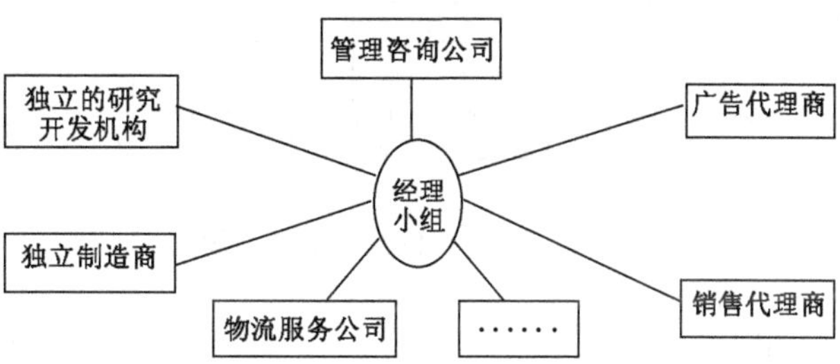

图 4-9 网络型组织结构

网络型结构是一种只有很精干的中心机构，以契约关系的建立和维持为基础，依靠外部机构进行制造、销售或其他重要业务经营活动的组织结构形式。被联结在这一结构中的两个或两个以上的单位之间并没有正式的资本所有关系和行政隶属关系，但却通过相对松散的契约纽带，透过一种互惠互利、相互协作、相互信任和支持的机制来进行密切的合作。卡西欧是世界有名的制造手表和袖珍型计算器的公司，却一直只是一家设计、营销和装配公司，在生产设施和销售渠道方面很少投资。20 世纪 80 年代初，IBM 公司在不到一年时间内开发 PC 机成功，依靠的是微软公司为其提供软件，英特尔公司为其提供机芯。网络型结构使企业可以利用社会上现有的资源使自己快速发展壮大起来，因而成为目前国际上流行的一种新形式的组织设计。

网络型结构不仅是小型组织的一种可行的选择，也是大型企业在联结集团松散层单位时通常采用的组织结构形式。采用网络型结构的组织，它们所做的就是创设一个“关系”的网络，与独立的制造商、销售代理商及其他机构达成长期协作协议，使它们按照契约要求执行相应的生产经营功能。由于网络型组织的大部分活动都是外包、外协的，因此，公司的管理机构就只是一个精干的经理班子，负责监管公司内部开展的活动，同时协调和控制与外部协作机构之间的关系。

8. 流程再造

20 世纪 90 年代，企业界掀起了“流程再造”（business process reengineering）的浪潮，在这种潮流的推动下，人们对多年来形成的金字塔形的组织结构提出了挑战，尝试打破以往由上而下、重视垂直层级的管理模式，以及部门界限的概念，建立新的“水平企业”。在这种组织中，结构是依据工作流程或营运过程而产生，基本的组织单位是流程小组（team）。小组间紧密配合，各司其职完成整个营运过程。高层管理工作主要是协调各小组的工作，加强他们之间的联系，而非自上而下发号施令。最终目的是通过权力下放及合理安排工作，以提高企业的总体效能。如图 4-10 所示。

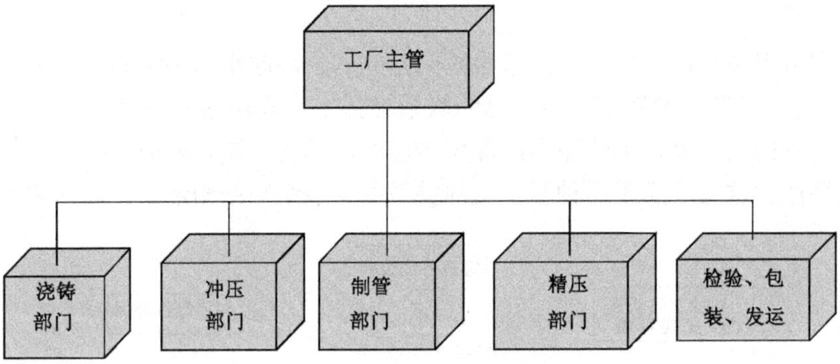

图 4-10　流程再造型组织结构

9. 团队式组织结构

部门化的最广泛的发展趋势是企业努力推行团队概念。垂直命令链是强有力的控制手段，但是将所有决策都推给高层将花费太多时间，也加大了高层的责任。如今，公司试图寻找授权的途径，将责任交给较低的层次，组成参与式的团队来完成任务。这一方式可以使组织更具灵活性，更好地应对全球竞争环境。如图 4-11 所示。

一些组织创建了永久性团队（permanent teams），团队成员被集合成为一个正式的部门，这种方式类似于前面所说的事业部式，只不过团队更小，只包括二三十个成员，每人都为团队贡献专业职能技术。例如，集成电路和其他电子产品的制造商——科尔摩根公司（Kollmorgen Corporation）将其组织分成若干个团队，每个团队平均有 75 名成员。经过这次重组，其业绩出现了飞跃。

美国运通财务顾问公司（American Express Financial Advisors，AEFA）则通过推行团队以改善国际沟通和客户服务。

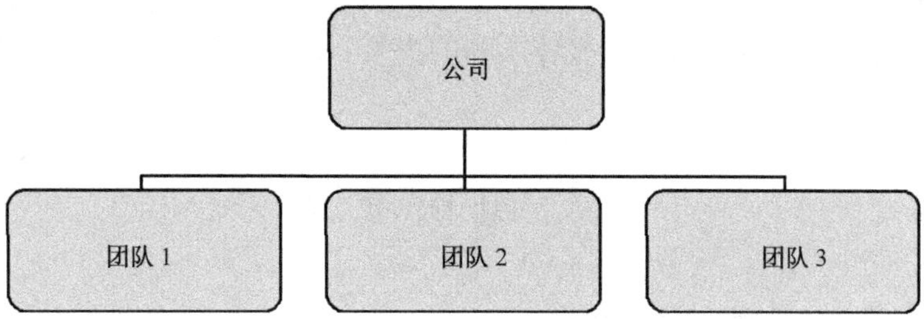

图 4-11　团队式组织结构

AEFA 公司销售保险、共同基金和投资信用证明等金融产品。它的重组着眼于解决公司如何销售产品、如何创建与客户建立良好关系的团队等问题。重组是因为经理们意识到环境变动可能对保持客户造成威胁。虽然 AEFA 年收入增长达到了 21%，但高层管理者认为要保持公司的成功和竞争力，加强横向合作仍是必要的。如今，围绕核心流程建立的一线团队成为其组织结构的基础。

领导者还意识到有必要加强行政办公室的横向联系。因此，销售总经理的职位被撤销了，其职能现在由 7 名高级官员负责，每位都有垂直责任，但同时也都负责一个拥有水平的组织跨度的流程，如客户投诉或财务管理。虽然组织保留了职能结构的一些特征，但重点还是放在横向合作和巩固团队，促进公司内部以及与客户之间进行更快、更好地沟通。

许多公司都通过再造工程重组成为永久性团队。再造工程（reengineering）是一个激进的业务再设计过程，目的是极大地改善成本、质量、服务和速度。由于重点放在过程而非职能上，再造工程常导致组织从垂直结构转向重视团队工作和授权的结构。

在豪尔马克公司（Hallmark），再造工程造就了明信片设计的新团队模式。豪尔马克公司过去是按职能部门划分、按部就班地设计明信片。但是由于拖延和返工，有时公司设计一张新名信片竟需要 2 年多时间。现在，由艺术家、石版工、作家、设计师和摄影师组成团队共同工作。这种团队拥有为不同假日设计和开发明信片所需的全部权力。由于团队的共同努力，新卡上市的周期缩短了一半。

团队式组织具有以下优点。团队式组织通常有助于克服职能式的、自上至下的组织的缺点。由于跨职能团队的存在，团队式组织能够保持一些职能结构的优势，如规模经济和深层次的培训，同时还可以从团队关系中受益。团队概念打破了部门间障碍，团队成员知道彼此的问题，相互谅解，而不是盲目地追求各自的目标。团队概念还可以使组织迅速适应客户需求和环境变化。由于决策不需经过高层同意，团队结构也加快了决策速度。团队组织的另一个重要优势在于提高士气。员工热心参与大项目而不是完成狭隘的部门任务。在团队式组织中，工作变得丰富，团队的建立使责权得到下放，需要的管理人员更少。

但是团队式组织也存在缺点。员工热心参与团队，但也会遭遇冲突和双重忠诚问题。跨职能团队和部门经理对队员提出的要求不同，参与多个团队的员工必须解决这些冲突，因而大量的时间花在会议上，因而增加了磨合时间。除非组织真的需要团队来应付复杂项目、适应环境，否则会造成生产效率损失。最后，团队可能会引起过度分散，原来做决策的部门经理在团队自行其是时会感到被忽视。队员们认识不到公司的全景，可能做出一些对团队有利但对公司整体不利的决策。高层管理者可以帮助团队与企业目标保持一致。

4.5 组织变革

1. 组织变革的必要性和影响因素

设计的再完美的组织，在运行了一段时间以后也都必须进行变革，这样才能更好地适应组织内外条件变化的要求。组织变革实际上是而且也应该成为组织发展过程中的一项经常性的活动。也许正因为组织变革要经常进行的缘故，有人甚至认为"组织"的准确名称其实应该叫"再组织"。组织变革是任何组织都不可回避的问题，而能否抓住时机顺利推进组织变革则成为衡量管理工作有效性的重要标志。

诱发组织变革的需要并决定组织变革目标方向和内容的主要因素有以下几种。

（1）战略

企业在发展过程中需要不断地对其战略的形式和内容做出不断的调整。新的战略一旦形成，组织结构就应该进行调整、变革，以适应新战略实施的需要。结构追随战略，战略的变化必然带来组织结构的更新。

企业战略可以在两个层次上影响组织结构：一是不同的战略要求开展不同的业务和管理活动，由此就影响到管理职务和部门的设计；二是战略重点的改变会引起组织业务活动重心的转移和核心职能的改变，从而使各部门、各职务在组织中的相对位置发生变化，相应地就要求对各管理职务以及部门之间的关系做出调整。

（2）环境

环境变化是导致组织结构变革的一个主要影响力量。当今的企业普遍面临全球化的竞争和由所有竞争者推动的日益加速的产品创新，以及顾客对产品质量和交货期的愈来愈高的要求，这些都是环境动态性的表现。而传统的以高度复杂性、高度正规化和高度集权化为特征的机械式组织，并不适于企业对迅速变化的环境做出灵敏的反应。适应新的环境条件的要求，目前许多企业的管理者开始朝着弹性化或有机化的方向改组其组织，以便使它们变得更加精干、快速、灵活和富有创新性。

环境之所以会对组织的结构产生重大影响，是因为任何组织都或多或少是个开放的系统。组织作为整个社会经济大系统的一个组成部分，它与外部的其他社会经济子系统之间存在着各种各样的联系，所以，外部环境的发展和变化必然会对组织结构的设计产生重要的影响。

（3）技术

组织的任何活动都需要利用一定的技术和反映一定技术水平的特殊手段来进行。技术以及技术设备的水平，不仅影响组织活动的效果和效率，而且会对组织的职务设置与部门划分、部门间的关系，以及组织结构的形式和总体特征等产生相当程度的影响。比如，信息技术的推陈出新，在促进传统非程序化决策向程序化决策的转化以及组织内外部高强度的信息共享和交流的同时，使许多重大问题的决策趋于集中化而次要问题的决策可以分散化，这样就使长期管理实践中被作为一项组织原则提出来但很难实现的“集权与分权相结合”问题获得了解决的途径。

再从生产作业技术来看，组织将投入转换为产出所使用的过程和方法，在常规化程度上是各不相同的。越是常规化的技术，越需要高度结构化的组织。反之，非常规的技术，要求更大的结构灵活性。计算机手段在生产作业活动中的更广泛、更深入的应用，促使生产技术向非常规化演进，相应地也促使管理组织结构变得更具柔性和有机性特征。

(4) 组织规模和成长阶段

组织的规模往往与组织的成长或发展阶段相关联。伴随着组织的发展，组织活动的内容会日趋复杂，人数会逐渐增多，活动的规模和范围会越来越大，这样，组织结构也必须随之调整，才能适应成长后的组织的新情况。组织变革伴随着企业成长的各个时期，不同成长阶段要求不同的组织模式与之相适应。例如，企业在成长的早期，组织结构常常是简单、灵活而集权的。随着员工的增多和组织规模的扩大，企业必须由创业初期的松散结构转变为正规、集权的，其通常的表现形态就是职能型结构。而当企业的经营进入多元产品和跨地区市场后，分权的事业部结构可能更为适宜。企业进一步发展而进入集约经营阶段后，不同领域之间的交流与合作以及资源共享、能力整合、创新力激发问题愈益突出，这样，以强化协作为主旨的各种创新型组织形态便应运而生。总之，组织在不同成长阶段所适合采取的组织模式是各不一样的。管理者如果不能在组织步入新的发展阶段之际及时地、有针对性地变革其组织设计，那就容易引发组织发展的危机。这种危机的有效解决，必须依靠组织结构的变更。所以，哈佛大学葛雷纳教授指出，组织变革伴随着企业发展的各个时期，组织的跳跃式变革与渐进式演进相互交替，由此推动企业的发展。

2. 组织变革的动力和阻力

(1) 组织变革面临两种力量的对比

在现代社会，越来越多的组织面临着一种复杂、动态的多变性。如果说以前的管理特点是长期的稳定伴随着偶尔的短期的变革，今天的情形正好相反，往往是长期的变革伴随着短期的稳定。在这种情况下，管理者必须比以往任何时候更加关注变革和变革管理，帮助员工更好地理解不断变革中的工作环境，并采取措施激发变革的动力，克服变革的阻力，使组织在变革中求得繁荣和发展。

组织变革时常面临着动力和阻力这两种力量的较量。对待组织变革所表现出来的推动和阻止这两种不同的态度以及由此产生的方向相反的作用力量及其强弱程度的对比，从根本上决定了组织变革的进程、代价，甚至影响到组织变革的成功和失败。

组织变革的动力，指的就是发动、赞成和支持变革并努力去实施变革的驱动力。总的说来，组织变革动力来源于人们对变革的必要性及变革所能带来好处的认识。比如，企业内外各方面客观条件的变化，组织本身存在的缺陷和问题，各层次管理者（尤其是高层管理者）居安思危的忧患意识和开拓进取的创新意识，变革可能带来的权力和利益关系的有利变化，以及能鼓励革新、接受风险、赞赏失败并容忍变化、模糊和冲突的开放型组织文化，这些都可能形成变革的推动力量，引发变革的动机、欲望和行为。

组织变革中的阻力，则是指人们反对变革、阻挠变革甚至对抗变革的制约力。这种制约组织变革的力量可能来源于个体、群体，也可能来自组织本身甚至外部环境。组织变革阻力的存在，意味着组织变革不可能一帆风顺，这就给变革管理者提出了更严峻的变革管理的任务。成功的组织变革管理者，应该既注意到所面临的变革阻力可能会对变革成败和进程产生消极的、不利的影响，为此要采取措施减弱和转化这种阻力；同时变革管理者还应当看到，人们对待某项变革的阻力并不完全都会是破坏性的，而是可以在妥善的管理或处理下转化为积极的、建设性的。比如，阻力的存在至少能引起变革管理者对所拟订变革方案和思路予以更理智、更全面的思考，并在必要时做出修正，以使组织变革方案获得不断的完善和优化，从而取得更好的组织变革效果。

（2）组织变革阻力的主要来源

1）个体和群体方面的阻力。个体对待组织变革的阻力，主要是因为其固有的工作和行为习惯难以改变、就业安全需要、经济收入变化、对未知状态的恐惧以及对变革的认知存有偏差等而引起。群体对变革的阻力，可能来自于群体规范的束缚，群体中原有的人际关系可能因变革而受到改变和破坏，群体领导人物与组织变革发动者之间的恩怨、摩擦和利益冲突，以及组织利益相关群体对变革可能不符合组织或该团体自身的最佳利益的顾虑等。

2）组织的阻力。来自组织层次的对组织变革的阻力，包括现行组织结构的束缚、组织运行的惯性、变革对现有责权利关系和资源分配格局所造成的破坏和威胁以及追求稳定、安逸和确定性甚于革新和变化的保守型组织文化等，这些都是可能影响和制约组织变革的因素。此外，对任何组织系统来说，其内部各部门之间以及系统与外部之间都存在着强弱程度不等的相互依赖和相互牵制的关系，这种联系是组织作为系统所固有的特征。然而，在一定期间内进行的组织变革，一方面出于克服和化解变革阻力的需要，另一方面也由于组织问题错综复杂很难一蹴而就，这样，具有一定广度和深度的组织变革就通常只宜采取分阶段有计划地逐步推进的渐进式变革策略。在这种策略下，每一计划期内的变革都只能针对有限的一些组织问题，这就难以避免地会导致系统内外尚未予以变革的要素对现有计划范围内的变革构成一种内在的牵制和影响力。这种制约力量需要变革管理者在设计组织变革方案时就事先予以周密的考虑，以便安排合适的变革广度、深度和进度。

3）外部环境的阻力。组织的外部环境条件也往往是形成组织变革力量的一个不可忽视的来源。比如，与充分竞争的产品市场会推动组织变革相对比，缺乏竞争性的市场往往造成组织成员的安逸心态，束缚组织变革的进程；对经理人员经营企业之业绩的考评重视不足或者考评方式不正确，会导致组织变革压力和驱动力的弱化；全社会对变革发动者、推进者的期待和支持态度及相关的舆论和行动，以及企业特定组织文化在形成和发展中所根植的整个社会或民族的文化特征，这些都是重要的影响企业组织变革成败的力量。

（3）组织变革阻力的管理对策

组织变革过程是一个破旧立新的过程，自然会面临推动力与制约力相互交错和混合的状态。组织变革管理者的任务，就是要采取措施改变这两种力量的对比，促进变革的更顺利进行。概括地说，改变组织变革力量及其对比的策略有三类：一是增强或增加驱动力；二是减少或减弱阻力；三是同时增强动力与减少阻力。有实践表明，不消除阻力的情况下增强驱动力，可能加剧组织中的紧张状态，从而无形中增强对变革的阻力；在增加驱动力的同时采取措施消除阻力，会更有利于加快变革的进程。

3. 组织变革的过程

成功而有效的组织变革，通常需要经历解冻、改革、冻结这三个有机联系的过程。

（1）解冻

由于任何一项组织变革都或多或少会面临来自组织自身及其成员的一定程度的抵制力，因此，组织变革过程需要有一个解冻阶段作为实施变革的前奏。解冻阶段的主要任务是发现组织变革的动力，营造危机感，塑造出改革乃是大势所趋的气氛，并在采取措施克服变革阻力的同时具体描绘组织变革的蓝图，明确组织变革的目标和方向，以形成可实施的比较完善的组织变革方案。

（2）变革

变革或改革阶段的任务就是按照所拟订变革方案的要求开展具体的组织变革运动或行动，以使组织从现有结构模式向目标模式转变。这是变革的实质性阶段，通常可以分为试验与推广两个步骤。这是因为组织变革的涉及面较为广泛，组织中的联系相当错综复杂，往往“牵一发而动全身”，这种状况使得组织变革方案在全面付诸实施之前一般要先进行一定范围的典型试验，以便总结经验，修正进一步的变革方案。在试验取得初步成效后再进入大规模的全面实施阶段，还有另一个好处，那就是可以使一部分对变革尚有疑虑的人们能在试验阶段便及早地看到或感觉到组织变革的潜在效益，从而有利于争取更多组织成员在思想和行动上支持所要进行的组织变革，并踊跃跻身于变革的行列，由此实现从变革观望者、反对者向变革的积极支持者和参加者转变。

（3）冻结

组织变革过程并不是在实施了变革行动后就宣告结束。涉及人的行为和态度的组织变革，从根本上说，只有在前面有个解冻阶段、后面又有个冻结阶段的条件之下，改革才有可能真正地实现。现实中经常出现，组织变革行动发生了之后，个人和组织都有一种退回到原有习惯了的行为方式中的倾向。为了避免出现这种情况，变革的管理者就必须采取措施保证新的行为方式和组织形态能够不断地得到强化和巩固。这一强化和巩固的阶段可以视为一个冻结或者重新冻结的过程。缺乏这一冻结阶段，变革的成果就有可能退化消失，而且对组织及其成员也将只有短暂的影响。

4.6 组织文化

4.6.1 组织文化

我们知道，每一个人都具有某些心理学家所说的“个性”。一个人的个性是由一套相对持久和稳定的特征组成的，当我们说一个人热情、富有创新精神、轻松活泼或保守时，我们正在描述他的性格特征。一个组织也同样有自己的个性，这种个性我们称为组织的文化。

组织文化（organizational culture）指共有的价值体系。像部落文化中拥有支配每个成员对待同部落人及外来人的图腾和戒律一样，组织拥有支配其成员行为的文化。在每个组织中，都存在着随时间演变的价值观、信条、仪式、神话及实践的体系或模式，这些共有的价值观在很大程度上，决定了雇员的看法及对周围世界的反应。当遇到问题时，组织文化通过提供正确的途径来约束雇员行为，并对问题进行概念化、定义、分析和解决。

组织文化的定义有以下两方面的含义：

第一，组织文化是一种知觉。这种知觉存在于组织中而不是个人中。结果，组织中具有不同背景或不同等级的人，试图以相似的术语来描述组织的文化，这就是文化的共有方面。

第二，组织文化是一个描述性定语。它与成员如何看待组织有关，而无论他们是否喜欢他们的组织，它是描述而不是评价。

组织文化可以通过评价一个组织具有的 10 个特征的程度来加以识别，这 10 个特征是：

1）成员的同一性。雇员与作为一个整体的组织保持一致的程度，而不是只体现出他们的工作类型或专业领域的特征。

2）团体的重要性。工作活动围绕团队组织而不是围绕个人组织的程度。

3）对人的关注。管理决策要考虑结果对组织中的人的影响程度。

4）单位的一体化。鼓励组织中各单位以协作或相互依存的方式运作的程度。

5）控制。用于监督和控制雇员行为的规章、制度及直接监督的程度。

6）风险承受度。鼓励雇员进取、创新及冒风险的程度。

7）报酬标准。同资历、偏爱或其他非绩效因素相比，依雇员绩效决定工资增长和晋升等报酬的程度。

8）冲突的宽容度。鼓励雇员自由争辩及公开批评的程度。

9）手段-结果倾向性。管理更注意结果或成果，而不是取得这些成果的技术和过程的程度。

10）系统的开放性。组织掌握外界环境变化并及时对这些变化做出反应的程度。

组织文化是这 10 个特征的一种复合体，这些特征综合在一起，就能创造出高度多样化的组织。

4.6.2 公司文化

管理者所面临的内部环境是由公司文化、生产技术、组织结构及其相应的硬件设施组成。在这些要素中，公司文化毫无疑问是决定一个企业竞争力的最重要的要素。公司内部的文化必须与外部环境和公司的总体发展战略相互协调。如果能做到这一点，员工的绩效将是惊人的，这样的企业也是难以战胜的。

文化是指由一个组织内部所有成员共同认可（遵循）的价值观、信仰、共识及生活准则。对文化概念的把握，有助于管理人员了解组织内部复杂和隐含的东西。文化是一种行为模式，它规定了组织内部成员的行为准则。文化是通过组织成员在解决内外部问题过程中不断学习而形成的，文化形成后，会产生传导作用，由组织内部的老成员传递给新成员，使得他们能够像老成员一样地去察觉、思考和感受事物。

文化由三个层次组成，有些是有形的，另外一些则是无形的。文化的表层是有形的，它包括着装、行为模式、有形的标志、组织的庆典及办公室的分布。一个人可以通过对组织成员的观察，感受到某个公司的文化。而文化的深层是无形的要素，如表达出来的价值观和信仰。虽然这些要素是无形的，但我们通过对组织成员的行为的观察，仍然可以感知到这些要素的存在。组织成员常常会通过无意识的行为来表达自己所遵循的价值观，我们从公司的传奇、所使用的语言和标志上面也可以感受到这一点。这些价值观深深地植根于文化之中，它们无形地引导着组织成员的行为方式。有的观点认为，人性是天生懒惰的，每个员工都会尽可能地偷懒和逃避责任，因此，必须严加监督和管理。另外一种较为开明的观点则认为，人人都想做好工作，所以要给员工自由和决策的权利。在这样的组织内，同事相互信任，共同合作完成任务。企业创建者对公司文化的形成起至关重要的作用。

企业领导者最需要做的一项工作就是创建和影响企业文化，因为它决定了企业绩效。James C. Collins 和 Jerry I. Porras 曾选取 18 家获得长期成功的企业和 18 家经营不好的公司，经过对比分析后发现，文化是决定一个企业成功与否的最关键的因素。根据调查的结果，他们写了一本名为《长治久安：富有远见公司的成功境界》（*Built to last：Successful Habits of Visionary Companies*）的书，书中描述了惠普、迪斯尼和宝洁公司如何在适应剧烈变动的外部环境的同时，成功地保留了引导组织发展、壮大的公司核心文化。有些公司还把公司的价值准则以书面的形式保留下来，以便传给新一代的员工。惠普公司创建了所谓的“惠普方式”（The HP Way）。有些公司由于其良好的企业文化而闻名于世，如西南航空（Southwest Airlines）、W. L. Gore 和惠普都常常以最优秀公司的面目出现在《财富》杂志上。

我们可以从公司那些有形的东西，如公司的传说、英雄人物、口号和仪式来感受公司最根本的无形的文化。

1. 公司象征

象征可以是一种物体、一种行为或者是一种事件，它能够向他人传递特殊的意义。与公司文化相关联的象征能够向公众传递公司的价值观。例如，位于马萨诸塞州Andover的一家机械承包公司的总裁 John Thomas 努力倡导一种容忍失败和勇于冒险的企业精神。他把那些犯过错误、给公司造成 450 美元损失之人的名单刻在一块牌匾上，将其命名为“理智奖”（No-Nuts Award），鼓励人们“上榜”。这一奖项每年颁发一次，其目的就是允许人们犯错误，但不能犯同样的错误。

2. 公司传奇

公司传奇基于某一真实事件，在公司员工之间反复地由口头传播以保证公司的核心价值能够不断地流传下去。像 IBM、荷兰皇家壳牌（Royal Dutch/Shell）、可口可乐和美国西部（U. S. West）这样的大牌公司，都有专门的管理人员来研究公司传奇对表达企业价值观的作用和意义，并确定在何种情况下对这些传奇进行修改以适应新的形势的变化。Nordstrom 公司向员工灌输服务重要性的一个最重要的手段就是讲授公司传奇故事。其中有一个故事是关于男衣推销商 Van Mensah，故事的情节大致如此：Mensah 收到了一封顾客来信，信中说误将 12 件新衬衣在热水中洗涤了，结果这些衬衣全部缩水，他想知道，Mensah 有没有办法帮助他解决这个难题。Mensah 立即给这位远在瑞典的顾客打电话，通知他一打与原衬衣同型号、同样式和同颜色的衬衣已于当日寄出，并代公司向他致以问候。

3. 英雄

英雄是理想信念、优良品德的化身，也代表了最优秀的文化，所以，他们是其他员工效仿的对象。有时，英雄是真实的人物，如李·艾柯卡（Lee Iacocca）。当他刚刚到亏损严重的克莱斯勒公司时，他索取的年薪只是区区的 1 美元，以此来证明自己拯救这家公司的非凡勇气。

在 3M 公司（minnesota mining and manufacturing），高层管理人员特别注意宣传那些被高层所否定但仍然坚持不懈的员工。公司有一个极具传奇色彩的人物，当他还是一个普通员工时，即使被老板“炒鱿鱼”，仍然不放弃开发一种新产品的主张。为了开发这种产品，他滞留在一个废弃的办公室里，一分钱报酬也没有，坚持自己的研究工作。后来，他被重新雇佣了，而且被提升为副总裁。公司之所以大力宣传这样一个事例，目的就是向员工说明这样一个道理：只要你认为是正确的，就坚持做下去，这是 3M 文化一个重要的内容。

英雄的使命就是创造不平凡的一切，但这些又必须是员工经过努力也可以达到的，否则就失去了激励意义。英雄的作用是教给员工如何做，而公司则通过树立榜样来达到弘扬公司文化的目的。

4. 口号

口号是表达公司核心价值观的一些简洁的句子或短语，公司利用口号向员工灌输公司的文化。

Sequins 国际公司中 80%的员工为西班牙人，W. Edwards Deming 说：“不必巴结老板，你只需取悦顾客。”这句话被绣在了每一个西班牙工人夹克的口袋上。企业的价值观从企业使命或其他的宣传中也可以感受到。Eaton 公司创建了“员工创造企业辉煌”的管理哲学，它鼓励员工参与决策，倡导管理者与普通员工面对面的沟通，从内部大力提拔员工，而且只采用正强化的方法来激励员工。

5. 仪式

为纪念特定的事件或人物所举行的某些庆典活动，我们称之为仪式。通过特定的仪式，公司可以为员工树立起公司价值观的典范。同时，作为一项特殊的活动，员工可以通过共同分享成果、神圣化的程序和向英雄人物学习，达到强化公司的价值观、增强员工的凝聚力的目的。

仪式的价值可以通过颁发特定的奖项来加以实现。玫琳凯化妆品公司每年都要举行颁奖仪式，奖励那些有突出贡献的销售咨询专家，奖品包括金质或钻石胸针、皮衣及粉红色的凯迪拉克轿车。颁奖地点通常选择在大礼堂，人头攒动，群情激奋，人人穿着漂亮的晚礼服。幻灯播放着最优秀的销售咨询师的事迹，整个场景像竞选和娱乐业颁奖仪式一样的隆重。当然，也可以采取其他的方式来授奖，如直接将奖品或者是奖金送到员工手中，但这种方法对于强化公司的价值、员工的激励作用远远地小于前者。

总之，企业文化所要表达的是为员工所认可的价值观、共识和行为准则。他们可以通过象征、传奇、英雄、口号、仪式来加以体现。管理者通过这些要素的整合，逐步形成特有的公司文化。

案例及习题

一、案例

助理为何受到攻击?

鉴于公司在发展中所出现的成本失控问题，A公司的总经理请获得了注册会计师资格的年轻助理帮助解决这个问题。这位助理又请了一些高明的财务分析专家、本地大学工商管理学院的著名教授组成一个诊断小组。在知晓了公司的问题之后，他们去调查成本问题和公司的生产、采购、销售等各部门的管理方法问题。经多次研究之后，小组发现了各部门中效率低的许多根源，于是，该助理把小组所发现的效率低的详情和纠正的措施做出提要，向总经理提出了诊断报告，并说明小组所建议的行动会给公司节约上百万元。

总经理采纳了这些建议，并付诸实施。但实施不久，负责生产、销售、采购的几位副总经理就群起围攻总经理，坚决要求撤掉那位助理。

思考及讨论题

1. 为什么这位助理工作做得那么好，却受到副总经理们的憎恨?

2. 若诊断小组的调查结果是准确的，那么总经理、助理、副总经理及其他人应怎样做才能使这些调查结果有助于解决问题?

二、习题

1. 试分析扁平型结构和锥形结构。

2. 因人设职与因事设职有何区别?

3. 简述何谓直线、参谋关系，使用参谋的优、缺点，如何正确发挥参谋的作用?

4. 何谓非正式组织?简述非正式组织的积极作用、可能造成的危害、如何发挥非正式组织的作用?

5. 人员配备的作用和内容是什么?请说明管理人员“内升制”、“外求制”各有什么优缺点?

第五章 领　　导

◇ 理解领导的含义、作用以及领导与管理的区别

◇ 掌握权力的实质及五种权力类型，领导有效性的影响因素

◇ 了解有关领导的特质理论及其意义和不足

◇ 理解勒温的三种领导方式理论、支持关系理论、领导行为连续统一体理论以及弗鲁姆和耶顿的领导者参与模型

◇ 掌握领导的四分图理论、管理方格理论、费德勒的权变领导模式、领导生命周期理论和途径–目标理论

5.1 领导概述

领导是管理活动的重要方面，管理过程学派认为：领导职能是管理职能的基本组成部分，它侧重于对组织中人的行为施加影响，发挥领导者对下属的指挥、协调、激励和沟通作用，以便更加有效地完成组织的目标与任务。领导工作具有人与人互动的性质，领导者正是通过他与被领导者的双向互动过程，促使组织成员更有效地实现组织的目标。

5.1.1 领导和管理

1. 领导的含义

“领导”一词在现实生活中有多方面的含义。作为名词，领导指的是人，即领导者。领导者有两种类型：一种是居于领导职位的人，组织中所有被称为“上级”的人，包括全部的直线管理人员以及配有下属的职能部门的负责人，都属于这一类的领导者。这些人是组织所正式任命的，拥有合法的权力（即职权）对被领导者进行指挥命令和奖励处罚。另一种是从一个群体中自然产生出来的，他们虽然并不拥有正式的职位和职权，但却能对他人的活动产生实质性的影响，他们同样也是领导者。

作为动词，领导指的是一个领导者的行为，也就是在与其部属相处中指导和动员他人行为与思想的过程。领导过程包含了确定一批人应当前进的方向，以及带领人们朝着这个方向前进以实现预期目标两方面的内容。这是对领导职能的一种广义理解，它在很大程度上与该领导者作为一名正式组织的管理者围绕人的因素所开展的管理全过程相当。

领导职能还有一种较为狭义的概念，仅指在目标既定的条件下如何影响一个组织或群体的成员去实现目标。在组织的各种生产要素中，人的因素在很大程度上能直接或间接地决定组织目标的实现及其实现程度。因此，如何正确地领导组织成员，调动组织成员的积极性，实现领导与组织成员间良好的信息沟通，就成为管理工作中的一大关键问题。一个有效的领导者能够有力地影响其下属，使下属现有的技能、才智和技术水平得到最充分的发挥，从而使组织取得更高的绩效。

我们将领导职能定义为指导和影响群体或组织成员的思想和行为，使其为实现组织目标而做出努力和贡献的过程或艺术。

这一定义包含以下四个方面的含义：

1）领导者一定要与所领导的群体或组织的其他人员发生联系。这些人可能心甘情愿地服从或被迫无奈地屈服于该领导者的权力，使自己处于被领导者的地位。

2）权力在领导者和其他成员中的分配是不平等的。领导者拥有相对强大的权力，使他得以影响组织中其他成员的行为，而其他成员却没有这样的权力，或者拥有的权力并不足以改变其被领导的地位。

3）领导者能对被领导者产生各种影响。领导者具有引导和指挥下属思想和行动的权力，他不仅能够指导他人“如何去做”，而且能够影响其“去做什么”。领导者能够通过影响被领导者，使其表现出某种符合组织期望的行为。

4）领导的目的是影响被领导者去为实现组织目标做出努力和贡献。与其他管理职能一样，领导工作也具有明确的目的性。这种目的一是为了使组织目标得以更好地实现，二是使组织成员能在工作中得到发展和进步。组织需要建立领袖的权威，但领导的目的决不应该是为了体现领导者个人的权威。有效的领导者应当赋予被领导者在执行组织任务的过程中发挥主动性和创造性的一定自由度。

2. 领导与管理

领导与管理是人们通常容易混淆的概念。事实上，领导职能与管理职能、领导者与管理者是既相互联系，又相互区别的，主要表现在：

1）领导职能是管理职能的一部分，可以说管理职能的范围要大于领导职能。

2）领导和管理活动的特点和着重点有所不同。领导活动是与人的因素密切关联的，侧重于对人的指挥和激励，更强调领导者的影响力、艺术性和非程序化管理，而管理活动更强调管理者的职责以及管理工作的科学性和规范性。

3）如果把组织中的工作人员划分为管理人员和作业人员，则从理论上分析，所有的管理者都应该是领导者。因为不管他们处在什么层次，都或多或少地肩负着指挥他人完成组织目标的任务，因此都应成为拥有管理权力并能影响或促使组织成员努力实现既定目标的人。但是，现实中的管理者并不都能使自己成为这样的领导者，尽管他们表面上都处于领导的职位。这类管理者也许会在计划、组织和控制等职能方面做得非常出色，但只要不能有效地发挥对他人的领导作用，不能既居领导之“职”同时亦行领导之“能”，那么他就不可能是名副其实的领导者。

此外，一个人可能是领导者，却并非是管理者。这是因为除正式组织外，社会上还存在着各种各样的非正式组织。作为非正式组织的领袖，他们并没有正式的职位和权力，也没有义务确立完善的计划、组织和控制职能，但是他们却能对其成员施加影响，起到激励和引导的作用，因此他们也被称为领导者。

5.1.2 领导权力的构成

1. 权力的实质

领导者在领导工作中所拥有的影响力大小，与其权力的形成与运用有着密切的关系。

权力本身是一个中性的概念，它可以帮助管理者更好地实现组织的目标，也可以被利用来达到不良的目的。权力是组织生活的现实，永不会消失。

所谓权力，指的是一个人（A）借以影响另一个人（B）的能力。这个定义中实际上假设，B对自己的行为有一定的自主权，但出于对A在某方面资源的依赖，使得A能借此影响B去做他并不见得一定去做的事。可见，依赖关系是一个人可以对另一个人行使权力的基础。B对A的依赖性越强，则在他们的相互关系中A所拥有的权力就越大。所以，如果说“影响”是权力的表现和权力使用的结果，那么从权力的来源来看，权力就是对资源拥有者的一种依赖性。

依赖和权力关系的建立，是与A相对于B所拥有的重要而且稀缺资源的不可替代性相关联的。首先，如果B不对A掌握的资源感兴趣，那就谈不上什么依赖和权力关系。其次，这种被看重的资源是否相对稀缺，也是形成权力关系的另一个条件。假如某种资源非常充足，则拥有这种资源实际上并不会增加这个人的权力。譬如，要是大家都极富有智慧，那某人的智慧就没有特殊价值了。同样，对富豪来说，金钱就不是一种能影响他的行为的权力基础。因此，稀缺的资源才能使他人依赖于你。权力关系形成的再一个条件，就是资源的不可替代性。一种资源越是没有替代物，则该资源的控制者所拥有的权力就越大。如果一个员工相信除了目前的工作外，他在别的地方还有许多满意的就业机会，这种情况下他就不用担心被解雇，而他的主管人员就会发现，此时以解雇作为威胁手段试图影响这位下属的行为就一定是不可能的。由此说明，资源的重要性、稀缺性和不可替代性，三者共同决定了权力与依赖关系的性质和强度。

2. 权力的类型

根据权力来源的基础和使用方式的不同，美国管理学家弗兰奇（John R. P. French）和瑞文（Bertram Raven）认为可以将权力划分为五种类型：

1）法定权，指组织内各管理职位所固有的法定的、正式的权力。这种权力来自于领导者在组织中担任的职务，来自于下级传统的习惯观念，即下级认为领导者拥有的职务权力是合理、合法的，得到了社会公认的，他必须接受领导者的影响。

2）奖赏权，指提供奖金、提薪、表扬、升职和其他任何令人愉悦的东西的权力。一个人假如能给他人以特殊的利益或奖赏，你就知道与他关系密切是大有益处的。在组织中，下级认识到，如果按照上级的指示办事，上级就会给予一定的奖赏，满足自己的某些需要。

3）强制权，也称为惩罚权，指可施加扣发工资、奖金、批评、降职乃至开除等惩罚性措施的权力。这种权力建立在下级的恐惧感上，下级认识到，如果不按照上级的指示办事，就会受到上级的惩罚。强制权力恰好是奖赏权力的反面。与奖赏权力一样，一个人不一定非要成为管理者才拥有强制权力。

4）专家权，也称为专长权，指由个人的特殊技能或某些专业知识而产生的权力。一个人由于具有某种专业知识、特殊技能和经验，因而赢得了你的尊敬，你就会在一些问题上服从于他的判断和决定。

5）感召权，也称为模范权，这是与个人的品质、魅力、经历和背景等相关的权力。一个拥有独特的个人特质、超凡魅力和思想品德的人，会使你认同他、敬仰他、崇拜他，以至达到你要模仿他的行为和态度的地步，这样他对你就有了感召权。

上述五种权力可归纳为两大类：

一类是制度权，即与职位有关的权力，亦称行政性权力。这种权力是由上级和组织所赋予的，并由法律、制度明文规定。制度权不依任职者的变动而变动，有职者就有制度权，无职者就无制度权。制度权的基本内容包括对组织活动的合法的决定和指挥权，以及对组织成员的奖赏和惩罚权。组织成员往往由于压力而不得不服从于这种权力；另一类是与领导者个人有关的权力。这种权力不是由领导者在组织中的职位产生的，而是领导者由于自身的某些特殊条件才具有的。例如，领导者具有高尚的品德、丰富的经验、卓越的专业能力、良好的人际关系、特殊的个人经历和背景，以及善于创造一个激励的工作环境，以满足组织成员的需要等。这种来自于个人的权力通常是在组织成员自愿接受的情况下产生影响力的，因而易于赢得组织成员发自内心的长时期的敬重和服从。

显然，有效的领导者不仅要依靠制度权，还必须具有个人内在的影响力，这样才会使被领导者心悦诚服，才能更好地进行领导。

5.1.3 领导的内容与作用

领导意味着组织成员的追随与服从。正是来自其下属和组织其他成员的追随与服从，才使领导者在组织中的地位得以确立，并使领导的过程成为可能。而下属和组织的其他成员追随和服从某些领导者的原因，就在于这些被他们所信任的领导人能够满足他们的愿望和需求。正是在充满艺术性的领导过程之中，领导者巧妙地将组织成员个人愿望和需求的满足与组织目标的实现结合了起来。当然，要实现这种结合，领导的过程就不可避免地要与沟通、激励等发生关系，这也揭示了领导工作实际上包含了其他与人的因素相关的活动内容，如激励、沟通、营造组织气氛和建设组织文化等内容。

领导活动对组织绩效具有决定性的影响。领导的这种决定性作用具体体现在以下三个方面：

1）沟通协调作用。组织的目标是通过许多人的集体活动来实现的。即使组织制定了明确的目标，但由于组织中的成员对目标的理解、对技术的掌握和对客观情况的认识因他们个人知识、能力、信念等方面的差异而不同，人们在思想认识上发生分歧、在行动上出现偏离目标的现象都是不可避免的，因此需要领导者来协调人们的关系和活动，使组织成员步调一致地朝着共同的目标前进。

2）指挥引导作用。在组织的集体活动中，领导者应当通过引导、指挥、指导或先导活动，帮助组织成员最大限度地实现组织的目标。尽管引导、指挥、指导和先导等活动在形式上略有差异，但共同的要求都是：领导者不是站在组织成员的后面去推动、督促，而是作为带头人来引导他们前进，鼓舞人们去奋力实现组织的目标。领导者只有站在群众的前面，用自己的行动带领人们为实现组织的目标而努力，才能真正起到指挥的作用。

3）激励鼓舞作用。任何组织都由具有不同需求、欲望和态度的个人所组成，组织成员的个人目标与组织目标不可能完全一致。领导活动的目的就在于把个人目标与组织目标结合起来，引导组织成员满腔热情地为实现组织目标做出贡献。领导工作的作用在很大程度上表现为调动组织中每个成员的积极性，使其以高昂的士气自觉地为组织做出贡献。如果领导不具备激励、鼓舞的能力，那么即便组织内拥有再多的优秀人才，也很难发挥其整体作用。

5.1.4 领导有效性的影响因素

领导不是单方面的领导者行为，而是领导者与被领导者之间在特定情境下发生相互作用的过程。领导行为能否产生预期的效果，取决于以下三方面的因素：

1）领导者。领导者是领导工作的主体，领导者本身的背景、经验、知识、能力、个性、价值观以及对下属的看法等，都会影响到组织目标的确定、领导方式的选择和领导工作的效能。因此，领导者是影响领导工作有效性的重要因素。

2）被领导者。被领导者是领导工作的客体，被领导者的背景、经验、知识和能力，他们的要求、责任心和个性等，都会对领导工作产生重大影响。被领导者的情况不仅影响领导方式的选择，也影响领导工作的有效性。

3）领导工作的情境。领导工作是在一定的环境中进行的。一般而言，特定的情境条件包括群体的规模与类型，工作任务的性质与目标，形势的压力与时间的紧迫性，上级领导的期望与行为，与下级员工的关系，以及组织的文化与政策等。与特定情境相适应的领导方式才可以成为有效的，与情境不相适应的领导方式则往往是无效的。

总之，领导的有效性是领导者、被领导者和领导工作的情境三方面因素综合作用的结果，即领导的有效性＝f（领导者，被领导者，情境）。

5.2 特质理论

西方管理学界关于领导问题的研究大体经历了三个阶段，第一阶段是从20世纪初到20世纪40年代。研究的重点在于领导者个人的素质、品质和个性特征，形成了领导的特质理论（trait theory）。按照领导特质理论的观点，领导者之所以成其为领导者，都是由于他们具有与众不同的优秀品质和特殊能力，而他们的与众不同的优秀品质，有的是由于他们的特殊生活经历造成的，有的则是与生俱来的。领导的特质理论认为，一个领导者只要具备了某些优秀的个人特性或素质，就能有效地发挥其领导作用，研究领导问题主要就是研究领导者应当具有哪些优秀品质和能力，并试图以此来培养、选拔和考核领导者。其研究的一般方法是调查、归纳那些优秀的领导者在各个方面（包括身体、知识和能力、性格、社会背景等）所具有的共同特性。

特质理论在早期的领导研究中占有主导地位，许多学者提出了各自的观点，例如：

1）巴纳德认为，领导者应具有：①活力和持久力；②决断力；③说服力；④责任感；⑤知识和技能。

2）厄威克认为，领导者应具有：①自信心；②个性；③活力；④潜力；⑤表达力；⑥判断力。

3）行为科学家亨利于1949年在调查研究的基础上，归纳出了一个成功的领导者应具备的12点品质：①成就需要强烈。他把工作成就看成是最大的乐趣，置于金钱报酬和职位晋升之上，因此愿意完成艰巨的工作任务；②干劲大，工作积极努力，希望承担富有挑战性的新工作；③用积极的态度对待上级，认为上级水平高，经验多，能帮助自己上进和提高，因而尊重上级，与上级关系较好；④组织能力强，能把混乱的事物组织得很有条理，并有较强的预测能力，能从有限的资料中预测出事物的发展动向；⑤决断力强，能在较短的时间内对各种备选方案加以权衡并迅速做出决断；⑥自信心强，对自己的能力有充分的自信，对自己的目标坚定不移，不受外界的干扰；⑦思想敏捷，富于进取心；⑧竭力避免失败，因而不断地接受新的任务，树立新的奋斗目标，驱使自己前进；⑨讲求实际，重视现在，而不大关心不确定的未来；⑩眼睛向上，对上级亲近而对下级较疏远；⑪对父母没有情感上的牵扯，而且一般不同父母住在一起；⑫忠于组织，尽力职守。

4）美国管理学家埃德温·吉赛利（Edwin E. Ghiselli）在20世纪60年代就指出领导者的个性因素同领导效率有关，凡自信心强而魄力大的领导者，成功机率较大。70年代，他又进一步提出影响领导效率的八种品质（个性）特征和五种激励特征。

八种品质或个性方面的特征是：①才能智力大小；②独创性（创造与开拓），是否能开拓新方向；③果断性，决断能力强弱；④自信心强弱；⑤指挥能力大小；⑥成熟程度高低；⑦是否受下级爱戴和亲近；⑧男性或女性。

五种激励方面的特征是：①对职业成就的需要；②自我实现的需要；③对权力的需要；④对金钱报酬的需要；⑤对安全（工作稳定性）的需要。

吉赛利认为，影响领导效率最重要的因素有指挥能力、职业成就与自我实现的需要、才能、自信心、决断能力等，其次是对工作稳定性和金钱报酬的需要、同下级亲近、创造和开拓、成熟程度等，至于性别则关系不大。

然而，有关领导特质的理论对领导及其有效性的解释是不完善的，受到了许多人的批评和质疑，因为各研究者所提出的领导特质包罗万象，说法不一，甚至互有矛盾，而且几乎每一种特质都有很多的例外，况且任何人都不可能具备所有这些特质。同时一些管理学家如美国的费德勒以其试验研究结果表明，领导者并不一定都具有比被领导者高明的特殊品质，实际上他们与被领导者在个人品质上并没有显著的差异。此外，特质理论并不能使人明确，一个领导者究竟应在多大程度上具备某种特质。

虽然领导特质理论不能从根本上解决领导的有效性问题，但是这方面的研究却一直没有间断过，因为在一些成功的领导者身上，我们确实看到了其鲜明的个性特征，譬如一些学者研究发现，领导者有六项特质不同于非领导者，即进取心、领导愿望、正直与诚实、自信、智慧和工作相关知识，如表5-1所示。

表5-1　区分领导者与非领导者的六项特质

1. 进取心	领导者表现出高努力水平，拥有较高的成就渴望 他们进取心强，精力充沛，对自己所从事的活动坚持不懈，并有高度的主动精神
2. 领导愿望	领导者有强烈的愿望去影响和领导别人，他们表现为乐于承担责任
3. 诚实与正直	领导者通过真诚与无欺以及言行高度一致而在他们与下属之间建立相互信赖的关系
4. 自信	下属觉得领导者从没缺乏过自信。领导者为了使下属相信他的目标和决策的正确性，必须表现出高度的自信
5. 智慧	领导者需要具备足够的智慧来收集、整理和解释大量信息；并能够确立目标、解决问题和做出正确的决策
6. 工作相关知识	有效的领导者对于公司、行业和技术事项拥有较高的知识水平。广博的知识能够使他们做出富有远见的决策，并能理解这种决策的意义

总而言之，领导特质理论的研究意义在于，它为组织提供了一些选拔领导者的依据，但同时特质理论也难以充分说明领导的有效性问题。

5.3 行为理论

如果说早期有关领导有效性的研究着重于领导者的个人特质方面，那么从20世纪40～60年代，随着行为科学的兴起，领导研究的重点开始从领导者应具备哪些特质转向领导者应当如何行为方面，形成了领导行为理论（behavior theory）。领导行为理论认为，领导是群体中的一种现象，所谓领导就是领导者推动和影响群体成员或下属，引导他们的行为按领导者预期的方向发展，为共同的目标而努力。因此，它必然涉及领导者与其下属成员之间的相互关系，这就要求人们不要仅仅考察领导者的个人特性，而必须着重考察领导者的行为对其下属成员的影响，找出领导行为中的哪些因素在影响着下属成员的行为和群体的工作成效。也就是说，领导的作用是通过领导者的特定行为表现出来的，因而应把研究的重点转到领导行为上来。

由此可见，与领导特质理论不同，领导行为理论试图用领导者做什么来解释领导现象和领导效能，并主张评判领导者好坏的标准应是其外在的领导行为，而不是其内在的素质条件。由于领导有效性取决于领导者所实际表现出的领导行为，那么人们就可以通过培训和学习而成为有效的领导者。

不同的人在领导行为的表现上会有很大的不同，所谓领导方式、风格或作风就是对不同类型领导行为形态的概括。领导风格的差异，不仅因为领导者的特质存在着不同，更由于他们对权力运用的方式及对任务和人员之间的关系有不同的理解、态度和实践。不同的领导人，以及同一个领导人在不同的时期和场合，都可能表现出不同的领导风格。

那么究竟有哪些领导方式，哪一种的效果更好？从20世纪下半叶开始的领导行为研究，就着眼于对领导者领导被领导者的具体方式或风格进行分类和评判。但不同的研究者对领导行为有不同的分类角度，而且对哪一种领导方式更好也持有不同的主张，主要分为两大类：一是基于权力运用的领导方式分类，主要包括勒温的“三种领导方式理论”和利克特的“支持关系理论”；二是基于态度和行为倾向的领导方式分类，主要包括“四分图理论”和“管理方格理论”。

5.3.1 领导方式理论

心理学家勒温在实验研究的基础上，把领导者的行为方式分为专制式、民主式和放任式三种基本类型：

1）专制式，亦称专权式或独裁式。这类领导者是由个人独自做出决策，然后命令下属予以执行，并要求下属不容置疑地遵从其命令。专制式领导行为的主要特点是：①个人独断专行，从不考虑别人的意见，组织的各种决策完全由领导者独自做出；②领导者预先安排一切工作内容、程序和方法，下级只能服从；③除了工作命令外，从不把更多的信息告诉下级，下级没有任何参与决策的机会，只能奉命行事；④主要靠行政命令、纪律约束、训斥惩罚来维护领导者的权威，很少或只有偶尔的奖励；⑤领导者与下级保持着相当的心理距离。

2）民主式。在民主式领导风格下，领导者在采取行动方案或做出决策之前会主动听取下级意见，或者吸收下级人员参与决策的制定。比如，民主式的销售经理往往允许并要求销售员参与制定销售目标，而专制式的销售经理则仅仅向各销售员分配指标。民主式领导行为的主要特征是：①领导者在做出决策之前通常都要同下属磋商，得不到下属的一致同意不会擅自采取行动；②分配工作时，尽量照顾到组织每个成员的能力、兴趣和爱好；③对下属工作的安排并不具体，个人有相当大的工作自由，有较多的选择性和灵活性；④主要运用个人的权力和威信，而不是靠职位权力和命令使人服从；⑤领导者积极参加团体活动，与下级无任何心理上的距离。

3）放任式。放任式领导者的主要特点是极少运用其权力影响下属，而给下级以高度的独立性，以致达到放任自流和行为根本不受约束的程度。

以上三种领导方式下的领导行为各有优缺点。勒温根据实验得出的结论是：放任式的领导方式工作效率最低，只能达到组织成员的社交目标，但完不成工作目标；专制式的领导方式虽然通过严格管理能够达到既定的任务目标，但组织成员没有责任感，情绪消极，士气低落；民主式领导方式工作效率最高，不但能够完成工作目标，而且组织成员之间关系融洽，工作积极主动、富有创造性。

5.3.2 支持关系理论

以伦西斯·利克特（Rensis Likert）为首的美国密执安大学社会调查研究中心，从1947年开始，通过对大量企业的调查访问和长期试验研究，提出了领导行为的理想类型和与此相关的三种基本概念。这些研究成果后来写进了《管理的新模式》（1961）和《人群组织》（1967）两部著作当中，他们的研究成果人们又称为“密执安研究”。

在《人群组织》一书中，利克特提出了描述领导类型的八个方面的特征。这些特征包括：领导过程、激励过程、交流沟通过程、相互作用过程、决策过程、目标设置过程、控制过程、绩效目标，并根据上述八个方面的特征，归纳出以下四种类型的领导方式：

1. 专制-权威型

这种领导方式的特征是：权力集中于最上层，下属人员没有任何发言权。上级对下属人员没有信心、缺乏信任，解决问题时根本不听取他们的意见。上级经常以威胁、恐吓、惩罚以及偶尔的奖赏来激发下属人员的工作意识，因而下属人员对组织目标没有责任感。组织内部极少沟通，只有自上而下的单向信息流，信息易受歪曲，因而上级对下属人员的情况既不了解，也不理解。人们通常怀有恐惧的心理，因而在这类组织中几乎不存在相互作用和协作。一切决策都由领导人单独制定，不采纳下属人员的意见，下属人员根本不能参与决策。组织的一切目标都作为命令下达，因而人们表面上接受，背地里对抗。控制职能集中于上层领导。机构中如果存在非正式组织，它通常对正式组织的目标持反对态度。

2. 开明-权威型

这种领导方式的特点是：领导者仍然是专制的，但采取了家长制的恩赐式领导方式。权力控制在最上层，但也授予中下层部分权力。领导人对下属有主仆之间的那种信赖关系，采取较谦和的态度，在解决问题时偶尔也能听取下属人员的意见。运用奖励和有形、无形的惩罚等手段调动下属人员，因而下属人员对组织目标也几乎没有责任感。组织内部较少沟通，并且大体上多属自上而下单向的信息流，上级只接受自己想听到的情报，对下属人员有一定的了解。组织内部成员之间很少互相交往，而且这种交往也多是在上司屈尊、下属心有畏惧和戒备的情况下进行的，因而极少有相互协作的关系。上层领导决定方针政策，下层组织只能在既定的范围内进行有限的决策，一般职工都不参与决策，但有时能听取他们的某些意见。组织目标作为命令下达，下属人员有时能陈述自己的意见，因而他们虽然表面上接受，背地里却常有抗拒的表现。大部分控制职能集中于上层组织，少部分授予下层组织。机构中虽然存在着非正式组织，但它对正式组织的目标却不一定全部持反对态度。

3. 协商型

这种领导方式的特征是：上层领导者对下属人员有相当程度的信任，但重要问题的决定权仍掌握在自己手中。在工作问题上，上下级之间能自由地对话，并能采纳下属的意见。运用奖励、偶尔也运用惩罚手段调动下属人员。大部分组织成员、尤其是上层人员对组织目标具有责任感。组织内部有适度的沟通，信息流是双向的，上级虽然也只接受自己想听到的情报，但对与此相反的情报也都慎重地传递，因而他们对下属人员的问题有相当的了解。组织内部有适度的交往，并且是在比较信任的情况下进行的，因而形成适度的协作关系。总方针和一般性决策集中于上层组织，下层组织只能对某些特殊问题参与决策，上下之间常有工作上的协商，但一般员工通常不都参与决策。组织目标和实施计划都是在同下属人员协商后才作为命令下达的，因而能为下属人员接受，但在背地里下属人员也时有对抗表现。控制职能适度下放，以使上下都能承担责任。机构中的非正式组织对正式组织的目标一般采取支持的态度，但有时也会表现出轻微的对抗。

4. 参与型

这种领导方式的特点是：在一切问题上，上级对下属人员都能完全信任，上下级之间对工作问题可以自由地交换意见，上级都尽力听取和采纳下属人员的意见。以参与决策、经济报酬、自主地设定目标并自我评价等手段来调动下属人员，因而组织的各类成员对组织目标都具有真正的责任感，并采取积极的行动促其实现。在组织的上下左右之间都有良好的沟通，情报能得到正确的传递，上级对下属人员的问题都非常了解和理解。组织内部有广泛而密切的相互交往，并且是在相互高度信赖的情况下进行的，因而形成紧密的协作关系。决策过程涉及组织的各个层次，由于一切决策都使下属人员充分地参与，因而能激励他们积极地实施决策。绩效目标是高标准的，并能为管理部门积极地执行，而且这些目标一般都是通过集体参与的方式制定的，因而能为各阶层组织成员接受。控制职能广泛分散，渗透到组织的各个角落。全部参与者都关心有关信息，并实行自我控制，而且有时下层的控制甚至比上层更为严格。机构中的非正式组织同正式组织结为一体，因而形成所有的社会力量共同致力于组织目标实现的局面。

根据利克特的研究，生产率高的企业大都采取参与型的领导方式，生产率低的企业则大都采取专制-权威型的领导方式。因此，利克特主张，采取专制-权威型领导方式的企业应向参与型的领导方式转变。

利克特认为，在参与型领导中应体现三个基本概念：运用支持关系原则、集体决策和树立高标准的工作目标。他指出，领导者的职责在于建立整个组织的有效协作，因此必须重视组织成员之间的相互作用，要使每个成员都能在组织的人际关系中真实地感受到尊重和支持，上下级之间形成相互信任、相互支持的关系，真心实意地让员工参与决策，鼓励员工树立高标准的工作目标，并使组织目标与员工个人的需要、利益有机地结合起来，以充分调动他们的积极性、发挥他们的智慧和潜力，保证决策得到迅速的贯彻实施，共同努力实现组织的目标。因此，以利克特为首的“密执安研究”又称为“支持关系理论”。

5.3.3 四分图理论

1945 年美国俄亥俄州立大学的工商企业研究所在罗尔夫·M. 斯托格弟（Ralph M. Stogdill）和卡罗·H. 沙特尔（Carroll L. Shartle）两教授的领导下，开创了领导行为的研究。他们首先提出了 1800 项标志领导行为特征的因素，然后经过反复筛选、归纳，最后概括为“抓工作组织（定规）”和“关心人（关怀）”两大主要因素。

“抓工作组织”的内容包括设计组织结构，明确职责、权力，确定工作目标和要求，制定工作程序、方法和规章制度，给下属成员分配任务等。总之，“抓工作组织”是要求领导者运用组织手段，通过确定目标、分配任务、制定政策和措施，使其下属成员的行为纳入预定的轨道，以严密的组织和控制来提高工作效率。

“关心人”的内容包括倾听下属成员的意见和要求，注意满足下属的需要，以友好、平易近人的态度对待下属等。总之，“关心人”要求领导者与其下属成员之间建立友谊、信任、体谅的关系，以良好的人际关系来调动员工的积极性。

以上两种因素可以有多种结合方式，形成不同的领导行为类型，如图 5-1 所示。这两个因素不是互相排斥的，只有二者结合起来，才能实现有效的领导。大量的后续研究发现，一个在工作组织和关心人方面均强的领导者常常比其他三种类型的领导者更能使下属达到高绩效和高满意度。但是，强-强型领导方式并不总是产生积极的效果，也发现了足够的特例表明这一理论还需加入情境因素。

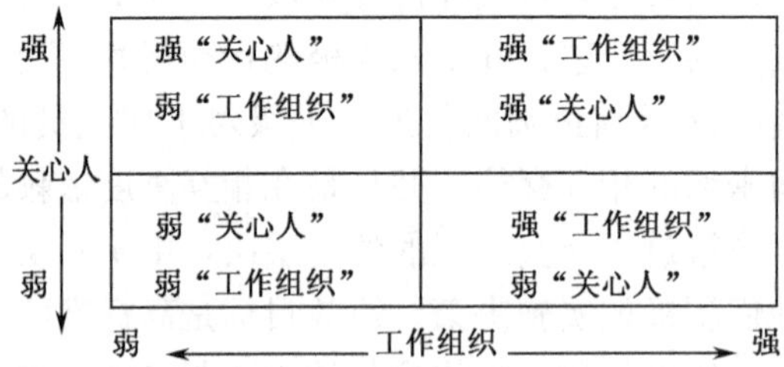

图 5-1 俄亥俄州立大学的领导行为四分图

5.3.4 管理方格理论

在俄亥俄州立大学提出的领导行为四分图的基础上，美国得克萨斯大学教授罗伯特·布莱克（Robert R. Blake）和简·穆顿（Jane S. Mouton）在 1964 年出版的《管理方格》一书中提出了管理方格理论。他们将对生产的关心和对人的关心这两个方面的程度各划分为 9 等份，1 代表关心程度最小，5 代表中等的或平均的关心程度，9 代表关心程度最大，交叉形成 81 个方格，每一方格代表这两个方面以不同程度结合的不同的管理方式。如图 5-2 所示。

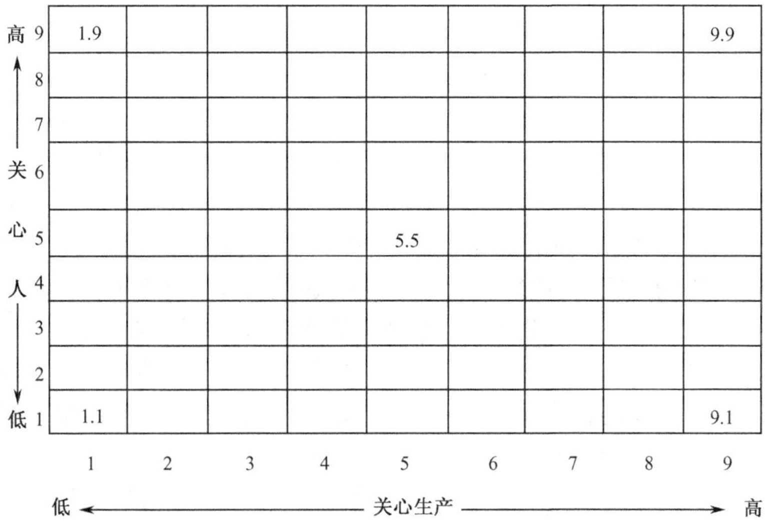

图 5-2　管理方格图

布莱克和穆顿在管理方格图中列出了五种典型的领导方式：

1）（1.1）为贫乏型，领导者对职工和生产都极不关心，效果最差。

2）（1.9）为乡村俱乐部型，领导者充分注意搞好人际关系，增进同事和下级对自己的良好感情，营造和谐的组织气氛，但不关心生产。

3）（9.1）为任务型，领导者只关心生产，不关心人。注重有效地组织和安排生产，将个人因素的干扰减少到最低程度，靠行使职权来使人们服从，集中精力于提高工作效率。

4）（9.9）为团队型，领导者对生产和人都极为关心，努力协调各项活动，生产任务完成得好，员工关系协调，士气旺盛，员工个人目标与企业目标相结合，形成一种团结协作的管理方式。它重视目标，力求通过大家参与、介入、承担义务和解决矛盾来取得高产量、高质量的成果。

5）（5.5）为中间型，对人和生产都有适度的关心，保持完成任务和满足员工需要之间的平衡，倾向于维持现状。

管理方格理论，对于培养有效的管理者是有用的工具，它提供了一个衡量管理者所处领导形态的模式，使管理者较清楚地认识到自己的领导方式，并指出改进的方向。应当指出的是，布莱克和穆顿所主张的（9.9）型领导方式只能说是一种理论上的理想模式，现实中要达到这样一种理想状态并不容易．但他们提出的对人的关心与对生产的关心应当结合的观点，在现实工作中具有重要的指导意义。现实中的领导者虽然不一定都能够达到对生产与对人的同等的高强度的关心，但在一定程度上使两者结合起来，这不仅是必要的，也是可能的。

到底哪一种领导方式最佳呢？布莱克和穆顿组织了许多研讨会，参加者绝大部分人认为（9.9）型最佳，但也有不少人认为（9.1）型最佳，还有人认为（5.5）型最佳。后来布莱克和穆顿指出，哪种领导方式最佳要看实际工作情况，最有效的领导方式不是一成不变的，要依情况而定。

5.4 权变理论

在前述的领导行为理论中，包括“四分图理论”、“支持关系理论”以及“管理方格理论”等，都试图从各种不同的领导方式中找出一种特定的理想方式，但是领导行为理论对领导行为有效性的解释同样也是不尽完善的。本身从事领导行为研究的学者发现，预测特定领导行为的成败比归纳出有哪些领导者素质或领导行为风格要复杂得多，持续不断的失败促使这些研究者将关注的焦点转移到情境因素的影响方面。从 20 世纪 60 年代后期，随着权变理论的出现，又产生了领导的权变理论或情境理论。该理论认为，并没有万能的、固定不变的有效领导类型，某种领导方式在实际工作中是否有效主要取决于具体的情景和场合，应当根据情境之不同而采取不同的领导方式，方为有效。没有最好的领导模式，只有最合适的领导模式。领导权变理论是在领导特质理论和行为理论的基础上发展起来的。

5.4.1 连续统一体理论

1958 年，美国管理学家罗伯特·坦南鲍姆（Robert Tannenbaum）和沃伦·施密特（Warren H. Schmidt）在《哈佛商业评论》杂志上发表了《怎样选择一种领导模式》一文，提出了领导方式的连续统一体理论。他们认为，并不存在一种固定的理想模式，在领导者与下属的关系中，究竟应当给予下属多少参与决策的机会，是采取专制的命令型更好一些，还是采取民主的参与型更好一些，取决于多种相关因素，因而要采取随机相宜的态度。在专制独裁型和民主参与型两种极端的领导方式中间，存在着许多种过渡型的领导方式，这些不同的领导方式构成一个连续的统一体，如图 5-3 所示。

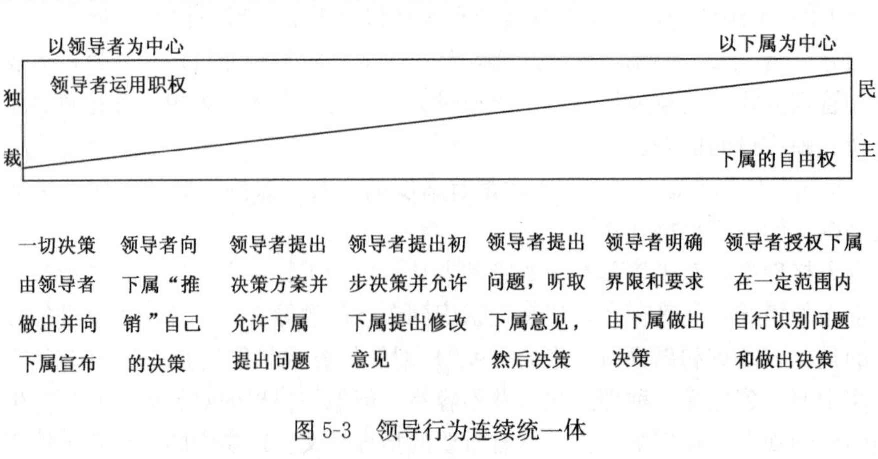

图 5-3 领导行为连续统一体

从图 5-3 中可以看出，领导者的领导方式或风格可有多种选择，其中有两种极端类型的领导风格：一种以领导者为中心（在连续统一体的左边），这样的领导者具有独裁主义的领导作风，往往自己决定所有的政策，对下属保持严密的控制，只告诉下属他们需要知道的事情并让他们完成任务；另一种以员工为中心（在连续统一体的右边），这样的领导者具有民主的领导作风，允许下属对所从事的工作有发言权，不采取严密的控制，鼓励下属参与决策、自我管理。从左到右领导者行使越来越少的职权，而下属人员得到越来越多的自主权。

坦南鲍姆和施米特认为，对上述七种领导方式，不能说哪一种总是正确的，或哪一种总是错误的。人们究竟应当采取哪一种领导方式，不能一概而论，应主要考虑以下三个方面的相关条件而定：

1）领导者方面的条件。包括领导者自己的价值观念，对下属的信任程度，他的领导个性（是倾向于专制的，还是倾向于民主的）等。

2）下属方面的条件。包括下属人员独立性的需要程度，是否愿意承担责任，对有关问题的关心程度，对不确定情况的安全感，对组织目标是否理解，在参与决策方面的知识、经验、能力等。

3）组织环境方面的条件。包括组织的价值标准和传统，组织的规模，集体的协作经验，决策问题的性质及其紧迫程度等。

总之，必须全面考虑以上各方面的条件，才能确定一种适当的领导方式。但是，有人也批评这个模式只是描述性的，对实际工作没有很大的帮助。

5.4.2 领导的权变模型

美国管理学家弗雷德·费德勒（F. E. Fiedler）在大量实证调查研究的基础上提出了有效领导的权变模型，他认为任何领导方式均可能有效，其有效性取决于领导方式与所处的环境是否适应。

为了测定领导者的领导风格，费德勒设计了“最难共事者”（least-preferred co-worker，LPC）问卷。所谓“最难共事者”，就是从工作绩效角度考虑，领导者最不愿意挑选其来一起工作的属员。问卷调查中，费德勒要求问卷应答者在与自己共过事的人员中找出一位这样的“最难共事者”，然后对这个他最不愿意与之共事但又不得不共事的人的人品特征等做出评价。如果回答者大多用含敌意的词句（在 LPC 问卷上打“低分”）评价这位最难共事者，说明该领导者没有将属员的工作表现与人品好坏区分开来，因此做出“低 LPC 分”评价的领导者是趋向于任务导向型的领导方式。同样，对自己认定的与之共事必带来不良绩效的最难共事者，如果领导者对这人的评价多使用善意的词句（在 LPC 问卷上打“高分”），则反映出该人的领导方式趋向于关系导向型，因为该领导人心中已清楚地认识到工作表现差的属员并不见得人品就不好。所以，从 LPC 评分来推断领导方式有一定的科学性。

费德勒认为，影响领导有效性的环境因素主要有下列三个方面：

1）领导者与下属的关系。指领导者得到下属拥护和支持的程度，如领导者是否受到下级的喜爱、尊敬和信任，是否能吸引并使下级愿意追随他等。如果双方高度信任、互相尊重支持、密切合作，则上下级关系是好的；反之，则关系是差的。

2）任务结构。指下属所从事工作的程序化、明确化的程度，如工作的目标、方法、步骤等是否清楚。如果工作任务是例行性、常规化、容易理解和有章可循的，则这种工作任务的结构是明确的；反之，则属于不明确或低结构化的工作任务。

3）职位权力。指领导者的职位所能提供的权力和权威是否明确、充分，在上级和整个组织中所得到的支持是否有力，对雇佣、解雇、纪律、晋升和报酬等的影响程度的大小等。

上述三个环境因素的不同组合形成了八种不同类型的情境条件，费德勒通过对各种情境下持不同领导方式的领导者所取得的组织绩效的实证调查数据的比较分析，得出了在各种不同情境条件下的有效领导方式，其结果如图 5-4 所示。

上下级关系	好				差			
任务结构	明确		不明确		明确		不明确	
职位权力	强	弱	强	弱	强	弱	强	弱
情境类型	1	2	3	4	5	6	7	8
情境特征	有利			适中				不利
有效的领导方式	任务导向型			关系导向型				任务导向型

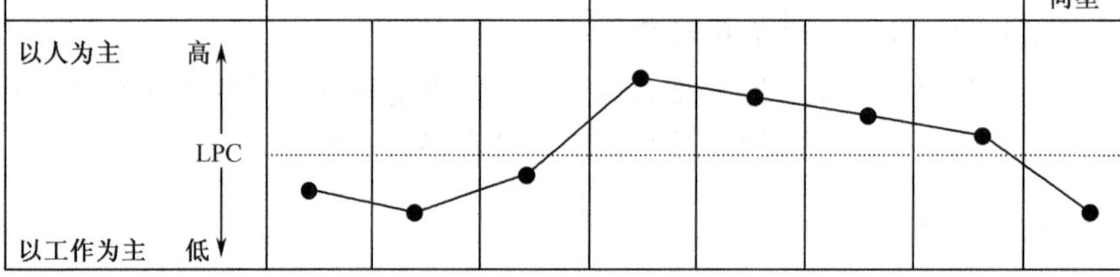

图 5-4　费德勒领导权变模型

费德勒的研究结果表明，在对领导者最有利和最不利的情况下，采用任务导向型领导方式，其效果较好；在对领导者中等有利的情况下，采用关系导向型领导方式，效果较好。

据此，费德勒主张，要提高领导的有效性，应从两方面着手：一是先确定某工作环境中哪种领导者工作起来更有效，然后选择具有这种领导风格的管理者担任领导工作，或通过培训使其具备工作环境要求的领导风格；二是先确定某管理者习惯的领导风格，然后改变他所处的工作环境（即在上下级关系、任务结构、职位权力等方面做些改变），使新的环境适合领导者自己的风格。

同时，费德勒认为，第一种方法是传统的人员招聘和培训方式，而第二种方法（即按照管理者自己固有的领导风格分配他们担任适当的领导工作）可能比第一种方法（即让管理者改变自己的领导风格以适应工作）更容易做得到。这说明，通过组织设计和变革（即改变组织环境）可能成为一种非常有用的工具，使得管理阶层的领导潜能得以更充分的利用和发挥。

5.4.3 生命周期理论

领导生命周期理论是由美国管理学家科曼（A. K. Korman）于 1966 年首先提出，后经赫西（P. Hersey）和布兰查德（K. Blanchard）加以发展形成的。

赫西和布兰查德认为，领导的有效性取决于工作行为、关系行为和下属的成熟程度。在领导有效性的研究中之所以重视下属，是因为不管领导者做什么，其有效性都取决于下属的行为，是下属决定接受还是拒绝领导者，而很多领导理论都忽视或低估了这一因素的重要性，从这一点来看，该理论是一个重视下属的权变领导理论。

“领导生命周期理论”以领导的“四分图理论”和“管理方格理论”为基础，同时又结合了阿吉瑞斯的“不成熟—成熟理论”。它在前二者的二维结构的基础上，又加上了成熟程度这一因素，形成了一个由工作行为、关系行为和成熟程度组成的三维结构，如图 5-5 所示。

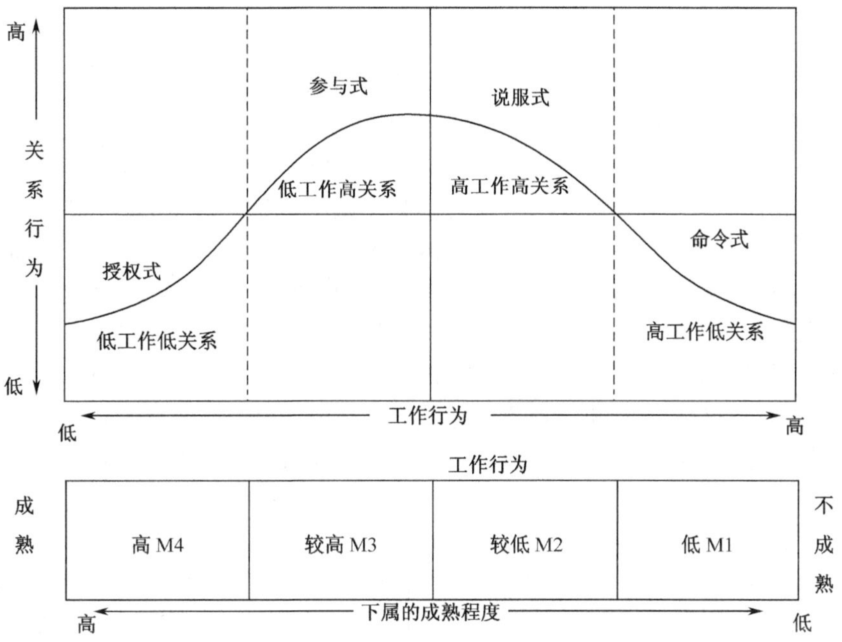

图 5-5 领导生命周期理论

其中：

工作行为是指领导者和下属为完成任务而形成的交往形式，代表领导者对下属完成任务的关注程度；

关系行为是指领导者给下属以帮助和支持的程度；

成熟程度，是指人们对自己的行为承担责任的能力和意愿的大小。它包括两个要素：工作成熟度和心理成熟度。工作成熟度指一个人的知识和技能，如果一个人拥有足够的知识、能力和经验完成他的工作任务而不需要他人的指导，则其工作成熟度就高，反之则低。心理成熟度指一个人做某事的意愿和动机，如果一个人能自觉地去做某事而无需太多的外部激励，则其心理成熟度就高，反之则低。

由工作行为和关系行为相组合，形成四种情况，对应着四种领导方式。

1）高工作低关系——命令式：领导者对下属的工作进行详细、具体的指导，告诉下属应该干什么、怎么干、何时干、何地干等，它强调直接指挥。

2）高工作高关系——说服式：领导者既给下属以一定的指导，又注意激发和鼓励其积极性。

3）低工作高关系——参与式：领导者与下属就工作问题共同决策，领导者着重为下属提供便利条件，搞好协调沟通。

4）低工作低关系——授权式：领导者提供极少的指导或支持，授予下属一定的权力，由下属自己独立地开展工作，完成任务。

同时，赫西和布兰查德又把成熟程度分为四个等级。

1）不成熟（M1）：下属对工作任务缺乏接受的意愿和承担的能力，既不能胜任工作又不被信任。

2）稍成熟（M2）：下属愿意承担工作任务，但缺乏足够的能力，他们有积极性，却没有完成任务所需的技能。

3）较成熟（M3）：下属有能力完成工作任务，但却没有动机，不愿去做。

4）成熟（M4）：下属既有能力又愿意去做领导者分配给自己的工作。

赫西和布兰查德认为，随着下属从不成熟走向成熟，领导者不仅可以逐渐减少对工作的控制，而且还可以逐渐减少关系行为。当下属不成熟（M1）时，领导者必须给予下属明确而具体的指导以及严格的控制，需要采取高工作低关系的行为，即命令式领导方式；当下属稍微成熟（M2）时，领导者需要采取高工作高关系的行为，即说服式领导方式，高工作行为可以弥补下属能力上的不足，高关系行为可以保护、激发下属的积极性，给下属以鼓励，使下属领会领导者的意图；当下属比较成熟（M3）时，由于下属能胜任工作，但却没有动机，或不愿意领导者对他们有过多的指示和约束，因此领导者的主要任务是做好激励工作，了解下属的需要和动机，通过提高下属的满足感来发挥其积极性，宜采用低工作高关系的行为，即参与式领导方式；当下属成熟（M4）时，由于下属既有能力又愿意承担工作、担负责任，因此领导者可以只给下属明确目标、提出要求，由下属自我管理，此时可采用低工作低关系的行为，即授权式领导方式。

“领导生命周期理论”，实际上是科曼通过父母对子女在不同成长时期所采取的不同管理方式类比而来的：

1）当人处在儿童时期，一切都需要父母的照顾和安排，此时父母的行为是高工作低关系。在这里要注意，疼爱不是高关系，高关系涉及尊重、信任、自立、自治等。

2）当孩子进入小学和初中时，父母除安排照顾外，必须给孩子以信任和尊重，增加关系行为，即采取高工作高关系。

3）当孩子进入高中和大学时，他们逐步要求独立，开始对自己的行为负责，此时父母过多的安排照顾在孩子心中变成了干预，因此应采取低工作高关系。

4）当孩子成人走向社会、成家立业以后，父母即开始采取低工作低关系的行为。

在组织中，随着下属成熟程度的提高，领导者对下属的管理也表现出类似的规律。由此，可以更好地理解、掌握该理论。

总之，“领导生命周期理论”揭示出，随着下属成熟程度的提高，领导者应相应地改变自己的领导方式。从另一方面来说，对于不同成熟程度的下属，领导者应该采用不同的领导方式。

5.4.4 途径——目标理论

美国管理学家罗伯特·豪斯（Robert J. House）在 1974 年秋发表了著名论文《关于领导方式的途径-目标理论》（Path-Goal Theory of Leadership）。在这篇论文中，他提出了一种领导权变模型，是以期望理论和领导四分图理论为依据的，认为领导者的效能是以他能激励下属达到组织目标，并在工作中得到满足的能力来衡量的，并把领导方式分为四种类型，认为到底采用哪种领导方式，要根据权变因素同领导方式的恰当配合来考虑。该理论之所以被称之为“途径-目标理论”，是因为其主要内容涉及领导者如何帮助下属认清和设定自己的工作目标以及个人目标，并找到实现这些目标的途径，从而增强下属的工作能力，在更大的范围和程度上由于目标的达到而获得满足。

在“途径-目标理论”中，豪斯提出了两条主要原理：第一条原理是，领导方式能否被员工所接受，使员工产生工作上的满足感，取决于员工对领导方式的认识和拥护程度。只有大多数员工认识到这种或那种领导方式能给他们带来近期的或长期的利益，他们才会乐于接受这种领导方式；第二条原理是，好的领导方式应当是激励性的。也就是说，为了有效地实施领导，领导者必须能够对下属的动机、工作能力和满意程度施加影响。领导者的行为会影响下属的期望几率（即通过何种途径有多大可能性达到目标）及目标效价（即目标吸引人的程度），这是领导者激励员工的主要手段。

这两条原理说明，企业领导人的战略性作用在于提高员工的工作积极性，使他们在工作中得到某种满足感，并乐于接受领导者的领导。

豪斯将领导者的行为分为四种类型：

1）指示型领导方式：领导者让下属了解自己对他们的期望，对下属的工作提出具体的指导性意见，明确岗位责任，安排工作进度，要求下属严格遵守企业的规章制度等。

2）支持型领导方式：领导者和蔼可亲，平易近人，了解下属的疾苦，关心下属的生活和幸福，理解下属的需要。

3）参与型领导方式：领导者在做出重大决定之前，征求下属的意见，同大家商量，认真对待和研究下属的建议与要求，使下属产生一种主人翁感。

4）成就导向型领导方式：领导者善于提出富有挑战性的目标，诱导下属最大限度地发挥自己的才能，不断提高工作的完善程度，并对下属表现出一种极大的信任感，信赖下属能负起责任，做出努力，达成目标。这一类领导者始终强调不断探索工作的高标准，善于激励下属的自豪感和责任心。

豪斯认为领导者是灵活的，同一个领导者可以根据不同的情境表现出任何一种领导风格。至于究竟采用哪种领导方式最有效，受两类情境因素的影响：一是下属的个性特征，包括控制点（是属于内控者还是外控者）、经验和知觉能力，二是下属所面对的环境压力，包括任务结构、正式权力系统和工作群体，如图 5-6 所示。

“途径-目标理论”曾经由一些研究项目予以验证，实践证明这一理论是有效的，下

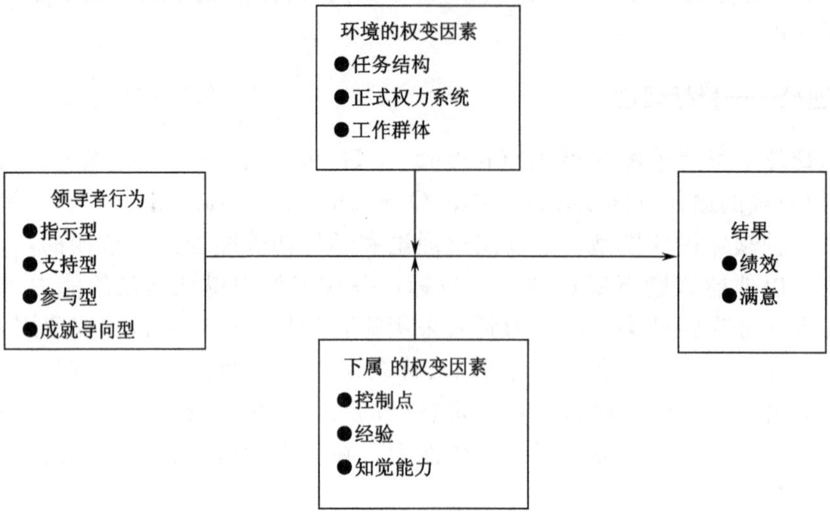

图 5-6　途径-目标理论

面是一些试验性研究的结论：

•与具有高度结构化和安排完好的任务相比，当任务不明或压力过大时，指示型领导会带来更高的满意度。而当下属执行结构化任务时，支持型领导会带来员工的高绩效和高满意度。

•组织中的正式权力关系越明确、越官僚化，领导者越应表现出支持型行为，降低指示型行为。

•当工作群体内部存在激烈的冲突时，指示型领导会带来更高的员工满意度。如果工作群体对它的成员提供社会支持，支持型领导就不太重要了。

•当任务结构不清时，成就导向型领导将会提高下属的期待水平，使他们坚信努力必会带来成功的工作绩效。

•对于经验、能力较低的下属，指示型领导更合适，而对于知觉能力强或经验丰富的下属，指示型的领导可能被视为累赘多余。

•内控型下属（即相信自己可以掌握命运）对参与型领导更为满意，而外控型下属对指示型领导更为满意。

总之，“途径-目标理论”指出，当领导者弥补了员工或工作环境方面的不足时，则会对员工的绩效和满意度起到积极的影响。当环境结构与领导者行为相比重复多余或领导者行为与下属特点不一致时，效果均不佳。

5.4.5　领导者参与模型

不同的工作任务，其结构的明确化程度不同，在做决策时，领导者的行为必须加以调整以适应不同的任务结构。是选择采用个人决策还是群体决策，将在决策质量、决策成本、决策执行的顺畅程度和决策的果断性等多方面产生不同的影响。在这方面，美国

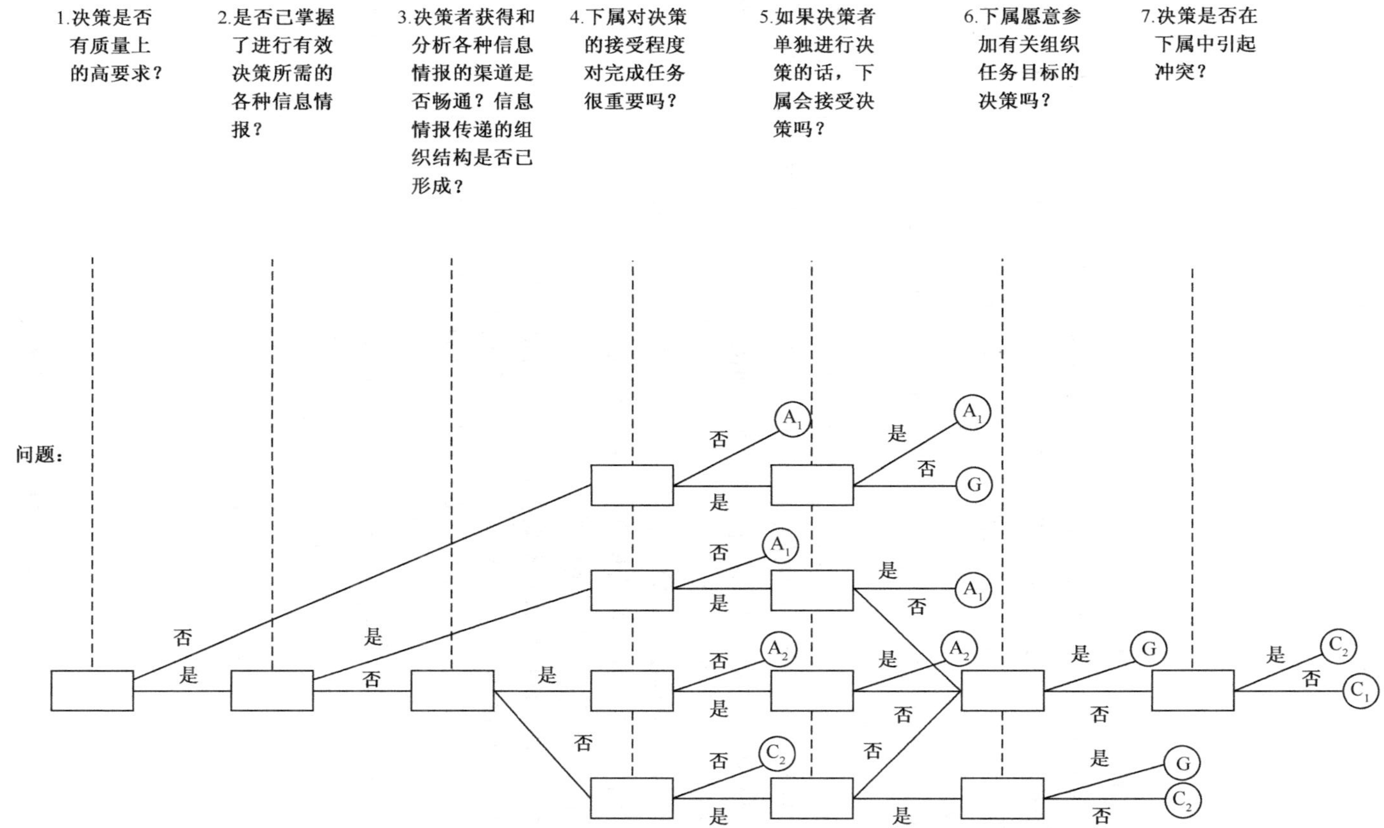

1.决策是否有质量上的高要求？
2.是否已掌握了进行有效决策所需的各种信息情报？
3.决策者获得和分析各种信息情报的渠道是否畅通？信息情报传递的组织结构是否已形成？
4.下属对决策的接受程度对完成任务很重要吗？
5.如果决策者单独进行决策的话，下属会接受决策吗？
6.下属愿意参加有关组织任务目标的决策吗？
7.决策是否在下属中引起冲突？
问题：

图 5-7　领导者参与模型

匹兹堡大学的弗鲁姆（Victor Vroom）和耶顿（Phillip Yetton）两位教授于 1973 年提出的领导者参与模型，主要指出了领导行为和决策参与的关系，给领导者提供了一个选择决策方式的有效方法。

领导者参与模型认为，在群体决策和个人决策两个极端之间有一个决策方式的连续体，从纯粹的个人决策到完全的群体决策之间有五种决策方式，对应着五种领导方式（图 5-7）。

1）独裁式 1（A_1）：决策者根据自己已有的知识、信息和能力自己单独地进行决策。

2）独裁式 2（A_2）：决策者向下属收集必要的信息，下属不提供或评价解决问题的方案，决策者单独进行决策。

3）协商式 1（C_1）：以个别接触的方式，向下属说明问题的性质，听取他们的意见、建议，在此基础上决策者再自行做出决策，其决策可能反映下属的意见也可能不反映。

4）协商式 2（C_2）：与下属们集体讨论有关问题，集体提出意见和建议，随后由决策者做出决策，所做出的决策可能受到、也可能不受到下属们的影响。

5）群体决策（参与式）（G）：决策者作为集体平等成员之一参加集体讨论，由集体进行决策，就决策尽量达成一致意见。

弗鲁姆和耶顿认为，每种决策方式的有效性取决于其应用的情境特性，其中最关键的问题是决策的质量和下属对决策的接受程度。决策的质量直接影响到下属以后的行动表现，而下属对决策的接受程度又直接影响他们对决策的执行和负责的程度。由此，弗鲁姆和耶顿提出了如下七个问题：

1）决策是否有某种质量上的要求，从而使某一解决方案可能比另一方案更为合理？

2）是否已经掌握了做出高质量决策的足够信息？

3）所做决策是否属于结构性问题？

4）下属对决策的认可是否对有效执行决策具有重要作用？

5）如果由个人做出决策，是否有适当的把握能得到下属的接受？

6）下属是否愿意参加所要解决问题的决策，以便实现既定的组织目标？

7）下属之间是否在制定决策方案方面存在意见分歧与冲突？

从这七个方面的属性来明确所要决策问题的类型，并用决策树的形式来描述情况和适当的决策方式，如图 5-7 所示。由图中可看出，问题始于左端，决策者将回答方格上的每一个问题，直到找到适当的决策方式。领导者参与模型对于帮助领导者在不同情境下选择最恰当的领导方式提供了非常有效的指导。

案例及习题

一、案例

为葛多特当餐厅服务员

放暑假了，大学生丹妮没有回家和父母一起度假，而是留在波士顿，在一家高档的法国饭店当餐厅服务员。丹妮非常幸运能找到这样的工作，在这里，每小时工资为

2.35 美元，还有小费。每天她的客人在两顿正餐中所点的菜和酒平均起来达 90 美元，如果能好好干，争取拿到 15%～20%的小费，那么一天下来，她能挣得一笔可观的收入。

饭店老板葛多特在雇用丹妮时，强调他希望他的员工表现出色，并且谈到公司的将来和大家齐心协力像团队一样工作的重要性。丹妮受到鼓舞，下定决心要竭尽全力做好自己的工作。

葛多特工作非常投入和勤奋，但也容易大发雷霆。当餐厅变得拥挤起来、客人等着上菜的时候，葛多特会冲着厨房对厨师们用法语大声叫喊："快点儿，慢吞吞的活像蜗牛一样，连我的老祖母也比你们做得快!"

前几周，葛多特从来没有注意到丹妮的存在。听到他对厨师们那样的训话，丹妮倒庆幸自己不被老板注意。不过，她还是有点儿纳闷：为什么几周过去了，他还是没有跟她讲一句话。丹妮的确干得很出色，她的小费不断增加，平均达到 20%。客人们称赞她服务快速和高效，因为她已经学会了一手托起好几个盘子的本领，这样做可以使她减少在厨房内来回跑动的次数，确保服务质量。她非常明白，提供真正的优质服务意味着要比常人付出更多的努力。

丹妮的热情服务，帮助餐厅从每个客人那里多挣了不少钱。通过学习，丹妮掌握了向客人推荐佐餐酒的技巧。她总是不停地穿梭于餐厅之中，看看客人是否需要添加各种饮料，她还能绘声绘色地向客人描述各种高档点心，邀请客人购买品尝。偶尔有法国人或法裔加拿大人光顾该店的时候，她能用娴熟的法语与他们交谈。她的记忆力非常好，总是能记住谁点了什么菜，并且能及时送到。客人们走的时候，她总是不忘记与他们道别，并欢迎他们再来。

尽管这样，葛多特还是很少注意到她。每天当她主动与他打招呼时，他只是喃喃地敷衍了事。然而，有一天晚上，他终于和她说话了。更确切地说，当她把手中的一碗浓味炖鱼掉在地毯上时，他开始向她咆哮。丹妮感到非常抱歉，并立刻拿来海绵擦拭，但葛多特还是怒气冲冲地用法语向她叫嚷，并且告诉她，要从她的工资中扣除 8.95 美元，这包括浓味炖鱼的鱼加上 5 美元清洗地毯的钱。那天晚上，在回家的路上，丹妮感到非常愤怒和不解。当然，也许她不应该试着一次端四盘菜，但这不过只是一个临时工的偶然失误而已。她为客人做的那些热情服务，老板到底注意到了吗？葛多特似乎从来没注意过这样的事。期待葛多特的赞扬比等待天上掉下百万美元还要难呀！丹妮决定第二天晚上谨小慎微地悠着劲干，以免再一次招致老板的狂怒。这是一个星期五的晚上，餐厅非常拥挤，丹妮每次上菜不敢超过两盘，不过她的小费也随之降到 15%，比她上一个晚上得到的 23%要低许多。虽然她没有摔坏什么东西，但葛多特对她和其他员工仍然感到不耐烦。他的餐厅服务员几乎是用小跑代替走路从厨房进出，葛多特还是在不停地嘟囔："快！快！难道你们的鞋里有铅吗?"

后半个晚上，丹妮对他的牢骚十分反感，她的速度明显地降下来了，不幸的是她的小费也跟着往下降。她的确很需要钱，接济下一学期的费用。丹妮迫使自己恢复原来的速度，否则挣不到足够的钱，下学期就只好用米饭和面条来充饥了。丹妮祈祷千万别再打破什么东西，她盼望 9 月份的来临，她等待着葛多特能从只知道工作和冷酷无情的状态中摆脱出来。

思考及讨论题

1. 葛多特所采取的领导方式有什么特点？你认为它是否有效？为什么？
2. 如果你是葛多特，你将如何管理这家餐厅？
3. 如果你是丹妮，面对葛多特这样的老板，你将如何表现？
4. 管理者应如何通过有效的激励，争取员工们做出最佳的表现？

二、习题

1. 什么是领导？领导和管理的关系是什么？
2. 权力的实质是什么？权力有哪些来源？
3. 影响领导有效性的因素有哪些？
4. 领导特质理论研究的主要内容和意义是什么？
5. 领导行为理论和权变理论各有哪些代表性理论和观点？
6. 管理方格理论的主要内容是什么？(9.9) 型是最有效的领导方式吗？请解释。
7. 费德勒的领导权变模型研究了哪些环境因素？结论是什么？
8. 随着下属成熟程度的提高，领导方式应如何改变？
9. 按照领导者参与模型，哪些权变因素决定了领导者实施参与的程度？
10. 什么是途径——目标理论？阐述每种领导方式适应的情境。

第六章

控　　制

◇ 掌握控制的基本概念和过程
◇ 理解控制的类型、原理和要求
◇ 了解控制的目的和控制方法
◇ 掌握控制的过程、原理和要求
◇ 分析管理控制的实际问题
◇ 理解管理突破过程、管理审核及经营审核的含义和作用管理的一切活动都是为了实现组织目标，计划职能确定了组织的目标和实现目标的途径，组织职能将计划落实到人员和资源的安排，要使计划的目标转化为现实，主管人员就必须在管理工作中执行控制的职能，以使工作按原定的计划进行，或适当调整计划以达到预期的目的。

6.1 控 制 概 念

理解控制的概念，需要从比较管理的“控制职能”与控制论中的“一般控制”的异同开始，并在与计划的比较中加深认识。

1. 一般控制与管理控制

管理控制与物理的、生物的以及社会的各系统中的控制有着相同的基本过程，因此，二者在概念及内容上就有很多相似之处。当然，由于所涉及的范围不同，二者之间更有着许多不同。

（1）一般控制与信息反馈

“控制”作为一个专门术语，来自于美国数学家、生物学家、通讯工程师诺伯特·维纳（Norbert Wiener）在1948年创立的“控制论”。

在控制论中，“控制”定义为：为了“改善”某个或某些受控对象的功能或发展方向，需要获取并使用信息，进而选择并施加于受控对象上的作用，就叫控制。这种作用是一个信息反馈过程。信息是控制的基础，控制有赖于信息反馈来实现。通俗地说，由控制系统获取和传递信息，又把其作用结果返送回来，并对过程的再输出发生影响，起到控制的作用，以达到预定的目的。基于信息反馈的控制是根据历史的情况去控制和调整未来的行为。

根据反馈产生的效果，可把反馈分为正反馈和负反馈两种。如果反馈使输入对输出的影响增大，导致系统偏离目标的运动加剧，这种反馈叫做正反馈；反之，如果反馈使受控系统的输入对输出的影响减少，使系统偏离目标的运动收敛，趋向稳定状态，这种反馈叫做负反馈。一般来说，当受控系统的稳定性被外界因素所干扰时，负反馈就担负起重新建立该系统稳定性的职能，而正反馈则将外界干扰所引起的偏差予以放大。因此，人们常用负反馈来调节，使控制系统实现合乎目的的运动。

控制系统既是个信息反馈系统，又是一个自组织的系统。它的组成如图6-1所示。

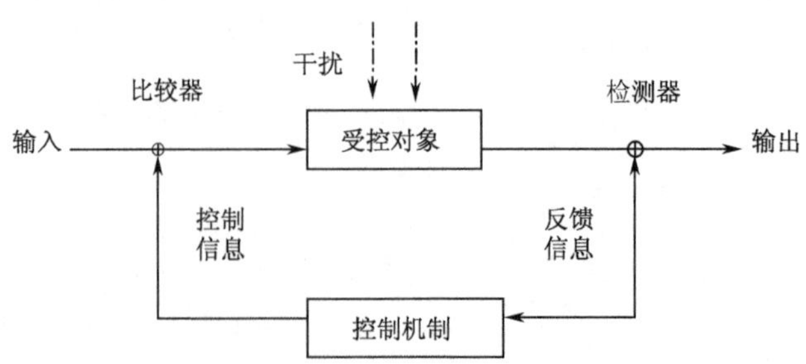

图6-1 控制系统示意图

控制机制将反馈信息与原定的标准值或目标值进行对比，发现偏差后及时发出控制信息，以纠正偏差，调节输出。在这里，“控制”作为一种活动，它要达到的目的就是：依靠信息反馈，维持（这往往是自动进行的）一个系统的原有状态，并在发生偏差时，设法使它复原。这种情况下，即是负反馈在发挥作用。

控制系统的这个原理在物理学、生物学以至社会生活当中都有实际的例子，如恒温箱自动控制系统、人体内部体温调节自动控制系统、人们在驾驶汽车、骑自行车时的方向及速度控制行为等。

（2）管理控制

作为管理职能之一的控制是指：为了确保组织的目标以及为此而拟订的计划能够得以实现，各级主管人员根据事先确定的标准或因发展的需要而重新拟订的标准，对下级的工作进行衡量、测量和评价，并在出现偏差时进行纠正，以防止偏差继续发展或今后再度发生的过程；或者，根据组织环境的变化和发展需要，在计划的执行过程中，对原计划进行修订或制定新的计划，调整管理工作的活动过程。管理控制过程如图 6-2 所示

因此，控制作为保证组织目标实现的活动，是每个主管人员的职能。实际上，无论哪一层次的主管人员，不仅要对自己的工作负责，而且都还必须对整个计划的实施和目标的实现负责。各级主管人员，包括基层主管人员都必须承担实施控制这一重要职能的责任。

（3）管理控制与一般控制的相同之处

管理控制，是管理活动中一个相对完整的复杂过程。从图 6-2 所示的管理控制过程可见，管理控制与“控制论”中的控制在概念上有相同之处。

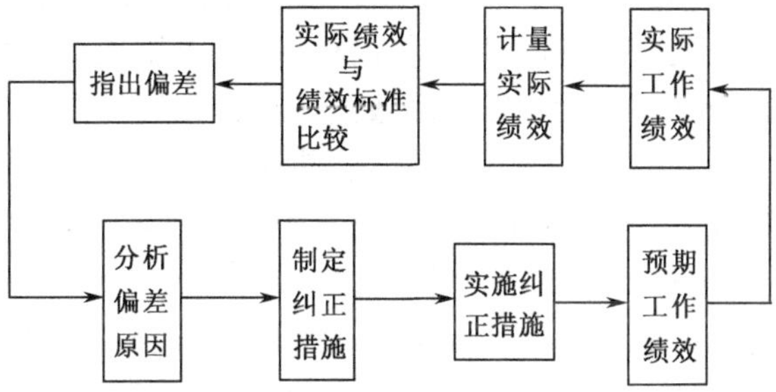

图 6-2　管理控制的反馈回路示意图

1）二者有相同的基本活动过程。无论是管理控制还是一般控制，都包括三个基本步骤：①确立标准；②衡量绩效；③纠正偏差。即为了实现控制，均需在事先确立控制标准，然后将输出结果与标准进行比较；若发现有偏差，则采取必要的纠正措施，使偏差保持在容许的范围内。

2）管理控制系统实质上也是一个信息反馈系统，通过信息反馈，发现管理活动中的不足之处，调节和改进系统，以趋于稳定、完善，直至达到优化的状态。

管理控制中大量存在的是为了缩小和消灭与既定目标的差距的负反馈。不过，在现代化管理中有许多情况需要正反馈。两个组织之间的竞赛或竞争就是一例，你追我赶，相互促进。

3）管理控制系统和一般控制系统一样，也是一个自组织的系统。它根据系统内、外的变化而进行相应的调整，不断克服系统的不确定性，使系统保持在某种稳定状态。

（4）管理控制与一般控制的不同之处

尽管存在着以上相似之处，管理控制与一般控制仍有许多区别值得注意：

1）“控制论”中的一般控制，是一个简单的信息反馈，它的纠正措施往往是即刻就可付诸实施的。而且，若在自动控制系统中，一旦给定程序，那么衡量绩效和纠正偏差就往往都是自动进行的。

管理控制活动就远比上述的复杂和更为实际。主管人员要衡量实际的绩效情况，并与标准相比较准确地分析出现的偏差和原因。为了对偏差进行必要的纠正，主管人员必须花费一定的人力、物力和财力去拟订计划，并实施计划，才有可能纠正偏差以达到预期的绩效。

2）一般控制中反馈的“信息”，是一个一般意义上的词汇，包括能量的机械传递、电子脉冲、神经冲动、化学反应、文字或口头的消息，以及能够借以传递“消息”的任何其他手段。它所反馈的信息往往是比较单纯的。

管理控制中的“信息”，是在管理过程中产生的。它是基于管理技术而组织起来，并且经过了分析整理后形成的综合集成的信息流或信息集。它包含的信息种类繁多，数量巨大。这种管理信息运动过程形成了一个管理信息系统，完成信息的收集、处理、转化和应用，支持管理决策和控制。这个系统的基本功能和要求是：①信息处理及时、准确；②依据计划控制组织活动，使之处于最佳状态；③支持决策方案比较和优选；④辅助进行预测工作。

管理活动是否有效，其关键在于管理信息系统是否完善，信息反馈是否灵敏、正确、有力。要“灵敏”，就必须有敏锐的感受器，以及时发现变化着的客观实际与计划目标之间的矛盾。要“正确”，就必须有高效能的分析系统，以过滤和加工感受来的各种消息、情报、数据和信号等，“去粗取精，去伪存真，由此及彼，由表及里”。“有力”就是把分析整理后得到的信息化为主管人员强有力的行动，以修正原来的管理行动，使之更符合实际情况，以期达到管理的目的。

3）按照“控制论”的观点，生物或机械系统的控制的目的是设法使系统运行中所产生的偏差不致超出允许的范围而维持在某一平衡点上。管理控制的目的不仅是要使一个组织按照原定计划，维持其正常活动，以实现既定目标；而且还要力求使组织活动有所改进，有所创新，以达到新的高度，提出和实现新的目标。也就是说，管理的计划、组织、领导、控制职能活动，通过信息反馈，形成了一个闭合回路系统。这种管理活动循环往复，一方面要像一般控制一样，使系统的活动维持在一个平衡点上；另一方面还要使系统的活动在原平衡点的基础上，求得螺旋式上升，即“管理突破”。

2. 控制与计划的关系

控制与计划既有区别，又相互紧密联系。控制职能旨在按计划标准来衡量所取得的成果并纠正所发生的偏差，以保证计划目标的实现。如果说计划是谋求一致、完整而又彼此衔接地实现目标的计划方案，那么管理控制则是保证一切组织活动都按计划正确地进行。

计划和控制构成了一个问题的两个方面。它们之间的关系不仅仅表现为计划为控制提供标准，控制为计划实现提供保证，而且还表现在：

1）有些计划形式本身就同时具有控制的作用，例如政策、程序和规则等，它们在规定人们的行为准则的同时，也在制约着人们的行为。至于计划的重要组成部分——预算和工作进度表等，本身就是一些有效的控制工具。

2）控制与计划相辅相承。有效的控制系统的设计和控制方法的选择，必须考虑计划的要求，考虑如何控制，控制到什么程度等。相应地计划本身越明确、全面和完整，控制系统的设计和控制方法的选择依据就越充分。同时，计划的制定，必须基于一个组织可用的控制方法和控制系统的特点。

3）广义的控制职能包含了对计划的修订和补正。计划在执行过程中产生偏差，其原因除了执行过程本身的问题外，还有可能是当初制定计划时对内部条件或外部环境的估计有误，造成目标设定不当，或是计划执行过程中的内外部环境条件发生了重大变化，导致目标脱离现实。如果出现上述问题，就需要重新制定计划，确定新的目标和控制标准。计划中的“改变航道原理”的运用实际上是通过控制来实现的。从这个意义上说，控制不仅是实现计划的保证，而且可以积极地影响计划。

6.2 控制目的

在管理系统中，人、财、物、信息等要素的组合关系是多种多样的，动态的，受环境影响很大，有时内部运动和结构变化也很大，随机因素很多，处于这样一个十分复杂的系统中，要想实现既定的目标，执行既定的计划，求得组织在竞争中的生存和发展，没有控制是不可想像的。

6.2.1 控制目的

随着社会和科学技术的进步，组织的活动规模越来越大，活动内容不断增加并日益复杂，因而控制的内容也越来越多，已不仅仅是财务审计所能概括得了的。

在现代的管理活动中，无论采用哪种方法来进行控制，要达到的第一个目的（也就是控制的基本目的）是要“维持现状”，即在变化着的内外环境中，通过控制，随时将计划的执行结果与标准进行比较，若发现有超过计划容许范围的偏差时，则及时采取必要的纠正措施，以使系统的活动趋于相对稳定，实现组织的既定目标。

控制要达到的第二个目的是要“打破现状”。在某些情况下，变化的内、外部环境会对组织提出新的要求，主管人员对现状不满，要改革，要创新，要开拓新局面。这时势必要打破现状，即修改已定的计划，确定新的现实目标和管理控制标准，使之更先进、更合理。

在一个组织中，往往存在两类问题：①经常产生的可迅速地、直接地影响组织日常经营活动的“急性问题”（acute problem）；②长期存在会影响组织素质的“慢性问题”（chronic problem）。解决急性问题，多是为了维持现状。而打破现状，就需解决慢性问题。

在各类组织中，大量存在的是慢性问题，但人们往往只注意解决急性问题而忽视解决慢性问题。这是因为慢性问题是在长期的活动中逐渐形成的，产生的原因复杂多样。人们对于其存在已经习以为常，以至适应了它的存在，不可能发现，或者即使是已经发现了也不愿意承认和解决由于慢性问题所带来的对组织素质的影响；而急性问题是经常产生的，对多数人的工作和利益会产生显而易见的影响，故容易被人们发现、承认和解决，因此，要使控制真正起作用，就要像医生诊治疾病那样。重点解决慢性问题，打破现状，求得螺旋形上升。

要打破现状，解决慢性问题，是需要一定过程的，这段过程就叫做“管理突破过程”。例如，在企业管理中，要分析企业的产品质量，可以将产品的优等品率作为考核评价指标之一。若一个企业要把产品的优等品率从原来的80%提高到95%，就需要有一个过程，如图6-3所示。

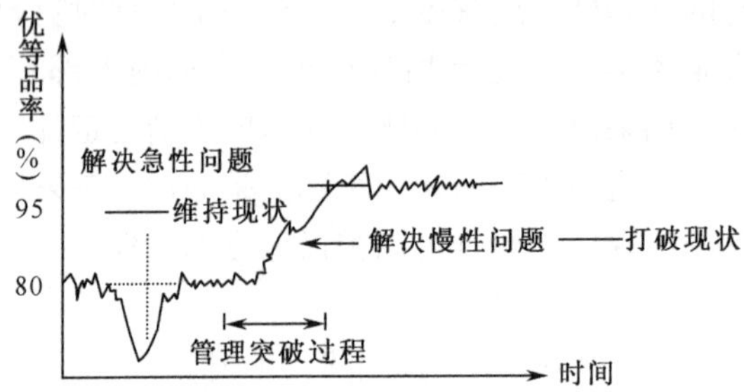

图6-3　管理突破过程示意图

6.2.2　控制作用

为了实现上述的目的，控制在管理活动中的地位和作用是显而易见的，它体现在以下两方面：

1. 任何组织、任何活动都需要进行控制

鉴于即便是在制定计划时进行了全面的、细致的预测，考虑到了各种实现目标的有利条件和影响实现的因素，但由于环境条件是变化的，主管人员受到其本身的素质、知识、经验、技巧的限制，预测不可能完全准确，制定出的计划在执行过程中可能会出现偏差，还会发生未曾预料到的情况。这时，控制就起了执行和完成计划的保障作用以及在管理控制中产生新的计划、新的目标和新的控制标准的作用。

借助控制，为主管人员提供有用的信息，使之了解计划的执行进度和执行中出现的偏差及偏差的大小，并分析偏差产生的原因；对于那些可以控制的偏差，通过组织机构查究责任，予以纠正；而对于那些不可控制的偏差，则应立即修正计划，使之符合实际。

2. 控制职能使管理过程成为“螺旋上升”的闭环系统

控制职能的采取纠正措施，纠正偏差并防止再发生这个基本环节，将控制与其他职能紧密地结合在一起，使管理过程形成了一个相对的封闭系统，使管理过程实现“螺旋上升”，更上一层楼。

在管理系统中，计划职能选择和确定了组织的目标、战略、政策和方案及其实现程序。然后，通过组织、领导等职能去实现这些计划。为了保证计划的目标能够实现，就必须在计划实施的不同阶段，根据由计划产生的控制标准，检查计划的执行情况。这就是说，虽然计划必须先于控制活动，但其目标是不会自动实现的，一旦计划付诸实施，控制就必须穿插其中进行。它对于衡量计划的执行进度，揭示计划执行中的偏差以及指明纠正措施等都是非常必要的。同时，要进行有效的控制，还必须制定计划，必须要有组织保证和配备合适的人员，必须给予正确的指导和领导。

所以，控制存在于管理活动的全过程，它不仅可以维持其他职能的正常活动，而且在必要时，还可以通过采取纠正偏差的行动来改变其他管理职能的活动。虽然有时这种改变可能是很简单的；但在许多情况下，正确的控制可能导致确立新的目标，提出新的计划，改变组织结构以及在领导方法上做出重大的改变。

6.3 控制过程

无论在什么类型的组织中，无论控制对象是人，还是财和物，控制的基本过程都包括三个步骤：①拟订标准；②根据标准衡量活动绩效；③采取纠正措施，消除与标准和计划的要求的偏差。

6.3.1 拟订标准

控制过程的第一步就是拟订标准。这里所说的标准（norm），是指评定绩效的尺度。

控制的目的是确保计划目标的实现，计划是控制的依据。从逻辑上讲，控制的第一步应当是制定计划，再以计划作为控制的标准。但是，由于组织中计划所包含的内容、项目很多，涉及的范围也可以很广，各种计划的详尽程度和复杂程度各不相同，因此在大多数的组织活动中，主管人员没有精力、也不可能直接以计划作为控制的标准，来对整个计划执行的全部过程进行全面、具体的控制。所以需要拟订具体的控制标准。标准应当是从整个计划方案中选出的，是对工作绩效进行评价的关键指标，或者是对计划目标的实现发挥关键作用的项目。有了这样的标准，主管人员不必去考察计划执行中的每一个步骤或细节，就能够了解整个计划执行的进展情况，从而使控制起到保证计划目标实现的作用。

拟订标准的意义不仅仅在于确定一个用于比较管理绩效指标高低优劣，发现偏差的比较基准，它在一定意义上关系到组织绩效的实现，管理实践证明，“你测量什么，就得到什么”——组织成员会为达到标准而工作。相应地，指定标准的关键在于“你想得到什么，就测量什么”——标准所规定的测量指标必须以实现组织目标和使命为前提来拟订。拟订标准是控制过程中一项重要且难度较大的工作。首先，选择关键控制点就是一种管理艺术，它在很大程度上影响着控制的有效性。其次，各类组织各有其特殊性，其内部的控制对象也是千差万别，因而也就不可能找到一个适合于所有组织、所有控制对象的标准。

1. 标准的种类

标准的类型有多种。最理想的标准是以可考核的目标直接作为标准，但更多的情况则往往是需要将某个计划目标分解为一系列的标准。在实际工作当中，按照不同的依据，可以将标准分为不同的类型。例如可以分为实物标准和财务标准，财务标准中又分为费用标准、资金标准和收入标准等；还可以分为有形标准和无形标准，或者定量标准和定性标准。再如根据标准规定的内容，可以通俗地将一个组织的标准分为管理标准、工作标准、技术标准等。无论采用哪类标准，都必须按照控制对象来决定。

1）实物标准：这是一类非货币标准，普遍适用于使用原材料、雇佣劳动力、提供劳务或产品等的操作层。这些标准反映了定量的工作成果，常用的有：单位产量工时、单位台时产量、货运量的吨公里、日门诊人数等。在某种程度上，实物标准是计划的基石，也是控制的基本标准。

2）成本标准：这是一类货币标准，普遍适用于操作层。这些标准是用货币值来衡量经营活动的代价。常用的成本标准有：单位产品的直接成本和间接成本、单位产品或每小时的人工成本、单位产品的原材料成本、工时成本、单位销售成本、单位销售费用等。

3）资本标准：这类标准与投入企业的资本有关，而与企业的营运资本无关，最常用的就是投资报酬率，还有流动比率、资产负债率、应收账款周转率、存货周转率等。这类标准是资产负债表中的主要内容。

4）收益标准：这是用货币值衡量销售量的标准，如公共汽车乘客每公里的收费既定市场范围内的人均销售额等。

5）无形标准：这是一类既不能用实物又不能用货币来衡量的标准。主管人员能够以什么样的标准来确定下属的才干？又能够用什么标准来确定一项广告策划是否符合组织的短期目标或长期目标？怎样才能判断出下属人员是否忠诚于组织目标？要为这类目标确定控制标准是非常困难的，因为既无法用明确的定量标准也无法用明确的定性标准来描述它们。

在任何一个组织中，都存在着许多无形标准，这是因为人们对操作层以上的管理层次中预期业绩的构成内容还缺乏充分的研究，或者说还未找到评价管理层管理工作绩效的合理的标准，特别是在业绩中涉及人际关系时，很难衡量什么是“良好”、“有效果”、“有效率”。因此这类问题的控制仍然不得不以无形的标准、依赖专家的主观判断或反复的试验，有时甚至是纯粹的感觉等为依据。

6）直接以目标为标准——定量目标和定性目标：定量目标大多采用是上述各种标准的量化表达形式，它是可以准确考核的。定性目标虽然也可考核，但却不能与定量目标一样考核准确，不过，我们可以采用详细说明计划或其他具体目标的特征和完成日期的方法来提高其可考核的程度。

此外，每个计划都会有很具体的特征，甚至包括有定量的数据，所以这些计划对部门的主管人员及其下属来说，都是完全可以考核和非常有用的目标。

2. 拟订标准的方法

标准的设立应当具有权威性，常用的拟订标准的方法有三种。

1）统计方法，相应的标准称为统计标准。它是根据企业的历史数据记录或是对比同类企业的水平，运用统计学方法确定的。最常用的有统计平均值、极大（或极小）值和指数等。统计方法常用于拟订与企业的经营活动和经济效益有关的标准。

2）经验估计法。它是由有经验的管理人员凭经验确定的，一般是作为统计方法和下面将要提到的工程方法的补充。

3）工程方法，相应的标准称为工程标准。它是以准确的技术参数和实测的数据为基础的，例如，确定机器的产出标准，就是根据设计的产能确定的。工程方法用来测量生产者个人或群体的产出定额标准。这种测量又称为时间研究和动作研究，它是由 F. W. 泰勒首创的。经过几十年乃至上百年的实践和完善，形成今天所谓的“标准时间数据系统”（standard data system，SDS）。这是一种计算机化的工时分析软件，使用者只要把一项作业所规定的加工方法分解成相应的动作元素，输入计算机，就可以立刻得出完成该项作业所需要的工时。

6.3.2 衡量绩效

尽管人们所期望的理想的控制应当是事先预见可能发生的偏差而及时采取措施避免其发生（即下一节将要讨论的“前馈控制”），然而，这类控制的实施需要一定的条件。事实上，由于控制本质上是一个“信息反馈”过程，所以管理中大量的控制还是根据活动绩效所反馈的信息进行的。

指定标准之后，测量组织绩效，首先必须明确衡量的手段和方法是什么，谁进行衡量和检查，然后通过衡量实际工作的绩效，获得大量的信息。这样，一方面可以反映出计划执行的进程，使主管人员了解到每个部门工作绩效的优劣，以便对其实施相应的奖惩；另一方面，可以使主管人员及时发现那些已经发生或预期将要发生的偏差。

有了合理的标准，又有能确切评定下属人员实际工作绩效的手段，对实际的或预期的执行情况进行评价就会容易得多。但实际情况是，组织的许多工作或业务，很难制定出精确的标准，并且有许多工作也难于衡量，这主要是一些操作性、技术性不强的工作。尤其是各级主管人员，评价他们的工作绩效更困难。

而正是这些主管人员和他们的工作绩效，又特别需要评价和控制。因为主管人员不仅是计划的执行者，而且还是计划的制定者和执行的监督者，他们的工作绩效，不仅决定着他们个人的前途，而且关系到整个部门乃至整个组织的生存与发展。因此，不但要对他们的工作进行评价和测量，而且对他们个人的素质也要进行考评。

如何评定管理活动绩效的问题，在拟订标准时就已经部分地得到了解决。也就是说，通过制定可考核的标准，同时也就将计量的单位、计算的方法、统计的范围和领域等确定下来。因此，评定绩效下一步的主要问题是如何及时地收集适用的、可靠的信息，并将可用的信息传递到对某项工作负责而且有权采取纠正措施的主管人员手中。

如前所述，按照标准来衡量实际绩效的最好办法是以预见为基础的，从而可以在偏差实际发生之前就察觉到并采取适当的措施加以避免。但是，这样做不一定行得通。那些机敏、有远见的主管人员常常能够预见可能出现的偏差；在缺乏这种能力的情况下，也应尽可能地及早发现已经发生的偏差。这就需要一个效的管理信息系统，它除了要求信息准确以外，还要求信息的及时、可靠、适用和用户友好。

6.3.3 采取措施

这一步是控制的关键，它体现了控制的目的，同时，通过纠正偏差的行动，将控制和其他管理职能结合在一起。

通常人们认为，如果制定的标准反映了组织的目标和实际情况，在绩效测量中，通过与计划的执行情况进行比较，找出产生偏差的“责任人”，那么就能对偏差做出迅速纠正。主管人员能够根据组织结构准确地知道必须在什么地方采取纠正措施。事实上，尽管已经找出偏差，但采取纠正措施，通常并不那么简单，甚至要困难得多。

这是因为，采取纠正措施，纠正偏差是通过采取一系列行动（action），消除产生偏差的原因实现的，而不是简单的纠正现象。而偏差可能是由多种复杂的原因引起的。主管人员必须花大力气找出造成偏差的真正原因，而不能仅仅是头痛医头，脚痛医脚。例如，销售收入的明显下降，无论是用同期比较的方法，还是用年度计划目标来衡量都很容易发现问题，但引起销售收入下降的原因，却不那么容易一下就找准：到底是销售部门营销工作中的问题或是对销售部门授权不够；还是制造部门制造质量下降和不能按期交货；还是技术部门新产品开发进度太慢致使产品老化，竞争力下降；或是由于宏观经济调整造成的。再比如组织运行过程中，问题经常发生在具体的操作岗位——即“做事儿”的人身上，而原因在哪里呢，实践证明，80%的原因是由于管理系统有问题。管理控制过程中，每一种可能的原因与假设都不可能通过简单的判断确定下来。而对造成偏差的原因判断得不准确，纠正措施就会是无的放矢，不可能奏效。

另一方面，在查明原因后，纠正偏差的工作可能涉及各项管理职能。针对偏差产生的原因，主管人员可能采用重新制定计划或修改目标的方法来消除偏差；也可能利用组织手段来进一步明确职责、补充授权或是对组织机构进行调整；还可能用撤换责任部门的主管或是增配人员的办法来纠正偏差；此外，他们还可能通过改善领导方式如采用精神奖励和物质奖励相结合等办法来纠正偏差。

总之，对计划执行过程中出现的偏差进行纠正，表明管理是一个连续的过程。控制职能与其他管理职能的交错重叠，则表明了主管人员的职能（亦即管理的职能）是一个统一的完整的系统。

6.4 控制类型

组织中的控制对象各有不同，它们的性质和对目标实现的影响也存在差异。因此，主管人员对不同的控制对象确定了不同控制重点，并采用不同的控制途径进行控制。

基于不同的分类标志，控制可分成许多种类型。例如按照企业的业务范围可把控制分为生产（作业）控制、质量控制、成本控制和资金控制等；按照控制对象的全面性，又可分为局部控制和全面控制。

下面我们介绍的控制类型，是按照另外两种分类标志来划分的：①根据纠正措施在管理过程中发挥作用的环节不同，将控制分为同期控制、反馈控制和前馈控制三类；②根据主管人员改进其工作的方式不同，将控制分为间接控制和直接控制。

6.4.1 反馈控制和前馈控制

控制实质上是“信息反馈”过程。根据反馈信息采取纠正措施，无疑会存在“时间延迟”，这不利于实现控制的目的，为了克服这个问题，人们寻求采用实时信息，乃至超前性的预测信息，实施控制。这样纠正措施可以在过程运行的不同阶段来实现，相应地出现了不同的控制机制和类型。

1. 同期控制

这类控制的纠正措施是作用于正在计划正在进行的活动过程。它是一种主要为基层主管人员所采用的控制方法。主管人员通过深入现场亲自监督检查、指导和控制下属人员的活动实施控制行动。它包括的内容有：

1）向下级指示恰当的工作方法和工作过程；

2）监督下级的工作以保证计划目标的实现；

3）发现不符合标准的偏差时，立即采取纠正措施。

在计划的实施过程中，大量的管理控制，尤其是基层的管理控制都属于这种类型。同期控制是控制的基础。一个主管人员的管理水平和领导能力，常常会通过这种工作表现出来。

在同期控制中，主管人员借助组织机构所授予的职权，来使用经济的和非经济的手段来影响其下属；控制活动的标准来自计划所确定的活动目标和政策、规范和制度；控制的重点是正在进行的计划实施过程；控制的有效性取决于主管人员的个人素质、个人作风、指导的表达方式以及下属对这些指导的理解程度，其中，主管人员的“言传身教”具有很大的作用。例如，工人的操作发生错误时，工段长有责任向其指出并做出正确的示范动作帮助其改正。

在进行同期控制时，要注意避免单凭主观意志进行工作。主管人员必须加强自身的学习和提高，亲临第一线进行认真仔细的观察和监督，以计划（或标准）为依据，服从组织原则，遵从正式的指挥关系，统一指挥，逐级实施控制。

2. 反馈控制

这类控制主要是分析工作过程的输出结果，将它与控制标准相比较，发现已经发生或即将出现的偏差，分析其原因和对未来的可能影响，及时拟订纠正措施并予以实施，以防止偏差继续发展或防止其今后再度发生。

由此可见，反馈控制是一个不断提高的过程。它的工作重点是把注意力集中在历史结果上，并将它作为未来行为的基础。

这类控制方法的特点是：主管人员根据输出的成果与标准比较的信息（带有时延的信息）进行控制。例如进行产品质量控制，往往是预先制定出产品的质量标准（计划），再统计所生产出的产品检验结果，与标准进行比较，然后采取相应的行动。统计结果是计划执行过程的反馈信息，它属于时延信息，因为获得的统计结果是在计划执行一段时间后经过收集、分析和整理，耗费一定时间后才能得到的信息，通过统计结果与预先制定的标准比较，才能发现产品生产过程中有无偏差产生，如出现偏差才能进一步采取纠正和控制措施。所以，反馈控制是根据计划执行的结果来进行控制的，而结果通常包含两种可能：一是达到或超过预期目标；一是未达到目标。例如上面所说的产品质量控制，如果依据对产品检验的结果发现很多产品质量不合格，那么在采取新的纠正或控制措施之前，已生产出的不合格产品已经给企业造成损失。所以反馈控制实际是一种“亡羊补牢”式的控制方法，其作用仅在于避免已发生的偏差继续发展或今后再度发生。

显然，反馈控制并不是一种最好的控制方法，但目前它仍被广泛地使用，因为在管理工作中主管人员所能得到的信息，大量的是需要经过一段时间才能得到的时延信息。在控制中为减少反馈控制带来的损失，应该尽量缩短获得反馈信息的时间，以弥补反馈控制方法的这种缺点，使造成的损失减少到最低程度。

我们看到，随着科学技术的发展，尤其是自动控制技术的发展和电子计算机的广泛运用，使一些传统控制方法如反馈控制，得到了很大的改进，使得到的反馈信息的时间延迟几乎可以做到忽略不计的程度。例如医院对一些重症患者使用自动监护系统，一旦监护对象病情出现变化，监护系统立即显示出变化的情况，并能自动调节给药量或启动氧气机及时采取治疗措施。至于目前许多企业所运用的计算机集成制造系统（CIMS）、物料需求计划（MRP）系统、企业资源计划（ERP）系统等，不仅使得控制达到一个新的水平，而且还能够使得整个组织的管理水平得到很大的提高。

反馈控制既可用来控制系统的最终成果，例如产量、销售收入、利润、利润率等，也可用来控制系统的中间结果，例如新产品样机、生产计划、生产过程、工序质量、在制品库存量等。前者称为末端反馈；后者称为局部反馈。局部反馈对于改善管理控制系统的功能起着重要作用。通过各种局部反馈，可以及时发现问题，排除隐患，避免造成严重后果。例如工序质量控制、月度检查、季度检查等，就属于局部反馈。它们对于保证最终产品的质量和保证年度计划的实现无疑起着重要作用。局部反馈与末端反馈之间是一种多重嵌套关系，这种结构是复杂的动态系统的一个主要特征。

反馈控制是管理控制的主要方式。本章已经从反馈控制的观点分析了管理控制过程的三个基本步骤或要素。实际的控制过程要比这三个要素所描述的情况复杂得多。图6-2“管理控制的反馈回路”是对一个管理控制过程更为细致的描述。从图6-2中可以看出，在评定实际工作绩效与采取纠正措施之间还可进一步细分出一些重要的环节来。每一个环节的工作质量，都对控制的最终成果有着重要影响。

当然，科学技术的进步、控制方法和手段的改进，可以使某些控制达到一个新的水平。但是，管理控制并非都可以依靠科学仪器、设备来进行控制，如对于改造人员的工作态度、一些用定性标准来考核的项目、随机因素影响较多的控制对象等情况，就不能完全依赖新技术去解决，大量的控制还需要传统的反馈控制方法，而且尽管在很多情况下可以迅速收集到计量绩效的数据，但把这些数据同标准进行比较，分析产生偏差的原因，制定和执行纠正偏差的计划，却仍然需要较长的时间。

目前在组织中应用最广泛的反馈控制方法有四种：财务报告分析；标准成本分析；质量控制分析；工作人员绩效评定。其中最重要又是最困难的是“工作人员绩效评定”，因为任何组织中最关键的资源是人，而评定工作之所以很困难，首先是因为绩效标准很难是客观而简短明了的。管理的和非管理的任务许多是不易用数值或其他客观标准来衡量，因此，相当大的一部分评定过程几乎完全是根据主管人员的主观判断来进行的。

3. 前馈控制

在反馈控制系统中，只有当输出量偏离目标时，纠正作用才能开始产生。这是一种事后控制。由于系统存在时延，所以待偏差出现之后，再采取纠正措施，在许多情况下，可能造成损失已既成事实，无法挽回了。主管人员更需要这样的控制系统——能够在还来得及采取纠正措施时就告诉主管人员信息，使他们知道如再不采取措施就会出问题了。“防患于未然”不仅是对计划的要求，也是对控制的要求。

（1）抵消系统时延和改善反馈控制的方法

1）采用基于预测的反馈控制。即在获取了系统输出的最新变化信息之后，对系统输出的未来变化趋势进行预测，然后将预测结果与计划目标相比较，在此基础上采取措施消除系统将要出现的偏差。这里，预测期限的长短，取决于系统时延的大小。工程实践中、日常生活中可以找到大量基于预测的反馈控制的例子。如高射炮打飞机必须取提前量；猎人瞄准奔跑中的猎物也要取提前量；温度控制系统一般都存在较大的热惯性，所以在升温时，必须在温度还未达到预定目标值之前就停止加温等。管理中类似的例子也很多。例如，某公司的销售预测表明，销售额将下降到比期望更低的水平，在这样的情况下，主管人员就会通过制定新的广告宣传计划，增加销售人员和零售网点、开发新产品等，改善销售的预期结果。

2）采用前馈控制（也称为顺馈控制、预先控制）。所谓前馈控制，就是观察那些作用于系统的各种输入量和主要扰动量，测量和分析它们对系统输出的影响关系，在这些可测量的输入量和主要扰动量的不利影响产生以前，通过及时采取预防措施，来消除它们的不利影响。工程实践中广泛地利用前馈控制的优点，将其与反馈控制结合在一起，构成复合控制系统，以改善控制的效果。为了说明前馈控制的原理，下面以图 6-4 的温度控制系统为例，对这种控制方法进行具体的分析。

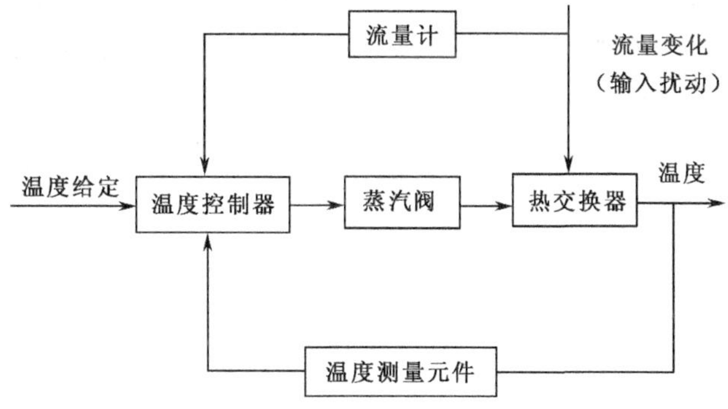

图 6-4　温度控制系统示意图

在图 6-4 所示的温度控制系统中，假定希望将输出温度保持在某一恒定值上。这一系统的干扰量是输入的流量变化。因为系统中存在着时间延迟，所以，流量变化的影响不能在输出端上立刻感受到。在测量元件测得误差信号之前，温度控制器不产生控制作用。只是在一定的时间延迟之后，误差信号出现时，校正作用才开始发生。这时输出温度也将在延迟一段时间后，方能保持在期望的范围内。如果在这种系统中加入前馈控制，那么只要输入量发生变化，就会同时进行校正测量，并调整输送到热交换器中的热量，从而大大改善系统的控制效果。

在管理中，前馈控制是主管人员运用所能得到的最新信息，包括上一个控制循环中所产生的经验教训，反复认真地对可能出现的结果进行预测，然后将其同计划要求进行比较，在必要时调整计划或控制影响因素，以确保目标实现。

(2) 前馈控制与反馈控制的主要区别

反馈控制是以系统输出的变化信息作为馈入信息，其目的是防止已经发生或即将出现的偏差继续发展或今后再度发生。前馈控制则是以系统的输入或主要扰动的变化信息作为馈入信息，其目的是防止所使用的各种资源在质和量上产生偏差，在系统运行过程的输出结果受到影响之前就做出“纠正”，因此，前馈控制克服了反馈控制中因时间延迟所带来的缺陷，并且前馈控制的纠正措施往往是预防式的，作用在计划执行过程的输入环节上。控制原因，而不是控制行动结果，这正是前馈控制的一个很重要的特点。

相对而言，前馈控制系统是相当复杂的，因为它不仅要输入各种影响计划执行的变量，还要输入影响这些变量的各种因素，同时还必须注意“干扰”因素——一些意外的、偶然的或无法预计的因素。但是，所有这些并不妨碍前馈控制的日益广泛的应用。

生活中应用前馈控制的例子是很多的。例如一个驾驶汽车的人为了保持一定的速度，在上坡时绝不会等到速度表上显示速度下降以后才去踩加速器。相反，因为知道上坡是影响速度的变量，他就会在车速下降之前就踩加速器来补偿这个变量的影响。管理中应用前馈控制的例子也是很多的。我们可以举一个简化了的原材料库存控制系统的实例来加以说明，如图 6-5 所示。

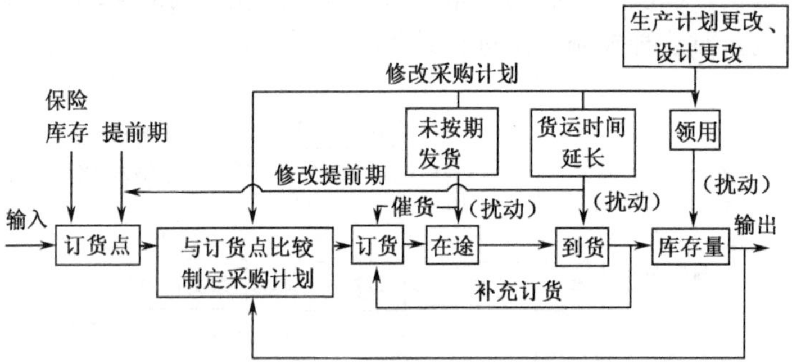

图 6-5　原材料库存复合控制系统

图 6-5 所示的系统是一个复合控制系统。其中两个反馈回路，一个用来将库存量的信息与订货点进行比较，当库存水平降至订货点以下时，就制定采购计划并开始订货，该反馈回路起着维持库存水平的作用；另一个局部反馈回路用来将到货情况与采购计划比较。以便对偏离计划的情况及时采取纠正措施，保证采购计划的实现。除此之外，系统还受到一些外部干扰的影响，例如生产计划变更或设计更改引起的车间领用量的变

化、货运时间延长造成不能按期到货，以及供货方未履行合同按期发货等。由于系统存在很大的时间延迟，因此若待到这些干扰因素影响到库存后再采取纠正措施就会为时已晚。所以，必须针对这些干扰因素采取前馈控制，例如在制订采购计划时，就将生产计划变更和设计改动要求考虑进去；当货运时间出现延长趋势时就修订订货提前期，重新计算订货点；同时，应定期检查对方是否按期发货，必要时派人催货等。

(3) 前馈控制的必要条件

前馈控制可以大大改善控制系统的性能，但是要切实实施前馈控制，一般应满足以下几个必要条件：

1) 对计划和控制系统做出透彻的、仔细的分析，确定关键的输入变量。

2) 建立前馈控制系统的结构模式。

3) 要注意保持该模式的动态特性，也就是说，应当经常检查模式以了解所确定的输入变量及其相互关系是否仍然反映实际情况。

4) 定期地收集输入变量的数据，并把它们输入控制系统。

5) 定期地估计实际输入的数据与计划输入的数据之间的偏差，并评价其对预期的最终成果的影响。

6) 需要有措施保证。前馈控制的作用同任何其他的计划和控制方法一样，它只是向人们指出问题，显然还要采取措施来解决这些问题。

实行前馈控制的优越性在于可以使主管人员及时得到信息以便采取措施，明白如果不采取措施就会出现问题。它克服了反馈控制中由于时间延迟所带来的缺陷。

虽然前馈系统的信息馈入是在运行过程的输入端，它能在运行过程的输出结果受到影响之前就做出纠正。但是，即便是实行了前馈控制，主管人员仍然要对输出结果进行测量、衡量和评价，因为不可能期望前馈控制可以达到完美无缺的地步，在计划执行过程中还可能出现一些事先预料不到的意外情况。例如对某项工程的工期进行前馈控制，根据历史气象资料，预计在施工期间会有若干阴雨天气而不能露天施工，虽然在计划工期中已把将会拖延的时间计算在内，但在施工过程中却遇到百年不遇的连阴雨天气，使施工进度落后于计划进度，当主管人员得到这个反馈信息后，就要对工程进度作必要的调整，比如加强后期工程的人力或采取其他措施，加快后期工程进度以保证该项工程最后能如期完成。

6.4.2 间接控制和直接控制

如前所述，控制的前提假设是：计划执行的结果要受到人及其行为的影响。例如，一个教学质量较差的教育机构，不可能用指责其产品（不合格的毕业生）的办法来加以控制；一个出产劣质产品的工厂，也不可能用将其产品送到废品堆去的办法而加以控制。但实际上出现的这些偏差是可以控制的，因为出现这些偏差的责任主要在于那些决策不当和行为不利的人。这可以通过进一步培训、修改计划或实施新的方法等办法，来使有关主管人员改进未来采取的行动。这就是控制管理过程质量的关键所在。

从这个角度来看，控制又可以分成以下两类：①着眼于发现工作中出现的偏差，分析产生的原因，并追究其个人责任使之改进未来的工作。这可以称之为“间接控制”。②着眼于培养更好的主管人员，使他们能熟练地应用管理的概念、技术和原理，能以系统的观点来实施和改善其管理工作，从而防止出现因管理不善而造成的不良后果，这可称之为“直接控制”。

当然，推而广之，直接控制与间接控制的思想可用于过程，即过程决定绩效，要想改善绩效，则必须改善过程，良好的过程才能保证良好的绩效。

1. 间接控制

所谓“间接控制”是基于这样的假设：即人们常常会犯错误，或常常没有察觉到将要出现的问题，因而未能及时采取适当的纠正或预防措施。他们通常是根据计划和标准，对比和考核实际的结果，追查造成偏差的原因和责任，然后才去纠正。

（1）间接控制是一种现实的选择

实际上，在工作中出现问题，产生偏差的原因是很多的，限于人们的预测能力，不得不进行“事后控制”。标准不正确，固然会造成偏差，即使标准是正确的，由于不确定因素、主管人员缺乏知识、经验和判断力等也会使计划实施出现偏差甚至完全失败。不确定因素很多，例如，一个制造发动机活塞的计划成功与否，不仅取决于已知的各项前提条件，而且还取决于这样一些不确定因素：未来的世界状况；已知的和尚未发现的金属材料的竞争；会把现有最好的活塞发动机淘汰掉的新的动力技术的发展等。这些不确定因素造成的管理上的失误是不可避免的，故出现这种情况时，不得不依赖间接控制技术发挥补正作用。对于由于主管人员缺乏知识、经验和判断力所造成的管理上的失误和工作上的偏差，运用间接控制则可帮助其纠正；同时，间接控制还可以帮助主管人员总结吸取经验教训，增加他们的经验、知识和判断力，提高他们的管理水平。

（2）间接控制具有很大的局限性

间接控制存在着许多缺点，最显而易见的是间接控制是在出现了偏差，造成损失之后才采取措施，因此，它造成的损失比较大。此外，间接控制的方法是建立在以下五个具体假设之上的：

1）工作绩效是可以计量的；

2）人们对工作绩效具有个人责任感；

3）追查偏差原因所需要的时间是有保证的：

4）出现的偏差可以预料并能及时发现；

5）有关部门或人员将会采取纠正措施。

在管理实践中，这些假设有时却不能成立：

1）有许多管理工作中的绩效是很难计量的。例如，主管人员的决策能力、预见性和领导水平是难以精确计量的；对完成计划起关键影响作用的部门的工作绩效是不能和非关键部门的工作绩效相比拟的，即便是前者的工作绩效大，也不能说明后者的工作难度一定低于前者。

2）责任感的高低也是难以衡量的。有许多工作，其绩效不高，却与个人责任感关系不大或无关。例如由于缺乏廉价燃料时不得不使用另一种昂贵的能源而使费用支出增加。

3）有时主管人员可能会不愿花费时间和费用去调查分析造成偏差的事实真相，这往往会阻碍对违反标准的原因进行调查。

4）有许多偏离计划的误差并不能预先估计到或及时发现，而往往是发现太迟以至难以采取有效的纠正措施。

5）有时虽能够发现偏差并能找到产生的原因，却没有人愿意采取纠正措施，大家互相推卸责任，或者即使能把责任固定下来，当事的主管人员却固执己见，不愿纠正错误。

由此看来，间接控制并不是普遍有效的控制方法，它还存在着许多不完善的地方。

2. 直接控制

控制所依据的是这样的事实，即计划的实施结果取决于执行计划的人。销售额、利润率、产品质量等这些计划目标的完成情况，主要取决于直接对这些计划目标负责的管理部门的主管人员。因此，通过遴选、进一步的培训、完善管理工作绩效的考核方法等，以改变有关主管人员的未来行为，是对管理工作质量进行控制的关键所在。

（1）直接控制相对于间接控制更优越

它是通过提高主管人员的素质来进行控制的。直接控制的指导思想认为，合格的主管人员出的差错最少，他能觉察到正在形成的问题，并能及时采取纠正措施。所谓“合格”，就是指他们能熟练地应用管理的概念、原理和技术，能以系统的观点来进行管理工作。因此，直接控制的原理是：主管人员及其下属的质量越高，就越不需要进行间接控制。

（2）直接控制的有其合理性

直接控制的可靠的假设包括：

1）合格的主管人员所犯的错误最少；

2）管理工作的绩效是可以计量的；

3）在计量管理工作绩效时，管理的概念、原理和方法通常是一些有用的判断标准；

4）管理基本原理的应用情况是可以评价的。

这些前提条件在管理过程中，通常是成立的。因此，直接控制表现出以下几个优点。

1）在对个人委派任务时能有较大的准确性；同时，为使主管人员合格，对他们经常不断地进行评价，实际上也必定会揭露出工作中存在的缺点，并为消除这些缺点而进行专门培训提供依据。

2）直接控制可以促使主管人员主动地采取纠正措施并使其更加有效。它鼓励用自我控制的办法进行控制。由于在评价过程中会揭露出工作中存在的缺点，就会促使主管人员努力去确定他们应负的职责并自觉地纠正错误。

3）直接控制还可以获得良好的心理效果。上级对主管人员的信任，是一种很强的激励，同时，主管人员的质量提高后，他们的威信也会得到提高，下属对他们的信任和支持也会增加，这样就有利于整个计划目标的顺利实现。

4）由于提高了主管人员的质量，减少了偏差的发生，也就有可能减轻间接控制造成的负担，节约经费开支。

6.5 控制原理

无论采用什么类型的控制，也无论是对什么对象进行控制，都必须遵循控制的基本原理，满足特定的要求。

6.5.1 控制的原理

任何一位负责任的主管人员，都希望有一个适宜的、有效的控制系统来帮助他们确保各项活动都符合计划要求。但是，主管人员却往往认识不到他们所进行的控制，是必须依据计划要求、组织结构、关键环节和下级主管人员的特点来设计的。他们往往不能全面了解控制系统的原理。因此，要使控制发挥有效的作用，在建立控制系统实施控制时必须遵循一些基本的原理。

1. 反映计划要求原理

这条原理可表述为：控制是实现计划的保证，控制的目的是为了实现计划的，因此，计划越是明确、全面、完整，所设计的控制系统越是能反映这样的计划，则控制也就越有效。

一方面，每一项计划、每一种工作都各有其特点，它们所产生的信息也各不相同。所以，为实现每一项计划和完成每一种工作所设计的控制系统和所进行的控制，尽管基本过程是一样的，但在确定什么标准、控制哪些关键点和重要参数、收集什么信息、如何收集信息、采用何种方法评定绩效，以及由谁来控制和采取纠正措施等方面，都必须按不同计划的特殊要求和具体情况来设计。例如，质量控制系统和成本控制系统尽管都在同一个生产系统中，但二者之间的设计要求是完全不同的。

另一方面，我们也要认识到，虽然某些控制技术，例如预算、定额工时、定额费用以及各种财务比率等，在各种不同情况下得到了广泛的运用，但是决不能认为，这些得到广泛运用的任何一种方法在任何一种情况下都是适用的。主管人员必须经常了解计划及其在实施过程中要加以控制的关键因素，注意利用对他们适用的方法和信息。

此外，由于控制有确保计划实现的作用，因而必然同计划有关。这意味着，主管人员不仅应当迅速报告偏离计划的实际执行情况，而且还应当有一个能预告可能出现偏差的系统，以便能有采取措施的时间，而这个系统的建立，也必须根据计划的特点和要求来建立。

2. 组织适宜性原理

控制必须反映组织结构的类型。组织结构明确了执行计划和纠正偏差职责。因此，组织适宜性原理可表述为：若一个组织结构的设计越是明确、完整和完善，所设计的控制系统越是符合组织机构中的职责和职务的要求，就越有助于纠正脱离计划的偏差。例如，如果产品成本不按制造部门的组织机构分别进行核算和累计，如果每个车间主任都不知道该部门产出的产成品或半成品的目标成本，那么他们就既不可能知道实际成本是否合理，也不可能对成本负责任。这种情况下是谈不上成本控制的。

因此，控制除了要能及时地发现执行过程中发生偏离计划的情况外，还必须知道发生偏差的责任和采取纠正措施的责任应当由谁来承担。组织结构作为明确组织中人们权责的主要工具，提供了哪些部门（或人员）要对计划的实施以及计划执行中的偏差负责的主要线索，因此，设计的控制系统和方法必须要考虑组织结构。同样道理，控制技术和控制系统也应当考虑职位的情况。控制越是能够反映组织机构中的负责采取措施的职位职责，就越有利于纠正偏离计划的情况。

组织适宜性原理的另一层含义是，控制系统必须切合每个主管人员的特点。也就是说，在设计控制系统时，不仅要考虑具体的职务要求，还应考虑到担当该项职务的主管人员的个性。在设计控制信息的格式时，这一点特别重要。送给每位主管人员的信息所采用的形式，必须分别设计。例如，送给上层主管人员的信息要经过筛选，要特别突出比较的效果，表示出与设计的偏差、与去年同期相比的结果以及重要的例外情况。

3. 控制关键点原理

控制关键点原理是控制的一条重要原理。这条原理可表述为：为了进行有效的控制，需要特别注意对计划目标和工作绩效有关键意义的那些因素。对一个主管人员来说，注意计划执行情况的每一个细节，通常是费时、费力、没有必要的。他们应当也只能够将注意力集中于计划执行中的一些主要影响因素上。事实上，控制住了关键点，也就控制住了全局。

提高控制效率的要求，则从另一方面强调了控制关键点原理的重要性。控制方法如果能够以最低的费用或其他代价来探查和阐明实际偏离或可能的偏差及其原因，那么它就是有效的，对控制效率的要求既然是控制系统的一个限定因素，自然就在很大程度上决定了主管人员只能在他们认为是重要的问题上选择一些关键因素来进行控制。

选择关键控制点的能力是一种管理艺术，有效的控制在很大程度上取决于这种能力。迄今为止，已经开发出了一些有效的方法，帮助主管人员在某些控制中选择关键点。例如，计划评审技术就是一种在有着多种平行作业的复杂的管理活动网络中，寻找关键活动和关键线路的方法，这是一种强有力的系统工程方法，它的成功运用确保了像美国北极星导弹研制工程和阿波罗登月工程等大型工程项目的提前和如期完成。

4. 控制趋势原理

这条原理可表达为：对控制全局的主管人员来说，重要的是现状所预示的趋势，而不是现状本身。控制变化的趋势比仅仅改善现状重要得多，也困难得多。一般来说，趋势是多种复杂因素综合作用的结果，是在一段较长的时期内逐渐形成的，并对管理工作绩效起着长期的制约作用。趋势往往容易被现象所掩盖，它不易觉察，也不易控制和扭转，例如，一家生产高压继电器的大型企业，当年的统计数字表明销售额较去年增长5%。但这种低速的增长却预示着一种相反的趋势。因为从国内新增的发电装机容量来推测高压继电器的市场需求，较上年增长了10%，因而，该企业的相对市场地位实际上是在下降。这表明经历了连续几年的高速增长后，开始步入一个停滞和低速增长的时期。尽管销售部门做出了较大的努力，但局面却仍未根本扭转。这迫使企业的上层主管人员从现状中摆脱出来，把主要精力从抓销售转向了抓新产品开发和技术改造，因而从根本上扭转了被动的局面。

通常，当趋势可以明显地描绘成一条曲线，或是可以描述为某种数学模型时，再进行控制就为时已晚了。控制趋势的关键在于从现状中揭示倾向，特别是在趋势刚显露苗头时就敏锐地觉察到。这也是一种管理艺术。

5. 控制例外原理

这一原理可表述为：主管人员越是关注一些重要的例外偏差，把控制的主要注意力集中在那些超出一般情况的特别好或特别坏的情况，控制的效能和效率就越高。

质量控制中广泛地运用例外原理来控制工序质量。工序质量控制的目的是检查生产过程是否稳定。如果影响产品质量的主要因素，例如原材料、工具、设备、操作工人等无异常变化，那么产品质量也就不会发生很大差异。这时我们可以认为生产过程是稳定的，或者说工序质量处于控制状态中。反之，如果生产过程出现违反规律性的异常状态时，应立即查明原因，采取措施使之恢复稳定。

过程质量控制中广泛采用“控制图”，就是用于发现异常原因，来判断工序质量是否处于控制状态。其基本原理是：引起过程输出结果发生波动的原因有两类：一类是正常、随机的原因；一类是异常的、特殊的原因。在过程控制中，随机因素是无法采取纠正措施的，只有针对异常原因或例外因素，才能采取有效的控制措施。控制图利用概率统计的原理设计控制限，使得只有当出现异常原因时，控制图的模式才出现异常。

应当指出的是，在管理中，只注意例外情况是不够的。在偏离标准的情况中，有一些是无关紧要的；而另一些则不然，某些微小的偏差可能比某些较大的偏差影响更大。比如说，一个主管人员可能对利润率下降了一个百分点感到非常严重，而对“合理化建义”奖励超出预算的 20％不以为然。

因此，在实际运用当中，例外原理必须与控制关键点原理相结合。仅仅立足于寻找例外情况是不够的，我们应把注意力集中在关键点的例外情况的控制上。这两条原理有某些共同之处。但是，我们应当注意到它们的区别在于，控制关键点原理强调选择控制点，而例外原理则强调观察在这些点上所发生的异常偏差。

6. 直接控制原理

直接控制，是相对于间接控制而言的。一个人，无论他是主管人员还是非主管人员，在工作过程中常常会犯错误，或者往往不能觉察到即将出现的问题。这样，在控制他们的工作时，就只能在出现了偏差后，通过分析偏差产生的原因，然后才去追究其个人责任，并使他们在今后的工作中加以改正。已如前述，这种控制方式，我们称之为“间接控制”。显而易见，这种控制的缺陷是在出现了偏差后才去进行纠正。针对这个缺陷，直接控制原理可表述为：主管人员及其下属的素质和工作质量越高，就越不需要进行间接控制。这是因为主管人员对他所负担的职务越能胜任，也就越能在事先觉察出偏离计划的误差，并及时采取措施来预防它们的发生。这意味着任何一种控制的最直接方式，就是采取措施来尽可能地保证主管人员的素质。

6.5.2 控制的要求

要使控制发挥作用，取得预期的绩效，设计控制系统与具体工作中，具体运用上述六条原理时，还要特别注意满足以下几个要求。

1. 控制系统应切合主管人员的个别情况

控制系统和信息是为了协助每个主管人员行使其控制职能的。如果所建立（或设计）的控制系统，不为主管人员所理解、信任和使用，那么它就没有多大用处。因此，建立控制系统及其提供和展示信息的形式，必须符合每个主管人员的情况及其个性，使他们能够理解它，进而能信任它并自觉运用它。

控制技术也是如此，不同的主管人员适用不同的控制技术。因为即使是很聪明的主管人员，也可能由于某些复杂技术而被“难倒”。为此，一些明智的专家并不向他人去炫耀自己是如何的内行，而宁愿设计一种使人们容易理解的方法，以使人们能够运用它。如果专家们能从一个虽然粗糙但却是合理的方法中得到80%的好处，那么总比虽然有一个更加完善但不起作用而一无所获的方法要好得多。

2. 控制应确立客观标准

管理难免有许多主观因素在内，但是对于下属工作的评价，不应仅凭主观来决定。在需要凭主观来控制的那些地方，主管人员或下级的个性也许会影响对工作的准确判断。但是，如果有客观、可用的标准，那么人们客观地去控制他们的实际执行情况也不会很难。即有效的控制要求有客观的、准确的和适当的标准。

客观标准可以是定量的，例如每一个预防对象的费用或每日门诊病人数，或工作完成的日期。客观的标准也可以是定性的，例如一项专门性的训练计划，或者是旨在提高人员质量的专门培训计划。问题的关键在于，在每一种情况下，标准都应是可以测定和可以考核的。

3. 控制应具有灵活性

在面临着计划发生了变动，出现了未预见到的情况下，控制也应当能发挥它的作用。这就是说，在某种特殊情况下，一个复杂的管理计划可能失常。控制系统应当报告这种失常的情况，它还应当具有足够灵活的要素，以便在出现任何失常情况下，都能保持对运行过程的管理控制。这就要求在制定计划时，要考虑到各种可能的情况而拟定各种应急方案。一般说来，灵活的计划有利于灵活的控制。但要注意的是，这一要求仅仅是应用于计划失常的情况，而不适用于在正确计划指导下人们工作不当的情况。

4. 控制应讲究经济效益

控制所支出的费用必须是合算的。由于控制系统有效性的一个限定因素是相对的经济效益，这在很大程度上决定了主管人员只能在他认为是重要的方面选择一些关键问题来进行控制。因此可以断言，如果控制技术和方法能够以最小的费用或其他代价来探查和阐明偏离计划的实际原因或潜在原因，那么它就是有效的。

5. 控制应有纠正措施

一个有效的控制系统，除了应能揭示出哪些环节出了差错，谁应当对此负责外，还应确保能采取适当的纠正措施，否则这个系统就等于名存实亡。应当记住，只有通过适当的计划、组织与领导工作，来纠正那些已显示出的或可能发生的偏离计划的情况，才能证明该控制系统是正确的。

6. 控制要具有全局观点

在以专业化分工为基础的组织结构中，各个部门及其成员都在为实现其个别的或局部的目标而努力。许多主管人员在进行控制时，往往从本部门的利益出发，只求能正确实现自己局部的目标而忽视了组织目标的实现，因为他们忘记了组织的总目标是要靠各部门及成员协调一致的活动才能实现的。因此，合格的主管人员实施控制时，不能没有全局观点，要从整体利益出发来实施控制，将各个局部的目标协调一致。

6.6 控制方法

管理控制中采用了许多不同的控制手段、途径和办法，统称为控制方法。有些方法属于传统的控制方法，例如亲自观察、预算控制和非预算控制。另外一些方法，例如计划评审法，则代表了新一代的计划和控制方法，它说明科学技术的进步、社会活动规模的扩大必然伴随着管理理论的发展和管理技术的进步。从控制范围看，有些方法是适用于局部控制的，例如程序控制方法，而另一些方法是用于综合控制的，如损益控制法。各种控制方法中，有单一的控制手段，也有综合性的控制工具。此外，许多控制方法同时也是计划方法。本节将做简要的介绍。

6.6.1 预算控制

预算是以数量形式表示的计划。预算的编制是作为计划过程的一部分开始的，而预算本身又是计划过程的终点，是一种转化为控制标准的数量化的计划。在我国，“预算”一般是指经法定程序批准的政府部门、事业单位和企业在一定期间的收支预计；而西方的预算概念则是指计划的数量说明，不仅是金额方面的反映。在管理控制中使用最广泛的一种控制方法就是预算控制。预算在形式上是一整套预计的财务报表和其他附表。按照不同的内容，可以将预算分为经营预算、投资预算和财务预算三大类。

1. 预算的性质与作用

预算就是用数字编制未来某一个时期的计划，也就是用财务数字（例如在财务预算和投资预算中）或非财务数字（例如在生产预算中）来表明预期的结果。这表明：

1）预算是一种计划。从而编制预算的工作是一种计划工作。预算的内容可以概括为：

① 为实现计划目标的各种管理工作的收入（或产出）与支出（或投入）各是多少；②为什么必须收入（或产出）这么多数量，以及为什么需要支出（或投入）这么多数

量；③ 什么时候实现收入（或产出）以及什么时候支出（或投入），必须使得收入与支出取得平衡。

2）预算是一种预测。它是对未来一段时期内的收支情况的预计。作为一种预测，确定预算数字的方法可以采用统计方法、经验方法或工程方法。

3）预算主要是一种控制手段。编制预算实际上就是控制过程的第一步——拟订标准。由于预算是以数量化的方式来表明管理工作的标准，从而本身就具有可考核性，因而有利于根据标准来评定工作绩效，找出偏差（控制过程的第二步），并采取纠正措施，消除偏差（控制过程的第三步）。

无疑，编制预算通过进一步明确目标和拟订标准而使计划得到改进。但是，预算的最大价值还在于它对改进协调和控制的贡献。当组织的各个职能部门都编制了预算时，就为协调组织的活动提供了基础。同时，由于相对预期结果的偏离将更容易被查明和评定，预算也为控制中的纠正措施奠定了基础。所以，预算可以导致出更好的计划和协调，并为控制提供基础，这正是编制预算的基本目的。

预算把各种计划缩略为一些确切的数字，以便使主管人员清楚地看到哪些资金将由谁来使用，将在哪些单位使用，并涉及哪些费用开支计划、收入计划和以实物表示的投入量和产出量计划。主管人员明确了这些情况，就有可能放手地授权给下属，以便使之在预算的限度内去实施计划。

2. 预算控制的风险

预算工作中存在着一些使预算控制失效的危险倾向。

（1）预算过于繁琐带来的危险

由于对极细微的支出也作了琐细的规定，致使主管人员管理自己部门必要的自由都丧失了。所以，预算究竟应当细微到什么程度，必须联系到授权的程度进行认真酌定。过细过繁的预算等于使授权名存实亡。

（2）让预算目标取代了企业目标带来的风险，即发生了目标的置换

在这种情况下，主管人员只是热衷于使自己部门的费用尽量不超过预算的规定，但却忘记了自己的首要职责是千方百计地去实现企业的目标。例如，某个企业的销售部门为了不突破产品样本的印刷费预算，在全国的订货会上只向部分参加单位提供了产品样本，因此丧失了大量的潜在用户，失去了可能的订货机遇。

目标的置换通常是由两个方面的原因引起的：一是没有恰当地掌握预算控制的度，例如预算编制得过于琐细，或者是为了保证遵守预算，制定了过于严厉的制裁规则还可能制定了有较大吸引力的节约奖励措施，以刺激主管人员尽可能地压缩开支。二是为职能部门或作业部门设立的预算标准，没有很好地体现计划的要求，与企业的总目标缺乏更直接的、更明确的联系，从而使得这些部门的主管人员只是考虑如何遵守预算和程序的要求，而不是从企业的总目标出发来考虑如何做好自己的本职工作。

为了防止在预算控制中出现目标置换的倾向，一方面应当使预算更好地体现计划的要求；另一方面应当适当掌握预算控制的度，使预算具有一定的灵活性。预算的详细程度和预算控制的严格程度都有一个合理的限度，一旦超出了这个限度，预算控制就会背离其目的走向反面。

(3) 预算潜在的效能低下的风险

预算有导致因循守旧的倾向，过去所花费的某些费用，可以成为今天预算同样一笔费用的依据；如果某个部门曾支出过一笔费用购买物料，这笔费用就成了今后预算的基数。此外，主管人员常常知道在预算的层层审批中，原来申请的金额多半会被削减。因此，申报者往往将预算费用的申请金额有意扩大，远远大于实际需要，所以，必须有一些更有效的管理方法来扭转这种倾向，否则预算很可能会变成掩盖懒散、效率低下的主管人员的保护伞。这样的方法一种是编制可变预算；另一种就是“零基预算法”。

6.6.2 非预算控制

除预算之外，还有一些传统的管理过程方法。

1. 视察

视察可能算是一种最古老、最直接的控制方法，它的基本作用就在于获得第一手的信息。作业层（基层）的主管人员通过视察，可以判断出产量、质量的完成情况以及设备运转情况和劳动纪律的执行情况等；职能部门的主管人员通过视察，可以了解到工艺文件是否得到了认真的贯彻，生产计划是否按预定进度执行，劳动保护等规章制度是否被严格遵守，以及生产过程中存在哪些偏差和隐患等；而上层主管人员通过视察，可以了解到组织的方针、目标和政策是否深入人心，可以发现职能部门的情况报告是否属实以及员工的合理化建议是否得到认真对待，还可以从与员工的交谈中了解他们的情绪和士气等。所有这些，都是主管人员最需要了解的，但却是正式报告中见不到的第一手信息。

但是，视察的优点还不仅仅在于能掌握第一手信息，它还能够使得组织的管理者保持和不断更新自己对组织的感觉，使他们感觉到事情是否进展得顺利以及组织这个系统是否运转得正常。视察还能够使得上层主管人员发现被埋没的人才，并从下属的建议中获得不少启发和灵感。此外，亲自视察本身就有一种激励下级的作用，它使得下属感到上级在关心着他们。所以，坚持经常亲临现场视察，有利于创造一种良好的组织气氛。

当然，主管人员也必须注意视察可能引起的消极作用。例如，也存在着这样的可能，即下属可能误解上司的视察，将其看作是对他们工作的一种干涉和不信任，或者是看作不能充分授权的一种表现。这是需要引起注意的。

尽管如此，亲临视察的显著好处仍使得一些优秀的管理者始终坚持这种作法。一方面即使是拥有计算机化的现代管理信息系统，计算机提供的实时信息，做出的各种分析，仍然代替不了主管人员的亲身感受、亲自了解；另一方面，管理的对象主要是人，是要推动人们去实现组织目标，而人所需要的是通过面对面的交往所传达的关心、理解和信任。

2. 报告

报告是用来向负责实施计划的主管人员全面地、系统地阐述计划的进展情况、存在的问题及原因、已经采取了哪些措施、收到了什么效果、预计可能出现的问题等情况的一种重要方式。控制报告的主要目的在于提供一种如果有必要，即可用作纠正措施依据的信息。

对控制报告的基本要求是必须做到：适时；突出重点；指出例外情况；尽量简明扼要。通常，运用报告进行控制的效果，取决于主管人员对报告的要求。管理实践表明，大多数主管人员对下属应当向他报告什么，缺乏明确的要求。随着组织规模及其经营活动规模的日益扩大，管理也日益复杂，而主管人员的精力和时间是有限的，从而，定期的情况报告也就越发显得重要。

为了满足上级主管人员的上述四项要求，在一个有效的报告制度中通常规定需要报告的内容，以通用电器公司为例，报告主要包括计划执行情况、上层主管人员决策、采取行动需要的关键信息和组织方面的情况等。

3. 比率分析

对于组织经营活动中的各种不同度量之间的比率分析，是一项非常有益的和必需的控制技术或方法。“有比较才会有鉴别”，也就是说，信息都是通过事物之间的差异传达的。

一般说来，仅从有关组织经营管理工作绩效的绝对数量的度量中是很难得出正确的结论的。例如，仅从一个企业年创利 1000 万元这个数字上很难得出什么明确的概念，因为我们不知道这个企业的销售额是多少；不知道它的资金总数是多少；不知道它所处的行业的平均利润水平是多少；也不知道该企业上年和历年实现利润是多少等。所以，在我们做出有关一个组织的经营活动是否有显著绩效的结论之前，必须首先明确比较的标准。

企业经营活动分析中常用的比率可以分为两大类，即财务比率和经营比率。前者主要用于说明企业的财务状况；后者主要用于说明企业经营活动的状况。如表 6-1 所示。

表 6-1　企业经营活动分析中常用的比率

财务比率	经营比率
（1）资本金利润率	（1）市场占有率，又称市场份额
（2）销售利润率、营业收入利税率	（2）相对市场占有率
（3）成本费用利润率	（3）投入——产出比率
（4）资产负债率	
（5）流动比率	
（6）速动比率	
（7）应收账款周转率	
（8）存货周转率	

4. 盈亏分析

所谓盈亏分析，就是根据销售量、成本和利润三者之间的相互依赖关系，对企业的盈亏平衡点和盈利情况的变化进行分析的一种方法，又称“量、本、利”分析。它是一种很有用的控制方法和计划方法。在盈亏分析中，将企业的总成本按照性质分为固定成

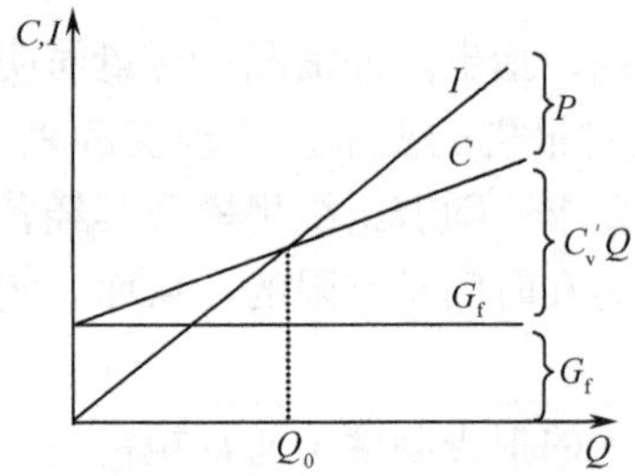

图 6-6　盈亏平衡图

本和变动成本（或可变成本）。其中固定成本是指不随销售量变化而变化的那部分成本，例如折旧费、设备大修理费、办公费、新产品研制费等。变动成本则是指随销售量变化而变化的那部分成本，例如原材料、工时费、燃料和动力费等。固定成本、变动成本、销售量和利润之间的关系可用一种称之为“盈亏平衡图”的坐标图来描述，见图 6-6。

图中各条直线的数学表达式和各个变量的含义如下

$$I=C+P$$
$$C=C_f+C'_v \cdot Q$$
$$I=M \cdot Q$$

式中，I—— 销售收入，它等于总成本 C 加上利润 P 或者产品单价 M 与销售量 Q 的乘积；

C_f——固定成本；

C'_v——单位变动成本；

Q_0——盈亏平衡点销售量，它是利润恰好为零，也就是销售收入恰好等于总成本的那一点。

由此，我们可以建立盈亏分析的两个基本公式

$$Q=\frac{C_f+P}{M-C'_v} \tag{6-1}$$

$$Q_0=\frac{C_f}{M-C'_v} \tag{6-2}$$

盈亏分析在控制中的应用主要有以下几方面：

1）预测实现目标利润的销售量。

2）分析各种因素变动对利润的影响。

3）进行成本控制。

4）掌握判断企业经营的安全率。

6.6.3　程序控制

在讨论计划的种类时，已阐述过程序的概念。程序是对操作或事务处理流程的一种描述、计划和规定。组织中常见的程序很多，例如决策程序、投资审批程序、主要管理活动的计划与控制程序、会计核算程序、操作程序、工作程序等。凡是连续进行的、由多道工序组成的管理活动或生产技术活动，只要它具有重复发生的性质，就都应当为其制定程序。

1. 程序的性质

1）程序是一种计划。它规定了如何处理重大问题以及处理物流、资金流、信息流等的例行办法。也就是说，对处理过程包含哪些工作、涉及哪些部门和人员、行进的路

线、各部门及有关人员的责任，以及所需的校核、审批、记录、存储、报告等，进行分析、研究和计划，从中找出最简捷的、最有效的和最便于实行的准确方案，要求人们严格遵守。

2）程序是一种控制标准。它通过文字说明、格式说明和流程图等方式，把一项业务的处理方法规定得一清二楚，从而，既便于执行者遵守，也便于主管人员进行检查和控制。程序所隐含的基本假设是，管理中的种种问题都是因为没有程序或没有遵守程序而造成的。

3）程序还是一种系统。一个复杂的管理程序，例如新产品开发、成本核算等，往往涉及多个职能部门、多个工作岗位、不同的主管人员和专业人员、各种计划、记录、账簿、报告，以及各种类型的管理活动，例如调研、计划、设计、会审、校核、登账、核算等，因而应将其看作是一种系统，用系统观点和系统分析方法来分析和设计程序。从系统的观点来看，一个管理系统的程序化水平，是这个系统"有序"程度的一种标志。

2. 程序的分析和制定方法

管理程序分析所依据的理论是管理的原理，分析的工具主要是业务流程图。业务流程图是利用少数具有特定含义的符号和文字说明，形象而具体地描述系统的业务流程，非常直观，便于记忆分析和对比。它不仅可用来设计管理程序，而且也是分析和设计计算机化的管理信息系统的主要工具。

管理程序的设计和说明，除采用流程图形式外，通常还包括程序说明以及对票据与账簿的格式、项目和填写要求的说明。

3. 程序控制的准则

实践经验表明，主管人员按照程序进行计划和控制时，应遵循下列准则。

①使程序精简到最低程度。②确保程序的计划性。③把程序看成是一个系统。④使程序具有权威性。

在我国，真正对程序的计划和控制持认真态度的企业或其他组织还不多，即使在这些组织中，有的也只是"认真"过一个时期，后来因为各种原因而流于形式。所以，真正实行程序化、标准化管理并不是件容易的事。不过，我们也应当看到，随着改革开放的深入进行，随着各方面管理工作的不断完善以及引进、吸收、消化国外先进的管理方法、技术、手段等，有不少组织也已真正开始重视并认真对待其管理当中有关程序的制定和控制，并已取得良好的效果。实践经验证明，推行管理的程序化和标准化，是改革传统管理方式，实现管理现代化的重要步骤。

6.6.4 计划评审技术

当代的管理活动有两个显著的特点：一是时间成为做任何事都必须考虑的稀缺资源；二是协作关系十分复杂。例如，大型的军事工程、大型水坝的建设工程、大城市交通枢纽工程、企业中关键设备的检修工程等，都是要求在规定的时间里，利用有限的资源去完成十分复杂的工程项目。这就对计划与控制提出了很高的要求，需要有一套科学的计划与控制方法。计划评审技术就是适应这种需要而发展出的一种行之有效的科学管理技术。

所谓计划评审技术（program evaluation and review technique，PERT），是把工程项目当作一个系统，用网络图或表格或矩阵来表示各项具体工作的先后顺序和相互关系，以时间为中心，找出从开工到完工所需时间最长的关键线路，并围绕关键线路对系统进行统筹规划、合理安排以及对各项工作的完成进度进行严密控制，以达到用最少的时间和资源消耗来完成系统预定目标的一种计划与控制方法。

计划评审技术最初是美国海军特别规划处在建造北极星核潜艇的过程中发展起来的一种管理方法。由于应用了计划评审技术，使该项工程比原计划提前两年交付使用，取得了巨大的成功。随后，这种方法推广应用于民用工程管理和企业管理中。我国从20世纪60年代初期开始在国防、建筑、水利和冶金等部门推广使用，称之为“统筹法”，也取得了显著绩效。

1. 计划评审技术的特点

1）体现了系统工程的整体性、综合性和科学性的原理。

2）能够帮助主管人员进行计划，并掌握全局，找出主要矛盾，抓住关键环节。通过网络分析，可以了解哪些工序是关键的，是必须保证的，哪些工序还有潜力可挖，从而可以在保证总工期的前提下，抽调非关键工序的人力和物力来支援关键工序。

3）能够有效地对工作进度进行控制。特别是当某道工序的完成进度拖期时，能够分析出它对全局的影响，便于及时采取正确的补救措施。

4）能够通过网络分析，得出完成计划的多个可行方案，从而为选取最优方案创造条件。

5）工程项目越复杂，其优点越显著。由于计划评审技术使复杂的管理问题得以数学模型化，所以可以充分利用计算机和数据库技术。

2. 计划评审技术的基本工具——网络图

图6-7是一张经过简化了的某项工程的网络图。

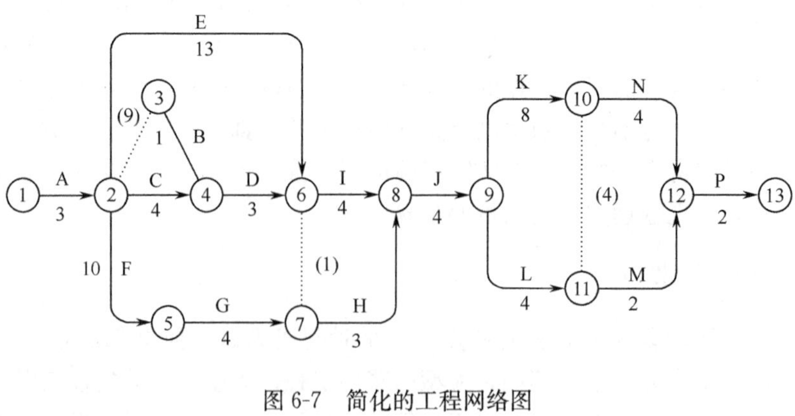

图6-7 简化的工程网络图

在图 6-7 中，工作用有向箭头线“→”表示；虚工作则用“…”表示。引入虚工作的目的是使工作的表示具有唯一性。虚工作本身既不消耗资源也不占用时间。另外，符号“O”称为节点，表示工作的开始或结束。节点都是按顺序编了号的。因此，一项工作除可以用唯一的箭头线表示以外，还可以用一对唯一的节点编号来表示。如工作 A 也可表示为（1，2），工作 E 可表示为（2，6）等，以此类推。所谓一项工作的紧前工作，是指在该项工作开始前必须先期完成的工作；而紧后工作则是指紧接在一项工作之后开始的工作。例如工作 H 的紧前工作为工作 D、E、G，工作 J 的紧后工作为工作 K 和 L 等。

3. 计划评审技术的应用与相关计算

计划评审技术的核心是找出关键线路。为此，需要在估计作业时间的基础上，分别计算工作的最早开始时间、最迟开始时间、最早结束时间、最迟结束时间及工作总时差这五个时间参数。

（1）工作的作业时间

对于那些过去从未进行过的工作，为了估计它的作业时间，可以分别估计出该项工作的最快可能完成时间（记作 d）和最慢可能完成时间（记作 b）以及最大可能完成时间（记作 m），然后按下式近似地估计该项工作的作业时间

$$\text{作业时间} = \frac{d + 4m + b}{6}$$

这种估计作业时间的方法根据的是数理统计中的分布理论，称为“三点估计法”。

（2）工作的最早开始时间

一项工作必须等到它的紧前工作完成之后才能开工，在此之前是不具备开工条件的，这个时间称为工作的最早开始时间。

（3）工作的最早结束时间

一项工作的最早结束时间就是它的最早开始时间加上该工作的作业时间。

（4）工作的最迟结束时间

一项工作的最迟结束时间是指截止到这个时间，工作必须全部完成，否则就要影响它紧后的各个工作的按时开始。

（5）工作的最迟开始时间

为了不影响其紧后工作的按时开始，每项工作应有一个最迟开始时间。

（6）工作总时差

工作总时差的含义是，在不影响整个计划完工期限的条件下，该项工作可以推迟开始或完工的最大机动时间。

计算工作总时差的作用在于，根据它确定关键工作和找出关键线路。所谓关键工作，就是工作总时差为零的工作，也就是没有任何机动余地的工作。而关键线路是指从工程开始到结束占用时间最长的工作线路。在关键线路上，各项工作的总时差均为零。反之也成立，即由工作总时差均为零的工作连接而成的从始点到终点的线路，就是关键线路。由于关键线路上各项工作的总时差均为零，所以其中任何工作如果不能按期完成，则会使整个计划的完工期推迟相应的时间。

工作总时差的作用还在于，某项工作的总时差越大，则其推迟开始或完成的机动时间也越大，人们可以利用这一点；将这些工作中的人力或物力抽调出来以支援关键工作。

计划评审技术除了可以用于进度的计划和控制，还可以在资源有限的情况下进行负荷平衡，以求得工期尽可能短并能够充分利用资源的最优方案。此外，还可以对工程的费用开支进行优化以及对工程按期完工的可能性进行估算等。

4. 计划评审技术的局限性

计划评审技术尽管有许多的优点，但也有一定的局限性。主要的问题表现在：

1）很难准确估计作业时间。

2）当网络很复杂时，一旦某项关键工作完工拖期，重新调整网络计划和寻找关键线路要花费大量时间和人力。尽管计算机的应用在很大程度上缓解了这个矛盾，但提供给高级主管人员的网络图仍不应太复杂。

3）计划评审技术绝不是灵丹妙药，虽然它推动了计划，但它本身并不是计划。虽然它建立了一种重视和正确利用控制原则的环境，但它并不能自动地进行控制。它的作用都取决于主管人员对其掌握和运用的程度，以及认识和重视的程度。

6.6.5 绩效审核

一般而言，大多数控制方法都是根据特定的控制对象而具体设计的，例如政策控制、程序控制、产品质量控制、生产费用控制、现金预算等。这些控制方法一般只针对组织某一方面的工作，其控制的重点是管理过程本身或是其中的某个环节，而不是管理工作的全部绩效和最终成果。但经验表明，高效率不一定带来高效益。因此，还必须提出一些能够控制企业整个工作绩效的方法。此外，在一些实行分权管理或事业部制的企业中，如何对那些具有相对独立性的单位或部门进行有效的控制，在不干预其内部管理过程的前提下使之达到预期的目标，也需要有一些有效的综合控制方法。

综合控制首先要解决的问题是确定衡量全部绩效的标准。从根本上说，衡量一个组织全部工作绩效的综合标准和最终标准应是经济方面的指标（对企业来讲就是利润和利润率）。因此，一般说来，综合控制主要是财务方面的控制，也就是说从财务的角度控制那些直接影响经济指标（利润和利润率）大小的因素，例如投资、收入、支出、负债等。这方面主要的方法在本章第 6 节介绍过的预算控制和下面将要阐述的损益控制与投资报酬率控制方法等。

但是，利润和利润率高并不意味着企业就一定是管理完善，因为即使管理得很差，也可能因为在经营方面，例如销售、投资或利用环境机会方面做得出色而取得成就。经营顺利掩盖了其管理不善，这样的企业，一旦外部环境条件恶化，就会陷于困境甚至破产。因此，组织绩效的综合控制，还应包括对管理工作质量和水平的评价和控制。目前，这方面比较有效的控制方法之一，就是管理审核。

1. 损益控制法

损益控制法是根据一个组织（企业）的损益表，对其经营和管理绩效进行综合控制的方法。由于损益表能够反映该企业在一定期间内收入与支出的具体情况，从而有助于从收支方面说明影响企业绩效的直接原因，并有利于从收入和支出的方面进一步查明影响利润的原因。所以，损益控制的实质，是对利润和直接影响利润的因素进行控制。显然，如果损益表能采取预测的形式，将会使控制更为有效。

由此可见，一个组织其所属各部门各单位的职能越是完整，就越有利于实行严格的损益控制法。反之，为了充分发挥损益控制法的积极作用，应当使受控制的单位或部门的职能尽可能完整，从而能够最大限度地承担起对利润负责的责任。

由于损益控制法的优点，使得一些以职能制和专业化原则为基础组织起来的企业，在其内部的各部门之间也实行损益控制。这种“模拟损益控制”的好处是，可以强化企业内部各部门的经济责任，强化各部门主管人员的成本意识和质量意识，使部门的目标与组织的目标取得较大程度的一致性。模拟损益控制只适用于产品比较单一、生产相对稳定、管理基础工作较好的企业。而一般不适用于政府部门或是企业的职能管理部门。

2. 投资报酬率控制法

投资报酬率控制法是以投资额和利润额之比，从绝对数和相对数两方面来衡量整个企业或企业内部某一部门的绩效。这种方法与损益控制法的主要区别在于，它不是把利润看成一个绝对的数字，而是把它理解为企业运用投资的效果。由于企业的投资最终来源于利润，因此，如果企业的投资报酬率只相当于或者甚至低于银行利率，那么企业的投资来源便会趋于枯竭，从而使企业发展陷于停滞。所以，企业的目标不仅是最大限度的利润额，更应当是最大限度的投资报酬率。

尽管投资报酬率控制法有显著的优越性，但要建立一个投资报酬率控制系统却不是一件轻而易举的事。最大的困难也许是在观念方面，企业的部门主管人员习惯于从职能和专业的角度看待经营和管理问题，要使他们按损益控制法的要求来考虑经营和管理问题，就已经很不容易；若要求他们按投资报酬率控制法的要求来考虑问题和作决策，则会更加困难。

必须注意的是，投资报酬率控制法可能会出现消极作用。它不利于促使事业部的主管人员向新产品和新技术投资，因为这样的投资在短期内很难收回。而一个企业一旦失去开发新产品和新技术的创新意识和敢于冒风险的意识，那就表明这个企业已经在衰落。为了弥补投资报酬率控制法的这个缺陷，可以在投资报酬率控制的基础上增加对剩余收益的考核与控制。所谓“剩余收益”，是指投资中心的销售利润减去按最低限度投资报酬率计算的投资收益的余额。

3. 管理审核与经营审核

管理审核（management audit）是指系统地评价鉴定全部管理工作绩效的一种控制方法。经营审核（operational audit）一般是指系统地评价鉴定经营活动工作质量的一种控制方法。如同管理与经营一样，二者既有区别又有密切联系。管理审核侧重于管理职能方面的审核，其中包括对于计划、组织工作、领导工作，以及控制的评价。经营审核则侧重于管理决策方面的审核，其中包括对组织中关于计划、工程技术、生产、营销、人事、会计，以及财务方面长期性决策质量的评价。

在实际工作中，这两种审核的内容与范围，有相当程度的重合与交叉，因此也就很难作严格的区分，视目的不同而有不同的称谓。按照执行审核工作的人的不同，两种不同的审核都有外部与内部审核之分。外部审核是指由组织以外的专门机构（例如咨询公司）或专家对本组织的经营与管理情况进行审核。内部审核则是由组织内在上层主管人员领导下组织有关部门的人员进行的审核。内部审核的任务在于保证组织所确定的方法和政策得以贯彻，保障其他控制形式的切实有效。

内部审核与外部审核有许多共同之处，但内部审核的焦点是经营管理绩效，为了内部保证和向内部提供信任；而外部审核的关注焦点在于最小限度地遵从审核标准要求，为了向外部提供信任等。

目前关于经营管理审核形成了许多规范性的审核程度和标准。如国际标准化组织（ISO）制定的《质量与环境管理体系审核指南》，则对质量管理系统和环境管理系统审核中，审核过程、审核方法、审核准则、审核报告、审核人员的要求等做了详细的规定。再如，20 世纪 80 年代以来，以国家质量为代表的“卓越绩效评价准则”实施计划中，形成了一套科学的经营管理绩效审核的标准、审核程序和审核的方法。

案例及习题

一、案例

美孚 USM&R 的平衡计分卡

背景

总部设在弗吉尼亚州法尔法克斯的美孚公司，业务遍及 100 多个国家，与埃克森和壳牌一道，是世界上三大经营油、气和石化事业的公司。美孚 1995 年的投资回报率是 12.8%，在 14 个主要的石油公司中排第 4 名；从 1991 到 1995 年它的平均年股东回报率是 19.1%，在 14 个主要石油公司中居于最高，超过了标准普尔 500 家公司平均年回报率 2 个多百分点。

美孚公司包括五个主要的事业部，即开采与生产（上游业务）、营销与精炼（下游业务）、化工、采矿与冶炼以及房地产。营销与精炼事业部（M&R）将原油在 12 个国家的 20 个精炼厂中加工成燃料、润滑油、石化原料和其他产品。M&R 还将美孚产品分销到 100 多个国家的 19000 个服务站以及其他网点。在过去 5 年中，总产品销量每年增长率超过 5%。

美孚的美国营销与精炼分公司（以下简称 USM&R）是美国第五大炼油厂商，它拥有五家现代化的炼油厂，其 7700 多个挂着美孚标牌的服务站每天要卖掉 2300 万加仑的汽油。这相当于全国市场 7%的份额（在美国排第四位）。美孚的零售网高度集中，在 18 个州中占有着 12%的份额，所销售的汽油占其总销量的近 95%。最近的增长率约为 3%，尤其集中在高等级品牌上。

1992 年，USM&R 的精炼和营销业务出现亏损，赢利性在美国营销和精炼产业 13 个石油公司中排第 12 位。1993 年开始出现转机，在 1991 和 1992 年一度低迷的利润和固定资产回报率迅速超过了行业平均水平。到 1994 年为止，USM&R 一直都是按照职能制构造的。供应部门将原油运抵美孚的各个炼油厂。制造部门负责营运炼油厂，将原油加工成为汽油、煤油、燃油、柴油、喷气发动机燃料、润滑油以及其他石化原料。产品供销部门将炼制后的石油产品通过管道、驳船和卡车运抵遍布全国的地区集散站。集散站主管们负责收运、存储和管理石油产品的巨大存货，并且将产品分销到零售商和分销商手中。营销部门决定 USM&R 应如何将美孚产品包装、分发并通过批发商和零售商销售给最终顾客。

USM&R1994 年的改组

在 20 世纪 90 年代早期，USM&R 面临着的是这样一种局面，即汽油和其他石油产品需求平缓，竞争加剧，以及资金投入严重不足。1993 年的一次调查表明，雇员们感到内部的报告关系、管理过程以及上面的方针等都在窒息着创造性和创新性。与顾客间的关系也是敌对的，人们以一种非常狭隘的方式追求着个人和各自的职能部门的业务成果。在外部咨询人员的协助下，公司上层领导推动开展了对于业务过程和组织有效性的研究。研究得出的结论是：如果 USM&R 要发展，它必须充分运用其现存资产，并且更加密切地关注顾客，给汽车族以他们需要的东西，而不是组织中的职能专家认为他们应当需要的东西。

1994 年，公司上层决定将决策权分散给更接近顾客的经理和员工们。他对 USM&R 进行了改组，将之划分为 17 个自然业务单位（natural business units，NBU）和 14 个服务公司。在 NBU 中包括了销售和分销单位，合成精炼、销售和分销单位或专门产品（例如，蒸馏物、润滑油、液化气）和过程（独立的精炼）单位。

USM&R 改组的同时伴随着一个在市场细分基础上的新战略的实施。历史上，美孚和其他石油公司一样，试图通过向所有顾客提供全面的产品和服务来保持规模和增长。汽油营销部门最近进行的一项调查表明，在购买汽油的公众中存在着五个不同的顾客细分市场：行路族（18%）；忠诚族（16%）；3 F 族（27%）；家庭团体（21%）；看价购买者（20%）。

USM&R 决定将业务集中于前三个细分市场（占汽油购买者的 61%），在对价格敏感但忠诚度很低的“看价购买者”身上不准备花太多气力，这部分只占消费者总数的 20%。新战略要求对所有服务站加以升级，以使他们能够为三个目标顾客市场提供快捷、友好、安全的服务。它也要求美孚的油站便利店转变角色。现在的便利店只是为了对应汽油购买者的冲动型购买，提供一些小食品。USM&R 想要重新设计和重新定位它的便利店，使便利店成为顾客专门的购物场所，向顾客提供需要经常购买的食品和小零食等。

USM&R 平衡计分卡

新任命的业务单位主管都是在一个自上而下、壁垒森严的职能型组织中成长起来的。有些做过地区销售经理，有些管理过一条管线或一个区域分销网络。长期以来，USM&R 一直依靠着的是一些局部性的职能性测量指标，如对制造和分销单位要求的是低成本，对经销商要求的是可用性，对营销单位要求的是利润率和销量，而对负责环境、卫生和安全的职能部门要求的是环境和安全指标。公司仍然是以控制者的思维来思考的，只是在检查过去而不是指导未来。职能性测量指标难以反映公司所追求的东西。我不想要那些只是在强化我们过去的控制性思维习惯的测量指标。公司需要更好的测量指标，以使公司的计划过程能够和行动结合起来，能够鼓励人们去做组织正在追求的事情。

1994年初，USM&R的高层批准了平衡计分卡（BSC）项目。他们聘请了平衡计分卡论文的合作者戴维·诺顿创建的复兴解决方案咨询公司来协助项目实施。一个高层推动委员会为BSC项目提供长远规划和指导。1994年1月项目开始时，项目小组同领导班子的每个成员分别进行了2个小时的会谈，目的在于了解他们对于新战略的看法。小组对会谈中得到的信息进行了汇总，并且在戴维·诺顿的帮助下，召开了若干次研讨班以制定各种目标和测量指标。这些目标与测量指标分别涉及平衡计分卡的四个方面，即财务、顾客、内部业务过程以及学习和增长。

到1994年5月，项目小组开发出了一套试验性的USM&R平衡计分卡。在这一阶段，他们吸收了更多的管理人员进来并且分成了8个小组来改进和提炼战略目标和测量指标。这些小组包括了一个财务小组（由分管战略计划的副总裁领导）；两个顾客小组，一个着重于经销商，另一个着重于普通消费者；一个制造小组，主要关注在精炼和加工成本方面的测量指标；一个供应小组，关注存货管理和运输成本；一个环境、健康和安全小组；一个人力资源小组；以及一个信息技术小组。每一个小组负责确定其相应领域中的目标和测量指标。

各小组还确认了何时应当建立新机制以提供所期望的测量指标。例如，使三个目标市场的顾客满意这一战略要求所有的美孚加油站都能迅速交货、员工应友善且乐于助人，并且能够奖励忠诚的顾客。但当时，在这些关键过程上，却没有评价经销商绩效的测量指标。为此，着重于一般消费者顾客的小组制定了一个微服购买者计划，在这个项目中，一个第三方的卖主每月在美孚的每个加油站购买汽油和零食，并针对23个项目对经销商的表现打分。这些项目包括加油站的外观、服务区、销售区、人员和休息室等。微服购买者评分将作为USM&R平衡计分卡上与顾客相关领域中的一个测量指标。

着重于经销商类顾客的小组采取了一项举措以支持经销商训练战略。他们开发出了一套工具，帮助营销代表评价经销商并与之一起改进七个方面的业务绩效。这七个方面是：财务管理、服务港、人事管理、洗车、便利店、汽油购买以及顾客美好购买体验。营销代表针对经销商评分，确定现有优势和改进机会。目的在于改进美孚产品的经销商与批发商的利润表现。这主要是通过经销商的总毛利和副业亦即便利店和服务港的月销售毛利来测量的。

截止到1994年8月，八个小组已经为平衡计分卡的四个栏目制定了特定的战略目标，并初步选定了一套相应的测量指标。1994年7、8月间，在各小组正在对战略目标和测量指标进一步提炼期间，促进委员会审查了平衡计分卡的每个方面，以确定一到两个关键的战略主题。项目小组还编写了一个小册子用以向USM&R的11，000名雇员沟通这些战略主题。1994年8月，USM&R发布了其最初的平衡计分卡并分发了说明性的小册子。

效果

USM&R上层管理者对平衡记分卡的效果进行总结和评价：

在3～4年中，我们摆脱了在同行中最差的地位，当时我们每年要耗掉5亿美元，一跃成为了同行中的排头兵，我们还获得了上亿的现金流入。平衡计分卡做出了很大的贡献。它使我们有的放矢，使我们的活动同战略目标保持一致。它也是一种非常好的沟通工具，可以告诉我们业务的情况。而且它也是一种很好的学习工具。人们现在清楚他们的日常工作是如何影响USM&R的绩效的。我们所面临的挑战是如何保持这个绩效。我们已经看到的只是冰山一角。我希望人们利用计分卡去关注更大的增长机会。

二、习题

1. 简析管理控制与一般控制的异同。
2. 简要说明控制工作的要求。
3. 简述实行有效的前馈控制的必要条件。
4. 直接控制工作有哪些优点?
5. 举例说明控制关键点原理。
6. 结合实际，谈谈如何有效的实施控制工作。

第七章

决　策

◇ 掌握决策的含义、特点及决策类型

◇ 理解规范决策理论和行为决策理论

◇ 掌握决策的过程和影响因素

◇ 理解各种定性、定量的决策方法

7.1 决策概述

7.1.1 决策的概念

决策是管理活动中的一项重要内容，在一定意义上就是为了解决问题而采取的对策。世界著名经济学家、美国科学家赫·阿·西蒙（H. A. Simon）认为“管理就是决策”；也有学者认为：“决策是指从两个或两个以上的可行方案中选择一个合理方案的分析判断过程”；“决策是组织的决策者以其知识、经验、掌握的信息为依据，遵循决策的原理原则，采用科学的方法，确定组织未来的行动目标，并从两个以上可能实现目标的行动方案中选择一个较为满意的方案的分析决断过程”。这些说法从决策的不同角度说出了一定的道理。综合以上观点，我们认为，决策是人们为实现一定的目标而制定行动方案、并准备实施的活动，也是一个提出问题、分析问题、解决问题的过程。

从决策的概念看，决策具有下列特点：

1）决策是行动的基础。任何一项管理活动都要预先明确该项活动要解决什么问题，达到何种目的，为达到预期目的，有哪些方法可以利用，哪种方法好，怎样做，何时做等问题。决策要对每个可行方案进行综合的分析与评价，按照一定的准则选择一个较优方案，并以此作为实施的方案。因此，决策是行动的基础。

2）决策具有超前性。决策所涉及的问题一般都与未来有关，是为了解决目前面临的、待解决的新问题以及将来可能出现的任何问题，找出各种可行的解决方案。任何决策都是针对未来行动的，所以决策是未来行动的基础，具有超前性。这就要求决策者具有超前意识、思维敏锐，能预见到事物的发展变化，适时地做出正确的决策。

3）决策具有明确的目的性。决策是为了解决一定的问题，达到一定的目标。在对行动方案做出选择前，首先要有明确的目的。如果没有目的或目的性不明，决策就没有方向，往往会导致决策无效甚至失误。

4）决策方案的可选择性。决策必须有两个以上的方案可供选择，如果不存在两个以上方案，或无法制定方案或只有一个可行方案，也就不存在着选择，那就无所谓决策。

5）决策的过程性。决策在本质上是一个多阶段、多步骤的分析判断过程，而不是一个“瞬间”做出的决定。决策是一个提出问题、分析问题和解决问题的系统分析过程。在进行决策时，决策者首先需要做大量的调查分析和预测工作，然后确定行动目标，找出可行方案，并进行判断、权衡、选择，最后结合起来组成一个完整的决策过程。无论决策的复杂程度如何，决策都有一个过程。

科学决策并非易事，决策是否正确及时，对组织活动的成败有着决定性的影响。科学的决策要求决策者有知识、经验和能力，掌握充分而准确的信息，遵循决策的原理原则，采用科学的决策方法，做出符合事物发展规律的决策。因此，决策技术日益受到管理阶层的重视。科学性并不否认决策有失误，善于从失误中总结经验教训，正是增强科学性的有效手段。

7.1.2 决策的类型

决策贯穿于整个组织活动的全过程，涉及各方面的内容。因此，根据不同的要求，从不同的角度对决策过程加以分类，将有助于决策者把握各类决策的特点，根据决策问题的特征，按不同的决策种类，采用相应的方法，进行有效的决策。

1）按决策影响的时间长短，可以分为长期决策和短期决策。长期决策是指有关组织今后发展方向的长远性、全局性的重大决策，又称长期战略决策，如投资方向选择、组织规模确定等问题的决策。短期决策则是实现长期战略目标所采取的短期策略手段，又称短期战术决策，如企业的日常营销决策等。

2）按照决策的重要程度划分，可以分为战略决策、战术决策及业务决策三种。

战略决策　是所有决策问题中最重要的决策，是指全局性的、长期性的、作用大和影响深远的决策。例如企业长期发展战略、企业营销战略、产品开发战略、技术改造和引进，组织机构改革等，均属此类。战略决策一般需要经过较长时期才能看出决策后果，所需解决的问题复杂，环境变动性较大，往往并不过分依赖复杂的数学模式及技术，定量分析与定性分析并重，对决策者的洞察力、判断力有很高的要求。在战略决策中，找出关键问题比利用复杂计算更为重要。

战术决策　又称管理决策，属于执行战略性决策过程中的具体决策。例如，销售、生产等专业计划制定，产品开发方案制定，职工招收与工资水平，更新设备的选择等方面的决策，均属此类。战术决策旨在实现组织内部各个环节活动的高度协调和资源的合理利用，以提高经济效率和管理效能。它不直接决定组织的命运，但其正确与否，也将在很大程度上影响组织目标的实现程度和工作效率的高低。

业务决策　又称执行性决策，是日常活动中有关提高效率和效益的决策，一般由中、下层管理人员做出。例如生产管理、销售管理、劳动力调配、个别工作程序和方法的变动、企业内的库存控制、材料采购等，均属此类。

上述三类决策的重要性不同，各级领导层应有所侧重。高层领导者显然应侧重战略性决策，并吸收部分中层和基层领导者参加；中层领导者应侧重战术性决策；而基层领导者则应侧重业务决策。

3）按照决策目标数量划分，可分为单目标决策与多目标决策。在单目标决策中，决策行动只力求实现一种目标，因而是相对比较简单的决策。多目标决策，顾名思义，就是决策行动需要力图实现多个的目标。比如，私人购买小汽车的决策，就需考虑购价、性能、舒适性、耐用性、操作便利性、维修情况等。这多重目标很难在某一品牌车型中完全实现，所以，购买者做出购车决策时需要妥善地处理多目标的冲突问题。给每一个目标规定相对重要的程度，即权重，然后进行加权平均，这是处理多目标决策的一种常用方法。比如，购买“经济车”与购买“豪华车”的人，前者肯定会给车的“购价”以更高的权重，后者则会更注重车的“舒适性”等。不难看出，权重的确定实际上也体现了决策者的价值判断成分。

4）按决策所要解决的问题的重复程度来划分，可分为程序化决策和非程序化决策两种。

程序化决策是按原来规定的程序、处理方法和标准去解决管理中经常出现的问题，又称常规决策、重复性决策、例行决策。这类决策问题比较明确，有一套固定的程序来处理。如任务的日常安排、常用物资的订货与采购、定期的会计与统计报表的编制和分析等，均属此类。由于程序化决策所涉及的变量比较稳定，可以预先建立数学模型，编成计算机处理程序，由计算机辅助做出决策。在管理工作中，约有80%的决策属于程序化决策。

非程序化决策是解决以往无先例可循的新问题，具有极大的偶然性和随机性，很少发生重复，又称非常规决策、例外决策。其决策步骤和方法难以程序化、标准化，不能重复使用。战略性决策一般都是非程序化的，例如，新材料和新生产方法的采用、企业的合并、重组等问题。由于非程序化决策需要考虑内外部条件变动及其他不可量化的因素，除采用定量分析外，决策者个人的经验、知识、洞察力和直觉、价值观等因素对决策有很大的影响。

5）按决策问题的可控制程度来划分，可分为确定型决策、风险型决策和非确定型决策三种。

确定型决策是指决策所面临的条件和因素是确定的，每一个方案只有一种确定的结果。如把资金存入银行，利率根据存款期限长短是固定的。在实际工作中，确定型决策是非常少见的。

风险型决策也称随机决策，即决策方案未来的自然状态不能预先肯定，可能有几种状态，但每种自然状态发生的概率是可以做出客观估计的，所以不管哪个决策方案都是有风险的。这类决策的关键在于衡量各备选方案成败的可能性（概率），权衡各自的利弊，做出选择。例如，企业开发一种新产品，这种新产品的价格是一种竞争价格：在10元的情况下其概率为50%，在9元的情况下，其概率为30%，在11元的情况下其概率为20%。通过概率的估算，可以确定其期望价格为9.90元。

非确定型决策所面临的条件和因素是不确定，每一种行动方案的结果是不可知的，也无法确定其概率。例如，我国上市的股份有限责任公司的股票市场价格受到各种因素（包括国家政策、供求关系、股民心理、公司的前景、股票每股税后利润和每股净资产的多少等因素）的影响，投资者无法确定一年后股票价格变动幅度和变动方向。

6）按决策的主体分，决策可分为组织（群体）决策和个人决策两种。

组织（群体）决策是由一个或几个群体来完成的决策。由于决策是一件非常复杂的工作，大部分的决策都是由一个或几个群体来完成的。个人决策是由一个决策者完成的决策。

群体参与的决策和个人决策有所不同。群体决策与个人决策相比较，具有下列优点：①集思广益。群体可能比任何单个成员具有更广泛的知识领域，更丰富的经验，更多的创意，可以更全面地观察问题，搜集更丰富的信息，拟定更多可供选择的方案，并可对不同方案发表各自不同的意见，对每一种意见进行争论，更合理、客观地评价每一方案，做出更加合理的决策。②有利于决策的执行。群体决策吸收了更多的组织成员参与，对组织成员的意见进行广泛的讨论，并取得大部分组织成员的一致看法，对决策的问题具有较深刻的理解，增加了每一个组织成员对决策的承诺的可能性，有利于决策的执行。③更能承担风险。由于组织成员共同参与决策，决策的风险责任分散，更可能做出较风险的决策。如果个人决策，由于个人对风险的厌恶而趋于保守。当然，这里并不排除由于缺乏对风险的认识，而具有更大的冒险性。

群体决策与个人决策相比较，具有下列缺点：①决策速度慢。群体决策所花费时间和费用一般都比较高，对每一个意见都进行争论，甚至可能转移话题，使一项决策常常是悬而不决，拖延时间。②责任不明。群体决策常常由群体的成员表决通过，责任分散，责任大小不明确。③个人对群体的操纵。群体成员可能由于惧怕权威而放弃自己的观点，没有真正发挥群体的作用，常常是最高权威宣布决定，群体成员举手通过。④个人屈服于群体的压力。个人的观点常常是与众不同的，而个人由于群体的压力而放弃自己的观点和采取折中的办法。

与群体决策相反，个人决策速度快、责任明确，但比较容易产生决策失误，决策在执行中阻力较大。因此，在决策过程中，应根据问题的性质来确定决策的方式。

7）按决策需要解决的问题来划分，决策可分为初始决策和追踪决策两种。

初始决策是指组织对从事某种活动或从事该种活动的方案所进行的初次选择；追踪决策则是在初始决策的基础上对组织活动方向、内容或方式的重新调整。如果说，初始决策是在对内外环境的某种认识的基础上做出的话，追踪决策则是由于这种环境发生了变化，或者是由于组织对环境特点的认识发生了变化而引起的。显然，组织中的大部分决策当属追踪型决策。

与初始决策相比，追踪决策具有如下特征：①回溯分析。初始决策是在分析当时条件与预测未来的基础上进行。而追踪决策是在原有决策业已实施但发现环境条件有了重大变化或与原先的认识有重大差异的情况下进行的。因此追踪决策必须从回溯分析开始。回溯分析，就是对初始决策的形成机制与环境条件进行客观分析，列出需要改变决策的原因，以便有针对性地采取调整措施。当然，追踪决策也是一个扬弃的过程，对初始决策的“合理内核”还应加以保留。换句话说，回溯分析应着力挖掘初始决策中的合理因素，以其作为调整或改变的基础，而不应全盘放弃，“连婴儿与洗澡水一起倒掉”。②非零起点。初始决策是在有关活动尚未进行从而对内外环境没有产生任何影响的前提下进行的。追踪决策则不然。它所面临的条件与对象都已经不是处于初始状态，而是随着初始决策的实施受到了某种程度的改造、干扰和影响。这种影响主要表现在两个方面：第一，随着初始决策的实施，组织与外部协作单位已经建立了一定的关系，比如，企业为了开发某种产品，已经组织了原料供货渠道，已经向有关厂家订购了生产这种产品必需的某种设备等。第二，随着初始决策的实施，组织内部的有关部门和人员已经开展了相应活动。在这些活动开展中，有关部门和人员不仅对自己的劳动成果或初步的劳动成果以及对这种劳动本身产生了一定的感情，而且他们在组织中的命运也可能在很大程度上与这些活动的继续进行联系在一起了。组织如果要改变原来的决策，就会在不同程度上遭到外部协作单位以及内部执行部门的反对。由于这种反对，这些单位和部门可能在追踪决策时提供并非客观的情报和信息。因此，追踪决策就不免要受到过去决策的影响。③双重优化。初始决策是在已知的备选方案中择优，而追踪决策则需要双重优化，也就是说，追踪决策所选的方案，不仅要优于初始决策——因为只有在原来的基础上有所改善，追踪决策才有意义，而且要在能够改善初始决策实施效果的各种可行方案中，选择最优或最满意的决策方案。可以说，第一重优化是追踪决策的最低的基本要求，第二重优化则是追踪决策应力求实现的根本目标。

7.2 决策理论

“经济人”假说认为人类从事经济活动的目的是追求利润最大化，而忽视人所具有的情感态度及价值观。在“经济人”假说的基础上形成了规范决策理论。这一理论假定决策者具备完全的理论知识，追求效用最大，通过冷静客观的思考进行决策。但20世纪50年代之后，人们认识到建立在“经济人”假说之上的规范决策理论只是一种理想模式，不一定能指导实际中的决策，诺贝尔经济学奖获得者西蒙提出“满意标准”和“有限理性标准”，用“社会人”取代“经济人”，大大拓展了决策理论的研究领域，出现了新的理论——行为决策理论。这一理论包括了有限理性模型、成功管理模型和社会模型。以上模型加上规范决策理论模型，表明了决策从完全理性到完全非理性之间的变化。图7-1概括了四种模型组成的决策理论统一体。

规范决策理论	行为决策理论		
规范模型	有限理性模型	成功管理模型	社会模型

完全理性 → 完全非理性

图7-1 决策理论统一体

7.2.1 规范决策理论

规范决策理论模型又称为古典模型或经济模型。这个模型认为决策者能够做出“最优”选择，决策者是完全理性的。规范决策理论具有以下一些观点：

1）从手段-目标链的观点出发，决策可以趋于完全合理。所谓手段-目标链，就是除非从全面的角度对问题进行阐述，不然已被认识的目的只是为完成某一更基本目的的手段。如果实践证明完成某一目的有困难，人们可以绕过问题而寻找到能满足更基本目的的可行方案，从而使决策趋于完全合理。比如，某公司要求推销员每月5号呈送上个月的推销报告，但推销员实在无力准时完成，这时沿手段-目标链向上，发现每月5号呈送的推销报告是为制造部提供作为下月生产报告的精确统计资料，从而揭示了一个更基本的目的——在保持30日库存的同时，保证两个星期内发货。也许制造部门可以找到另一办法，既能完成制造部的目的，又不必要求推销员每月5号呈送上个月的推销报告。

2）决策者必须全面掌握有关决策环境的信息情报。

3）决策者要意识到所有可能的备择方案。

4）决策者有能力完成做出“最优”决策所需的十分复杂的计算。

大多数学者认为这种模型仅是描述了一种理想状态，对现代决策行为的描述不够真实。管理既是科学，又是艺术，决策包含相当大的艺术成分，不可能像规范决策那样，对全部已知的效用函数求解，用解析的办法找出最大值，这样的做法只是对纷繁复杂的现实的一种简化，因而简单地用它来进行实际决策往往是行不通的。但是由于该模型对“最优”的追求和采用定量方法，一些管理者在此模型的基础上，根据他们的知识、经验等做进一步的分析和修正后，制定最终决策。

7.2.2 行为决策理论

1. 有限理性模型

有限理性模型又称西蒙模型或西蒙最满意模型。它是一个比较现实的模型，它认为人的理性是完全理性和完全非理性之间的一种有限理性。它的主要观点如下：

1）手段-目标链的内涵有一定矛盾，一个简单的手段-目标链分析会导致不准确的结论。西蒙认为，手段-目标链的秩序系统很少是一个系统的、全面联系的链，组织活动和基本目的之间的联系常常是模糊不清的，这些基本目的也是个不完全系统，这些基本目的内部和达到这些目的所选择的各种手段内部也存在着冲突和矛盾。

2）决策者追求理性，但又不是最大限度追求理性，决策者只要求“有限理性”，这是因为人的知识有限，决策者既不可能掌握全部信息，也无法认识决策的详尽规律；人的计算能力有限，不要说人，即使借助计算机，也没有办法处理数量巨大的变量方程组；人的想像力和设计能力有限，不可能把所有备择方案全部列出；人的价值取向并非始终如一，目的时常改变；人的目的往往多元，而且互相抵触，没有统一的标准。

3）决策者在决策中追求“满意”标准，而非“最优”标准。在决策过程中，决策者定下一个最基本的要求，然后考察现有的备择方案，如果有一个备择方案能较好地满足定下的最基本的要求，决策者就实现了“满意”标准，他不愿意再花更多的时间、成本和努力再去寻找更好的备择方案。这是因为一方面人们往往不愿发挥继续研究的积极性，仅满足于已有的备择方案；另一方面决策者也由于种种条件约束，本身也缺乏这方面的能力。

根据以上几点，决策者承认自己感觉到的世界只是纷繁复杂的真实世界的极端简化；他们“满意”的标准不是最大值，所以不必去确定所有可能的备择方案；由于感到真实世界是无法把握的，他们往往满足于用简单的办法，凭经验、习惯和惯例去办事。

2. 成功管理模型

成功管理模型又称皮特斯-渥特迈模型。皮特斯（Peters）和渥特迈（Waterman）在调查了许多成功的工商企业后发现，理性模型由于不能全面考虑和精确计算到现实的各项复杂因素，于是经常给企业带来不良后果，因而这些工商企业并不遵守理性模型。它们有自己的成功管理模型，这一模型具有如下特点：

1）决策者流动于各个部门之间，以掌握真实的正在发生的情况。

2）决策者尽可能在一段时间里只做一件事，完成有限的目标。

3）决策者重视行动，经常实验，不惧怕失败。而理性模型是不承认实验价值的。

4）决策者注重速度和数量，提倡立刻就干，事做得越多，策略就越完善，他们不怕实践，也知道什么时候该放弃。

5）企业总会存在相对的漏洞和短板，企业的进步来自于补漏和消缺，企业的重大突破来自于对缺漏的改革。

这种决策模型没有一套理性的决策程序，属于非理性的模型。它尽管受到一些怀疑，但解决了来自组织的实际案例。

3. 社会模型

社会模型又称为社会心理学模型。弗洛伊德（Floyd）认为，人的行为大部分是由本身的潜意识指导的。按照弗洛伊德的观点，人们是没有能力做出理性决策的。不管对弗洛伊德的理论抱什么态度，人们几乎都同意社会因素对决策行为有深远影响，社会的压力和影响甚至会导致决策者做出完全非理性的决策。

每个人都生活在文化之中，文化对人的影响极深，不跳起来不知道地球重力的存在，不换一个文化环境往往意识不到文化对人根深蒂固的影响。文化的影响其实就是一种社会的压力，会有意无意地迫使决策者按照自己的文化传统去认知、决断和行动，这一切并不是建立在理性的基础之上的。父子在一个问题上认识不同，儿子如何决策呢？按中国文化，儿子应当洗耳恭听接受教育；按美国文化，家长尊重子女的个性与独创，不要求顺从，儿子可以与父亲争辩。那么，以上两种选择哪种是理性的呢？我们必须清醒地认识到决策是一种文化现象。

社会模型在某些条件下是适用的，但是人并不是完全非理性的，否则人类社会也不会得到发展。因此，我们不能简单地认为社会模型在大多数决策中起主要作用，但也不得不承认，社会因素和社会压力对决策行为的影响是十分重要的。

7.3 决策过程

7.3.1 决策的过程

科学决策是一个动态的系统反馈过程，包括了一定的步骤和程序，由于客观世界的复杂性，决策的具体过程不可能全都相同，但在实践经验的基础上，具体可将决策过程划分为七个步骤，如图 7-2 所示。

1. 分析问题、确定决策目标

决策是为了解决管理过程中产生的问题，首先应诊断和确定问题的所在，即问题是什么？只有确切地找出问题及产生问题的原因，才能确定决策的目标。是否所有矛盾构成的问题都是决策问题呢？当然不是，只有当客观存在的问题变成人们主观能够清楚明白地表达出来的问题时，才能构成决策问题。那些大量的、尚未被人们认识的主客观之间的矛盾，就不能成为决策问题。明确决策所要解决的问题是进行决策的首要任务，如果问题确定错了，那么，在以后的分析和选择方案中，无论做何种努力，也无法达到预期的目标，解决不了实质的问题。

信息是做出决策的原动力。没有信息，无法做任何决策。当问题确定后，必须收集和分析有关信息，这就是西蒙所说的情报活动。在收集和分析有关的信息时，应尽可能把注意力集中在相关和重要的信息上。虽然信息越多越能够了解问题的各个方面，但太多的信息可能分散决策者的注意力，并且在搜集和处理信息时费时费力。

合理的目标是科学决策的前提。决策目标的形成、目标的大小与决策者对目标的认识都会影响决策的顺利进行。提出目标是一切决策的起点，对诸多的决策问题进行分

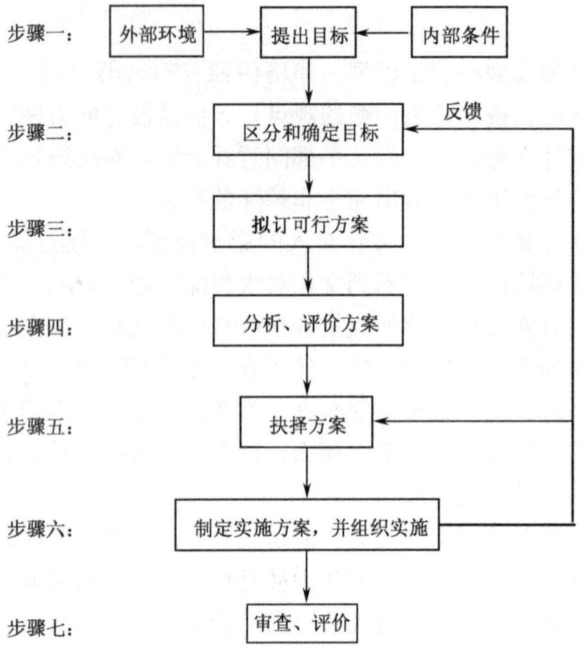

图 7-2　决策的过程

析、研究、归纳，开发出它们共同的实质，就构成了决策目标。所以，决策目标是决策问题的本质的概括与抽象。目标的确定，一是要力求准确；二是要具体，尽可能量化，否则会给抉择方案带来困难。一般而言，目标有三个特点：①可以计量其成果；②可以规定其时间；③可以确定其责任。否则，目标至少是模糊的。在这一步骤中需要采用“调查研究”与“预测技术”这两种科学方法。

另外，决策目标往往不止一个，而且多个目标之间有时还会有矛盾，这就给决策带来了一定的困难，所以，还要处理好多目标的问题。

2. 价值准则

价值准则就是落实目标，作为以后评价和选择方案的基本依据。面对复杂多变的决策问题，确定明确的价值准则有时也相当复杂。如果对价值准则不能提出明确的、规范性的、科学的表述，那么，不但决策目标模糊不清，甚至连科学的决策也不存在了。对于同一事物，处在不同历史时期，不同认识水平、站在不同角度的人，就会拿起各自不同的“尺度”去衡量它的好坏、曲直、是非。因此，需要确定衡量事物的标准即“价值准则”。

由于构成决策过程的多因素，决策者主观意识的局限性，使得衡量决策系统的标准也形成了一个不断变化与发展的价值准则体系。现代管理学、系统工程学、系统动力学……对价值准则都进行了大量的研究。归纳起来有如下两个方面：物质性的价值准则与精神性的价值准则。

物质性的价值准则包括经济指标、技术指标、对环境影响指标等，其中，经济指标又可分为耗费性指标、收益性指标，技术指标又可分为性能指标、可靠性指标、安全性指标，可扩展性指标等。

精神性的价值准则包括对社会的影响及对精神的影响等方面的指标，如对人的心理，伦理、审美及道德规范的影响等。由物质性与精神性价值准则构成了价值准则体系。

一般价值准则包括三方面内容：一是将目标分解为若干层次的确定价值指标，这些指标实现的程度就是衡量达到决策目标的程度；二是规定价值指标的主次、急缓以及在相互发生矛盾时的原则。因为，大多数情况下，要同时达到整个价值系统的指标是困难的；三是明确实现这些指标的约束条件。约束条件主要有各种资源条件、决策权利的范围以及时间限制等。

在决策活动中，决策者必须把握科学的价值准则并用其观察分析问题，才能有客观的标准与角度，才能对决策问题做出科学的判断，从而才能明确清晰地、定性与定量地描述出决策问题。

3. 拟定可行方案

在决策目标确定之后，决策活动必然进入到下一程序，即拟定解决问题的可行方案。对于任何一项行动来说，都有多种可行的方案存在。每个管理者都应记住一句格言："如果事情似乎只有一种方法去做，那么这种方法通常是错误的，也是危险的"。

可行方案的提出需要决策者丰富的想像力、创造力和完善的技术知识。可广泛地运用智囊技术，如"头脑风暴法"、"哥顿法"等激发人的创造性、相互启发、集思广益的方法。在这一过程中，决策分析人员还要应用现代科学理论与技术对各种方案进行详细的技术设计与定量的论证，拟订出各种条件下的最佳对策。必要时，还要利用模型进行模拟实验，以便增强决策方案的科学性。在决策方案中，还应附有价值分析，可行性分析、经济效益分析、潜在问题分析、应变措施、技术评估、风险度分析等文件提供给决策者。应当指出，所得到的决策方案是根据某些特定的约束条件得到的，必须连同相应的约束条件一起提供给决策者。

4. 分析、评价方案

在拟订方案阶段得到的可行方案不止一个，而是多个可行方案，也就是说，在目标确定之后达到目标的手段与方法都不是唯一的，一定存在多种方式。根据目标的价值准则衡量，必然存在较好的一个方案。在不同的方案中，绝对最优是很难寻觅的，在多数情况下，令人满意就是一条适用的标准。因此，方案选择的最终结果并不是最优方案，而是根据决策目标的价值准则，选择出的"满意的可行方案"。在比较各备选方案时，应根据所要解决问题的性质，采用定量分析和定性分析相结合，考虑决策的目标、组织的资源和方案的可行性，对各备选方案的优劣进行综合评价，并初步确定各方案优劣顺序的排列。

评价分析不仅工作量相当大，而且难度较大。它需要具有高度分析能力的分析人员经过辛勤、长期的工作，才能分析、解决决策中各种各样的具体问题。有时常常要借助专门机构来完成，西方现代管理学家称这种机构为"智囊团"或决策者的"外脑"。

在管理问题决策中，方案评估的标准包括方案的作用、效果、利益、意义等，应具有技术可能性和经济合理性，既要测算其预期效果，衡量其实现决策目标的程度，又要显示其可能产生的不良后果和潜在问题，否则是不全面的。同时，以"满意"标准代替

“最优”标准。在复杂的决策问题中，评价所有的可行方案并不现实，因为决策者由于认识能力、信息资料等限制，也不可能做到对所有可行方案及其后果都无所不知。因此，方案选择中宜采取“有限合理原则”。

5. 抉择方案

这一步骤是从备选方案中选择一个最可能解决问题的方案，是决策者对方案进行“拍板定案”的工作。管理者从备选方案中选择一个合理的方案，有三种基本方法：经验判断法；试验法；分析法。经验判断法是依靠决策者的经验进行判断、选择决策方案的一种方法。经验是一种实践性的知识，不管是成功的经验，还是失败的教训，管理者若能够恰当地对待，都是有用的。特别是在进行某些常规的、例行的决策时，经验能够起很大的作用。但是，对于许多决策来说，仅凭过去的经验是不行的。因为，一方面多数人难从过去的经验中吸收其中的精华；另一方面，老经验不一定完全适用于新问题，新的问题具有新的特点，解决的方法也不一样。试验法是在决策中，特别是新方法的采用、新产品的试销、新工艺的试验等决策中常采用的一种选择方案的方法。但试验法也有其局限性：首先是往往要支付较昂贵的费用；其次，并非所有的方案都能试验；最后，许多决策常常需要及时做出，没有时间进行试验；另外，从试验得出的可行方案未必能够适应于未来的环境。分析法是通过对问题进行分析，特别是借助运筹学、计算机等手段，对解决问题的方案进行模拟、假设变量、建立数学模型，应用定量和定性分析法对各种可行方案进行论证。

为了防止和避免决策失误，在决策方案的抉择决策中必须遵循如下程序：①定性分析各种决策方案是否符合科学决策的检验准则；②确定评价准则与抉择方法；③确认决策目标，综合评价与抉择；④将审批结果整理成文作为决策的指令输出。如图 7-3 所示。

6. 实施决策方案

方案的实施是决策过程中非常重要的一步。如果没有把决策的方案付诸实施，与没做出决策是一样的；如果不能有效地执行，再好的方案也无法达到预期的目标。在方案选定以后，就可以制定实施方案的具体措施和政策。根据实施中可能遇到的问题，以及相关组织（如竞争对手）可能采取的措施等，制定相应的对策，以保证决策顺利实施。在实施过程中，还要建立信息反馈制，将每一局部过程的实际效果同预期目标进行比较，发现差异，查明原因，采取必要措施，保证决策目标的实现。

7. 评价执行结果

决策实施后，应检查和评价实施的结果，检查是否达到预期的目的，并为今后的决策提供信息。这个步骤也就是西蒙所说的审查活动。

总之，从上述决策的过程可以看出，从问题的提出到问题的解决，完成了一个决策的循环。研究决策的程序，主要是给决策者提供大致的思路，使之掌握科学的决策过程需要经过的几个阶段，特别是重大决策不要随意跳过某些必要的阶段。同时，也应强调在实际决策中，不能将这些步骤看成死板的公式，有时过分拘泥于步骤去做，反而会影响决策的效率。

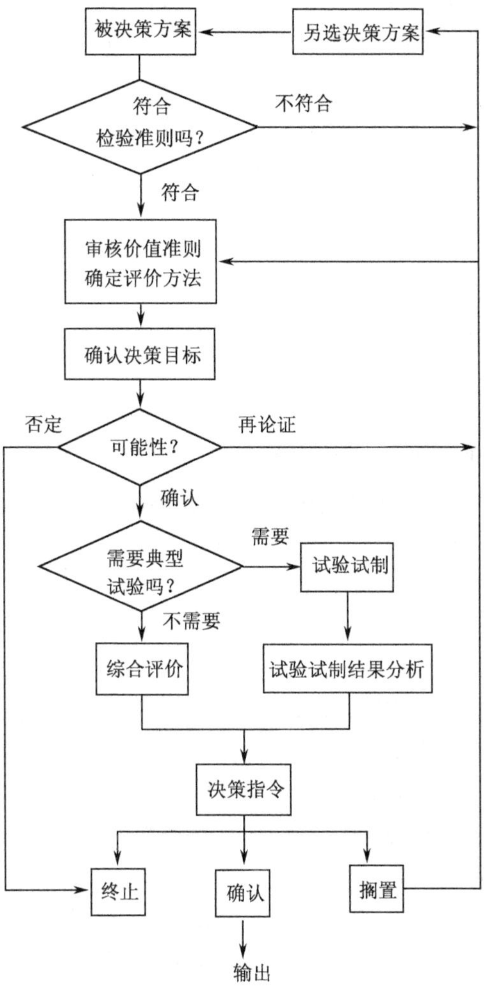

图 7-3　抉择决策方案模式

另外，从决策的过程看，决策必须从若干个备选方案中选择一个较满意、较合理的方案。但是，人们在决策过程中所选择的方案常常不是最优方案。根据“经济人”所确定的模式，最优的方案选择应满足以下三个条件：①提出所有的备选方案；②预测这些备选方案的结果；③根据一定的价值体系比较这些结果。

但是，在现实中，要满足上述三个条件是非常困难的。其主要原因有：①人类理性的局限性。人们在提出备选方案时，只能提出有限的若干个方案，即使可以提出更多的方案，也是相当困难的。因为人们的认识是有限的，时间也是有限的，费用也是有限的。相反，人们为了能够做出决策，减少问题的复杂性，常常只考虑很有限的几个方案，而放弃了继续寻找更佳方案的努力，只求较好，不求尽善尽美。②未来的不确定性。由于所选择的方案是涉及未来的行动，而未来行动的结果将会是什么，这是很难预测的。因为未来有许多因素是不确定的，很难预测各行动方案的结果。即使已经进行了科学的预测，仍然带有主观性和片面性。这说明要预测备选方案的结果是很困难的。

③个人价值观的差异。选择方案时要根据一定的价值体系。判断各个方案的优劣。由于个人价值观的差异，评价和判断事物的标准不一样，带有个人的偏好，具有主观性，很难对各备选方案做出客观的评价和选择。

由于上述原因，人们在选择方案时，一般是选择了满意（次优）方案，选择决策者认为合理的、较好的方案，很难选择最优方案。因此，人们所做的决策一般是满意决策。

7.3.2 决策影响因素

在决策过程中，影响决策的因素有很多，但主要的因素可以归纳为以下几类：

1. 决策的重要性因素

决策对一个组织的重要性程度会影响决策的过程。一项决策所需投入的人力、物力、财力和时间越多，对组织的影响范围越广、影响越深远，决策的重要性程度就越大，在决策时所花费的时间、人力、费用也就越多。相反，一项决策如果相对不重要，一般所花费的时间、人力、费用也就较少。

2. 决策者的因素

在决策活动中起决定性作用的应该是决策者。虽然，决策应按严格的科学程序进行，但是决策者素质的高低仍是决策成败的关键。决策者是决策活动的主体，决策者的个人行为特征和群体成员相互影响所产生的群体行为，对决策具有重要的影响。影响决策过程的行为特征有多种，但下列三个特征是最重要的：

1）个人对问题的感知方式。人们一方面通过感觉器官去感觉现象，另一方面通过大脑对感觉到的信息进行处理，这是借助于知识、经验来进行判断、分析、处理的一种连续过程。由于人们的知识和经验不同、对相同情况的感知会得出不同的认识。例如，一个企业由于管理不善而出现亏损，不同的管理者由于其知识和经验不同，就可能产生不同的认识：一个市场营销专家可能更多地认识到营销方面问题，如产品的包装、广告、促销渠道、企业形象等方面问题；一个生产管理专家可能更多地认识到生产效率的问题，如产品的设计、生产设备的选择和布置、生产流程的合理性、生产效率等方面的问题；一个财务专家可能更多地认识到资金的筹集和使用的合理性、成本控制等方面的问题。由于环境的复杂性及人们认识的局限性，不同的人由于其知识和经验的不同，常常从不同的角度去观察问题，形成不同的认识。特别是人们有选择性的感觉，甚至是偏见在起作用，他们可能自觉或不自觉地选择和调整其感觉，对问题的某一方面夸大了，而对另一方面忽视了。这就是个人对问题感知的方式不同，所认识到的问题也不同。

感知者的知识和经验，在决策过程的其他阶段中同样的起着作用。如在拟订可选择的方案时，由于强调某一方面的重要性就会在这方面拟订可行方案，而忽视其他可行的方案。如果在拟订方案时，过早地认为为某一方案比其他方案更为理想，其他可行方案就很可能得不到充分发展。因而，就会严重影响对问题的最后解决的质量。

2）处理信息资料的能力。人们对所收集到的各种原始资料应进行加工、处理，形成有用的信息。由于每个人的知识结构、经验以及思维方式的不同，在处理信息资料时，会有很大的差别。某些人由于其知识结构不完善、或个人经验较少、或思想比较保守，对于新的不熟悉的资料就感到无可适从，并尽量逃避，在拟订方案和评价方案的过程中就会有偏颇，甚至采取极端的态度。一个人知识结构越完善、经验越丰富、思想越开放，就越乐于接受新的观点，越容易理解新的问题。处理信息资料的能力越强，搜集到有用的资料就越多，拟订的备选方案也越多。

3）个人价值系统。个人价值系统是一系列概念，而每一个概念都有一定程度的个人价值和意义。个人的价值观在认识问题、搜集信息、评价各备选方案和选择方案的决策过程中，都具有重要的影响。如果一个群体内，个人价值观念比较一致，就比较容易产生一致的看法，也较易协调。如果个人价值观差异较大，就有可能引起许多冲突。

3. 其他有关人员

如上所述，影响决策的最主要因素是决策者，即决策者的偏好与价值判断、悲观与乐观、知识与经验、习惯、个性、责任与权力等。但是，决策并非决策者个人的主观行为，它还受到来自各方面人员的影响，其中包括决策者上级、下属、同事、有关监督人员、观察人员等。决策者的上级对决策的影响程度和态度，决策者对该项决策的权力和责任是否一致，决策是作为个人决策还是由集体共同进行决策等都会影响有关决策行动。决策者的同事及下属在决策中的影响主要体现在决策方案的提出阶段，能否激发决策群体的创造性和想像力，充分考虑各种可行方案，是实现决策全面性优化的关键。监督及观察人员对决策的影响则主要体现在方案实施后的调整中。此外，决策组织在做出决策时，往往会考虑组织中有关人员的看法，从而改变和修改计划，特别是在群体决策中，每个人的地位不一样，地位较高、权力较大的决策者对决策过程有较大的影响。

4. 环境因素

决策除了受人员因素影响以外，还会受到周围许多因素的影响，通常表现为决策过程中的限制性因素。主要分为两个方面：组织外部的环境及组织的内部环境。环境因素对决策活动有广泛的影响，它左右决策目标的提出、限制探索的范围，约束决策方案的选择，并且作用于决策的执行。因此，我们进行决策，必须研究决策的内外部环境及其对决策的制约。决策的环境问题已在前面章节中涉及，这里就不再详述。

7.4 决策方法

现代决策的具体方法很多，概括起来有两类，即“硬方法”和“软方法”。硬方法是指决策时采用的基本属于自然科学方面的方法，是现代迅速发展起来的数字化、模型化、计算机化的方法，如各种定量分析方法、仿真技术等。软方法是指决策采用基本属于社会科学方面的方法，是现代越来越高度重视的、发挥人的智慧、创造力的方法，如专家会议法，头脑风暴法等。同时，在决策全过程中，人们还采用某些“软”“硬”结合的综合方法，如系统分析法和系统设计等。决策过程的每一个阶段和步骤，都需要运用许多方法，包括各种预测方法。

7.4.1 方案制定方法

制定决策方案要以预测资料为依据，并采用某些必要的方法。常用的方法有：

1. 头脑风暴法

头脑风暴法或称奥斯本的震脑法（brainstorming），是由亚历克斯·奥斯本为了帮助一家广告公司产生观点而制定的。这种方法问世后，被广泛应用到许多需要大量的新方案来回答某一具体问题的场合。这是用小型会议的形式，启发大家畅所欲言，充分发挥创造性，经过相互启发，产生连锁反应，然后集思广益，提出多种可供选择方案的办法。这种方法需要创造一种有助于观点自由交流的气氛，开始只注重提出可能多的设想，并且不过多地考虑其现实性，某些人提出一些想法后，鼓励其他人以此为基础或利用这些想法提出自由的设想。通过这种方法找到新的或异想天开的解决问题的方法。

头脑风暴法成功的关键有：一是选择好会议参加者；二是要有高明、机敏的主持人；三是创造一个良好的环境，任何人提出的任何意见都要受到尊重，不得指责或批评，更不能阻挠发言。

2. 哥顿法

哥顿法（Gordon technique）是由威廉·J. J. 戈登（William J. J. Gordon）为了解决技术问题而拟订的一种方法。它也是以会议形式请专家提出完成工作任务和实践目标的方案，但要完成什么工作，目标是什么，只有会议主持人知道，不直接告诉与会者，以免他们受到完成特定工作和目标、思维方式束缚，因此，可以把它看成是一种特殊形式的头脑风暴法。例如，企业要开发一种新型粉碎机，会议主持人不把此目标直接提出来，也不说明要说什么东西，而是请专家提出如何把东西粉碎的方案。经过充分议论，主持人在适当的时候再把开发粉碎机的具体内容提出来，以形成更有吸引力的开发方案。

3. 德尔菲法

德尔菲法（Delphi technique）是由美国兰德公司提出的，采用定量和定性相结合的方法进行决策，它已成为一种非常普及的技术预测方法。它既可以由群体成员来完成，也可以由分散的成员来完成。这种方法是就某一个问题或事项运用函询的方法，征求专家的意见，其过程如下：

1）邀请一群专家，以某一问题为主，请他们就将来可能发生的重大结果提出各自的想法或意见，分别用不记名的方式进行预测。

2）由调查人员整理上述专家意见。

3）把整理的结果反馈给各成员，再次征求他们的意见，并以这种方式反复几个回合。通常是用逐次逼近法来集中对问题的解决方法和取得一致的意见，然后决策者利用这些预测资料来进行决策。

这种方法的最大的优点是能充分发挥专家作用，不论其地位如何，避免了从众行为。

7.4.2　定量分析方法

1. 定量决策技术的决策模型

定量决策技术包括一系列科学的处理过程，即决策模型的运用。决策模型大致可分为数学模型、闭合模型及开放模型。

数学模型：其目的在于运用数学方式简化问题及分析过程。在不同的决策问题中，数学模型有不同的表现形式，线性规划、非线性规划、整数规划、动态规划、马尔科夫链模型、存储论、排队论、层次分析法、网络分析法、博弈模型等。

闭合模型的特点主要是：已知重要的可行方案及采用该方案的后果；对各可行方案的选择有一定的准则，并可排定先后序列；决策的目标通常是寻求最佳答案，不是最大就是最小，如生产成本决策、销售利润决策等。

开放模型是：决策者不可能寻找出所有可行方案；决策者也没有能力衡量所有的可行方案；决策者只能找出现阶段较满意的方案，然后选择较为满意的方案。如新产品开发决策等。

2. 定量分析方法

这是利用一定的数学模型，通过定量分析技术与计算来选择最优方案的方法。它属于“硬方法”，人们也往往直接称之为数学方法。具体的定量方法很多，主要可分为确定型、风险型、非确定型决策分析方法等。

1）确定型决策分析法。主要有线性规划法、盈亏平衡分析法等。

2）风险型决策分析法。主要有决策树、最大可能准则、期望值等方法。

3）非确定型决策分析法。主要有悲观准则、乐观准则、乐观系数准则、等可能性法则、“后悔值”决策准则等。

下面将详细介绍这几种决策方法与技术。

7.4.3　确定型决策的方法

所谓确定型决策也就是在进行这类决策时，决策者对未来情况已有完整的资料，没有不确定的因素。在确定型决策下，决策方案的选择简化为对每一个方案结果值进行直接比较的过程。一般常用的决策方法有：线性规划、盈亏平衡分析、非线性规划、整数规划、动态规划、投入产出数学模型、确定型储存技术、网络分析技术等。下面介绍线性规划及盈亏平衡分析法。

1. 线性规划法

线性规划用于企业经营决策，实际上是在满足一组已知的约束条件下，使决策目标达到最优。也就是在满足一组约束条件下，求目标函数的最大值（或最小值）的问题。它是一种为寻求单位资源最佳效用的数学方法，常用于组织（企业）内部有限资源的调配问题。

线性规划可用图解法、代数法、单纯形法等方法求解，在变量多时可利用计算机求解。

例 7-1 某公司生产三种产品：A 产品、B 产品和 C 产品，在生产过程中主要受到劳动力和原料这两种资源的限制，其基本参数见表 7-1 所示，那么应如何安排这三种产品的日产量，使企业获利最大呢？

表 7-1 A 产品、B 产品和 C 产品的基本参数值

投入要素	每天能取得的总量	单位产品需要量		
		A 产品	B 产品	C 产品
劳动力（个）	100	1/3	1/3	1/3
原料（公斤）	900	1	4	8
单位利润（元）		2	3	1

设 X_1 为 A 的日产量；X_2 为 B 的日产量；X_3 为 C 的日产量。则该决策问题的目标函数与约束条件分别如下：

目标函数 $\max Z=2X_1+3X_2+X_3$

$$\text{约束条件}\begin{cases} X_1/3+X_2/3+X_3/3\leqslant 100 \\ X_1+4X_2+8X_3\leqslant 900 \\ X_1\geqslant 0,\ X_2\geqslant 0,\ X_3\geqslant 0 \end{cases}$$

利用单纯形法对上述线性规划问题进行求解，得 $X_1=100$，$X_2=200$，$X_3=0$，最大利润为 $Z=800$（元）。

2. 盈亏平衡分析

盈亏平衡分析是在生产总成本划分为固定成本和变动成本的基础上，分析成本、产量和利润三者关系的计量方法。盈亏分析的关键在于找出盈亏平衡点。所谓盈亏平衡点是指在直角平面坐标系中企业利润为零的点，也即企业销售收入总额与成本总额相等的点。见图 7-4。

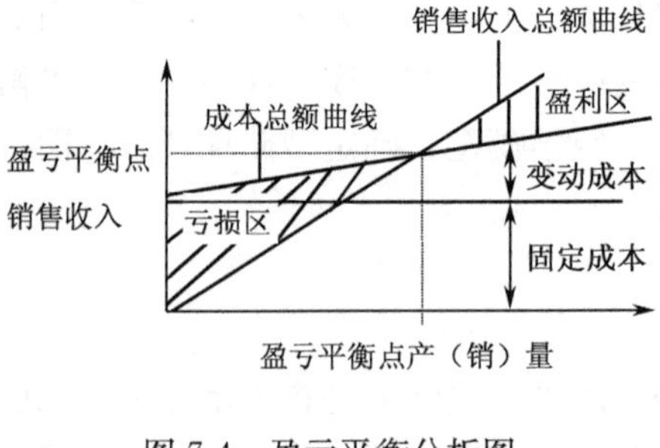

图 7-4 盈亏平衡分析图

确定盈亏平衡点后，就能在此基础上做出一系列相应的决策判断。

7.4.4 风险型决策的方法

风险型决策问题也叫统计型决策问题，或称随机型决策问题。它一般应具备如下五个条件：

1）存在着决策者希望达到的目标（利益大或损失小）；

2）存在着两个或两个以上的可供抉择的行动方案；

3）存在着两个或两个以上不以决策者主观意志为转移的自然状态；

4）决策者根据过去的经验和科学的理论可以预先估计和计算出自然状态的概率值；

5）不同的行动方案在不同的自然条件下的相应损益值（损失和利益）可以计算出来。

由于概率是决策者根据历史统计资料和经验推断出来的，带有一定的主观性，所以决策存在一定的风险。风险型决策主要用于远期目标的战略决策或随机因素较多的非常规决策，如投资决策、筹资决策、组织发展决策等。常见的决策模型和技术主要有决策树、损益表和成本效益分析等。

1. 决策树

决策树是决策过程的一种有序的概率的图解表示，因此，决策树分析决策方法又称概率分析决策方法，它是现代管理中常用而有效的决策方法之一。

用树状图表示由一系列决策环节构成的决策过程，决策树中的决策环节可分为两种：一种是决策者可以凭借主观意志选择的环节，称为主观抉择环节；另一种是不能由决策者主观意志抉择的决策环节，称为客观随机决策环节。

为了对决策树进行科学的系统分析，首先必须确定每一环节的概率估计，包括主观概率与客观概率。客观概率是指那些有明确历史先例和经验的概率，是对大量随机时间进行统计分析得到的。如一枚硬币多次投掷，落地时它出现正、反面朝上的概率各为1/2，此即为客观概率。客观概率是有统计规律可循的，并可由统计规律求得。主观概率是根据个人的知识和经验对某事件发生的可能程度进行的估计。如乘车旅行出发前估计交通车拥挤程度，是否能买到当天的班机票，就属主观概率。

决策树的要素有决策结点、状态结点（机会点）、方案分枝和概率分枝。绘制决策树时，首先要绘出决策结点，用方块表示；其次，按照不同方案数从决策结点绘出数根方案分枝；再次，在各方案分枝末梢画出状态结点，用圆圈表示；最后，由各个状态结点绘出若干概率分枝，每一根概率分枝代表一种自然状态。

决策树绘成后，就要计算损益期望值。期望值的计算要从左至右进行。先是根据不同方案在不同自然状态下的损益值计算方案的综合损益值，记在该方案的自然状态点（机会点）上；然后再比较各个方案的综合损益值，选出综合损益值最大的方案，其余方案可记上“不用”的符号，这叫做“剪枝”。

在比较综合损益值时，应把实施方案所花的费用扣除，最后可把最优方案的扣除实施费用后的综合损益值记在决策点上。

例 7-2 某集团为生产一种新品种考虑了两个方案，一是扩建厂房、增加一些新设备，需投资 500 万元；如投产后销路好，每年可盈利 150 万元，如销路差，则每年可获盈利50万元；二是对旧厂进行技术改造，需投资200万元，如销路好，每年可盈利100万元，如销路差，则每年可获盈利40万元。假定销路好的概率为0.6，销路差的概率为0.4，而且两个方案都只考虑投产后五年时间（生产期）和赢利一个因素，哪个方案最好呢？

根据以上数据绘成的决策树如图7-5所示：

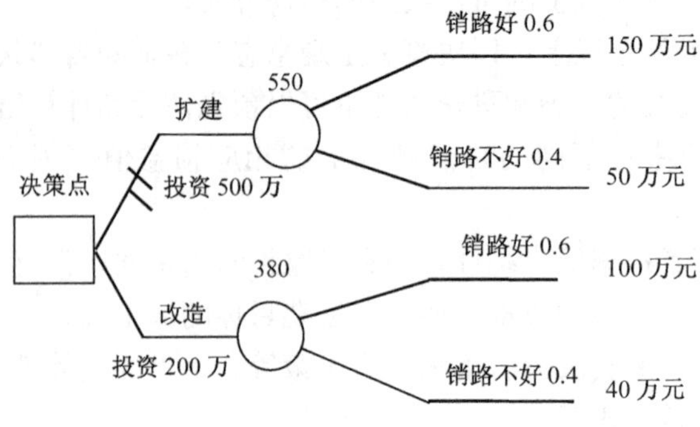

图7-5　决策树

方案损益值计算：

扩建方案期望损益值为

$$(150\times0.6+50\times0.4)\times5=550(\text{万元})$$

改造方案期望损益值为

$$(100\times0.6+40\times0.4)\times5=380(\text{万元})$$

扩建方案综合损益值为

$$550-500=50\ (\text{万元})$$

改造方案综合损益值为

$$380-200=180\ (\text{万元})$$

改造方案由于其综合损益值大而成为最优方案，把扩建方案枝剪去。

2. 损益表

损益表主要用于解决单阶段决策问题。其优点是直观简洁。

例7-3　某工厂虽已建成投产，但根据统计，产品的销路有好、一般、差三种可能情况发生，其概率分别为0.3，0.5，0.2，可供选择的行动方案则有三个，大批量生产（A_1），中批量生产（A_2），小批量生产（A_3）。其损益值见表7-2。面对这种情况，决策者应该如何选择行动方案？

这种问题，决策者可作如下两种考虑：

(1) 采用最大可能准则

着眼点在于产品销路最大可能出现的概率。对于上例显然是产品销路“一般”出现的概率为最大。选取此种销路而不考虑其他两种情况，就将三种自然状态简化为一种自然状态，从而把风险型决策简化成确定型决策问题。比较这三种行动方案，显然大批量生产获得的效益值最大，从而选择第一种的方案A_1。

显然，最大可能准则在逐个自然状态中某自然状态出现的概率比其他状态出现的概率越大时效果越好。如果出现的概率值相差不大，这种方法就较差了，甚至有时可能造成严重的失误。

表 7-2　损益值表　　（单位：万元）

自然状态 / 行动方案	销路好（Q1） 0.3	销路一般（Q2） 0.5	销路差（Q3） 0.2
大批量生产（A_1）	30	23	−15
中批量生产（A_2）	25	20	0
小批量生产（A_3）	12	12	12

（2）采用期望值为标准的方法

考虑每个月产品生产所获得的平均益损值，即期望值的大小。

$E(A_1)=30\times0.3+23\times0.5+(-15)\times0.2=17.5$

$E(A_2)=25\times0.3+20\times0.5+0\times0.2=17.5$

$E(A_3)=12\times0.3+12\times0.5+12\times0.2=12$

通过对三种期望值的比较可知，选择第一和第二种方案均可。但通过仔细分析还可以看出，在一次决策的情况下，第一种方案如果碰上销路不好，可能亏损 15 万元，而第二次碰上销路不好并无亏损。所以在这种情况下，决策者宁愿采取第二种方法。为了表示这种情况，一般采用下界差，即期望值与益损值下界之差作为衡量指标，并记作

$$D(A_j)=E(A_j)-\min[a_{ij}]$$

对上例，有

$$D(A_1)=17.5-(-15)=32.5$$
$$D(A_2)=17.5-0=17.5$$
$$D(A_3)=12-12=0$$

所以，在期望值相同的情况下，决策方案应选取下界差最小者。

对于风险型决策，已发展起来的定量决策方法与技术除了有上面介绍的方法外，还有排队论、随机库存理论等方法，有兴趣者可参阅有关书籍或资料。

7.4.5　非确定型决策方法

所谓非确定型决策，是指对未来的情况虽有一定的了解，但又无法确定各种情况可能发生的概率，对这种问题的决策，称为非确定型决策。其特点为：①必须有明确的目标；②必须有两个以上的可行方案；③必须有两种以上的自然状态；④必须有不同方案的损益值。也就是说，当决策者所面临的决策问题，除了不能满足风险型决策问题中的预测和估计自然状态的概率条件外，其他风险型决策问题中的条件均能满足。由于概率的估计受决策者经验、认识能力的影响较大，因此，风险较大。非确定型决策的方法一般可采取悲观准则、乐观准则、乐观系数准则、等可能性法则、“后悔值”决策准则等。

1. 悲观准则（或称小中取大准则）

该准则代表一种保守的决策标准，它是按最小最大损益值来进行决策的方法。通过比较各方案所产生的最小损益，而选取其中最大的一个。采用这一准则可保证决策者至少可获得某一收益，因为不论实际发生的状态如何，都不会得到更差的结果。

例 7-4 某公司准备生产一种新产品 G，对未来的销售情况只能作大致的估计，市场可能出现高、中、低三种需求情况，公司有三套方案可执行：①新建一个车间；②扩建原有车间；③改造原有车间生产线。五年内的损益值如表 7-3 所示，试进行决策。

表 7-3 产品 G 的损益值 （单位：万元）

状态 方案	高需求	中需求	低需求	最小损益值	最小损益值中的最大值
新建（A_1）	60	20	−25	−25	
扩建（A_2）	40	25	0	0	
改建（A_3）	20	15	10	10	10

对表 7-3 中的数据进行分析可以看出，各种方案的最小损益值分别为：方案 A_1 的最小损益值为−25，方案 A_2 的最小损益值为 0，方案 A_3 的最小损益值为 10。依悲观准则（小中取大准则），故应选 A_3（改建）方案。

2. 乐观准则

乐观准则也称大中取大准则，适用于乐观的决策者。即比较各方案所产生的最大损益，而选取其中最大的一个。采用此准则须冒一定的风险，但也可能有最大的收益。

如：根据表 7-3 的数据，利用乐观准则可得

$$\max A_1\ \{60,\ 20,\ -25\} = 60$$

$$\max A_2\ \{40,\ 25,\ 0\} = 40$$

$$\max A_3\ \{20,\ 15,\ 10\} = 20$$

方案 A_1 的最大值为 60 万元；方案 A_2 的最大值为 40 万元；方案 A_3 的最大值为 20 万元。因此，依据乐观准则应选择的方案为 A_1。

3. 乐观系数准则

乐观系数准则出于决策者对客观事物的估计，既不完全乐观，也不完全悲观，主张作折中的考虑。对这种折中考虑的观念，常用一个乐观权重系数 α 表示。α 取值期间为 $[0,\ 1]$，因而，悲观系数则为 $1-\alpha$。

α 是一个经验常数，其大小是根据不同的决策对象而定的。如果 α 接近于 1，则比较乐观；如果偏于悲观，乐观系数值可取小一点。用乐观系数法进行决策时，选择各方案乐观期望值最大者作为决策方案。乐观期望值按下式计算

$$乐观期望值=最高收益\times\alpha+最低收益\times(1-\alpha)$$

例如，若取乐观系数值为 0.7，则根据表 7-3 可得

A_1乐观期望值＝60×0.7＋(－25)×(1－0.7)＝34.5

A_2乐观期望值＝40×0.7＋0×(1－0.7)＝28

A_3乐观期望值＝20×0.7＋10×(1－0.7)＝17

所以最佳方案选择 A_1。

这就是说，根据乐观系数准则，取乐观系数为 0.7 时，决策方案为 A_1。显然，当乐观系数取 1 时，过渡到乐观准则；当乐观系数为 0 时，过渡到悲观准则。所以，乐观准则和悲观准则是乐观系数准则的两个极端准则。

4. 等可能性准则

等可能性准则又称为拉普拉斯准则。在不确定情况下的方案选择时，出于决策者认为每种自然状态出现的概率均为等值的观念。即当有 n 种有限的自然状态时，则每种情况发生的概率为 $1/n$，然后计算各种行动方案的期望收益（期望损益值），选取期望收益（期望损益值）最大的方案。

引用表 7-3 中的数据，在拉普拉斯准则下，假定高需求、中需求、低需求发生的概率各占 1/3，则

A_1的期望值＝60×1/3＋20×1/3＋(－25)×1/3＝18.3

A_2的期望值＝40×1/3＋25×1/3＋0×1/3＝21.7

A_3的期望值＝20×1/3＋15×1/3＋10×1/3＝15

应选择方案 A_2。

5. "后悔值"准则

"后悔值"准则也叫萨凡奇（Savage）准则。所谓后悔，也就是机会损失，这就是当某一种自然状态实际出现时，才能明确哪个方案的收益值最大，是最优的，如果决策者当初并没有采用这个方案，而是采用了其他方案，这时就会感到遗憾或后悔，最大收益值和所采取的方案的收益值之差，叫做后悔值。采用"后悔值"准则就是首先找出各方案的最大后悔值，然后选择最大后悔值为最小的方案作为最优方案。

应用表 7-3 的数值计算后悔值如表 7-4 所示。

表 7-4　新产品 G 的后悔值计算表　（单位：万元）

方案 \ 状态	高需求	中需求	低需求	最大后悔值	最大后悔值中的最小值
新建（A_1）	0	5	35	35	
扩建（A_2）	20	0	10	20	20
改建（A_3）	40	10	0	40	

在各方案最大后悔值中，以方案 A_2 的最大后悔值为最小，所以，应选择 A_2（扩建）方案。

总之，通过以上分析可以看出，对于风险型决策问题和非确定型决策问题，采用不同的决策准则所得到的决策方案并非完全一致，而且客观上也难以判别究竟哪个准则较好，哪个准则不好，至于应采用哪个准则，还由决策者的心理素质而定。

案例及习题

一、案例

1. 宏光印刷厂在有效性和效率上竞争

宏光印刷厂主要从事报纸广告插页的印刷，这些广告是超级市场、杂货连锁店及廉价商店登载的。这项业务占该厂当前年销售额的70%。此外，该厂还从事专业印刷，大部分是优质的彩色广告、商品目录和百货公司的推销传单。插页业务对价格极为敏感，利润率低。专业印刷需要较高的技巧，也需要考虑产品的一些差别，用户对价格不过分看重，因而利润率较高。

这个厂的厂长过去一贯追求销售额的增长，着重发展大量的、低利的插页业务。现在他想设法提高销售利润率，以增加盈利。

厂顾问向他介绍了"波特曲线"，这个概念描述了市场占有率与资金利润率之间的假定的关系。根据这一曲线，有两类企业的资金利润率较好：①"讲求有效性"的市场经营者，他们通过产品（质量和特性）差别化、广告和用户服务，去开拓一个不大的但利润率较高的市场；②"高效率"的市场经营者，他们以价格做竞争的基础，用最低廉的成本和价格去争取尽量大的市场占有率。印刷厂实际上面临着两个不同的市场，插页业务无疑是效率型的市场，而专业印刷则更多地应属于有效性的市场。由于工厂现有机器设备能力有限，要出高利去贷款以扩大能力不容易且不一定合算，所以需要在插页业务和专业印刷之间做出选择。

单搞插页业务和专业印刷，都将在未来一段时期内产生不同的后果，丢掉了的业务是难以恢复的，要在二者之间作选择，就是工厂的一个战略决策。再者，如决定单搞专业印刷，那就意味着销售额及其增长率将显著下降，因为可能承接的专业印刷业务肯定不会有插页业务那么多。一贯注重增长的厂长对于有碍销售额增长的任何有意识的决策都是十分怀疑的。

思考及讨论题

1. 这个厂要在插页业务和专业印刷之间做出选择，需要在外部环境和内部条件的哪些方面进行调查研究、分析和预测？

2. 如果你是厂长，你将如何做出决策？

3. 这个厂有无其他途径去提高销售利润率，增加盈利？

2. 选定管理决策的规范模式

美国学者弗鲁姆在"管理决策新探"论文中，从决策的合理性、可接受性和时效性这三种不同的效能要求角度，将管理决策的过程区分为五种规范模式，即第一类专断式（AⅠ），第二类专断式（AⅡ），第一类协商式（CⅠ）、第二类协商式（CⅡ）和群体参与式（GⅡ）。这五种决策模式和风格的界定如下：

AⅠ：管理者利用当时可得到的信息自己解决问题或做出决策。

AⅡ：管理者从下属那里得到必要信息，自己决定解决问题的方案。

CⅠ：管理者和有关下属个别地讨论问题，他做出的决策可以反映出下属的影响，也可以不反映。

CⅡ：管理者和作为一个群体的下属讨论问题，集体地征求他们的意见和建议。

GⅡ：管理者和作为一个群体的下属讨论问题，共同制定和评价解决问题的备选方案，并力求就解决方案达成一致意见。

弗鲁姆认为，每一种决策模式的有效性如何取决于其应用的情景特性。可以从如下七个方面的属性来明确所要决策问题的类型：

A：决策是否有某种质量上的要求，从而使某一解决方法可能比另一方案更为合理？

B：是否已经掌握了做出高质量决策的足够信息？

C：所做决策是否属于结构性问题？

D：下属对决策的认可是否对有效执行决策具有重要作用？

E：如果由个人做出决策，是否有适当的把握能得到下属的接受？

F：下属是否愿意参加所要解决问题的决策，以便实现既定的组织目标？

G：下属之间是否可能在偏好方案方面产生冲突？

请用弗鲁姆所提出的这一理论来为如下四个案例情况分别确定一种最合适的决策模式。

案　例　1

你是一家大电子厂的制造经理。该公司的管理部门最近安装了一些新机器，实行了一种简化的工作系统，使每一个人包括你自己在内感到惊讶的是，提高生产率的期望并未实现。实际上，生产开始下降，质量降低，离职的雇员数量增加。

你认为机器没有任何故障。你有使用这种机器的其他公司的报告，这些报告坚定了你的想法。你也曾要求制造这种机器的公司的一些代表对机器进行过仔细检查，他们报告说，机器运转正处于最高效率。你怀疑，问题可能出在新的工作系统上。但是，你的直接下属并非都持有这种看法，他们是四个基层主管人，每人负责的一个科组，还有一个是你的物资供应经理。他们对生产率下降的原因看法不同，分别认为是操作工训练差、缺乏适当的经济刺激体制和士气低落。这种问题说明各人各有想法，显然，你的下属中存在着潜在的分歧。

这天早晨，你接到分部经理的一个电话。他刚刚得到你近6个月的生产数字，打电话表示关切。他指示说，你应以你认为的最好方式解决这一问题，他很想知道在一周内你计划采取什么步骤。你和部门经理同样关心生产率的下降，并且你知道，你的下属也同样关心。问题在于采取什么步骤扭转这种情况。

案　例　2

你是总工长，负责一个铺设石油管道的大队，你必须估算预计的进展率，以便安排把材料运送到下一个作业地点。你了解你巡回的地形特点，并且有计算该地形铺设速率的平均数及方差所需要的历史数据。在给定了这两个变量时，计算把材料和设备运到下一地点所需要的最快时间和最慢时间的问题已经十分简单了。重要的是，你的计算要有适当的准确性，估计过低，会使工长和工人闲着无事干，估计过高，会使材料在使用前有一段时间闲置无用。

铺设管道进展顺利，如果提前完成计划，你的5名工长和大队的其他成员可以得到很多奖金。

案　例　3

你正在监督12名工程师的工作。他们受到同样的正规训练，工作经验也很类似，你可以在工程项目上相互交换他们的岗位。经理在昨天通知你，国外的分支机构要求4名工程师出国工作六至八个月。由于某种原因，他提出通过群体方式考虑这一要求，你也表示同意。

不管是从现在的工程项目，还是从未来的工程项目来看，你管理的所有工程师都有能力完成这些任务，没有任何理由可说明某个人比其他人更强。一般认为，此次出国的任务是不受人欢迎的，这种实际情况使问题变的多少有点复杂。

案　例　4

你是分部经理所管的工作人员，工作涉及管理、技术等各种各样的问题。分配给你的任务是制定出一种分部所辖的五个工厂通用的标准方法，用于人工查看设备计数器、记录读数，并把评分传递到集中设置的信息系统。

到目前为止，查看和（或）传递数据的错误率很高。某些工厂的错误率明显比其他工厂高，各个厂之间用于记录和传递数据的方法出入很大。因此，有一部分错误可能是具体的地区条件造成的，这给建立各厂通用的系统带来困难。你有错误率方面的信息，但是没有各地产生这些错误的实际工作情况的信息，也没有必然造成这些实际工作差别的地区条件方面的信息。

提高数据质量可以使每一个人都得到好处。某些重要决策要运用这些数据，你通过质量检查员和各个工厂保持联系，他们负责收集数据。他们诚心诚意地想把自己的工作做好，但是对高层管理部门干预他们的工作很敏感。任何解决方案，如果得不到各厂检查员的积极支持，都不可能明显地降低错误率。

思考及讨论题

1. 对以上四种情形，如果不进行分析，你个人会分别选定哪种管理决策模式？

2. 就每一种决策情形而言，决策的合理性与决策的可接受性，哪一个更重要？各项决策对时效性的要求如何？

3. 你作为案例中的管理者，针对每一种决策的情形，你认为应当分别选用何种决策模式最为合适？为什么？

4. 你经过细致分析后所选定的决策管理决策模式与你最初认定的决策模式是否相同？如果不相同，原因何在？

5. 你认为学习管理理论对指导管理实践有多大的作用？

二、习题

1. 决策的概念及其特点是什么?
2. 程序化决策与非程序化的决策有何不同?
3. 与个人决策相比，群体决策有什么优缺点?
4. 追踪决策在什么情况下进行? 其特点是什么?
5. 规范决策理论和行为决策理论有什么差别?
6. 决策的基本步骤是什么，具体包含哪些内容?
7. 影响决策过程的因素有哪些?
8. 现代决策方法有哪些?

第三篇

管理艺术

☆ 沟通

☆ 激励

☆ 团队

第八章

沟　　通

◇ 理解沟通的含义、类型、过程

◇ 掌握沟通障碍及其应对策略

◇ 掌握建设性沟通的五大原则

◇ 理解倾听的概念及其与听的概念

◇ 掌握积极倾听的技巧

◇ 理解演讲的概念、准备

◇ 了解演讲技巧

◇ 理解谈判的含义、分类、基本规则

◇ 了解谈判策略

沟通是管理的重要工具。为了实现共同的目标，组织需要了解外部环境条件，需要内部各个部门、各环节协调配合，人、财、物各种资源合理配置，这些都需要通过沟通来实现。

8.1 沟通概述

8.1.1 沟通的含义

沟通就是为了设定的目标，人们在互动过程中，发送者通过一定渠道（也称媒介或通道），以语言、文字、符号等表现形式为载体，与接受者进行信息（包括知识和情报）、思想和情感等交流、传递和交换，并寻求反馈以达到相互理解的过程。

具体来说，沟通有以下几方面的含义：

1. 沟通首先是意义的传递

如果信息和想法没有传递到接收者，或说话者没有听众，或写作者没有读者就不能构成沟通。沟通中传递的信息包罗万象，包括事实、情感、价值观和意见观点。沟通既可以是单纯的信息交流，也可以是思想、情感、态度和价值观的综合交流。一个良好的沟通者会谨慎区别基于推论的信息和基于事实的信息。另外，沟通者也要完整地理解传递来的信息，即既要获取事实，又要分析发送者的价值观、个人态度，只有这样才能达到有效的沟通。

2. 信息不仅要被传递到，还要被充分理解

在沟通过程中，由于所有传递于沟通者之间的只是一些符号，而不是信息本身。发送者要把传递的信息翻译成符号，接受者则要进行相反的翻译过程。由于每个人的“信息-符号”储存系统各不相同，对同一符号常常存在不同的理解，由此导致了不少的沟通问题。因此，在传递过程中，还必须注意所传递的信息能否被理解，才能达到沟通的目的。

3. 有效的沟通是双方准确地理解信息的含义

有人认为，有效的沟通就是使别人接受自己的观点；有人认为有效的沟通是指沟通双方达成协议，而不是准确地理解信息的意义。实际上，沟通双方能否达成一致意见，对方是否接受你的观点，往往并不是沟通有效与否这个因素决定的，它还涉及双方根本利益是否一致、价值观是否相似等其他关键因素。

4. 沟通是一个双向的、互动的反馈和理解过程

沟通不是一个纯粹单项的活动，沟通的目的不是行为本身，而是在于结果。如果预料的结果并未出现，接受者并未对你发出的信息做出反馈，那就没有达成沟通，则我们就要反思沟通的方式与方法了。

沟通在管理中举足轻重，正如未来学家约翰·奈斯比特所言：“未来竞争将是管理的竞争，竞争的焦点在于每个社会组织内部成员之间及其与外部组织的有效沟通上。”

沟通的作用主要体现在以下几个方面：

1）沟通是组织与外部环境之间建立联系的桥梁。任何组织在生产经营活动中都要与政府行政管理部门、供应商、债权人、投资者、竞争者、顾客等发生各种各样的关系。组织必须了解他们的需要和要求，然后才能采取措施予以满足，而这只有通过沟通才能实现。尤其是在市场竞争中各种环境不断变化，更要求组织不断与外界保持经常性的沟通，以便于把握成功的机会。

2）沟通是组织协调各方面活动，实现科学管理的手段。要达到科学管理，管理者必须了解组织内部的信息，即管理对象的各个方面或部门在管理过程中的活动特点及其变化的各种信息、情报和资料。通过这些信息，管理者可以了解员工的需求、士气、态度与意见，了解各部门之间的关系和工作效果，借此进行有效控制，指挥整个组织的活动，协调各环节的关系。

3）沟通是领导者激励下属，履行领导职能的基本职能。领导者应该运用领导艺术、采取各种符合员工心理和行为规律的激励措施来调动其积极性。而这一切行之有效的前提是一方面领导者要了解下属的需要，另一方面下属也要了解领导者的意图和想法。而这就需要通过沟通来实现。

4）沟通有利于满足员工的心理需要，改善人际关系。每个员工都有受人尊重、社交和爱的需要，人与人之间的沟通和交流可以使这些需要得到满足。经常的沟通和交流可以使人们彼此了解，消除彼此的隔阂和误会，消除和解决矛盾与纠纷，从而利于形成良好的人际关系。

由此可见，管理中应重视内外部信息的交流，从而为生产经营活动创造良好的内部环境，使企业更好地适应外部环境的变化。

8.1.2 沟通的类型

国内研究沟通的学者王磊等人在总结国内外研究成果的基础上，把沟通分为以下几种类型。

1. 根据沟通参与者类型的不同，沟通可以分为机—机沟通、人—机沟通和人—人沟通

1）机—机沟通。即机器与机器之间的沟通。如通讯工具之间的信息交流，包括电话、电传、电视、电子邮件等。它属于科学技术领域所研究的问题，是一种单纯的信息交流。

2）人—机沟通。即人与机器之间的沟通。这广泛存在于人对物资设备的高效运用过程中，如确定车间现场管理中设备的摆放位置、与操作人员的距离远近、劳动效率及安全性等。它属于工程心理学与科学技术领域所研究的问题，也是一种单纯的信息交流。由于其单向性、无及时反馈性等特点，所以是一种机械的、被动的沟通。

3）人—人沟通。即人与人之间和以人为主体的组织与组织之间的沟通。它比人—机沟通、机—机沟通复杂得多。它既包括了信息在人与人之间的传递，又包括人与人之间思想、观点、态度的交流，属于一种综合性沟通。由于沟通双方在生理、心理（包括情感、思想、观点和态度等）、社会背景、价值观、思维方式等方面错综复杂，为实现

成功的沟通，必须深入、细致、有针对性地分析沟通的主体和客体，才能选择沟通的信息内容和安排、沟通的渠道和方式。

2. 根据沟通所经过的途径存在的差异，可以分为正式沟通与非正式沟通

1）正式沟通。是指组织中依据规章制度明文规定的原则进行的沟通。例如组织间的公函来往、组织内部的文件传达、召开会议等。按照信息流向的不同，正式沟通又可细分为下行沟通、上行沟通、横向沟通等几种形式，如图 8-1 所示。优点是沟通效果好，有较强的约束力；缺点是沟通速度慢。

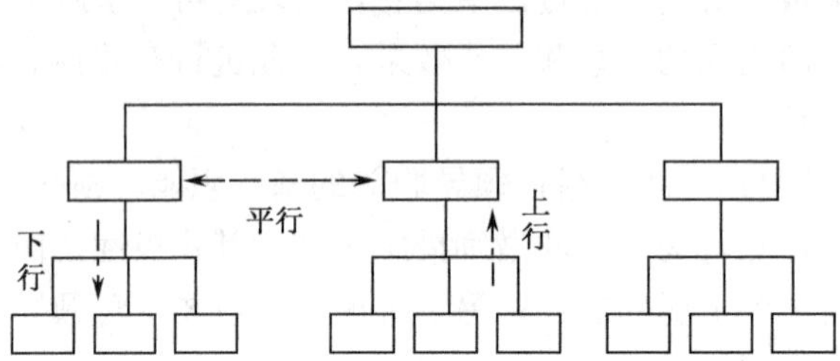

图 8-1　组织沟通类型

上行沟通是指自下而上的沟通，即下级向上级汇报情况、反映问题。这种沟通既可以是书面的，也可以是口头的。为了做出正确的决策，领导者应该采取措施如开座谈会、设立意见箱和接待日制度等鼓励下属尽可能多地进行上行沟通。

下行沟通是指自上而下的沟通，即领导者以命令或文件的方式向下级发布指示，传达政策，安排和布置计划工作等。下行沟通是传统组织内最主要的一种沟通方式。

平行沟通主要是指同层次、不同业务部门之间以及同级人员之间的沟通。平行沟通符合过程管理学派创始人法约尔提出的“跳板原则”，它能协调组织横向之间的联系，在沟通体系中是不可缺少的一环。

2）非正式沟通。是指在正式沟通渠道之外进行的信息传递和交流。非正式沟通和正式沟通不同，它在沟通对象、时间及内容等各方面，都是未经计划和难以辨别的。其沟通途径是通过组织成员的关系，这种关系超越了单位、部门以及级别层次等。其优点是沟通方便，沟通速度快且能提供一些正式沟通中难以获得的信息。缺点是容易失真。

3. 按传播媒体的形式划分，有书面沟通、口头沟通、非语言沟通和电子媒介

书面沟通是以书面文字的形式进行的沟通，信息可以长期得到保存。在组织中，一些重要文件如合同、协议、规章、制度、规划等都要运用书面沟通。文字上要求准确、简练，避免在解释上出现二义性。

口头沟通是以口头交谈的形式进行的沟通，包括人与人之间面谈、电话、开讨论会以及发表演说等。口头沟通的特点是信息传递快，双向交流，信息能够立即得到反馈，是最常见的一种沟通形式。口头沟通也常常具有感情色彩，其规范性方面不及书面沟通。

非语言沟通主要有声调、音量、手势、体语、颜色、沉默、触摸、时间、信号和实

物等。

电子媒介是指运用各种电子设备进行信息的传递。如电视会议、电子邮件等。尤其是电子邮件的运用已经全球化，使信息传递速度大大加快。管理者应学会运用这些现代信息沟通媒介。

4. 按沟通网络的基本形式划分，有链式、轮式、Y式、环式和全通道式沟通

几种沟通的形态如图 8-2 所示。

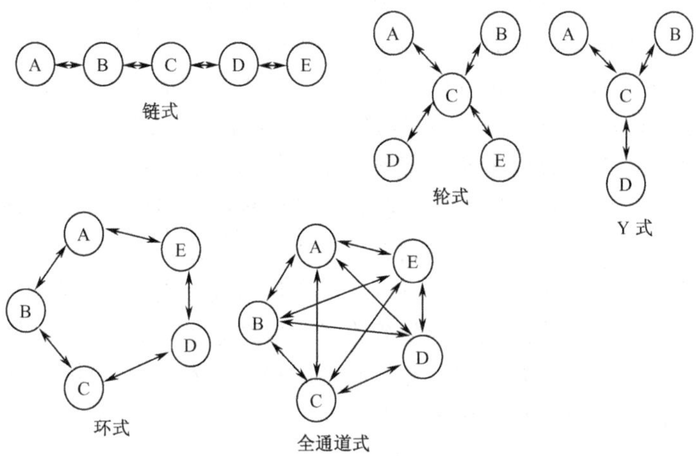

图 8-2 五种沟通形态图

1）链式沟通属于控制型结构，在组织系统中相当于纵向沟通网络。网络中每个人处在不同的层次中，上下信息传递速度慢且容易失真，信息传递者所接收的信息差异大。但由于结构严谨，链式沟通形式比较规范，在传统组织结构中应用较多。

2）轮式沟通又称主管中心控制型，该种沟通网络图中，只有一名成员是信息的汇集发布中心，相当于一个主管领导直接管理几个部门的权威控制系统。这种沟通形式集中程度高，信息传递快，主管者具有权威性。但由于沟通渠道少，组织成员满意程度低，士气往往受到较大的影响。

3）Y式沟通又称秘书中心控制型，这种沟通网络相当于企业主管、秘书和下级人员之间的关系。秘书（C）是信息收集和传递中心，对上接受主管（D）的领导，这种网络形式能减轻企业主要领导者的负担，解决问题速度较快。但除主管人员以外，下级人员平均满意度与士气较低，容易影响工作效率。

4）环式沟通又称工作小组型沟通，该网络图中，成员之间依次以平等的地位相互联络，不能明确谁是主管，组织集中化程度低。由于沟通渠道少，信息传递较慢。但成员之间相互满意度和士气高。

5）全通道沟通是一个完全开放式的沟通网络，沟通渠道多，成员之间地位平等，合作气氛浓厚，成员满意度和士气均高。全通道沟通与环式沟通的相同之处在于，网络中主管人员不明确，集中化程度低，一般不适用于正式组织中的信息传递。

除此以外，在非正式组织中，还存在着一种“葡萄藤”式的沟通形式，沟通随处延伸，无确定的方向和固定的形式，即“小道消息”所传播的一种渠道与方式。

5. 根据沟通时是否出现信息反馈，可以把沟通分为两种：双向沟通和单向沟通

1）单向沟通。是指在沟通过程中，信息发送者与接收者之间的地位不变，一方主动发送信息，另一方只被动地接收信息，没有反馈发生。例如报告，发布指示和命令等。这种沟通方式速度快，发送者不受接收者的挑战，能保持和维护尊严。因此，当遇到工作性质简单而又急需完成或遇到紧急情况下不需要或根本不允许商讨时，采用单向沟通方式效果很好。但由于接收者对信息内容的理解没有机会表达，单向沟通有时准确性较差。另外，单向沟通缺乏民主性，容易使对方产生抵触情绪，心理效果较差。

2）双向沟通。是指在沟通过程中，发送者和接收者的地位不断变换，信息在双方间反复流动，直到双方对信息有了共同理解为止，如讨论、面谈等。这是有信息反馈的沟通。在双向沟通中，沟通者可以检验接收者是如何理解信息的，也可以使接收者明白其所理解的信息是否正确，并可要求沟通者进一步传递信息。其优点是沟通信息的准确性高，接收者有反馈意见的机会，双方可以反复交流磋商，增进彼此的了解，加深感情建立良好的人际关系。缺点是沟通过程中接收者要反馈意见，有时使沟通受到干扰，影响信息的传递速度。另外由于要时常面对接收者的提问，发送者会感到心理压力。

单向沟通与双向沟通的比较如表 8-1 所示。

表 8-1　单向沟通与双向沟通的比较

	速度	准确性	传递者	接收者	干扰	条理性	反馈
单向沟通	快	低	压力小	无信心	小	有条理	无
双向沟通	慢	高	压力大	有信心	大	无条理	有

8.1.3　沟通的过程

任何沟通都是一个复杂的过程，如图 8-3 所示。

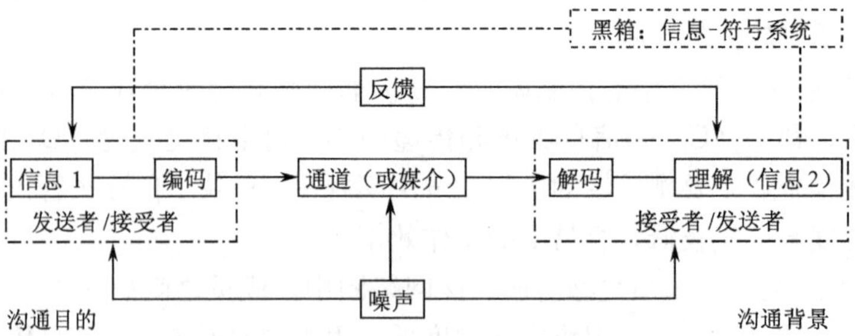

图 8-3　沟通的过程与要素

信息沟通过程涉及发送者（信息源）、接受者（听众）、编码和解码、目标（目的）、背景或环境、信息、管道或媒介、反馈和噪音等九大要素，以及两个黑箱操作过程。一

个是发信者对信息的编码过程；一个是信息接受者对信息的解码过程。这两个子过程之所以被称为黑箱过程是因为我们无法检测而且也难以控制这两个过程，这是人脑的思维和理解过程。前者是反映事实、事件的数据和信息如何经过发送者的大脑处理、理解并加工成双方共知的语言的过程，而后者是接受方如何就接受到表述数据和信息的语言经过搜索大脑中已有的知识，并与之相匹配，从而将其理解、还原成事实、事件等的过程。

在沟通过程中，有九大要素。

(1) 发送者（信息源，source）

分析“谁发起这个沟通行为？信息从哪里发出的？”“为什么要信任他？”等问题。发送者的动机、态度及其可靠性对沟通效果有重要作用。

(2) 接受者（听众，receiver）

要考虑的问题包括：是什么促使他们接收和理解这些信息？分析听众的态度——积极听众、中性听众还是消极听众；关键听众还是次要听众（各是谁?）；直接听众还是间接听众；潜在听众还是显在听众；有没有还没有被考虑到的听众？

(3) 编码和解码（encoding & decoding）

编码是发送者把自己的思想、观点、情感等信息根据一定的语言、语义规则翻译成可以传递的符号形式的过程，发送者的词汇和知识在这里起着重要的作用。解码是信息接收者的思维过程，是信息接收者根据自己已有的经验和参考框架把所接收的符号进行翻译、解释的过程。这就不能保证黑箱过程中信息 1 和信息 2 完全吻合。

(4) 目标

是指沟通想寻求的结果是什么，分析整个沟通过程所要解决的最终问题。在沟通之前我们要对目标及其实现的成本进行比较。然后思考：目标有价值吗？它和同等重要或更重要的目标相冲突吗？沟通双方将怎样评价其风险和成果？

(5) 背景

沟通总是在一定背景中发生的，任何形式的沟通，都要受到各种环境因素的影响，分为内部环境（包括组织文化、组织历史和竞争状况等）、外部形势（如客户、潜在顾客、当地媒体等）。在制定沟通战略之前，要确保你了解这些背景。

(6) 信息

指沟通主体（发送者和接收者）要分享的思想感情。要考虑的问题：针对特定的听众提供什么信息？多少信息可以实现沟通的目的？他们可能会产生何种疑惑？谁是信息的受益者？你的信息将会对它们产生何种意义？如何组织信息才具有最好的说服力和被接收者牢记在心中？

(7) 管道或媒介（channel）

是指信息得以从传播者到接收者所凭借的手段，如面谈、书面告知、电报、电话、E-mail、会议等。

(8) 反馈

反馈就是接收者对于发送者传来的信息所做出的反应。如果接收者能充分解码，并使信息真正融入信息交流过程中的话，则会产生反馈。通过反馈，个人之间的信息交流变成一种双向或多向的动态过程。

(9) 噪声

噪声是指通道中除了所要传递的那些信息之外的任何干扰，即影响接收、理解和准确理解信息的任何障碍因素。噪声作为一种干扰源，其本质也是一种信息。只不过这种信息通过增加信息编码和解码中的不确定性，导致信息传递和接收时的模糊和失真，并将进一步干扰沟通主体之间的信息交流。

8.2 沟通障碍

1. 沟通障碍

在信息沟通过程中，常常会受到各种因素的影响和干扰，使沟通受到阻碍。沟通障碍主要来自三个方面：发送者的问题、接收者的问题以及信息传播通道的问题。

(1) 发送者的问题

在沟通过程中，信息发送者的情绪、倾向、个人感受、表达能力、判断力等都会影响信息的完整传递。障碍主要表现在：

1) 表达能力不佳。发送信息方如果口齿不清、词不达意或者字体模糊，就难以把信息完整地、正确地表达出来；如果使用方言，会使接收者无法理解。

2) 信息传送不全。发送者有时缩减信息，使信息变得模糊不全。

3) 信息传递不及时或不适时。信息传递过早或过晚，都会影响沟通效果。

4) 知识经验的局限。信息发送者与接收者如果在知识和经验方面水平悬殊，发送者认为沟通的内容很简单，不考虑对方，只按自己的知识和经验范围进行编码，而接收者却难以理解，从而影响沟通效果。

5) 对信息的过滤。过滤是指故意操纵信息，使信息显得对接收者更有利。如管理者向上级传递的信息都是对方想听到的东西，这位管理者就是在过滤信息。过滤的程度与组织结构层次与组织文化有关。组织纵向管理层次越多，过滤的机会也就越多。组织文化则通过奖励系统鼓励或抑制这类过滤行为。如果奖励只注重形式与外表，管理者便会有意识地按照上级的品位调整和改变信息内容，现实生活中“报喜不报忧”就是典型的信息过滤行为。

(2) 接收者的问题

从信息接收者的角度看，影响信息沟通的因素主要有六个方面：

1) 信息译码不准确。接收者如果对发送者的编码不熟悉，有可能误解信息，甚至理解得截然相反。

2) 对信息的筛选。受知觉选择性的影响，接收者在接收信息时，会根据自己的知识经验去理解，按照自己的需要对信息进行“选择”，从而可能会使许多信息内容被丢弃，造成信息的不完整甚至失真。

3) 对信息量的承受力。每个人在单位时间内接收和处理信息的能力不同，对于承受能力较低的人来说，如果信息过量，难以全部接收，就会造成信息丢失而产生误解。

4) 心理上的障碍。接收者对发送者不信任，敌视或者冷漠、厌烦，或者心理紧张、恐惧，都会歪曲或拒绝接收信息。

5) 过早地评价。在尚未完整地接收一项信息之前就对信息做出评价，将有碍于对信息所包含的意义的接收。价值判断就是对一项信息所给予的总价值的估计，它是以信息的来源、可靠性或预期的意义为基础的。过于匆忙地做出评价，就会使接收者只能听到他所希望听到的那部分内容。

6）情绪。在接收信息时，接收者的感觉会影响到他对信息的理解。不同的情绪感受会使个体对同一信息的解释截然不同。狂喜或悲伤等极端情绪体验都可能阻碍信息沟通，因为此种情况下人们会出现“意识狭窄”现象而不能进行客观地理性地思维活动，而代之以情绪性的判断。因此，应尽量避免在情绪很激动的时候进行沟通。

（3）沟通通道的问题

沟通通道问题主要有以下几个方面：

1）选择沟通媒介不当。如重要事情口头传达效果较差，因为接收者会认为“口说无凭”、“随便说说”而不重视。

2）几种媒介互相冲突。当信息用几种形式传送时，如果相互之间不协调，会使接收者难以理解传递的信息内容。如领导表扬下属时面部表情很严肃甚至皱眉头，会让下属觉得迷惑。

3）沟通渠道过长。组织机构庞大，内部层次多，从最高层传递信息到最底层，从低层汇总情况到最高层，中间环节太多，容易使信息损失较大。

4）外部干扰。信息沟通过程中经常会受到自然界各种物理噪音、机器故障的影响或被另外事物干扰所打扰，也会因双方距离太远而沟通不便，影响沟通效果。

2. 应对策略

在管理活动中，人们都希望明白无误地正确传递信息，克服沟通的障碍，提高沟通的效果。根据沟通的基本过程，要克服沟通的障碍，应当从三个方面入手。

（1）信息发送者

信息发布者是信息沟通中的主体因素，起着关键性作用，要想提高信息传递的效果，必须注意下列因素：

1）要有认真的准备和明确的目的性。信息发布者首先要对沟通的内容有正确、清晰的理解。在沟通之前，要做必要的调查研究，收集充分的资料和数据，对每次沟通要解决什么问题，达到什么目的，不仅自己心中要有数，也要设身处地地为信息的接收者着想，使他们也能清晰理解。

2）正确选择信息传递的方式。信息发布者要注意根据信息的重要程度、时效性、是否需要长期保存等因素，选择不同的沟通形式。例如，对于有重要保存价值的文件、材料，一定要采用书面沟通形式，以免信息丢失。而对于时效性很强的信息，则要采用口头沟通，甚至运用广播、电视媒体等形式，以迅速扩大影响。

3）沟通的内容要准确和完整。信息的发布者应当努力提高自身的文字和语言表达能力，沟通的内容要有针对性，语义确切，条理清楚，观点明确，避免使用模棱两可的语言，否则容易造成接收者理解上的失误和偏差。此外，信息发布者对所发表的意见、观点要深思熟虑，不可朝令夕改，更不能用空话、套话、大话对信息接收者敷衍搪塞。若处理不好，常常会引起接收者的逆反心理，形成沟通中不应有的壁垒和障碍。

4）沟通者要努力缩短与信息接收者之间的心理距离。沟通是否成功，不仅与沟通的内容有关，而且也与信息发布者的品德和作风有很大的关系。一位作风民主、密切联系群众的领导者，常常会被下属看成是“自己人”，而愿意与其沟通，并自觉地接受他的观点和宣传内容。所以，信息发布者在信息接收者心目中的良好形象是至关重要的因素。

5）沟通者要注意运用沟通的技巧。沟通的形式要尽量使用接收者喜闻乐见的方式，必要时可运用音乐、戏剧、小品等形式，寓教于乐，达到下属接收信息的目的。根据心理学中“权威效应”的概念，尽量使各个领域的权威、专家、名人参与信息发布，通过他们的现身说法，往往可以使信息传递更具影响，达到事半功倍的效果。

（2）信息渠道的选择

1）尽量减少沟通的中间环节，缩小信息的传递链。在沟通过程中，环节和层次过多，特别容易引起信息的损耗。从理论上分析，由于人与人之间在个性、观点、态度、思维、记忆、偏好等方面存在巨大差别，因此信息每经过一次中间环节的传递，将丢失30%的信息量。所以，在信息交流过程中，要提倡直接交流，作为领导者要更多地深入生产一线，多做调查研究，对信息的传播和收集都会有极大的好处。

2）要充分运用现代信息技术，提高沟通的速度、广度和宣传效果。随着现代科学技术的进步，以及广播、电视与现代通信技术的发展，为管理沟通创造了良好的外部条件和物质基础。在沟通过程中，应该充分利用这些条件，提高沟通效果。例如，运用电话或可视电话召开各种会议，既可以克服沟通活动中距离上的障碍，快速传递信息，又可以减少与会者旅途时间和财力上的损失。此外，利用广播、电视进行广告、新闻发布比起传统的沟通手段，在速度和波及范围等方面也有无可比拟的巨大优越。

3）避免信息传递过程中噪音的干扰。组织中要注意建设完全的信息传递系统和信息机构体系，确保渠道畅通。无论是信息的发布者还是接收者，都要为沟通创造良好的环境，使信息发布者有充足的时间为信息发布做好充分的准备，也使信息接收者有更多的时间去收集、消化所得到的信息，真正做到学以致用。

（3）信息的接收者

1）信息的接收者要以正确的态度去接收信息。在管理活动中，作为领导者应当把接收和收集信息看成是正确决策和指挥的前提，也是与下属建立密切关系、进行交流与取得良好人际关系的重要条件。而对被领导者，应当把接收信息看成是一次重要的学习机会。社会的发展更要求人们不断地进行知识更新，而沟通就是一种主要手段。其次，通过沟通可以更好地理解组织和上级的决策、方针和政策，开阔视野，提高工作水平和工作能力。如果人们都能正确认识接收信息的重要性，沟通的效果就会大大提高。

2）接收者要学会“听”的艺术。在口头传递信息的过程中，认真地“听”，不仅能更多更好地掌握许多有用的信息和资料，同时也体现了对信息传递者的尊重和支持，尤其是各级领导人员在听取下级汇报时，全神贯注地听取他们反映的意见，并不时地提出问题与下属讨论，就会激发下属发表意见的勇气和热情，把问题的探讨引向深入，并进一步密切上下级之间的人际关系。

8.3 沟通原则

在沟通中，要坚持建设性沟通的思想，在不损害、甚至在改善和巩固人际关系的前提下，帮助管理者进行确切、诚实的人际沟通。建设性沟通具有以下三个方面的重要特征：一是实现了信息的准确传递；二是沟通双方的关系因为交流得到巩固与加强，从而形成积极的人际关系；三是建设性沟通的目标不仅在于为他人喜爱，或为了被社会承认，而是为了解决现实的问题。建设性沟通是强化积极人际关系的一种实用管理工具。比如，没有建设性沟通，就不可能为顾客提供完善的服务，不可能建设性地解决好顾客的抱怨与误解等问题。因此，管理者不仅要培养自身熟练的建设性沟通技巧，而且要帮助下属学习这种技巧。

建设性沟通的本质是换位思考。以客体为导向的沟通思维，也就是换位思考，即无论何时、何地、何种环境、采取何种方式进行沟通均必须站在沟通对象的立场上去考虑问题，从“对方需要什么”作为思考的起点，不但有助于问题的解决，而且能更好地建立并强化良好的人际关系，达到建设性沟通的目标。在换位思考的基础上，要进一步把这样的思考方式贯彻到自己的沟通语言和沟通过程中，就应在沟通信息组织、沟通语言表达等方面加强理念和技能提升，即要遵守信息组织原则完全性和对称性原则，也要遵守三个合理定位原则——对事不对人、责任导向、事实导向的原则。

1. 完全性原则

所谓完全性原则，指的是沟通信息的发出者应在沟通中注意：沟通中是否提供全部必要信息；是否根据听众的反馈回答了询问的全部问题；是否为了实现沟通的目的在需要时提供额外的信息。

这里的必要信息的含义，就是要向沟通对象提供 5W1H，即谁（who）、什么时候（when）、什么（what）、为什么（why）、哪里（where）和如何做（how）等六个方面的信息。信息的完全性，就是要求沟通者回答全部问题：以诚实、真诚取信于人。必要时提供额外信息，就是要根据沟通对象的要求，结合沟通的具体策略向沟通对象提供原来信息中不具有的信息或不完全信息。

先来看一个笑话。一个白人开着漂亮的跑车来到山崖边的路旁靠边停下。他下了车，在山路上跑了几个来回，之后双手靠在车身侧面做俯卧撑。这时，一个黑人驾车从远处驶来，见状将车停在一旁走到白人身边，与白人并肩站着双手推车，只见车身缓缓移动，滚下山崖。黑人满意地回到自己的车中开车远去，白人在山崖边目瞪口呆。

这个笑话正描述了一个信息不完全的情况。黑人只是看到白人的一个推车动作就以为他想把车推下山崖，于是前来帮助。这种极端的情况在现实生活中应该不会发生，但它的确能够给我们启示。

2. 对称性原则

所谓对称性原则，是指提供的信息对于沟通双方来说应该是准确对称的。如果说全面性原则要求信息源提供全部的必要信息，那么对称性原则就要求信息源提供准确的信息。沟通信息的精确性则要求沟通根据环境和对象的不同采用相应的表达方式，从而帮助对方准确领会全部的信息。

首先要注意，信息来源对于沟通双方来说都应该是准确和可靠的。这是对称性的基本要求。在沟通过程中，出现信息不准确现象的一个非常重要的原因是原始数据的可靠性不符合沟通的需要。这时，就必须使用双方都能够认可的信息源所提供的信息。例如，员工甲和员工乙之间有私人矛盾，如果管理者以员工甲提供的信息为依据对员工乙的怠工行为提出批评，就容易遭到乙的排斥。即使这种情况是客观的，这样的沟通也无法达到应有的效果。

对称性原则的另一要求是沟通者采用沟通双方都能接受的表达方式。其一，要采用双方都能理解的媒介手段；其二，要采用恰当的语言表达方式。所谓媒介手段包括会谈、书面报告、电子公告栏等各种各样的形式。在选择媒介时不能仅凭信息发出者的意愿，而要根据沟通对象的特征、沟通的目的以及各方面的环境因素等进行综合考虑。所谓语言表达方式包括恰当的词汇和恰当的语言风格两个方面。

3. 对事不对人的定位原则

在谈到批评的方式时，“对事不对人”是一个常见的说法。与之相应的是人们在沟通中存在两种导向：问题导向和人身导向。问题导向指的是沟通关注于问题本身，注重寻找解决问题的方法；而人身导向的沟通则更多地关注出现问题的人而不是问题本身。建设性沟通中“对事不对人”原则就要求沟通双方应针对问题本身提出看法，充分维护他人的自尊，不要轻易对人下结论，从解决问题的目的出发进行沟通。

人身导向的沟通往往会带来很多负面的影响。但是，人们在遇到问题时往往会非常直接地将问题归咎于人，甚至常常导致一定程度的人身攻击。实际上，人们可能改变他们的行为却难以改变他们固有的个性。因此，人身导向的沟通往往只是发牢骚，而不能为解决问题提出任何积极可行的措施。另外，如果你将问题归咎于人，往往会引起对方的反感和心理防卫。在这种情况下，沟通不但不能解决问题，反而会对双方的关系产生破坏性的影响。

4. 责任导向的定位原则

所谓责任导向就是在沟通中引导对方承担责任的沟通模式。与责任导向相关的沟通方式有两种：自我显性的沟通与自我隐性的沟通。典型的自我显性沟通使用第一人称的表达方式；而自我隐性的沟通则采用第三人称或第一人称复数，如“有人说”、“我们都认为”等。自我隐性的沟通通过使用第三者或群体作为主体避免对信息承担责任，因而也就逃避就其自身的情况进行真正的交流。如果不能引导对方从自我隐性转向自我显性的方式，则不能实现责任导向的沟通，这样的沟通不利于实际问题的解决。如有可能，管理者可以通过连贯性的提问引导下属员工从“人们如何如何认为”的说法转变到“我如何如何认为”的说法上。这样一来，员工自然而然地开始对自己的行为承担责任。

5. 事实导向的定位原则

遵循事实导向的定位原则能够帮助我们克服轻易对人下结论的倾向。事实导向的定位原则在沟通中表现为以描述事实为主要内容的沟通方式。在这种方式中，人们通过对事实的描述避免对人身的直接攻击，也能避免对双方的关系产生破坏性的作用。特别是在管理者向员工指出其缺点和错误时，更应该恪守这一原则。在这种情况下，管理者可以遵循以下三个步骤进行描述性的沟通：首先，管理者应描述需要修正的情况。这种描述应基于事实或某个特定的、公认的标准。例如可以说“你在这个季度的销售额排名中处于部门最后一名的位置”、“这个月你受到了三次有关服务质量的投诉”等。这种描述能够在很大程度上避免员工的抗拒心理。而且，在描述事实之后，我们还应该对这种行为可能产生的后果作一定的描述。例如“你的工作业绩出乎我的意料，这将对我们整个部门的销售业绩产生不良的影响”等。最后，管理者可以提出一个具体的解决方式或引导员工自主寻找可行的解决方案。

8.4 沟通技巧

一般而言，成功沟通的基本策略是：成功沟通的起点——倾听策略；成功沟通的关键——说的艺术；成功沟通的基础——写的技能。在日常生活中，写的技能训练的比较多，本节主要阐述倾听技巧，以及说的两种主要形式——演讲与谈判。

8.4.1 倾听技巧

1. 倾听的定义

对于大多数人讲，倾听意味着由我们听到别人讲话的声音时开始。但是，从学术意义上讲，倾听和听还是有区别的。“听”是人体感官对声音的一种生理反应，是感官对外界声音的接受。而倾听虽然也以听到声音为前提，但它更多的体现在听说人对所听到的声音的反应。也就是说，“听”是一种人体感官的被动接受，“倾听”是人体感官有选择的接受。倾听必须是人主动地参与过程，在这个过程中，人必须要参与理解，并做出必要的反馈。同时，倾听的对象不仅限于声音，还包括对方的语言、手势和面部表情等。我们在进行倾听的过程中，绝不是闭着眼睛听别人的声音，而且还要注意别人的肢体语言。通过倾听，不仅可以获得信息，而且还能了解情感。常言道，洗耳恭听便是倾听的一种表现，这也是一种可训练的技巧。如图 8-4 所示。

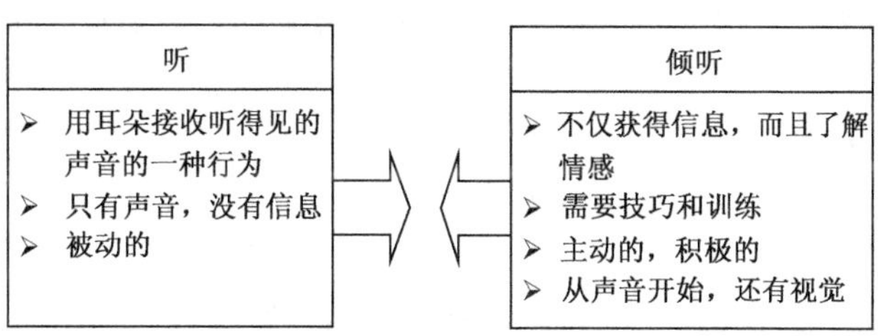

图 8-4 听与倾听的主要差别

国际倾听协会认为，倾听（listening）是接受口头和语言信息，确定其含义和对此做出反应的过程。说得更明白一点，倾听是指主体行为者通过听觉、视觉等媒介接收和理解沟通对方（或多方）思想、信息和情感并做出适当反馈的过程（由此可得出倾听的过程）。

理论与经验都表明，是否善于倾听是衡量一个管理者水平高低的标志。成功的管理者，一般来讲，大多是善于倾听的人。日本松下电器的创始人松下幸创业之初只有3个人，因为注意征询意见，随时改进产品，确立发展目标，才使松下电器达到今天的规模。他把自己的全部经营秘诀归结为一句话：首先细心倾听他人的意见。松下先生是用他自己的实际行动来证实倾听的重要性的。在商品批量生产前，他要充分倾听各方面人员的设想和意见，在此基础上确立下一步经营目标。由于松下先生能充分认真听取多个层次的意见，所以处理问题时总是胸有成竹，当机立断，表现出敏锐的判断力。

2. 积极倾听的技巧

积极倾听的技巧是每一名管理者必须具备的管理技能之一。积极倾听的技巧分为五种：

1）解释。倾听者要学会用自己的语言解释讲话者所讲的内容，从而检查自己的理解。例如：

讲话者：我觉得很压抑，因为我自愿加班加点，尽了最大努力，按时完成了项目，可是好像人人都不赞同我。

听者：看上去你很失望，你没有得到足够的支持。

讲话者：是的，正是这样，并且……

2）向对方表达认同。当有人表达某种情感或感觉很情绪化时，对对方的感受表示认同能够帮助对方进一步表达他的想法。例如：

讲话者：我真是厌烦极了。这项预算非常不精确。他们希望我严格管理。我花费了大量的时间来熟悉它们、发现错误，却耽误了我的正常工作。

听者：是的，这真是够烦的。

讲话者：就是啊！关键是我还有很多其他的事要做，而且我的大脑还需要休息。

听者：听起来你确实烦恼极了，这怎么办呢？

讲话者：我想建议……，应该……就好了。

3）简要概括对方表达的内容。将对方所说的内容进行简要的概括，表明确实了解对方所要表达的内容，并促使对方进一步说明他的观点，将谈话推向更进一步的话题。例如：

讲话者：你不在时发生了许多事情。李撞了车，需要好几天才能治好；王患了流感；张扭伤了脚。此外，我们的一份重要文件还莫名其妙地丢失了，我正在找一个替代的文件。这一切真是糟透了，你回来了我真高兴。

听者：看来这段时间你做了大量的工作，一直忙到现在，对吗？

讲话者：是呀！如果由我安排，我会让一切都井井有条的。当然，现在我已经在做了。

4）综合对方表达的内容得出一个结论。与第三种做法不同，听者不仅可以总结概括对方的观点，还可以形成一个结论性的观点，以使话题能够得到进一步的展开。例如：

讲话者：有这么几个问题，首先，没有人能够预言政策的改变；其次，我们最好的一个技术员刚刚辞职了；而这个项目的最后期限就在眼前！我想我们该考虑怎么应付这些问题了。

听者：你是说，这一系列的障碍使完成这个项目成为一件十分困难的事？

讲话者：是的，我认为最关键的是要掌握政策变化的动向，如果政策不变，我们还会有机会。

5）站在对方的角度进行大胆的设想。例如：

讲话者：我真不知该如何抉择，每项议案都有人提出赞成和反对的意见，而且反应都相当强烈。

听者：如果我处在你的位置上，我想我宁愿慢些做出决定，以免得罪某一方。

讲话者：是的，……我想我需要更多的信息，或许应该再收集一些意见，向所有这方面有经验的人请教一下。

学会倾听是管理者的基本素质。有许多学者对积极倾听的技巧展开研究。下面是一项研究成果，相信能够给大家带来许多启示。

积极倾听的八点建议：

第一，为听做好准备。沟通是一个双向的过程，听者与说话者应该共同承担沟通效率的责任。听者应尽力去思考说者所说的内容，而不是自己应当说什么。做准备还包括态度的准备，包括对注意力、领悟力和理解力的准备，另外，还应该确保自己掌握与沟通相关的必要的背景知识。

第二，培养自己的兴趣。要记住听者与说者同样有激发对方兴趣的责任。要从沟通的过程中寻找可能与你、你的工作、你的兴趣相关的信息。要对说者所说的内容表示出兴趣。“毕竟没有人愿意对着空房子说话”，要问自己：“如果我是说话者，感觉又怎样?”

第三，倾听主要的观点。不好的倾听者只注意听取事实。要学会区分事实和理论、观点和例证、证据和辩解。提炼主要观点的能力取决于听者组织信息和传递语言的能力以及说者是否进行了必要的重复。说者可能在沟通的开始、中间或结尾阐述他（她）的主要观点。因此，听者必须一直仔细地听。

第四，以批判的态度听。应当在无偏见的情况下对说者相应的假设和辩解持批判的态度，并小心估量主要观点背后的证据的价值和所运用的逻辑基础。

第五，集中注意力，避免分心。人的注意力具有波动性和选择性的特点。在听的过程中注意力会下降，而在结束时又上升。听者应当特别注意避免这种趋势，使自己的注意力保持稳定。不要由于说者的衣着、外表、使用的词汇、风度和使用可视的、口头的与书面的辅助物而分散注意力。

第六，善于做笔记。如果所说的内容十分重要，就有必要将所说内容的要点和可能会遗忘的个别例子等内容做大致的纪录。但要注意的是听者最首要的任务是听。等说者说完一个意思之后再做笔记也许更好些，因为记笔记也可能是一种分心。

第七，帮助说者。要表现出你对说者所说内容的反应——可以是简短的评论，也可以是一个小小的动作。这些反应表明你的兴趣，但反应要平静和简单，不能干扰说者的思路。

第八，克制自己。作为一个好的倾听者，最困难的或许是尽力克制自己不插话了。即使在对方停顿时也往往不意味着说者已经讲完了，所以一定要耐心。

8.4.2 演讲技巧

在人类文明史上，作为一种社会实践活动，演讲可谓源远流长。早在殷商时期就有了盘庚迁都的著名演讲；而在古希腊，演讲的风气更盛，演讲被誉为“艺术之女王”。在现代社会，演讲成了一种普遍的口语交际形式，日益成为与多数人进行交际沟通的有效形式。

1. 演讲的概念

通常许多人认为演讲是由演讲者“告知”听众的单向过程，其实不然，演讲是演讲者与听众双方积极交流、互动的过程。经验丰富的演讲者往往能根据听众的反馈例如眼神、身体姿态等信号判断出他与听众交际的效果。由此可见，实现演讲的三个必备条件是：演讲者、听众和当时的环境。

鉴于此，演讲是演讲者在特定的时间、环境中借助有声语言和态势语言的手段，面对听众发表意见，抒发情感，从而达到感召听众的一种现实的、带有艺术性、技巧性的社会实践活动，通过这种实践活动将演讲者的目的传递给听众。

演讲不但是一种以讲为主的宣示活动，同时又是一种以演为辅的活动。演讲是有声语言与态势语言的统一，再加上演讲者的形象来作为传播信息的手段的。只有演与讲两个要素和谐地、有机地统一起来，才能构成完整的演讲，这是演讲的本质属性，是它区别于其他现实口语表达形式的关键所在。如图 8-5、图 8-6 所示，演讲是演讲者和听众的互动过程。

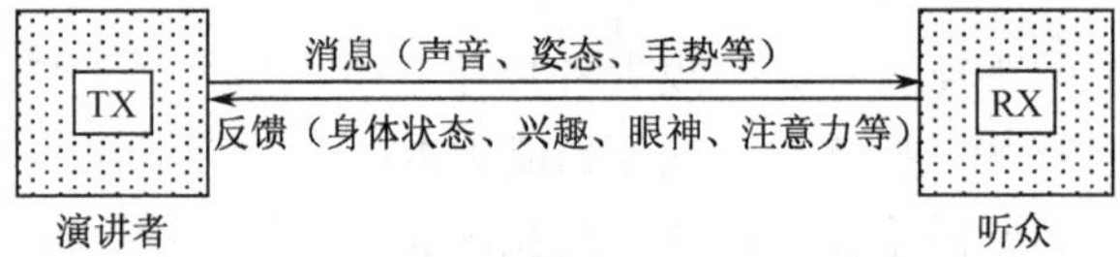

图 8-5　演讲过程

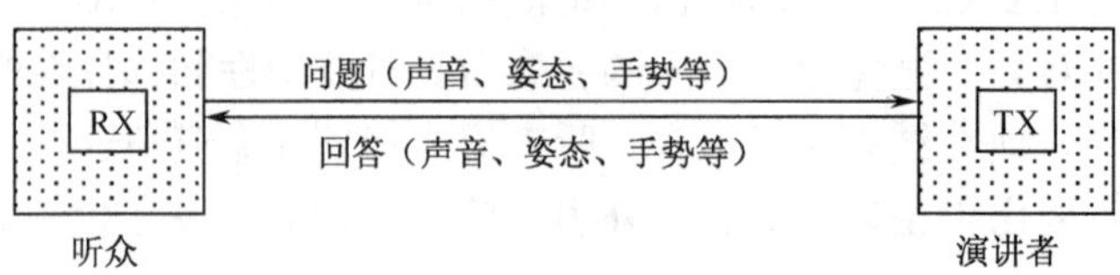

图 8-6　演讲后的问题

2. 演讲的准备

戴尔·卡耐基说过：“只要按照正确的方法，做周密的准备，任何人都能成为杰出的演讲家。反之，不论年龄多大或者经验多么丰富，如果没有适当的准备，都有可能在演讲中露出窘态。”卡耐基的这番话，道出了演讲准备的重要性。具体来说，可以从以下三个方面来准备。

（1）了解听众

亚里士多德曾经说过：“演讲有三个要素——演讲者、主题和听众，而后者决定演讲的成功与否。”可见，听众在演讲中的重要作用。

1）了解、把握听众的心理特点。听众心理指的是听众对演讲主观反映的一种特殊心理活动。听众心理具有以下四个特点：一是他们对信息的接受具有选择性。他们一般只注意那些他们熟悉、有兴趣、与他们有关或者他们渴望了解的部分，在记忆信息时也有明显的感情色彩和倾向，容易记住自己愿意记住的信息。二是听众心理是独立意识与从众心理的矛盾统一。演讲中经常出现的数人鼓掌而皆鼓掌、数人笑而皆笑的现象就是具有独立意识的听众在从众心理作用下的结果。三是“名片”效应与“自己人”效应。由于交流双方存在相似性和共同处，使得各自的信息容易被对方接受，交流双方容易彼此沟通。“名片”效应主要指双方观点一致；而“自己人”效应不仅是观点一致，而且增强了亲密感，信息传播者对接受者的影响更大。四是首因效应与近因效应。首因效应是指第一印象在人际知觉中所具有的主导性质。因为在人的潜意识中，总认为第一印象是正确的。近因效应是指新形成的印象对人际知觉所具有的重要意义。

2）了解听众的意愿要求。演讲者还必须了解听众的意愿要求以便有针对性地做好确定主题、选择材料等准备工作。听众参加演讲的意愿要求一般有五种：慕名而来、求知而来、存疑而来、欣赏而来和不得不来。慕名而来者一般抱有潜在的崇拜心理，不太注意演讲者水平的高低；求知而来者为获取知识与能力而来，如果演讲的内容充实，条理清楚，这类听众一般不会过分挑剔演讲者的演讲技巧；存疑而来者对自己想了解的演讲话题非常感兴趣，他们只要求你把演讲内容交代清楚，并不在乎演讲者的身份、地位。欣赏而来者在潜意识中隐藏着对高水平演讲者的崇拜和学习演讲的欲望，他们不在乎演讲的内容而在于学习、欣赏演讲技巧；不得不来者往往是由于纪律约束或礼貌而来，他们对演讲内容并不关心，反应冷漠。

3）分析听众的构成。演讲者一般要从以下几个方面来分析听众的构成。听众的人数多少？人数越多，越容易受“群体影响”的支配；听众的性别，男性多还是女性多？男女比例的变化，一般决定演讲用语和声调的变化；听众的年龄，年龄不同，价值观念和思维方式都有很大的不同；听众的教育程度，演讲者的语言和词汇应该适合听众的教育水平和以前所接受的学校教育及职业背景。

（2）确定目的

作为一种沟通方式，演讲同其他沟通方式一样，目的在于告知、说服和娱乐。告知性演讲主要用来传递信息，而不是为某一特定的观点辩护，演讲的主题应该是没有争议的，力求做到清晰、易于理解和有趣；说服性演讲是为了说服一些持有反对意见或态度冷漠的听众赞同或支持某一观点，进而激励听众为信仰采取行动，常常使用感情感染力、逻辑感染力和激动人心的语言，使听众相信、行动并受到激励；娱乐性演讲的中心议题由一系列风趣幽默的话语构成，偶尔也涉及一些真实可靠的内容，目的是使听众感到轻松愉快。

（3）演讲的论题

演讲者在拟定演讲题目时必须认识到，演讲题目是大多数人都普遍关心的问题，必须指向听众的兴趣，满足听众的需要；或是先选取能够带给听众新的信息、新的知识、新的思想观点。除此之外，演讲者在选定论题时，还要注意到：①题目富有建设性。在实事求是的基础上，标题要选择那些能给人以希望的、积极向上的、令人振奋鼓舞的文字。而在内容上，要能引起听众的兴趣，满足其求知欲望。②题目要新奇醒目。演讲的题目也应能像磁石一样，一下子吸引住听众。③远离冗长、深奥、空泛的标题。演讲的主题应有针对性，对存在的问题有的放矢，而不能泛泛而谈。

3. 演讲技巧

（1）演讲的结构安排（开头、层次、结尾）

合理的结构安排是成功演讲的基础。古希腊著名演说家克拉克斯提出一个好的演讲结构应包含：开场白、正文、结尾。

1）开场白要巧妙。常言道："良好的开端是成功的一半"。一个良好的开端，应该达到两项目的：迅速和听众建立良好的关系；迅速使听众抓住演讲的主题。在演讲中，常用的开头方法有以下几种：利用举例；展示题目的重要性；概述主要内容；提问问题；使用引用语；发布惊人消息。文无定法，无论采用哪种形式，都要注意开头要力求简洁，另外，还要周密计划，不要将所有内容都在开头中讲出来，使演讲失去了解释悬念的过程，使听众失去继续听讲的兴趣。

2）层次或段落的安排。层次安排就是决定哪部分内容先说哪部分后说，它表示的是演讲者思路展开的先后顺序。如果是事迹性演讲，其层次安排一定要符合事件发展的基本规律，即按照发生、发展、高潮、结局的顺序安排结构；如果是说理性演讲或说明性演讲，其层次安排一定要符合人类认识事物的基本过程，即提出问题、分析问题、解决问题的顺序安排结构。结构层次的表现形式则主要有总分总式、并列式、递进式和正反对比式四种。层次安排的目的是使演讲条理清晰，便于理解、记忆。

3）结尾要精彩。写文章讲究凤头、猪肚、豹尾，演讲也是如此。精彩的开头能够引起听众的注意力，成功的结尾则能够起到言已尽而意无穷的感觉，给听众留下深刻的印象。或提出问题令人深思，或深化主题加深认识，或总结观点揭示主题，或鼓励士气促使行动，或抒发感情感染情绪，或运用幽默在听众的笑声中说再见。成功的结尾必须达到使听众把握演讲的主题，明晰解说事项，提供行动目标的目的。草草收兵，画蛇添足，废话套话都是结尾的大忌。

（2）演讲时间安排

演讲者要依据总的时间限制，有效分配时间，调整发言结构增加或减少发言内容。一般而言，开头和结尾部分只占整个发言时间的20%，其余的80%的时间用于主体部分的发言。值得注意的是，尽管大部分时间都分配在主体部分，但发言的开头和结尾部分与中间的主体部分同等重要。

（3）情绪控制技能

在演讲的过程中，演讲者需要同听众保持交流，同时对他们的情绪施加影响，理解和有所反应。以下因素对于演讲非常重要：①印象风度。即演讲者的举止应该反映出自信和有自制力，从而进一步加强这一印象。②举止得体。演讲者需要具有一定的礼节，大多数听众都喜欢一种友好和不拘泥的气氛，但绝不能友好得过分。③演讲过程要控制节奏，不能说话含糊或太快。④具有激情。演讲一定要具有激情，但不能过分，听众并不喜欢装腔作势。⑤适度幽默。有效的幽默能够融洽发言者和听众的关系，增添情趣，使其发言令人难忘，也可以消除紧张和分歧。⑥切勿傲慢。演讲者必须尊重听众，如果该演讲者对听众有更多的礼貌和尊重，他们也会给予演讲者更多的礼貌和尊重。

（4）仪表控制技能

研究表明，演讲者的发言可为听众接受的程度将决定于其怎样表示他的仪表。所以作为演讲者，一定要穿着得体，要适合当时当地的场合，不要穿可能分散注意力的服装，并在演讲的过程中保持衣着整洁。

（5）噪声控制

有效控制噪声可以生动、合理、全面地传递信息。①发声技巧。演讲时，明朗浑厚的中低音比较受人欢迎；演讲的语速以每分钟 150 字左右为宜。同时演讲者还应注意加强声音的共鸣。②要根据演讲者的目的、理解、心境和感情等因素，巧用重音和停顿。③把握节奏。演讲者要根据演讲内容的需要和感情的需要而在叙述过程中做到抑扬顿挫、轻重缓急的对比。

（6）体态语言控制

运用非语言形式进行交流可能产生较好的效果。①善用表情和眼神。在演讲中要尽量看着听众说话；多和听众的目光构成实在的接触；注意眼神运用的灵活多样，以便“美目流溢，顾盼生辉”。②姿势和手势的运用技巧。站立的姿态，一般提倡两腿略为分开，前后略有交叉，身体的重心放在一只脚上，另一只则起平衡作用。这样，便于站立，也便于移动，身姿和手势也可以自由摆动。长时间的演讲也可以采取坐姿和站姿相结合。在演讲中，手势的运用要有变化，要服从内容的需要，符合听众的习惯，简单明了，适度有节。自然而端详的手势，可以帮助演讲者平静地陈述和说明；急剧有力的手势可以帮助升华情绪；柔和、平静的手势可以帮助抒发内心炽热的情感。

（7）克服怯场

管理者发表演讲时经常是在一些较大的场合，都会产生紧张情绪，其表现为面红耳赤，说起话来声音颤抖变调，心里发慌。可以从以下方面着手来克服怯场：①选择熟悉的题目进行演讲；②熟悉讲稿；③要有充分自信；④不要把听众看作专来取笑你的“捣蛋鬼”，而要把他们看作是自己的朋友；⑤多多进行预演，减轻紧张情绪。

8.4.3 谈判技巧

1. 谈判的含义与分类

（1）谈判的含义

所谓谈判，就是有关组织或个人对涉及切身利益的分歧或冲突进行反复磋商，寻求解决途径和达成协议来满足各自需要的沟通协调活动。谈判是以满足自身的利益需要为目的的。通过谈判，可以改善原来的社会关系，建立起和谐的氛围。同时谈判也是信息的传递和沟通过程，是谈判双方彼此交流思想的过程，是一门语言艺术。

谈判是一种极为普通的活动，几乎每个人每天都要进行某种形式的谈判，以便解决同他人的分歧或者满足自己的愿望。对管理者来说，谈判已经不仅仅是一种极为普通的活动了，而是极为重要的活动。因为他们需要处理许多有关组织方面的问题：无论是制订下一年的工作计划、建立新的组织管理架构，还是控制一项工作任务的进度，人们都会有不同的意见，而管理者必须找到一种有效的方法，使持有不同意见的人们彼此合作，相互沟通，达成共识。

(2) 谈判的分类

根据双方的输赢导向不同，谈判通常分为两种类型：分配型谈判和综合型谈判。如表 8-2 所示。

表 8-2　分配型谈判与综合型谈判的比较

	分配型谈判	综合型谈判
可能的资源	被分配的数量固定	被分配的数量可变
谈判模式	输-赢模式	赢-赢模式
主要兴趣	相互对立	相互融合或相互一致
关系的焦点	短时	长时

1) 分配型谈判。分配谈判是指对一份固定数量的资源应如何分配进行协商，是一种赢——输谈判。常见例子是劳资双方的工资谈判。一般情况下，工人代表总是想从资方得到尽可能多的钱，而给工人工资的提高又会增加资方的费用，双方在谈判中都会表现出攻击性，并都想在谈判中击败对手。因此，这种类型谈判的本质是对于一份固定利益谁应分得多少进行协商。如图 8-7 所示。

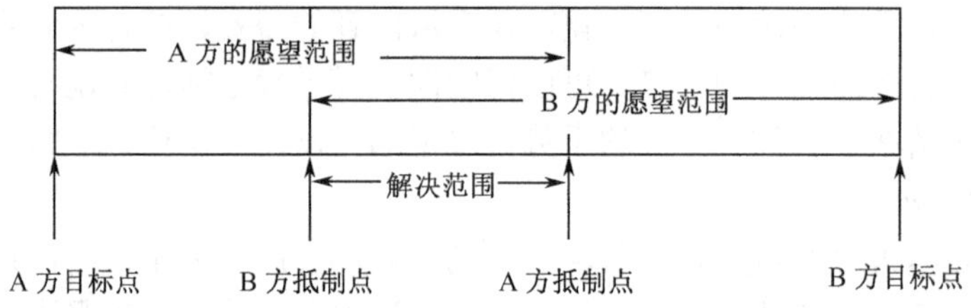

图 8-7　谈判区示意图

每一方都有自己希望实现的目标点，也有自己最低可接受的水平，即抵制点。目标点与抵制点之间的区域为愿望范围。如果双方在愿望范围中有一定的重叠，就存在一个解决范围使双方的愿望都能够实现。在进行分配型谈判时，双方的战术都是试图使对方同意接受自己的具体目标点或尽可能接近它。其主要特点是：

第一，想要一切。分配型谈判者通常要价极高，而又很少让步。往往最初的提议很不合理，在谈判中让步幅度很小，要求对方做出明显让步，但是即使对方做出让步，也不回应。

第二，操纵时间。分配型谈判者通常把时间当作一个重要武器。往往是在谈判中提出提议且只在有限的时间内才有效，并强迫对方接受最近期限。在谈判中控制谈判进程，并要求对方迅速答复。

第三，运用情绪。分配型谈判者通常利用发脾气、吵架、离开会场等手段迫使对方屈服。

第四，最后通牒。分配型谈判者通常运用威胁等手段逼迫对方接受自己的全部条件。

2）综合型谈判。综合型谈判是指双方寻求一种或多种解决方案以达到双赢目标的谈判。这种谈判将谈判双方团结在一起，并使每一方在离开谈判桌时都感到自己获得了胜利，因此，它建筑的是长期的关系并推进将来的共同合作。但综合型谈判需要一些条件：信息的公开与双方的坦诚；一方对另一方需求的敏感性；信任别人的能力；双方维持灵活性的愿望。其主要特点是：

第一，分清人际关系与要解决的问题。将人际关系与要解决的问题区别开来，直截了当地处理每一具体问题。不进行人身攻击，只集中精力寻求解决问题的方案。

第二，注重利益，不墨守立场。谈判的基本问题不是彼此冲突的立场，而是彼此不同的需要与利益。因此，在谈判中致力于弄清、承认对方的利益，并寻求协调双方利益的方案。

第三，谋求互惠的方案。在谈判中尽可能开发多种方案，并从中选出能达到双赢目的的最佳方案。使用客观的评判标准。在谈判中双方寻求客观、公正的标准作为谈判的基础，如法律、效率、市场价值等。

2. 谈判的基本规则

1）确定谈判策略。谈判策略有不同的分类，如阿库夫认为谈判的策略有十种：对谈判做出计划；采取双赢方法；保持高期望；使用简单易懂的语言；多提问，对答案要眼观耳听；建立牢固的关系；保持人品的正直；保留让步；保持耐心；具备文化上的知识，使谈判适应于东道国的环境。贝泽曼和尼尔将谈判策略分为寻求平衡的策略、利用差异达成一致的策略和其他促成一致协议的策略。寻求平衡的策略又包括建立信任和分享信息、询问多种问题、提供某些信息、提出多种选择方案、寻找眼前协议之外的协议等五种。利用差异达成一致协议的策略包括：利用双方的期望差异、风险偏好差异、时间偏好差异等来创造互利互惠的可能性，考虑是否存在某种降低对方成本、实现自身利益要求的可能性方案等。

2）选择谈判风格。谈判者可以根据五种冲突处理意向选择自己的谈判风格，包括竞争、合作、折中、回避和妥协。

3）确定谈判时间和地点。确定谈判的具体时间及谈判的持续时间。如果谈判要分阶段进行，还要确定每个阶段时间的长短。应根据谈判的准备情况、谈判议题的多少和重要性、谈判对手的情况等确定时间。谈判的地点一般选择自己的领地比较有利，但对于重要的谈判，最好选择一个中立的地方。

3. 谈判的策略

（1）分配型谈判的策略

分配型谈判的主要目的是达到自己的要求，实现自己的既定目标，可以使用以下策略：

1）心理战术。以造成对方不舒服或采用以情感人的方法促使对方让步的谈判策略。如以眼泪等软方法来博得对方的同情与怜悯；恭维虚荣心比较强的对手使其冲昏头脑而失去正常的判断力与控制力；激怒对方以打乱对方正常的思维等。如果对手采取心理战，应注意：保持清醒的头脑，当情绪不稳、思绪不宁、急躁冒进等情况出现时，应设法终止会谈，或提出休息以平静自己的情绪；时刻提醒自己不要感情用事，应理智地处理问题；时刻提醒自己谈判要解决的主要问题，不要因为其他因素而忽略了最重要的核心问题。

2）声东击西策略。为了达到自己的真正目的，故意将议题引向对自己来讲并不重要的问题上去，以分散对方的注意力。这种策略可以表明我方对讨论的问题很重视以表示我们的谈判诚意。在谈判中，我们做出一定的让步会让对方感到满意和高兴；可以转移对方的视线；通过目前问题的谈判摸清对方的虚实，为正式谈判铺平道路；将主要问题的讨论暂时搁置起来以便有更多的时间作充分的准备。

3）拉锯战。故意拖延时间，通过许多回合的拉锯战使对方疲劳生厌，产生急躁情绪。等对方精疲力竭时再展开反攻。这种策略对急功近利、盛气凌人的对手比较有效，这样可以挫败锐气。

4）白脸红脸策略。谈判小组的成员分别扮演白脸与红脸等不同的角色，白脸向对方提出苛刻的条件并且在谈判中寸步不让。当谈判中双方争得不可开交时，红脸谈判者出面缓解气氛，促进相互谅解已达成协议。

5）最后期限策略。提出签约的最后期限会给对手施加压力，尤其是对方有签约使命时。这样有利于促成双方加快谈判的进程，可能会忽略一些细节，从而带来对我方有利的效果。

6）出其不意，攻其不备策略。为打乱对方的计划，采取对手预想不到的措施。如提出对方毫无准备的问题、突然改变谈判的时间和地点、突然亮出我们所掌握的对对方不利的信息等。

7）以林遮木。故意给对方介绍一些毫不相关的情况或提供一大堆琐碎的资料，分散对方的注意力，隐藏自己的真实目标。但如果对方使用此策略就应该注意：要保持清醒的头脑，谈判之前尽可能多地了解问题的本质，以便能够对信息有较强的分辨力。

8）以退为进策略。为了以后更有利的进攻或实现更大的目标，暂时退让或妥协。如先提出温和的要求，或接受对方的一些条件，然后以此为砝码，提出更苛刻的条件，发动更猛烈的进攻。

9）得寸进尺策略。在对方做出一定让步的基础上继续进攻，提出更多的要求，以逐渐接近我方谈判目标。

（2）综合型谈判的策略

综合型谈判的最终目的是双赢或多赢。常用的策略有：

1）开诚布公策略。在谈判过程中谈判人员持诚恳、坦率的态度向对方袒露自己的真实思想和观点，实事求是地介绍自己的情况，客观地提出己方的要求，以促使对方通力合作，以便在诚恳、坦率的气氛中达成协议。这种策略成功的前提是双方都开诚布公，都以合作的态度对待谈判。

2）休会策略。谈判进行中遇到某种障碍或进行到某一阶段，双方中断谈判，休息片刻，以恢复体力，调整策略或搜集支持的信息。

3）感情联络策略。在谈判过程中双方互赠小礼品以表示对对方的尊重、合作的诚意、表示友好的感情，以使双方在友好的氛围中进行谈判。

4）非正式接触策略。在谈判之余，双方一起就餐、娱乐、举行非正式的活动，以加深了解，融洽关系，以利于谈判中的合作。

5）留有余地策略。即使谈判中对方提出的要求合情合理，也不要立即答应，否则容易使对方认为很容易而提出更多的要求。

6）权力有限策略。当对方提出的要求超出己方的要求时，可以以超出权力范围为由加以拒绝。

案例及习题

一、案例

阿维安卡52航班

1990年1月25日晚7:40，阿维安卡（Avianca）52航班飞行在南新泽西海岸上空37000英尺的高空。机上的油量可以维持近两个小时的航程，在正常情况下飞机降落至纽约肯尼迪机场仅需不到半小时的时间，这一缓冲保护措施可以说十分安全。然而，此后发生了一系列耽搁。首先，晚上8:00，肯尼迪机场航空交通管理员通知52航班的飞行员由于严重的交通问题他们必须在机场上空盘旋待命。8:45，52航班的副驾驶员向肯尼迪机场报告他们的“燃料快用完了”。管理员收到了这一信息，但在9:24之前，飞机没有被批准降落。在此之前，阿维安卡机组成员再没有向肯尼迪机场传递任何情况十分危急的信息，但飞机座舱中的机组成员却相互紧张地通知他们的燃料供给出现了危机。

9:24，52航班第一次试降失败。由于飞行高度太低及能见度太差，因而无法保证安全着陆。当肯尼迪机场指示52航班进行第二次试降时，机组乘员再次提到他们的燃料将要用尽，但飞行员却告诉管理员新分配的飞行跑道“可行”。9:32，飞机的两个引擎失灵，1分钟后，另外两个也停止了工作，耗尽燃料的飞机于9:34坠毁于长岛，机上73名人员全部遇难。

当调查人员考察了飞机座舱中的磁带并与当事的管理员讨论之后，他们发现导致这场悲剧的原因是沟通的障碍。为什么一个简单的信息既未被清楚地传递又未被充分地接受呢？下面我们对这一事件进行进一步的分析。

首先，飞行员一直说他们“油量不足”，交通管理员告诉调查者这是飞行员们经常使用的一句话。当被延误时，管理员认为每架飞机都存在燃料问题。但是，如果飞行员发出“燃料危急”的呼声，管理员有义务优先为其导航，并尽可能迅速地允许其着陆。一位管理员指出，“如果飞行员表明情况十分危急，那么所有的规则程序都可以不顾，我们会尽可能以最快的速度引导其降落的。”遗憾的是，52航班的飞行员从未说过“情况紧急”，所以肯尼迪机场的管理员一直未能理解到飞行员所面对的真正困难。

其次，52航班飞行员的语调也并未向管理员传递有关燃料紧急的严重信息。许多管理员接受过专门训练，可以在这种情境下捕捉到飞行员声音中极细微的语调变化。尽管52航班的机组成员之间表现出对燃料问题的极大忧虑，但他们向肯尼迪机场传达信息的语调却是冷静而职业化的。

最后，飞行员的文化和传统以及机场的职权也使得52航班的飞行员不愿意声明情况紧急。当对紧急情况的正式报告之后，飞行员需要写出大量的书面汇报。另外，如果发现飞行员在计算飞行中需要多少油量方面疏忽大意，联邦飞行管理局就会吊销其驾驶执照。这些消极的强化因素极大阻碍了飞行员发出紧急呼救。在这种情况下，飞行员的专业技能和荣誉感可变成赌注。

思考及讨论题

1. 使用沟通过程的模型来分析52航班飞行员与肯尼迪机场交通管理员之间的沟通。

2. 具体陈述如何使用积极倾听技巧以阻止这场空难。

3. 目前在主要的国际机场中大量航班是国外航班，因而飞行员与国际空中管理员所使用的母语通常不同，而且文化背景也不同，那么，管理员如何才能做到有效地沟通，避免出现52航班这样的悲剧？

二、习题

1. 什么是沟通？按沟通的网络形式分，管理沟通分为哪几种类型？各有什么特点？
2. 描述沟通过程并指出其关键要素。
3. 常见的沟通障碍有哪些？如何克服？
4. 听与倾听有什么区别？
5. 沟通中应如何有效地倾听？
6. 为何有效地发表演讲？
7. 如何有效地进行谈判？

第九章

激　　励

◇ 了解激励的概念，激励产生的过程

◇ 掌握激励的相关理论

◇ 理解经济人、社会人、自我实现人以及复杂人的人性理论

◇ 了解激励的方法和技巧

领导之所以是一项非常重要的管理活动，一个重要的原因就在于，有效的领导能调动员工的积极性，使个人目标和集体目标统一于组织的工作绩效。激励是领导工作的重要方面。激励能使人的潜力得到最大限度的发挥，如果管理者是有效的，领导的结果应当是一个受到高度激发的劳动者群体。因此，对组织的管理者来说，领导所面临的最大挑战就是如何激发员工实现高水平的绩效。

9.1 激 励 概 述

9.1.1 激励的概念

激励一词来源于古代拉丁语“movere”，该词的本义是“使移动”。在管理学中，激励是指激发、鼓励、调动人的热情和积极性。从诱因和强化的观点看，激励是将外部适当的刺激转化为内部心理的动力，从而增强或减弱人的意志和行为。从心理学角度看，激励是指人的动机系统被激发后，处于一种活跃的状态，对行为有着强大的内驱力，促使人们为期望和目标而努力。美国管理学家贝雷尔森（Berelson）和斯坦尼尔（Steiner）指出，“一切内心要争取的条件、希望、愿望、动力等都构成了对人的激励，它是人类活动的一种内心状态。”所以激励也是一种精神力量或状态，它对人的行为产生激发、推动和加强的作用，并且指导和引导行为指向目标。

下面我们列举一些对于激励所下的定义。

定义一：兹德克（Zedeck）和布拉德（Blood）认为，激励是朝着某个特定目标行动的倾向。

定义二：艾金森（Atchinson）认为，激励就是直接影响方向、活力和行为持久性。

定义三：盖乐曼（Gellerman）认为，激励就是引导人们的行动目标，并强化这种行动。

定义四：沙特尔（Shartle）认为，激励是一种能够被感知的驱动力和紧张状态，促使人们为了完成目标而采取行动。

定义五：弗鲁姆（Vroom）认为，激励就是对个人及组织的行为进行控制的过程。

定义六：罗宾斯（Robbins）认为，激励是一种意愿，是个体为了满足自身的某些需要，通过高水平的努力，来实现组织目标的意愿。

综上所述，我们引用罗宾斯的观点，把激励定义为：激励是一种意愿，是个体为了满足自身的某些需要，通过高水平的努力，来实现组织目标的意愿。该定义包括了激励的三个关键因素：需要、努力和组织目标。

9.1.2 激励的过程

激励的基本组成因素是需要、驱动、动机和目标导向的行为。为了理解激励产生的过程，我们首先需要明确一些概念。

1. 需要

在心理学术语中，需要是指特定的结果具有吸引力的某种心理状态。通俗地说，需要是人们对某种目标的渴求和欲望，它既包括基本的需要，如生理需要和安全需要，也包括各种高层次的需要，如社交和成就需要。人们的需要多种多样，且不同的人对需要所要求的程度也各不相同。需要是人们产生激励行为的前提。

2. 动机

如果需要是个性动力的源泉，它的具体表现形式就是动机。当一个人感觉到某种需要，且该需要处于未被满足的状态时，主体就会处于一种紧张状态，从而在身体内部产生一种内在的驱动力，也就是动机。

动机的心理学定义是：动机是直接推动个体活动以达到一定目的的内在动力和主观原因，是引发和维持个体活动的心理状态。

动机在激励中发挥着重要的作用。动机是诱发人们按照预先要求进行活动的念头。它使人们心甘情愿地付出自己最大的努力。

动机的表现形式有很多种：从表现的程度差异上看可表现为兴趣、意图、愿望、信念和理想等；从表现的可信度差异上看可分为真实动机和伪装动机；从物质还是非物质的角度看可分为物质性动机和非物质性动机。

（1）物质性动机

工资、奖金、各种福利、养老计划、员工持股计划、带薪假期等，都属于物质性动机。这些动机能够吸引有竞争力的员工，减少人员的流动，提高组织的士气和绩效。例如，在玛丽·凯化妆品公司，公司通过提供像凯迪拉克车、珍珠项链和钻石珠宝等有诱惑力的物质奖励，激发员工的物质性动机。

（2）非物质性动机

非物质性动机能够为员工提供个人发展和成就的机会，也被称为个人动机。研究表明，这种动机对员工的工作绩效能够产生显著的影响。例如，升迁的机会、工作中的挑战性和成就感等都是非物质性动机。

3. 激励模式

上述激励的组成因素，在激励的过程中表现出一种固定的模式，我们将这种模式称为激励模式。

人的行为是由动机决定的，而动机则是由需要引起的。当人们产生某种需要而未能满足时，就会引起人的欲望——想满足这种需要，它促使人处在一种不安和紧张状态之中，从而成为做某件事的内在驱动力。心理学上把这种驱动力叫作动机。动机产生以后，人们就会寻找、选择能够满足需要的目标和途径，而一旦策略确定，就会进行满足需要的活动，产生一定的行为。

如果目标能够达到，则会感到满足，并使紧张的心理状态得到松弛。活动的结果如果未能使需要得到满足，人们就会采取新的行为，或重新努力，或降低目标要求，或变更目标从事别的活动。

如果活动的结果使作为活动原动力的需要得到满足，则人们往往会被自己的成功所鼓舞，新的需要随之出现，紧张也接踵而来，从而使该过程重复重现。人类对美好生活的永恒追求就是一个很好的例子。因此，从需要的产生到目标的实现来看，人的行为是一个周而复始、不断进行、不断升华的循环过程，如图 9-1 所示。

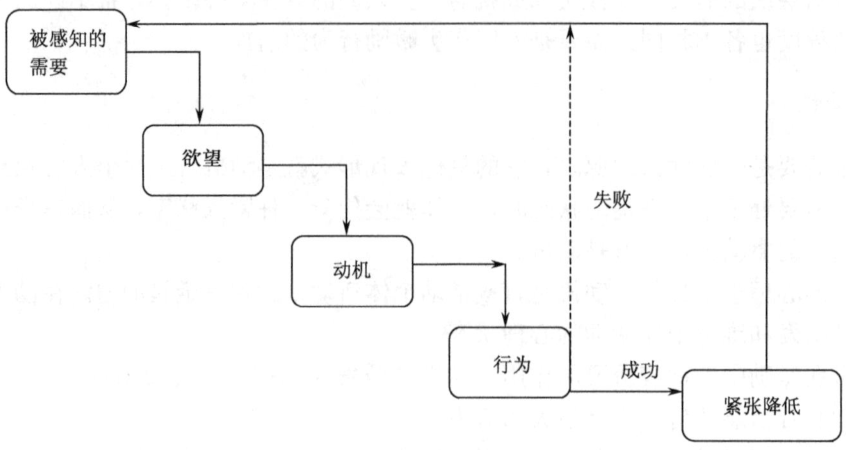

图 9-1　激励模式

9.2　激励理论

激励理论可以分为两大类：内容型激励理论和过程型激励理论。内容型激励理论从人的需要出发，包括马斯洛的需要层次论、阿尔德弗的“生存、关系、发展”理论、麦克利兰的成就需要理论以及赫茨伯格的双因素理论等；过程型激励理论则是从需要的满足这一过程出发，包括弗鲁姆的期望理论、亚当斯的公平理论、波特和劳勒的期望模式以及斯金纳的强化理论。

9.2.1　内容型激励理论

1. 马斯洛的需要层次理论

（1）五个需要层次

在有关人的需要和动机的理论中，最广为人知的就是马斯洛的需要层次理论。美国心理学家马斯洛（A. Maslow，1908～1970）试图建立一个模型，来描述健康的人性是如何建立和发展起来的，以及在行为的激励方面又是如何表现的。在 1943 年出版的《人的动机理论》一书中，他提出了需要层次理论。他把人的需要归纳为五个层次，由低到高依次为生理需要、安全需要、社交需要、尊重需要和自我实现需要。如图 9-2。

1）生理需要。是指一个人对维持生存所需的衣、食、住等基本生活条件的需求。在一切需要中，生理需要是最基本、优先的，当一个人什么也没有时，首先要求满足的就是生理需要。

2）安全需要。是指对人身安全、就业保障、工作和生活的环境安全、经济保障等的需求。当一个人生活或工作在惊恐和不安之中时，其积极性是很难调动起来的。

3）社交需要。是指人希望获得友谊和爱情及归属的需要，希望得到别人的关心和爱护，希望成为社会的一员，在他所处的群体中占有一个位置，否则就会郁郁寡欢。

4）尊重需要。是指希望自己保持自尊和自重，并获得别人的尊敬，得到别人的高度评价。这种需要可分为两类：一类是那种要求力量、成就、信心、自由和独立的愿望；另一类是要求名誉和威信（别人对自己的尊敬和尊重）、表扬、注意、重视和赞赏的愿望。每一个人都有一定的自尊心，这种需要得到满足，就会使人感到自信、有价值、有力量、对世界有用；若得不到满足，就会产生自卑感、软弱无能感，从而导致情绪沮丧，失去自信心。

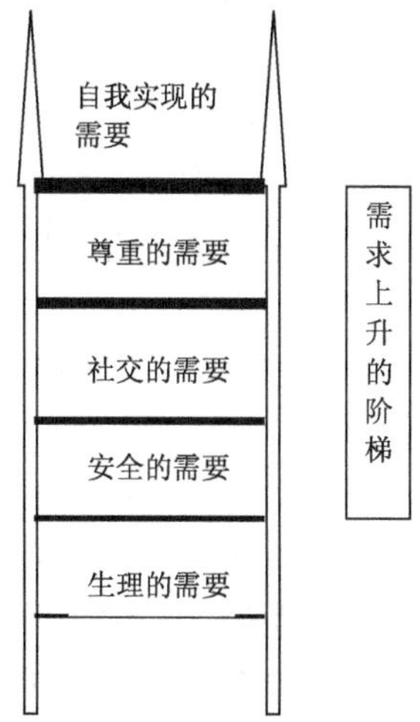

图 9-2　马斯洛的需要层次理论

5）自我实现需要。这是最高层次的需要，是指最大限度地发挥个人的潜能，成为自己所期望的人。正如马斯洛在他的著作中所说的，如果一个人想要得到最大的快乐，那么一个音乐家必须创作音乐、画家必须绘画、诗人必须赋诗。也就是说，一个人能够做什么，他就必须要做什么，这样才能最终感到愉快。当人的其他需要得到基本满足以后，就会产生自我实现的需要，它会产生巨大的动力，使人努力实现自己的愿望。

（2）马斯洛需要层次理论的基本观点

马斯洛需要层次理论的主要观点可以归纳如下：

1）人的需要是有层次的。五种需要又可以分为两个大的层次。其中生理需要、安全需要和社交需要是第一层次的需要，是生存层次的需要，是人类的本能需要；而尊重需要和自我实现需要则是高一层次的需要，是发展层次的需要，是通过后天的教育、培养形成的。

2）五种需要按照层次逐次递进。人们受到五种普遍的需要的激励，而这五种需要是有序的纵向排列的，它们依次被满足。马斯洛认为人们按照“失望-满足”（deprivation and gratification）的过程，从低到高地经历五个需要层次。

生理需要是人最基本、优先的需要，自我实现是最高层次的需要。一般来说，人们首先追求满足较低层次的需要，只有在低层次的需要满足以后，才会进一步追求较高层次的需要。所以，人的需要是呈阶梯状上升的。如图 9-2。

3）人在特定时期存在特定的主导需要。在同一时间地点和条件下，人存在多种需要，其中最为人渴望得到而又未得到的需要是主导需要，它对人的行为起决定作用。只有满足主导需要，才能起到最大的激励作用。

优势需要具有转移性，当原有的优势需要得到满足后，它便不再是行为的积极推动力，于是其他需要开始发生作用，出现新的优势需要。人在不同的时期、发展阶段，其需要结构不同，但总有一种需要发挥主导作用。因此，管理者必须注意当前对员工起主要作用的需要，以便有效地加以激励。

4）任何一种需要都不会因为更高层次需要的发展而消失。高层次需要的发展和持续存在依赖于低层次需要的满足，只是人类的行为受到了需要发展程度的影响。

5）五种需要的等级顺序并不是固定不变的，存在着等级倒置现象。一种情况是，有些人的愿望可能永远保持着僵化或低下的状态，也就是说，有些人可能只谋求低层次的需要而不再追求高层次的需要；另一种情况是，有些人可能牺牲低层次的需要而谋求实现高层次的需要，那些具有崇高理想、人生价值观的人，即使低层次的需要尚未得到满足，仍会追求高层次需要。一般来说，人的各种需要的出现往往取决于本人的职业、年龄、性格、受教育程度、经历、社会背景等。

6）各种需要相对满足的程度不同。实际上，绝大多数人的需要只有部分得到满足，同时也有部分得不到满足，而且随着需要层次的升高，满足的难度相对增大，满足的程度逐渐减小。

（3）对马斯洛的需要层次理论的评论和应用

该理论揭示了人类心理发展的一种普遍特性。但也存在着一些不足之处，如满足的定义不够明确，一种需要得到满足后很难预测哪种需要会成为下一个必须满足的对象等。虽然如此，该理论仍不失为一种重要的激励理论，对管理工作具有重要的指导作用。

1）了解员工的需要层次。通过分析员工所处的需要层次，针对其主导需要来采取管理措施，能够提高激励的效果。例如，当员工处于生理需要阶段时，可通过提高工资、改善劳动和生活条件来激励员工；当员工处于社交需要阶段时，可通过建立和谐、温暖的工作环境来使员工得到满足；当员工处于自我实现需要时，可通过设定富于挑战性的工作，给予更多的自主性和灵活性，来满足员工的需要。

2）了解员工的需要差异。即使在同一需要层次上，不同的员工，因为其职业、年龄、个性和家庭背景等存在差异，其需要也各有特点。而且，随着社会和经济环境的发展变化，人们的需要也在发生着渐变。因此，管理者的激励方法应结合员工的具体需要而灵活地调整。

2. 阿尔德弗的“生存、关系、发展理论”（ERG 理论）

ERG 理论是由美国组织行为学教授克莱顿·阿尔德弗（Clayton Alderfer）提出来的。他通过大量的调查研究，于 20 世纪 70 年代初提出该种需要理论。该理论对马斯洛理论进行了重组与修正，使之与实证研究的结果更为一致。该理论把人的需要归结为生存（existence）、相互关系（relatedness）和成长（growth），简称为“ERG 理论”。

（1）ERG 理论的内容

1）生存的需要是人最基本的需要，包含了人的一切生理上的物质需要，人的衣食住行、报酬、工作环境等基本条件都包括在此种需要当中。马斯洛理论中的生理需要和安全需要都包含在该项中。

2）相互关系的需要是指人际关系（社会交往）方面的需要，包括安全感、归属感、友情、受人尊重等方面的需要。该需要对应于马斯洛理论中的社会需要和尊重需要中的外在部分。

3）成长的需要是指发展自己，使自己在事业、能力上有所成就和提高的需要。这对应于马斯洛理论中尊重需要的内在部分和自我实现需要。

（2）ERG 理论与马斯洛理论的异同

阿尔德弗的 ERG 理论和马斯洛的需要层次理论比较起来，既有相似之处，又有不同之处。其相似之处如表 9-1 所示。

表 9-1 ERG 理论和马斯洛的需要层次理论的相似之处

<table>
<tr><th>需要层次理论</th><th>ERG 理论</th></tr>
<tr><td>生理需要</td><td rowspan="3">生存需要</td></tr>
<tr><td>安全需要（对物的）</td></tr>
<tr><td>安全需要（对人的）</td></tr>
<tr><td>社交需要</td><td rowspan="2">相互关系需要</td></tr>
<tr><td>尊重需要（受人尊重）</td></tr>
<tr><td>尊重需要（自我尊重）</td><td rowspan="2">发展需要</td></tr>
<tr><td>自我实现需要</td></tr>
</table>

阿尔德弗的 ERG 理论与马斯洛理论的不同之处，除了用上述的三个需要概括了五种需要之外，还提出了如下观点：

1）马斯洛认为人们会由于较低层次需要得到满足而上升到更高层次的需要，即“满足—前进”的逻辑。而阿尔德弗认为，与这种“满足—前进”过程并存的还有“受挫—倒退”过程，即当较高层次的需要受到挫折时，需要的重点就可能退到较低的层次。

2）与马斯洛的观点不同，阿尔德弗认为高层次需要的出现不一定建立在低层次需要被满足的基础上。例如，人们即使在生存需要没有被满足的情况下，表现出舍己为人的行为，这就是一种对相互关系的需要。

3）马斯洛理论认为，一个人一次只会有一种主导需要，但阿尔德弗认为，同一时间可能出现一个或多个需要同时被激活。如果高层次需要不能得到满足，则低层次需要的强度会增加。例如，如果人们得到社会尊重、实现个人发展的需要不能得到满足，则有可能会增加对于工资、工作条件或物质享受的需求。因此，相比之下，阿尔德弗的理论更加灵活。

与马斯洛理论相比，ERG 理论与我们关于个体差异的日常观察更一致。不同的受教育程度、家庭背景和文化背景，能够影响人们各种需要的相对重要性，甚至还会影响到各种需要的排列顺序。

由此可见，阿尔德弗对人的需要的研究，并没有超出马斯洛的需要层次理论的范畴，只是马斯洛的理论揭示的是带有普遍意义的一般规律，而阿尔德弗的观点更侧重于带有特殊性的个体差异，二者对实际工作都具有一定的指导意义。

3. 麦克利兰的“成就需要理论”

美国著名心理学教授戴维·麦克利兰（David C. McClelland），在 1955 年对马斯洛理论的普遍性提出了挑战，对该理论的核心概念“自我实现”有无充足的根据也表示怀疑。

他经过20多年的研究得出结论说，人类的许多需要都不是生理性的，而是社会性的，而且人的社会性需求不是先天的，而是后天的，得自于环境、经历和培养教育等。很难从单个人的角度归纳出共同的、与生俱来的心理需要；时代不同、社会不同、文化背景不同，人的需求当然就不同，所谓“自我实现”的标准也不同。马斯洛的理论过分强调个人的自我意识、内省和内在价值，忽视了来自社会的影响。

麦克利兰通过试验研究，归纳出三大类社会性需要：对成就的需要、对（社会）交往的需要和对权力的需要，尤其对成就需要和权力需要进行了较为详细的论述。他的理论观点主要体现在其代表作《渴求成就》（1966）和《权力的两面性》（1970）两篇论文中。

（1）成就需要理论的内容

麦克利兰认为，当人的生存需要被满足后，还有三种需要：权力需要、交往需要和成就需要，其中成就需要最为重要。

1）权力需要

具有较高权力需要的人，从施加影响和控制他人中得到极大的满足感，热衷于追求领导者的地位。对于高权力需要者来说，他们更关心的是自己在组织中的威信和影响力，而不是工作绩效。

2）交往需要

交往需要是指，人们对于良好人际关系、真挚情感和友谊的追求，能够从社会交往中得到快乐和满足。在工作中，高交往需求的人希望在平静、和谐的组织而不是竞争激烈的组织中工作。

3）成就需要

具有高成就需要的人，对工作的胜任感和成功有强烈的需求，经常思考个人职业生涯的发展规划。

（2）对成就需要的分析

麦克利兰认为，具有强烈成就需要的人往往具有如下三种性格特征：

1）谨慎地设定挑战性的目标。他们对成功有强烈的需要，但同时也担心失败，倾向于设定与自己能力相当的、中等难度的目标，对风险采取了一种现实主义的态度。因为如果目标过低，伴随着成功的是较少的成就满足感；而目标过高，则风险很大，成功的机会过于渺茫，会使他们难以体会到成功的喜悦。

2）喜欢通过自己的努力解决问题，不依赖偶然的机遇坐享成功。高成就需要的人，重视的是个人成就而不是成功或报酬本身。他们喜欢独自解决问题，一有时间就考虑如何把事情做得更好些，在工作中相信自己的能力，敢于做出决断，愿意承担责任。希望通过自己的努力获得成功，这样他们才会有成就感。

3）希望尽快得到工作绩效的反馈。他们对工作的结果非常关注，希望立即得到信息反馈，因此他们不愿意从事成果要很长时间以后才见分晓的工作。

麦克利兰指出，人的成就需要是可通过后天培养而得到加强的，成就需要可以创造出富有创业精神的人物，他们会促进社会经济的发展，因此全社会都应当认识到这一问题的重要性，鼓励人们努力建功立业，取得成就。

(3) 对权力需要的分析

成就需要和权力需要都会使人们有杰出的表现，但二者还是有区别的。人们对权力需要的基本特点是希望影响他人，希望控制向下、向上的信息渠道，以便施加影响、掌握权力。他们对政治感兴趣，而不像高成就需要的人那样关心改进自己的工作。

高成就需要的人当中，很少产生率领众人前进的领导者，原因非常简单：成就需要强烈的人习惯于独自解决问题，无须他人。一个高成就需要的人，未必能领导企业取得成就，因为经理的责任是激励众人取得成功，而不是只顾自己的工作成就。激发他人的成就感需要有完全不同的动机和技巧。如果说成就需要对应着创业精神，那么权力需要就对应着各种领导，因为领导者的首要任务是影响别人，对权力的需要显然是他们的主要性格特征之一。

权力具有两面性，即社会化权力和个人化权力，前者的出发点在于为他人着想，后者则以实现个人统治为核心。

权力的消极面或者说个人化的权力，其主要特征是"统治—服从"的关系，征服、侵犯他人，把被领导者看成工具而不是动力。自认为工具的人只能被动地遵守命令，这种统治只能给领导者带来肤浅的满足。

权力的积极面或者说社会化的权力，主要特征是通过深切了解群众的需要和愿望，帮助群体确定共同的目标和意志，并主动提供达到目标的途径，让群体成员感到自己是强者，有能力实现目标，把被领导者当作动力而不是工具。社会化的权力，能最大限度地调动被领导者的积极性，有益于整个社会。

(4) 成就需要理论在管理中的应用

麦克利兰通过对英国等工业发达国家的大量研究，得到以下结论：组织中拥有越多的高成就需要者，组织就发展得越快；而且高成就需要者可以通过后天的教育获得。这对管理工作有以下几点启示：

1) 提供能够发挥个人能力的工作环境。

2) 尽可能为高成就需要的人提供具有挑战性的工作环境，且对其工作成果及时反馈。

3) 注意培养员工的成就需要。

4) 由于成就需要可以后天培养，因此组织应当为员工创造良好的工作环境，培养员工的成就需要。

5) 高成就需要的人未必会成为优秀的管理者。

由于高成就需要者的注意力主要放在工作本身，而不是如何去影响他人的工作，因此，优秀的管理者应当是高权力需要和低友谊需要的人。

虽然麦克利兰的成就需要理论中存在许多不足之处，但是，该理论是对马斯洛理论的重要发展和补充，对指导组织的激励工作，更具有现实的意义。

4. 赫茨伯格的"双因素理论"

双因素理论是美国著名心理学家赫茨伯格（F. Herzberg）等人于20世纪50年代后期提出来的。

50年代末期，赫茨伯格在匹兹堡地区对11家企业的200名工程师和会计师进行了大规模的访谈和调查。由于员工的工作态度在很大程度上决定了工作的绩效，因此他设计了许多问题，希望了解员工希望在工作中得到什么。访问主要围绕两个问题：在工作中，哪些事项是让他们感到满意的，并估计这种积极情绪持续多长时间；又有哪些事项是让他们感到不满意的，并估计这种消极情绪持续多长时间。赫茨伯格以对这些问题的回答为材料，着手去研究哪些事情使人们在工作中快乐和满足，哪些事情造成不愉快和不满足。

（1）双因素理论的基本内容

赫茨伯格通过分析调查结果，发现某些因素总是与工作满意相关，与不满意关联度很低；而另一些因素则总是与工作不满意相关，与满意关联度很低。使职工感到满意的都是属于工作本身或工作内容方面的；使职工感到不满的，都是属于工作环境或工作关系方面的。他把前者叫做激励因素，后者叫做保健因素。

（2）保健因素

赫茨伯格通过调查发现，使员工感到不满的往往是公司政策与管理方式、上级监督、工资、人际关系和工作条件等五种因素，是属于工作环境和工作条件方面的因素。这类因素不具备或强度太低，容易导致员工不满意，但即使充分具备、强度很高也很难使员工感到满意，因此赫茨伯格将这类因素称为“保健因素”，又称作“维持因素”。

保健因素有些类似卫生保健对身体健康所起的作用：保健是从人的环境中消除有害于健康的事物，它虽然不能直接提高健康水平，但有预防疾病的效果；它不是治疗性的，而是预防性的。当这些因素恶化到人们认为可以接受的水平以下时，就会产生对工作的不满意。但是，当人们认为这些因素很好时，它只是消除了不满意，并不会导致积极的态度，这就形成了某种既不是满意、又不是不满意的中性状态。

（3）激励因素

那些能带来积极态度、满意和激励作用的因素就叫做“激励因素”，这是那些能满足个人自我实现需要的因素，包括：成就、赏识、挑战性的工作、增加的工作责任，以及成长和发展的机会。这些大多是属于工作本身和工作内容方面的因素。这类因素具备后，可使员工感到满意，但员工感到不满时却很少是因为缺少这些因素，因此赫茨伯格将这类因素称为“激励因素”，因为只有这些因素才能激发起人们在工作中的积极性、创造性，产生使员工满意的积极效果。

（4）保健因素和激励因素之间的关系

进一步的分析表明，保健因素之所以能导致人们的不满意，是因为人们具有避免不满意的需要；激励因素之所以能导致人们的满意，是因为人们具有成长和自我实现的需要。但这两类性质不同的因素，是彼此独立而不同的。

与此相关，赫茨伯格认为，满意的对立面不是不满意，而是没有满意；不满意的对立面也不是满意，而是没有不满意。保健因素是否具备、强度如何，对应着员工“没有不满意”和“不满意”，因为保健因素本身的特性，决定了它无法给人以成长的感觉，因此它不能使员工对工作产生积极的满意感；激励因素是否具备、强度如何，对应着员工“满意”和“没有满意”，因为人的心理成长取决于成就，而取得成就就要工作，激励因素代表了工作因素，所以它是成长所必需的，它提供的心理激励，促使每个人努力去达成自我实现的需要。如图 9-3。

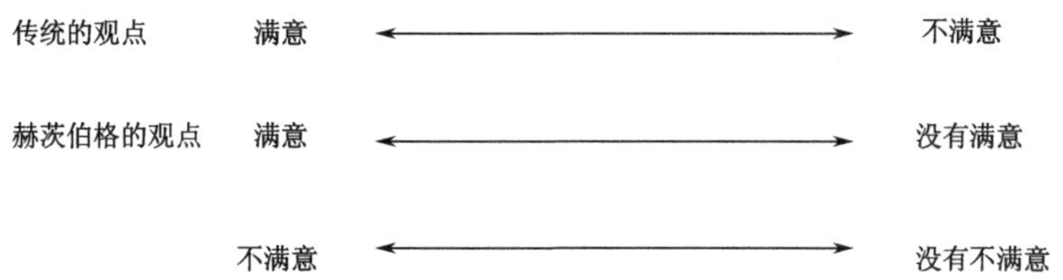

图 9-3 满意与不满意观点的对比

（5）双因素理论在实践中的应用

双因素理论为管理者的激励工作提供了新的视角和观点，因此在实际工作中得到了广泛的应用。赫茨伯格的调查发现，由保健因素引起的不满占 69％，而激励因素只占 31％，当保健因素被充分满足后，所能发挥的激励作用只占 19％。而激励因素得到满足后，能发挥的激励作用高达 81％。因此，对实际工作有如下指导意义：

1）工作本身对员工的激励

由于激励因素大多与工作本身相关，而激励因素在激励中占有绝对重要的地位，因此必须注意从工作本身挖掘和发展激励因素，调动员工的工作积极性。

2）保健因素和激励因素之间的关系

保健因素和激励因素没有绝对的划分标准。不同经济和社会条件下，两者的分类很可能不同。例如，在发达国家“保健”特征很明显的工资、奖金，在发展中国家能够起到很好的激励效果，因此应被划为“激励因素”。

（6）对赫茨伯格双因素理论的评论

该理论与马斯洛的需要层次理论有密切的联系，其保健因素相当于生理、安全、社会交往等低层次需要，激励因素相当于尊重、自我实现等高层次需要。

有些西方行为科学家对赫茨伯格的双因素理论的正确性表示怀疑。有人做了许多试验，也未能证实这个理论。赫茨伯格及其同事所做的试验，被有的行为科学家批评为是他们所采用方法本身的产物：人们总是把好的结果归结于自己的努力而把不好的结果归罪于客观条件或他人身上，问卷没有考虑这种一般的心理状态。另外，被调查对象的代表性也不够，事实上，不同职业和不同阶层的人，对激励因素和保健因素的反应是各不相同的。实践还证明，高度的工作满足不一定就产生高度的激励。许多行为科学家认为，不论是有关工作环境的因素或工作内容的因素，都可能产生激励作用，而不仅是使职工感到满足，这取决于环境和职工心理方面的许多条件。

但是，双因素理论促使企业管理人员注意工作内容方面因素的重要性，特别是它们同工作丰富化和工作满足的关系，因此是有积极意义的。赫茨伯格告诉我们，满足各种需要所引起的激励深度和效果是不一样的。物质需求的满足是必要的，没有它会导致不满，但是即使获得满足，它的作用往往是很有限的、不能持久的。要调动人的积极性，不仅要注意物质利益和工作条件等外部因素，更重要的是要注意对人进行精神鼓励，给予表扬和认可，注意给人以成长、发展、晋升的机会。随着温饱问题的解决，这种内在激励的重要性越来越明显。

9.2.2 过程型激励理论

1. 弗鲁姆的期望理论

期望理论用于工作激励问题的研究，最早是由美国心理学家弗鲁姆（V. H. Vroom）开始的。弗鲁姆于1964年在他的著作《工作与激励》一书中首先提出了比较完备的期望理论，成为这一领域的主要理论之一。

弗鲁姆认为，一种激励因素（或目标），其激励作用的大小，受到个人从组织中所取得的报酬（或诱因）的价值判断以及对取得该报酬可能性的预期双重因素的影响，前者称为效价，后者称为期望值（期望概率），可用下式表示

$$激励力（M）=效价（V）\times期望概率（E）$$

式中，激励力——一个人受激励的程度，愿意为达到目标而努力的程度；

效价——一个人对行动的结果能满足其需要的程度的估计，其取值范围可由+1到−1。结果对个人越是重要，效价值越接近于+1；结果对个人无关紧要、是无所谓的事，效价值就接近于0；个人很不希望发生而要尽力避免的结果，其效价值就接近于−1；

期望值——个人对行动会导致某一预期结果的概率的估计，其取值范围由0到+1。

弗鲁姆认为，效价和期望值都是个人的一种主观判断，即对人的行为的激励力涉及到三部分心理过程：

1）报酬本身是否能够吸引人们去为之付出努力？

2）付出努力的行为是否能够取得预期的结果？

3）努力和工作绩效的结果能否带来期望的报酬？

期望理论揭示出对人的行为的激励，实际上是一种很复杂的过程。管理者在向员工下达任务时，必须考虑工作本身的挑战性，使其效价能产生重要的刺激作用。同时，也要考虑任务的合理性，使人们通过努力可以完成，以及员工在取得绩效之后奖励又能及时得以兑现，这样才能使激励与绩效之间形成良性循环。

2. 亚当斯的“公平理论”

该理论是由美国心理学家斯戴西·亚当斯（Stacy Adams）于1956年提出的，又称为社会比较理论，其目的是研究个人所做的贡献与所得报酬之间如何平衡的社会比较问题，研究报酬的公平性对人们工作积极性的影响。

公平理论认为，当一个人做出成绩并取得报酬以后，他不仅关心自己所得报酬的绝对量，而且关心自己所得报酬的相对量。也就是说，每个人都会自觉不自觉地把自己所获的报酬与投入的比率同他人的收支比率或本人过去的收支比率相比较，如下所示

$$(O/I)_A \longleftrightarrow (O/I)_B$$

式中，O（outcome）——报酬，如工资、奖金、提升、赏识、受人尊敬等，包括物质方面和精神方面的所得；

I（input）——投入，如工作的数量和质量、技术水平、努力程度、能力、精力、

时间等；

A——当事人；B——参照对象。

参照对象可以是自己的同事、同行、邻居、亲朋好友（一般是与自己状况相当的人）等，也可能是自己的过去。

与他人的比较称为社会比较或横向比较，与自己过去相比较叫作纵向比较。

横向比较的结果分三种情况：

如果 $(O/I)_A=(O/I)_B$，当事人会觉得报酬是公平的，他可能会因此而保持工作的积极性和努力程度；

如果 $(O/I)_A<(O/I)_B$，这时当事人就会感到不公平，此时他可能会要求增加报酬，或自动地减少投入以便达到心理上的平衡；

如果 $(O/I)_A>(O/I)_B$，说明当事人得到了过高的报酬或投入较少。在这种情况下，一般来讲当事人不会要求减少报酬，而有可能会自觉地增加投入量。但过一段时间后他就会因重新过高估计自己的投入而对高报酬心安理得，于是其投入又会恢复到原先的水平。还有另外一种情形，当事人开始可能心里一阵暗自高兴，但高兴之余，又会担心，担心这种不公平会影响工作伙伴对自己的评价，从而影响自己在正式组织或非正式组织中的人际关系，因此会在以后的工作中谨慎小心，同样不利于调动其积极性。

纵向比较的结果也分三种情况：

如果 $(O/I)_A=(O/I)_B$，当事人就会认为基本公平，积极性和努力程度可能会保持不变；

如果 $(O/I)_A<(O/I)_B$，当事人会感到不公平，其工作积极性会下降（减少投入），除非给他增加报酬；

如果 $(O/I)_A>(O/I)_B$，一般来讲当事人不会觉得所获报酬过高，因为他可能会认为自己的能力和经验有了进一步的提高，其工作积极性不会因此而提高多少。

总之，当事人会采取多种方法来减小和消除与参照对象比较的差异，使之相等。

一般情况下，人们使用横向（社会）比较为多。

尽管公平理论的基本观点是普遍存在的，但在实际运用中很难把握。因为个人的主观判断对此有很大的影响，人们总是倾向于过高估计自己的投入，而过低估计自己所得的报酬，对别人的投入和所得报酬的估计则与此相反。因此，管理者在运用该理论时应当更多地注意实际工作绩效与报酬之间的合理性，同时应帮助当事人正确认识自己与别人的投入和报酬。

西方的许多企业，依据公平理论，为了避免职工产生不公平感，往往采取各种手段，在企业中造成一种公平合理的气氛，使职工产生一种主观上的公平感。或者采用秘密的单独发奖的办法，使职工相互不了解彼此的收支比率，以免职工互相比较而产生不公平感。

3. 波特和劳勒的期望模式

1968 年美国管理学家波特（L. W. Porter）和劳勒（E. E. Lawler）在他们合著的《管理态度与工作绩效》一书中，提出了一个综合的激励模式，如图 9-4 所示。

该模式包括四个变量：努力程度、工作成果、报酬和满足。

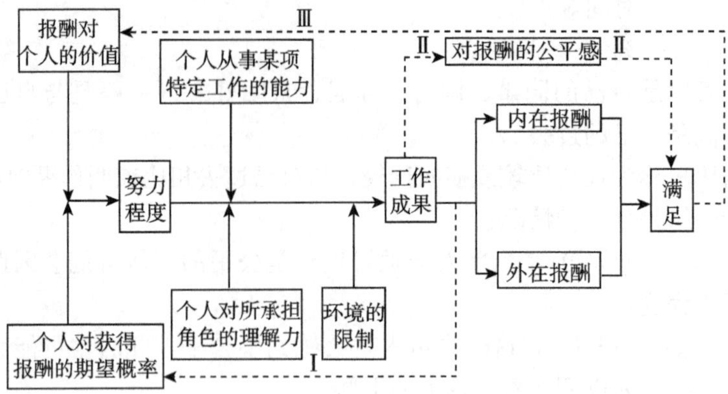

图 9-4　波特-劳勒期望模式

1）努力程度：相当于弗鲁姆模式中的激励力。努力程度一方面取决于个人对报酬价值的主观评价（效价），另一方面还决定于个人对可能获得报酬的期望概率（期望值）。

2）工作成果：主要依赖于个人的努力程度，同时还决定于个人的工作能力、对所承担角色的理解力即个人对在某项工作中应发挥的作用的认识以及所处环境的限制。

如果由于个人的努力取得了预期的工作成果，通过信息反馈，就会提高其对此项目标的期望概率，进而提高此项目标对个人的激励力（虚线Ⅰ）。

3）报酬：分为内在报酬和外在报酬两种，前者指工作本身产生的报酬，如尊重、自我实现等需要的满足，后者指工作之外的报酬，如工资、工作条件、职业的保障等方面需要的满足。

4）满足：是个人的一种内在的认知状态，表明个人在实现了预期的目标和报酬后所得到的满意感觉。

内在报酬与外在报酬同个人对报酬的公平感结合在一起（虚线Ⅱ），影响着个人的满足，其中公平感又受个人对工作成果自我评价的影响。

同时，一个人最后得到的满意程度又将影响以后的价值判断。当个人从实现目标和报酬中得到了满足时，就会使其对此项目标所得报酬的评价提高（虚线Ⅲ），进而又会提高此项目标对个人的激励力，使其对此项目标更加努力。

该模式综合了个体的外部刺激、内部条件、行为表现和行为后果的相互作用等各种因素，把整个激励过程——从激励的产生、绩效的达成、报酬的获得一直到满足的实现——表述得比较完备，将前述弗鲁姆的模式与公平理论有机地结合起来，使其更加具体而系统化。

4. 斯金纳的“强化理论”

强化理论是美国的心理学家和行为科学家斯金纳、赫西、布兰查德等人提出的一种理论。斯金纳生于 1904 年，他于 1931 年获得哈佛大学的心理学博士学位，1968 年曾获得美国全国科学奖章，是第二个获得这种奖章的心理学家。他在心理学的学术观点上属于极端的行为主义者，其目标在于预测和控制人的行为，而并不考虑人的内部心理过程和状态。斯金纳通过试验研究得出结论，认为人的行为可分为三类：

• 本能行为，即人生来就有的行为；
• 反应性行为，即环境作用于人而引起的反应；
• 操作性行为，即人为了达到一定目的而作用于环境的行为。

斯金纳提出“操作条件反射”理论，认为人或动物为了达到某种目的会采取一定的行为作用于环境。当这种行为的后果对他有利时，这种行为就会在以后重复出现，这种状况即称作强化刺激，能增强这种行为发生频率的刺激物称作强化物；当行为后果不利时，这种行为就会减弱或消失。人们可以用这种正强化或负强化的办法来影响行为的后果，从而修正其行为，这就是强化理论。

这种操作性行为会随着强化刺激的增强而增强，也会随着强化刺激的减弱而减弱。这样，人们就可以通过控制强化物来控制行为，引起行为的改变。由于这一理论的中心思想在于通过强化刺激来改变人们的行为方向，故又称作行为改变理论。

斯金纳提出了四种行为改造方式：

1）正强化。这是指通过给予被强化者适当报酬的方式，借以肯定某种行为，使其重复此种行为。报酬的内容可以多种多样，如增加薪金、提升职位、对其工作成果的承认和赞赏等。

2）负强化。这是指预先告知人们某种不符合要求的行为可能引起的不良后果，以使人们采取符合要求的行为或回避不符合要求的行为，从而避免或消除不良后果。通过这种强化方式能从反面促使人们重复符合要求的行为，达到与正强化同样的目的。

3）自然消退。这是指对某种行为取消正强化，不采取任何奖励措施，以表示对该种行为的某种程度的否定。人的操作性行为都是有目的性的，一种行为如果长期得不到正强化，个人的目的实现不了，就会逐渐自然消退。

4）惩罚。这是指以某种强制性和威胁性的后果来表示对某种行为的否定，借以消除此种行为重复发生的可能性。惩罚的方式也是多种多样的，如批评、降职、降薪、解雇等。

在管理工作中运用强化理论时，应遵循以下原则：

1）要明确强化的目的或目标，明确预期的行为方向，使被强化者的行为符合组织的要求。

2）要选准强化物。每个人的需要不同，因而对同一种强化物的反应也各不相同。这就要求具体分析强化对象的情况，针对他们的不同需要，采用不同的强化措施。可以说，选准强化物是使组织目标同个人目标统一起来，以实现强化预期要求的中心环节。

3）要及时反馈。为了实现强化的目的，必须通过反馈的作用，使被强化者及时了解自己的行为后果，并及时兑现相应的报酬或惩罚，使有利于组织的行为得到及时肯定，促使其重复；而不利于组织的行为能得到及时的制止。

4）要尽量运用正强化的方式，避免运用惩罚的方式。斯金纳发现，“惩罚不能简单地改变一个人按原来想法去做的念头，至多只能教会他们如何避免惩罚。”事实上，过多地运用惩罚往往会造成被惩罚者心理上的创伤，引起对抗情绪，乃至采取欺骗、隐瞒等手段来逃避惩罚。

但是，有时又必须运用惩罚的方式。为了尽可能避免惩罚所引起的消极作用，应把惩罚同正强化结合起来。在执行惩罚时，应使被惩罚者了解受到惩罚的原因和改正的办法，而当其一旦有所改正时，即应给以正强化，使其符合要求的行为得到巩固。

9.3 人性理论

人既是管理的主体即管理者，又是管理的客体即管理对象。作为管理者，他的人性观以及他对被管理者人性方面的基本认识，决定着他将追求的目标、为实现目标所可能采取的行为以及对被管理者所采取的基本态度。因此，人性观历来是管理学中的一个重要课题。关于人性假设的理论很多，归纳起来主要有如下四种：

1. “经济人”假设

英国古典政治经济学的创始人之一亚当·斯密，在其名著《国富论》（1776）中提出了利己主义的人性观，他把资本主义社会看成是一个人们相互交换的联合体，认为交换是“人类的本性”，而人们交换的动机都是利己主义的，因此利己主义是“人类的本性”。作为管理者的资本家，其本性都是追求最大利润的，而作为被管理者的工人，其本性都是追求最高工资的。

斯密上述对于人类本性的分析，对西方资产阶级早期的管理理论产生了广泛而深远的影响，很长一个时期被奉为西方管理上的一项基本指南。后来，美国行为科学家道格拉斯·麦格雷戈（Douglas M. McGregor）于1957年在其《企业中的人性面》一文中提出了著名的“X-Y理论”，对当时西方社会对人性的两种主要认识进行了分析研究，其中的“X理论”就代表了“经济人”的人性假设（见本书第63页）。

在人际关系运动开始以前，X理论被广泛接受，所以管理者对下属的管理方式往往处在两个极端：一是“严厉、强硬的”管理方法，包括强迫和胁迫（通常采用隐蔽的方式），严密的监督和控制；另一极端是“温和、软弱的”管理方法，包括宽容、顺从下属的要求，以求相安无事。事实证明，管理方法不论是强硬的还是软弱的，都不能取得理想的效果。采用强硬的管理方法，会导致各种反抗行为，如限制产量、敌对情绪、怠工、组织工会等；采用软弱的管理方法，则常常导致放弃管理，对工作绩效漠不关心等。人们进而采用“胡萝卜加大棒”的方法，但随着人们追求更高层次需要的强烈，“胡萝卜”已不能激发起人们的行为动机。因此，“经济人”的观点已经过时了。

2. “社会人”假设

“社会人”的人性假设是由梅奥通过霍桑试验提出来的。他认为，人是“社会人”，影响人的生产积极性的因素，除了物质金钱外，还有社会和心理的因素，包括人们对归属、交往和友谊的追求。人们在工作中形成的社会关系，对工人的士气起着重大的影响，而工人的士气又直接影响着生产效率的高低。因此，作为管理者不能只把目光局限在完成任务上，而应当注意对工人的关心、体贴、爱护和尊重，改变对工人的态度和监督方式，建立起相互了解、团结融洽的人际关系和友好的感情，重视非正式组织的存在，鼓励上下级之间的意见沟通，以消除不满和争端。

无疑，“社会人”假设的提出，是对人性认识的一大进步。

3. “自我实现人”假设

“自我实现人”的人性假设，是以马斯洛的“需要层次理论”和阿吉瑞斯（Chris Argyris）的“不成熟-成熟理论”为基础的。

美国哈佛大学教授克里斯·阿吉瑞斯，对人的个性与组织的关系问题做过较多的研究，于1957年出版了《个性与组织：系统与个人之间的冲突》一书，提出了一种新的人性假设理论——“不成熟-成熟”理论，又称“人性成熟”理论或“个性与组织”理论。

阿吉瑞斯认为，人是一个发展的有机体，因而健康的个性都具有成长的倾向，这种个性成长的倾向包含多方面的内容，并且如同婴儿成长为成人一样，是一个从不成熟到成熟（即从被动到主动、从依赖到独立、从有限的行为方式到多样复杂的行为方式、从肤浅短暂且经常变化的兴趣到浓厚且持久专一的兴趣、从目光短浅到有长远打算、从服从附属地位到平等优越地位、从缺乏自觉到自觉自制）的连续发展过程。随着个性的成长，个人的自我世界扩大了，这就是自我的形成过程，就是自我实现的过程。一个人在这个发展过程中所处的位置，标志着其个性的成熟程度，也体现出其自我实现的程度。

但是，由于传统组织在专业化分工、等级制度、统一指挥、管理幅度等方面的严格控制、呆板规定，使组织成员处于不成熟状态，致使其自我实现的要求得不到满足，引发了种种消极后果。因此，阿吉瑞斯主张，必须改善组织设计，为组织的每个成员创造更多的成功机会，实现组织目标与个人目标的统一。

麦格雷戈在此基础上，提出了“Y理论”，他认为人的本性并非像传统的“X理论”认为的那样，而需要一种新的理论做指导，这就是“自我实现人”的人性假设，其主要内容见本书第63页。

麦格雷戈提出的“Y理论”，要求管理者改变自己的管理方式和对员工的态度，应当相信：人是可以信赖的，是能够自我管理的。组织应当创造一种环境条件，不断发掘员工的潜力，激励员工自觉发挥他们的积极性和创造性，在完成组织目标的同时也达到了自己的个人目标，实现个人目标与组织目标的统一。“Y理论”在实践中的运用，提出了很多的具体管理方法，如授权、工作扩大化和丰富化、目标管理等，都收到了一定的成效。

4. “复杂人”假设

对于马斯洛、阿吉瑞斯、麦格雷戈等人主张的人性假设，西方有些管理学家也提出了不同的看法。例如，有些管理学家认为，他们把工作中的满足作为人们唯一的生活乐趣，而忽略了人们的经济动机。实际上，对人的本性是不能一概而论的，有的人适合于X理论，有的人则适合于Y理论。因此一些管理学家指出，人的内心世界是复杂多变的，要因人而异，简单地把人性划归一种类型是不现实的。

美国心理学家约翰·莫尔斯（J. J. Morse）和杰伊·洛希（J. W. Lorsch）应用X理论和Y理论分别在两个工厂和两个研究所进行试验，结果是：在工厂里，采用X理论能取得较好的效果；而在研究所里，运用Y理论进行管理效果较好。这说明，X

理论不见得一无是处，根本就不可取；Y 理论也不见得一切都好，可以到处应用。

根据这一结果的分析研究，莫尔斯和洛希提出了“复杂人”的人性假设，即所谓的“超 Y 理论”或权变理论。它认为，人的需要是复杂的，既不是纯粹的“经济人”，又不是纯粹的“社会人”或“自我实现人”。这种复杂性主要表现为下列几点：

1）不同的人有不同的需要结构。有的人追求低层次的需要，有的人追求高层次的需要；有的人要求参与决策，愿意承担更大的责任；有的人则宁愿接受正规的组织结构及其规章制度的约束，而不愿意参与决策和承担责任。而且，各个需要层次之间又是相互作用的，例如，金钱意味着社会地位，地位又意味着尊重的需要得到满足，因而人们便认为，金钱的满足也是地位、尊重等需要的满足。

2）人的很多需要不是生来就有的，而是在后天的环境影响下形成的。由于人的工作和生活环境总是不断变化的，因而人们已有的需要结构受环境的影响，也会不断变化。可以说，人在一定时期的需要结构是已有的需要结构与环境条件相结合的产物。

3）人对不同的组织或组织的不同部门会有不同的需要。例如，有的人在正式组织里满足物质利益的需要，而在非正式组织里满足人际关系方面的需要。

4）一个人在组织中是否感到满足、肯于奉献，关键在于该组织的状况是否同他的需要结构相一致。如果两者是一致的，从而使他能在该组织中得到需要的满足，他便会为该组织效力。否则，就不会效力。因此，组织状况对人的工作态度、积极性影响很大。

5）由于每个人的需要和能力各不相同，因而他们对一定的管理方式就会产生不同的反应。也就是说，不存在一种符合任何人、任何环境的万能的管理方式，运用管理方式只能因人、因地、因时制宜。

根据上述人性假设，管理者必须具体了解不同员工之间在需要和能力方面存在的差异，并按照不同人的不同情况，采取相应的管理方式，才能取得预期的效果。管理方式必须灵活，富有弹性，保证管理方式同组织目标、工作性质和职工的个人条件相适应，以使每个员工都能获得胜任感。管理方式的这种适应性越好，员工的胜任感就越强，工作效率也就越高。

由于“复杂人”的假设强调对人性的认识要根据具体情况具体分析，因此对实际工作具有更强的实用价值。

9.4 激励方法

9.4.1 薪酬激励方法

1. 薪酬有效性研究

在员工心目中，奖金、薪酬绝不仅仅是一定数目的金钱，它还代表了身份、地位以及在公司中的业绩，甚至个人的能力、品行、发展前景等。金钱作为薪酬的主要物化形式，在有效激励员工的工作热情和工作效率方面发挥着重要的作用。虽然近些年来，人们越来越重视薪酬之外的激励方式，但有足够的证据表明，对大多数人来说，钱可以起到正强化的作用，而如果一个组织削减薪酬，士气就会遭到破坏。而 1998 年 11 月，在法国里昂举行的八国（美、英、法、德、日等）经济管理研讨会上，与会专家达成这样一个共识：人在工作中的表现取决于三大因素：利益、信念和心理状态。在这三要素中，利益占首位。由此可见，在所有激励手段中，薪酬激励占有举足轻重的地位。

进一步的研究表明，不仅薪酬的绝对量是重要的激励因素，薪酬的相对量——即薪酬的分配，也对组织绩效产生深刻的影响。这一点既有理论的支持（我们在前面介绍过的公平理论），也有丰富的实证数据。例如一项用统计方法研究薪酬差距与员工表现的资料表明，在棒球队中薪酬的差距越大，则球员的表现就越差。薪酬专家爱德华·劳勒发现球队的全体薪酬和他们赢得比赛的数目之间有强正相关关系，指出："在球员可以自由流动的环境下，吸引和留住最好的人才必须要用高薪。因此，拥有最高全体薪酬的球队通常能在世界职业棒球大赛中获得好成绩。"

2. *薪酬激励的有效方法*

（1）浮动工资计划

计件工资、奖金、利润分成和收入分成等形式的收入，都是浮动工资的具体形式。这种报酬与固定工资的区别在于，它们的确定不完全依赖于工作时间或资历，而是与工作绩效密切相关。

浮动工资计划（variable pay plans）有许多激励理论作为支撑。在期望理论中，我们学过激励力受到努力与报酬相关程度的影响，而在强化理论中，我们也了解到奖励是一种正强化，会激励人们不断重复得到过奖赏的行为。因此，浮动工资把奖赏与人们的努力联系在一起。

1）计件工资（piece-rate pay plans）。计件工资非常常见，是将工人完成的产品数量与工资直接挂钩。例如，如果小王每天加工 1000 个螺帽，每个螺帽的计件工资为 0.05 元，则其每天的收入为 50 元。

2）奖金（award）。奖金可单独付给管理人员或所有员工。奖金能明显提高报酬，具有更高的报酬满意度。

一种逐渐受到重视的发奖金方式叫做即时奖励（spot award），是指一旦发现员工表现卓越，就立刻给予经济奖励。据报道，IBM 的创始人沃森，只要一看到员工有突出表现，就立刻填写支票作为奖励。从激励的理论来理解，这种奖励的激励效果确实不错，由于反馈非常及时，因此符合期望理论、公平理论以及强化理论的观点。

3）利润分享计划（profit sharing plans）。这是根据公司的利润收入所制定的一种报酬分配方式。这些报酬可以直接用现金支付，也可以用股权来支付。一个常见的形式就是员工持股计划。

据调查，美国 500 强中 90%的企业实行员工持股，美国上市企业有 90%实行员工持股计划。把员工持股企业和非员工持股企业进行比较，已持股企业比非员工持股企业劳动生产率高了 1/3，利润高了 50%，员工收入高了 25%～60%。员工持股计划可以激励员工努力工作，吸引人才，提高企业的竞争力。同时是"金手铐"，起到留人的作用。

4）收入分享计划（gain sharing plan）。由于利润的最终确定除了员工的努力程度外，还受到许多外部环境的影响。因此，根据企业的收入而不是净利润来确定报酬分配，能够降低员工面对的不确定性，提高员工的士气。

5）浮动工资计划有效的一些原则。①确保努力和奖赏直接相关。根据期望理论，激励如果要发挥作用，则要求奖赏必须与员工所做的努力和完成的业绩高度相关。因此，组织的激励计划应当真正做到奖励高绩效的员工，这一点必须得到员工的认同。②工资计划方案易于理解和计算。如果工资计划过于复杂，则会影响员工对业绩与奖赏之间关联度的判断，影响激励的效力。因此，应尽可能制定简单明了的浮动工资计划。③标准的设定应合理。制定的标准应当高而合理，一般来说，应当有一半的成功机会。应当确保所制定的奖励标准应当是可达到的，且组织有义务提供完成工作所需要的工具、设备和培训等条件，帮助员工达到目标。目标设定还应当具体，从而增强业绩与奖赏之间关联度。④确保一个基本工资。虽然实施了浮动工资计划，但根据双因素理论，保健因素的重要性不容忽视，所以提供一个基本工资往往是非常明智的。这有助于免除员工的后顾之忧，鼓励员工追求更高的需求层次，从而更富有进取精神。

（2）技能工资

传统的报酬计划都是与工作特点相联系。通过分析各个工作岗位的特点，基于工作的难度、劳动力的稀缺程度和社会平均报酬水平，来确定薪酬待遇。这种基于工作的方法并没有特别激励员工改善自身的工作技能，且无法提供机会帮助员工拓宽职业道路。

技能工资（skill-based pay）是指，不根据员工的资历、职称以及具体从事何种工作来确定其工资级别，而是根据其技术能力水平（即员工技能的范围、深度、类型及他们运用的知识）来确定工资。在这种工资制度下，职位低的员工工资可能高于职位高的员工。

技能工资能够驱动员工不断学习和掌握额外的工作技能，从而增强企业人力资源管理的灵活性，降低人员转换的成本，加强组织内部的沟通，在组织内部创建学习的氛围。但是，在这种报酬计划下的培训成本和补偿成本也是相对较高的，因此只适用于一些与工作再设计相联系的特定环境。

（3）灵活福利

在通常情况下，公司的福利计划为所有员工都提供相同种类的福利。这样做的结果，导致员工的个人需求差异被忽视了，而在现实中，员工对于福利有不同的要求和偏好。例如，一些员工喜欢更多的休假，而另一些员工则愿意放弃休闲以获取更多的收入。

灵活福利（flexible benefits）是指，允许员工从众多备选的福利项目中，选择适合自己需要的福利。在美国，一般组织提供的福利大约是员工工资的40%。在灵活福利制度下，组织为每个员工建立一个灵活的、通常占其收入一个固定比例的消费账户，并为每种福利选项标明价格。备选的项目可能包括各种医疗方案、生活保险、储蓄和养老方案、教育费补偿等。员工根据自己的需求和自己账户中的预算来选择福利项目。在我国，目前组织常见的福利项目基本上都是固定的三险一金，灵活福利制度是未来的发展方向。

9.4.2 其他激励方法

1. 目标设定方法

给员工设定具体目标，是最简单也是最有效的激励方法之一。我们在前面学习过的目标管理，就是一种目标设定方法。目标管理把以绩效为基础的激励计划作为核心，通过在企业中全面推行目标管理（MBO），加强员工对组织管理的参与意识和行动，提高组织效率。

根据爱德文·洛克（Edwin A. Locke）的理论，目标设定通过四种途径影响激励效果。如图 9-5。首先，目标的制定有助于集中全员的注意力，在集中精力的基础上进而增强努力程度。如果遇到逆境，由于有一个目标在我们前方，始终提醒我们自己的使命，因此会增强对工作坚持不懈的精神，并且会积极地去探索解决问题的新方法，因此目标的制定也有助于鼓励员工制定新的战略和新的行动计划。

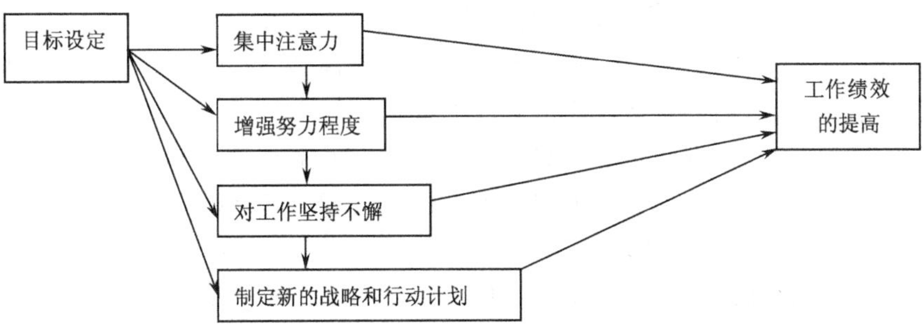

图 9-5 目标设定与绩效

关于目标设定的一些原则：

1）目标应当清晰而具体；

2）目标应当可检验和可评估；

3）目标应当具有挑战性和现实可实现性；

4）员工应当参与目标的设定；

5）确保员工具有完成目标的信心。

2. 认可

认可，就是指对工作表现优秀的员工给予经济奖励之外的肯定。作为对现时代员工的激励方式，认可的作用越来越受到重视。而且即时认可还可以起到强化剂的作用，加强了绩效与奖励之间的关联度。

认可有许多种形式，且认可的程度也很有弹性。除了社会性认可和正式的奖励之外，管理者也可以赋予一个员工越来越多的责任。与经济形式的报酬不同的是，获得认可的人数或时间间隔基本上没有限制。

下面是一些认可员工的简单方法：

• 在员工集中在一起的时候，公开表扬。

•认可的时候只感谢受奖赏员工做出的具体贡献，而不讨论其他事情，以免冲淡认可的效果。

•对于没有机会常来总部的优秀员工，电子邮件或语音邮件形式的认可是一种好方法。

•在薪水支票上附上一个便条来认可员工的贡献。

•把员工受到奖励的纪录放在组织显著的位置上让所有员工看到。

•在领导到来的时候，邀请做出突出贡献的员工出席，并在领导面前加以表扬。

•注意员工的需求和喜欢的认可方式，尽可能使认可方式因人制宜。

激励低薪员工有六种方法：

1）取消“当月优秀职员”评选活动。这项活动意义不大。如果评选权在管理者手中，职工们不明真相，会认为那是“政治”活动，因而丧失兴趣。若是以工作成绩为基础，成绩突出者总是那几个；若轮流获奖，那更不会激起什么干劲儿了，因为机会是均等的。但是若能想办法让客户给职工一些额外奖励，效果就大大不同了，比如一位客户存了一大堆促销用的帽子，你就可以安排他们给参与项目的职工每人发一顶，这将会使员工觉得他的工作有附加值。当别人问他：“嘿，你在某某公司的工作怎么样?”他会说：“工资很低，但有时会发些东西。”

2）口头表扬不可忽视。对于利益高于一切的人来说，口头表扬可能是“只听楼梯响，没见人上来”，但对于追求上进的员工来说，它却意味着鼓励。口头表扬被认为是当今企业中最有效的激励办法。

3）保持肯定的态度。被激励的员工是那些有问题、有想法的人，尽管他们的想法并不总切实可行，但作为管理者，你应该鼓励百家争鸣、百花齐放，让他们说，唯其如此，企业才可生机勃勃。如果你对员工持肯定和引导的态度，员工们就会主动替公司分忧。

4）留心身体语言。皱眉头、瞪眼睛、指东划西，而所有这一切都会被看作是老板的权力和控制欲，而不是员工们值得依赖的小心翼翼的领头羊，其结果无疑会引起敌对情绪，合作便举步维艰。

5）管理者无需事必躬亲。一位低薪员工说：“老板有次对我说，这些都需在下午之前装进盒子，打上标签。装进货箱后运到车库，等你做完了，还有些别的事需要你帮忙，然后就走开了。这让我感觉自己是程序中重要的一环，老板相信我能做好，我由此得到鼓励，要证明自己能做好，不让他失望。”

6）不要总一本正经。管理人员对员工们偶尔的小小违规行为若能保持微笑但缄默的态度，也能缔造公司内部健康、和谐的气氛，使员工们感觉管理带有人情味而安居乐业。

3. 授权

授权是指赋予员工完成工作的权力、方法和信息，并培养其有效完成工作的自信。在工作中，其实每个人都想实现自我价值，授权激励就是对员工的一种认可和信任。授权作为一种激励方法，能够促进员工对自身价值的发掘和认同，有助于满足员工对于成就和自我实现等高层次的需要。

为了有效发挥授权的激励作用，在授权的时候需要注意以下一些原则：

1）最重要的一条原则就是要将权力授给能够胜任工作的人。如果授权对象不能胜任被授予的权力和工作，则无法完成预先目标，不仅达不到激励的效果，反而会产生受挫——倒退的效应，损害员工的积极性和自我评价。因此，需对员工进行完整的评价。一般来说，如果有员工对自己的工作了解很深，并且远远超出管理者原来的预料，那些这些员工就有可能具备担负重要工作任务的才能和智慧。

2）明确告知员工被授予的责任。

3）确定权责对等，避免畸形授权，使授权流于形式。

4）对员工进行必要的培训，提供所需的信息和帮助。

5）相信并尊重员工的行为。

6）允许员工失败，对员工进行监督和控制，预先设定失败的处理方式，避免一刀切。

7）对员工的绩效予以及时反馈。

4. 为员工提供终生学习的机会

在激励竞争的社会大环境下，许多组织都面临一个困境。一方面，组织内部的竞争压力和淘汰机制可以激发员工的积极性和潜能，提高工作效率；另一方面，竞争的压力所造成的裁员，对所有员工都构成一种威胁，这会动摇双因素理论中的保健因素，不利于员工积极性的发挥。

终生学习（life-long learning）是指，组织为员工提供持续的培训机会，其形式多种多样，既包括业务和技能培训，也包括思路拓展和学位培训等。在终身雇佣不复存在的今天，人们越来越认识到，虽然企业无法提供终身雇佣的承诺，但有竞争力、希望充分调动员工积极性的企业，可以提供终生学习的承诺，使员工具有不断更新的知识和技能结构，终身具有工作竞争力。

终身学习有如下几个功效：

1）使员工掌握最新的工作技能。

2）终生学习的机会具有天生的激励性，它能帮助员工制定未来的个人职业生涯发展规划，增强员工的自信心和能动性，给员工带来成就感。

3）虽然终生学习不能消除裁员带来的负面影响，但至少在一定程度上提高了员工重新就业的能力，因此也是一种有效的保障方法。

案例及习题

一、案例

薪酬激励的作用

2003 年新年后的一天，外贸局王局长坐在办公室里，审阅着财务科刚送来的财务收支情况报表。面对 A 办事处 4 年来业务收入的大起大落，王局长心情沉重，陷入了沉思。

A办事处是外贸局下属的一个办事处，共有5名工作人员，其中一名中年人担任办事处主任，另外4名均为年轻人。2000年初王局长到外贸局走马上任，他点燃的头一把火就是搞业务创收，给各下属部门分别制定创收目标，实施目标管理。A办事处虽然人不多，但业务收入却在全局中占有举足轻重的地位，而且潜力巨大。1999年A办事处的业务收入达83万，占全局收入的36%。为鼓励A办事处为创收多做贡献，王局长拟订了一个相当诱人的奖励计划：若A办事处能完成90万元的任务指标，年终可以计提3%的奖金；若创收达120万元，则给办事处配备一部汽车；若收入达150万，则给全处年轻人解决住房问题。奖励方案一经推出，立即在A办事处引起震动，所有人员积极性空前高涨，憋足干劲加班加点拼命干，结果2000年A办事处创收达156万，超额完成了计划指标。事后，王局长开始兑现奖励措施，除发放奖金配备汽车解决住房外，还把A办事处树立为先进集体，对办事处李主任给予全局通报表扬，越级晋升一级工资，并将一名年轻人提拔为副科长。同时，王局长还承诺如果A办事处2001年业务收入能维持150万的收入，将继续提取3%的年终奖。王局长本来希望通过奖励的实施来进一步调动A办事处员工的积极性，争取2001年业务收入再创新高，最低目标也要保持2000年的水平。但奇怪的是，奖励实施后，A办事处人员积极性却骤然下降，有人开始自满，有人觉得不公平，开始闹情绪，不合作。结果2001年A办事处在外界环境没有明显变化的情况下，业务收入直线下滑到95万，没有完成任务指标。王局长对此非常恼火，对A办事处下达指令，若2002年业务收入不能恢复到120万，就撤换办事处主任和其他工作人员。但令人遗憾的是，2002年A办事处的收入再次令王局长失望，全年收入仅85万。这种结局让王局长百思不得其解。

资料来源：中华培训网

思考及讨论题

1. 王局长上任后为什么能很快提高经济效益？
2. 奖励实施后，积极性为什么反而回落了呢？

二、习题

1. 什么是激励？
2. 马斯洛的需要层次理论应如何理解和运用？
3. 双因素理论的内容是什么？保健因素和激励因素各包括哪些内容？
4. “复杂人”假设的观点是什么？
5. 薪酬激励包括哪些方法？

第十章

团　队

◇ 掌握群体的概念、形成和发展，以及群体与团队的关系

◇ 理解团队类型与团队工作

◇ 了解高效团队的建设

团队在现代组织中已经越来越受到重视，已经成为组织中解决问题和有效工作的一种新形式。1996 年，约翰逊（Robal Johnson）在研究《财富》前 1000 家企业时发现，团队的使用无所不在：

1）几乎所有企业都使用项目团队（由各专业雇员组成，在规定的时间内完成某个项目）；

2）绝大多数的公司使用平行团队（在常规的组织结构之外存在的，用于解决各种具体问题）；

3）大多数公司使用永久性工作团队（一般是负责生产和提供产品或服务的自治的工作单元）。

为什么团队的运用如此盛行？大量的组织实践表明，如果某项任务的完成需要使用多种技能，那么团队的效果往往好于个人。如图 10-1 所示，团队与传统的部门结构相比具有更大的灵活性和能动性，能够提高组织运行的效率，加强对顾客的响应，推动创新，提高员工的参与性和积极性，是一种简便地运用和发挥组织所有成员的才能和积极性的有效方法。

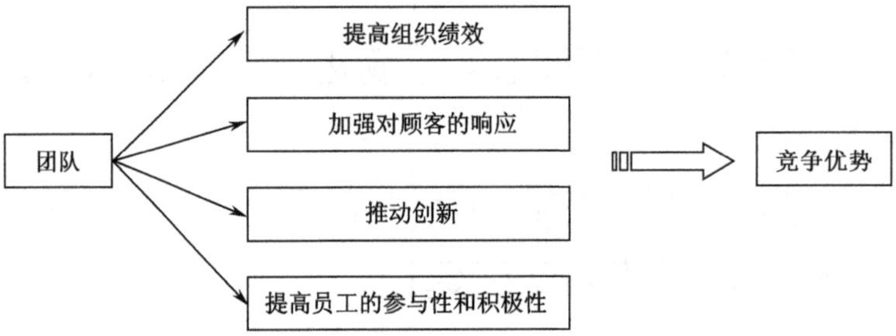

图 10-1　团队对组织效益的贡献

在本章中，我们在第一节介绍群体的概念、类型和发展，以及群体与团队的关系，在第二节中介绍团队的类型与团队工作，分析影响团队工作的各种因素，在第三节学习高效团队的建设，介绍团队建设的步骤和高效团队的特点。最后是案例和思考题。

10.1　团队概述

10.1.1　群体的概念和类型

1. 群体的概念

由于每一个团队都是一个群体，团队具有群体的许多特性。因此在研究团队之前，我们有必要了解群体的相关知识。根据看待角度的不同，人们从感知、动机、组织、相互依赖和相互作用等群体的特征入手，对群体下了许多定义。

根据伊万斯维奇（John M. Ivancevich）和麦迪森（Michael T. Matteson）所界定的一个比较复杂的定义，如果组织中存在群体，那么它的成员应具有如下特征：

1）被促使加入其中；

2）认为群体是所有成员互动的统一体；

3）对于群体做出不同程度的贡献；

4）通过多种形式的互动达成一致或不一致。

2. 群体的类型

根据群体的构成原则和方式不同，可以把群体分为正式群体和非正式群体。两类群体在组织中并存，并存在复杂的交互作用，如表10-1所示。

表10-1　群体的类型

	相对永久	相对临时
正式的	命令群体	任务群体
非正式的	友谊群体	利益群体

（1）正式群体

正式群体是指有组织结构确定的、职责划分很明确的群体。由于这类群体是组织为了实现某种目标而正式建立的，所以称为正式群体。如企业中的人力资源部门和质量管理部门都是正式群体的例子。在正式群体中，人们的行为是由组织目标所确定并规范的。正式群体是为了完成一项永久或临时的工作任务，由管理部门正式设制的，具有固定的编制和组织形式，有明确的职责分工，有规定的权利和义务。为了保证组织目标的实现，还具有明文规定的规章制度和组织纪律。

根据正式群体的成立是永久还是临时的，正式群体可划分为命令群体和任务群体。如果群体是永久性的，例如公司的销售部门，由于在该正式群体中所存在的职权结构固定且持久，是群体的中枢，因此通常称其为命令群体；如果是临时性的，则通常是为了完成某项任务而正式设置的临时群体，例如为了某个项目的招投标而设置的任务小组，此时我们称其为任务群体。

（2）非正式群体

除了正式群体之外，组织中还存在大量的非正式群体。非正式群体是指那些既没有正式结构、也不是由组织确定的群体。这是一种自发形成的组织，是在组织成员个人或集体利益的基础上自然形成的群体，而不是有意识的组织设计。只要有人群的地方，就必然存在非正式群体。例如，在一个班级里，经常在一起上自习的同学就是一个非正式群体。

非正式组织通常具有自身的规范、角色和默认的纪律。非正式群体能够满足正式群体力所不及的人们的各种需要，对员工的行为和绩效发挥着非常深刻的影响作用。对于该问题的研究，我们在霍桑实验中曾经学习过。同样，根据非正式群体的成立是永久还是临时的，我们可将其分为友谊群体和利益群体。基于友谊形成的群体一般比较长久，而基于利益形成的群体则会因为利益的改变而解体。

10.1.2 群体的形成与发展

1. 群体形成的原因

人们之所以要加入群体，原因有很多种。一般来说，我们可将这些原因归纳为：

(1) 安全需要

人们都有保护自己不受外部威胁的基本需求，无论这些威胁是真实的还是潜在的，是被解雇或胁迫的威胁，还仅仅是害怕孤独。通过加入一个群体，个体能够减少独自一人所感受到的不安全感。当个体加入一个群体后，会感到自己更有力量，减少自我怀疑，增强对抗威胁的力量。

(2) 社会和情感需要

人是一种社会性的动物，而群体可以满足成员的社交需要，为成员提供获得友谊的环境。人们往往会在群体成员的相互交往中，感受到满足和友谊。对许多人来说，这种在工作中发生的人际关系的互动，是他们满足情感需要的最基本途径。

(3) 自尊

群体能够使成员发现和认可自身的价值。群体成员的身份，除了能够使群体内外的人了解群体成员的地位之外，还能够使群体成员感受到自身的价值。此外，与群体中社会地位较高的人交往也有助于满足成员的自尊需要。

(4) 实现目标

在很多情况下，目标的实现需要多个人的共同努力，需要集合众人的智慧和力量。此时，人们通常通过群体来追求共同的目标。工会和环境保护组织正是为了满足人们的这种需要形成的群体。

(5) 距离接近

除了上述原因之外，人们加入群体还有一个最普遍的原因：他们工作在一起。许多群体的形成仅仅是由于人们的距离很接近。非正式群体的成员很多是由工作上最接近的人组成。经常发生联系、频繁彼此相互作用的人们也容易形成群体。在现实中，办公室的布局对于人们之间形成社会网络以及形成群体具有很重要的影响，在一间办公室工作的人更有可能加入同一个群体。此外，如果某个人的行为总是能对其他一些人产生影响，则也有可能围绕这个人形成群体。

(6) 趋同

相互吸引和具有共同兴趣也是人们加入群体的原因。趋同的内容很多，包括：观念、兴趣、人格、经济地位、种族、性别和能力等。大学中的兴趣小组以及众多的宗教团体就是由于趋同的原因而形成的群体。

2. 群体的发展

群体是如何发展的呢？20 世纪 60 年代中期，人们普遍认为，群体的发展要经过五个阶段的发展顺序。但是最近的研究表明，群体的发展可能并没有什么标准模式可言。在这里我们主要介绍和评述群体发展的五阶段模型。

（1）五阶段发展模型的内容

五阶段发展模型认为，群体的发展要经过五个阶段的标准程序：形成阶段（forming）、震荡阶段（storming）、规范阶段（norming）、执行阶段（performing）和中止阶段（adjourning）。如图 10-2 所示。

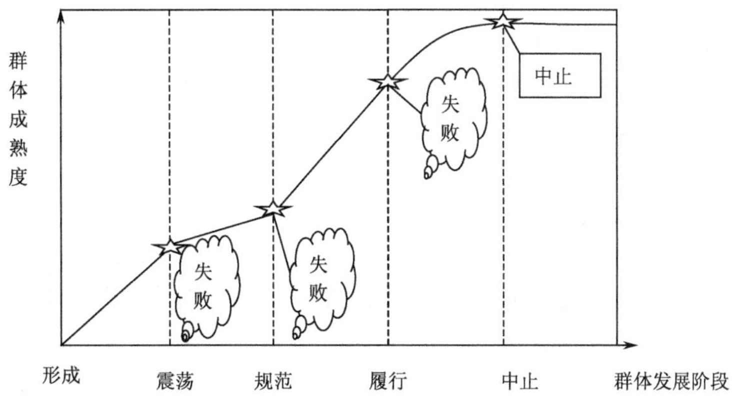

图 10-2　群体发展阶段

1）形成阶段

人们最初聚在一起，开始相互认识、沟通信息和相互试探。在这一阶段，群体的目的、结构、领导都尚未确定。群体成员开始摸索和理解群体的行为规范。人们往往依靠他人的反应来确定行为的可被接受性。该阶段结束的标志是：人们开始把自己看作群体的一员。

2）震荡阶段

在群体形成之后，由于成员对于地位、规范和角色的形成和发展等问题存在矛盾和冲突，此时的群体处于震荡阶段，也称为群体内部冲突阶段。此时，群体成员接受了群体的存在，但对于群体施加的约束表现出某种反抗和抵制。某些群体成员可能会选择退出，也可能会压制冲突。该阶段结束的标志是群体的领导层次逐渐明晰。

3）规范阶段

群体成员开始形成亲密的关系，群体表现出一定的凝聚力。经过一定时间，群体开始具有独立性质，指导成员行为的规范开始形成。群体开始接受其他成员，并发展出约束群体成员的系统目标。该阶段结束的标志是群体结构稳定，群体规范确立。

4）执行阶段

在群体目标和规范形成之后，群体成员就开始发展各种角色。此时群体规范和结构已经开始发挥作用，并被群体成员完全接受。群体的注意力从成员之间的相互理解和接受，转移到每个成员的任务完成上来。

5）中止阶段

中止阶段并不是所有群体必然经历的一个阶段。对于长期性的工作团队来说，可能并不需要经历这个阶段。而对于暂时性的委员会和任务小组来说，随着任务的完成，群体的发展必然面临中止阶段。

在该阶段，群体开始准备解散，注意力从工作绩效转移到群体的收尾工作。群体的中止对群体成员会造成不同影响，对群体工作绩效得到认同的成就感与群体伙伴关系终结的惋惜并存。

(2) 对五阶段发展模型的理解和评述

1) 并非所有群体都必须按顺序经历这五个阶段。有的群体可能会略过某个阶段，也有的群体很难区分这五个阶段。例如，在某些群体中，震荡阶段和执行任务阶段可能同时发生。有时，群体在发展到某个阶段后，由于内外部环境的原因有可能返回到上一个阶段。例如，在群体发展到规范阶段后，如果外部环境发生较大变化而影响到群体现有的规范，则有可能返回到震荡阶段。

2) 群体的绩效与群体所处的发展阶段并无必然的正相关关系。因为群体的绩效受到各种复杂因素的影响，群体的发展和成熟并不必然意味着群体绩效的提高。例如，在某些情况下，高水平的冲突可能有助于组织绩效的提高，因此就会导致群体在第四阶段的效率反而不如在第二阶段的效率。

3) 五阶段发展模型忽略了组织环境。由于组织中大多数的群体行为都受到组织环境的深刻影响，所以在分析群体的发展过程时，要全面考虑环境因素。这是该模型的一个重大欠缺。因此，我们在应用该模型时，首先需要分析群体所处的环境和条件。

10.1.3 团队与群体的关系

1. 团队的含义与特征

(1) 团队的含义

任何团队都是群体，且在许多情况下人们并不区分团队和群体。但一些团队专家对团队和传统的工作群体进行了区分。凯特然贝克 (Jon R. Katzenback) 和史密斯 (Douglas K. Smith) 指出：一个工作群体的业绩是其所有成员的个人业绩之和，而团队的业绩不仅包括个人的业绩，还包括“集体业绩”。集体业绩必须在多人的团结之下完成，反映了团结带来的贡献。

因此，我们可以把团队理解为：为了实现某一目标，由知识技能互补、相互协作的若干个体组成的正式群体，所有成员都对目标的实现负有共同的责任。当组织需要完成某项任务或解决某个问题时，可从不同部门和岗位抽调具有完成任务所需技能的人员组成团队。在该团队中，每个成员都对完成任务发挥着不同程度的作用，这一点也是群体固有的特征。更重要的是，每个团队成员和其他成员的工作都是密切相关的，彼此之间的工作绩效相互依赖，因此需要成员协同工作。这是团队区别于工作群体的特点。因此在团队中，协作的需要压倒一切。

(2) 团队的特征

根据团队的定义，我们在界定一个群体是否有效地形成了一个团队的时候，需要判别该群体是否具有团队的以下三个特征：

1) 清晰的目标。构成和维持团队的一个基本条件就是，所有成员有共同的努力目标。团队的目标赋予团队存在的价值和团队成员的认同感。团队的有效运作，需要成员对于要达到的主要目标有清晰地了解，并坚信这一目标具有重大的意义和价值。目标的重要性有助于团队成员把个人目标升华到团队目标中去。在有效的团队中，成员愿意为团队目标做出承诺，清楚地知道自己的任务和使命。

2）成员之间相互依赖、彼此协作。在团队中，由于每个成员的工作绩效都受到其他成员的影响，因此需要成员之间的相互协作和依赖。所有成员只有通过协作才能提高绩效，才能实现共同的目标。

在协作中，团队成员除了需要具备完成目标所需的知识和技能外，还要具备协作所需的个人品质。这两点缺一不可。没有必备的知识和技能，就一定无法完成团队的目标；而仅具有过硬的技术能力，却没有协调团队内部关系的技巧，也无法形成有效的团队。

3）所有成员负有共同的责任。所有团队成员都需要共同分担它们在达到共同目标中的责任。当一个团队成员开始进入团队并负担一项任务时，就意味着对团队做出了承诺，而团队目标的实现就成为每一位成员的责任。

2. 团队与工作群体的区别

上面我们学习了多种群体，其中在工作中形成的群体叫做工作群体。由于团队是为了特定的组织工作目标而构建的，因此将团队与工作群体相比较才是有意义的。两者的不同之处如图 10-3 所示。通过上面的定义我们可以发现，团队是一种特殊的工作群体，团队除了具有一般工作群体的特性之外，还具备一些独有的特性：

1）工作群体的绩效是群体中所有成员绩效的加总，而团队的绩效不仅依赖于个体的绩效，还依赖于所有团队成员的共同努力所产生的协同作用。这种协同作用使团队的绩效水平远远大于个体成员绩效的总和。

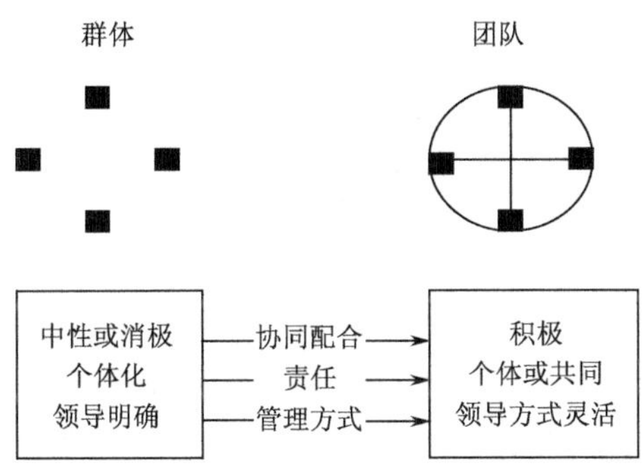

图 10-3　群体与团队的对比

2）在工作群体中，工作绩效由个体负责，成员通常不对超出自己范围的结果负责。而在团队中，成员不仅对自己的工作绩效负责，也要对整体绩效负责。因为整体绩效的结果取决于协作的好坏，而协作是每一个成员的责任。这里的关键点在于，工作群体是对单个个体的管理，而团队是将所有个体看作一个整体来管理。

3）工作群体一般具有强有力的、明确的、集中的领导，而团队的领导角色是分享的。工作群体的结构决定了其领导角色的分配，而以目标和协作为核心的团队则以绩效最大化为导向来分享领导角色。例如，美国麻省总医院组成了负责紧急外伤处理的跨职能团队，由医生、护士和技师组成了“无缝团队”。在团队某个成员的领导下，每个成员负责完成一项任务。这个领导角色通常由医生负责，但有时也可能会由一名精通相关领域的实习医生或护士担任。正如一个参加该团队的外科医生所说的，“没有人是周围人的老板，只要是好的想法，我们都欣然接受。”

10.2 团队工作

10.2.1 团队类型

每个团队都有其目标，人们通常根据团队建立和存在的目标，把团队分为三类：问题解决型团队、自我管理型团队和跨职能型团队。

1. 问题解决型团队（problem-solving teams）

这种团队形式是团队在企业中出现的最初形式。这种团队的建立，是为了解决某些具体的问题。20世纪80年代兴起的质量小组，就是问题解决型团队的典型代表。在这种团队中，来自同一个部门的员工组织在一起，每周用几个小时的时间聚集在一起，商讨组织存在的问题和探索改善组织的方法。如图10-4。

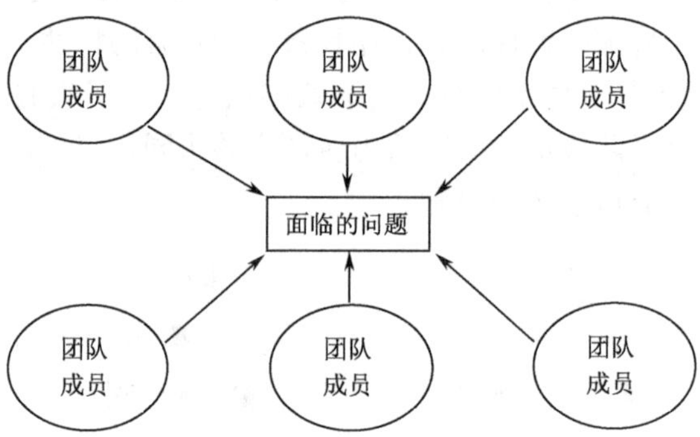

图10-4 问题解决型团队

但是，在问题解决型团队中，成员通常来自同一个部门，技术知识面受到局限，仅能对相关的工作程序和工作方法交换看法或提供建议，影响力和作用力受到很大的局限。团队有权执行自己的方案，但对涉及其他部门的重大变化，基本上没有权力单方面采取行动。因此，这种团队形式在调动员工积极性和作用发挥方面的力度不足。

2. 自我管理型团队（self-managed teams）

为了更好的调动员工的积极性，提高团队的效率，许多公司都在探索新的团队形式。随着平等主义文化价值观念在西方国家公司的兴起，公司开始向团队进一步授权，将原来的团队改造成为自我管理型团队。

（1）自我管理型团队的含义

自我管理型团队是真正独立自主的团队，不仅负责提出解决问题的建议和想法，而且还负责执行解决问题的方案，并对工作结果承担全部责任。如图 10-5。一般来说，自我管理型团队独立负责一种产品或服务的生产和提供，且承担以往由上司承担的一些责任。如在惠普公司，自我管理团队可以在未经管理者直接同意的情况下，自主做出聘用、组织和购买设备的各种决策。

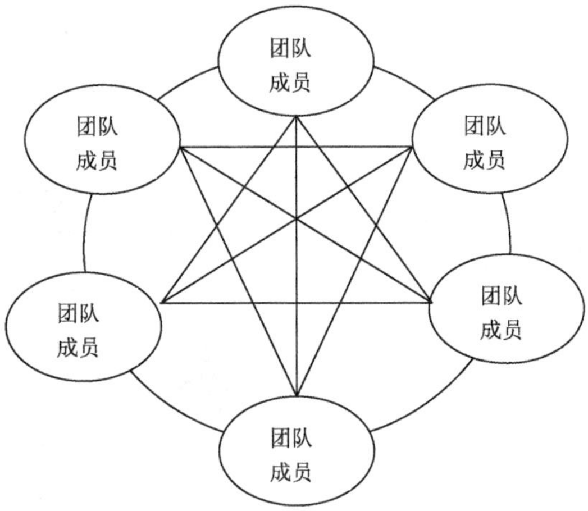

图 10-5　自我管理型团队

自我管理型团队的责任范围可以包括：

1）制定工作计划和节奏；

2）确定任务分配和实行工作轮换；

3）吸纳和淘汰团队成员；

4）决定团队领导者；

5）设置团队的主要目标；

6）团队成员相互评估绩效。

许多企业都建立了自我管理型团队。如施乐公司、通用电气公司、百事可乐公司、惠普公司等。在美国，大约有 1/5 的公司采用了这种团队形式。关于运用自我管理型团队获得成功的案例非常多，例如，美国完全食品超市的管理人员认为，公司的销售额之所以能翻一番，销售利润之所以能超过同类企业，主要原因就在于自我管理型团队发挥了作用。

（2）自我管理型团队面临的问题

尽管有大量的案例证明了自我管理型团队的价值，但也有组织在采用了自我管理型团队之后，发现这种团队形式并不一定带来积极效果。与传统的工作组织形式相比，自我管理型团队成员的缺勤率和流动率偏高。一项对 500 个组织的 4500 个团队的深度访谈调查，发现了自我管理型团队失效的一系列个体原因：

1）团队成员不愿意放弃旧的做法、权力和职位。

2）某些团队成员并不具备完成团队目标所需的技术、知识和能力。

3）个人与团队在信念和目标上存在的冲突无法协调。

虽然自我管理型团队并非万能的灵药，但最近的研究表明，自我管理型团队确实有助于提高组织的效率。例如，对于自我管理型团队授权的研究发现，成员的工作满意度、对客户提供的服务和团队成员对组织的承诺和投入都明显得到了提高。

3. 跨职能团队（cross-functional teams）

跨职能团队是由来自不同部门和不同工作领域的专业人员组成的团队。如图 10-6 所示。其实，在组织中采取跨越横向部门界限的组织形式早已存在。在组织结构设计中，我们曾经学过扁平化组织设计的思想，其中就涉及到跨职能团队的运用。

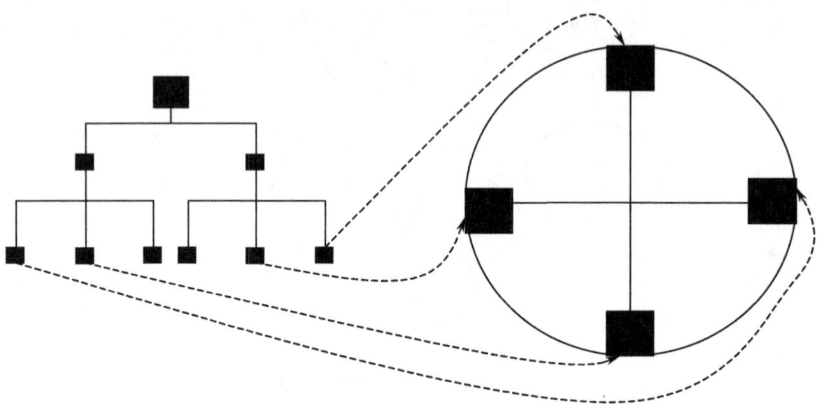

图 10-6 跨职能团队

以一家向工业公司提供工业用电的 AES 公司为例。该公司的年销售收入增长率高达 23%，年收益超过 1 亿美元，雇员超过 1500 人。该公司采取了扁平化组织设计，组织结构只有四个阶层：工人、工厂经理、部门经理和公司经理。在公司职位设计中，并没有设置负责采购、财务、人事或操作的专职人员。但是这些工作对公司的日常运作都是必不可少的。因此，作为正式结构的补充，相关员工在工厂经理的指导下，组成团队来完成这些工作。

在这家公司的成功运作中，我们发现跨职能团队在其中发挥着关键作用。跨职能团队作为一种有效地组织形式，能够促进组织内部不同部门和领域的员工之间进行信息的沟通和交流，有助于开拓组织的视角，激发出新的观点和解决问题的办法，保证复杂项目的协调和顺利运作。

但是，由于跨职能团队涉及到众多的部门，团队成员具有不同的背景和观点，且需要面对各种复杂的工作任务，因此从其最初的建立到成员之间的充分协作需要消耗大量的时间。为了提高跨职能团队成员的协调性，组织需要采取以下措施：

1）注意选拔人员，务必保证所挑选的人员具有团队所需的业务和沟通技能；

2）明确团队的目标，保证目标对团队成员具有足够的吸引力；

3）确保团队成员了解团队的运作方式；

4）进行高强度的团队建设，确保团队协调性；

5）使团队成员能看到取得的成果，从而激发团队的士气。

10.2.2 团队工作

1. 团队工作的概念

（1）概念

团队工作是指，团队成员为实现团队的目标，相互协作所开展的一系列活动。因此，团队工作代表一套价值，团队成员受到鼓励而相互帮助、听取别人的意见并给予反馈、支持和承认。团队工作的价值即使在一个团队解散之后也一直存在。

（2）工作团队与团队工作的区别

容易与团队工作混淆的另一个概念是工作团队。工作团队是一种有着特定任务的团队，是团队的一种。其实，我们在前面提到的团队特指工作团队。

我们可以把工作团队更具体地理解为，由一群人组成的特殊团队，通过成员的协同努力，完成团队所要达成的阶段性绩效目标和最终目标。

因此，工作团队是为了完成特定工作的团队，而团队工作则是一种为了提高工作绩效而采用团队形式的新的工作方法，这是两个不同的概念。

2. 影响团队工作的因素

团队工作受到多种因素的影响。一般来说，人们认为影响团队工作的因素包括：外部环境、目标、规模、成员角色、规范、凝聚力和领导。而且，这些影响因素并不独立，它们之间也是相互关联的，如外部环境就会影响到其他六个影响因素。如图10-7所示。

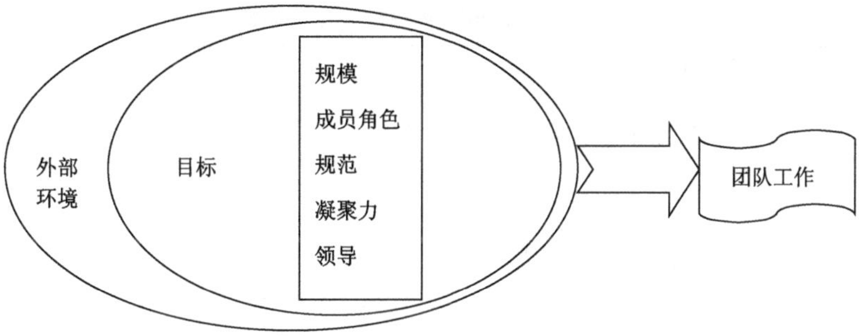

图 10-7 影响团队工作的因素

（1）外部环境

所有团队都有其存在和发展的外部环境，包括团队所处的组织环境以及更大范围的外部经济、技术和社会环境。在组织环境中，组织的工作条件、规章制度、领导框架、管理方式以及奖惩措施等都会对团队工作绩效产生直接和间接的影响。而外部的经济、技术和社会环境则会对团队工作产生更为深刻的影响。例如，基于计算机的信息技术的进步，推动了计算机支持的合作性工作和计算机支持的群体决策支持系统的发展，对团队成员的网络式工作产生重大影响，使团队工作不再局限于同一时间和同一地点。

（2）目标

由于团队的目标不仅会影响到团队成员的态度和工作绩效，而且还会影响到组织对团队的承诺和投入，因此团队目标的设定以及团队目标与个人目标和组织目标的一致性必然会对团队工作产生影响。

在团队中，所有成员都有自己的个人目标，这些个人目标会影响到团队目标。而团队又存在于组织中，组织目标也会对团队目标施加影响。但团队的目标是作为整体的团队所共同承诺的目标，因此团队的各种目标常常是一致和冲突共存。一般来说，有效的团队把大约 2/3 或更多的时间用于以任务为中心的问题，把 1/3 或更少的时间放在以关系为中心的问题上。如果在这些目标设定上不能达到平衡，则会增加团队的冲突，破坏团队的团结，甚至导致团队的解体。当团队成员的目标、团队的目标以及团队所处其中的组织目标之间的冲突必须同时考虑时，目标对团队动力和绩效的影响就会更加复杂。

（3）规模

对大多数团队来说，并没有一个最优的团队规模。但一般来看，团队的有效规模从 2 人到正常的上限 16 人左右。随着互联网和电子邮件等技术的发展，有效团队的规模上限不断增大。研究表明，12 个成员大概是每个成员可以面对面地与其他成员顺利协作的最大规模。

在表 10-2 中，我们可以看到，团队规模对领导行为、成员行为和团队规则产生的影响。此外，团队成员的交互作用在较小规模的团队中要比规模较大团队显然要大一些，而同等规模的团队，如果成员对团队目标和任务的投入程度不同，则团队运作和表现也会不同。

表 10-2 影响团队规模的主要因素

影响因素 \ 团队规模	2～7 名成员	8～12 名成员	13～16 名成员
对领导的要求	低	中等	高
来自领导的指导	低	低—中等	中等—高
成员对领导指导的容忍	低—中等	中等	高
成员约束	低	低—中等	高
规则及程序的正式性	低	低—中等	中等—高
达成最终决策的时间要求	低—中等	中等	中等—高

资料来源：唐·赫尔瑞格著，胡英昆译：《组织行为学》，东北财经大学出版社，2001 年，第 213 页。

（4）成员角色

为了实现其目标、保持其规范，团队必须确定成员的工作角色，也就是要对成员进行角色分工。工作角色就是对团队中某一特定职位所期望的行为模式。它是基于团队的利益，对成员的职责进行的确定。

在团队中，可以根据与角色相关的工作性质，把工作角色划分为三种类型：

1）任务中心型角色。这种角色的主要任务是与团体业绩目标相关的、与任务相关的活动。任务中心型角色的活动包括：提出新的想法、观点和建议；搜集和寻找信息来协助决策；协调成员之间的工作和活动；评估团队的有效性。

2）关系中心型角色。这种角色强调团队的长远发展，侧重于建立团队一致性和团队共识，维护团队的内部和谐以及团队成员的福利。关系中心型角色的活动包括：通过表扬和接受成员的建议来激励成员的投入热情；协调和解决团队内部的冲突和紧张；鼓励成员的参与；明确团队的目标，确定成员目标的一致性；建设性地处理问题，以团队利益为重。

3）自我中心型角色。这种角色强调成员个人的特定需要和特定目标，这种行为很可能是以牺牲团队利益为代价的。自我中心型角色的活动包括：为了提升自身的地位，以各种方式获得对自身的注意力；抵制团队其他成员已经达成一致的决定；与他人保持距离，避免协作。

（5）规范

团队规范是指团队成员所共同遵守的团队内部的行为规则与行为模式。为了确保团队的高效运行并确保目标的实现，团队需要对群体的行为加以控制。影响和控制团队成员行为的途径有两条：一条是给每位成员分派角色，第二条就是制定和执行团队规范。规范通常局限于特别重要的行为。

团队规范对团队工作的正常运行起到非常重要的作用。下面，我们就团队规范的作用以及团队成员对规范的遵守原因，分析规范对团队工作的影响。

1）规范的作用。①保证群体的生存和利益。规范能够为团队成员目标导向的行为提供基础，并能够抵制偏离团队目标的异常行为。②规范是对团队成员的期待行为的简化表述，从而使团队成员的活动易于预测。规范能够告诉团队成员什么是鼓励做的，什么是不可接受的，以及使团队成员能够预见到同事的行为，从而更易于协作。这样，团队成员就会对可以被接受的角色行为有着更为确定的把握。③规范有助于避免令人尴尬的人际关系。在界定了什么是可接受的，什么是不可接受的活动后，规范能够告诉成员团队的行为准则和价值观念。

2）成员对规范的遵守。成员对规范的遵守会产生团队的一致性和协调性。当成员由于真实或想像中的压力，而表现出团队所希望的行为时，就意味着对团队规范的遵守。可是，每个成员都有自身的特点和想法，因此从表面看上去并无二致的遵从，从成员个人角度可能有不同的原因，这种遵守规范的内在原因也会对团队工作产生某些影响。

第一种类型是被动遵守。当团队成员对规范并不认同但不得不遵守时，我们称之为被动遵守。被动遵守的原因有很多种，有可能是认为团结的外表对于实现团队目标很必要，也有可能是为了得到别人的认同和接受，也有可能是因为遵守规范的代价要低于不遵守的代价等。

第二种类型是主动遵守。当个人的行为和态度与团队的规范和目标相一致时，就会对团队规范表现出积极的支持。这种类型往往会比第一种类型具有更高的效率，因为个人真正相信了目标和规范，从而在团队工作中更能体现目标导向性以及发挥规范的价值。

如果团队成员违背了团队规范，就产生了背离。背离表明团队不能有效控制团队成员的行为。一般而言，团队对发生背离的成员可以采取以下一些措施：设法改变该成员的背离行为；开除该成员；改变规范以适应成员的行为。

为了有效发挥团队的作用，提高组织的竞争优势，团队需要保持遵从与背离的适度平衡。如图 10-8 所示。团队成员的过度遵从可能会压抑新的思维和想法，而过度背离无疑会妨碍团队的协调运作，因此在尊重与背离中寻求一个平衡点是所有团队所面临的一个重要问题。

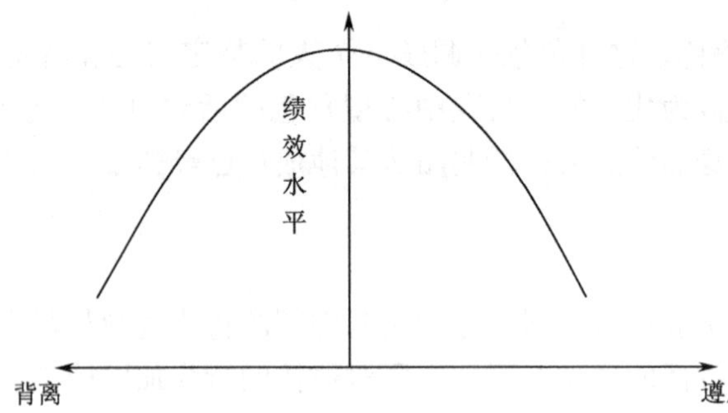

图 10-8　团队中遵从与背离的平衡

（6）团队凝聚力

影响团队工作的另一个因素是团队凝聚力，它是指团队对成员的吸引程度，以及成员对团队的忠诚度。如果一个团队的凝聚力较强，则成员非常在意作为团队一员的身份和资格，具有希望继续成为团队一员的强烈愿望，因此会积极参与团队工作。

团队凝聚力主要体现在以下三个方面：

1）成员的参与程度。随着团队凝聚力的增强，团队成员会表现出对团队活动参与积极性的高涨。团队成员参与团队活动程度高，可以推动团队工作的顺利开展，且有助于信息共享和沟通交流。

2）对团队规范的遵从程度。凝聚力较强的团队中，成员对团队规范的遵从度相应也比较高。凝聚力会减少成员背离规范的行为，即使某些规范与员工的个人意愿相抵触。

3）对团队目标的重视程度。团队凝聚力增强的一个重要标志就是，成员对团队目标的重视程度不断提高。但对团队目标的重视并不必然导致组织绩效的提高，如果团队凝聚力过高，可能导致团队成员过于关注和追求团队的目标，有时可能以牺牲组织目标为代价。

（7）领导

团队的领导者对团队结构和行为的各个方面都会产生影响。由于团队这种组织形式的特点，团队的领导者是非常灵活的，在不同时期和不同领域可能由不同的领导者来承担领导角色。例如，由于团队同时肩负关系中心型目标和任务中心型目标，因此也可能同时存在两个或多个领导者，来满足团队的各方面需求。领导模式会与团队的外部环境、规模、成员角色、规范和目标发生交互作用，并最终对团队工作产生深刻的影响。

10.3 团 队 建 设

10.3.1 高效团队的特点

1. 团队规模

团队的合适规模应当是多大？这个问题的答案必然取决于团队的目标和工作量。但对于那种主要依靠人们的智慧而不是体力的团队，规模的大小对团队的效率还是有显著影响的。

团队规模越大，团队的结构越紧密，团队成员感受到的压力也就会越大，对团队规模会表现得越顺从。但是，这种顺从未必会带来高绩效，因为在大型团队中成员可能会变得不成熟和消极被动。

因此，高效团队的规模一般比较小。在没有等级差别的团队中，如果团队成员多于12个，则团队的沟通和协调就会存在困难。每个人只有不到10%的时间来表达自己的观点和主动沟通，而如果这样的团队中再出现几个控制欲较强的人，则很可能每个人都不会对团队满意。

但是，团队规模也不宜太小。试想一下，三个人的团队如果与五个人的团队展开竞争，虽然三人团队的关系很密切，协作和技能互补都做得天衣无缝，但是，三人团队中的每一个团队成员都是至关重要的，每一位团队成员的错误都会给团队造成致命打击，因此这种脆弱的团队经受不住时间的考验。而五人团队虽然在协作方面表现稍逊，但其持久性和稳固性却使其在竞争上具有明显优势。

因此，高效团队的规模可选择的范围应当是4～12人，人数的多少取决于团队的目标、成员和工作性质。

2. 技能组合

高效团队要求完美的技能组合。首先，团队成员需要具备团队工作所需的相关技术能力，例如一个开发计算机系统的团队，至少需要数名具备计算机软硬件研发经验的技术人员；其次，团队必须拥有能够解决问题和做出决策的管理人才。这些成员能运用项目管理的相关知识和经验，使团队顺利完成任务；此外，团队还需要具有人际沟通技巧的人才。团队的协作离不开所有成员的沟通，但每个人的沟通能力存在差异，技术人才和管理人才未必一定是沟通人才。正如我们在群体发展阶段中所学习到的，团队在运作过程中不可避免会产生冲突和摩擦，因此需要具有人际沟通技巧的人充当润滑剂，促进团队的和谐与发展。

3. 成员行为

团队规范和团队角色确立以后，团队成员开始在团队中的活动，即团队行为。这些行为可能对团队行为有害或有益。

在高绩效的团队中，团队成员大多表现出有益的团队行为。这些行为包括：

（1）在合适的时机做合适的事情

团队成员知道在什么情况下应当以何种团队角色出现，也知道在什么时候应当保持沉默。这种沉默是为了进行主动的思考，来决定自己表现和行动的最佳时机和方式。

（2）在各种角色中变换自如

团队成员能够根据情况的需要迅速转换角色，同时还能以各种方式把这种信号传递给其他成员。例如，有的经理为了缓和气氛，会在与同事讨论技术问题时脱去外套，而当需要发挥管理权威时，又会把外套穿上来恢复自己的权威。

（3）团队成员自我克制

高效团队的成员为了团队整体效益最大化，懂得限制自己的团队角色，给其他人以发展的空间。这是为了协作而做出的个人牺牲，使团队能充分发挥每个成员的潜能。

（4）维护团队的目标

高效团队的成员对团队的目标有着明确的认识和热切的追求。如果团队最初的目标不够具体的话，高效团队的成员会将其转化为更为具体、实际和可衡量的目标。为了实现该目标，在团队的运作过程中，优秀的团队成员还会为其他人创造团队角色。

4. 管理部门的支持

研究发现，团队的有效性在很大程度上受到团队成员对组织所持态度的影响。如果团队成员感到团队的运作得到上级领导的支持和帮助，则团队的运作效率就会较高；如果团队成员感受不到来自组织的支持，他们就会消沉甚至愤怒，进而会限制自己所做的努力。

高效团队往往都受到上层管理部门的有力支持，这种支持不仅体现在对团队发展过程方面，还表现为对团队会取得成功的信任和信心。因此，组织如果期望团队取得成功的话，就必须对团队表现出毫无保留的公开支持。

10.3.2　高效团队的建设

1. 团队建设的原则

高效团队的关键在于团队成员之间的兼容性。但是，人与人之间的兼容性远不如技术之间的兼容性容易衡量和把握。因此，在构建高效团队的时候，必须从团队成员的角色和团队的目标入手，把握实现兼容性的一些原则：

1）团队的管理人员需要扮演两种角色：一种是职位所赋予的管理角色，他们应当根据情况的需要，利用自己的专业特长来成功地履行职业角色；另一种是团队成员的角色，作为团队的一员与其他成员为实现团队的目标而通力协作。

2）与管理人员相同，其他团队成员也应当在职能角色和团队角色之间实现平衡。

3）所有团队成员都应当正确认识自己对团队的价值和在团队中的相对优势，并据此调整自己的行为。

4）团队角色应当符合个人的性格特征，否则会在团队协作中事倍功半。

2. 团队建设的步骤

(1) 获取信息

组建团队的首要工作就是获取相关人员的详细信息。常用的方法就是心理学测试，一些大公司在招聘的时候就收集好相关人员的较为全面的信息，在录用和日后职务轮换和提升的时候就可以用来参考。另一种获得信息的方式，是对公司员工开展内部培训，在培训中完成的调查问卷可以被用于组建团队时的参考。

(2) 招聘新人

如果通过信息的搜集，发现组织内部的人选不能完全满足组建团队的要求，则有必要从公司外部招聘新人。招聘的对象不一定必须锁定于与公司文化完全一致的人选，因为从团队的需求角度来看，公司最根本的需求是招聘一个能够填补团队角色空缺的人。

(3) 确定团队结构

什么样的组合才能使团队的绩效最大化呢？组建团队是一个需要仔细衡量的过程。团队需要互补型人才，需要技术人才和管理人才的协调配合。一般的建议是，先挑选最好的专家或技术高手，然后再确定团队领导。

(4) 制定团队规则

所有团队都需要制定规则来进行自我控制。规则对于团队的成功起着关键作用，如果团队的规则不明确，则不利于所有团队成员感到权利平等，因为规则会对某些成员缺乏控制力。规则一般在团队发展的最初几个月里便确定下来，一旦被确立，就不会轻易更改。因为团队规则的变更会引起成员的不安，导致成员角色的调整。

(5) 建立团队的初步工作模式

为团队成员分配任务，安置所有的团队成员。一般来说，团队中的任务包括：团队主管、主持会议、专家职责、联络人职责、成员职责、过程观察员职责等。

(6) 团队成员角色的形成与运作

在团队成员明确之后，团队成员之间即开始发生互动，每个成员都会根据自己在团队中的职能和特点来对自己的角色进行审视、试探和最终确定。团队聚会的时间和次数越多，团队成员之间的关系就会对所有成员变得越加重要。

团队的形成过程中不可避免地会发生冲突。冲突可能是有利的，也可能是不利的。有利的冲突被称为实质性冲突，不利的冲突被称为情感冲突。在协作过程中发生的实质性冲突以及冲突的解决过程会推进成员彼此之间的了解，从而使协作进一步深化，使团队运作得以顺利展开。

案例及习题

一、案例

高绩效团队的困惑

最近生产管理部经理A先生越来越感到本部门的创新氛围大不如前，现在部门成员对本职工作都非常熟悉，工作完成情况较好，但就是感到他们都有一种不思进取的态度。另外，部门成员对待其他部门的态度看法也与以前不同，平时言谈中总是流露出不满的情绪，诸如某某部门的人员如何如何没有理念啊，没有思路啊，自满的态度在部门成员间平时的交谈中表露无疑。A 经理感到现在是到了应该好好想想本部门问题的时候了。

A 先生所在的企业是一家合资的生产日用消费品的制造业企业，这几年公司业务发展迅速，平均每年都有10%以上的增长，虽然近两年国内市场竞争越来越激烈，但是由于公司在前几年培养了良好的企业文化及打下了扎实的管理基础，公司仍能继续保持平稳发展。公司这几年一直采用目标管理（MBO）这一管理工具，强调参与式的目标设置，并且强调所有目标都必须是明确的、可检验的和可衡量的。同时，公司在四年前成功运行了一套企业资源计划系统（ERP），这套计算机管理系统不仅使公司的物流、财流、信息流达到最优化，而且使公司组织结构扁平化，目标设定具体化，并对目标的绩效反馈有很大帮助。目标管理与 ERP 系统相辅相成，使公司具备了良好的管理基础，并形成了目前良好的企业文化。

A 先生于五年前进入此公司并在生产管理部门担任部门负责人，生产管理部共有四位员工，他们是进入公司一年的 B 先生和 C 小姐，进入公司三年的 D 先生与 E 小姐。在进入此部门两星期后，A 先生了解到 B 先生做事有条理，交给他做的事总能有计划地完成，但是 B 先生在工作中主动性不够。C 小姐活泼开朗，经常在工作中会提出一些新鲜点子，但是做事条理性欠缺。D 先生从公司刚成立就已在此部门工作，经验丰富，而且工作积极主动。E 小姐与 D 先生同为公司资深员工，工作经验丰富，且公司人缘很好，在公司各个部门都有好朋友。

在四年前公司 ERP 系统成功上线后，经过业务流程重组，A 先生负责的生产管理部门主要包括以下工作职责：①制作生产计划，主要是根据公司市场部门提供的销售预测及公司财务部门的库存目标，结合工厂产能计划，制作年度、季度、月度的生产计划。②制作产能计划，主要是与工程部门、技术部门、生产部门一起核定生产产能计划，通常每年定期核查，平时如有变化就需及时更改。③安排日常生产排程，主要将客户订单及生产计划变成生产指令下达给生产部门组织生产。④制作采购计划，系统依据生产计划及动态客户订单数量产生基础 MRP 计划，经过人为整合将采购指令下达给采购部门采购原料。⑤制作分销资源计划，由于公司在全国各地有五个仓库向各地发货，所以需要向各仓库分配产品，安排运输，同时还要与各地经营部联络，满足各地的订单需求与控制各地库存水平等。

A 先生利用业务流程重组的机会，将手下四位员工的工作职责进行了重新划分，经验丰富的 D 先生被安排负责制作生产计划与产能计划，同样经验丰富的 E 小姐负责制作分销资源计划。B 先生负责安排日常生产排程，C 小姐负责制作采购计划。由于部门内所有人在公司上 ERP 项目的时候都经过了系统的完整的培训，同时又都有一定的工作经验，所以大家很快熟悉并胜任了各自的工作。

由于公司采用了目标管理工具，每个员工都要参与制定每个人各自的工作目标，所以大家都清楚知道个人及上级的工作目标，生产管理部门 A 先生的目标是生产计划达成率为 90%以上，原辅料、半成品、成品的库存控制在 4000 万人民币以下，客户订单的交货期为5个工作天以下。而此目标又分解到部门其他四位员工，如C小姐负责采购计划，她的目标是原料库存在2500万人民币以下，缺料率在2%以下，主要原料缺料率为0%。同样，B先生负责生产排程，他的目标是客户订单交货期为5个工作天以下，半成品库存为200万人民币以下等。由于所有人的目标明确，都可衡量，且ERP系统保证了所有的数据都可随时提供，绩效反馈非常有效，所以保证了公司激励制度的有效实施。并且各成员的工作都具有一定的挑战性，A先生这个部门的工作满意度较高。

由于本部门工作完成情况要与其他部门配合，所有的工作都需要与人沟通才能完成，如要完成生产计划，不仅要与本部门生产排程、采购计划、分销计划充分沟通，还需要与市场部、财务部、研发部、技术部、工程部等部门进行有效的沟通，同样制作分销计划，不仅要与本部门的生产排程进行沟通，还要与工厂仓库、运输公司、各经营部客户服务人员、市场部人员、各地仓库等进行沟通。所以A先生在部门内一直强调沟通的重要性，并积极提倡协同配合，使大家都明了每个人的工作都需要部门内其他人员的帮助才能完成。而要做到这点，大家都知道互相信任、互相帮助、开诚布公的重要性。

由于在生产管理部门内各成员的工作都相辅相成、互相依赖，大家都有了解别人工作的愿望，A先生要求各成员将各自的具体工作写成流程形式，并包括各类细节，供部门内所有人员参考，还鼓励大家互相学习彼此的工作，而且规定每年必须轮换工作，由于大家的工作业绩都互相依赖，大家都努力学习他人的工作、他人的长处，同时努力帮助他人克服缺点，至今部门内所有人都具备单独完成各项工作的能力。

A先生在部门中一直提倡创新观念，他本人就一直提出各种各样新的观点和想法来帮助大家更好的完成工作，而一般D先生会帮助A先生将他的观念落实，如制定操作程序等，B先生和C小姐也经常会给对这些观念提些建议，而E小姐小心谨慎，她会考虑新观点对各方面的影响。由于A先生的倡导，部门内逐步养成了许多好的观念。如“鼓励提出不同意见”、“不能提出改进意见，就不要反对别人的观点”、“不提出改进意见，就完全按别人意见做”等。

经过这几年的成长，生产管理部已成为一个工作绩效高、学习能力强、工作满意度高、内部凝聚力强的团队，部门内的成员都以在这个团队中工作为荣。然而，当前在这个团队中出现了诸如篇头提及的一些不和谐的现象，A先生通过几天的考虑，决定采取行动。

资料来源：中华培训网

思考及讨论题

1. 请分析A先生是如何成功塑造高绩效的工作团队的?
2. 请描述这个高绩效团队的价值?
3. 目前A先生所领导的团队为什么会出现问题，如何克服?

二、习题

1. 什么是团队？团队与一般群体有什么区别?

2. 团队有哪些类型？

3. 如何创建高效团队？

4. 分析一个你身边的团队，看看是否有迹象表明该团队服从五阶段发展模型的规律？

第四篇

管理应用

☆ 人力资源管理

☆ 营销管理

☆ 物流管理

☆ 生产管理

☆ 财务管理

☆ 信息管理

☆ 质量管理

第十一章

人力资源管理

◇ 明确人力资源战略地位
◇ 理解人力资源管理体系
◇ 了解人力资源管理流程

11.1 人力资源战略地位

1. 人力资源的基本概念（图 11-1）

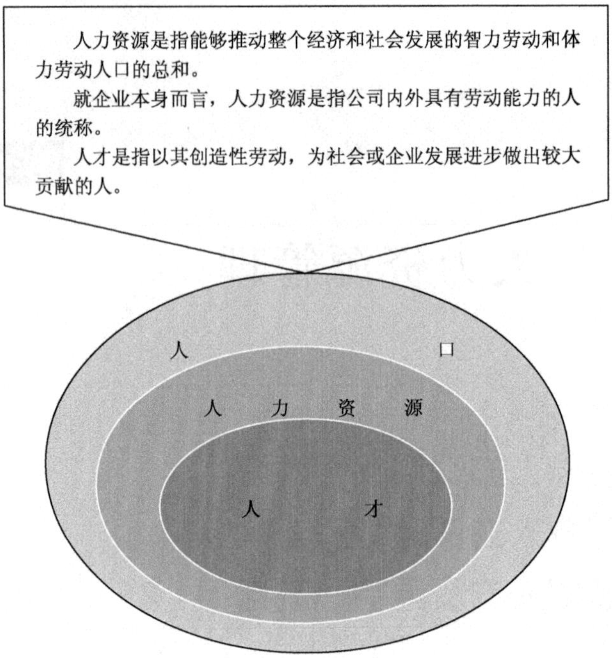

图 11-1　人力资源范畴

2. 古今人才观

在工业社会，战略资源是资本。在新的信息社会中，关键的战略资源已转变为信息、知识和创造性。公司可以开发的有价值的资源，也是唯一的资源就是它的雇员。这意味着整个新的战略重点在于人力资源。

中国古代人才观

选贤任能　知人善用

墨子："官无常贵而民无常贱，有能则举之，无能则下之。"

商鞅："论至德者不和于俗，成大功者不谋于众。"

刘邦："爵以功为先后，官以能为次序。"

汉武帝："盖有非常之功，必待非常之人。"

李世民："为政之要，惟在得人，用非其才，必难致治。"

"贤者为政则国治，愚者为政则国乱"。

"举贤不避仇，荐贤不避亲"。

"凡论人，通则观其所礼，贵则观其所进，富则观其所养，听则观其所行，止则观其所好，习则观其所言，穷则观其所不受，贱则观其所不为。"

诸葛亮识别人才的七条标准：

- 问之以非而观其志；
- 穷之以辞而观其变；
- 咨之以谋而观其识；
- 告之以难而观其勇；
- 醉之以酒而观其性；
- 临之以利而观其廉；
- 期之以事而观其信。

古往今来，仍如古语所云："人才聚，事业举；人才散，国家亡。"

3. 人才应具备的特征

(1) 知识层次高和知识结构合理化

知识层次高的人才一般我们称为专才，知识结构合理的人才我们一般称为全才。人有知识才会有才能，无论这种知识是从理论来的、还是实践来的。

另外，知识还要不断更新、不断创新才能成为好的人才。因此人才应确立终生学习的观念。

(2) 人才应具备能力多样性

能力的多样性主要有：适应能力、自我调控能力、抗挫能力、职业能力、人际交往与合作能力、语言表达能力、信息能力、创新能力、审美能力、判断能力等。

(3) 人才的个性化特征

著名未来学家托夫勒指出：工业社会的特点是标准化，而信息社会的特点是多样化和个性化。个性化的需求需要有个性化的人才去创造。没有个性的人是很难有创造力的。人才应具备独立性、自主性、能动性和超越性的个性。

(4) 身心健康

身心健康是人才的必然要求。人才除需要良好的身体素质外，更需要良好的心理素质。心理健康的人情绪稳定、性格开朗、生活乐观、积极进取，能以极大的热情投身于学习和工作，使潜能得以有效发挥。

另外，只有身心健康的人才有创新意识和工作激情，才有更强的责任感和良好的思想品德。

4. 人力资源的战略定位

在以前的管理概念中，战略决定组织，组织选择人员。与此相应的人力资源管理模式就具有以下特征：人适应战略，而非战略适应人。企业在制定战略时假设人员是很容易获取的，是很容易改变和改造的，企业很少考虑人与战略是双向作用的。此外，人力资源很少被看作是影响企业战略选择的主要因素，也很少被看作是创建企业核心竞争力所依据的主要能力，其结果是，掩盖了人力资源可能对企业战略取得有利竞争地位所做出的贡献，也淡化了不适应新战略目标要求的人力资源对战略转型所产生的负面影响。

然而在当今知识经济条件下的"知本"时代，企业导向已经转变为人力资源导向，人力资源已真正成为企业的第一资源，是企业价值创造的最重要驱动者。在过去，是财务资本决定企业的价值，而如今，衡量企业的价值，更重要的是要看公司的人员。在西方，人力资本已成为证券分析家分析企业投资价值的主要指标。比尔·盖茨曾有一个笑话，谁要是挖走他的几个顶尖人才，微软可能就彻底完蛋了。因此，企业战略不将人力资源放在第一位，其战略是没有基础的。

从一定意义上讲，在企业战略实现过程中，人力资源体系不全是被动适应的，而是对企业战略的实现具有能动性的影响。企业在制定战略时，要重点分析企业的人力资源状况以及企业的人力资源管理体系，要充分考虑与总体战略相匹配的人力资源战略，必要时实施人力资源管理平台的再造，使企业有足够的创新能力，为企业创造相当的竞争优势，保证企业的发展得到足够的人力资源支持。

5. 知识经济时代人力资源的特点

从近一个世纪企业经营的发展过程中，企业经营经历了从生产导向到市场导向的演进过程，目前正在进入人力资源导向时代。可以说，在知识经济时代，人力资源导向将成为企业成功的基本导向。

企业采用人力资源导向是由知识化、网络化及全球化的时代特征和企业竞争格局所决定的。企业须以全新的视角来认识人力资源在企业发展中的作用。

首先，知识化改变了衡量企业财富的标准和竞争规则。知识是企业的战略资产，企业是一种知识整合系统或是创造、传递和运用知识的组织。所以企业是否拥有创新知识，或异质性未编码知识，就成为连续推动企业提高生产率，提升并创造连续竞争优势的源泉。作为知识和技能“承载者”的人力资源，代表了企业所拥有的专门知识、技能和能力的总和，是企业创造独占性的异质知识和垄断技术优势的基础。虽然企业的科技和知识是无形的，但代表企业知识、技能和能力水平的人力资源却是真实存在，并能加以管理、培训和开发的。至此，企业的人力资源就成为决定企业市场价值的关键因素。

其次，知识经济时代，企业竞争方式发生根本性变革。知识经济的时代，企业的竞争将是基于核心能力的竞争。根据麦肯锡（McKinsey）咨询公司的观点，所谓核心能力是指某一组织内部一系列互补的技能和知识的结合，它具有使一项或多项业务达到竞争领域一流水平的能力。企业核心能力的培育将基于知识管理。在国外出现一个类似CEO、CFO职位的CKO（chief knowledge officer）职位，中文称为首席知识官或知识总监，其责任是促进员工知识与技能水平的不断提升，确保组织在高科技时代的竞争力。

再次，企业创造性的工作和企业创新动力需求成为知识经济时代的一个显著特征。未来稳定的、机械的、重复性的工作基本上被机器所取代，或者将被“外包”，企业最有价值的工作只剩下脑力的、创造性的工作。员工利用知识和创新能力来提高产品和服务的附加价值。同时，科技进步使得创新速度加快，引得竞争加剧，企业必须通过不断的创新才能获取长久的竞争优势，这就意味着企业必须具备创新的核心竞争力。企业要获得这一核心竞争力，只有通过唯一具有能动性的企业资源——人力资源来实现。

另外，规模化和信息化推动了全球化，全球化彻底改变了竞争的边界，使企业面临前所未有的挑战强度。为在全球化背景下获取竞争优势，企业各部门的管理者和人力资源从业人士，必须以一种新的全球思维方式重新思考企业人力资源的角色与价值增值问题，建立新的模式和流程来培养全球性的灵敏嗅觉、核心能力。如许多跨国公司坚持的

“思维全球化，行动当地化”原则就是全球化给企业带来的挑战。国际竞争的深化必然推动企业在全球范围内配置资源，包括人力资源的全球配置。全球化的人力资源配置增加了人才选拔的难度，不同文化的冲突、跨文化管理，也增加了人力资源管理的难度。

11.2 人力资源管理体系

图 11-2 表达了人力资源管理的完整体系，人力资源管理应以“引人、育人、留人和用人”为核心（图 11-3），以科学的人员招聘、配置、发展、考评、薪酬、激励与约束等具体人力资源管理制度为保证，并以学习型组织的建立为基础。

人力资源管理的核心包括选人、育人、留人、用人四个环节。选人是起点，育人是手段，留人是基础，用人是核心。选人、用人、留人、育人是组织之树常青的根本。

企业始于人而止于人，人力资源是企业最宝贵的资源，通过完整的教育训练与发展制度，职业生涯规划、绩效考核、薪酬管理、员工培训，使员工的前途、薪资、福利、

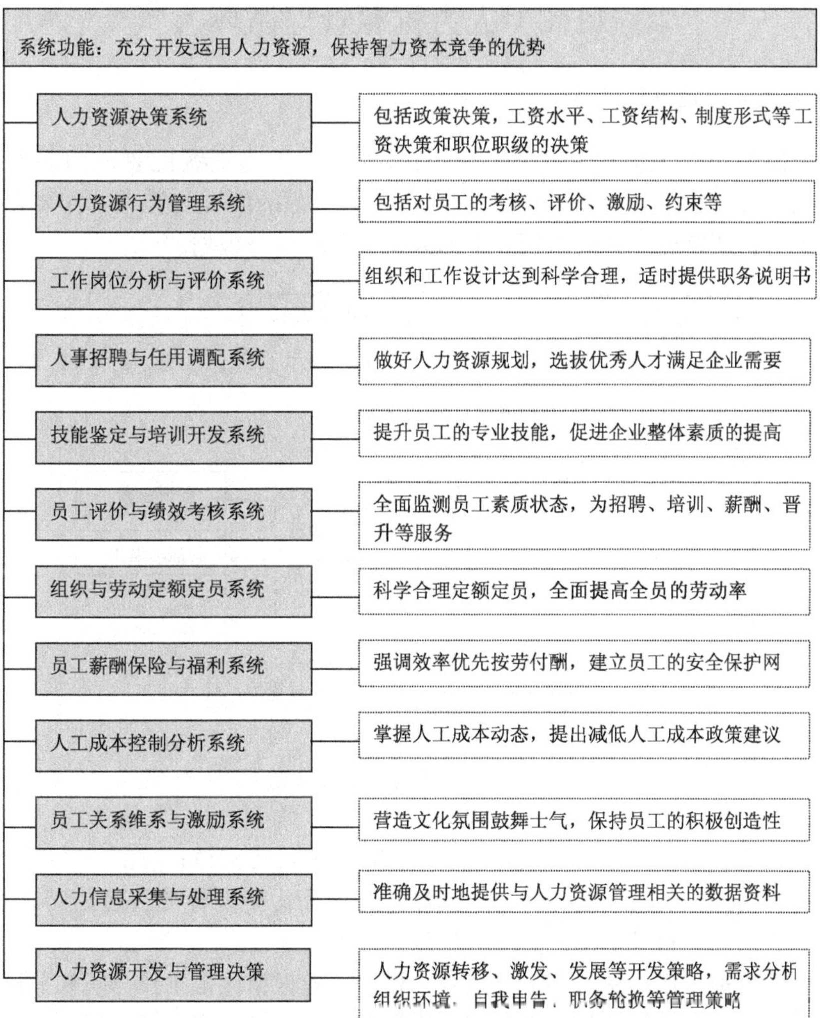

图 11-2　人力资源管理体系

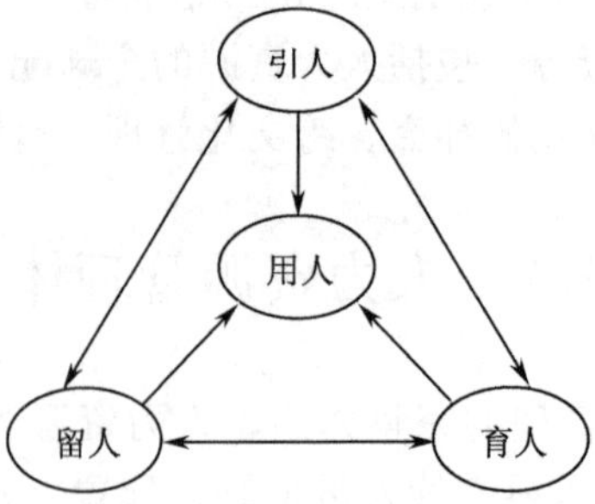

图 11-3　人力资源管理的核心

奖金能与其能力、绩效和公司发展挂钩，企业与员工双方建立起利益共享、绩效共创的伙伴关系。

11.3　人力资源管理循环

1. 人力资源管理系统流程

人力资源管理系统流程基本上如图 11-4 所示。人力资源配置从组织开始，遵循“因事设岗、因岗设人”的基本原则。同时，人力资源的配置与管理工作要在公司战略的指导下进行，要符合总体战略指导下的人力资源战略与规划。

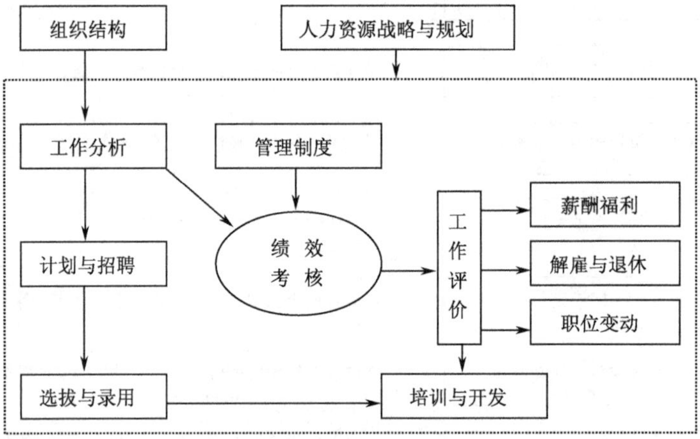

图 11-4　人力资源管理系统流程

人力资源设置的基本流程一般是按着组织机构来设置岗位；按着岗位要求来进行工作分析，并提出相应的人力资源计划和标准；按着人力资源标准进行招聘；经过考核、选拔决定是否录用；对录用的人员进行培训与开发。

人力资源管理工作的核心环节是绩效考核。一般根据岗位工作分析和公司制度要求建立考核标准，制定考核计划，对公司人力资源进行考核。根据考核后的工作评价来确定薪酬福利调整、解聘与退休、职位变动、培训与继续开发等。

实践证明这种行为流程是较为全面和有效的。单从流程的表面上看，人力资源的管理行为并不复杂，大多数企业有意识或无意识地表达着这个流程。但真正发挥这个流程的作用，使企业的人力资源得到有效的发挥却不是个简单的事情。不同的企业运行流程中的每个环节都有观念和艺术上的差异，正是这种观念和艺术上的差异造成了大家做同样的事情却取得了不同的效果。

2. 建立人力资源发展的良性循环（图 11-5）

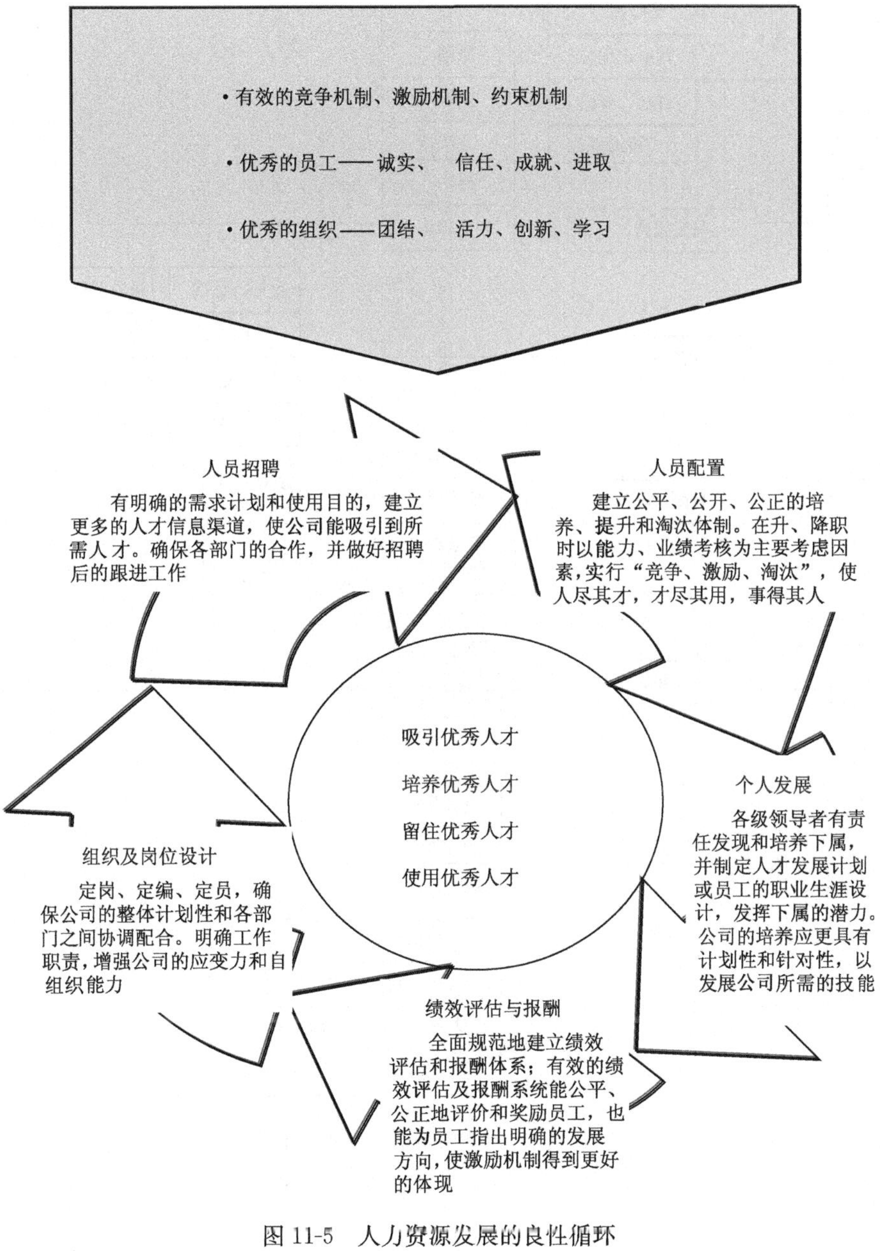

图 11-5 人力资源发展的良性循环

11.4 人力资源管理系统流程（图 11-6）

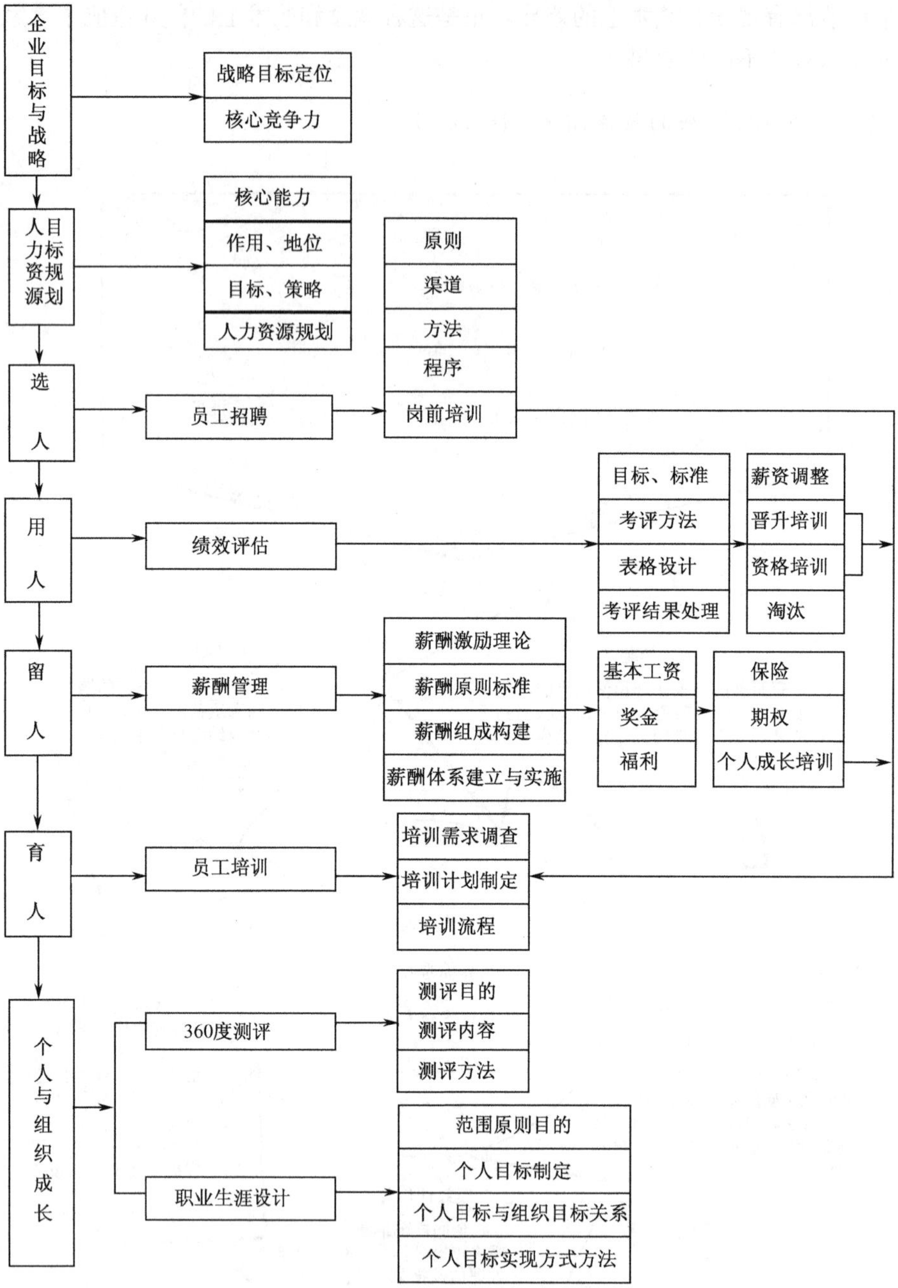

图 11-6 人力资源管理系统流程

11.4.1 人员招聘

1. 招聘工作流程图（图 11-7）

因为没有正确认识到流程中每个环节的作用，规范的管理流程常被很多企业认为是一种琐碎和形式上的东西而被束之高阁。因此造成工作随机性强；正式的沟通常被非正式的沟通取代；很多环节被省略，信息和资料无法建立；因无章可循，下属面对问题束手无策；再次面对同样的问题，又当新问题处理，效率反而下降，企业规范化管理因此成为空谈。实际上由规范变成一种习惯，效率就产生了。

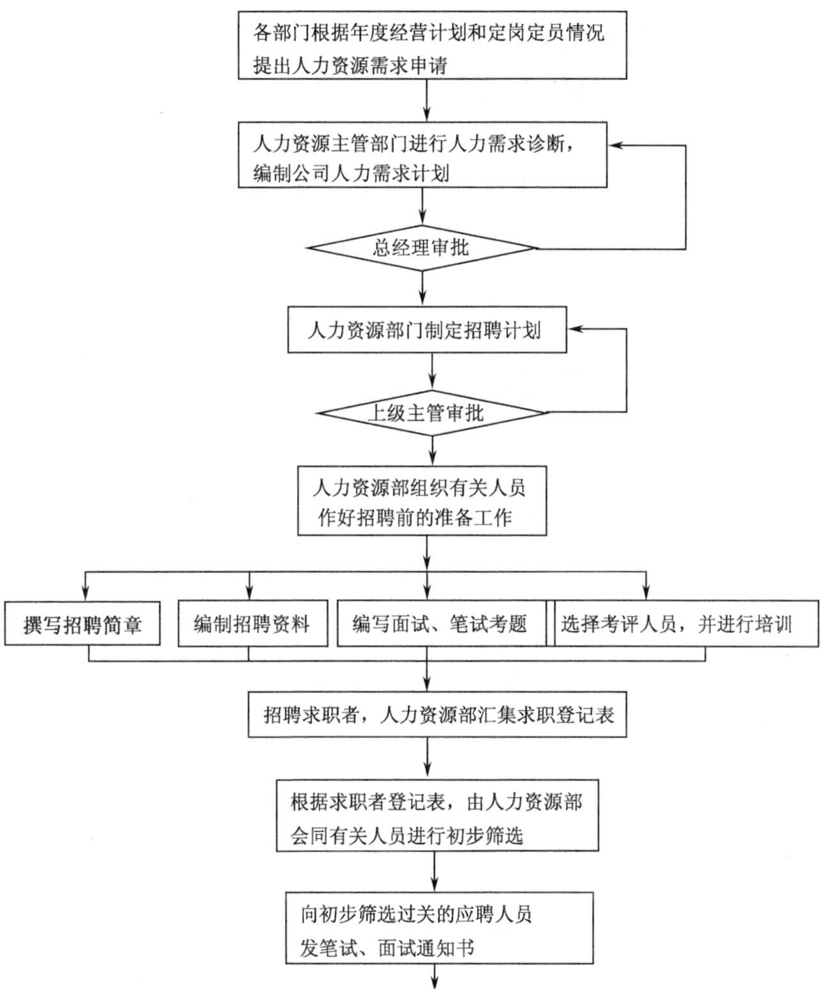

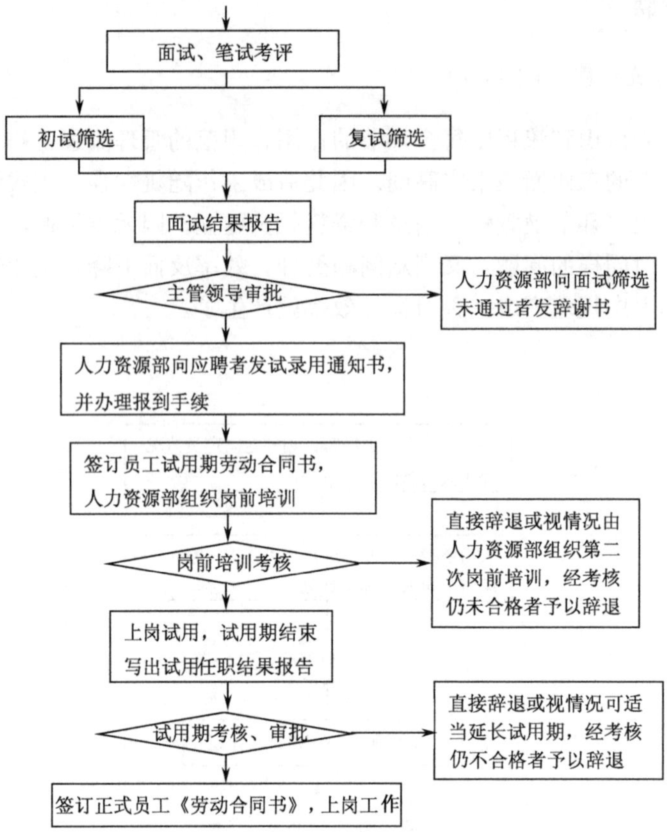

图 11-7　人力资源招聘工作流程

2. 确定公司的用人要求

企业的用人标准基本上是企业人才观念的体现，这种标准首先必须扎根于人们的思想中，然后才会体现在工作中。企业有了标准，就是工作的准则，不合理的地方我们有责任去建议修改和完善，而没有权利去变通或拒绝执行。见表11-1岗位标准制定的内容及工作流程。

用人要遵从两方面的要求，一方面是企业战略、企业文化、企业价值观、企业人才观所要求的普遍标准；另一方面是根据工作岗位的要求提出具体的用人标准，见图11-8。

参考这两方面基本要求，可以制定人力资源的录用标准和测试方法。录用标准体现了必须体现企业的真正需求，测试方法是检验应聘者是否符合企业的要求，因为人的性格、能力等很难一下判断出来，所以，企业对新招聘的人员要留有一定的弹性处理空间，一般是以一定的试用期来进一步地观察、考核，最终确定是否留用或是否需要调整。下面制定一个框架式的参考标准和测试方法，如表 11-2。

表 11-1　岗位标准制定的内容及工作流程

<table>
<tr><th>项目</th><th>定　义</th><th>主要内容</th></tr>
<tr><td rowspan="8">工作分析</td><td rowspan="8">通过观察和研究，把员工担任的每项工作加以分析，清楚地把握该项工作的固有性质及其在公司内部与其他相关工作之间的关系，决定员工在履行职务上所应具备的各种条件</td><td>工作的内容</td></tr>
<tr><td>工作的职责</td></tr>
<tr><td>与公司内部其他工作的关系</td></tr>
<tr><td>工作的“应知”、“应会”</td></tr>
<tr><td>经验、年龄、教育程度的要求</td></tr>
<tr><td>技能的培养</td></tr>
<tr><td>徒工见习制度</td></tr>
<tr><td>工作环境条件</td></tr>
<tr><td rowspan="4">工作说明书</td><td rowspan="4">在工作分析的基础上，用以载明该项工作的内容、职责、要求等情况及特性的文件，就是工作说明书。工作说明书是公司制定工作规范、招聘及培训员工的依据</td><td>工作识别事项：如工作名称、编号、所属部科等，以此将它与其他工作区别开来</td></tr>
<tr><td>工作概要：包括工作范围、目的、内容等基本事项</td></tr>
<tr><td>所需完成的具体工作：包括工作的具体目的、对象、方法等内容</td></tr>
<tr><td>其他的特殊事项，如加班、恶劣的工作环境等事项的载明</td></tr>
<tr><td>工作规范</td><td>工作规范是用以记载该项工作要求员工应具备的资格条件</td><td>包括完成该项工作所要求的员工的智力条件、身体条件、经验、知识技能、责任程度等
一般是把工作说明书与工作规范混合起来</td></tr>
<tr><td>工作程序</td><td colspan="2">公司用人要求确定后，应优先考虑能否在公司内部找到合适的员工来承担此项工作，再去考虑其他招聘方法</td></tr>
</table>

3. 吸引人们前来应聘

公司要想吸引人们前来应聘，必须设法增强自身的吸引力，这就要求公司自身具备一定的条件，同时也对应聘者提出一定的要求。公司在招聘员工的过程中，始终要努力设法使公司的目标与应聘者的个人目标、公司的需要与应聘者的个人需要协调统一起来。

影响人们前来应聘的因素：

- 公司的目标与发展前景；
- 公司的形象与声誉；
- 公司的工资福利待遇；
- 公司中的培训和提拔机会、工作地点与条件；
- 公司所属的行业的状况；
- 公司空缺的职位类别等。

招聘员工渠道：

- 公司内部：从公司内部搜寻合适人选，或采用公司内部招聘和广告的形式；
- 在公司外部进行招聘广告、宣传活动；
- 各种就业机构，如劳动部门、人才交流中心、劳务市场等；
- 猎头公司；
- 各种教育、培训机构，如大中专院校、就业培训中心等；
- 其他外部途径，如推荐、自荐等。

招聘虽然是一时的工作，但工作成效对企业的影响是长期的，因此每一步骤都要精心做好工作。招聘过程同时也是一个比较过程，所以样本空间越大，企业可选择的空间也越大，招到更高水平人才的可能性也越大。

4. 从应聘者中招聘合适员工

图 11-8 列出了人员招聘的方式及步骤。

招聘员工的方式	
证件招聘方式	直接招聘方式
一般是根据需要，令应聘者提交自己的履历表、特长与工作意向报告书、相片等。如果应聘者已有一定的学历和经历，还应让他们提交学历与经历证明，最好还有推荐信。为了统一证件的格式，公司也应备有规范化的报名表让应聘者填写。然后，公司依据上述资料和情报，做出试用、录用的决定	一般是对应聘者采用笔试、面试、医学、心理学检查等多种方式综合运用，以此更深刻地了解应聘者，从而做出录用与否的判断

招 聘 步 骤	
整理资料 ⇩	把收集到的有关应聘者的情报资料进行整理、汇总、归类，制成标准格式
初筛分类 ⇩	将应聘者的情况与工作说明书、工作规范及公司的要求进行比较，初步筛选，把全部应聘者分为三类：可能入选的；勉强合格的；明显不合格的
再选 ⇩	对可能入选者和勉强合格者再次进行审查，进一步缩小招聘范围。这项审查工作可由管理人员或人力资源部门来完成
面试测试 ⇩	对通过审查的应聘者进行笔试、面试及医学、心理学检测
综合审查 ⇩	依据考试检测的情况，综合考虑应聘者的其他条件，做出试用、录用决定
招聘结论	对每个应聘者，不论录用与否，公司都应书面通知应聘者

图 11-8　人员招聘的方式及步骤

表 11-2　部门（岗位）录用标准和测试方法

人　　员	测　　试	测试方法
一般人员	学历	学历资格证书
	健康状况	体检
	一般能力	能力测试
	需求层次	需求了解
	岗位技能	各类专业技能测试（可用专业资格证书代替或岗位工作资历证明代替）
管理人员	除需符合对一般人员的测试标准和方法外，还需增加以下测试标准和方法	
	业务实践	档案、调研或原单位证明材料
	管理知识	管理常识测验
	领导能力	管理技能测验

5. 面试及测试

面试是公司招聘员工的一种重要方法。面试给公司和应聘者提供了进行双向交流的机会，能使公司和应聘者之间相互了解，从而双方都可更准确做出聘用与否、受聘与否的决定。

个别面试：在这种形式下，一个应聘者与一个面试人员面对面地交谈，有利于双方建立较为亲密的关系，加深相互了解。但由于只有一个面试人员，所以决策时难免有偏颇。

小组面试：通常是由二三个人组成面试小组对各个应聘者分别进行面试。面试小组可由人力资源部及其他专业部门的人员组成，从多个角度对应聘者进行考察，提高判断的准确性，克服个人偏见。

成组面试：通常由面试小组（由二三人组成）同时对几个应聘者（最好是五到六个）同时进行面试。在面试人员的引导下，完成一些测试和练习。在这个过程中，对应试者的逻辑思维能力、解决实际问题的能力、人际交往能力、领导能力等进行测试，以便于做出正确判断。

公司招聘员工，不能完全依据应聘者过去的经历来预见其工作能力。在这种情况下，应当采用各种测试方法。

素质测试：对应聘者进行智力测验、性格测试、职业倾向性测试等。

特长测试：如对应聘者进行技能测试、职业兴趣检查等。

最后要征询意义。征询意见的主要目的，就是更进一步认定以前各个步骤所获得的信息的真实性、可靠性。

征询意见可以采取当面征询、电话征询、书面征询(常采用表格形式)等方式。

面试可分为初试和复试，具体项目如表 11-3 和表 11-4。

表 11-3　初试提问项目表

面试项目	项 目 内 容
1. 仪表风度	（通过观察了解）
2. 工作经历和经验	1. 简单介绍你的经历和过去取得的主要成绩、成就等，有什么感受和体会？
3. 求职动机与工作期望	2. 是什么原因使你离开原工作岗位？为何志愿到我公司工作？ 3. 在我公司希望的职种及想干的工作是什么？请简述原因。因工作需要，在不同的工作岗位间调动，你怎么想？ 4. 你希望公司为你提供什么样的工作条件？请简述你的观点。 5. 你对工作的期望是什么？在我公司希望的工资和福利待遇是多少？
4. 工作态度	6. 进入公司后，因工作急需而加班或临时委派出差任务，你有什么想法？
5. 语言表达能力	7. 你的职业生涯设计是什么？请简述。
6. 特长与爱好	8. 你的特长、爱好是什么？具体说明。
7. 自控能力和应变能力	9. 你的用户当众批评你或对你言辞激烈，你怎么办？ 10. 你的上级要求你完成某项工作，你的想法与上级不同，而你又确信你的想法更好，此时你怎么办？

续表

面试项目	项目内容
8. 价值观念	11. 请谈谈你对“自我实现”的理解。你人生追求的目标是什么？
9. 健康状况	12. 你以往有何种病史？现在情况如何？到公司工作后，身体状况能否承受本岗位的工作要求？

表 11-4　复试提问项目录

面试项目	项目内容
1. 专业知识与专业特长	1. 简述你学习的专业科目、专业知识。 2. 你的专业特长是什么？请具体说明。
2. 实际工作能力	3. 你认为应聘工作岗位的主要职责是什么？如果你负责这项工作，你将如何开展工作？
3. 综合分析能力和决策能力	4. 你认为最理想的领导是怎样的？请举例说明。 5. 工作中遇到难题时。你是否乐于分析并决策？请举实例说明你的决策过程。
4. 人际关系能力	6. 你认为人际关系、同事友情对于从事工作很重要吗？为什么？你以往又是如何处理与同事关系的？ 7. 你认为如何建设一支高效的团队？
5. 心理测试	（如必要，进行心理测试）

11.4.2　绩效评估

任何组织的运行与发展都是以达成组织的绩效目标为根本目的。工作绩效考核是人力资源管理的一个重要组成部分。它的作用在于通过公平、合理的评价手段来确定每位员工对组织的贡献，并以此作为薪资、奖励、人才使用的计量标准。绩效评估的具体内容见图 11-9。

1. 绩效评估一般原则

•公开、公平、公正原则：公开、公平、公正地评价现实表现和成绩（指标量化、价值观基本一致，程序完备——考核得到绝大部分员工的支持）；

•以理服人原则：奖惩、晋升、培训具备客观的依据（以事实说话，避免人为因素的干扰）；

•沟通原则：及时沟通，避免矛盾和误解的积压（不与被考核者见面，考核的任务只完成了 30%）；

•利益原则：保障员工的利益，给做出贡献者一个合理的评价，保护积极性（员工由“被考”转化为“实施考核”，员工的参与和认同是关键）；

•效益原则：改善工作流程和绩效（合理化建议提出与采纳的最佳途径）；

•体系化、过程化原则：不能以业绩这一单一指标来考核员工，这容易使员工走入误区。必须坚持用“德、能、绩、勤”四指标来考核，针对不同的员工群体并给以不同的权重。

•实用性原则：绩效评估要注重平时的考核积累，不要大搞运动，也不要搞形式

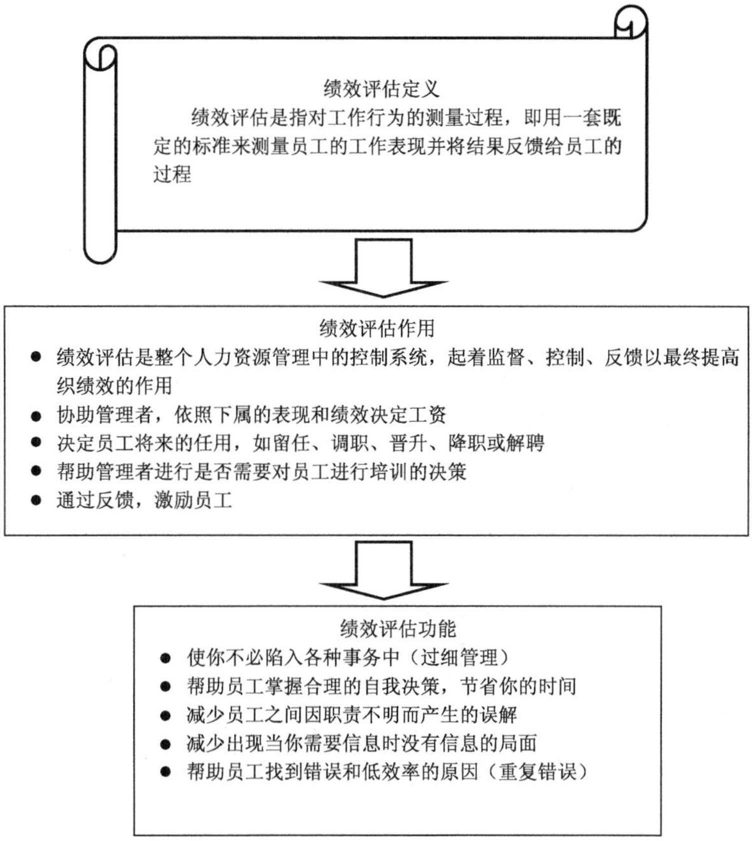

图 11-9　绩效评估

主义，要注重实用性原则。实用性原则就是在保证考核目的和效果的前提下，流程和内容越简单越好，文字工作越少越好；尽量减少官僚程序，越节省时间越好；需要最大限度的愉快，尽量减少不愉快；满足员工和组织的需要；

2. 绩效评估应该注意的问题

由于一般企业或人力资源管理部门对绩效评估理解不够，或是工作方式的艺术性不够，容易走入几个误区。

1）考核缺乏客观可量化的标准，人为因素影响结果的公正性。结果导致得高分的未必优秀，滋长骄傲；得低分的不服气，挫伤积极性，考核结果“适得其反”。

2）考核形式不连续。往往因人事变动或因一时一事之得失评价人，结果破坏了企业原有的“均衡”，导致矛盾加剧。

3）考核过程流于形式。缺乏与考核相配套的流程。如在对部门职责和岗位责任缺乏明确定位的情况下开展考核，操作简单化。常常是“为了考核而考核”，或者是完成一项任务式的应付式考核，结果不能真实地反映工作绩效，做了无用功。

4）考核容易犯几种常识性的错误。如定势误差：以前对某人形成的固定印象完全决定了绩效考核的全部，从而不能客观地评价被考核人阶段性的表现；首因误差：因为先入为主的印象而造成的误差；从众心理：人云亦云的随和心理；光环效应：因为个性的某一种特征或某一事件而形成的总体印象，有时也称为晕轮效应。对比误差：如果同一个平庸者对比，可能会有利于他的考评，如果同一个优秀的员工对比，则不利于对他的评估等。

为了尽量避免偏离客观的评价，绩效考核时应该注意以下问题：

1）明确绩效评价的目的：计发奖金还是决定晋升或进行培训；

2）尽可能早地让员工知道具体的工作要求：包括工作的具体目标、标准、最后期限以及如何评价和奖励；

3）记录下属绩效，以便用来支持评价；

4）进行绩效评价的同时，尽量去获取有价值的反馈意见；

5）上级评价与自我评价相结合。

3. 绩效评估方法（图 11-10）

绩效评估的评级法与排名法	绩效评级方法的优缺点
评级法同排名法有很大差别 • 如果你的员工都很出色： 评级：你可能会给他们都评为好 排名：你不得不排出最好和最差 • 如果你的员工都比较差： 评级：你可能会给他们都评为差 排名：必有一人第一，不管他绩效多差	优点： • 简单方便，短时间内轻松完成评价工作 • 完成典型的表格一般只要 10～15 分钟 • 然后就交上去满足人力资源部门的要求 缺点： • 评级方法最大的弱点来源于它的优点 • 因为易于使用，却忘记为什么要做这项工作 • 注重表格，填完表后就以为万事大吉
目标和标准评价法	目标和标准评价法优缺点
• 经理和员工就目标和标准达成一致 • 经理和员工对目标和标准进行检查 • 确定员工是否达到了目标 在目标和标准评价法中： • 绩效评价会议不仅仅是为了评价 • 要讨论哪些绩效没有达到目标 • 诊断存在的问题、提出解决的建议	优点： • 容易将个人和团队目标联系起来 • 减少绩效评价双方意见分歧的可能 • 使员工和经理在一条船上（不同于评级和排名法） • 评价结果具有法律保护作用 缺点： • 需要比评级和排名法花费更多的时间 • 经理和员工需有制定目标和标准的技能 • 要保证目标和标准有意义且可以度量 • 同评级和排名法相比要做更多的文字工作
关键事件法	关键事件法优缺点
将绩效评估的注意力集中在哪些有效从事一项工作与无效率从事一项工作的关键行为上	优点：有助于对关键点进行控制和激励 缺点：评价的全面程度不够 建议：可以作为上面两种方式的补充

图 11-10　绩效评估方法

11.4.3　报酬

从本质上说，劳动报酬是对人力资源的成本与吸引和保持员工的需要之间进行权衡的结果。每个企业都有自己的报酬制度。一般说来，大多数企业都力图借助报酬制度对其员工的知识、技能和能力提供尽可能合理的酬劳。另外，报酬制度也是支持实现企业目标和战略的手段之一。

1. 报酬的构成

从某种意义上说，报酬是以工作的吸引力和酬劳数量为基础在企业之间进行人员配置的一种机制。为了雇用和保持所需要的员工，企业就必须在几种类型的报酬方面具有说得过去的竞争力。报酬可以是有形的也可以是无形的。如同图 11-11 所示，有形的（财物的）报酬分为两大类：直接报酬和间接报酬。在直接报酬制下，企业为员工提供实际的有形利益，最通常的表现形式是工薪和奖励。

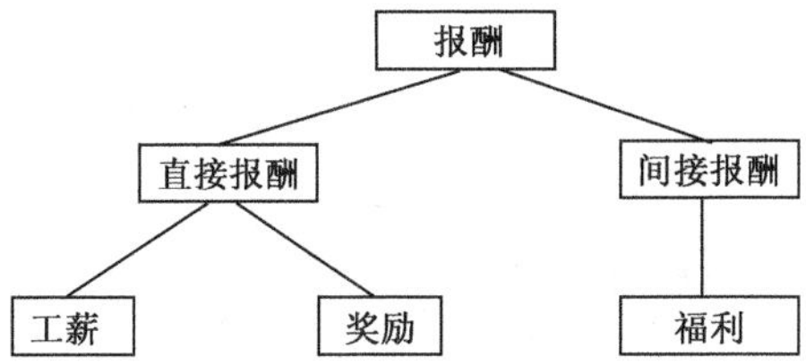

图 11-11　报酬类别的划分

薪金是员工所得到的最基本的报酬，通常分为工资和薪水。奖励用以报答员工在常规工作以外所付出的努力。奖励的方式通常包括奖金、佣金和利润分享等。在间接报酬下，员工得到非现金形式的有形奖励。福利就是一种间接奖励，一般包括健康保险、带薪假期或退休金等形式。这些奖励作为企业成员福利的一部分，奖给职工个人或者员工小组（图 11-12）。

2. 报酬的战略意义

由于报酬是非常重要的事项，因此，报酬观和目的必然反映企业总的文化、观念和战略计划。通常，新兴企业的报酬措施往往不同于成熟的官僚化企业的分配方式。企业应特别注重使其分配方式与企业自身的文化协调一致，特别是当企业在竞争压力下努力改变自身文化的情况下，就更是必须如此。

（1）报酬观

报酬首先应从战略的角度来看待。由于大量的资金被用于报酬和与报酬有关的事项，因此，对最高管理层和人力资源主管来说，当他们在确立报酬观以指导报酬计划时，必须使报酬从“战略上”适应企业的目标，这一点对企业来说是至关重要的。有两种基本的报酬观——津贴观与业绩观。这两种报酬观处于完全对立的两极。

1）津贴报酬观。津贴报酬观在许多企业通过报酬措施得以反映。这些企业一般每年都自动给员工增加报酬。大多数员工每年的报酬都按照等比例或近乎等比例增长。

赞许津贴观的员工认为，不论企业和经济状况发生了什么变化，那些又干了一年的员工有权利既增加基本工薪，又保持原有的奖励和福利不变。在遵循津贴观的企业中，工薪增长被普遍地视为提高生活费的手段，而不论工薪提高是否和实际的经济指标相挂钩。遵循津贴观最终意味着，只要员工们继续他们的就业生涯，那么不管员工的工作表现和企业在各方面所面临的竞争压力如何，企业的费用都不得不一步步上升。

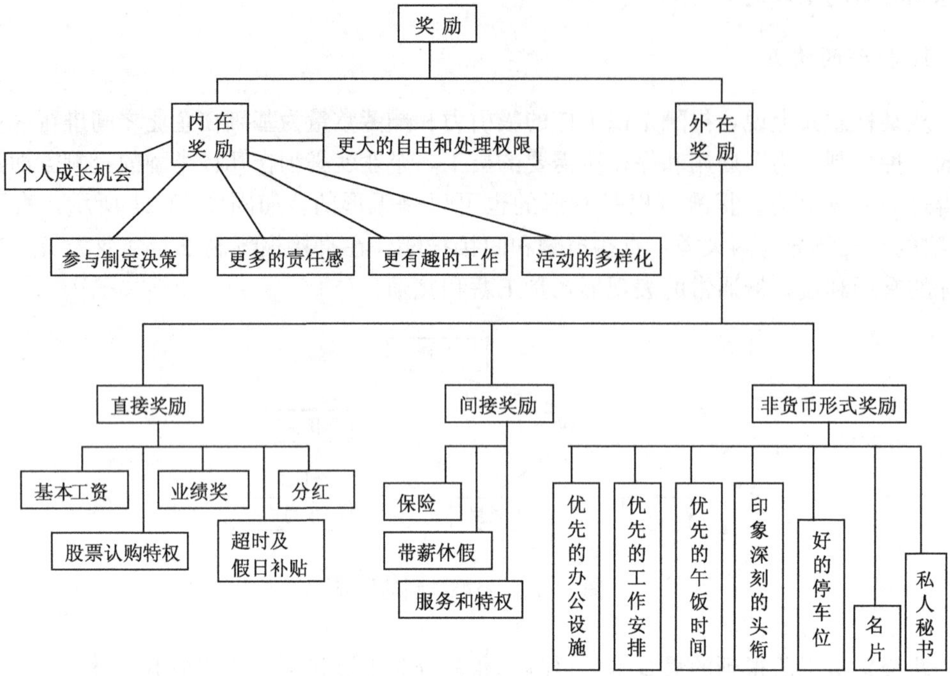

图 11-12　薪金的构成

2）业绩报酬观。在遵循业绩报酬观的情况下，没有人被保证仅仅因为在企业又工作了一年而增加报酬。相反，工薪和奖励主要以工作表现为依据。工作表现好的员工的报酬可得到较大的增长，而那些表现较差的员工在报酬上则往往几无增加。当然，实际上很少有企业在报酬措施的所有方面都彻底以工作表现为依据。不过，在席卷许多产业部门的企业重组中，打破津贴模式的做法正与日俱增。

（2）报酬的基础

另一个战略性的问题是，在设计各种报酬制度特别是基本报酬方案时，应怎样体现企业的报酬观和企业的各种目标。可供参照的分配依据有数种类别，不同的类别可用于不同的方面。

1）按时间与按生产力付酬。企业可以根据员工花在工作上的时间来付酬，也可以根据工作总量来付酬。许多企业采取双轨制的付酬方法，即对一部分员工实行小时工资制，对另一部分员工实行薪水制。这两种分配方式是根据职务的性质而确定的。

小时工资制是一种以工作时间为基础的最通用的付酬方式，按工作小时取酬的员工拿到的是工资（wage），工资总额直接根据工作小时数计算而得。相比之下，对那些以薪水（salary）形式获得报酬的员工来说，不论他们的工作小时数如何，他们所得到的报酬基本上总是一致的。一般说来，拿薪水的员工比拿工资的员工的地位相对要高一些。

另一种分配的依据是工作表现或生产力。最直接以生产力为基础的报酬制度是计件工资制，它是根据工作的数量支付报酬。例如，电话销售公司可以按每销售一件产品支付一定量的报酬。

2）按职责与按知识和技能付酬。大多数基本报酬方案的设计原则，是按员工所完成或承担的任务、职责和责任来支付报酬的。一般说来，报酬在相当大的程度上与职务有关，也就是说，员工所从事的职务类别往往是确定基本报酬高低的依据。

如果员工的职务相比之下要求任务更加多变、更多的知识和技能、更大的体力付出和更苛刻的工作条件，那么他们所得的报酬往往就会比较高。越来越多的企业开始按照员工尤其是小时工资制员工的技能或胜任能力来支付报酬，而不再按照所完成的具体工作任务来支付报酬。根据技能支付报酬的办法，对那些多才多艺和技能不断提高的员工形成了鼓励。在按知识付酬或按技能付酬的制度下，员工从一个起点报酬标准开始，随着不断学会从事他种工作或获得其他技能，其报酬也相应得到不断的提高。之所以采用这种分配方式，是因为员工在各方面的不断提高使他们对企业具有了更高的价值。

3. 报酬策略与目标

鉴于许多部门和企业在分配方面发生的各种各样的变化，人们普遍认识到，已往所遵循的传统的报酬措施正在逐渐演化并将在未来表现出很大的不同。实际上，几乎在所有企业，报酬计划都应针对三个目标：遵守所有有关的法律和规定；企业花费应具有有效性；不论在企业内部、外部还是个人之间，员工均应受到公平对待。

（1）遵守法纪

在企业所涉足的所有领域，报酬方案都应服从法律的约束和规定。大量的法律和规定都会影响关于工薪、奖励和福利的决策。在设计和实施报酬方案时，企业必须牢记各种法律的限制。本章在后面将讨论企业应注意的最重要的法律规定。

（2）费用的有效性

鉴于企业所面对的各种竞争压力，企业必须使报酬成为有效的并且是企业有能力承担的花费。在大多数情况下，提供过高报酬的企业将很难与付酬相对较低但却更有效的企业进行竞争。

（3）公平

人们希望在基本工薪、奖励和福利等所有的报酬方面享有合理的对待，这就是公平的观念。换句话说，公平就是人们对一个人的所做（投入）和所得（产出）关系的合理性的感受。投入是一个人带给企业的东西，包括教育水平、年龄、经历、生产力以及其他的技能和能力。这个人所得到的东西是他用工作所交换来的各种回报。所得包括工薪、福利、表彰、成就、威望和其他种种报答。应注意，产出既可以是有形的（来自身外的报答如工薪和福利等），也可以是无形的（内在的回报如被人赏识和成就感）。

1）报酬分配过程正义与结果正义。在关于企业的研究中，有一个日益重要的公平议题，即企业正义问题。其中所涉及的两个重要方面，是分配过程正义和分配结果正义。分配过程正义指关于员工报酬决定的过程和程序的公平性受到普遍的认同。基本报酬、工薪增长以及工作表现衡量标准的确定过程，都应使人们感到合情合理。分配结果正义指对劳动报酬分配的合理性的感觉。企业必须认真贯彻分配正义原则。

2）保密的与公开的分配制度。另一个关于公平的问题涉及到企业对其分配制度所允许的公开或保密程度。被保存在“封闭”系统内的分配信息包括：其他人的收入水平、工薪增长情况和企业的分配等级和变化幅度等。禁止讨论个人收入的政策很可能被违背。同事间确实交换关于报酬的信息。此外，阐明分配制度有助于防止扭曲的信息以小道消息的方式散播。通过使分配曝光，那些真正按工作表现分配的企业就可以进一步强调工作表现对于获取更高收入的必要性。在存在客观的个人表现标准的情况下，分配曝光的作用尤其明显，比如对某些销售工作就是如此。

4. 福利及其构成

福利必须被视为全部报酬的一部分，而总报酬是人力资源战略决策的重要方面之一。从管理层的角度看，福利可对以下若干战略目标做出贡献：协助吸引员工；协助保持员工；提高企业在员工和其他企业心目中的形象；提高员工对职务的满意度。

与员工的收入不同，福利一般不须纳税。由于这一原因，相对于等量的现金支付，福利在某种意义上来说，对员工就具有更大的价值。

表 11-5 列出了比较有代表性的福利类别。该表还区分了自愿性福利和强制性福利。强制性福利是根据法律要求，所有在美国境内的企业必须向员工提供的福利。

表 11-5　按类别划分的各种福利

保险	医疗保健	退休
<u>工伤补偿</u>	<u>统一综合财务调节法案有关条款的各项有关规定</u>	<u>社会保障</u>
<u>失业补偿</u>	医疗保健	提前退休
<u>社会保障（退休人员、老年人、幸存者和残疾人保险）</u>	牙齿保健	退休前咨询服务
企业与员工告别费	处方用药	残疾人退休福利
补充失业保险	心理咨询	退休人员保健计划
家庭事务：儿童护理、老年照料	保健计划	退休金计划
财政帮助、保险及其他	健康保护组织或最佳供应者组织的医疗保健计划	个人退休金账户，401（k）储蓄计划，基奥退休储蓄计划
人寿保险		
法律诉讼保险	社会与娱乐活动	假期和班上休息
残疾保险	网球场	<u>家庭事假与病假</u>
员工持股计划	保龄球队	<u>兵役服务假</u>
财务咨询	公益服务奖励	<u>选举日和参加陪审团假</u>
信用合作	提供资助的活动（体育性的或社会性的活动）	午餐和工间休息
企业提供的轿车和支出账户	自助餐	节假日和休假
教育辅助	娱乐项目	葬礼和丧亲假
工作调动和搬迁辅助		

注：带横线者为强制性福利；不带横线者为自愿性福利。

国家的社会保障和退休保险基金的相当一部分，是由企业根据员工报酬所支付的税收来支撑的。此外，根据法律规定，企业还必须给予员工一些不带薪的病假和家庭事假。下面将详细阐述各种类型的福利。

11.4.4　培训

• 如果企业想要在迅速发展和激烈竞争的市场中保持其领先地位和竞争优势，唯一的方法就是不断提高企业的管理水平和员工的能力。

• 当一个企业面临着各种发展需求时，最基本、最核心的因素就是人力资源。只有在人力资源能够与各种发展需求相配套时，企业的发展、市场的拓展、技术的提高、产品的开发才能成为可能。要提高企业的应变能力，员工能够在发展中适应外界变化并为新的发展创造条件，必须要对企业的人力资源进行不断的培训、开发，才能与时俱进。

• 当你的企业在为你的员工们提供一个不断学习的机会和条件方面，优越于你的竞争对手时，你的企业将能够保持领先地位！

• 培训虽然要花一定的时间和金钱，但对企业而言是值得的。培训可以使每个员工都感觉到自己每一天都在成长，每一天都能学到新东西。

• 培训可以建立企业内部的知识库，有利于企业内部的知识共享，推动知识资本的增值。

• 培训以知识、信息传播为起点，以提高效率、提高企业认同度、提高企业创新能力为终点，是推动员工和企业同时上升的手段。

1. 培训的主要作用（图 11-13）

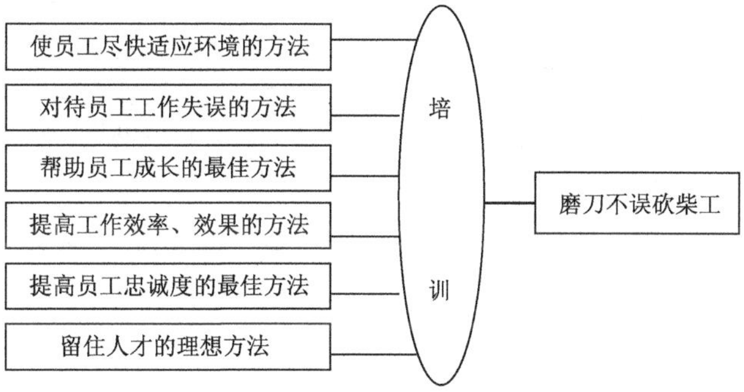

图 11-13　培训的主要作用

（1）提高工作效率和效果

培训使员工更加熟悉工作环境和工作内容，可以使员工迅速进入工作角色；培训使员工更加熟悉企业的工作流程，可以快速提高企业整体的运行效率；培训使员工掌握更多的操作技巧，可以提高企业的劳动生产率；培训能提高员工的素质，可以提高产品质量和服务质量；培训能扩充知识，加强交流，可以促进企业创新能力的提升。

(2) 增强员工的工作能力

现代企业大部分员工从事的并不是简单、重复性的劳动，而是需要对不断出现的复杂性问题进行判断和处理。企业大部分的价值创造不是来源于简单的劳动，而是来源于知识性、智力性、创新性的劳动。企业重复性的劳动部分逐渐被机器设备所取代，尤其是计算机的出现，部分逻辑性的重复劳动也逐渐通过软件被机器所取代（如财务软件），未来留给人们的工作只有知识性和创造性的劳动，也只有这些劳动才能创造新的价值。但知识具有一定的时效性，需要不断地更新；个体掌握的知识具有局限性，需要不断地补充。所以，为了适应时代的发展，员工需要不断地学习，企业也需要学习。如果企业不带头重视这个问题，而将工作的重担压在员工的头上，员工没有机会、没有时间学习，则员工不能进步，企业也不能进步（图 11-14）。

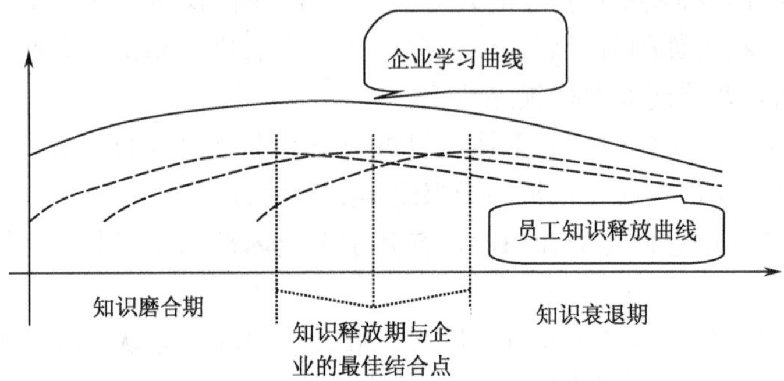

(a) 自由状态下员工知识释放与企业发展曲线

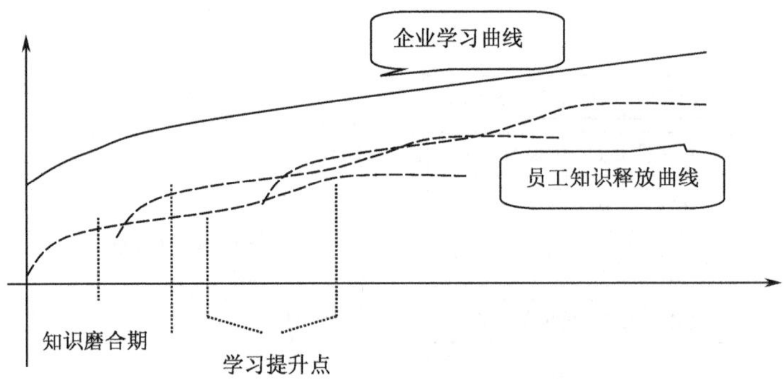

(b) 员工知识释放-补充与企业发展曲线

图 11-14　两种不同状态下曲线对比

从上面两个图对比可以看出，企业知识拥有蕴涵在员工的知识拥有中，企业学习曲线是通过员工学习支撑起来的。从上面两个图对比可以看出，培训可以缩短员工知识与企业的磨合期，加速了企业的发展进程；培训还可以补充员工的知识，提升员工的水平，支撑企业向上发展。

企业员工的知识、技能固然可以通过招募新员工得到补充和调整，但招募新员工只能影响知识技能的增量，原有员工的提高则仍要靠培训等方式解决，而且新招募的员工也要通过培训，使他们的知识和技能与企业的实际工作结合起来。

（3）培训使员工增加对企业的认同和责任感

当员工的个人发展目标与企业的组织目标不相吻合时，培训的这一目的效用尤为重要。培训可以提高员工的归属意识和他们在工作中自我价值的承认。根据工作和企业发展的需求不同，培训的具体措施可以是多种多样的，但培训自身的确是一个系统化的过程。

2. 培训的方法

企业的培训工作要在人力资源总体规划指导下，有目的、有步骤地进行，通过培训，使员工能适应企业发展的要求。员工的培训还要分层次进行，对技术工人、技术人员、管理人员、高层决策者分别根据战略需要进行技能、专业知识、管理知识的单项或多项培训，要重视复合知识和技能的教育和训练，以适应企业发展的需要。

（1）举办培训班

需要对大批员工进行培训时，在条件允许的情况下，尽量采用集中培训的方式。采用这种方式的优点是员工的精力集中，培训较为系统，缺点是容易影响正常工作。形式上可采用：言传身教的模范培训、专业骨干的互动培训、专业教材的系统培训、外聘专家的点拨培训、共同学习的视频培训、问题案例的讨论培训等，形式可以多样，但要追求效果。层次上可分为：导入式培训、提高式培训、深造式培训。培训时间尽量选在业务和生产淡季，或业余时间，或轮流培训，如果企业经济条件允许，可以给培训员工计入一定工作量，以激励员工学习。

（2）目标任务式培训

企业督促员工不断学习，但应尽量选择机动灵活，成本小的方式。这样，企业可以为员工提供培训教材，让员工以自学的方式学习，最后企业集中考核，与绩效考核中的技能考核挂钩。另外也可以采用办公网络进行适时培训，将培训内容放在网上，让员工在工作间隙或业余时间学习，最后考核。总之，这种方式是将培训作为一种目标任务，由员工自主学习，企业要求最终效果。

（3）特殊人才培训

对企业的特殊专业人才、管理人才，企业本身不能对其进行培训的，应考虑采用特殊的政策和方法，对其进行培训，如参加外部培训班、进修班等。这种培训对企业培养拔尖人才，尤其是培养企业家人才更为重要。

（4）实践学习型培训

员工素质的提高除培训之外，“干中学”被认为是最重要的学习方式。“干中学”不仅包括企业员工积累知识、技能和经验，增强处理实际问题的能力，而且包括企业内各级各类组织及整个企业在工作实践中的学习，即组织的学习。应当指出，通过实践学习到的知识和技能往往是从书本上或其他企业学不到的，因为这些知识和技能或者不易形成文字、图形而显性化，或者由于与本企业特有的实际相结合而他人无法提供。因而由“干中学”获得的能力不易被模仿，能构成核心能力。如何形成善于学习的机制和氛围是现代企业管理的重要课题，企业要认真研究、努力实践、及时总结与提高。

11.4.5 职业生涯设计

员工的职业生涯又称员工职业发展，它是一个人从首次参加工作开始的一生中所有的工作活动与工作经历，按编年的顺序串接组成的整个过程，这是指广义的职业生涯。我们这里讲的是狭义的职业生涯，主要是员工在某单位期间按编年的顺序串接组成的所有的工作活动与工作经历。

对某一单位的绝大多数人来说，其对未来的发展都有一定的愿望、设想、预计和准备，还为实现个人抱负设置了目标，并为实现该目标而努力创造条件。

现代企业对员工的职业生涯设计越来越关心。“企业的首要目标是满足自己员工（内部用户）发展需要”。一则是科技的迅速发展和市场竞争的加剧，使得企业对员工自身，对他们的主动性与创造性越来越依赖了；二则是科技发展又带来了员工文化教育水平的提高，他们有较强的自我意识和对本身权利的要求。这样员工个人的职业生涯设计和企业自身的发展壮大休戚与共、息息相关了，一个组织与员工个人双方合作努力，驱使组织需要与个人职业发展相符合和对员工个人进行培养。据统计，3%的人会认真地制定并写下自己的目标；10%的人会认真思考自己的目标；60%的人曾经思考过；87%的人完全没有目标。由上述数据可以看出，87%的人对自己的职业生涯设计是模糊的！87%的人工作、生活是没目标的！每天忙忙碌碌，不知在干什么！

因此，职业生涯设计尤为必要！这在日本表现的尤为突出！也是企业的当务之急！为员工着想，就是为企业自己着想！

为防止人才流失，企业应建立自己的职业生涯设计系统，帮助员工认识自己，了解自己，评价自己，发现长处，找出不足，以此来开发自己，改变自己，跨越自己，使自己的才能得到充分发挥，为企业的发展出力。通过职业生涯设计，可帮助员工选择适合自己的发展职业，正确设立人生目标，运用科学的方法，采取有效的行动，化解人生发展的危机与陷阱，使事业发展获得成功，担当起一定的社会角色，实现自己的人生理想。

每个人都会有自己的人生追求和人生目标，目标的差异和目标的实现程度，决定了个人的生活质量。

职业生涯设计要和团队目标、企业发展目标相适应！企业发展要考虑员工的个人成长，达到个人、团队、企业的均衡，形成个人提升、团队进步、企业发展的良性循环和

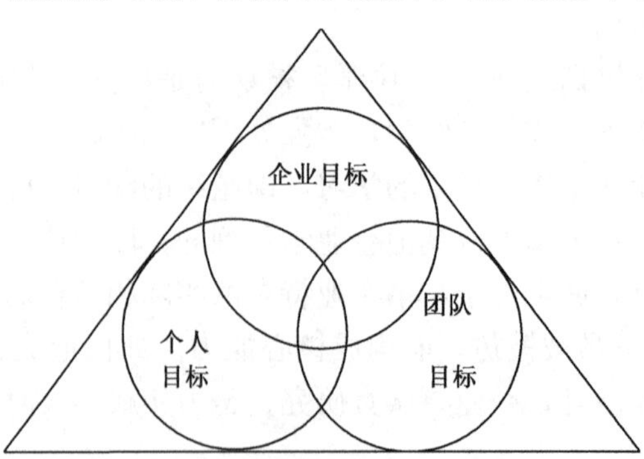

图 11-15　个人职业生涯与团队和企业目标的关系

三角稳定发展状态（图 11-15）。

共同设定的目标＋共同构筑的愿景＋共同制定的计划＝共同实现的愿力。

1. 职业生涯设计流程（图 11-16）

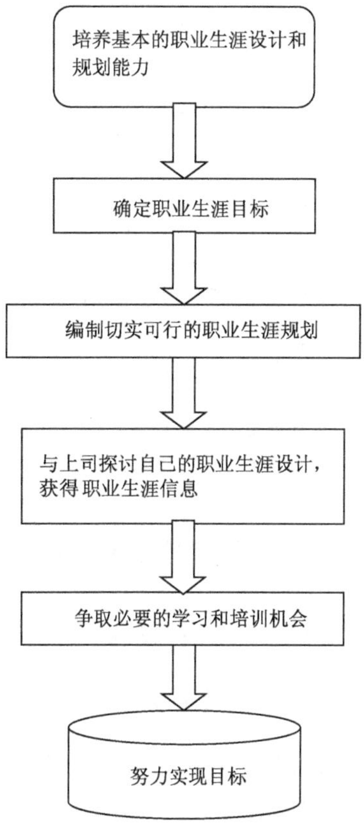

图 11-16　职业生涯设计流程

2. 职业生涯管理

员工职业生涯管理也称组织方面的活动。目的在于把员工的个人需要与组织的需要统一起来，做到人尽其才，并最大限度地调动员工的积极性，同时使他们觉得在此组织中大有可为，从而极大提高其组织归属感。工作岗位的安排要充分考虑员工的个性、兴趣和能力（图 11-17）。

人力资源部门对员工职业生涯管理要做到以下几点：

1）人力资源规划：通过详细评估为选拔找出重点培养对象，认真安排他们的岗位与升迁路线。

2）指导与考评：帮助员工做好自我分析，提供企业中可供选择的发展途径的信息，考核其绩效并及时给予反馈。

3）培训与开发：企业组织要有预见地拟定出正式的培养计划，使当事人尽快成材。

4）奖励措施：包括合理奖酬制定的建立与实施，鼓励员工在发展道路上的任何可取进展。

3. 职业生涯规划

职业生涯规划也称为个人方面的活动。包含了一系列职业生涯中重大转折性的选择。首先，须在做好自身分析（包括个人的优势、弱点、经历、绩效、喜恶等）的基础上，在本人价值观的指导下，确定自己的长期与近期的发展目标，并进而拟定出具体的发展道路规划（图 11-18）。

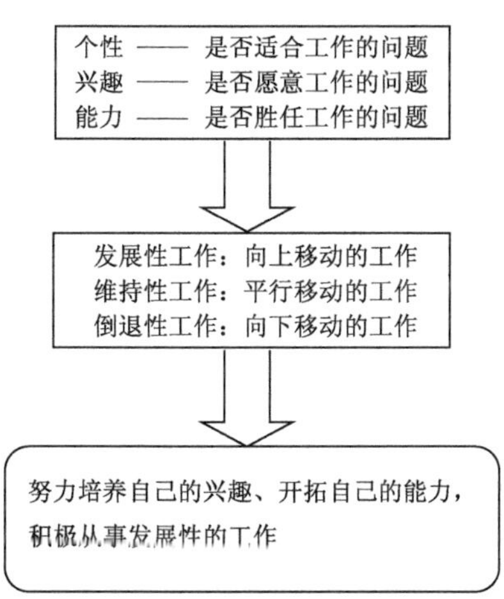

图 11-17　职业生涯管理

4. 员工职业生涯管理

企业中承担这项重任的，首先是各级主管，因为他们最了解自己下属的长、短、喜、恶、需要与抱负以及他们的过去与现状，又了解企业中存在的机会与备选发展途径，便于向下属介绍公司前景，指导、监督、培养和鼓励他们进步。

组织中是有不同的发展道路可供员工选择

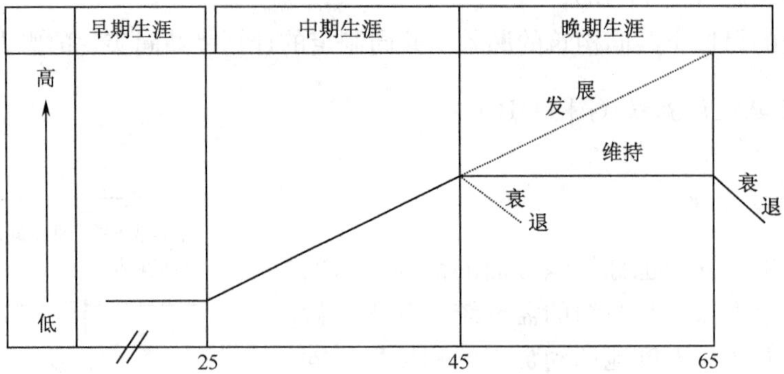

图 11-18　个人生命和整个生涯阶段划分的比较

的，并对选择者提出不同的素质与能力的要求，这些道路一般分为专业技术型和行政管理型两类。

1）专业技术型发展道路是指财会、销售、技服、生产、物管、人事、法律等职能性专业方向。这需要有一定的专门技术知识与能力，并需要有较好的综合分析能力。有志于这些方向的员工感兴趣的是专业技术内容及其活动本身，并追求这方面的提高和成就。

2）行政管理型发展道路所吸引的人则不同于走专业技术道路人，他们善于处理复杂的人际关系，把管理这个职业本身视为自己的目标。这类人对地位、影响力以及由此伴生的威望、荣誉与待遇特别感兴趣。

5. 企业人才的类型

领袖型：董事长或总经理。只能有一个。

军师型：总师、总助、总监。一至二个，不宜过多。

先锋型：科研和营销人员。

外交型：公关、总务人员。

管家型：生产、仓储人员。

文牍型：财务、质检人员。

操作型：工人、职员。

第十二章

营 销 管 理

◇ 理解营销及其相关的概念和营销理念，了解营销活动过程

◇ 掌握营销管理的基本过程和客户关系管理的关键环节

◇ 了解电子化客户关系管理系统的功能和主要技术

营销是企业的一项基本运营职能，是企业实现“惊险一跳”，走向市场，实现价值的一系列活动。对营销活动的管理也是一个基于营销理念，进行营销分析、营销计划、实施与控制营销活动的过程。近年来，关于营销与营销管理的理论十分丰富，优秀的营销惯例不断出现，为人们掌握营销知识，提高营销技能，增强营销活动有效性和效率，奠定了基础。

12.1 营销管理概述

人们对营销的认识，是一个不断深化的过程。这个过程是从简单的以“推销和广告活动”为特征的“做市场”活动，到“了解和满足顾客需要，管理顾客关系，实现顾客满意和忠诚”的系统的过程。全面理解营销及其相关概念，才能更好地确定营销职能，策划和控制营销活动。

12.1.1 营销的定义

所谓营销，多称为市场营销，是指个人和群体通过创造产品和价值，并同他人进行交换以获得所需所欲的一种社会及管理过程。营销作为一种企业职能，通过识别顾客的需要和期望，确定提供服务和进行交易的最佳目标市场，并设计产品、服务和项目，以满足市场的需求。营销为创造价值和满足需要和欲望而管理市场，从而与顾客实现交换和建立关系。

要理解的概念，需要说明的一些重要术语是：需要、欲望和需求，产品，价值、满意和质量，交换、交易和顾客关系，市场，如图 12-1 所示。这些与营销有关的核心概念每个概念都与前一个概念相互关联，展现出营销活动过程及其内在的逻辑关系。即企业基于了解顾客的需要、欲望和需求，设计和提供用于交换的产品，通过为顾客创造价值、实现满意和质量，在市场中实现交换、交易并建立良好的顾客关系。

交换过程涉及大量的工作。卖方必须搜寻买方，发现他们的所需所欲，设计良好的产品和服务，设定合理的价格，有效地开展促销活动，并高效率地进行存储和运输。产品开发、调研、联络、销售、定价和服务等都是核心营销活动。尽管我们通常认为营销是由卖方负责的，但实际上买方也在进行营销活动。当消费者寻找所需要并买得起的商

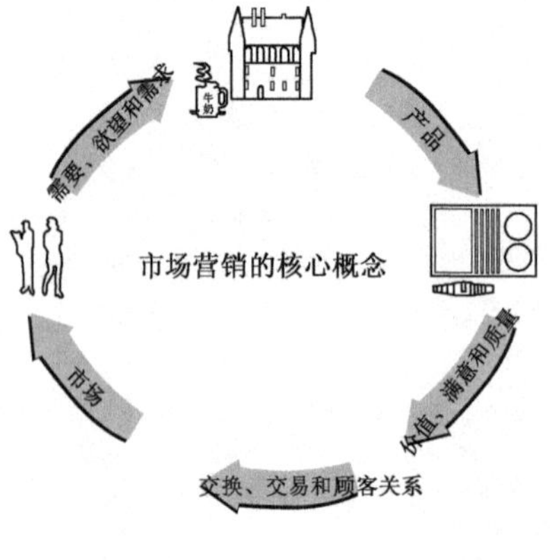

图 12-1 市场营销的核心概念

品时，他们就在进行“营销”。而当企业采购人员需要设法找到销售商并争取较好的交易条件之时，他们就是在做“营销”。图 12-2 所示为现代营销系统的组成要素。在通常情况下，营销包括为最终用户提供服务，同时还要面对竞争对手。企业及其竞争对手直接或通过营销中间商向消费者传送它们各自的产品和信息。系统中的所有成员都会受到环境力量（人口、经济、物质、技术、政治、法律、社会、文化）的影响。

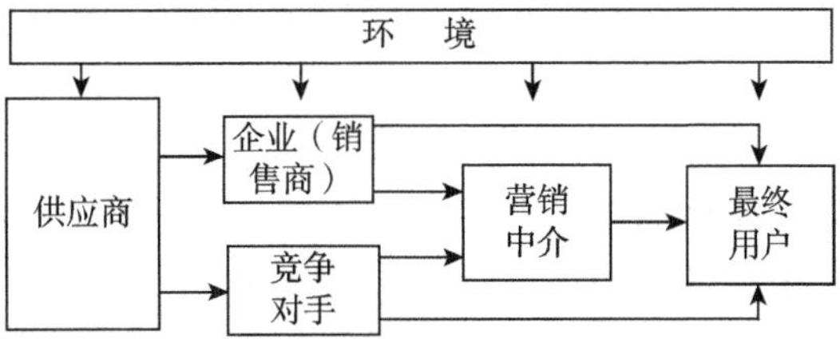

图 12-2　营销活动中的主要角色及其关系示意图

系统中的每一方都为下一级增加价值。因此，企业的成功不仅取决于它自身的行为，而且还取决于整个系统对最终消费者需要的满足程度。

12.1.2　营销的相关概念

下面介绍需要、欲望和需求，产品，价值、满意和质量，交换、交易和顾客关系，市场等与营销相关的概念。

1. 需要、欲望和需求

需要是指人所感受到的匮乏状态。人的需要包括对食物、衣服、房屋和安全的物质需要，对亲密、忠诚和慈爱仁义的社会需要，以及对知识和自我表达的个人需要。这些需要不是营销商创造出来的，而是人类自身本能的基本组成部分。人类需要是营销理论最基本的概念。

欲望是指人类需要经由文化和个性塑造后所表现的形式。一个饥饿的人在中国南方可能会要一碗米饭和一碗粥，但在中国北方可能会要一个面包和一杯开水。欲望通常用可满足需要的实物来描述。人们的欲望似乎没有穷尽，而资源却是有限的。因此，人们想利用有限的金钱资源，选择那些价值和满意度最大的产品。

当有购买力支持时，欲望就变成了需求。消费者将各种产品视为利益的集合，在价格一定的条件下，他们只选择那些能提供最佳利益集合的产品。例如，天津一汽生产的“夏利”牌汽车意味着能代步，价格较低并且很省油，而梅塞德斯牌汽车则象征着舒适、豪华和地位。在人们的欲望和资源既定的情况下，他们追求能最大限度地满足其利益的产品。

成功的营销必须不遗余力地去了解顾客的需要、欲望和需求。企业通过开展市场调查，了解消费者偏好，分析顾客问讯、保修和服务方面的信息，观察使用自己企业产品的顾客和使用竞争对手产品的顾客，训练销售人员随时掌握未能满足的顾客需要。在实施全员营销的企业，包括最高管理层在内的各个层次的成员都要与顾客保持紧密联系。

2. 产品

在营销学中，产品是指提供给市场并能满足人们某种需要和欲望的任何东西。人们用产品来满足其需要和欲望。产品的概念并不限于实物，任何能够满足需要的东西都可以称为产品。除了货物和服务以外，产品还包括人员、地点、组织、活动和观念。比如消费者决定观看哪个演员表演，到什么地方去度假，用捐赠来支持哪个组织以及接受什么样的观念。在某些场合，“产品”这个词听起来不怎么合适，通常用其他一些术语，如资源、提供物来替代。

许多销售商过多地关注他们所提供的具体产品，而忽略了这些产品所产生的利益，这是相当错误的。他们把自己看作是在销售产品而不是在提供满足人们某种需要的解决方案。比如，钻头制造商可能认为顾客需要的是钻头，但是顾客真正需要的是钻出的洞。有些销售商可能患了“营销近视症”。他们仅仅关注自己的产品，以至于只重视现有的欲望而忽视了潜在的顾客需要。他们不清楚产品只是解决消费者问题的一个工具。有时，顾客对某些产品具有相同需要，会对这些新产品产生欲望。当出现一种能更好地满足顾客需要或者价格更便宜的新产品时，销售商便会陷入困境。

3. 价值、满意和质量

消费者通常会面对种类繁多的、可满足特定需要的一系列产品和服务。消费者是怎样在众多的产品和服务中进行选择的呢？消费者做出购买选择的依据是他们对各种产品和服务所提供的价值的理解。

（1）顾客价值

顾客价值是指顾客从拥有和使用某产品中所获得的收益价值与为取得该产品所付出的成本之差。例如，顾客从联邦快递公司的服务所获得的众多利益中，最显著的就是快速、可靠的包裹递送。但是，在选用联邦快递提供服务时，顾客还可能获得某些地位和形象价值。因为利用联邦快递常常会使发件人和收件人都感到更加重要。顾客在决定是否利用联邦快递寄送包裹时，会将这些及其他一些价值与使用这些服务所付出的金钱、精力和精神成本之间进行权衡和比较。而且，他们还会对使用联邦快递公司与使用联合邮政系统等其他承运公司的价值进行比较，从而选择能给他们最大价值的那家公司。

顾客通常并不能准确、客观地来判断产品价值。他们是根据自己所理解的价值来做出判断的。例如，联邦快递真的更快、更可靠吗？如果确实是这样，那么是否值得为这种更好的服务支付更高的价格呢？美国邮政管理局则认为，它的快递服务与联邦快递公司的快递服务不分伯仲，并且价格还低得多。但是，从市场份额来判断，绝大多数消费者并不这么认为。联邦快递公司在美国快递市场中控制了45%以上的市场份额，而美国邮政管理局仅占8%。因此，美国邮政管理局面对的挑战是如何改变这些顾客对本公司的价值理解。

（2）顾客满意

顾客满意是消费者所认识的一件产品的效能与其期望值进行的比较。如果产品的效能低于顾客的期望，购买者则不会感到满意。如果效能符合期望，购买者便会感到满意。如果效能超过期望，购买者便会感到欣喜。企业为了取悦顾客，一般先对能提供的效能做出承诺，然后再提供多于其承诺的效能。

顾客期望的形成，取决于以往的购买经验、朋友的意见、营销者和竞争对手的信息与承诺。营销商必须仔细地设定正确的期望标准。如果期望设定得太低，他们虽然可以满足那些购买产品的人的要求，但是却不能招徕足够多的购买者。如果期望设定得太高，就可能会使购买者感到失望。

今天，在成功的企业中，大多数还在调高顾客期望值，并提供与其一致的产品效能。这些企业之所以设定较高的目标，是因为他们知道对目前产品感到满意的顾客在更好的产品出现时极易更换供应商。而那些感到极为满意的顾客则不太愿意选择其他供应商。因此，顾客的欣喜形成了产品或服务的一条情感链，而不仅仅是一种理性的偏好，从而会达到高度的顾客忠诚。顾客如果感到极为满意，便会多次购买产品，对价格也较少注意，继续光顾的时间更长些，并且会向其他人推荐该公司及其产品。

尽管以顾客为中心的公司寻求高于竞争对手的顾客满意度，但这并不意味着使顾客的满意度最大化。企业总是可以通过降低价格，增加服务来提高顾客的满意度，但这会导致利润率的降低。营销的目的是可盈利地创造顾客价值。这就需要非常细致地处理两者的平衡关系：营销商必须继续创造更多的顾客价值和满意，但也不能够“倾家荡产”。

（3）质量

质量与顾客价值和顾客满意度密切相关，它直接影响产品或服务的效能。从狭义上来说，质量可定义为“无瑕疵”或“无不良”。但是，绝大多数以顾客为中心的企业，对质量的定义远不限于此。他们是根据顾客满意度来定义质量的。例如，在全美率先采用全面质量管理的摩托罗拉公司，其负责产品质量的副总裁说：“质量必须有利于顾客……我们对瑕疵的定义是‘如果顾客不喜欢一个产品，则该产品就是有瑕疵’。”摩托罗拉公司将“顾客完全满意”确定为公司的使命。同样，国际标准化组织将质量定义为产品、服务、过程或体系“满足要求的程度”。表明高质量追求的是满足顾客更多的需求和期望，这需要通过持续改进产品和服务来实现。当代的质量始于了解顾客需要，终于顾客满意。

4. 交换、交易和顾客关系

（1）交换

交换是指通过提供某种东西作回报，从别人那里取得所需物品的行为。当人们决定借助交换来满足其需要和欲望时，就产生了营销。交换只是人们用来获得所需之物的众多方法中的一种。例如，饥饿的人可以用打猎、钓鱼或采集水果的方式找到食物，或者也可以用钱、其他东西或劳务来换取食物。

通过交换方式满足需要，有许多自身的优点。这样，人们没有必要再去掠夺他人或者依赖捐赠，也没有必要掌握为自己生产每样必需品所需的技能。人们可以集中精力生产他们善于生产的东西，然后用它们来交换由别人生产的自己所需要的产品。因此，交换又进一步促进了社会分工和劳动生产率的提高，使整个社会能够生产出比其他任何一种方式都要多得多的产品。

（2）交易

交易就是买卖双方价值的交换。交换是营销的核心概念，而交易则是营销的度量单位。在一次交易中，我们必须能够这么表述：一方把X给了另一方，收到Y作为回报。

营销人员总是努力诱发对某一个提供物的响应。这种响应可能不只是简单地“购买”或“对换”货物和服务。例如，总统候选人想要的响应是“投他的票”。教会想要的响应是“入教”。社会活动团体想要的应该是接受其“观念”。在这个意义上，营销是使目标公众对某产品、服务、观念或其他事项做出所期望的反应的活动。

(3) 顾客关系

企业与顾客除了进行短期交易之外，营销人员还必须与有价值的顾客、分销商、经销商和供应商建立长期关系。他们想通过承诺和持续提供高质量的产品、良好的服务和公平的价格来建立较强的经济和社会联系。目前，营销正逐渐地从试图使一笔交易获得最大利润，向与顾客及其他各方建立互惠互利的关系转变。这种转变发生作用的前提是，建立良好的顾客关系，可获利的交易便会随之而来。

关注于顾客关系管理和一对一服务的关系营销，强调长期性，其目标是为顾客提供长期价值，其成功的尺度是顾客长期和持续的满意和忠诚。除了持续提供较高的价值和满意度以外，营销商还采用许多具体的营销手段来增强与消费者的联系。建立顾客关系的基本方法一是把财务利益增加到顾客关系中去，创造顾客价值和顾客满意。二是除了财务利益外，再增加社会利益。在这种情况下，企业通过了解单个顾客的需要和欲望，并使其产品和服务具有个性化特点来增进与顾客之间的社会联系。三是除了增加财务和社会利益之外，再增加结构联系，如在了解顾客个性化需求的基础上，建立社会联系。例如，专业营销商可能会向顾客提供特殊设备或网络连接，来帮助他们管理订单、工资或存货。

关系营销意味着营销商必须在管理好产品的同时，处理好与顾客的关系。但与此同时，营销商也不可能与每一个顾客建立关系，因为事实上每个企业都有一些不受欢迎的顾客。所以，营销的目标应该是确定企业能够为哪些顾客——目标顾客提供最有效的服务，以击败竞争对手。总之，营销是一门招徕和保持可获利顾客的艺术。

5. 市场

从营销的角度看，市场是指产品的现实和潜在的购买者。这些购买者共同具有某一特定的、能通过交换关系得到满足的需要或欲望。因此，市场规模的大小取决于需要交换、拥有供交换的资源、愿意用这些资源进行交换来满足欲望的人的数量。

本来，市场这个名词是指买方和卖方聚集在一起交换货物的场所，如乡村的集市。经济学家用市场一词来泛指交易某类产品的买方与卖方的集合，如住房市场、谷物市场。但是，营销商则认为卖方组成行业，买方组成市场。

营销人员对市场深感兴趣，他们的目标是识别特定市场的需要和欲望，并挑选出他们能提供最佳服务的市场——目标市场。接着，他们设计产品和服务。这些产品和服务能为这些市场里的顾客带来价值和满意，公司的销售额和利润也就随之而来。

12.1.3 营销管理的含义

所谓营销管理可以定义为为实现组织目标，分析、计划、实施及控制那些建立、维持和深化与目标购买者之间有益的交换关系的设计方案的过程。营销管理涉及管理需求，管理需求又会涉及管理顾客关系。

1. 需求管理

有人认为，营销管理就是为企业的当前产量找到足够的买主，这是一种狭隘的观点。企业总是认为其产品拥有某种理想的需求水平，但是，随时都有可能出现没有需求、充分需求、不规则需求或过量需求的情况，因此营销管理部门必须找到解决这些不同需求状况的方法。营销管理部门不但要负责寻找和增加需求，而且还要负责改变甚至减少需求。例如，电力公司有时很难满足用电高峰期的需求。在这种需求过旺的情况下，营销的任务是暂时或永久地减少需求。这称为“缓适营销”。缓适营销的目的并不是破坏需求，而只是在一定的时间内减少或转移需求。所以，营销管理部门从帮助企业（消费者）达到自己的目标出发，来寻找办法去影响需求水平、需求时机和需求构成。简单地说，在企业价值链的前端，营销管理的第一项使命就是需求管理。

2. 建立顾客关系

企业的需求来自两组顾客：新顾客和回头客。建立顾客关系就是吸引新顾客，保留老顾客。传统的营销理论和实践强调招徕新顾客和创造销售业绩。但是，在今天充分竞争甚至供过于求的市场上，营销的重心正在转移。除了设计营销战略招徕新顾客和创造与新顾客的交易以外，企业现在正全力以赴地保留现有顾客，建立持久的顾客关系。管理顾客关系成为营销的第二项使命。

在竞争日益加剧的市场上，留住现有顾客具有十分重大的意义。过去，面对不断扩张的经济规模和快速成长的市场容量，企业可以采用“漏斗”的方法进行营销。市场的成长意味着有大量新顾客源源不断地补充进来。企业可以不停地用新顾客来填满营销这个漏斗，而不必担心会从漏斗的底孔流失掉老顾客。但是，如今企业正面临着新的营销现实，如人口状况的不断变化，经济的缓慢增长，竞争对手的更加精明老练以及许多行业中的生产过剩，所有这些因素都意味着周围的新顾客越来越少。许多企业在为利润平平或日益衰退的市场展开份额争夺战，同时，招徕新顾客的成本正在上升。

从经营实践看，失去一位顾客远不止失去一笔交易，因为失去一位顾客就等于失去了该顾客在其购买生命期内可能会有的全部采购额。有统计表明：

1）向新顾客推销产品的成功率是 15%，然而，向现有顾客推销产品的成功率是 50%；

2）每年的顾客关系保持率增加 5%，则利润增长 85%；

3）顾客导向的公司的利润比非顾客导向的公司利润高出 60%；

4）向新顾客推销的花费是向现有顾客推销花费的 6 倍；

5）一个对服务不满的顾客会把不满经历告诉 8～10 个人；

6）如果公司对服务过失给予快速关注，70%的不满顾客还会继续交易。

虽然招徕新顾客仍然是营销管理部门的一项重要任务，但是如今的企业必须注重保持现有顾客并与他们建立可获利的长期关系。保持顾客的关键是更高的顾客价值和满意度。为此，许多企业竭尽全力，满足和超越顾客期望，实现顾客完全满意，寻求顾客忠诚。

12.2 营销管理过程

企业经营战略确定了企业的总任务和总目标。在每个业务单位内，营销的作用是帮助实现总目标。营销在组织中的作用和活动包括确定目标消费者；设计营销组合；为找到和实施最好的营销组合，企业要进行营销分析、策划、实施和控制，即营销管理。通过这些活动，企业观察并应该变换营销环境。

12.2.1 营销活动

为了在今天激烈的市场竞争中获胜，企业必须以顾客为中心，从竞争对手那里赢得顾客，并通过提供更大的价值来留住顾客。但是，在满足顾客之前，企业必须先了解顾客的需要和欲望。因此，健全的营销要求仔细地分析消费者从形成需求和期望到做出购买决策的行为过程。企业明白，它们无法满足既定市场内的所有消费者，至少不能以一种方式来满足所有的消费者。消费者的类型太多，他们的需求内容也太多。事实上一些企业在为某些细分市场服务方面能够处于优势。因此，每个企业都必须分割总体市场，选择最好的细分市场，并制定战略以便以优于竞争对手的方式服务于选定的细分市场，赚得利润。这一过程包括：市场细分，目标市场选择，市场定位以及设计营销组合。

1. 市场细分

市场包括多种类型的顾客、产品和需要，因此营销人员必须确定哪个细分市场能提供实现企业目标的最佳机会。可以根据地理、人口、心理和行为因素对消费者进行各种分组，然后提供不同的服务。将市场分为具有不同需要、特征或行为，因而需要不同产品或营销组合的不同购买者群体的过程，被称为市场细分。

每个市场都含有细分市场，但是并非所有对市场进行细分的方法都同样有用。例如，镇静剂厂商如果区分男女镇痛剂使用者，而两者对营销活动的反应又是一致的话，就不会对公司有多少意义。细分市场是指对既定的营销活动会做出类似反应的消费者。例如，在轿车市场，选择最大、最舒适的汽车而不考虑价格的消费者，可构成一个细分市场。另一个细分市场可能是那些主要关心价格和使用方便性的消费者。很难生产出一种型号的汽车能够成为所有消费者的首选产品。企业大都集中精力满足一个或多个细分市场的特殊需要。

2. 目标市场选择

企业在划分好细分市场之后，可以进入既定市场中的一个或多个细分市场。目标市场选择是指估计每个细分市场的吸引力大小，并选择进入一个或多个细分市场。企业选择的目标市场应该是企业能在其中创造最大顾客价值并能保持一段时间的细分市场。资源有限的企业或许决定只服务于一个或几个特殊的细分市场。这种战略限制了销售量，但很能盈利。或者，企业可挑选几个相关的细分市场，即或许是那些具有不同类型的顾客但有基本相同欲望的细分市场。再者，大型企业可决定提供一个完整的产品系列，服务于所有的细分市场。

绝大多数企业在进入一个新市场时只服务于一个细分市场，在取得成功之后，才进入其他细分市场。大企业最终会选择完全覆盖市场。它们想成为本行业的通用汽车公司，因为通用汽车公司说过它要为每一个“人、钱包和个性”生产汽车。领先的企业通常要设计不同的产品来满足每个细分市场的特殊需要。

3. 市场定位

企业在决定进入哪些细分市场之后，还必须决定在这些细分市场中要取得什么样的地位。产品定位是指产品相对于竞争对手而言在消费者心目中所处的位置。如果消费者认为某产品与市场上另一产品雷同，消费者就没有理由购买该产品。

市场定位是指为使产品在目标消费者心目中相对于竞争产品而言占据清晰的、理想的位置或定位而进行的安排。因此，营销人员设计的位置必须使他们的产品有别于竞争对手品牌，并能取得在目标市场中的最大战略优势。例如，别克汽车是“美国质量的新标志”；马自达汽车则是“真的感觉不错”，而丰田汽车消费者说“我喜欢你为我做的”；豪华宾利汽车“简直像长了一双翅膀”。这些简单得令人难以置信的陈述形成了产品营销战略的支柱。

在对产品定位时，企业首先找出据以定位的可能的竞争优势。为了赢得竞争优势，企业必须向选中的目标市场提供更大的价值。这可以通过两种基本方式来实现：一是设定低于竞争对手的价格；二是提供更多的利益，以使较高的价格变得合理。当然，如果企业将产品定位于提供更大的价值，则必须交付更大的价值。因此，有效的市场定位始于切实地使企业的提供物与众不同，从而能够为消费者提供大于竞争对手的价值。一旦企业选定理想的位置，就必须采取强有力的步骤，把该定位交付和传递给目标消费者。企业的整个营销方案应该支持选中的市场定位战略。

4. 设计营销组合

企业一旦对其竞争性营销总战略做出了决策，就要开始准备计划营销组合的详细内容。营销组合是现代营销的主要概念之一。设计营销组合是营销计划的关键环节。

营销组合是指企业为了在目标市场引起它想要的反应而混合采用的一组可控制的战术营销手段。营销组合包括企业为影响产品需求而做的各种事情。关于营销组合理论，最有代表性的是4P理论，近年来又出现了4R和4C理论，其中表明了新的市场和竞争环境下，影响消费者需求的关键因素。

(1) 4P理论

该理论将影响需求的关键因素大致可分四组变量，即产品（product）、价格（price）、分销（place）和促销（promotion），称为四个P。在每个P之下，有许多具体的营销手段如图12-3所示。

产品是企业向目标市场提供的“商品和服务”的综合体。比如，本田公司汽车这个“产品”包括螺母和螺栓、火花塞、活塞、头灯及成千上万种其他的零部件。本田还提供几种车型和几十种可供选择的特色。该车有全套服务和全面保修，连排气尾管也当作产品的组成部分来对待。

价格是指顾客为获得产品而必须支付的货币金额。本田公司计算出汽车建议零售

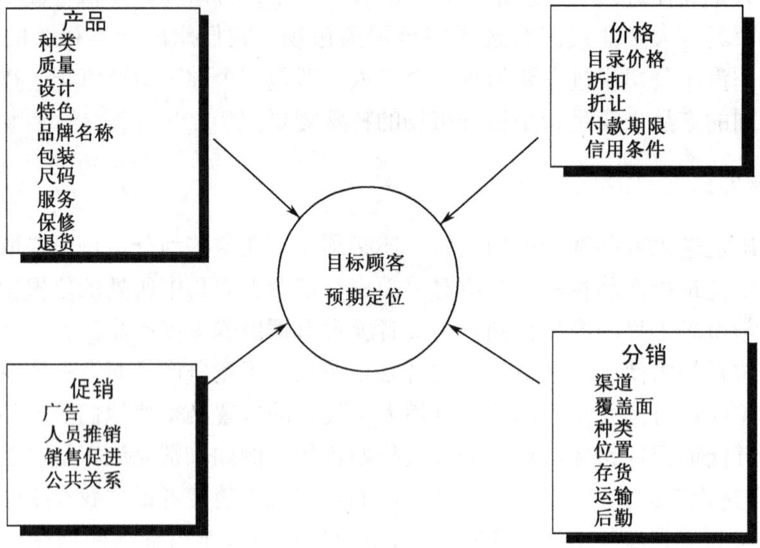

图 12-3　4P 营销组合

价，其经销商采用此价格来为每个品牌的汽车定价。不过，经销商很少采用完全标签价。相反，他们与每个顾客进行讨价还价，提供折扣、以旧换新折让和信用条件，以此对现有竞争形势做出调整并使价格与购买者对汽车价值的看法相一致。

分销包括企业为使产品到达目标消费者手中而进行的一系列活动。比如，福特公司保持其庞大的独立自主的经销商系统，来销售公司各种型号的汽车。福特公司仔细地挑选经销商，并对他们提供强有力的支持。经销商保有福特汽车的库存，向潜在购买者展示福特汽车，进行讨价还价，最后达成交易，并提供售后服务。

促销是向消费者传递产品优点并说服目标顾客购买该产品的活动。福特公司每年要花 6 亿多美元来做广告，向消费者介绍福特公司及其产品。经销商的销售人员则帮助潜在的购买者，并说服他们福特车是最好的选择。福特公司及其经销商还提供特殊的促销手段，如减价、现金折扣、低贷款和率等作为额外的购买刺激。

有效的营销方案应该把所有的营销组合因素融入一个协调一致的计划之中，这个计划通过向消费者提供价值来实现企业的营销目标。营销组合构成企业的战术工具箱，帮助企业在目标市场占据强有力的市场定位。

（2）4C 理论

随着市场竞争日趋激烈，媒介传播速度越来越快，4P 理论越来越面临挑战。到 20 世纪 80 年代，美国营销专家针对 4P 存在的问题提出了 4C 营销理论，说明了营销组合的四个关键因素。

1）瞄准消费者（consumer / customer）需求。首先要了解、研究、分析消费者的需要与期望，而不是先考虑企业能生产什么产品。

2）消费者所愿意支付的成本（cost）。首先了解消费者满足需要与期望愿意付出多少钱（成本），而不是先给产品定价，即向消费者要多少钱。

3）消费者的便利性（convenience）。首先考虑交易过程如何给顾客方便，而不是先考虑销售渠道的选择和策略。

4）与消费者沟通（communication）。以消费者为中心实施营销沟通是十分重要的，通过互动、沟通等方式，将企业内外营销不断进行整合，把顾客和企业双方的利益无形地整合在一起。

由此可见，4C 理论是一种彻底的顾客导向的营销理论。企业的营销战略和计划完全是以顾客为中心而确定的。4C 理论是对 4P 理论的发展是顾客导向的 4P 理论。

（3）4R 理论

在营销组合理论的新进展中提出了 4R 理论，其阐述了一个全新的营销组合四要素：

1）与顾客建立关联（relating）。在竞争性市场中，顾客具有动态性。顾客忠诚度是变化的，他们会转移到其他企业。要提高顾客的忠诚度，赢得长期而稳定的市场，重要的营销策略是通过某些有效的方式在业务、需求等方面与顾客建立关联，形成一种互助、互求、互需的关系，把顾客与企业联系在一起，这样就大大减少了顾客流失的可能性。企业对企业之间的商务营销与消费市场营销完全不同，更需要靠关联、关系来维系。

2）提高市场响应（response）速度。在今天强烈互动市场中，对管理来说最现实的问题不在于如何控制、制定和实施计划，而在于如何站在顾客的角度及时地倾听顾客的希望、渴望和需求，并及时答复和迅速做出响应，满足顾客的需求。目前多数公司多倾向于说给顾客听，而不是听顾客说，反应迟钝，这是不利于市场发展的。企业必须建立快速响应机制，提高响应速度和回应力。这样可以最大限度地减少抱怨，稳定客户群，减少客户转移的概率。网络技术的飞速发展，为企业提供了新的快速响应的工具和手段。

3）关系（relation）营销日益重要。在企业与客户的关系发生了本质性变化的当代市场环境中，抢占市场的关键已转变为与顾客建立长期而稳固的关系，从简单交易关系变成长期承诺，从顾客变成拥趸者，从管理营销组合变成管理和顾客的互动关系。

4）回报（return）是营销的源泉。市场营销的真正价值在于其为企业带来短期或长期的收入和利润的能力。首先，追求回报是营销发展的动力；其次，回报是维持市场关系的必要条件。企业要满足客户需求，为客户提供价值，但不能做“仆人”。因此，制定营销目标必须注重产出，注重企业在营销活动中的回报。一切营销活动都必须以为顾客及股东创造价值为目的。

综上所述，4R 理论的最大特点是以竞争为导向，在新的层次和环境中概括了营销的新框架。4R 体现并落实了关系营销的思想。响应机制为互动与双赢、建立关联提供了基础和保证，同时也延伸和升华了便利性。“回报”兼容了成本和双赢两方面的内容。市场营销理论还处于不断发展之中 4R 理论与 4C、4P 理论不是取代关系而是完善、发展的关系。由于企业经营环境、产品和服务内容不同，在一个时期内，4P 还是许多企业营销的一个基础框架，4C 也是很有价值的理论和思路。两种理论仍具有适用性和可借鉴性。4R 不是取代 4P、4C，而是在 4P、4C 基础上的创新与发展，不可以把三者割裂开来甚至对立起来，应该把三者结合起来指导营销实践，才会制定出更好的营销策略和营销组合。

12.2.2 营销管理过程

企业希望设计出能够在目标市场最成功地实现其目标的营销组合，并将它付诸实施。这一系列活动需要有效地组织管理活动，四项基本的营销管理职能分别是：分析、策划、实施及控制。图 12-4 表示了这些营销管理活动之间的关系。

企业首先制定战略总规划，然后再转变为每个部门、产品和品牌的营销计划和其他计划。通过实施，企业将战略及营销计划转变为能够实现战略目标的行动。营销计划由营销部门的人员来实施，他们要与公司内外的其他人进行合作。控制包括度量和估计营销计划和活动的成果，以及采取正确保证实现企业目标的行动。营销分析为所有其他营销活动提供所需要的情报和评估。

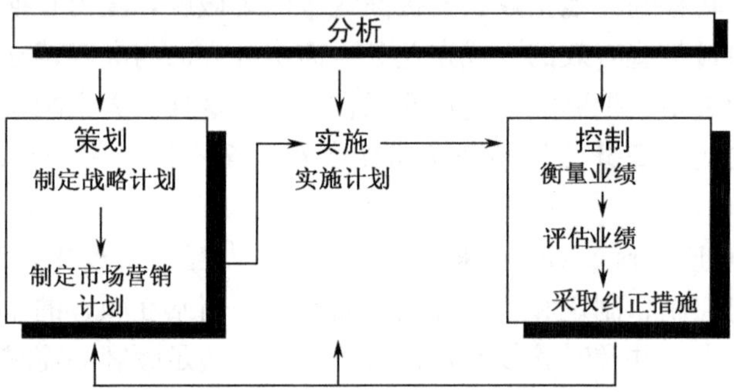

图 12-4 营销分析、策划、实施和控制之间的关系

1. 营销分析

对营销活动的管理始于对企业内部情况和经营环境的全面分析。企业必须分析市场和营销环境，以找到有吸引力的销售机会，同时避开环境中的威胁因素。除了分析现有和可能的营销活动之外，企业还必须分析自己的优势和劣势，以便能选择最适合于企业的机会。营销分析过程借助营销信息系统向其他每一个营销管理部门反馈信息。

即使营销人员只需要处理有限、可控制的营销组合变量，完成营销管理也相当不易。事实上，企业处在一个复杂的营销环境中经营，这个环境包括许多不可控制的因素，企业又不得不去适应。环境既创造威胁也创造机会。企业必须仔细地分析环境，以便能够避开威胁，利用机会。

企业营销环境包括存在于企业周围，影响企业服务能力的各种力量。例如，企业其他部门、渠道成员、供应商、竞争对手和公众。环境还包括范围更广的人口和经济因素、政治和法律因素、技术和生态因素，以及社会和文化因素。企业在为目标市场开发和定位产品时，需要考虑所有这些因素。

2. 营销计划

企业通过制定战略规划，对每一个业务单位要做的事情做出决策。营销计划则是对有助于企业实现战略总目标的营销策略而做出的决策。营销计划的结果是一个与营销目标相适应的行动计划。每一类业务、产品或品牌都需要一个详细的营销计划。制定产品或品牌营销计划，一般包括以下几项活动：

（1）分析营销现状

制定营销计划的第一步是说明目标市场和企业在市场中的地位。其中，计划制定者提供有关市场、产品性能、竞争对手和销售的信息，界定市场（包括主要的细分市场）。计划制定者需要指明过去几年中的市场大小（包括整个市场和细分市场），然后分析顾客需要及营销环境中影响顾客购买行为的因素，接着，评述产品并说明产品系列中主要产品的销售量、价格和毛利；分析对手，说明主要竞争对手以及它们的产品质量、定价、销售和促销战略，还列出企业及每个竞争对手所占的市场份额。最后，分析并说明各个主要销售渠道的销售趋势和发展。

（2）把握威胁和机会

经理人员必须预测产品可能面对的主要威胁和机会，以预计会对公司产生影响的重要发展趋势。经理们应该通过创造性的方法，在分析环境和现状的基础上，列出各种可能的威胁和机会。

机会和威胁具有相对性，必须通过与企业的优势和劣势进行比较，来确定具体的机会和威胁。机会和威胁的影响各不相同，重要性的优先权不一样，企业没有必要对所有的威胁都表示相同的关切。经理们应该估计每个威胁可能造成的潜在危害，并制定解决这些威胁的计划。面对可据以采取行动的营销机会，还需要注意机会的利用通常包含着风险。经理们应该根据机会的潜在吸引力和企业的成功可能性来分析每一个机会，然后可以确定预期回报是否抵补风险。

（3）明确目标和问题

在研究产品的威胁和机会之后，经理人员就可以设立目标并考虑会影响这些目标的问题。例如，在未来一年内实现15%的市场占有率，20%的税前销售利润，以及25%的税前投资利润。假设现在市场占有率仅为10%，这就提出了一个关键问题，怎样提高市场占有率？经理应该考虑到有关提高市场占有率的主要问题。确定目标值应该可行、具有挑战性并参照行业和竞争对手的情况。

（4）提出营销战略

经理人员在分析机会和威胁的基础上，针对已定营销目标，列出主要营销战略举措和“行动计划”来实现目标。营销战略表明了业务单位想借以实现其营销目标的营销逻辑，它具体包括目标市场战略、定位战略、营销组合战略及营销费用水平战略。营销战略应该说明企业以哪些细分市场为目标市场。这些细分市场中顾客需要和欲望、对营销的反应和盈利能力方面各不相同。企业应该从竞争力的角度明智地把精力投入到最适合的细分市场中，然后再为每一个目标市场制定营销战略。

经理人员还应该勾勒出新产品、直销、广告、促销、价格和销售等营销组合因素的具体策略。经理人员应该解释每个战略如何对前面提到的威胁、机会和重要问题做出反应。

（5）制定行动计划

营销战略必须转变为具体的行动计划或操作计划来说明：做什么？何时做？如何

做？由谁负责做？费用是多少？例如，经理人员想把增加促销力度，作为赢得市场份额的关键战略。促销行动计划中应该列明：具体活动及其日期，参加的贸易展览会，新的现场展示和其他促销活动。行动计划需指明行动何时开始、检查和结束。

（6）编制预算

基于营销行动计划，经理人员可以编制一个可行的营销预算，它实际上是一个计划盈亏报表。在收益栏，列出预计销售的单位数量和平均净价格。在支出栏，则列出生产、销售和营销的成本。两项之差就是预计利润。上级管理部门审核预算，或批准或修改。一旦批准，预算就成为物资采购、生产规划、人员计划和营销运作的基础。

（7）提出控制要求

制定营销计划时，还要考虑到计划实施如何进行控制，制定用来监督营销过程的程序。通常，目标和预算按月或按季度制定。这个惯例使高层管理部门能够检查各个时期的成果，发现未达到目标的业务或产品。对于后者，这些业务和产品的经理必须分析问题，并说明他们将采取的补救措施。

3. 营销实施

营销战略和计划的实施，涉及营销组织的建立或调整，营销活动展开这两个层面的活动。

（1）营销的组织实施

从组织层面看，企业需要设计一个营销部门来实施营销战略和行动计划。如果企业非常小，或许只要一个人就可以完成所有营销工作，包括调研、销售、广告，顾客服务和其他活动。当企业扩大时，就需要设立营销部门来策划和实施营销活动。在大企业中，这个部门中有许多专家。

现代营销部门可以用几种方式来组织。最常见的一种营销组织形式是职能组织。在这种形式下，不同的营销活动由一位职能专家，如销售经理、广告经理、营销调研经理、顾客服务经理或新产品经理来领导。跨国、跨地区销售的企业经常采用基于地理位置建立的地理组织，即销售和营销人员被分派到具体的国家、地区和分区。地理组织使销售人员进驻某个地区，了解他们的顾客，并以最少的旅行时间和费用开展工作。

拥有种类多、差别大的产品或品牌的企业，经常采用产品管理组织。使用这种方法，产品经理要为某种产品或品牌制定并实施一个完整的战略和营销计划。

对那些只销售一种产品给许多不同种类的、具有不同需要和偏好的市场的企业来说，市场管理组织也许是最好的选择。市场管理组织类似于产品管理组织。市场经理负责为特定市场制定营销战略和计划。该体制的优势在于围绕具体顾客细分市场的需要，进而组织企业的后续活动。

对于生产许多不同的产品，这些产品又流入许多不同的地域市场和顾客市场的大型企业，通常会采用职能、地理、产品和市场组织的某种组合形式。这能够保证每个职能部门、产品和市场得到管理部门对其应该有的关注。但是，它也会增加管理层及管理费用，减小组织灵活性。不过，组织专业化所带来的利益通常还是会超过其不利影响的。

（2）营销活动的展开

策划好营销战略只是营销成功的开始。优秀的营销战略如果得不到正确的实施，也没有什么作用。营销实施是指为实现营销目标而把营销计划转变为营销行动的过程。实施包括日复一日、月复一月地有效贯彻营销计划的活动。营销计划规定了：做什么营销活动和为什么要进行营销活动。谁、何时、何地以及怎样做。而营销实施则是具体落实到人，落实所需的资源，并推动活动的展开。

许多经理认为“把事做正确”（实施）与“做正确的事”（战略）一样重要，甚或比后者更加重要。事实是，这两者对于取得成功同样重要。企业可以通过有效的实施来获得竞争优势。甲企业的战略可能与乙企业的战略相似，但是甲却能通过更快或更好的实施而在市场中获胜。

营销系统中各个层次的人员必须通力实施营销计划和战略。例如，在宝洁公司，营销实施需要由成千上万的公司内部和外部人员做出日常决策和行动。营销经理们做出有关目标市场、品牌、包装、定价、促销和销售的决策。他们要与公司中其他人员合作以获得对其产品和计划的支持。他们需要与设计人员讨论产品设计，与制造人员讨论生产计划和存货水平，与财务部门讨论资金筹措和现金流量。他们还需要与公司外部人员合作，例如，与广告代理机构合作以策划广告活动，与媒体合作以获得公众支持。公司销售队伍敦促零售商对宝洁产品做广告，提供充足的货架并使用公司的展览品。

成功的营销实施取决于企业能否将行动方案、组织结构、决策和奖励制度、人力资源和企业文化这五大要素组合出一个能支持企业战略的、结合紧密的方案。首先，成功的实施需要一个详细的、把所有的人和活动聚集到一起的行动方案。其次，企业的正式组织结构在执行营销战略中发挥着巨大作用。研究发现，成功的企业喜欢采用简单、灵活的结构，使它们能够迅速地适应不断变化的条件。

企业的决策和奖励制度，既用于指导计划、预算、薪酬等其他活动的操作程序，也影响着营销的实施。比如，如果企业按短期利润成果奖励经理，他们就不会有多少积极性去实现长期市场建设目标。有效的实施还需要制定相应的人力资源计划。在企业的各个层次，都必须配备具有所需技能、动力和个人魅力的人员。

最后，要想实施取得成功，企业的营销战略还必须和企业文化相适合。企业文化是企业人员共享的价值和信仰体系，也即企业的集体特性和意义。有一项对美国最成功企业的研究发现，这些企业都围绕着强有力的、以市场为导向的使命，形成了近乎狂热崇拜的企业文化。在沃马特连锁店、微软公司和惠普等公司，“每一个职员都有一个强烈的意识，即他们都从心底里知道什么对他们的公司有利。”

4. 营销控制

在实施营销计划的过程中会有许多意外情况发生，所以营销部门必须持续地进行营销控制。营销控制包括估计营销战略和计划的业绩，发现偏差，并采取纠正措施以保证实现目标。控制过程中。管理部门先设定具体的营销目标，然后衡量企业在市场中的业绩，并估计希望业绩和实际业绩之间存在差异的原因。最后，管理部门采取正确的行动，以此弥补目标与业绩之间的差距。这可能要求修改行动计划，甚至改变目标。控制在组织的战略层面、经营层面和操作层面展开。

战略控制是指查看企业的基本战略是否很好地与其机会相匹配。营销战略和计划会很快过时，因此，每个企业都需要定期评估各项策略。进行战略控制的一个主要手段是营销评审。营销评审是对企业环境、目标、战略和行动的综合、系统、独立和定期的检查，用以确定存在的问题和机会。评审为企业制定行动计划，改善企业营销业绩提供了可用的情报。

营销评审覆盖某项业务的主要的营销领域，而不仅仅是发生了问题的地方。它要评估营销环境、营销战略、营销组织、营销系统、营销组合以及营销效率和盈利能力。评审通常由独立于营销部门、有经验的外部单位客观地进行。相应地，管理部门就能确定哪些行动合理，怎样及何时来实施这些行动。

经营控制是指根据年度计划检查当前业绩，并在必要时采取纠正措施。其目的是保证企业实现在年度计划中制定的销售、利润及其他目标。它还可以确定不同产品、地区、市场和渠道的获利能力。

操作层面的控制主要是针对营销活动中的具体行动，是否按计划进行，效果如何，当发现偏差时如何纠正。

12.3 营销管理理念

营销管理的目标是保证通过有效的营销活动，实现与目标市场之间的理想交换。这个管理活动的展开，有赖于科学的理念指导。基于什么样的理念开展营销工作，在营销过程中对组织、顾客和社会三者利益之间的优先权会有不同的考虑，相应地会采取不同的营销举措。在营销实践中，产生了许多指导企业开展营销活动的理念，主要的有：生产观念、产品观念、推销观念、市场营销观念和社会营销观念。

1. 生产观念

生产观念认为，消费者会喜欢那些随处可买到的价格低廉的产品。因此，生产导向型组织以组织内部为关注焦点，管理部门总是把注意力集中在改进生产和销售效率方面。这一观念是指导销售者的最古老的理念之一。

生产观念在下列两种状况下不失为有效的指导思想。第一种情况是产品的需求超过供给。此时，管理部门应该致力于增加产量。第二种情况是产品的成本太高，必须靠提高生产率来降低成本。第一种情况日益成为历史，第二种情况是一个永恒的主题。

2. 产品观念

产品观念认为，消费者欢迎那些质量最优、性能最好、特色突出的产品。因此，企业应该致力于对产品不断地进行改进。一些捕鼠器制造商认为，如果他们能造出更好的捕鼠器，人们就会纷纷找上门来。但是，他们经常会目瞪口呆地发现购买者很可能要找一种更好的灭鼠方法，而并非就是要一个更好的捕鼠器。比捕鼠器更好的灭鼠法可以是化学喷剂、灭鼠活动或其他。而且，更好的捕鼠器可能卖不出去，除非制造商提供的捕鼠器在设计、包装和价格方面十分诱人，把它放在便利的销售渠道中销售，使它引起需要者的注意，能使购买者相信该捕鼠器比同类竞争对手的要好。

产品观念也会导致“营销近视症”。例如，铁路管理部门曾经认为使用者需要的是火车而不是运输，因而忽视了来自日益增长的飞机、公共汽车、卡车和小汽车的竞争。

许多大学也以为中学毕业生需要的是大学本科教育，因而忽视了来自职业学校日益增长的挑战。

3. 推销观念

许多组织采用推销观念。这种观念认为，除非组织采用大规模的推销和促销活动，否则消费者不会购买产品。推销观念经常用于销售滞销商品，即那些购买者通常不会关注的产品，如大百科全书或保险。这些行业必须善于追踪潜在的购买者，并突出产品的好处进行推销。

绝大多数企业都是在生产能力过剩时采用推销观念，目的是推销所生产的产品，而不是生产市场需要的产品。这种营销的风险很高，它注重的是做成交易，而不是与顾客建立长期的可获利的关系。推销观念假定，被哄骗购买了某产品的顾客会喜欢该产品。或者，如果他们不喜欢该产品，他们也有可能会忘记自己的失望，以后会再次购买。这些都是对购买者做出的错误估计。大多数研究表明，感到不满意的顾客通常不会再次购买该产品。更坏的情况是，感到满意的普通顾客会告诉另外三个人有关其美好的购物经历，而感到不满意的普通顾客会把他们糟糕的经历告诉另外十个人。

4. 市场营销观念

市场营销观念认为，组织目标的实现有赖于对目标市场的需要和欲望的正确判断，并能以比竞争对手更有效的方式去满足消费者的要求。基于市场营销观念，产生了许多生动的说法，例如，“飞行就是服务”（英国航空公司）；“只有您满意，我们才满意”（通用电气公司）。潘尼百货公司的座右铭也概括了市场营销观念：“我们会竭尽所能，使顾客所花的每一美元都能买到十足的价值、质量和满意。”

推销观念有时会与市场营销观念混淆。图 12-5 中对这两种观念进行了比较。推销观念采用由内向外的视角。它从厂商出发，着重企业现有的产品，并且需要大力进行推销和促销活动，以实现有利的销售。它强调的是征服顾客，即取得短期销售量，而不怎么关注是谁在购买以及为什么购买。市场营销观念恰恰与此相反，它采用的是由外向内的视角。它从一个界定明确的市场出发，以顾客需要为中心，协调所有影响顾客的营销活动，并通过建立基于顾客价值和满意的长期顾客关系来取得利润。在市场营销观念的指导下，企业提供消费者想要的产品和服务，从而满足消费者的需要并获取利润。

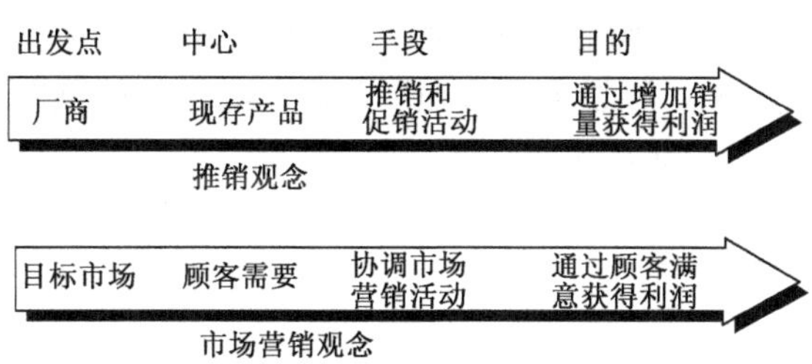

图 12-5　推销观念和市场营销观念比较

许多成功的企业都采用了市场营销观念。把一个推销导向型的企业转变为市场营销导向型的企业需要若干年的艰苦工作。目标是将顾客满意真正植入企业文化和行动之中。顾客满意已不再是时尚。正如一位营销分析家所说的："在企业化的美国，顾客满意正在成为一种生活方式……和信息技术及战略规划一样，它同样被植入到了企业文化中。"

5. 社会营销观念

社会营销观念认为，组织应该确定目标市场的需要、欲望和利益，然后再以一种能够维持或改善消费者和社会福利的方式向顾客提供更高的价值。社会营销观念是五种营销管理理念中最新的一种。人们常提及的绿色营销观念也是社会营销观念的一种。

社会营销观念面临的挑战是：在一个环境恶化、资源短缺、人口急剧增长、全球经济紧缩和社会服务遭忽视的年代里，纯粹的营销观念是否仍然令人满意？那些了解、服务并满足个人欲望的企业，可能并不总是从消费者和社会最好的长远利益出发来行事。根据社会营销观念，纯粹的营销观念忽视了消费者短期欲望和长期社会福利之间可能存在冲突。

以快餐行业为例，绝大多数人认为，当今庞大的快餐连锁店不仅提供方便可口的食品，而且价格也十分合理。但是，许多消费者和环保团体都表达了他们的担心。批评者指出，汉堡包、炸鸡、炸薯条和其他快餐店都是高脂肪和高盐食品，从长期来看这不利于消费者健康。此外食品采用方便包装，产生了许多包装废弃物，会导致消费和污染。以非常成功的快餐连锁业在满足消费者欲望的同时，可能正在影响消费者的健康和造成环境问题。

这些担心和争议导致了社会营销观念的产生。社会营销观念要求营销者在制定营销政策时，要考虑企业利润、消费者欲望和社会利益三者之间的平衡。从实践中看，开始时，绝大多数企业的营销决策在很大程度上取决于企业的短期利润。后来，它们开始认识到满足消费者欲望的长远利益的重要意义，从而产生了这种营销观念。现在，许多企业在做营销决策时已开始考虑到社会的利益。

12.4 顾客关系管理

在顾客满意的理念指导下，企业通过系统地了解顾客需要，分析顾客价值，管理与顾客接触的各个活动，与顾客沟通并建立起信任和密切的关系，是市场营销的一项基本使命。20世纪90年代以来，顾客关系管理以及建立电子化的顾客关系管理系统已经形成了企业运营和管理的一个重要领域。

12.4.1 顾客关系管理的内涵

1. 概念

顾客关系管理（CRM），也称为客户关系管理，是企业为了获得顾客满意、留住顾客、挖掘潜在顾客、实现顾客忠诚并最终获得顾客长期价值而致力于与顾客建立长期良好关系的活动和管理举措。顾客关系管理是顾客导向管理理念的体现，是关系营销和一对一营销理念的必然要求和基本内容。

当代的顾客关系管理通常以计算机和通信自动化技术为基础，致力于获得并管理客户知识，改善和管理客户沟通，优化销售和营销过程，方便顾客服务和产品技术支持，实现顾客长期价值的最大化和增强企业竞争优势。CRM 系统软件是最佳的顾客关系管理惯行的具体化。

2. 目标

顾客关系管理的目标在于通过富有意义的交流沟通，理解并影响顾客行为，通过提供快速、周到、优质的服务来吸引和保持更多的顾客，通过优化面对顾客的工作流程以减少获取顾客和留住顾客的成本，创造更高的价值，最终实现赢得顾客、留住顾客和顾客忠诚的目的。

在市场交易中，组织（卖方）与顾客（买方）最基本的关系是交易关系。从这种交易关系建立和保持过程看，关系深度和表现形式也是不断发展变化的，企业与顾客之间的关系形成了如图 12-6 所示的进化关系。首先是设想的可能会购买产品和服务的人，即“猜想顾客”，经过确认有的成为“合格的预期顾客”，有的成为“不合格预期顾客”，后者遭到公司拒绝。合格的预期顾客进而争取成为“首次购买顾客”，依次转变为“重复购买顾客”、忠诚的“顾客”和作为公司产品倡导者的“主动性顾客”，最终成为合伙人。各个阶段都有停止购买活动，成为过去的顾客。与各个阶段相对应，顾客与组织之间从首次购买的简单交易关系、发展为稳定可靠的较长时期的合同关系，进而建立积极的、长期的合作伙伴关系。

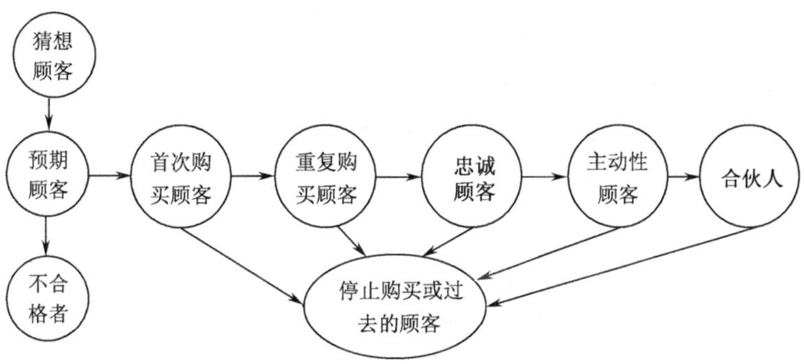

图 12-6　企业顾客关系的进化

12.4.2　顾客关系管理的过程

狭义的顾客关系管理，作为营销的一个环节，主要是建立有效的顾客接触渠道，通过有效的顾客接触点，建立和保持与顾客的交易关系。而一个完整的顾客关系管理过程，是在顾客导向的管理理念的指导下，通过一个综合集成的系统，有计划地利用各种渠道收集、分析、共享客户资源而实现的。这个过程包括：①获取顾客信息，识别顾客；②管理顾客沟通，了解需要和期望；③掌握顾客满意度；④研究顾客价值，确定顾客关系战略；⑤分析差距，实施产品和服务改进；⑥留住和造就忠诚的顾客。

有效的顾客关系管理依赖于若干重要环节，这便是组织的可达性与承诺、选拔和培训与顾客直接接触的员工、明确顾客接触要求、有效的投诉管理、全面分析顾客价值以及寻求战略伙伴与联盟。

1. 组织的可达性与承诺

以顾客为中心的组织都非常重视其组织和员工的可达性（accessibility），亦即当顾客需要时能够非常方便快捷地联系到相关的部门或人员的这样一种能力。除了人工值守的顾客接触渠道之外，800电话、传真、电子邮箱、公司网站都是常用的实现可达性的手段。

笃信自身产品和服务质量的组织会向其顾客做出可靠的承诺。这些承诺针对顾客关切或担忧的事项，旨在排除一切可能降低顾客信心的情况，并会清晰简明地向顾客沟通。许多承诺表现为担保或保证的形式。例如，美国的联邦快递公司向顾客做出了“晚送达一分钟即全额退费”的承诺。我国的一些家装公司则向顾客做出了“先行赔付”的保证。

2. 选拔和培训与顾客直接接触的一线员工

与顾客直接接触的一线员工在顾客关系管理中发挥着十分重要的作用。这些员工所担负的职责使得他们必须与顾客进行日常的接触，无论是面对面、打电话或是其他的方式。这些人员的工作能力和工作水准会直接地投射在顾客的心理感受上，并在很大程度上影响着企业与顾客间的关系。

这些直接与顾客接触的员工必须仔细地加以选拔和培训，赋予他们必要的职权和能力以使之满足和超越顾客的需要和期望。一些公司在招聘过程中就注重选拔那些具有相应的能力并且渴望建立良好的顾客关系的人员。这类人员应当具有良好的人际和沟通技能、较强的分析问题和解决问题的技能，他们应当自信、抗压力、耐心并能够设身处地替他人着想，应当对细节敏感和关注。应用电子计算机和新的网络技术设备的能力常常也是必需的。注重顾客关系管理的组织还要确保与顾客接触的员工对于产品和服务有充分的了解以回答顾客的任何问题，要培养他们的倾听和解决问题的技巧。有效的培训不仅增加员工的知识，而且会改进他们的自信和对公司的忠诚。与顾客接触的每个人都应接受这方面的培训。

顾客讨厌为了解决某个问题而被迫在许多人员或部门之间推来推去。以全面质量管理为理念的公司通过员工的活性化来避免这种状况的出现。活性化意味着赋予员工以决策和行动的知识、技能、职权和欲望，并使他们树立起对于自己组织的成败以及自身行为后果的高度的责任感。

3. 明确顾客接触要求

顾客的感知质量和满意程度很大程度上受到在产品和服务提供的环节每天发生的、与顾客直接接触的“真实瞬间”的影响，与顾客接触的一线员工对于顾客的满意负有更多的责任。他们必须明确与顾客接触应当遵循或符合的标准，这种标准便是所谓的顾客接触要求。顾客接触要求就是规定顾客与企业人员之间接触质量的、可测的绩效水平或绩效期望。其中可能会包括诸如响应时间这样的技术性要求，也可能会包括行为、态度方面的要求，比如对顾客的称呼方式、语气和表情等。企业要将这些要求沟通到每一位与顾客直接接触的员工。这种沟通始于新员工的入职培训，在以后的工作中也要不断地加以强化。企业还应对于这些要求的遵守情况加以追踪，并向员工提供反馈，以寻求改进绩效。信息技术在这方面发挥着很大的作用。

4. 有效的投诉管理

企业即使全力以赴，也还是会遇到不满意的顾客。顾客的抱怨或投诉若是得不到有效的处理，就会对企业造成十分不利的影响。研究表明，大多数不满意的顾客并不向企业投诉，但坏消息却会迅速在其周围扩散。近来，人们还发现，只有4%的满意的顾客会将其感觉贴到网上，而不满意的顾客则有15%会这样做。

追求卓越的组织将投诉视为改进的机会，他们鼓励顾客投诉，使投诉更方便，并能够有效地解决他们所投诉的问题。有的公司除了使用免费电话号码的形式之外，还主动地征求顾客的投诉。例如，日产公司会给每一位购买新车或是前来保修的顾客打电话。24小时内解决所有的不满意事项是日产公司的目标。

与顾客直接接触的人员应当接受如何与愤怒的顾客打交道的训练。他们应仔细地倾听以确定顾客的感觉，要能够充满关心地做出回应，确保理解所抱怨的问题，应尽最大努力来快速解决问题。许多公司建立了良好的投诉处理过程（如图12-7所示），使得投诉的处理能够在规范化的基础上进行。

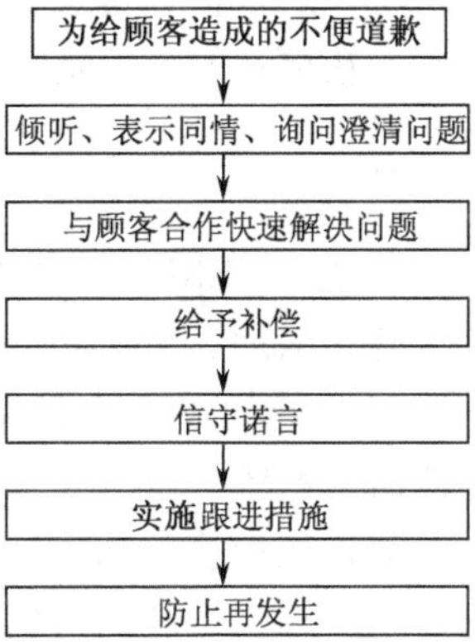

图12-7　投诉处理过程

顾客的投诉为改进产品和过程提供了创意的来源。企业只是单纯地解决问题是远远不够的，还必须通过一个系统的过程来收集和分析投诉数据，而后利用这些信息进行改进。通常会利用跨职能的团队来研究信息，确定投诉的真正原因并提出解决的建议。投诉处理过程本身的绩效也应当加以监测。

5. 全面分析顾客关系价值

特定的组织或个人从成为企业顾客、与企业建立关系、最后流失或消亡的整个生命周期过程中，在获得满足即实现顾客价值的同时，为企业带来各个方面的收益和好处，即顾客关系价值。这种价值体现在两个方面：有形的顾客收益价值和无形的商誉价值。

有形的顾客收益直接表现为从顾客处获得的长期的净现金流量。即来自特定顾客的收益，减去顾客的获取成本、开发成本和保留成本。这一现金流的大小和价值取决于顾客长期购买量、购买的利润和这种关系的持有期（顾客购买次数）。研究得出，有70%的销售来自于忠诚顾客，而且顾客忠诚度每增加5%就可以使公司的盈利能力翻一倍。忠诚的顾客会随着它们的满意度和舒适程度的提高而增加他们与这家公司的业务量。公司80%的利润来自于20%的顾客。这20%的忠诚顾客把自己的这方面的绝大部分业务都给了这家公司。

全面分析顾客价值确定顾客关系的前提，是顾客关系管理的关键环节之一。顾客价值分析中综合考虑有形价值和无形价值，一次交易的价值和长期保有关系价值，选择和确定顾客关系计划。从而可以决定：值得花多少资源去赢得一个新客户，值得花多少资源去保持或激活已存在的客户，哪些客户是最有盈利能力的长期客户及他们的特征。

6. 寻求战略伙伴与联盟

在当今的经营环境中，作为供方的组织必须承担更大的责任来帮助其顾客。企业的经营越来越聚集于其核心能力，也就是他们做得最好的那些事情，因此一些非关键性的支持性过程就只能求助于外部的组织。这种供需双方的合作伙伴关系成为了企业实现卓越过程中的一种战略联盟。通过这样的伙伴关系，可以使用自身所没有的技术和分销渠道，共担新投资和新产品开发的风险，及早根据基于供方能力提出的设计建议来改进产品，通过更好地沟通减少运营成本，在更长的价值链中寻求整体竞争优势。

12.4.3 顾客关系管理（CRM）系统

目前，电子化的顾客关系管理系统（CRM）成为企业信息系统市场中一个新的热点。CRM作为现代企业与顾客交流、沟通、互动的解决方案，与企业资源计划系统（ERP）、供应链管理系统（SCM）一起成为了企业信息系统的主角，成为了企业电子商务的组织部分。这个系统与其他信息系统一样，本质上是一套人机交互的信息系统，它基于顾客导向的管理理念，借助信息处理技术和方法，将企业管理顾客关系的途径和方法集成起来，形成了一个信息共享与知识管理的有机整体。在物理形态上，它表现为人与信息处理设备、技术和方法的结合体；在内容层面上，它是顾客导向管理思想的固化和系统化，其中包含数据、信息、知识的转化、管理与共享的观念、技术和方法。CRM经过学术界和企业界近十多年来的不断研究、开发与应用，呈现出了相对完整的基本形态。

1. CRM系统的基本功能

CRM的功能是由其管理使命和运行过程决定的。企业通过有目的的管理活动，处理与顾客的关系，将顾客信息转化成建立积极的顾客关系的行动，通过完善和改进与顾客的沟通，选择正确的渠道，在正确的时间，提供正确的内容，从而赢得更多的顾客，留住最好的顾客，增强对市场机会的把握，开拓新市场，增加商机和竞争优势。在这个过程中，首先是与顾客的交互接触，了解顾客及其需要和期望，协调、支持和控制与顾客的沟通过程，包括营销、销售、顾客服务等具体的活动过程，利用信息处理技术，为管理决策提供支持。相应地，CRM 系统的基本功能是：

1）接入管理——通过电子商务、呼叫中心、网络、电子邮件、电话、传真等实现与顾客的交互、快速响应并提供技术支持；

2）流程管理——实现营销、销售、服务等职能和过程的精细管理和工作自动化；

3）决策支持——借助数据仓库、数据挖掘、决策支持、知识管理等技术，提供顾客关系管理和企业经营的决策支持。

2. CRM 的基本类型

在 CRM 系统的物理实现中，由于其实现顾客关系管理功能的程度和范围不同，所运用技术的不同，而产生了多种系统解决方案。其中有三种典型的系统形态，这就是流程型 CRM、分析型 CRM 和协作型 CRM。

流程型 CRM 系统。成功的 CRM 要求在所有的业务流程中，通过多渠道的顾客接触点的整合，前台和后台运营之间的链接与集成，建立关联，实现量化和自动化。流程型 CRM 通过对市场、销售、服务等企业的前端管理和各个业务流程进行重新规划和调整，以最佳的工作方法来获得最好的效果。它比较注重工作流的管理，包括销售自动化以及利用呼叫中心的交互式顾客关怀（interactive customer care）。

分析型 CRM 系统。它通过对流程型 CRM 和原有系统中获得的各种数据进行分析，把大容量的销售、服务、市场及业务数据进行整合，使用数据仓库（DW）、数据挖掘（DM）、在线分析处理技术（OLAP）和决策支持技术，将数据转化为有用的，可靠的信息和知识，进而为企业提供战略上和技术上的决策支持，为顾客服务和新产品的研发提供准确的依据，使得公司能够把有限的资源集中于各个有效的顾客群体，同这些顾客保持长期和有效益的关系。

协作型 CRM 系统。这种解决方案实现了全方位的顾客交互服务和多渠道的顾客交流，如呼叫中心、面对面交流、Internet/Web/Email/Fax 等的综合集成，使各种渠道融会贯通，以保证企业和顾客都能获得完整、准确和一致的信息，对顾客的要求做出适时的反应。

3. CRM 系统中的信息处理技术

信息技术为 CRM 系统的开发提供了有力的工具和技术支持。在现有的 CRM 系统解决方案中，除了在企业信息系统中广泛应用的网络通信技术、建模技术、数据库技术、专家系统与决策支持技术之外，先进的 CRM 还采用了许多新的信息处理技术，这些技术有：

（1）数据仓库（DW）

DW 是数据库技术的一种新的应用，它是用数据库管理系统和技术来管理多种内容和不同载体的数据，并能够形象生动或富有创造性地展示信息。DW 最根本的特点是以物理方式存放数据，而且这些数据并非是最新的、专有的，而是来源于其他的数据库。它以全面、完善、跨职能的信息应用为基础，支持高层决策分析；具体可用于“报告发生了什么”；分析“为什么会发生”；预测“将会发生什么”。其中DM、OLAP是数据仓库的基本分析工具。

（2）数据挖掘（DM）技术

它是一个从数据中萃取和展现可付诸行动的、隐含的和新颖的信息的流程，其中包括验证驱动型数据挖掘技术（如SQL、OLAP）和发现驱动型数据挖掘技术（如专家系统、机器学习、数据可视化）。DM通过仔细分析大量数据来揭示有意义的新的关系、模式和趋势。它使用了模式认知技术、统计技术和数学工具。其中OLAP作为一种验证型数据仓库分析技术，它以多维视图为基础，强调执行效率和对用户命令的及时响应。数据挖掘的直接数据源是数据仓库。发现驱动型DM技术以各种数据源为基础，重在发现隐藏在数据深处的对人们有用的行为模式，一般并不过多考虑执行效率和响应速度。

（3）关系技术（RT）

它基于智能化的信息技术和软件系统，通过快速、灵活、具有创造性、专业化、顾客化的信息互动，扩大、增强企业与顾客和供应商的关系，预见和发现机会。利用信息技术（网络技术、跨组织的DW信息）支持关系的建立，将信息转化为行动。它持续收集和理解顾客数据，使企业将各种顾客互动的作用力结合起来，转化为可行动的信息。

（4）顾客互动中心（CIC）

顾客互动中心是RT应用于CRM系统的一种解决方案，它是基于现代通信服务的呼叫中心，采用开放式结构，支持分布式处理，易于扩充。其功能包括：交换机功能、自动语音应答功能、智能排队功能、统一消息发布功能、网上聊天、网上回叫、语音信箱、传真、顾客端交互软件和电话、屏幕自动弹出、电子邮件处理、网页功能、预拨号服务、语音记录、图形化的统一管理工具、网络链接支持、顾客关系集成支持等。

第十三章

物流管理

◇ 掌握物流的相关概念

◇ 熟悉企业物流、第三方物流的内涵

◇ 了解现代物流的构成和发展

13.1 物流概论

物流在现代商品流通中发挥着极其重要的作用，作为国民经济的一个重要领域，与社会生产和人们生活密切相关。

13.1.1 物流的概念

物：一切物质，如物资、物品、商品、原材料、零部件、半成品等。物流中的物的概念是指一切可以进行物理性位置移动的物质资料。

流：泛指物质的一切运动形态。既包括空间的位移，又包括时间的延续。可以是宏观的流动，如洲际、国际之间的流动；也可以是同一地域、同一环境中的微观流动，如一个生产车间内部物料的流动。

物资：我国专指生产资料，有时也泛指全部物质资料，较多指工业品生产资料。物资中包含相当一部分不能发生物理性位移的生产资料，这一部分不属于物流研究的范畴，例如建筑设施、土地等。另外，属于物流对象的各种生活资料，又不能包含在作为生产资料理解的物资概念之中。

物料：我国生产领域中的一个专门概念。生产企业习惯将最终产品之外的、在生产领域流动的一切材料，如燃料、零部件、半成品、外协件以及生产过程中必然产生的边、角、余料、废料及各种废弃物统称为物料。

货物：我国交通运输领域中的一个专门概念。交通运输领域将其经营的对象分为两大类，一类是人，一类是物，除人之外，物的这一类统称为货物。

商品：商品和现代物流管理学的“物”的概念是互相包含的。商品中的一切可发生物理性位移的物质实体，也即商品中凡具有可运动要素及物质实体要素的，都是物流研究的物，有一部分商品则不属于此。因此现代物流管理的物有可能是商品，也有可能是非商品。商品实体仅是物流中物的一部分。

物品：是生产、办公、生活领域常用的一个概念，在生产领域中，一般指不参加生产过程，不进入产品实体，而仅在管理、行政、后勤、教育等领域使用的与生产相关的或有时完全无关的物质实体；在办公、生活领域泛指与办公、生活消费有关的所有物件。在这些领域中，现代物流管理所指的物就是通常所称的物品。

流通：物流的流，常被误解为流通。流和流通的概念是既有联系又有区别的。流通过程中，物的物理性位移常伴随交换而发生，这种物的物理性位移是最终实现流通不可缺少的物的转移过程。物流中流的一个重点领域是流通领域，不少人甚至只研究流通领域，把流与流通混淆了。

流和流通的区别主要有两点：一是涵盖的领域不同，流不但涵盖流通领域，也涵盖生产、生活等领域。凡是有物发生物理性位移的领域，都是流的领域。流通中的流从范畴来看只是全部流的一个局部。另一个区别是，流通并不以其整体作为流的一部分，而是以其实物物理性运动的局部构成流的一部分。流通领域中商业活动中的交易、谈判、契约、分配、结算等所谓商流活动和贯穿其间的信息流等都不能纳入物理性运动之中。

流程：物流中之流可以理解为生产的流程。生产领域中物料是按工艺流程要求进行运动的，这个流程水平高低、合理与否对生产的成本和效益以及生产规模影响颇大，因而生产领域流的问题是非常重要的。

物流：物质实体从供给者向需求者的物理性移动。主要是创造时间价值和空间价值，有时也创造一定加工价值的活动。因此，物流既存在于流通领域，也存在于生产领域，可以说是无处不在，无孔不入。

生产领域的物流：无论在传统的贸易方式下，还是在电子商务下，生产都是商品流通之本，而生产的顺利进行需要各类物流活动支持。生产的全过程从原材料的采购开始，便要求有相应的供应物流活动，将所采购的材料运送到位，否则，生产就难以进行；在生产的各工艺流程之间，也需要原材料、半成品的物流过程，即所谓的生产物流，以实现生产的流动性；部分余料、可重复利用的物资的回收，就需要所谓的回收物流；废弃物的处理则需要废弃物流。可见，整个生产过程实际上就是系列化的物流活动。

流通领域的物流：在商流活动中，商品所有权在购销合同签订的那一刻起，便由供方转移到需方，而商品实体并没有因此移动。在传统的交易过程中，除了非实物交割的期货交易，一般的商流都必须伴随相应的物流活动，即按照需方的需求将商品实体由供方以适当的方式、途径向需方转移。

我们称之为"物流"的活动本身作为物质资料流通活动的有机组成部分，自商品经济开始以来便已经存在了。但是，将物流作为企业经营的基本职能之一，对物流活动实施系统化的科学管理则是20世纪50年代前后的事情。

目前我国使用的"物流"一词，是日本语"物的流通"（意思是具有物理性质的流通）的简称，英文原词是physical distribution（以下简称PD，PD也可直译为实物分配）。20世纪80年代初直接从日本引进了"物流"词汇，由于日本也使用汉字，物流一词也就被直接引用过来。在日本，开始接触物流概念是20世纪50年代末的事情。1956年10月，日本生产效率本部（现社会经济生产效率本部）派流通技术专业考察团访问美国，回国后发表在《流通技术》杂志上的报告书中，首次提到了"physical distribution"概念。当时是直接使用英语原词，以后的相当长一段时间内，"physical distribution"一直没有能被译成合适的日语，只是用编写PD表示其含义。直到1965年前后，才被正式翻译成"物的流通"。20世纪70年代初，"物的流通"一词又被简称为"物流"。"物流"作为一个新兴词汇不仅是"物的流通"的略语，而且也包含着新的内容。随着词汇的变化，物流领域由过去的单纯以机械化和省力化为对象，开始向以企业的管理为对象转变，企业的物流管理意识初步形成。

其实，早在20世纪初，一些经济学者就注意到了作为流通功能有机构成的物流功能的存在。著名营销专家弗莱德·E. 克拉克（Fred E. Clark）在1929年所著的《市场营销原理》一书中将商品的流通功能划分为交换功能、物流功能和辅助功能，较早地意识到了物流功能的存在。但是，将物流作为科学管理、系统化管理的对象则是以后的事情。

1962年美国经营学者德鲁克（P. F. Druker）在《财富》杂志上发表的一篇题为"经济的黑暗大陆"的文章中指出，消费者所支出的商品价格的约50%是与商品流通活动有关的费用，物流是降低成本的最后领域，强调应当重视流通领域的物流管理。当时，企业物流以外领域的活动已经得到明显改善，生产领域的机械化、自动化取得进展，计算机在事务处理方面得到应用，销售方面采用了科学的营销方法。随着生产技术水平的提高和内部管理的加强，生产和销售领域内降低成本的空间越来越小，而在生产和销售领域以外的运输、仓储、配送、库存等物流环节上却存在着很大潜力。随着物流管理思想的灌输，在企业经营决策者层面上，对物流的认识普遍得到提高，开始把寻求成本优势和差别化优势的视角转向物流领域，物流被视为“第三利润的源泉”，对物流各项功能活动的管理由过去的分散管理开始向系统化、集成化方向转变。通过对物流活动的有效组织和控制，实现物流活动的合理化和效率化；在保证物流服务水平的前提下，实现物流总成本最低，成为当时物流管理的重要任务。

13.1.2 物流的领域

1. 从制造业的角度划分

1）供应（采购）物流：为生产企业提供原材料、零部件或其他产品时，物品在提供者与需求者之间的实体流动。

2）工厂内物流：产成品从实施运输包装时点开始到最终确定向顾客销售过程中所涉及的物品实体流动。

3）销售物流：生产企业、流通企业生产出售成品时，物品在供方与需方之间的实体流动。

4）生产物流：生产过程中，原材料、在制品、半成品、产成品等，在企业内部的实体流动。

5）回收物流：不合格物品的返修、退货以及周转使用的包装容器从需方返回到供方所形成的物品实体流动。

6）废弃物物流：将经济活动中失去原有使用价值的物品，根据实际需要进行收集、分类、加工、包装、搬运储存等，并分送到专门处理场所时形成的物品实体流动。

2. 从物流活动主体划分

（1）微观物流（企业物流）

微观物流或者说企业物流是指，伴随着工商企业的生产经营活动而展开的，作为企业生产经营一部分的物流活动。微观物流研究是以个别企业为对象，研究个别企业在经营活动中的物流合理化问题。工商企业在生产和流通活动中产生了对物流的需求。这种物流活动既可以自己承担，也可以委托专业物流企业承担，物流企业是以工商企业的物流需求为市场开展其经营活动。对于工商企业来说，物流管理的任务是如何降低物流成本，提高对用户的物流服务水平，以提高产品的竞争能力，促进产品销售等。

（2）中观物流（地区、部门物流）

中观物流是从一个地区或部门、行业的角度来观察的物流活动，研究一个地区或部门、行业在经济活动中的物流合理化问题，如城市物流合理化问题、粮食物流合理化问题等。

（3）宏观物流（国民经济物流）

宏观物流或者说国民经济物流是站在国民经济整体的角度来观察的物流活动，研究国民经济运行中的物流合理化问题。

宏观物流管理的主体是政府，其主要任务是制定产业政策和市场法规，负责物流基础设施建设，为物流事业的发展创造宏观环境，促进全社会物流活动的合理化和效率化等。

3．从物流活动范围划分

（1）国内物流

国内物流是指在一个国家内发生的物流活动，物流活动的空间范围局限在一个国家内。

（2）国际物流

国际物流是指在国与国之间开展的物流活动。包括两国之间或多国之间开展的物流活动。国际物流是伴随着国际贸易和国际间经济分工合作出现的，随着经济的全球化，国际物流的重要性将逐步增强。

13.1.3 物流的作用

1．物流在社会经济中的作用

社会经济活动由生产、消费和流通活动所组成，其中，流通活动是连接生产和消费不可缺少的重要环节。商品经济越是发展，市场范围越是扩大，流通的重要性就会愈加突出。流通并不只是受制于生产和消费，流通效率的提高、新型流通方式的出现，流通领域的重大变革会对生产和消费产生巨大推动作用。

中国在计划经济时期“重生产轻流通”，其结果是制约了生产，限制了消费，经济发展缓慢，停滞不前。改革开放以后，中国经济逐步向市场经济的方向转变，流通的功能受到重视，流通活动在促进市场经济发展方面的能动作用日益显现出来，这给发展现代物流提供了良好的环境。

物流作为流通活动的一部分与商流活动共同构成流通活动的整体，物流和商流从两个不同的侧面体现着商品流通的内容。商流是与商品的所有权转移相关的交易活动，通过买卖活动实现商品的价值，体现的是商品的社会属性；而物流是紧随商流之后的商品的空间和时间的转移，通过物流活动为实现商品的使用价值提供可能，体现的是商品的物理属性。

通过合理的物流活动，生产所需要的原材料等生产资料从生产地适时、适量地运送到工厂；工厂生产的食品、日用品等生活必需品以及电器制品、家具等生活用品从生产地源源不断地向消费者高效率地配送。通过这种顺畅的物流，维持生产和流通以及消费的协调，使社会经济不断向前发展，物流无论是对于企业的经营还是社会经济的发展都起到极其重要的作用。

现代企业经营中，从原材料的采购到产成品向需要者的配送都对现代物流服务和物流合理化提出了迫切要求。过去，企业将降低生产成本作为管理的重点，但是，仅仅把眼光投向生产领域使得降低成本的空间受到限制。为了适应激烈的市场竞争，通过物流合理化降低流通成本将成为企业经营管理的重要课题。

长期以来，中国的企业实行的是一种“大而全小而全”的经营体制，企业自己承揽几乎全部的物流业务活动，企业拥有仓库和运输车队。一家一户的小规模物流活动导致物流效率低下，物流成本居高不下。据交通部门统计，国内货运汽车的空驶率达到近50%，也就是说有近半数的卡车有一个单程是空载。企业仓库利用率低，物流作业效率低等物流问题无不同企业的物流社会化程度低有关。此外，由于缺乏科学的物流管理方法和技术，中间产品和产成品的库存过高，流动资金周转速度缓慢。1999 年国有企业流动资金的周转率只有 0.2 次，低于 1992 年 0.6 次的水平，如果提升到 1992 年的水平，可以节约流动资金 8000 多亿元。

从国民经济整体来看，物流费用在国内生产总值（GDP）当中所占的比重是相当高的。日本 1965 年和 1970 年，物流费用占 GDP 的比重分别为 18.2%和 17.7%，到了 90 年代降低到 14%左右；美国 1986 年的物流费用占 GDP 比重为 11%，且呈现下降趋势。中国工业生产中物流所占时间几乎为整个生产过程的 90%，物流费用占商品总成本的比重，从账面反映为 40%，全社会物流费用支出占 GDP 的比重，据专家估计在 20%多，只相当于日本 20 世纪 60 年代的水平，比发达国家高一倍。由此可以看出，我国企业在改善物流管理降低物流成本方面的空间还相当大，降低物流成本将会对提高企业经济效益和社会经济效益产生积极影响。

2. 物流的基本功能

物流作为一个系统由若干子系统构成，物流活动分为基本活动和支援活动，如果把基本活动看作是纵向型活动的话，支援活动则属于横向型活动。前者包括运输、保管、装卸、包装以及物流基础设施活动等，后者指流通加工和信息活动。

以上的划分侧重于物流基本功能，特别是物流作业功能的描述。事实上，现代物流概念更强调的是其管理属性，通过对物流各个环节和要素的系统化、集成化管理，提高物流能力和物流服务水平，同时有效地控制物流成本。从这个角度看，对于货主企业来说，现代物流是一个成本得到有效控制的高效率、高度化的后勤保障系统。

根据美国学者对物流活动的定义和对于现代物流的理解，将物流活动概括为以下 16 项内容：

1）客户服务管理：掌握客户的需求动态，根据客户的要求和企业营销战略，确定顾客服务水准，及时提供物流服务。

2）需求预测：需求预测是对生产、装运、销售等方面有可能产生的流量的一种预示或估计。

3）物流信息交换：物流信息在相关部门之间的流动传递，是提高物流作业效率，实现物流系统化的关键环节。

4）库存控制：在保障供应的前提下，使库存物品的数量最少所进行的有效管理的技术经济措施。库存控制是建立在对市场的科学预测基础之上的。库存控制是物流管理的核心。

5）物料装卸搬运：在物流的过程中，于保管和运输两端场所对物料进行的装车、卸车、移动、取货、分拣等作业活动。

6）订单处理：接受订货信息，按照订单组织进货。

7）售后服务：为已售出产品提供配件服务以及维修服务。

8）工厂和仓库布局：根据物流合理化的要求，确定物流节点的数量和位置。工厂（包括商店等）和仓库（包括配送中心等）位置及其数量直接关系到物流网络的基本格局，影响到物流的走向，物流的流量等。

9）物资采购：主要是指根据生产经营计划和库存状况，向供应商下定单补充库存。

10）工业包装：为保证物流过程中货物不发生损坏，便于运输和保管进行的包装活动，也称之为运输包装和物流包装。

11）退货处理：将不合格货物和多余货物退还给供货部门的活动。

12）废弃物处理：物流过程中的废弃物的回收活动。

13）运输：运输是物流的主要功能，是实现物资空间位移。合理安排运输，充分利用各种运输方式的优势，实现门到门的多式联运，对运输过程进行实时控制（GPS、货物跟踪系统、往返货物配载系统等），开展集装运输等是现代物流在运输领域的重要特征。

14）仓库管理和保管：对仓库内的入出库、装卸等作业活动实施的管理活动以及对库内物料进行妥善保管的相关作业活动。

15）流通加工：流通加工是在流通领域从事的简单生产活动，流通加工不改变商品的基本形态和功能，只是完善商品的使用功能，提高商品的附加价值。

16）配送：配送属于由末端物流节点向最终用户的进行货物运输活动，具有小批量、多品种特点。

13.1.4 物流行业的构成

1. 按服务特点划分

1）交通运输业：交通运输业不但包括各种不同运输形式的小行业，而且实际还包含为主体交通运输起支撑、保证、衔接作用的许多行业。这是物流业的主体行业。

2）储运业：储运业以储存为主体兼有多种职能，包含若干小行业，也包括某些和储存联系密切的运输业，从规模上看，我国储运业远小于交通运输业。我国储运业有五大行业，即军队储运业、物资储运业、粮食储运业、商业储运业及乡镇储运业。

3）通运业：这是国外物流业中的主要行业之一，我国这一行业刚刚诞生，尚未达到一定规模。通运业是货主和运输业之外的第三者从事托运和货运委托人的行业。各种运输业除了直接办理承运手续以外，都由通运业从事委托、承办、代办等实现货物的运输要求。

4）配送业：以配送为主体的各类行业，这个行业要从事大量商流活动，是商流、物流一体化的行业。

2. 按实现方式划分

1）铁道运输业：在物流领域具体讲是铁道货运业，这一行业包括与铁道运输有关的装卸、储运、小搬运等，在物流概念中仅属于运输范畴的活动。铁道运输业从事的业务有整车运输业务、集装箱运输业务、混载货物运输业务和行李货物运输业务四类。铁道领域的不少生产性行业，如机车车辆制造等不包含在物流领域的铁道运输业之中。

2）汽车货运业：汽车货运业在我国有特殊汽车货运和一般汽车货运两个行业领域，特殊货运是专运长、大、重或危险品。特殊物品的货运业，一般汽车货运业从事长途或区域内货运。汽车货运业在许多领域是附属其他行业之下，不自成行业或不独自核算。例如为配合仓储发货的汽车运输，为实现配送的汽车运输，为增加铁道、航空、水运等服务功能的汽车运输等，都隶属于主体行业。

3）远洋货运业：海上长途运输的船运行业，是一般所称的海运业。这种行业的业务活动是以船舶运输为中心，包括港湾装卸和运输、保管等，这种运输往往是国际物流的一个领域。远洋运输业从事的业务内容有：船舶运输、船舶租赁和租让、运输代办等。

4）沿海船运业：主要从事近海、沿海的海运。

5）内河船运业：在内河水道从事船舶货运的行业。海运、沿海运及内河运三种运输形态使用的船舶吨位、技术性能、管理方式都有所区别，因而各自形成独立的行业。

6）航空货运业：又可分为航空货运业和航空货运代理业，前者直接受货运委托，后者是中间人行业，受货主委托，代办航空货运。航空货运业的主要业务有国际航空货运、国内航空货运、快运、包机运输等。

7）集装箱联运业：专门办理集装箱“一票到底”联运的集装箱运输办理业，可以代货主委托完成各种运输方式的联合运输，并组织集装箱“门到门”运输、集装箱回运等业务。

8）仓库业：以仓库存货为主体的行业，包括代存、代储、自存自储等。

9）中转储运业：以中转货物为主的仓储业。

10）托运业：以代办各种小量、零担运输、代包装为主体的行业。

11）运输代办业：以代办大规模、大批量货物运输为主体的行业。

12）起重装卸业：以大件、笨重货物的装卸、安装及搬运为主体的行业。

13）快递业：以承接并组织快运快送服务为主体的行业。

14）拆船业：以拆船加工为主体的再生物流行业。

15）拆车业：以拆解汽车为主体的行业。

16）集装箱租赁业：专门从事集装箱出租的行业。

17）托盘联营业：组织托盘出租、交换等业务的行业。

13.1.5 物流的发展趋势

1. 物流的发展阶段

从20世纪50年代至今，物流管理经历了多次变革，有了很大的发展。由于各国的社会经济环境不同，其物流发展进程也有所差异。由于美国物流管理的研究和实践最为先进、最为完善，一般以美国为例，将现代物流的发展过程分为以下三个阶段。

（1）实物配送阶段（physical distribution）

实物配送阶段指第二次世界大战后到20世纪70年代，以实物配送理论与实践的发展为特征的时期。第二次世界大战以后，世界经济环境发生了深刻变化，技术革新层出不穷，管理科学飞速发展，买方市场的局面导致企业竞争加剧，而以顾客需求为中心的市场营销观念的形成，使物流（被认为是为顾客服务的重要手段）逐渐引起企业界、学术界乃至整个社会的重视。1962 年美国著名管理学家彼德·德鲁克在《财富》杂志上发表文章，提出物流是“一块经济的黑大陆”，是企业重要的利润源泉等，从而对物流界又产生了一次重大的推动作用。在这一背景下，1963 年成立了美国物流管理协会，这是世界上第一个物流专业人员组织，这在一定程度上标志着物流无论是作为一门学科还是一种职业，已从市场营销中分离出来，取得了独立的地位。

然而，这一阶段对物流的研究仍以分销过程为主，即产品从制造商成品库到用户这一阶段。企业内部物流通常被称为物料管理（material management，MM），并不包含在物流管理之中。美国物流管理协会的英文名称此时为 national council of physical distribution management，简称 NCPOM。因此，这一阶段的物流管理被称为实物配送（PD）阶段。

（2）综合物流阶段（integrated logistics management）

综合物流阶段指 20 世纪 70 年代后期至 80 年代末，以综合物流的形成为标志的阶段。当时，企业界及学术界越来越认识到把物料管理与实物配送综合起来管理可以大大提高物流效率与效果。而环境、制度、技术等的一系列变化，使之可成为现实。首先，跨国公司的兴起导致全球性竞争加剧，使企业采用新的物流管理技术、改进物流系统、提供服务水平成为必要；其次，20 世纪 70 年代后，美国首先实行了运输自由化，放松了对运输业的管制，承运人和货主能自由定价，服务的地理范围也可以扩大了，承运人与货主之间建立了紧密与长期的合作关系，增加了企业系统地分析物流过程、降低物流成本和改进服务的可能；最后，一些先进管理技术与理念，如 MRP、MRPⅡ、DRP、DRPⅡ、全面质量管理（TQM）、准时制（JIT）的产生及在物流管理中的应用，使人们逐渐认识到需要从生产流通消费的全过程把握物流管理，而微型计算机的商业化及相关信息技术的发展，为物流的一体化管理提供了物质基础和技术手段。1985 年美国物流管理协会的名称从 national council of physical distribution management 改为 national council of logistics management，标志着综合物流观念的确立。教科书中也普遍以 logistics（直译为后勤，但由于习惯仍译为物流）取代 physical distribution。为了区别军事后勤，也常使用企业物流（business logistics）。

（3）供应链管理阶段（supply chain management）

供应链管理阶段指 20 世纪 80 年代后期至今，以供应链管理的产生为标志的阶段。供应链管理是指从最终用户一直到初始供应，向客户提供增值的产品、服务和信息的商务过程一体化。综合物流阶段的一体化管理只限于企业内部，受企业内部资源和活动范围的限制，而供应链一体化是超越企业边界的外部一体化，覆盖从原材料的供应商到制造商、分销商、零售商、顾客的整个过程。这一概念同时又是基于制造商与分销商、零售商及物流服务供应商的战略合作伙伴关系的趋势，强调供应链的整体效率与市场竞争力，以期实现供应链上合作伙伴双赢的理想境地。

2. 物流的发展趋势

人类进入21世纪以来，全球经济一体化的进程明显加快。尤其是我国加入WTO后，物流业将迎来空前的发展机遇。根据国内外物流发展情况，可以将21世纪国际物流的发展趋势归纳为信息化、自动化、网络化、智能化、柔性化、标准化、社会化、精益化、绿色化。

(1) 物流信息化

在当代，发达国家已进入信息时代，我国也已跨入信息社会的门槛。物流的信息化是社会信息化的重要组成部分，也是最基础的组成部分。物流信息化表现为物流信息的商品化、物流信息收集的数据库化和代码化、物流信息处理的电子化和计算机化、物流信息传递的实时化和标准化、物流信息存储的数字化和无纸化等。因此，条形码技术、数据库技术、电子订货系统（EOS)、电子数据交换（EDI)、快速反应（QR)、有效顾客反应（ECR)、因特网技术及企业资源计划（ERP）等在21世纪的物流中将得到普遍应用。尤其是随着因特网的普及和微机价格不断下降，中小企业的信息化进程明显加快，并成为信息化的最大受益者。

物流信息化不仅使物流的效率提高、成本下降和服务改善，而且对现有的物流理念、物流方法、物流技术都产生革命性的影响。例如，传统观念认为，由于需求的不确定性，一定量的存货总是必要的，组织必须保有存货以应付不确定性带来的风险。然而，如果关于顾客对某一产品实际使用量的信息直接与物流系统连接起来，源于不确定性的存货就可以大大减少，甚至取消。这就是“信息替代存货”的概念。意大利服装制造商——贝纳通公司在全球市场上的地位，不仅来自于创新的款式、强有力的品牌，更因为它能够迅速地对市场变化做出反应。尽管款式和色彩的流行趋势在世界各个角落并不相同，而且时装的生命周期短暂而且脆弱，贝纳通通过先进的物流系统仍可很好地满足市场需要。通过销售环节获取信息并迅速反馈到生产环节，总的反应时间缩短了数星期。在贝纳通著名的富于灵活性以及富有艺术性的计算机化的全球配送系统的配合下，贝纳通能够在订单下达后几星期内就把产品送到零售店。而对于这个行业，补给的订单任务如果能够完成，一般都需要数月的时间。

总之，信息化是一切的基础，没有物流的信息化，任何先进的技术装备和管理手段都不可能成功地应用于物流领域。我国传统储运企业向现代物流企业转换能否成功的关键就在于信息化改造，广州宝供物流集团公司就是一个典型的例子。广州宝供原本是一个小型储运企业，能在短短几年内上升为一家大型物流企业，除了经营者有领先的物流理念外，就在于建立了一个现代化的信息系统，从而能为客户提供优质服务。

(2) 物流自动化

自动化的基础是信息化，自动化的核心是机电一体化，自动化的外在表现是无人化。物流自动化的效果还包括：扩大物流系统作业能力、提高劳动生产率、减少物流作业差错、节省土地、缩短库存周转时间等。物流自动化的设施非常多，如条码/语音/射频自动识别系统、自动分拣系统、自动导向车（AGV)、自动存取系统（自动化仓库)、货物自动跟踪系统等。这些设施在发达国家已经普遍使用于物流配送中心，在我国，已在一些现代化工业企业的物流部门得到应用，如海尔集团、红河烟厂、东风汽车公司等。由于受资金限制，我国目前第三方物流企业中应用自动化物流技术的较少，但应用的前景广阔。随着我国第三方物流企业进入成长期，社会对高质量物流服务的需求不断增长，自动化物流技术将成为物流企业提升竞争力的重要手段。

（3）物流网络化

物流网络化包括两层含义：一是物流信息网络化；二是物流组织网络化。

物流组织网络化与信息网络化互为因果。组织网络化必须以信息网络化为基础和物质条件，而正是组织网络化才促使了信息网络化的产生和发展。

1）物流信息网络化：信息的价值在于共享，通过网络技术，各个物流结点、供应商、用户的信息可以实现实时传递，信息共享。所以，网络化提高了信息化的层次，即从一个部门的信息化提升到整个企业的信息化，再从一个企业提升到整个供应链的信息化。借助于网络，一体化物流以及供应链管理才成为可能。

电子商务的发展为物流信息网络化提供了高效、开放的平台。借助网络与电子商务，物流中心可以实时地向上游供应商传送发货信息，向下游客户收集订货信息，而且这一切都是在双向互动中完成的，从而有效地减少源于单向沟通而产生的差错。

2）物流组织网络化：物流系统是一个大跨度系统，理想的物流组织是由在地域上分布极广的相互联系的结点组成的网络。例如，台湾的电脑业在 20 世纪 90 年代创造出了“全球运筹式产销模式”，这种模式的基本打算是按客户订单组织生产，生产采取分散形式。即将全球的电脑制造资源部利用起来，将一台电脑的所有零部件、元器件都外包给世界各地的制造商去生产，然后通过全球的物流网络将这些零部件、元器件发往同一个物流配送中心进行组装，由该物流配送中心将组装的电脑迅速发送到订户。目前，这种产销模式不仅存于电脑业，也存在于服装、运动器材、消费电子等行业，现在常把这种网络组织称为虚拟企业。虚拟企业与通常的企业不同，通常企业的组织结构为等级组织，主要利用内部资源。而虚拟企业主要依靠外部资源，呈网络状结构。网络上的各个结点并不是核心企业的基层单位，而是通过合同与核心企业形成合作关系的企业。这种网络组织不仅可以避免内部资源不足的缺陷，还可以充分发挥各地企业的比较优势和区位优势，减少核心企业的投资风险。从名义上看，这类网络组织的主要功能是制造，但实际上它的核心企业以物流和营销为核心能力，实际上它是一种物流组织。

（4）物流智能化

智能化是信息化、自动化发展的高级阶段。物流作业涉及了大量的运筹和决策，如运输的最短路线、最佳车辆调度、最优库存控制，以及自动导向车的运行轨迹和作业控制，自动分拣机的运行等都需要借助于大量的知识才能解决。在发达国家，专家系统、智能机器人等技术已开始应用于物流作业和物流管理。在我国，少数企业已开始应用机器人于物流过程，智能化已经成为现代物流发展的一个新趋势。

（5）物流柔性化

柔性化源自生产领域，即通过采用计算机控制和管理、加工中心以及加工中心之间的自动导向车或传送带，使多品种、小批量生产取得了类似大批量生产的效果。柔性生产系统的产生使大规模定制生产成为可能，从而能够满足用户个性化需求。生产的柔性化必然要求生产后勤系统的物流系统的柔性化，即要求物流系统能提供“多品种、小批量、多批次、短周期”的物流服务。传统物流系统当然也能满足这些要求，但成本会因此而成倍、甚至几十倍地上升。而柔性物流系统依靠信息技术和自动化技术，能够以用户能够接受的成本提供这些服务。随着电子商务的发展，定制营销将逐渐成为主流营销模式，不仅在工业品领域得到应用，消费品领域也将逐步推广。这就注定了只依靠大批量运输降低物流成本的传统物流模式将只存在于供应链上游产业，而在供应链的中游和下游的产业中，柔性化物流将成为主导性物流模式。在西方国家，铁路运输的重要性逐年下降而公路运输的重要性不断上升，正是这种趋势的体现。

（6）物流社会化

在21世纪，物流社会化的趋势将更为明显。就世界范围而言，现代产业结构变化最重要的趋势之一就是服务业在国民经济中的地位不断上升。在美国，服务业的产值占国民生产总值的比重已超过2/3，几乎3/4的非农业劳动力受雇于服务业，最近20年新增加的就业岗位90%以上在服务业。服务业的这种超越其他产业的增长一部分是得益于服务领域的创新。但更重要的原因是服务的社会化，即原来由企业和家庭自行提供的服务改为由社会化的专业服务企业提供。而服务的社会化、专业化对服务领域的创新也起到激励作用。在这样一个大背景下，物流服务的社会化、产业化使其更容易为工业、商业、建筑业等各产业接受。

（7）物流精益化

精益思想源于日本丰田汽车公司于20世纪70年代独创的“丰田生产系统”，后经美国学者的提炼，其核心就是以越来越少的投入，即较少的人力、较少的设备、较短的时间和较小的场地，来创造出尽可能多的价值；同时也越来越接近用户，提供他们确实要的东西。精益物流是精益思想在物流管理中的应用，因此可以说，所谓精益物流是指：通过消除生产和供应过程中的非增值的浪费，以减少备货时间，提高客户满意度。精益物流的内涵包括以下几个方面：

1）以客户需求为中心。要从客户的立场，而不是仅从企业的立场，或一个功能系统的立场，来确定什么创造价值，什么不创造价值。以往的市场营销与物流管理理论虽然也强调以客户需求为中心，但对客户需求的认识是建立在并不怎么可靠的预测的基础上的。而精益思想、精益物流强调向客户提供他们确实想要的东西，客户需求是驱动生产的动力源，是价值流的出发点，从而精益物流系统是拉动型的物流系统。

2）对价值链中的产品设计、制造和订货等每一个环节进行分析，找出不能提供增值的浪费所在。按照精益思想，一切不产生增值的活动都是浪费。

3）根据不间断、不迂回、不倒流、不等待的原则制定创造价值流的行动方案。

4）及时创造仅由顾客驱动的价值。价值流的流动要靠下游顾客来拉动，而不是依靠上游的推动，当顾客没有发出需求指令时，上游的任何部分不提供服务，而当顾客需求指令发出后，则快速提供服务。

5）一旦发现有造成浪费的环节就及时消除，追求完美。在精益物流系统，通过电子化的信息流，进行快速反应、准时化生产，从而消除诸如设施设备空耗、人员冗余、操作延迟和资源浪费等现象，降低物流服务成本。

物流的精益化是对粗放式物流的摒弃，是物流企业适应中国加入WTO后的竞争环境的理性选择。日本的汽车工业就是凭借其精益生产方式打进了美国市场，同样，精益物流也能为中国企业迎接国际竞争的挑战提供有力的武器。

（8）物流标准化

标准化是对产品、工作、工程或服务等普遍的活动规定统一的标准，并且对这个标准进行贯彻实施的整个过程。

标准化的内容，实际上就是经过优选之后的共同规则。根据承诺遵守这些共同规则的范围不同，标准可分为国际标准（ISO及IE等）、国家标准（GB）、行业标准及企业标准。这四者之间并无优劣之分，如企业标准可能优于也可能劣于国家标准。为了推行各类标准，世界上大多数国家都有标准化组织，例如英国的标准化协会（BSI），我国的国家及地方技术监督局等。在日内瓦的国际标准化组织（ISO）负责协调世界范围的标准化问题。

标准化是工业革命的产物，当前已成为国民经济管理和现代科学技术体系的重要组成部分。现代社会生产是专业化分工基础上的社会化大生产，必然要求社会生产的各个环节、各个部门、各企业能相互协调、配合，形成一个整体。而标准化正是起到了这种协调、配合作用，从而对社会分工的深化、经济发展起到促进作用。

物流标准化指的是以物流为一个跨行业的大系统。制定系统内部设施、设备、专用工具、容器等各个分系统的技术标准；制定系统内各分领域如运输、包装、装卸、仓储等方面的工作标准；以系统为出发点，研究各分系统与分领域中技术标准与工作标准的配合性，按配合性要求，统一整个物流系统的标准；研究物流系统与相关其他系统的配合性，进一步谋求物流大系统的标准统一。

（9）物流绿色化

当前，全球正兴起一股“绿色浪潮”。“绿色食品”、“绿色标志”、“绿色产业”、“绿色营销”、“绿色消费”等，各种冠以“绿色”的名词如雨后春笋，目不暇接。在人们的心目中，绿色代表希望，绿色象征生命。越来越多的人意识到自己生存的环境正遭到破坏和污染。人们渴望回复到天蓝地绿，水清宁静的美好生活中去。于是，人们发动了一系列追求“天人合一”的绿色化运动，并正在向各方面渗透。现代绿色物流管理正是其中之一，现代绿色物流管理是指为了实现顾客满意，连接绿色供给主体和绿色需求客体，克服空间和时间阻碍的有效、快速的绿色商品和服务流动的绿色经济管理活动过程。现代绿色物流管理从环境的角度对物流体系进行改进，形成了一个环境共生型的物流管理系统。这种物流管理系统建立在维护地球环境和可持续发展的基础之上，改变原来经济发展与物流、消费生活与物流的单向作用关系，在抑制物流对环境造成危害的同时，形成了一种能促进经济和消费生活健康发展的物流系统。因此，现代绿色物流管理强调了全局和长远的利益，强调了全方位对环境的关注，体现了企业的绿色形象，是一种新的物流管理趋势。

13.1.6 物流管理的含义

1. 物流管理的定义

所谓物流管理是指社会再生产过程中，根据物质资料实体流动的规律，应用管理的基本原理和科学方法，对物流活动进行计划、组织、指挥、协调、控制和监督，使各项物流活动实现最佳的协调与配合，以降低物流成本，提高物流效率和经济效益。

2. 物流管理的内容

1）对物流活动诸要素的管理，包括运输、储存、包装、配送、装卸、流通加工等环节的管理。

2）对物流系统诸要素的管理，即对其中人、财、物、设备、方法和信息等六大要素的管理。

3）对物流活动中具体职能的管理，主要包括物流计划、质量、技术、经济等职能的管理等。

3. 物流管理的范围

从企业经营的角度看，物流管理是以企业的物流活动为对象，为了以最低的成本向用户提供满意的物流服务，对物流活动进行的计划、组织、协调和控制。根据企业物流活动的特点，企业物流管理可以从三个层面上展开：

（1）物流战略管理

企业物流战略管理就是站在企业长远发展的立场上，就企业物流的发展目标、物流在企业经营中的战略定位以及物流服务水准和物流服务内容等问题做出整体规划。

（2）物流系统设计与运营管理

企业物流战略确定以后，为了实施战略必须要有一个得力的实施手段或工具，即物流运作系统。作为物流战略制定后的下一个实施阶段，物流管理的任务是设计物流系统和物流网络，规划物流设施，确定物流运作方式和程序等，形成一定的物流能力，并对系统运营进行监控，及时根据需要调整系统。

（3）物流作业管理

根据业务需求，制定物流作业计划，按照计划要求对物流作业活动进行现场监督和指导，对物流作业的质量进行监控。

13.2 企业物流

从事商品生产的制造企业、进行商品流通的批发企业以及直接面向消费者的零售企业，在积极开展业务时必然会产生商品在时间和空间上的运动。因此，对于从事生产、流通的企业，具备储存、搬运、包装、流通加工、运输、配送以及相应的信息处理等物流能力是必不可少的。但是，长期以来，企业界对于物流能力在经营战略中的作用并没有给以足够重视，更没有把物流开发成一种核心能力。企业的资源更多地投入到生产、销售部门，注重在战略上开发、生产优质产品，并有效地推进销售，而对生产过程或销售过程的物流组织并不关心。

但是，20世纪90年代以后，越来越多的企业已认识到物流在企业战略管理中的重要地位。之所以发生这种变化，是因为这一时期一系列环境的变化，如消费者消费行为的个性化、多样化趋势导致商品生产向多品种、少批量转变，流通形式也趋于多样化，需求不确定性导致企业“无在库经营”，准时制（JIT）等先进管理方式的流行对物流配送提出更高的要求，而信息技术的发展，又使“无在库经营”、准时制成为可能。环境的一系列变化使企业经营格局发生了改变，从而使脱离现代物流管理的生产、销售活动无法真正在市场上取得竞争优势。这样，现代物流管理引起了工商企业的普遍重视。

对企业物流内涵的认识，也相应发生变化，即物流不仅是对企业经营活动的支持和保障，而且是为顾客提供的一种增值服务。与物流企业的不同之处在于，工商企业的物流服务不是独立存在的，而是依附于商品销售。按市场营销学的术语，是核心产品的延伸产品。

13.2.1 企业物流的内涵及特征

企业是为社会提供产品或某些服务的经济实体。一个工厂要购进原材料，经过若干工序的加工，形成产品后再销售出去；一个运输公司要按客户的要求将货物输送到指定地点。在企业经营范围内由生产或服务活动所形成的企业内部的物品实物运动就是企业物流。

1. 企业是最早接受物流观念的领域

从第二次世界大战的军事后勤到20世纪50年代的工业后勤，企业最早接受了物流的观念。现代市场营销观念的形成，彻底改变了企业经营管理行为，使企业意识到顾客满意是实现企业利润的唯一手段，因而顾客服务成为经营管理的核心要素。随着这种经营哲学的发展，物流活动被认为起到了为顾客服务的作用。此后，在相当长的一段时间里，企业物流与企业物流合理化成为物流研究的中心。1983年12月，在联邦德国多特蒙得召开的第四届国际会议，其中心主题是以面向企业物流为主的“对自动化产业挑战的回答”。国外经济发达国家在企业物流的设计与组织管理上已达到了相当的水平。

在中国最早接受“物流”概念的有两个领域，一个是机械工业系统，一个是物资流通部门。在改革开放初期，为了适应新形势的需要，机械行业主管部门一方面组织设计院的有关人员到西欧、北美发达国家考察、学习物流；另一方面请国际上有名的专家来国内讲学，这两种方式对我国企业物流的发展都取得了良好的效果。机械行业的“物流”术语主要（但不是全部）是从英文的“material handling”翻译过来的，其主流是设计院内的“总图与运输”专业。在工厂规划与改造项目中，在决定各个相关设施建筑物、车间等的位置时，需要进行统计，计算相互间的“搬运量”，并由此决定他们之间的“密切度”，决定他们之间的总图位置。非主流派是设计院内的“工艺”专业，从分析生产过程中的物料运动及其增值过程着手，并以此选定生产方式和决定相关设施、设备布局。

在我国近20年的企业物流实践中，许多大中型企业在生产流程、物料搬运、库存控制、定置管理、物流系统化等方面都取得了十分可喜的成果。尤其是近几年，当物流在我国掀起高潮之际，出现了一批像青岛海尔、上海华联、广东宝供等建立在电子化、网络化、共同化、自动化基础上的企业，他们代表着当今我国企业物流的最高水平。但就我国企业物流的总体水平而言，还存在很多问题，集中表现在：

（1）物流还未得到足够的重视

根据国内众多生产企业、流通企业的调查研究结果表明，物流还远没有得到企业领导和业务部门的重视。很多企业还没有建立起物流的观念，有的企业则把物流看作是一种可有可无的辅助活动，还没有将物流看成为优化生产过程，强化市场经营的关键。

(2) 物流管理水平落后

物流管理是企业管理的重要组成部分。但是就目前大多数企业而言，从管理机构设置上，还没有专门的物流管理组织；从经济核算和财务管理上也没有专项的物流成本核算和物流财务分析。由此，带来了一系列诸如原材料、半成品等存储、等待、搬运等环节滞留时间长、占用空间大、重复物流作业多、物流路线长、物流效率低、资金占用多、经济效果差等不良结果。

(3) 缺乏现代物流技术的有力支撑

现代物流运作方式与企业生产方式、生产规模和销售方式等密切相关。现代经济社会生产方式的规模化、全球化、专业化的发展，在客观上要求规模化、系统化、网络化的现代物流技术强有力的支持。从硬技术上观察，我国企业的仓库设施、物流设备等大多还较落后，企业的设备更新、改造等仍是重点。从软件技术上观察，设备和物流能力的合理应用，充分发挥现有的能力和效率也大多未能实现。近些年来，我国在先进物流设备的引进、研制、生产等方面取得长足的发展，但是企业基于各方面的原因，如观念陈旧、体制束缚、资金不足等，都制约了企业物流技术的进步。

(4) 物流专业人才短缺

近些年来，我国部分高等院校、中等专业学校虽然培养了一批物流专业人才，但是与广大企业对物流人才的需求相比可谓杯水车薪。因此，加强物流专业人才的培养，提高物流现有人员的水平是解决当前物流人才短缺的主要途径。

2. 企业物流的内涵

企业物流是指在企业生产经营过程中，物品从原材料供应，经过生产加工，到产成品和销售，以及伴随生产消费过程中所产生的废弃物的回收及再利用的完整循环活动。从系统论角度分析，企业物流是一个承受外界环境干扰作用的具有输入—转换—输出功能的自适应体系。其内涵表现如下：

(1) 企业物流系统的输入

输入是指企业生产活动所需生产资料的输入供应，即供应物流，它是企业物流过程的起始阶段。供应物流是保证企业生产经营活动正常进行的前提条件。现代企业生产具有规模大、品种多、技术复杂等特点，再加上专业化、协作化、共同化的发展，生产社会化程度提高，企业间的生产技术活动愈加密切。企业的生产活动要素的投入，首先是生产资料的投入。因此，能否适时、适量、齐备、成套地完成供应活动是保证企业顺利进行生产经营活动的基础。供应物流具体包括一切生产资料的采购运输、库存管理、用料管理和供应输送等。

1) 采购。采购是供应物流与社会物流的衔接点，是根据工厂、企业生产计划所要求的供应计划制定采购计划并进行原材料外购的作业。在完成将采购的物资输送到企业内的物流活动的同时，它还要承担市场资源、供应厂家、市场变化、供求信息的采集和反馈任务。

2) 供应。供应是供应物流与生产物流的衔接点。它是根据材料供应计划、物资消耗定额、生产作业计划进行生产作业的活动组织。供应方式一般有两种基本形式：一是传统的领料制，即用料单位根据生产计划到供应部门（或供应仓库）领取生产资料；二是供应部门根据生产作业信息和作业安排，按生产中材料需要的物料数量、时间、次序、生产进度进行配送供应的方式。

3）库存管理。库存管理是供应物流的核心部分。库存管理的功能主要有两个方面：一方面，它要依据企业生产计划的要求和库存的控制情况，制定物资采购计划、库存数量和结构的控制，并指导供应物流的合理运行；另一方面，库存管理又是供应物流的转折点，它要完成生产资料的接货、验收、保管、保养等具体功能。

（2）企业物流系统的转换

企业物流系统的转换是指企业生产物流，也称厂区物流、车间物流等，它是企业物流的核心部分。生产物流包括：各专业工厂或车间的半成品或成品流转的微观物流；各专业厂或车间之间以及它们与总厂之间的半成品、成品流转。工厂物流的外沿部分，指厂外运输衔接部分，它包括：原材料、部件、半成品的流转和存放；产成品的包装、存放、发运和回收。生产物流系统的边界条件起于原材料、配件、设备的投入，经过制造过程转换为成品，止于从成品库再运到中转部门或直接配送给用户或出口。生产物流并不是一个孤立的系统，而是一个与周围环境紧密相关，并且不时地从外界环境中吸进“营养”，并向社会输送产品和劳务的开放系统。

1）影响生产物流的主要因素。不同的生产过程有着不同的生产物流构成，生产物流的构成取决于下列因素：①生产的类型。不同的生产类型，它的产品品种、结构的复杂程度、工艺要求以及原材料的准备特点都影响着生产物流的构成以及相互间的比例关系。②生产规模。生产规模是指单位时间内产品的产量，通常以年产量来表示。生产规模越大，生产过程的构成越齐备，生产物流量越大；反之生产规模越小，生产构成越简单，则生产物流量也越小。③企业的专业化和协作水平。社会专业化和协作水平提高，企业内部生产过程就越趋简单化，物流流程缩短。某些基本工艺阶段的半成品，如毛坯、零件、配件等，就可由厂外其他专业工厂提供。

2）组织生产物流的基本要求。生产物流是与企业生产紧密联系在一起的。只有合理组织生产物流过程，才有可能使生产过程处于最佳的状态。如果物流活动组织水平低，达不到生产要求，即使生产条件、设备条件再好，也不可能顺利完成生产过程，更谈不上取得较高的经济效益。①物流过程的连续性。企业生产是一道一道工序相连接往下进行的。因此，要求物料顺畅、最快、最省地走完各个工序，直至产品形成。每一道工序的不正常停滞都会造成不同程度的物流阻塞，从而影响整个生产的进行。②物流过程的平行性。一个企业通常生产多种产品，每种产品又需要多种原材料和零部件。在组织生产时，将各种原材料、零部件分配到各个车间的各个工序上进行生产。因此，要求各个生产支流平行流动，如果一个支流发生问题，整个物流都会受影响。③物流过程的节奏性。物流过程的节奏性是指产品在生产的各个阶段，从投料到最后完成入库，都能保证按计划有节奏、均衡地进行，要求在相同的时间间隔内生产数量大致相同，均衡地完成生产任务。④物流过程的比例性。组成产品的物流量是不同的，存在一定的比例关系，因此形成了物流过程的比例性。⑤物流过程的适应性。当企业产品改型换代或品种结构发生变化时，生产物流应有较强的应变能力。也就是说生产物流过程应具备在较短的时间内可以由一种产品迅速转移为另一种产品的适应能力。

企业物流从原材料采购开始，必须经过生产过程的转换活动，才能形成具有一定使用价值的产成品，运至用户。物料经历着从一个生产单位流入另一个生产单位，按照一定工艺的流程要求，组成企业内部生产物流，始终体现着物流实体的转换过程。

（3）企业物流系统的输出

销售物流是企业物流的输出系统，承担完成企业产品的输出任务，并形成对生产经营活动的反馈因子。销售物流是企业物流的终点，同时又是宏观物流的始点。宏观物流接受它所传递的企业产品、信息以及辐射的经济能量，进行社会经济范围的信息、交易、实物流通活动，把一个个相对独立的企业系统联系起来，形成社会再生产系统。如果不能很好地组成企业的销售物流，企业生产的产品滞销或脱销，系统的功能则无法实现，经济能量辐射被破坏，产品的劳动价值将无法得以补偿和实现，产品也不能最终成为现实有用的产品。

销售物流是服务于客户的企业物流，其运行的优劣不仅直接影响到客户的生产经营活动，也会给自己造成经济损失。销售物流主要考虑的要素有：

1）时间要素。时间要素通常指订货周期时间，即从客户确定对某种产品有需求与被满足之间的间隔。时间要素主要受以下几个变量的影响：①订单传送。指从客户发出订单到卖方收到订单的时间间隔。②订单处理。指处理客户订单并准备装运的时间。③订货准备。订货准备涉及挑选订货并进行必要的包装，以备装运。从简单的人工系统到高度的自动化系统，不同的物料搬运系统对于订货准备有不同的影响，准备时间会有较大差别。④订货装运。订货装运时间是从订货装上运输工具直到买方在目的地收到订货的时间间隔。很简单，它与装运规模、运输方式、运输距离等密切相关。

2）可靠性要素。可靠性是指根据客户订单的要求，按照预订的提前期，安全地将订货送达客户指定的地方。

提前期的可靠性对于客户的库存水平和缺货损失有直接影响，可靠的提前期可以减少客户面临的不确定性。如果能向客户保证预订的提前期，加上少许偏差，那么卖方就能使它的产品与竞争者的产品明显区别开来。卖方提供可靠的提前期能使客户的库存、缺货、订单处理和生产计划的总成本最小化。

可靠性还包括安全交货和正确供货，安全交货是销售物流的最终目的，即产品安全无误，不出现破损与丢失的现象。正确供货即指客户收到的物品必须与订单相符。否则的话不但会给客户造成巨大的不利影响，也会使销售部门失去市场。

3）方便性要素。方便性是指销售物流方法必须灵活。客户在产品包装、运输方式、运输路线、交货时间等的要求各不相同。为了更好地满足客户要求，就必须确认客户的不同要求，为不同客户设计适宜的服务方法。提高和降低服务水平的决策不能平等地建立在所有客户基础上或包括所有服务要素。不同客户服务需求的差异性，提供了降低客户服务成本和提高服务水平的巨大潜力。

综上所述，企业物流是由生产经营活动中的供应物流、生产物流、销售物流三部分及生产过程中所产生的废弃物物流所组成。这是从企业物流内部的视角来观察物流活动。若从宏观角度来看，若干个企业物流的产成品的输出，相互交织成社会物流，而社会物流也正是企业物流活动的条件和环境，这种企业物流和社会物流之间不间断地循环，形成了完整的物流过程。

3. 企业物流的特征

企业物流与社会物流、区域物流、国际物流有着很大的差别。由于企业物流是发生在企业内部，把这种微观物流与宏观物流进行对比，可以看出有以下特性：

（1）企业生产物流的连续性

企业的生产物流活动不但充实、完善了企业生产过程中的作业活动，而且把整个生产企业的所有孤立的作业点、作业区域有机地联系在一起，构成了一个连续不断的企业内部生产物流。企业内部生产物流是由静态和动态相结合的结点连接在一起的网络结构。静态的“点”，表示物料处在空间位置不变的状态，如相关装卸、搬运、运输等企业的厂区配置、运输条件、生产布局等，而生产物流动态运动的方向、流量、流速等正是使企业生产处于有节奏、有次序地连续不断地运行的基础。

（2）物料流转是企业生产物流的关键特征

物料流转的手段是物料搬运。在企业生产中，物料流转贯穿于生产、加工制造过程的始终。无论是在厂区、库区、车间与车间之间、工序与工序之间、机台之间，都存在着大量、频繁的原材料、零部件、半成品和成品的流转运动。生产过程物流的目标应该是以提供畅通无阻的物料流转，保证生产过程顺利、高效率地进行。为此，必须对物流的流转进行分析研究，以明确对物料搬运的要求。通过物料流转分析可以确知需要搬运物料的种类、数量、频繁性、连续性、机动性等方面的要求，以及搬运作业的起讫地点、空间限制、次序等。对于大多数企业，他们的生产供货次序是：下一道工序生产过程需要的零部件由前一道工序供给，需要什么、需要多少、何时需要等都由下一道工序所决定。这种供货方式改变了过去前一道工序的产品全部流入后道工序而形成后道工序半成品和配件大量积压的情况。采用“看板管理”运用于工厂内和工厂与工厂之间，使这种“何时、何物、多少”的信息流恰当地统一管理生产物流。这样，后道工序要多少，前道工序供多少，使生产物流合理化而减少不必要的搬运，尽可能地消灭相向、迂回搬运，使搬运作业与生产、供应、分发等形成流水作业。这对合理选择与运用搬运设备，充分利用物流空间、提高物流效率、减少物流费用是极其重要的。

（3）企业物流成本的二律背反性

企业物流成本的二律背反关系实质上是研究企业物流的经营管理问题，即将管理目标定位于降低物流成本的投入并取得较大的经营效益。在物流成本管理中，作为管理对象的是物流活动本身，物流成本是作为一种管理手段而存在的。一方面成本能真实地反映物流活动的实态；另一方面成本可以成为评价所有活动的共同尺度。

那么，什么是企业物流成本的“二律背反性”呢？“二律背反”主要是指企业物流功能间或物流与服务水平之间的二重矛盾，即追求一方、必须舍弃另一方的一种状态，是两者之间的对立状态。这在构成企业物流的诸种活动中是客观存在的。例如，追求保管的合理性，必然牺牲运输的合理性；追求包装费用的节省，会影响其在运输、保管过程中的保护功能和方便功能，而造成经济损失。这样一方成本降低，另一方成本增大，即生成了成本“二律背反”状态。

企业物流管理肩负着“降低企业物流成本”和“提高服务水平”两大任务，这是一对相互矛盾的对立关系。整个物流合理化，需要用总成本评价，这反映出企业物流成本管理的二律背反特征及企业物流对整体概念的重要性。

13.2.2 企业物流的分类及管理

1. 供应物流

又称输入物流，是企业为保障自身的生产与经营活动，不断组织原材料、零配件、燃料、辅助材料供应的物流活动。企业的供应物流一般有两种形式：一种是从各供货厂商外购原材料、协作件等的采购物流；另一种是同一企业所属各分厂之间相互提供零部件的调拨物流。例如，美国通用汽车公司装配一辆汽车，需 13 000 多种零部件，由 20 000多家供货厂商和本公司所属 100 多家配件制造分厂供应给 30 余家汽车装配工厂，才组装成为汽车。可见，有效计划和组织供应物流，保证企业不间断地生产，是一项复杂而十分重要的工作。

供应物流除了保证生产所需物料这一目标外，更重要的是必须以最低的成本和资金占用来实现这一目标。美、英等国工业企业年销售收入中用于采购原材料、外协件等支出款所占比例为 40%～60%，相应地库存占用资金大量增加，在一些企业甚至超过固定资产。为了降低供应物流成本，美、日等发达国家发展了 MRP（物料需求计划）、看板管理、准时制（JIT）等现代管理方法，取得了良好的效果。

2. 生产物流

指企业生产过程中的物流活动。这种物流活动是与整个生产工艺过程伴生的，实际上已构成了生产工艺过程的一部分。在一个生产周期中，物流活动所用的时间远多于加工的时间，生产过程中在制品、材料占用的资金也非常大。

企业生产物流的优化首先是在工厂设计时应充分考虑物流的需要，科学合理地设计工艺流程。对于物流量较大的企业，尽可能采用单一流向的办法。其次是要科学管理，减少中间产品库存。

3. 销售物流

即实物配送或输出物流。这也是最早引起人们重视的企业物流领域。传统销售物流是与企业分销渠道相一致，由制造商、分销商或批发商、零售商分别独立管理，每个环节独立地选择运输方式，独立地决定存货方式。这样，易造成物流环节多、时间长、库存分散且总库存量高等问题。而且，在现代社会中，市场环境是一个完全的买方市场，销售物流活动便带有极强的服务性，直接影响企业的市场占有率和企业形象。

当前销售物流的解决方案主要有两种：一是在商流与物流相分离的基础上，由第三方物流企业承担从产成品库存、运输、流通储备到商品配送以及售后服务的物流一体化管理，借助专业物流企业的专业化服务实现销售物流过程的优化。对于那些不想把物流培植成核心竞争力的企业，这种方案是可行的；二是对于那些以物流视为核心竞争力的企业，主要依靠网络和电子商务，减少流转环节，实现厂商物流中心的集约化，即将原来分散在各分销商或中小型物流中心的库存集中到大型物流中心，通过数字化备货等现代技术实现进货、保管、在库管理、发货管理等物流活动的效率化、智能化。原来的中小分销商或批发商要么取消，要么转为专职从事销售促进、订货等商流业务。

4. 回收物流及废弃物物流

企业在供应、生产、销售过程中总会产生边角余料和废料，其中有些是可以回收利用的，称为回收物流；而有些则无利用价值，必须向外部排放，称为废弃物流。回收物流及废弃物流处理不当，会影响企业的生存环境、造成浪费，甚至破坏企业的公众形象。

13.3 第三方物流

13.3.1 第三方物流的含义

1. 第三方物流（third party logistics，TPL）的含义

第三方物流是指由供方（或发货人）与需方（或收货人）以外的物流企业提供物流服务的业务模式。第三方物流企业可广义地定义为提供部分或全部企业物流功能服务的一个外部提供者。这一广义的定义把提供运输、仓储、销售物流、相关财务的提供者都包括在内，即包含了所有专业物流企业。但是，我们更多地是在狭义上使用第三方物流的含义，即与货主企业签订长期合作关系，为货主企业提供系列化、综合化物流服务的业务模式，这种意义上的第三方物流，常被称做合同物流（contract logistics）、物流外包（logistics outsourcing）、全方位物流服务（full service distribution）、物流联盟（logistics alliance）等，这些名称都从某个侧面反映了第三方物流的实质。或者说，第三方物流企业并不是取代传统的运输、仓储等企业，而是部分或全部取代工商企业内的物流部门。所以，欧美学者一般是这样定义第三方物流的：第三方物流是指传统的组织内履行的物流职能改由外部公司履行。

2. 第三方物流的特征

（1）第三方物流是合同导向的一系列服务

第三方物流中的合同是指长期合同，它不同于一般的运输或仓储合同，一般合同针对一次交易，只包含一项或分散的几项物流服务，第三方物流则根据合同条款规定的要求，提供多功能，甚至全方位的物流服务，它不是满足临时需求，而是一段时期的需求。第三方物流企业提供的服务，也不严格限于物流方面，可以根据用户需要，包含一些商流信息流方面的服务，只不过物流是其核心能力。

（2）第三方物流是个性化物流服务

第三方物流服务的对象一般都较少，只有一家或数家，但服务时间较长，往往长达几年。这是因为需求方的业务流程各不相同，而物流、信息流是随商流或价值流流动的，因而要求第三方物流服务应按照用户的业务流程来设计。传统的运输、仓储企业由于服务对象众多而只能提供单一的、标准化的服务，无法满足用户的个性化需求。

（3）第三方物流是建立在现代信息技术基础上的

现代信息技术的发展是第三方物流产生的必要条件。计算机、网络和现代通信技

术，实现了数据处理的实时化、数据传递的高速化，使库存管理、运输、采购、订单处理、配送等物流过程自动化和一体化水平不断提高，用户可以方便地通过信息平台与物流企业进行交流和协作，消除物流外包带来的管理上的不便，这就使用户企业有可能把原来在内部完成的物流作业交由物流公司运作。常用于支撑第三方物流的信息技术有：实现信息快速交换的EDI技术，实现货物跟踪的GPS系统，实现资金快速支付的EFT技术，实现数据快速采集的条形码技术和实现网上交易、查询的电子商务技术等。

（4）第三方物流企业与用户企业是联盟关系

第三方物流企业与用户（或货主）企业不是一般的市场交易关系，而是介于市场交易与纵向一体化（即企业内部提供物流服务）之间的联盟关系。这就要求物流企业与用户企业之间相互信任，充分共享信息，共担风险和共享收益，以达到比单独从事物流活动更好的效果，即双赢。表现在物流服务提供者的收费政策上，不看重单项业务的赢利，而着眼于整个时期的利润。无论从哪一方讲，合作伙伴对自己都有战略价值，故这种联盟关系的存续时间都较长。据一项调查表明，西欧使用第三方物流的企业服务时间在5年以上的占到60%。

13.3.2 第三方物流的作用

第三方物流公司参与一个公司的供应链的程度，取决于他们发挥的作用表现在怎样的层次化。在实施供应链最基本功能的层次上，一个第三方物流公司可以通过确定和安排一批货物的最佳运输方式来增加价值；在最复杂的层次上，第三方物流公司可以与整个制造企业的供应链完全集成在一起。在这种情况下，第三方物流公司为制造企业设计、协调和实施供应链策略，通过提供增值信息服务来帮助客户更好地管理其核心能力，并能通过利用第三方物流公司来降低物流费用。

（1）拥有市场知识和网络

通过专业化的发展，第三方物流公司已经开发了信息网络并且积累了针对不同物流市场的专业知识，包括运输、仓储和其他增值服务。许多关键信息，如卡车运量、空运报价和其他信息，通常是由第三方物流公司收集和处理。对于第三方物流公司来说，获得这些信息更为经济，因为他们的投资可以分摊到很多的客户头上。对于非物流专业公司来讲，获得这些信息的费用就会非常昂贵且不合算。

（2）拥有规模经济效益

由于拥有强大的购买力和货物配载能力，一家第三方物流公司可以从运输公司或者其他物流服务商那里得到比他的客户更为低廉的运输报价，可以从运输商那里大批量购买运输能力，然后集中配载很多客户的货物，大幅度地降低单位运输成本。

（3）拥有第三方灵活性

通常，把物流业务外包给第三方物流公司可以使得公司的固定成本转化为可变成本。公司通常向第三方支付服务费用，而不需要自己内部维持物流基础设施来满足这些需求。尤其对于那些业务量呈现季节性变化的公司来讲，外包物流对公司赢利的影响就更为明显。例如，对于一家季节性很强的大零售商来说，若要年复一年地在旺季聘用更多的物流和运输管理人员，到淡季再开除他们是很困难和低效的，若和第三方物流公司结成伙伴关系，这家零售商就不必担心业务的季节性变化。

(4) 拥有信息技术

许多第三方物流公司与独立的软件供应商结盟或者开发了内部的信息系统，这使得他们能够最大限度地利用运输和分销网络，有效地进行跨运输方式的货物追踪，进行电子交易，生成提高供应链管理效率所必需的报表和进行其他相关的增值服务。因为许多第三方物流已在信息技术方面进行了大量的投入，可以做到帮助他们的客户搞清楚哪种技术最有用处，如何实施，如何跟得上日新月异的物流管理技术发展。与合适的第三方物流公司合作可以使得企业以最低的投入充分享用更好的信息技术。

(5) 有助于减少资本投入

通过物流外包，制造企业可以降低因拥有运输设备、仓库和其他物流过程所必需的投资，从而改善公司的赢利状况，把更多的资金投在公司的核心业务上，有助于进入新的市场。许多第三方物流公司在国内外都有良好的运输和分销网络，希望拓展国际市场或其他地区市场以寻求发展的公司，可以借助这些网络进入新的市场。

13.3.3 第三方物流的类型

由于我国第三方物流业尚处于萌芽期，企业数量和业务类型都较少，尚未形成明显的企业类型。在这里主要介绍欧美国家第三方物流企业的类型。

(1) 按提供服务的种类划分，可分为如下几种

1) 以资产为基础的物流企业。以资产为基础的物流企业主要通过运用自己的资产来提供专业的物流服务。这些资产可以是运输工具（车队、船队、机群）或仓库、物流中心，如美国的 UPS、FedEx 等。

2) 以管理为基础的物流企业。以管理为基础的物流企业通过信息系统和咨询服务提供物流管理。它们经常以一个承包运输部门的身份，负责部分或全部的客户相关业务。另外，它们也常常具有进出口和配送部门的功能。它们与发货人的雇员一起工作，不拥有运输和仓储设施，只提供人力资源。还有一类物流咨询公司，它们不负责物流操作上的任务，而是提供概念上和战略上的物流规划设计服务，为各类企业提供物流解决方案。

3) 综合物流企业。这类提供综合物流服务的企业拥有资产，其资产一般是货车或仓库，或两者都有。但是它们所提供的服务，并不以使用自己的资产为限。一旦需要，便可与其他企业签订子合同提供相关服务。

4) 以行政管理为基础的物流企业。以行政管理为基础的物流企业主要提供行政性的管理服务，如运费的支付。

(2) 按所属的细分物流市场，可分为如下几种

1) 操作性的物流企业。操作性的细分市场中，物流企业通常以成本优势进行竞争，他们一般精于某项物流业务的操作。例如，快递公司中的 UPS、FedEx、DHL 等公司就是操作性公司的典型代表。

2) 行业倾向性的物流企业。行业倾向性物流公司常为满足某一特定行业的需求而设计自己的作业能力。例如，荷兰的 Pakhoed 公司，为满足化工行业的需求而建立了作业能力和基础设施。

3) 多元化的物流企业。多元化物流公司开发出一系列相关又不具相互竞争性的服

务。例如，在班轮运输中的相关服务：集装箱、码头、汽运、仓储和水运。

4）顾客化的物流企业。顾客化的物流企业面向一些有很高专业需求的客户，它们之间的竞争主要在于服务而不是费用。例如，FransMass 公司与一家欧洲大公司有着密切的服务关系，FransMass 公司不仅为原材料的运入和产成品的运出安排运输，还提供最终产品装配的操作和在 Venray 的仓库设施为顾客进行产品测试。这类企业也是最典型意义上的第三方物流企业。

第十四章

生 产 管 理

◇ 理解生产管理的概念与任务、生产系统的运动机理、类型以及生产系统的选择

◇ 理解企业资源制造计划（MRPⅡ）

◇ 掌握生产系统的设计与组织，包括厂址选择、工厂布置、车间布置、流水线组织、多品种小批量生产等

◇ 掌握企业生产计划的编制、生产能力计划、生产作业计划以及生产作业控制

◇ 了解现代生产管理方式：精益生产、定制生产、敏捷生产

14.1 生产管理概述

1. 生产管理的概念与任务

生产管理是指为实现企业经营目标，有效地利用生产资源，对企业生产过程进行计划、组织、控制，生产出满足市场需要的产品或提供服务的管理活动的总称。

生产管理的内容包括：确定合理的生产组织形式、制定科学的生产计划以及对计划的实施与控制。确定合理的生产组织形式包括对生产系统的选择、对生产过程的空间组织及时间组织；生产计划的制定包括对生产计划及生产作业计划的编制；生产计划的实施与控制包括对生产进度控制、库存控制、质量控制、成本控制及生产现场管理等内容。

生产管理的任务就是要以实现企业的经营目标、经营方针为宗旨，实现产品在品种、质量、数量、交货期、成本等方面的要求，为企业经营目标的实现起到保障作用。即生产管理就是要把资源合理利用放在重要位置，在确保产品质量的前提下，优化资源配置，不断降低成本，提高经济效益。在市场决定企业生存的今天，不仅企业的经营战略、人力资源、财务、市场营销要以市场为导向，生产管理也要以市场为导向，为此，生产管理必须提高生产对市场需求变化的反应能力和适应能力。生产管理虽然从过去企业的中心地位降到了从属的地位，但这绝不是说生产管理不重要了，可以淡化了，生产管理的基础作用，对企业在市场中核心竞争力的影响不但没有削弱，反而增强了。为了搞好生产管理，实现生产管理的基本任务，根据现代企业的性质、任务和生产活动特点，生产管理应遵循市场导向原则、经济效益原则、科学管理原则和均衡生产原则。

2. 生产管理的对象——生产系统

生产管理也就是对生产系统的管理。因此，要研究生产管理，首先必须了解生产系统。

（1）生产系统的运动机理

生产系统是企业大系统中的一个子系统。其运动规律就是输入资源，经过生产过程输出产品或服务，并且在生产过程中不断进行信息反馈，如图 14-1 所示。

不同的企业根据不同的生产目的应输入不同的资源，具体有：劳动力、资金、土地、建筑物、机器设备、工艺装备、原材料、燃料和信息等。

生产系统输出的是产品或服务。它们必须具有使用价值，必须符合社会和市场的需要，这样才能销得出去，这是实现企业赢利目标的前提。

生产系统是一个输入、输出的转换系统，转换过程就是生产过程。企业一定要通过自身的努力，使输出大于输入，才能真正实现企业的赢利目标。为此，企业应尽可能采用最经济的生产方式，以消耗最少的人力、物力、财力和时间，降低成本，缩短交货期。

在生产系统中还要不断加强内部协调性工作。为此，应重视系统内部各环节的信息反馈。信息反馈可以指挥、控制、调整企业生产过程中的偏差，从而使生产顺畅地进

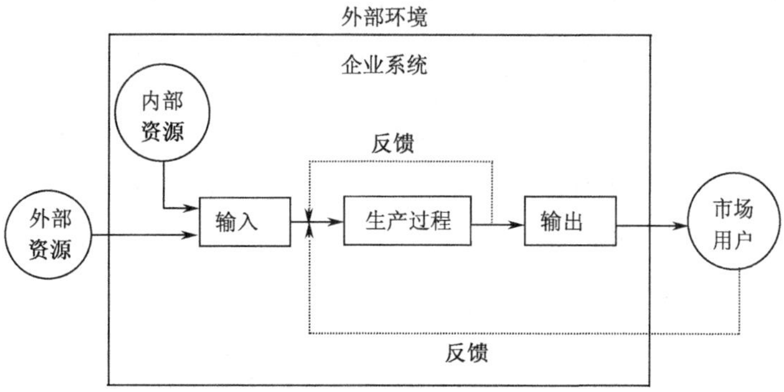

图 14-1　生产系统的运动

行，生产出符合要求的产品或提供服务。

生产系统与外部环境的联系息息相关，所以必须强调生产系统对外部环境的适应性，加强应变能力，尤其是外部市场瞬息万变，生产系统自身要及时地应变。

（2）企业生产系统类型划分方法

为了更好地研究和组织企业的生产过程，就需要按一定的标志将企业生产系统划分为不同的生产类型，据此实行分类指导。企业生产类型划分的标志很多，在此只介绍两种最典型的划分方法。

1）按业务来源划分。按业务来源企业生产可以分为订货生产型和存货生产型两种。

订货生产通常是根据用户的需要进行生产，体现“以需定产”。在订货生产方式下，由于顾客订货一般是不稳定的，时多时少，时急时缓，所以会给生产能力带来冲击，因此，要求企业在生产能力上要保持一定的灵活性和机动性。在销售方面，要争取尽可能多的订单接受订货的数量。此外，要严格根据合同按期交货，努力提高履约率。

存货生产是企业根据市场需求预测安排生产，并通过对产品库存来调节生产与市场需求之间的矛盾，即在市场需求低于产量时增加库存，以便在市场需求高于产量时用库存来补偿生产不足。这种安排生产的方式，能使企业生产能力利用率维持在一定水平上，保持稳定的生产秩序。

2）按产品品种和生产的重复程度划分。按产品品种多少和生产的重复程度企业生产系统可分为大量生产、成批生产和单件小批生产。

大量生产类型的特点是产品品种少、同种产品产量大、经常重复生产同种产品固定加工一道或几道工序，专业化程度高。

成批生产类型的特点是产品品种较多，各种产品的数量不等，生产条件比较稳定，每个工作要负担较多的工序，各种产品成批轮番生产，工作地专业化程度比大量生产低。成批生产按批量大小，又可分为大批生产、中批生产和小批生产。大批生产接近于大量生产，因而一般称为大量大批生产；小批生产接近于单件生产，因而一般称为单件小批生产。只有中批生产才具有典型的成批生产特点。

单件小批生产类型的特点是产品品种很多，每种产品只生产一件或几件之后不再重复，或虽有重复但不定期，生产条件很不稳定，工作专业化程度很低。由于生产类型特点的不同，反映出来的生产成本也不相同。在大量生产条件下，工作专业化程度高，可采用高效率的专用设备和工艺装备，便于组织流水线和自动线，工人操作简单，技术熟练，计划管理工作简单，具有较高的劳动生产率和较低的生产成本。单件小批生产条件下，工作专业化程度低，一般采用通用设备和工艺装备，设备利用率和劳动生产率低，对工人技术水平要求高，计划管理工作复杂，生产成本高。成批生产的生产成本介于大量生产和单件小批生产之间。

(3) 生产系统的选择

企业生产系统的主要功能是制造产品。要制造什么样的产品，决定了需要什么样类型的生产系统。因此，要选择生产系统，首先要分析市场和用户对产品的要求。

用户对产品的要求可以概括为六个方面，即品种款式、质量、数量、价格、服务和交货期。虽然这六方面较全面地概括了用户对产品的基本要求，但不同的用户对同一种产品在要求上往往有很大差异。例如，有的用户追求款式新颖；有的希望产品经久耐用；有的希望物美价廉；有的希望得到良好的售后服务；有的不惜高价只要求迅速交货等。

用户对产品的六个方面的要求和产品对生产系统的要求两者之间有很强的对应关系。对应于用户对产品提出的六方面要求，产品对生产系统提出了创新、质量、弹性、成本、继承性和按期交货等六项要求。两者之间的关系见表 14-1。

表 14-1　产品功能与生产系统功能的对应关系

用户对产品提出的要求		产品对生产系统提出的要求	
品种款式	反映用户对产品品种规格、款式、新颖度、更新速度等的要求	创新	反映生产系统开发新产品的能力、对新技术的适应能力及系统的自我完善能力
质量	反映产品的性能、外观、寿命等满足用户需求的程度	质量	反映生产系统对产品质量的保证能力
数量	反映用户对产品数量上的需求变化	弹性	反映生产系统对市场需求变化的适应性
价格	反映用户购买、使用产品的代价	成本	反映生产系统对产品制造成本的控制能力
服务	反映产品售前、售后对用户提供的服务及产品更新换代后对老产品的服务保障	继承性	反映生产系统生产的升级换代产品对老产品的兼容性
交货期	反映用户对产品供货时间的要求	按期交货	反映生产系统按合同或市场要求准时交货的能力

不同的生产类型具有不同的功能特点和竞争优势，每一种生产类型在六项功能指标方面都表现出一种相悖的关系，这说明一种生产系统只能满足有限的功能需求。20 世纪 70 年代以来，随着全球制造业竞争的加剧，为适应多品种小批量生产的需要，又出现了许多新的生产系统，例如，柔性制造系统（FMS）、计算机集成制造系统（CIMS）、敏捷制造（AM）、定制生产等。这些新的生产系统在上述六项功能指标方面

均可达到最优化。

此外，用户对产品的要求在转化为对生产系统的要求的过程中，还受到企业竞争战略的作用，使上述六项要求中的某些要求得到了强化，并产生了优先顺序。因此，一个有效的生产系统选择标准是：它制造的产品不仅能满足用户对产品六项要求的基本水平，而且还要适应企业经营战略的要求，使产品具有所需特色，能在市场中取得竞争优势。

14.2 生产设计与组织

生产系统的设计和组织是指应用科学的方法和手段对组成企业的各个部分、各种物质要素（设施、设备等）进行合理的配置和空间及平面布置，使之形成有机的系统，以最经济的方式和较高的效率为企业的生产经营服务。

任何企业的生产都是在一定的空间范围内以一定的组织方式进行的，因此，生产系统的设计和组织是企业生产管理的重要内容，它对企业的生产经营有着重要而长久的影响。生产系统的组织如果不合理，往往是难以通过其他措施来弥补的，所以在进行生产系统的设计和组织时，应予以充分重视。

1. 厂址选择

厂址选择就是确定工厂坐落的区域位置。这一问题不仅影响投资大小、见效快慢，以及生产系统的日常运行绩效，而且在很大程度上影响着整个企业的战略布局与目标的实现可能性。厂址选择的目的不仅是为了生产系统的总成本达到最小，而且还要使其能够为用户提供最佳的服务。

（1）影响厂址选择的因素分析

影响厂址选择的因素有很多，它们主要是：

1）环境方面因素：主要包括地理条件，涉及面积大小、外形适合性、地势平坦度、地质构造特点；气候条件，涉及温度、湿度、气压、风向、烟尘；环境保护要求以及三废处理的难易程度。

2）资源方面因素：如原材料产地的接近程度、保障程度；能源、动力、水资源的供给条件；资源税的征收状况。

3）运输条件因素：如对铁路、河流、机场、公路等的接近程度，料场的位置与面积、所需使用的运输设施种类及其相应费用。

4）销售条件因素：对市场、客户的接近程度。

5）劳动力的可获得性：包括当地的平均工资水平、社会福利待遇水平、住房条件、劳工培养的费用、平均素质、业务水平等。

6）社区社会风尚：劳动者对待工作的态度，进取精神、价值观、需求特点、娱乐休闲方面的要求、人际关系及社团组织特点。

7）政府与企业的关系：政府对经济的支持程度、政策导向、税收制度、优惠倾斜政策、务实精神、办事效率、服务水平。

显然，上述各种因素对于不同企业、不同产品的生产有着不同的影响和不同的要求。应综合考虑各种因素的影响作用，并抓住重点，使生产建设和生活设施协调发展，力求支出最低的建设费用和生产经营费用。

（2）厂址选择的决策过程

厂址选择总体分析是要进行三个层次的决策，首先要进行区域选择，即在省际甚至在洲际范围内考虑厂址问题；其次要进行地区选择，决定在哪个城市或乡镇；最后进行地址选择，落实到具体的厂址、面积等方面。具体的厂址选择决策应该包括下面七个步骤：

1）确定选址的目标。选择厂址或店址虽然都是为了寻找一个更好的经营地点，但在具体的目标方面仍有差异，有的是为了扩大生产能力，有的是为了接近客户、占领市场，有的是为了寻求成本的降低，有的“迁都”选址是为了开发疆土、实现区域间的经济平衡，因此明确选址的深层次目标对于决策来说是至关重要的。

2）确定建厂的最佳区域。在明确选址目标的前提下进行厂址的区域选择。如果是为了开发市场、接近客户，区域选择很明确；如果是为了寻找低廉的劳动力来降低生产成本，可选的区域就要相对多一些；而如果是为了扩大生产能力、实现多角化经营等，那时可选的区域可能还会增多。进行区域选择时主要要考虑企业经济活动的需求，可借助盈亏平衡分析来预测不同区域的建厂获利潜力。

3）确定建厂选点的决策要素及其评价标准，主要从产品、营销、技术、设施、交通、人员等方面考虑。首先考虑哪项要素对实现目标影响最大或作用最显著，然后分析、确定各项要素的实际要求水平，如客户要求必须在72小时之内交货就是一项具体的决策厂址的评价标准。

4）对区域中的地区按以上标准进行筛选，可采用定性打分的判别方法，将各地区的达标满意水平反映出来，进行对比分析、评价。

5）对定性筛选后的重点地区进行定量分析，可利用运筹学中的运输问题模型进行求解，比较出最优的地区。

6）在地区内对最佳地点进行决策，也可采用运输模型求解。

7）确定建厂的实施方案与工作计划，包括进行基础设施设计、资金预算计划、各项工作的总体计划安排等。

总之，进行厂址选择是一个企业的重大长远决策，要进行充分的可行性研究。目前很多地方进行了开发区的规划，这对厂址选点有所帮助，但对制造业工厂的区域决策、服务业的选点决策来说仍应进行慎重仔细的分析。

2. 厂区平面设计

当完成了厂址的决策之后便需进行厂区的平面设计。厂区平面设计就是将企业内的各种生产设施进行最合理的安排，使它们组合成一定的空间形式，有效地为企业的生产经营服务，以获得最大的经济效果。具体说，就是根据已选定的厂址地貌，对组成企业的各个部分，如基本生产车间、辅助生产车间、仓库、公用设施、办公部门等进行合理布置，确定其平面或立体的位置，并相应地确定物料流程、运输方式和运输路线。

厂区平面设计是一项系统工程。由于企业的绝大部分生产经营活动都是在一定的厂区内进行的，因此厂区设计得合理与否对企业的生产经营有着十分重要的影响，它影响着企业的生产经营成本、职工的工作环境、物料运输及应变能力等方面。有统计资料表明，在制造业中，总经营费用的20%～50%是物料的搬运费用，而优良的厂区平面布置可使这一费用至少减少10%～30%。

（1）厂区平面布置的原则

厂区平面布置必须从系统的观点出发，统筹兼顾，全面规划，合理部署，讲求整体的最优效果。进行厂区平面布置应遵循下列原则：

1）厂区平面布置应使厂房、设施和其他建筑物的配置满足企业生产过程的要求。

2）尽可能使厂区内的物料运输距离最短。这就要求尽可能避免交叉运输和重复往返运输，尽可能减少物料流量。因此，应尽可能使厂房按生产流程的顺序布置。

3）尽可能使厂区平面布置紧凑。一般说来，工厂占地面积小，厂区布置紧凑，则建厂时的土方工程量就小，运输路线、工程管道和道路的里程也短，因而基建费用就低。为了节约用地，不仅要提高企业的建筑系数（厂房、建筑物占地面积在全厂总面积中所占的比重），还要提高单位建筑面积的产量和利用多层建筑物的优点。

4）要合理划分厂区。尽可能按功能或其他条件把厂区划分为不同的功能区域，把相同或相近功能且条件要求相近的生产单位布置在同一个区域内。如机械制造厂可分为加工区、动力区、办公区和生活区等，这样便于管理，有利于厂区安全和环保。

5）有利于整体协调。厂区平面布置应有整体观念，在可能的条件下使厂区布置各要素之间相互协调。如任何一个单位的进出口处应布置得对于另一个发放或接收的单位是最方便的。

6）厂区布置要有利于安全和职工的健康。安全要求是多方面的，如防火、防爆、防毒、防盗等，在厂区布置时均应予以妥善考虑。另外，厂区布置应充分考虑保证在其内工作的职工的身心健康，注意厂区的绿化和美化，并设置适当的休息区域。

7）充分利用外部环境提供的便利条件。在进行厂区平面布置时应充分考虑环境给予的各种便利条件并尽可能予以利用，特别是厂外运输条件。生产过程的流向和运输系统的配置应满足货运路线的要求，保证物料输入和产品输出比较方便。

8）厂区布置要与环境相协调。企业应牢固树立自己是社会一成员的思想，应使厂区的环境、建筑的式样与周围的社区环境相协调，尤其是在历史名城或风景区附近。

9）厂区的布置要充分考虑远景发展需要，在可能的情况下为企业未来的发展预留余地。

（2）厂区平面设计方法

厂区平面设计要经过反复实验、比较、验证，是一个设计、修改、再设计的过程。开始可以在纸面上利用模型进行设计。模型有平面的、立体的、带颜色的、按比例的等多种形式，可根据实际需要具体决定。布置时一般先安排主要生产车间和某些由特殊需要决定其位置的作业。如禁止吸烟的作业场所，应另设吸烟区；仓库区域内应设置消防车通道；储存石油、化学易燃物品的仓库可布置在地下室或其他比较安全的地方。其次确定主要过道的位置。厂区内的人行道、车行道应平坦、有足够的宽度和照明设备；主要过道的两端尽可能与厂外公路相连接，中间与各车间的大门相连接，道路与轨道交叉处应有信号装置、篱杆和明显标志。最后，根据各组成部分的相关程度，确定其他辅助部门和次要过道的位置。利用模型在纸上进行布置、设计，便于修改比较，也便于形成几个不同的布置方案。对不同的布置方案要进行技术经济评价，从中选择出一个最适合企业目标和需要的方案。评价的方法有：

1）优缺点比较法。罗列各个方案的优缺点进行分析比较，并按最优、次优、一般、较差、极坏五个等级评分，得分最高者为最优方案。

2）经济效益比较法。按一定的技术经济指标计算各方案的经济效果，从中选择一个最优方案。如将单位面积的投资费用与单位面积的产量或收益进行比较，计算单位产品所需要的工时或成本作为方案评价的依据等。

3）要素比较法。列出评价方案的全部要素，然后用分等加权法从中选出最优方案。评价工厂布置方案的要素主要有：将来改建、扩建的难易程度；重新布置的可能性，物资流通和搬运的效率；地面和空间的利用程度；满足生产工艺要求的程度；安全卫生；仓库储存的效率；是否便于管理，设备的利用程度；外观与绿化；辅助部门的工作效率；能源利用，对自然条件、建筑物的有效利用；环境保护与三废处理；所需的投资费用和生产经营费用等。

4）生产活动相关图布置法。这种方法首先要绘制生产活动相关图，以表明工厂（或系统）各组成部分之间的关系，然后以此为根据，按其相关程度进行布置，以求得最优的总体布置方案。

5）物料流向图布置法。这种方法主要是按照原材料、在制品、成品等物资在生产过程中总的流动方向和搬运量来进行工厂布置，特别适用于物料运量很大的工厂。

工厂总平面布置经过模型试验、方案比较，确定最优方案后，就可以到现场进行实地布置。现场布置可根据具体条件对原设计方案进行必要的修正。由此可见，工厂布置过程实质上是一个实践、认识、再实践的过程。

3. 车间（设备）布置

车间布置主要研究车间内部的工种、机器、设备应该如何组织配备的问题。由于各个企业的生产技术特点不同，各企业内部的空间组织就有很大的差别。空间组织的常见形式一般有：

（1）工艺专业化形式

工艺专业化又称工艺原则，它是根据不同的生产工艺性质来设置车间、工段、班组等生产单位。在工艺专业化的生产单位里，集中着同类的工艺设备，对企业生产的各种产品（零件）进行相同的工艺加工。这种形式的优点是：对生产产品变化有较强的适应性，生产面积利用率高，便于对工艺进行专业化管理。其缺点是：因为这种形式不是独立完成产品的全部加工工序，一件产品要经过许多生产单位后才能完成，所以产品在生产过程中的运输路线长，运送材料、半成品的劳动消耗多，这就增加了运输费用。产品在生产过程中存放、等待时间增多，延长了生产周期，使在制品的数量增多，增加了流动资金的占用。由于各单位之间联系协作往来频繁，使生产计划管理、在制品管理、质量管理等项工作复杂化。工艺专业化形式多适合于单件小批生产类型的企业。

（2）对象专业化形式

对象专业化又称对象原则。它是按照产品（部件、零件）的不同划分生产单位（车间、工段、班组），在对象专业化的生产单位里，集中着为制造某种产品所需的各种机器设备和工人，这些机器是按照产品的工艺过程的顺序来布置的。工艺过程是封闭的，产品的绝大部分工艺都集中在一个生产单位完成。这种形式的优点是，由于相同的产品集中在一起，连续进行许多工序的加工，使加工路线缩短，节约了运输设备和运输人力，减少在制品资金占用，有利于采用先进的方法组织生产，减少生产过程的中断时间，缩短了生产周期，简化了计划、调度、核算等管理工作，为流水生产制造了条件。对象专业化形式的缺点是，适应产品品种变化的能力差，需要较多型号的生产设备，投资费用大，使用分散，设备的利用率低，一旦某台设备出现了故障，将影响整个生产线的工作。对象专业化形式多适用于产品品种和结构比较稳定的大批大量生产类型或成批生产类型的企业。

（3）混合专业化形式

混合专业化形式就是将工艺专业化形式和对象专业化形式结合起来的一种形式，在我国企业中应用比较普遍。它包括在工艺专业化形式的基础上，采用对象专业化的原则建立生产单位，或在对象专业化的基础上，采用工艺专业化的原则来建立生产单位。这种布置形式机动灵活，如应用得当，可取得较好的经济效益。

4. 流水线的组织

现代流水生产方式起源于福特制。亨利·福特是美国福特汽车公司的创始人，他于20世纪20年代创立了汽车工业的流水生产线，由此揭开了现代化大规模流水生产的序幕，引起了制造业的一场革命。所以，流水生产方式一直是现代大工业生产及大量生产类型的典型代表。

流水生产是对象专业化组织形式的进一步发展，是一种高效率的先进生产组织形式。它是指产品（零件）在生产过程中，按照规定的路线和速度，从一台设备到另一台设备，从一个工作地到另一个工作地，像流水般地进行移动。流水生产与非流水生产相比，具有多方面的优越性，即有利于提高劳动生产率和设备利用率；有利于缩短产品生产周期，减少在制品占用量，降低产品成本；有利于满足合同交货期的要求，极大地提高企业经济效益。

（1）流水生产线的特征

流水生产线的基本特征是：①流水生产线上每个工作地完成一道或几道工序都是固定的，因此工作地专业化程度高；②工作地和设备按产品加工顺序排列；③各道工序的加工时间之间，规定着相等或倍比关系；④按规定的节拍或时间间隔产出产品；⑤生产过程具有高度的连续性。

（2）流水生产线的分类

流水生产线可按不同的标志进行分类：①按生产对象移动方式不同，可分为固定流水线和移动流水线；②按生产对象的数目不同，可分为单一对象流水线和多对象流水线；③按生产对象轮换方式不同，可分为不变流水线和可变流水线；④按生产过程连续程度不同，可分为连续流水线和间断流水线；⑤按流水线节奏性不同，可分为强制节拍流水线和自由节拍流水线；⑥按流水线的机械化程度不同，可分为手工流水线、机械流水线和自动生产线。

（3）组织流水生产线的条件

组织流水生产需要具备一定的条件：①要有足够大的产品产量，以保证流水线上各工作地充分负荷；②产品结构和工艺过程相对稳定；③工艺过程能分解为简单的工序，而工序的分解与合并可以满足工序同步化的要求。

5. 多品种小批量生产

多品种小批量生产是指在规定的生产期间内，作为生产对象的产品种类（规格、形状、尺寸、型号、色彩等）较多，而每种产品生产数量较少的一种生产方式。

一般来说，与大量生产方式相比，多品种小批量生产方式一般具有以下特征：

1）生产品种的多样性。产品品种繁多，而批量与交货期又各不相同。

2）生产过程的复杂性。从材料加工成产品的工艺路线是多种的，“物流（生产过程）”因工件而异，交错复杂。

3）生产能力的适应性。由于品种不一，需求量不等，导致生产设备能力的过剩或不足，只能通过加班或多班运转来加以调节。

4）环境条件的多变性。由于订货规格、数量、交货期等变化大，往往因此而更改设计，出现特急任务，或发生外购件（材料、零件、外加工件）交货不及时等意外情况。

5）生产计划的困难性。因为订货规格不一，造成产品设计和生产过程多变，物流复杂，因此要实现工艺计划和进度计划的最优化亦非易事。

6）生产管理的动态性。由于具体车间实施生产过程中情况多变，容易引起设备故障、人员缺勤、操作熟练程度不足、次品多等问题，因此，往往靠经验、凭直觉办事，难以实行规范化管理。

14.3 生产计划与控制

生产计划与生产控制是企业生产经营计划的重要组成部分，是编制企业其他计划的依据，也是企业计划期内生产的行动纲领。本节将着重讨论生产计划、生产作业计划、生产控制三方面内容。

1. 生产计划

（1）生产计划的概念

生产计划是指在生产战略指导下，企业在计划期（年、季、月）内应完成的产品生产任务和进度的计划，即规定企业在计划期内应当完成的产品品种、质量、产量、产值、出产期等一系列生产指标的计划。

（2）生产计划工作的内容

企业在具体确定生产计划时，要认真进行调查研究，摸清企业内外部情况，了解和掌握市场需要与生产可能，力求做到以销定产，按需生产；还要采用比较科学合理的定性与定量分析方法去寻找最佳方案，必须对不同方案进行试算平衡，寻求措施，解决矛盾，从而达到生产任务与生产能力、劳动力、物质供应、生产技术准备、生产协作、利润、成本、资金等各方面的综合平衡，使生产成本最低，利润最大。因此，生产计划必须做好以下工作：

1）进行生产计划准备。充分而准确的信息资料是编制生产计划的基础。因此，生产计划准备工作主要是指各方面资料的收集。这些资料大致分为两部分：一部分是反映企业外部环境和需要的，包括经济形势、国家政策、市场需求、竞争者状况、原材料及其他物资供应状况等；另一部分是反映企业内部条件和能力的，包括劳动力及技术水平、生产能力水平、各种物资库存水平、流动资金和成本水平、销售服务水平及上期计划完成情况等。其中市场需求量和生产能力两方面资料尤为重要。

2）确定生产计划指标。经过生产计划准备工作，基本掌握了计划期内社会对企业产品的需求及计划期内企业可能提供的生产资源状况。在此基础上就可以确定生产计划指标，这是生产计划的核心。生产计划工作的成果，其实就表现在为各项生产计划指标确定一个合理的水平，即企业在计划期内应当完成哪些产品，其质量档次如何，生产多少，什么时间投入，什么时间出产，实现多少利润等。

3）编制产品出产进度计划。产品出产进度计划是指把企业全年的生产任务，按产品品种、规格、数量具体地按季、按月进行分配，也称作主生产计划。由此可以看出，企业产品的出产进度计划的编制，既要从时间上保证生产指标的实现，保证产销衔接，又要能保证企业生产秩序和工作秩序的稳定。所以，合理地编制产品出产进度计划，是生产计划的重要内容，它对合理地组织生产、有效地利用各种资源、均衡生产、提高企业效益有重要作用。为此，编制企业产品进度计划必须要与企业已签的合同交货计划、技术准备计划、生产能力计划、物资供应计划、财务收支计划等进行反复综合平衡。

2. 生产能力计划

(1) 企业生产能力的概念

企业的生产能力是指在一定的时期内直接参与生产过程的固定资产，在一定的生产技术条件下，经过综合平衡，所能生产一定种类的产品或加工处理一定数量的原材料的能力。企业生产能力一般分为设计能力、查定能力和计划能力三种。设计能力是指企业设计任务书和技术文件中所规定的生产能力，它是确定企业生产规模、编制战略规划、安排基本建设计划的依据；查定能力是指老企业没有设计能力，或原有设计能力被突破的情况下，经过重新调查核定的生产能力，它是企业进行技术改造时核定生产能力的依据；计划能力是指企业在计划年度内实际能够达到的生产能力，它是企业编制年度计划、确定生产指标时的依据。

影响企业生产能力的主要因素有三个：一是生产中固定资产的数量，即机器设备的数量；二是固定资产的工作时间，即它的有效工作时间；三是固定资产的生产效率，即设备和生产面积的生产效益。

(2) 生产能力与生产计划的平衡

在编制生产计划时，一般要进行设备负荷计算，其目的是为了发现生产任务与生产能力之间的不平衡状况，以便有计划地采取各种有效措施，以保证计划任务的落实和生产能力的充分利用。在平衡时，应当注意把当前同长期结合起来。这就是说，不仅要考虑到本年、本季、本月的生产能力之不足或有余，同时还要注意到今后较长时期内社会需求量同企业生产能力的平衡情况。只有将这两方面结合起来考虑，采取相应的不同措施，才能使企业的生产经营活动取得较好的经济效益。例如，一家企业从当前来看，生产能力不能满足生产任务的要求，但从长期销售预测来看，则市场需求将趋于呆滞，如果盲目扩大生产能力，必将在生产经营活动上遭受挫折。

3. 生产作业计划

生产作业计划是生产计划的具体执行计划。即把企业的年度、季度生产计划中规定的月度生产任务以及临时的生产任务，具体分配到各车间、工段、班组以至每个工作地和个人，规定他们在月、旬、周、日轮班以至小时的任务，并按日历顺序安排生产进度。生产作业计划是生产计划的细化和落实，是组织当前企业日常生产活动的依据，它对于企业保证均衡生产，按期、按质、按量地完成生产计划，及时提供适销对路的产品，提高企业生产效率和经济效益，都起着非常重要的作用。

生产作业计划与生产计划相比有以下特点：

1）计划期较短。生产计划一般只规定年度分季、季度分月的生产任务，而生产作业计划具体规定月、旬、周、日、轮班、小时的计划。

2）计划的内容更具体。生产作业计划把生产任务分解落实到各车间、工段、班组、机台和个人。

3）计划单位更小。生产计划一般以成台产品作为计划单位，而生产作业计划的计划单位是产品的部件、零件，直至工序。

编制生产作业计划就是要解决生产的期和量的问题，即期量标准。期量标准是对生产作业计划中的生产期限和生产数量，经过科学分析和计算而规定的一套标准数据。它反映了各个生产环节在数量上和时间上的联系，有利于企业均衡、经济地完成生产计划。

由于企业的生产类型、产量大小和生产组织形式不同，采用的期量标准也不同。大量生产一般采用节拍、节奏、流水线工作的指示图表、在制品定额等；成批生产一般采用批量、生产间隔期、生产周期、生产提前期、在制品定额等；单件小批生产采用生产周期、生产提前期等。

企业的生产作业计划编制包括了厂级生产作业计划的编制和车间内部生产作业计划的编制。编制厂级作业计划，就是厂部（公司）根据全年产品生产进度计划的分月任务、供货合同要求，规定各车间的生产任务，包括月度投入量、出产量以及投入和出厂期限。其核心是要组织各个车间之间的衔接平衡。编制车间内部作业计划，就是各车间根据厂部（公司）下达的生产作业计划任务，进一步下达到工段或班组，编制月度作业计划任务，工段或班组还要把任务分配到各个工作地和个人。

4. 生产作业控制

所谓生产作业控制，就是不断监督和检查计划的执行情况，及时发现计划执行过程中已经或即将出现的偏差，分析其产生的原因，并采取有效措施纠正或预防偏差的产生。

生产作业控制的基本内容可归纳为以下几个方面：

（1）作业安排

首先检查生产作业计划规定的各项准备工作是否已经完成，物料、工装和机器设备是否已经准备齐全，以确认生产过程能够正常进行。然后，开具加工单、检验单、出库单等各种传票，向各个操作人员或作业班组进行作业分配。

（2）测定偏差

在进行作业过程中，按预定时间和顺序检查计划的执行情况，掌握实际结果与计划目标之间存在的偏差。

（3）纠正偏差

根据偏差产生的原因及其严重程度，采取事前预防或事后调整的不同处理方法。首先要认真预测偏差的产生，事前规划消除偏差的措施，这是一种积极的选择，如发掘加工潜力、动用库存、组织外协等；其次要及时将偏差情况向生产运作管理部门反馈，以便管理人员及时调整计划，或在编制下期计划时作为重要参考依据。

（4）提供情报

查证生产过程进行情况和完成时刻，提出报告，并将计划执行结果整理成数量、质量、成本等资料，汇总为统计分析报告，为开展生产进度控制、质量控制、成本控制、库存控制等提供必要的情报。

上面介绍的都是传统的生产计划和控制方式，随着科技水平和新的生产方式的发展，也出现了新的生产计划和控制方法，最具有代表性的就是制造资源计划（manufacture resources planning，MRPⅡ）。

5. 制造资源计划

制造资源计划（MRPⅡ）是从 20 世纪 70 年代才开始发展起来的一种适用于多品种、多级制造装配系统的管理技术。MRPⅡ最初只是用来制定原材料零部件生产采购计划的一种工具，因此曾被称为物料需求计划（MRP），随后借助于飞速发展的信息技术手段，在 20 世纪 80 年代迅速发展成为一个完整的生产计划与控制系统，其逻辑流程图如图 14-2。

如该图所示，企业生产运作计划的基本过程是，首先根据市场需求预测制定年销售计划，然后根据销售计划和企业的生产资源条件制定企业的年度生产大纲。然后将年度生产大纲分解为具体的生产实施计划——主生产计划。主生产计划必须考虑近期的市场需求和合同订单。主生产计划制定好以后，根据主生产计划计算原材料零部件的需求量和需求时间，然后制定原材料零部件的生产采购计划。也就是说，整个计划过程是从上至下的。而生产作业与计划过程正好相反，首先从原材料零部件的采购和加工开始，然后才能一步步组装成产品。

与传统的生产管理模式相比，MRPⅡ计划管理模式有一些很突出的特点：首先，它实现了计划的一贯性和可行性，计划层次从宏观到微观，由粗到细，把通常的三级计划统一起来了，并在制定每层计划时都要与企业的生产能力进行平衡，保证计划的可行性；其次，它实现了管理的系统性，它把企业所有与生产经营直接相关部门的工作连成了一个整体，改变了原来各个部门条块分割自行其是的传统工作方法；再次，它具有数据共享性，企业各个部门可以依据同一中央数据库的信息进行管理，任何一种数据变动都能及时传输给所有部门，改变了过去那种信息不通、情况不明、盲目决策、相互矛盾的现象；最后，它实现了企业物流和资金流的统一，包罗了成本会计和财务功能，可以

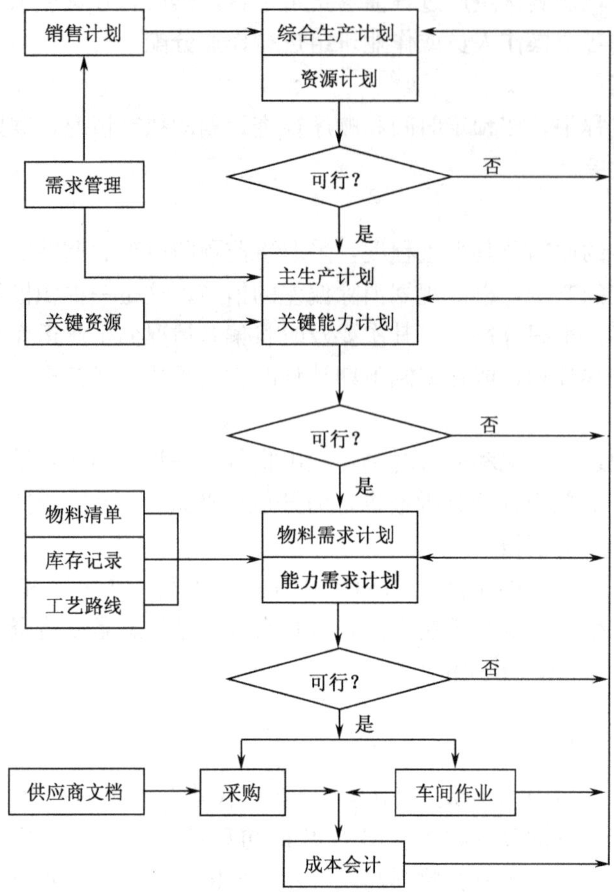

图 14-2 MRPⅡ逻辑流程图

由生产经营活动直接产生财会数据，把实物形态的物料流动直接表现为价值形态的资金流动，保证生产和财会数据的一致。

现在，发达国家的大部分制造业企业，都采取了 MRPⅡ的计划管理模式，在降低生产成本、降低库存水平、缩短生产周期等方面，取得了明显效益。据国外资料报道，MRPⅡ带来的效益可归结成如下的五个方面：

1）低库存，包括原材料、在制品和产品的库存。如库存资金占用可降低 15％～40％，资金周转次数提高 50％～200％，降低库存盘点误差（控制在1％～2％）。

2）合理利用资源，缩短生产周期，提高劳动生产率。如减少装配面积10％～30％，减少加班工时 10％～50％，减少缺件 60％～80％，提高生产率 5％～15％。

3）按期交货，提高客户服务质量。一般按期交货履约率可达 90％以上，接近100％。

4）降低成本。如降低采购费，减少加班费；由于生产周期缩短，库存减少而降低成本 7％～12％，增加利润 5％～10％。

5）MRPⅡ系统同财务系统集成，可减少财务收支上的差错或延误，减少经济损失。

在中国，虽然也有不少企业引入了MRPⅡ管理模式，但并不是都取得了成功。因为，第一，国内企业实施MRPⅡ，主要以引进国外软件为主，但是这不能保证该管理模式的成功，因为它还需要企业进行管理变革；其次，MRPⅡ管理模式的实施要求有及时准确的数据支持，有健全的基础数据和规范化的管理基础，而我国很多企业恰恰在这些方面很欠缺。这些问题是需要花长时间、大力气才有可能解决的。从这个意义上来说，我国企业在提高企业内部管理水平上，还有很长的路要走。.

当前，在MRPⅡ的基础上，又发展起来了企业资源计划（enterprises resources planning，简称ERP)，它把企业的生产经营、销售管理、供应链管理、人力资源管理、办公自动化等几乎全部职能的管理都囊括了进来，实现了更广泛的管理信息集成。

14.4　现代生产管理方式

1. 精益生产方式

精益生产方式起源于日本丰田汽车公司，最早曾被称为丰田生产方式，其后又被称为准时制（just in time，JIT）生产方式。精益生产方式是指运用多种现代管理方法和手段，以社会需求为依据，以充分发挥人的作用为根本，有效配置和合理使用企业资源，最大限度地为企业谋求经济效益的一种新型生产方式。

精益生产方式综合了大量生产方式和单件生产方式的优点，又避免和克服了这两种生产方式各自的缺点。精益生产方式主要有以下特征：

1）实行拉动式准时生产。在生产制造过程中，生产产品的所有零件按小时间隔准时直送总装配线，杜绝一切超前、超量制造。

2）以人为本，充分调动人力资源的积极性。摒弃了传统生产方式把人作为机器的附属品的地位，强调以人为本，充分发挥员工作用，培训员工一专多能，不断提高工作技能；推行多机床操作和多工序管理，并把工人组成作业小组，赋予相应的责任和权力。作业小组不仅直接参与组织生产，而且参与管理，甚至参与经营。

3）建立主机厂与协作厂的利益共同体。在生产组织结构和协作关系上，精益生产一反大量生产方式追求纵向一体化的做法，把70%左右的汽车零部件的设计和制造委托给协作厂进行，主机厂只完成占汽车整车零部件30%的设计与制造任务。协作厂在经济上虽然都是独立的，但主机厂通过签订长期合作协议拥有协作厂股份，并且向协作厂输送高级管理人员，以组织互助协作会等办法，把主机厂与协作厂之间存在的单纯买卖关系变成利益共同的血缘关系。在开发产品、提高质量、改善物流、降低成本等方面密切合作，确保主机厂和协作厂共同获得利益。

4）把多种现代管理手段和方法用于生产过程之中，如工业工程、价值工程等，计算机更多地应用到计划、过程控制中，使生产手段现代化，也极大地提高生产效率。

5）有效配置和合理使用企业资源。丰田公司十分珍惜每一份资源，认为资源来之不易，力争使每一份资源发挥最大作用。资源进入企业就转化为成本，“精耕细作”使用资源，可使企业生产成本得到降低。

6）彻底消除无效劳动和浪费。精益生产方式认为，只有能增加价值和附加价值的劳动才是有效的，否则，就是无效的，是一种浪费。在减少无效劳动和浪费上，精益生产方式提出了四零，即追求“零故障、零缺陷、零库存、零浪费”，消除一切影响工作的“松弛点”，以最佳的工作环境、条件和最佳工作态度，从事最佳的工作。

7）在产品开发与生产准备工作上化整为零，采用小组工作法。小组工作法是精益生产方式的另一个突出的特点。小组工作法是指企业的生产组织以小组为单位，小组不仅进行生产，而且要参与管理和经营，它是为彻底消除无效劳动和浪费、实行拉动式生产而建立的。小组工作法强调以人为本，团结协作，集思广益，齐心合力，强调团队精神。精益生产方式克服了大量生产方式中由于分工过细所造成的那些信息传递慢、协调工作难、开发周期长等缺陷。采用项目负责人制和并行工程的方法，从确定产品开发项目开始就成立有产品设计、工艺、质量、成本、销售等各种专业人员组成的开发小组，并由能力强的组长来领导。这样就能大大提高产品开发的工作质量，缩短开发周期，改变了大量生产方式中只能提供少量有限标准产品的状况，能够按照市场信息开发出多种多样的产品品种，满足社会多元化的需要。

2. 定制生产

定制生产也是20世纪90年代以来针对市场和消费者需要呈现多样化、差异化、个性化而产生的先进的生产方式之一。

（1）定制生产的必要性

1）它是满足消费者需求多样化的需要。20世纪80年代后，随着消费者需求的日益多样化，要求产品品种越来越多，于是造成多样化生产给企业带来较多的库存，增加了成本。为此，西方企业为适应市场的新趋势，推出了定制生产方式。定制生产解决了产品多样化带来的生产上的困难。

2）它是实现生产与营销紧密结合的需要。在社会主义市场经济条件下，要做到产销结合，以销定产并非易事。实现定制生产解决了这一问题。所谓定制生产，即根据消费者的特别需求而定制生产产品，实现产品制造过程与营销过程的紧密结合，改变了生产与营销的分离，这种生产方式能够生产差异化的产品，对于消费者有重要意义的产品，企业能提供满足消费者需求的特别产品就具有很大的价值。

3）它是满足消费者要求产品变化快速的需要。定制生产由于采用产品模块化设计、制造流程模块化设计，因此能够更快地提供符合消费者需求的产品，如美国惠普公司，因实行定制生产而取得很大成功，它能够比竞争对手更快地提供更符合消费者需求的产品。

现在西方国家有越来越多的企业推行定制生产方式，并取得了很好的效果。

（2）定制生产方式的运行

1）产品设计。定制生产运行成败的关键，主要看能否控制成本的上升。美国惠普等著名大公司组织定制生产的成功经验表明，以低成本进行定制生产的关键在于将客户所需的产品差异的特点放在产品供给网络的最后一个环节来进行。企业定制生产的运行，不仅仅是在生产中引入的一种新方法，而是一项整合的系统工程，主要包括产品设计、制造流程的设计和灵活的供给网络。

产品设计在定制生产方式下应设计为几个独立模块的组合。这样设计便于以较低成本根据顾客的要求将模块组装成不同种类的产品。独立模块的产品设计将最终产品分解为几个部分，而另一些则因产品的不同而不同，产品模块设计的好处有以下几点：①可以把各种产品都用上的标准化部件的数目最大化。在组装流程的早期阶段，把这些标准化部件先组装好；而将使产品差异化的附加部件一直推迟到制造流程的最后阶段来加工组装。②把产品的模块分立，可以使企业在同一时间内制造各个模块。这样可以大大缩短产品总的生产时间。③模块分立化，可以更容易地诊断出生产中的质量等问题。

2）制造流程的设计。制造流程也应设计为包括几个独立模块（子流程）的系统，以便灵活地重新安排和移动生产的顺序。流程模块的设计应遵循以下原则：①使流程的前期阶段生产各个产品品种中公用的部分，须按要求定制生产的部分放在尽可能后的流程阶段。如服装零售行业可为服装的生产划分为两个流程：测量和制造。企业可运用计算机和光学技术在零售店里测量顾客的身段。这一子流程对于各种服装的制造都是需要的。测量完后再通过计算机将测量结果送到服装制造厂，以较快的速度按规格定制生产。虽然企业需要额外投资测量设备，但定制化生产却会提高产品的销量，并节约大量的成品存货，降低成本。②企业可对子流程重新排序，以实现定制生产。例如Benetton服装公司毛绒衫的生产制造过程，就是子流程重新排序的一个很好的例子。该公司不像其他公司先把棉纱染色然后做成服装，而是把印染与针织的顺序对调。公司先将未染色的棉纱制成毛绒衫，然后再根据消费者的要求，或是当公司对该季节的色彩有更好创意时将其染色，通过重新安排生产流程，公司有效地延迟了产品差异化的阶段，而避免了大量的过时存货。

3）灵活的供给网络。定制生产还要求有一个灵活的供给网络。设计供给网络包括制造工厂和分销中心最佳数量和地理位置的选择。这一选择要考虑很多因素，如对顾客订单的反馈时间、拥有本地制造厂带来的营销上的优势、运输成本和时间、本地的劳动力成本等。分销网络有两大类：集中的分销网络和分散的分销网络。集中分销方式是使一个生产部门服务多个地区，具有低成本的优势，而分散分销方式是一个生产点服务一个地区，它可以提供给消费者较高的服务质量。在以往大量生产方式下，分销中心主要是存储存货和销售产品，这时分散的分销网络对于拥有多样化产品的企业来说作用不大，而建立这样一个支持多样化产品选择的分散分销网络需要很大的投资和存货。但在定制生产方式上，分销中心除了存储基本产品外，还要在接受顾客订单后对基本产品实施最后一步定制生产，能够灵活而迅速地满足消费者的需求。这种分散的分销系统使企业既可以将基本产品的生产集中在世界范围内的几个地方以取得规模经济优势，同时又可体现本地定制生产速度快、反应及时的优势，因此是适合定制生产方式的供给服务网络。

部件的成本，生产和分销部门是制造成本及分销成本。不同的评估标准使得各部门追求的目标各不相同。营销部门希望提供更多的产品以吸引顾客，研究开发部门想以尽可能低的成本提供功能尽可能多的产品，而生产部门却希望大量生产以降低制造成本。对各职能部门目标的不一致甚至冲突，企业的高层管理人员需作好协调工作和信息沟通，最大限度地避免因内部矛盾导致定制生产的高成本和低效率。

3. 敏捷制造（AM）

面对21世纪知识经济的挑战，国际竞争日趋激烈，许多国家开始制定为了提高自己国家在未来世界中的竞争地位、建立竞争优势的先进制造计划。

敏捷制造是美国为重振其在制造业中的领导地位而提出的一种新的制造模式。1998年美国通用汽车公司（GM）和李海大学的艾柯卡（Lacocca）研究所正式出版的《21世纪制造企业的战略》，标志着敏捷制造战略的诞生。由敏捷制造战略引申出的生产管理模式即敏捷制造模式，综合了JIT（LP）、MRPⅡ等先进的生产管理模式的优点，能系统全面地满足高效、低成本、高质量、多品种、迅速、及时、动态适应、极高柔性等现在看来难以由一个统一生产系统来实现的生产管理目标要求，因而它代表着现代生产管理模式的最新发展。

在敏捷制造中，"敏捷"是强调企业对市场的灵活、迅速、及时的动态适应。所谓敏捷制造，是指以先进的柔性生产技术与动态的组织结构和高素质人员的集成，采用企业间网络技术，从而形成快速适应市场的社会化制造体系。作为一种现代生产管理模式的敏捷制造，则可以认为是基于以信息技术和柔性智能技术为主导的先进制造技术和柔性化、虚拟化、动态化的组织结构，以及先进的管理思想、方法、技术，能全面满足现代生产管理目标的要求，尤其是对市场具有很好的动态适应性的生产管理模式。与JIT（LP）和MRPⅡ等20世纪末的先进生产管理模式相比，敏捷制造更具有灵敏、快捷的反应能力。具体地说，敏捷制造（AM）有以下特点：

1）市场方面。对市场需求反应灵敏快速，变一般的市场导向为消费者参与的市场导向。敏捷制造能灵活、快速地提供丰富的品种，任意的批量，高性能、高质量、顾客十分满意的产品。

2）产品设计和开发方面。积极开发、利用计算机过程模拟技术，采用柔性化、模块化的产品设计方法和并行工程的组织形式，既可实现产品、服务和信息的任意组合，从而极大丰富品种，又能极大地缩短产品设计、生产准备、加工制造和进入市场的时间，能够迅速推出全新产品，从而保证对消费者需求的快速反应。

3）生产方面。通过一些可重新编程、可重新组合、可连续更换的生产系统结合成为一个新的信息密集的制造系统。AM以具有集成化、智能化、柔性化特征的先进制造技术为支撑，建立完全以市场为导向、按市场需求任意批量而快速灵活制造产品、实行并行工程、能支持顾客参与生产的敏捷生产系统。该系统既能实行多品种变批量生产，而且还是无损耗的精益生产和绿色无污染制造。

4）企业组织方面。以企业内部组织的柔性化和企业间组织的动态联盟为其组织特征，虚拟企业是其理想形式。虚拟企业是一种利用信息技术打破时空阻隔的新型企业组织形式，但不一定是必需形式。敏捷制造企业的组织既能保证企业内部信息达到瞬时沟通，又能保证迅速抓住企业外部的市场做出灵敏反应，以提高企业对市场反应的速度和满足用户需要的能力。

5）企业管理方面。以灵活的管理方式达到组织、人员与技术的有效集成，尤其强调人的作用，充分发挥各级人员的积极性和创造性，在管理理念上要具有创新和合作的突出意识，在管理方法上重视全过程的管理。

6）社会方面。消除地域和时差的限制，充分合理利用全社会资源，尤其强调环保、节能，进行绿色制造，保持良好的社区关系和社会形象。

7）最大限度地调动、发挥人的作用。敏捷制造提倡以“人”为中心的管理。强调用分散决策代替集中控制，用协商机制代替递阶控制机制。它的基础组织是“多学科群体”，是以任务为中心的一种动态组合。也就是把权利下放到项目组，提倡“基于统观全局的管理”模式，要求各个项目组都能了解全面的远景，着眼企业全局，明确工作目标和任务的时间要求，但完成任务的中间过程则由项目组自主决定，以此来发挥人的主动性和积极性。

第十五章

财务管理

◇ 理解财务管理的概念、内容及目标

◇ 理解投资风险决策长期权益资本、长期债务资本、资金成本与财务杠杆、资本结构；资产组合的概念与长期资产管理

◇ 理解企业/利润的构成及其分配顺序；资产负债表、损益表、现金流量表，掌握财务分析方法

◇ 掌握投资决策指标应收账款管理及存货管理

◇ 了解现金管理、有价证券管理

15.1 财务管理概述

15.1.1 财务管理的概念及内容

财务管理作为一门管理科学，与生产管理、质量管理和营销管理一样是管理学的一个分支，都是研究企业资源和行为的管理，只是财务管理以货币作为衡量的标准。

财务管理是在一定的企业整体目标下，关于资产的投资、融资和管理。财务管理的决策职能可分为三个主要领域：融资决策、投资决策和资产管理决策。

财务管理是在一定的外部环境下，使企业资金的筹集、运用和资产的管理尽可能最优地决策。

1. 长期投资决策

在公司的三项决策中，投资决策是最重要的。财务经理首先要决定资产负债表左边资产的总额——公司的规模。然后，还要决定资产的组成。新的资产是否需要购置，旧资产是否应该更新。

2. 长期筹资决策

公司的第二项主要决策是融资决策。企业长期投资的资本从何而来？发行普通股票还是债券，筹资的成本是多少？企业的债务和股本的比例应该定为多少才是合理的？企业优先从内部筹资好还是从外部筹资好？其次，要研究资本成本和资本结构，研究股息策略，最终找出最优的筹资方案，它使企业付出的筹资成本最少，而企业价值最大。

3. 资产管理决策

资产管理决策是公司的第三项重要决策。在资产已经购置、所需资金筹集之后，仍须对这些资产实施有效率地管理。财务经理对不同资产的运营承担不同的责任。财务经理应该更多的关注流动资产的管理，而较少关注固定资产的管理。固定资产的管理的很大一部分责任是由使用这些资产的生产经理承担的。

15.1.2 财务管理的目标

根据现行企业财务管理理论和实践，最具代表性的财务管理目标主要有以下提法：

1. 利润最大化

假定在企业投资预期收益确定的情况下，财务管理行为将朝着有利于企业利润最大化的方向发展。经济学家以往都是以利润最大化来分析和评价企业行为和业绩。但是，以利润最大化作为财务管理目标存在如下缺点：①利润最大化是一个绝对指标，没有考虑企业的投入产出效率；②利润最大化没能有效地考虑风险问题，这可能导致企业财务经理不顾风险的大小去追求利润的最大化；③利润最大化往往使企业财务决策行为具有短期化的倾向，即只顾片面追求利润的增加，不考虑企业长远的发展。

2. 每股利润最大化

每股利润也称每股盈余，是税后净利润与普通股股数的比值。这个目标的局限性在于没有充分体现未来获取收益的风险性。而财务管理必须充分考虑收益大小与风险程度，否则极其危险。一般来说，收益越大，风险越大；要想获得较大的收益，必须要承担较大的风险。如果企业单纯为了追求每股利润最大，而降低股本增加负债，则会导致企业资本结构失衡，财务状况恶化甚至出现财务危机。

3. 每股市价最大化

这种观点既考虑了企业本身的风险程度，又考虑了现有的和潜在的投资者对企业每股收益的数量和时间的预期。股票的市场价格，代表着所有的投资者对该股票发行企业价值的客观判断和评价，即以股票的市场价格代表企业的价值。每股市价全面、充分地考虑了该企业现时和未来的获利能力、时间因素、风险程度以及与股票市价有关的其他因素。但股票市价毕竟只是企业外部投资者对企业管理者代表股东经营业绩好坏的看法，所以不宜简单地将每股市价最大化作为企业财务目标。

4. 股东财富最大化

股东财富最大化是通过财务上的合理经营，为股东带来最多的财富。在股票数量一定条件下，当股票价格达到最高时，则股东财富达到最大。所以，股东财富最大化，又转化为股票价格最大化。

5. 企业价值最大化

企业价值最大化是指通过企业财务上的合理经营，采用最优的财务决策，充分考虑货币的时间价值和风险与报酬的关系，在保证企业长期稳定发展的基础上使企业总价值最大。评价企业的价值，看重的不是企业已经获得的利润水平，而是企业未来的获利能力。企业所得的收益越多，实现收益的时间越近，应得的报酬越是确定，则企业的价值越大。企业价值最大化还强调在企业价值增长中满足各相关利益方的要求，企业价值最大化具体包括：①强调风险与报酬的均衡，将风险限制在企业可以承担的范围内；②创造与股东之间的利益协调关系，努力培养长期投资的股东；③关心本企业员工利益，创造良好的工作环境；④不断加强与债权人的联系，重大财务决策请债权人参加讨论，培养可靠的资金供应者；⑤关心客户的利益，在新产品的研发上有较高投入，不断推出新产品满足顾客的要求，以便保持销售收入的长期稳定增长；⑥讲求信誉，注意企业形象的树立和宣传；⑦关心政府政策的变化，努力争取参与制定政府政策。企业价值最大化最能体现企业财务管理的目标，所以，在西方通常被认为是一个较为合理的财务管理目标。

15.2 投资决策

企业投资是指企业将投入财力，以期望在未来获取收益的一种行为。在市场经济条件下，企业能否把筹集到的资金投放到收益高、回收快、风险小的项目上去，对企业的生存和发展是十分重要的。

企业投资的根本目的是增加企业价值。企业能否实现这一目标，关键在于企业能否在不确定的市场环境下，抓住有利时机，做出合理的投资决策。

15.2.1 投资决策指标

投资决策指标是评价投资方案是否可行或孰优孰劣的标准。投资决策指标可概括为贴现现金流量指标和非贴现现金流量指标。

1. 现金流量

企业投资决策中的现金流量是指与投资决策有关的现金流入、流出的数量。投资项目的可行性分析必须事先计算现金流量。

（1）现金流量的构成

1）初始现金流量。初始现金流量是指开始投资时发生的现金流量，一般包括固定资产投资、流动资产投资等。

2）营业现金流量。营业现金流量是指投资项目投入使用后，在其寿命周期内由于生产经营带来的现金流入和流出的数量。这种现金流量一般以年为单位进行计算。现金流入一般指营业现金收入。现金流出指营业现金支出和税金支出。

每年的净现金流量＝每年营业现金收入－营业现金支出－税前净利×所得税率

税前净利＝每年营业现金收入－营业现金支出－折旧＝税后净利＋折旧

3）终结现金流量。终结现金流量是指投资项目完结时所发生的现金流量。主要包括：固定资产的残值收入、流动资产上的资金收回和土地的变价收入。

（2）投资项目的现金流量表

假设有甲、乙两个投资方案，现金流量表如表 15-1 所示。

表 15-1　投资项目的现金流量表

时间	0	1	2	3	4	5
甲方案：						
固定资产投资	－10 000					
营业净现金流量		3200	3200	3200	3200	3200
现金流量合计	－10 000	3200	3200	3200	3200	3200
乙方案：						
固定资产投资	－12 000					
营运资金垫支	－3 000					
营业净现金流量		3800	3560	3320	3080	2840
固定资产残值						2000
营运资金回收						3000
现金流量合计	－15 000	3800	3560	3320	3080	7840

在现金流量计算中，为了简化计算，一般假定各年投资在年初一次进行，各年营业现金流量看作是各年年末一次发生。终结现金流量最后一年年末发生。

2. 非贴现现金流量指标

(1) 静态投资回收期

静态投资回收期（PP）是指不考虑资金的时间价值，回收初始投资所需要的时间。

如果每年的营业净现金流量（NCF）相等，则投资回收期＝原始投资额/每年净现金流量；

如果每年的营业净现金流量（NCF）不相等，则要根据各年年末尚未回收的投资额计算。

根据现金流量表 15-1 的数据，甲方案的投资回收期＝10 000/3200＝3.125（年）。

乙方案的每年的现金流量不等，所以以各年尚未回收的投资额计算（见表 15-2)。

表 15-2　乙方案各年尚未回收的投资额

年份	每年净现金流量	年末尚未回收的投资额
1	3800	11 200
2	3560	7640
3	3320	4320
4	3080	1240
5	7840	—

根据表 15-2 的数据，乙方案的投资回收期＝4＋1240÷7840＝4.16（年)。

(2) 平均报酬率

平均报酬率（ARR）是投资项目寿命周期内平均的年投资报酬率，也称平均年报酬率。

平均报酬率＝平均现金流量/原始投资额×100％

甲方案的平均报酬率＝3200÷10 000×100％＝32％

乙方案的平均报酬率＝(3800＋3560＋3320＋3080＋7840)÷5÷15 000＝28.8％

平均报酬率的缺点是没有考虑资金的时间价值，所以有时会做出错误的投资决策。

3. 贴现现金流量指标

贴现现金流量指标考虑资金的时间价值，这类指标主要有：净现值和内部报酬率。

(1) 净现值

净现值（NPV）是指把投资项目投入使用后的净现金流量，按资金成本或要求达到的报酬率折为现值，然后减去初始投资后的余额。

$$\mathrm{NPV}=\sum_{t=1}^{n}\frac{\mathrm{NCF}_t}{(1+K)^t}-C$$

式中：NPV——净现值；

NCF_t——第 t 年的净现金流量；

K——贴现率（资金成本或要求的报酬率）；

n——项目年限；

C——初始投资额。

净现值法的决策原则是：在只有一个备选方案的情况下，净现值为正则采纳，为负则不采纳；在有多个备选方案的互斥选择决策中，选用净现值为正值中的最大者。净现值法虽然考虑资金的时间价值，但是并不能揭示各个方案的实际报酬率是多少。

（2）内部报酬率

内部报酬率又称内含报酬率（IRR），是使投资项目的净现值等于零的贴现率。内部报酬率实际上反映了投资项目的真实报酬，因此经常用来评价投资项目。

$$\sum_{t=1}^{n}\frac{\mathrm{NCF}_t}{(1+r)^t}-C=0$$

式中：r——内部报酬率；

NCF_t——第 t 年的净现金流量；

C——初始投资额；

n——项目年限。

在以上两个贴现投资现金流量指标中，净现值法在所有的投资评价中总能做出正确的决策。而利用内部报酬率在互斥选择决策中有时会做出错误的决策，因此，净现值是较好的评价方法。

15.2.2 投资风险决策

长期投资决策涉及的时间长，因此对未来收益和成本都很难进行准确预测，有不同程度的不确定性或风险性。投资风险决策的分析方法主要有两种：调整现金流量和调整贴现率法。

1. 按风险调整贴现率法

将与特定投资项目有关的风险报酬，加入到资金成本或企业要求达到的报酬率中，构成按风险调整的贴现率，以此进行投资决策分析的方法，叫做按风险调整贴现率法。

（1）用资本资产定价模型来调整贴现率

总资产的风险可分为两部分：可分散风险和不可分散风险。可分散风险属于公司特别风险，可通过合理的投资组合来消除。在进行投资时，值得关注的是不可分散风险。

投资项目按风险调整的贴现率的计算公式为

$$K_j=R_F+\beta_j\times(K_m-R_F)$$

式中：K_j——项目 j 按风险调整的贴现率或必要报酬率；

R_F——无风险利息率；

β_j——项目 j 的不可分散风险的 β 系数；

K_m——所有项目平均的贴现率或必要报酬率。

（2）按投资项目的风险等级来调整贴现率

首先对影响投资项目风险的各因素进行评分，根据评分来确定风险等级，然后根据风险等级来调整贴现率的一种方法。风险等级越大，调整后的贴现率越高（如表 15-3

所示）。

表 15-3　风险等级与贴现率的关系

总分	风险等级	调整后的贴现率
0～8	很低	7%
8～16	较低	9%
16～24	一般	12%
24～32	较高	15%
32～40	很高	17%
40 分以上	最高	25%以上

（3）按投资项目类型来调整贴现率

首先把投资项目分为若干类型，然后根据经验对每类投资项目的贴现率进行调整。风险大的项目采用较高的贴现率，风险小的项目采用较低的贴现率（见表 15-4）。

表 15-4　不同投资项目按风险调整的贴现率（资本成本＝10%）

投资项目分组	调整	按风险调整的贴现率
扩充：		
第一类：新的机器和设备，生产出与目前产品一样的产品	资本成本＋2%	12%
第二类：新的机器和设备，生产出与目前产品互补的产品	资本成本＋5%	15%
第三类：新的机器和设备，生产出与目前产品无关的产品	资本成本＋10%	20%
更新：		
第一类：用新设备来更新与之基本相同的旧设备	资本成本－1%	9%
第二类：用新设备来更新与其性能相差较大的旧设备	资本成本＋1%	11%
第三类：用更先进的设备来更新目前现代化设备	资本成本＋9%	19%

2．按风险调整现金流量法

风险的存在使得各年的现金流量变得不确定，为此，就需要按风险对各年的现金流量进行调整。

（1）确定当量法

确定当量法就是把不确定的各年现金流量，按照一定的系数（通常称为约当系数）折算为大约相等于确定的现金流量的数量，然后，利用无风险贴现率来评价风险投资项目的决策分析方法。约当系数大于 0 小于 1。当现金流量确定时，约当系数可取 1；现金流量的不确定性越大，约当系数越小。

（2）概率法

概率法是指通过计算投资项目的年期望现金流量和期望净现值来评价风险投资的一种方法。一般适用于每年的现金流量独立的投资项目。

计算公式为

$$NCF_t = \sum_{i=1}^{n} NCF_{ti} P_{ti}$$

式中：NCF_t——第 t 年期望净现金流量；

NCF_{ti}——第 t 年的第 i 种结果的净现金流量；

P_{ti}——第 t 年的第 i 种结果的概率；

n——第 t 年的可能结果的个数。

（3）决策树法

决策树法是通过现金流量概率树，分别计算各现金流量序列的净现值，并按联合概率计算期望净现值来评价投资项目的一种方法。主要适用于每年现金流量不独立的投资项目。

15.3 筹资决策

企业筹资，是指导致企业资本及债务规模和构成发生变化的活动。企业筹资在财务管理中占有很重要的地位，企业在进行筹资决策时，要考虑筹资风险，注重企业的偿还能力，配置好资本结构，使资本成本尽可能最小。

按照企业筹资渠道的性质划分，企业筹措的资本可划分为权益资本和债务资本。

权益资本也称自有资本，是企业依法拥有、自主调配、长期使用的资本，来源是国家投资、联营投资、发行股票、利用外资和企业内部资本积累。在企业的财务报表中，权益资本是实收资本、资本公积、盈余公积和未分配利润的总和。企业实收资本包括国家资本、法人资本、个人资本和外商资本等。权益资本的所有权属于股东，但经营期内投资者不得以任何方式抽回，企业财务风险可因此降低。一个企业的权益资本的大小直接反映企业的经济实力，是企业举债的基础。

债务资本又称负债资本或借入资本。企业可采取多种举债方式：银行借款、发行债券、融资租赁、商业信用等。在财务报表中，债务资本是指流动负债和长期负债的总和。债务资本到期必须偿还，还要按期支付利息和租金。如到期企业无法还本息，债权人有权依法要求企业破产还债。所以债务资本给企业和股东带来了财务风险。

15.3.1 长期权益资本的筹措

1. 吸收投资

企业吸收投资的渠道主要有国家投资、法人投资、利用外资以及个人投资等筹资方式。

（1）吸收国家投资

1985 年以前，国家预算拨款是国有企业资金的主要来源。1985 年以后，国家预算拨款改为国家贷款，主要面向国有企业，表面上是一种债务，但国家贷款可用税前利润或新增利润归还，等于少交税或少交利润。国家实质上仍是投资主体。从 1993 年开始，国家贷款部分或全部改为由国资管理部门对企业直接投资，包括采取入股方式。有权代表国家投资的政府部门或机构以国有资产投入企业的资本金作为国家资本金。

企业吸收的国家投资，企业可长期支配使用，但代表国家投资者的国资管理部门可派出代表参加企业股东大会和董事会，对投入资本进行管理，参与企业税后利润分配，承担以投资额为限的经济责任。

(2) 吸收法人投资

吸收法人投资是指法人单位以其依法可以支配的资产投入企业，形成的资本金叫法人资本金。目前，吸收法人投资主要是指法人单位在进行横向联合时所产生的联营投资。

(3) 吸收个人投资

社会个人或本企业内部职工以个人合法财产投入企业所形成的资本金称为个人资本金。个人投资的人员较多，但每人投资的数额相对较少，以参与企业利润分配为目的。

(4) 利用外资

外商投资是指外国投资者以及我国港澳台地区投资者把资金投入到企业而形成的资本金叫外商资本金。

2. 发行股票

在证券市场发达的现在，发行股票已成为股份公司筹措长期资本的基本方式。

(1) 股票的概念

股票代表了公司权益资本的所有权，是股东按其所持有股份享有权利和承担义务的书面凭证。

(2) 股票的特点

1) 发行股票所筹措的资本是可长期使用的权益资本。只要公司存在，股东不能退股，但可以在市场上转让股票。

2) 与债权人比较，股东的风险较大。公司一旦破产，公司资产分配的优先顺序是：偿还职工工资和劳动保险费，上缴税金，偿还债务，有剩余才分配给股东。

3) 与债务筹资相比，股票筹资的成本较高。公司对外借债，发生的利息可减少利润，即免缴所得税；而股票股利在税后利润中分配，因此股票筹资的成本要高于债务筹资成本。

4) 支付股利灵活，降低风险。公司如遇到现金短缺或好的投资时机，公司可不派息。在这个角度看，股票筹资又比债务筹资的风险小。

(3) 普通股与优先股

按股东权利和义务的差别，可分为普通股和优先股。

普通股股东享有作为股东的全部权利和义务。在一般情况下，股份公司只发行普通股。优先股是对普通股而言享受某些优先权利的股票，一般在公司增募资本时发行。优先股具有的优先权利是：一般股息固定，在分派普通股股息前支付。享有公司剩余资产分配的优先权，公司一旦破产，优先股索偿权先于普通股。优先股投资风险比普通股小，但优先股股东没有表决权，也不能参加公司的经营管理。

15.3.2 长期债务资本的筹措

债务资本是企业采取多种举债形式，即通过银行借款、发行债券、融资租赁、商业信用等方式所筹集的资本。而债务资本又分为短期债务资本和长期债务资本。这里只介绍长期借款、发行债券和租赁三种方式。

1. 长期借款

长期借款是指企业根据借款合同从有关银行或非银行金融机构借入的需要还本付息的款项。按借款的期限，可分为短期借款、中期借款和长期借款

短期借款是指借款期限在1年以下的借款，主要解决流动资金的需求。

中期借款是指借款期限在1年以上5年以下的借款，主要解决企业长期流动资产占用的资金和部分固定资产占用的资金。

长期借款是指借款期限在5年以上的借款。主要解决长期投资中固定资产的资金需求。

2. 发行债券

债券是向投资人出具的、承诺按一定利率定期支付利息，并到期偿还本金的债权债务凭证。

一般而言，债券的基本要素有：

1）债券面值。一是币种；二是票面金额。币种可用本币，可用外币，这取决于发行者的需要和债券的种类。票面金额是债券到期时偿还债务的金额。

2）债券期限。债券都有明确的到期日，从发行之日起，至到期日之间的时间称为债券的期限。在债券期限内，公司必须定期支付利息，债券到期时，必须偿还本金。

3）利率与利息。

4）债券的价格。理论上债券的面值就是它的价格，但由于资金市场上供求关系、利率的变化，债券的市场价格常常脱离面值，有时高于面值，有时低于面值。

3. 租赁筹资

租赁是指出租人在承租人给予一定报酬的条件下，授予承租人在约定的期限内占有和使用财产的权利的一种契约型行为。

我国目前主要有经营租赁和融资租赁两种。

（1）经营租赁

经营租赁是典型的租赁形式，通常为短期租赁。特点是：①承租企业可随时向出租人提出对租赁资产的要求；②租赁期短，不涉及长期而固定的义务；③租赁合同比较灵活，可以解除租赁契约；④租赁期满，租赁的资产一般归还给出租者；⑤出租人提供专门服务，如设备的保养、维修和保险等。

（2）融资租赁

融资租赁又称财务租赁，通常是一种长期租赁，可解决企业对资产的长期需要，融资租赁是现代租赁的主要形式。特点是：①一般由承租人向出租人提出正式申请，由出租人融通资金引进所需设备，然后再租给用户使用。②租期较长。融资租赁的租期一般为租赁资产寿命的一半以上。③租赁合同比较稳定。在融资租赁期内，承租人必须连续支付租金，非经双方同意，中途不得退租。④租约期满后，可将设备作价转让给承租

人；或由出租人收回；延长租期续租。⑤在租赁期内，出租人一般不提供维修和保养设备方面的服务。

租赁筹资的优点：能迅速获得所需资产；为企业提供一种新的资金来源；限制较少；能减少设备陈旧过时的风险。租金可在整个租期内分摊，不用到期归还大量本金。缺点：资金成本较高。一般来说，租金比负债筹资的利息高。

15.3.3 资金成本与财务杠杆

1. 资金成本的概念

资本成本是指企业筹集和使用资本应付出的代价，包括资本占用费和筹资费用。资本占用费包括利息、股息、租金等；资本筹集费包括委托金融机构代理发行股票、债券等的注册费、代理费、律师费、资信评估费、公证费、担保费以及银行借款手续费等。资本成本可分为短期资本成本和长期资本成本。

资金成本表示为资本占用费与实际筹资额之比。计算公式为

$$资金成本=\frac{每年的资本占用费}{筹资数额-筹资费用}$$

2. 资金成本的作用

资金成本是企业筹资、投资的主要依据。只有当投资项目的投资报酬率高于资金成本时，资金的筹集和使用才有利于提高企业价值。

(1) 资金成本在企业筹资决策中的作用

资金成本是企业选择资金来源、拟定筹资方案的重要依据。不同的资金来源，具有不同的成本。为了以较少的成本筹资所需资金，就必须分析各种资金成本的高低。

1) 资金成本是影响企业筹资总额的一个重要因素。随着筹资数量的增加，资金成本不断变化。当企业筹资数量很大，资金的边际成本超过企业承受能力时，企业就不能增加筹资数额。因此，资金成本是限制企业筹资数量的一个重要因素。

2) 资金成本是选择资金来源的依据。企业可以从商业银行借款，可以发行股票、债券，究竟选择哪一种来源，首先要考虑的是资金成本的高低。

3) 资金成本是确定最优资金结构必须考虑的因素。不同的资金结构，给企业会带来不同的风险和成本，从而引起股票价格的变动。在确定最优资金结构时，考虑的因素主要有资金成本和财务风险。

(2) 资金成本在投资决策中的作用

资金成本在分析投资项目的可行性、选择投资方案时有重要作用。

1) 在利用净现值指标进行决策时，常以资金成本作贴现率。当净现值为正时，投资项目可行；反之，如果净现值为负，则该项目就不可行。

2) 在利用内部报酬率指标进行决策时，一般以资金成本作为基准率。只有当投资项目的内部报酬率高于资金成本时，投资项目才可行；反之，当投资项目的内部报酬率低于资金成本时，投资项目不可行。国际上通常将资金成本视为投资项目的最低报酬率，是比较投资方案的基准。

(3) 财务杠杆与财务风险

不论企业营业利润多少，债务的利息和优先股的股利通常是固定不变的。当息税前盈余增大时，每 1 元盈余所负担的固定财务费用就会相对减少，这能给普通股股东带来更多的盈余；反之，当息税前盈余减少时，每 1 元盈余所负担的固定财务费用就会相对增加，这就会大幅减少普通股的盈余。这种由于固定财务费用的存在，使普通股每股盈余的变动幅度大于息税前盈余的变动幅度的现象，叫财务杠杆。

$$财务杠杆系数=\frac{普通股每股盈余变动率}{息税前利润变动率}$$

例 甲乙两公司的资金结构与普通股盈余如表 15-5 所示。

表 15-5 甲乙两公司的资金结构

项　　目	甲公司	乙公司
股本：面值 100	2 000 000	1 000 000
发行在外股数	20 000	10 000
债务（利息率为 8%）	0	1 000 000
资金总额	2 000 000	2 000 000
息税前盈余	200 000	200 000
利息	0	80 000
税前盈余	200 000	120 000
所得税（50%税率）	100 000	60 000
税后盈余	100 000	60 000
每股普通股盈余	5	6
息税前盈余增长率	20%	20%
增长后的息税前盈余	240 000	240 000
债务利息	0	80 000
税前盈余	240 000	160 000
所得税（50%税率）	120 000	80 000
税后盈余	120 000	80 000
每股普通股盈余	6	8
每股普通股盈余增加额	1	2
普通股盈余增长率	20%	33.33%

甲、乙公司的财务杠杆系数分别为

$$甲公司的财务杠杆系数=20\%\div20\%=1$$

$$乙公司的财务杠杆系数=33.33\%\div20\%=1.67$$

从表 15-5 可以看出，甲、乙公司两个公司的资金总额相等，息税前盈余相等，息税前盈余的增长率也相同，不同的只是资金结构。甲公司全部资金都是普通股，乙公司的资金中普通股和债务各占一半。在息税前盈余增长 20%的情况下，甲公司每股盈余增长 20%，而乙公司却增长了 33.3%，这就是财务杠杆的作用。如果息税前盈余下降幅度相同，乙公司每股盈余的下降幅度要大于甲公司每股盈余的下降幅度。

财务风险是指企业为取得财务杠杆利益而利用负债资金时，增加了破产机会或普通股盈余大幅变动的机会所带来的风险。企业为取得财务杠杆利益，就要增加负债，一旦企业息税前盈余下降，不足以补偿固定利息支出，企业的每股盈余下降得更快，甚至会引起破产。

15.3.4 资本结构

资本结构又称财务结构，是指企业各种资金的构成及其比例关系。优化资本结构，是指筹资的综合成本和筹资风险最低的资本来源结构。企业应运用适当的方法确定最佳资本结构，在以后追加筹资中继续保持，现有资本结构不合理，应通过筹资活动进行调整。资本结构总的来说是负债资金比率的问题，即负债在企业全部资金中所占的比重。

利用负债资金具有双重作用，适当利用负债，可以降低企业资金成本，但当企业负债比率太高时，会带来较大的财务风险。为此，企业必须权衡财务风险和资金成本的关系，确定最优的资本结构。所谓最优资本结构是指在一定条件下使企业加权平均资金成本最低，企业价值最大的资金结构。

影响资本结构的因素有很多，如企业销售的增长情况、企业所有者和管理人员的态度、贷款人和信用评级机构的影响、行业因素、企业规模、企业的财务状况、资产结构、所得税率的高低和利率水平等，财务管理人员必须综合考虑这些因素以确定合理的资本结构。

15.4 资产管理

15.4.1 资产组合

资产组合是资产管理的一个重要问题。资产组合就是企业的资产总额中流动资产与非流动资产的比例。不同的资产组合对企业的经营活动以及财务状况有不同的影响，企业必须根据生产经营的要求，安排合理的资产组合。

不同的资产组合，对企业的偿债能力有不同的影响。一般来说，流动资产比非流动资产的变现能力强，更适合于偿还到期债务。所以，在企业的资产组合中，如果流动资产所占的比重较大，企业的偿债能力较强，但企业的收益能力较差。反之，如果非流动资产所占的比重较大，企业的偿债能力相对较差，但企业的收益能力较强。合理的资产组合还可以降低资金成本，降低财务风险。

1. 资产组合类型

企业的流动资产按其在生产经营中的功能分为三类：①正常需要量，主要是指为了满足企业正常的生产经营活动而需要的流动资产数量。②正常保险储备量，主要是指为了应付意外情况的发生，在流动资产正常需要量的基础上增加的正常保险储备。③额外保险储备量，主要是指在正常需要量和保险储备量的基础上，再增加一部分额外的储备，以备非常情况发生对流动资产的需要。

根据流动资产在资产组合中的比重，企业的资产组合主要有以下三种类型：

1）保守性的资产组合。企业在安排流动资产数量时，在企业流动资产正常需要量和正常保险储备量的基础上，增加额外保险储备量。这样，流动资产的比重较大，企业的风险较低，但通常企业的投资收益率也较低。

2）适中型的资产组合。这类资产组合是在保证流动资产正常需要的基础上，增加正常保险储备量，以应付意外事件的发生。但是，企业不储备额外保险储备量。采用这种资产组合方式，投资收益率一般，风险也一般。

3）冒险型的资产组合。这类资产组合是指企业只安排流动资产的正常需要量，而不安排保险储备量。这样可以提高投资收益率，但也增加企业的风险。

2. 资产组合决策

一般来说，企业在资产总额和筹资组合都保持不变的情况下，如果增加流动资产的比重，就会减少企业的财务风险，但同时也会减少企业的投资收益；反之，如果增加非流动资产，减少流动资产，就会增加企业的投资收益，但也会增加企业的财务风险。因此，企业在进行资产组合决策时，应当在收益和风险之间权衡利弊，选择最佳资产组合。

15.4.2 现金管理

现金是指在生产经营过程中以货币形态存在的资金，包括库存现金、银行存款和其他货币资金等。现金是流动性最强的流动资产，可以直接作为支付手段。

现金是企业的一项重要的流动资产，企业缺少现金，日常的交易活动就会发生困难，但现金这种资产的收益性很差，如果持有过量的现金，虽然可以降低财务风险，但也会降低企业的收益。所以，现金管理的目的就是在保证生产经营活动所需现金的同时，尽可能节约现金，减少现金的持有量，而将闲置现金用于投资以获取一定的投资收益。因此，在现金管理中，应编制科学合理的现金预算，确定最佳现金持有量，强化日常现金管理。

15.4.3 有价证券管理

有价证券是指根据有关法律签发或发行的，可以在市场上流通转让的信用凭证或金融工具。

企业在选择有价证券作为现金替代品时，应当考虑到有价证券的流动性、风险与收益等因素。通常，企业可以根据生产经营活动对现金的需求情况，确定合理的有价证券投资组合。

在西方，大公司通常倾向于购买国库券、商业本票、银行可转让定期存单、欧洲美元债券等作为现金的替代品，而小公司比较喜欢购买货币基金。在我国，作为现金替代品的有价证券种类比较少，主要有国库券、短期融资权、可转让定期存单、公司债券、证券投资基金。

企业在进行短期有价证券投资时，为了充分利用资金，分散风险，往往选购多种有价证券进行投资，这种投资结构称为投资组合。有价证券的投资组合既有证券种类和数量的组合，也有到期时间的组合。如果企业能够比较准确地预计未来的现金流量，就可以把有价证券的种类、数量和到期时间有机结合起来，构成一个比较科学的投资组合。

15.4.4 应收账款管理

应收账款是指企业对外销售产品、提供劳务等所形成的尚未收回的销售款项，是企业流动资产的一个重要项目。一般来说，企业愿意用现销方式销售产品，这样可以立刻回收现金，提高资金的周转速度。但是，在激烈的市场竞争中，企业为了扩大销售，占领市场，往往采用信用销售方式，即将产品赊销给客户。这样就产生了应收账款。

1. 信用政策

信用政策又称应收账款政策，是指企业在采用信用销售方式时，为对应收账款进行规划和控制所确定的基本原则和规范。信用政策主要包括信用标准、信用条件和收账政策三部分。

信用标准是指企业同意向客户提供商业信用时，客户所必须具备的最低财务能力。如果客户的财务能力未能达到企业规定的标准，则企业不能向其赊销商品，客户必须在较为苛刻的条件下购买，如支付现款。信用标准通常用预计的坏账损失率来衡量。如果企业的信用标准较严格，只对信誉较好的客户提供商业信用，则可以减少坏账损失，但也会减少销售。所以，企业必须在扩大销售与增加成本之间权衡利弊，制定一个比较合理的信用标准。

一旦给客户提供了商业信用，就要考虑客户支付赊销款项的具体条件，这就是信用条件，主要包括信用期限、折扣期限和现金折扣。信用条件的表示方法是："1/10，n/30"，其含义是客户在发票开出后10天内付款，可以享受1%的现金折扣，如果超出10天，则客户就得不到现金折扣。其中，30天是信用期限，10天为折扣期限，1%为现金折扣。

收账政策是指当企业的信用条件被违反时，企业应采取的收账策略。在企业决定向客户提供商业信用时，实际上就已经承担了客户违反信用条件和拖欠货款的风险。因此，企业在制定信用政策时，就应当考虑到当客户违反规定的信用条件、拖欠货款时的收账方针。

企业在制定信用政策时，必须综合考虑信用标准、信用条件和收账政策。三者的变化对企业的销售量、应收账款的机会成本、管理成本和坏账成本都有一定影响。良好的信用政策可以促进企业产品销售，减少应收账款的成本，提高企业的经济效益。

2. 应收账款的日常管理

(1) 应收账款投资额的控制

应收账款实际上是企业为了获得更大收益而进行的一种投资。但是，应收账款占用大量资金，是有成本的。因此，企业必须将应收账款投资额控制在合理的范围内。应收账款的投资额的计算公式为

$$\text{应收账款投资额}=\text{每日平均赊销数额}\times\text{应收账款平均收账期}$$

(2) 应收账款的账龄分析

企业不仅要控制应收账款投资额，还要经常运用应收账款的账龄分析法掌握应收账

款的回收情况。应收账款的账龄分析法就是通过编制应收账款的账龄分析表，来反映不同账龄的应收账款所占的比例与金额，以便对应收账款的回收情况进行有效控制。

（3）坏账管理

只要企业采用信用销售方式，难免就会发生坏账损失。因此，企业也要加强坏账管理。坏账管理主要是如何确认坏账损失以及建立坏账准备制度。

15.4.5 存货管理

1. 存货的概念

存货是指企业为了销售或耗用而储存的商品和货物，是企业流动资产的重要组成部分，在流动资产中的比重较大。存货按经济用途不同，可分为销售用存货、生产用存货和其他存货三类。

1）销售用存货。是指为了销售目的而储存的存货，主要包括产成品、库存商品等。这部分存货反映了企业的经营能力。如果销售用存货太多，造成存货积压，说明企业的产品销售不畅，会影响企业的资金周转，应当加大市场销售工作。

2）生产用存货。是指为了生产耗用而储存的存货，主要包括原材料、各种辅助材料、在产品、修理备用件、半成品等。这部分存货反映了企业的生产管理水平。如果存货资金在生产过程中占用的数量过多，占用的时间过长，说明企业的生产效率不高，应当加强生产管理。

3）其他存货。是指供企业一般性耗用的物品，如职工福利费、劳保用品等。

2. 存货的成本

1）采购成本。采购成本是指构成存货本身价值的成本，一般与采购数量成正比。

2）订货成本。订货成本是指企业为组织订购存货而发生的各种费用支出，如为订货而发生的差旅费、通讯费、采购机构经费等。

3）储存成本。储存费是企业为储存存货而发生的各种费用支出，如仓储费、保管费、搬运费、保险费、存货占用资金的利息费、存货残损和变质损失等。

4）短缺成本。短缺成本是指由于储备不足而给企业造成的经济损失。

3. 存货的日常管理

① 存货经济订购批量管理。在存货的各类成本中，与存货采购次数和每次采购的订购批量相关的成本只有订货成本和储存成本两种。订购批量越大，储存成本越高，但由于订货次数减少，订货成本降低。所以，存在一个使订货成本和储存成本之和最低的采购批量，即经济订购批量。

② ABC分类管理。对存货的管理要分清主次，对于价值昂贵、占用资金较多的存货应当重点管理，对价值较低的存货，实行一般控制。ABC分类管理正是一种突出重点的一种管理方法。ABC分类管理就是将企业的存货分为A、B、C三类，最重要的存货为A类，一般存货为B类，不重要的存货为C类。A类进行重点规划和控制，B类次重点管理，C类只进行一般管理。该方法广泛应用于存货管理、成本管理和生产管理。

15.4.6 长期资产管理

1. 固定资产管理

(1) 固定资产的概念

固定资产是指使用年限在一年以上，单位价值在规定标准以上，并且在使用过程中保持原有的实物形态的资产。包括使用期限超过一年的房屋、机器、运输工具以及其他与生产经营有关的设备。不属于生产经营主要设备的物品，单位价值在2000元以上，并且使用年限超过两年的，也应当作为固定资产。

(2) 固定资产折旧管理

固定资产折旧是指固定资产在使用期限内不断地发生损耗，而逐渐转移到产品成本或有关费用中去的那部分价值。这部分价值以折旧费的形式，或者构成产品的成本，或计入有关的费用支出，然后，通过销售收入得到补偿。固定资产折旧应当遵循一定的折旧政策。

2. 无形资产与递延资产的管理

无形资产是指企业所拥有的没有实物形态，但可以长期使用并能使企业获得超额收益的资产，主要包括专利权、非专利技术、商标权、著作权、土地使用权、特许经营权和商誉等。与固定资产相比，无形资产的管理比较简单，主要包括无形资产的计价、摊销等内容。无形资产因按取得时的实际成本计价。使用无形资产时，将其成本在有效使用期限内平均摊销入管理费用。

递延资产是企业的一种长期资产，所占比重较少。递延资产是指不能全部计入当年损益，应当在以后若干年度分期摊销的各项费用，主要包括开办费、租入固定资产改良支出等。开办费是指企业在筹建期间发生的不能计入有关财产物资费用的费用，如人员工资、办公费、培训费、差旅费、注册费等。租入固定资产改良支出是指对以经营租赁方式租入的固定资产进行改良所发生的费用。递延资产应当进行摊销，开办费从企业开始生产经营月份的次月起，按照不短于五年的期限分期摊销入管理费用；租入固定资产改良支出应在租赁有效期内分期摊销企业的制造费用或管理费用。

15.5 利润管理

15.5.1 企业利润的构成

利润是企业在一定时期的经营成果，集中反映了企业在生产经营各方面的效益，是企业的最终财务成果。企业利润可表示为主营业务利润、营业利润、利润总额和净利润等不同形式。

1. 主营业务利润

主营业务利润是企业经营主要业务所取得的利润。它是由主营业务收入、主营业务成本和主营业务税金及附加构成，计算公式为

主营业务利润＝主营业务收入－主营业务成本－主营业务税金及附加

1）主营业务收入。是指企业按照营业执照上规定的主营业务内容所发生的营业收入。

2）主营业务成本。是指企业经营主要业务而发生的实际成本。

3）主营业务税金及附加。是指企业经营主要业务而应由主营业务负担的税金及附加，包括营业税、消费税、城市建设税、资源税、土地增值税和教育附加等。

2. 营业利润

营业利润是指企业一定期间从事生产经营活动所获得的利润。计算公式为

营业利润＝主营业务利润＋其他业务利润－营业费用－管理费用－财务费用

1）其他业务利润。是指企业除主营业务以外取得的收入扣除其他业务的成本、费用、税金后的利润。

2）营业费用。是指企业销售商品过程中发生的费用，如运输费、装卸费、包装费、保险费、展览费、广告费以及销售部门的职工工资、福利费、业务费等。

3）管理费用。是指企业为组织和管理企业生产经营所发生的各种费用。包括董事会和行政管理部门的工资、修理费、低值易耗品摊销、办公费等。

4）财务费用。是指企业为筹集资金而发生的费用，包括利息支出、汇兑损失以及相关的手续费。

3. 利润总额

利润总额是指企业在一定期间所实现的全部利润。计算公式为

利润总额＝营业利润＋投资收益＋营业外收入－营业外支出

1）投资收益。是指企业对外投资所取得的收益扣除发生的损失以后的净收益。

2）营业外收入。是指企业发生的与生产经营无直接关系的各项收入，如固定资产盘盈、资产评估增值、债务重组收益、捐赠收入等。

3）营业外支出。是指企业发生的与生产经营无直接关系的各项支出，如固定资产盘亏、资产评估减值、债务重组损失、捐赠支出等。

4. 净利润

净利润是指利润总额减去所得税后的部分，也是归企业所有者的那部分收益，又称税后利润。计算公式为

净利润＝利润总额－所得税

15.5.2 企业利润的分配顺序

企业缴纳所得税后的利润，除国家另有规定外，按照下列顺序分配：

1）弥补企业以前年度亏损。

2）提取法定盈余公积金。按照税后利润扣除弥补企业以前年度亏损后的10％提取。盈余公积金已达注册资金50％时可不再提取。法定盈余公积金用于弥补企业亏损，扩大企业生产经营或转为增加资本金。但转增资本金后，法定盈余资本金一般不得低于

注册资金的25%。

3）提取公益金。按照税后利润弥补企业以前年度亏损后的5%～10%提取。公益金主要用于企业职工集体福利设施支出，不能用于职工个人消费性福利支出。

4）向投资者分配利润。企业弥补亏损和提取法定盈余公积金、公益金后的利润，才是可供投资者分配的利润。对于以前年度未分配利润，可以并入本年度向投资者分配。对于股份有限公司，提取公益金后，按照下列顺序分配：①支付优先股股利。②提取任意盈余公积金。③支付普通股股利。

公司当年无利润时，一般不得向股东分配股利。但在用盈余公积金弥补亏损后，经股东特别决议，可以按照不超过股票面值6%的比率用盈余公积金分配股利，在分配股利后，公司法定盈余公积金不得低于注册资金的25%。

15.6 财务分析

15.6.1 财务报表

企业的基本财务报表有资产负债表、损益表和现金流量表。

1. 资产负债表

资产负债表是指反映企业某一特定时期资产、负债和所有者权益及其构成情况的会计报表。

资产负债表是根据“资产＝负债＋所有者权益”会计恒等式来编制的，主要从两个方面反映了企业财务状况的时点指标：一方面反映企业所拥有的资产规模及其分布，另一方面反映企业的资金来源及其结构。据此，可以评价企业财务状况的优劣，预测企业未来财务状况的变动趋势，从而做出相应的决策。资产负债表的作用主要表现在以下几个方面：①反映企业拥有的经济资源及其分布情况；②反映企业的资金结构；③反映企业的变现能力、财务实力和财务弹性，有助于解释、评价和预测企业的盈利能力、长短期偿债能力以及财务适应能力。其基本格式见表15-6。

2. 损益表

损益表是指反映企业在一定会计期间的经营成果及其分配情况的会计报表，又称利润表。

表15-6 资产负债表的基本格式

编制单位：　　年　　月　　日　　　　　　　　　　　　单位：元

资产	年初数	期末数	负债及所有者权益	年初数	期末数
流动资产：			流动负债：		
货币资金			短期借款		
短期资金			应付票据		
应收票据			应付账款		

续表

资产	年初数	期末数	负债及所有者权益	年初数	期末数
应收账款			预收账款		
减：坏账准备			应付工资		
应收账款净额			应付福利费		
预付账款			应交税金		
其他应收款			应付利润		
存货			其他应付款		
待摊费用			预提费用		
一年内到期的			一年内到期的长期负债		
长期投资					
其他流动资产			其他流动负债		
流动资产合计			流动负债合计		
非流动资产：			长期负债：		
长期投资			长期借款		
固定资产原价			应付债券		
减：累计折旧			长期应付款		
固定资产净值			其他长期负债		
在建工程			长期负债合计		
无形资产			所有者权益：		
递延资产			实收资本（注册资本）		
其他长期资产			资本公积		
			盈余公积		
			未分配利润		
非流动资产合计			所有者权益合计		
资产合计			负债及所有者权益合计		

损益表根据“利润＝收入－费用”这一公式编制。损益表的主要作用是：①通过收入与费用配比的结果——利润，综合反映企业经营的财务成果，表明企业的盈利能力，又作为利润分配的重要依据。②有助于考核企业管理者的经营业绩与效率。③有助于分析企业收入、费用和利润之间的变化趋势，发现问题，从而做出经营决策，改善经营管理。④有利于预测企业未来的现金流动，以判断偿债能力的强弱。其基本格式见表 15-7。

损益表是按权责发生制编制的。但是，财务管理更需要以收付实现制为基础的现金流动信息，但利润与现金流动有很大差距，利润大的企业就不一定能说明现金流动状况良好。

表 15-7　损益表的基本格式

编制单位：　　年　　月　　日　　　　　　　　　　单位：元

项目	本月数	本年累计数
一、主营业务收入		
减：折扣与折让		
主营业务收入净额		
减：主营业务成本		
主营业务税金及附加		

续表

项目	本月数	本年累计数
二、主营业务利润		
加：其他业务利润		
减：存货跌价损失		
营业费用		
管理费用		
财务费用		
三、营业利润		
加：投资收益		
补贴收入		
营业外收入		
减：营业外支出		
四、利润总额		
减：所得税		
五、净利润		

3. 现金流量表

现金流量表是反映企业会计期间内经营活动、投资活动和筹资活动等对现金及现金等价物产生影响的会计报表。主要目的是为报表使用者提供企业一定会计期间内现金流入及流出的有关信息。损益表的利润是按权责发生制来计算的，常常使一个企业的盈利水平与真实的财务状况不符。有的企业账面利润很大，看似业绩可观，而现金却入不敷出，举步维艰；有的企业虽然亏损，但现金周转自如。所以，仅以利润来评价企业的经营业绩和获利能力有失偏颇。因此，要结合现金流量表所提供的现金流量信息来评价。

现金流量表的作用有：①提供了本会计年度现金流量的信息，有助于评估企业的偿债支付以及变现能力。②提供了当期净利润与现金净流量之间差异的信息，便于分析原因，评估真实的获利能力。③有助于评估企业在未来创造有利的净现金流量的能力以及企业分配利润、对外融资的能力。④有利于分析本期的现金与非现金投资与筹资活动对企业财务状况的影响。⑤有利于评价企业财务弹性，了解企业在财务困难时期的适应能力、筹资能力、将非经营资产变现的能力和调整经营以增加短期现金流量的能力。

15.6.2 财务分析

财务分析是指对企业过去和现在的财务状况、经营成果以及发展趋势的分析和评价。财务分析主要以财务报表为对象。而财务报表的数据是绝对数据，虽然在一定程度上可反映企业的财务状况和经营成果，但很难得出正确的结论。所以，财务分析要把绝对数变为相对数，才能抓住问题的本质。

1. 财务分析的方法

1）比较分析法。用当期的同一指标比较不同期、不同单位或实际数与预算数的变动情形。

2）比率分析法。分析同一期间财务指标相对关系的情况，以判断财务和经营等方面的状况。比率分析法是财务分析中最基本、最重要的方法。

3）因素分析法。一些综合性指标，如利润，其影响因素往往很多，只有将综合指标分解为原始的影响因素，才能明确指标完成好坏的原因和责任，这种方法就是因素分析法。

4）趋势分析法。以连续几期报表提供的数据，比较其前后的增减数额和幅度，从而分析财务和经营上的变化及其发展趋势。

2. 比率分析法

财务比率分析的指标主要分为三类：偿债能力指标、营运能力指标和获利能力指标。

（1）偿债能力分析

偿债能力是指企业偿还各种到期债务的能力。反映短期偿债能力的指标有流动比率和速动比率。反映偿债能力的指标有资产负债率、股东权益比率、负债与所有者权益比率、利息保障倍数。

1）流动比率。流动比率是指流动资产与流动负债的比率。流动比率的标准一般是2，但各行业有差异。流动比率高了不一定说明短期偿债能力就强，如果存货积压过多或应收账款占用多、账龄长或销售额过少，都会引起流动比率过高。

2）速动比率。速动比率是速动资产与流动负债的比率。速动资产指的是减去存货后的流动资产。

3）资产负债率。资产负债率是指全部负债与全部资产的比率，表明企业可以用资产偿还全部债务的保证程度，可衡量企业利用债务进行经营活动的能力。资产负债率低，说明企业财务基础稳固，长期偿债能力强，反之就弱。

4）股东权益比率。股东权益与资产总额的比率，比率越高，说明股东投入资本越多，长期偿还能力越强。

5）负债与股东权益比率。负债与股东权益的比率，揭示债权人和股东在提供企业资本上的相对贡献。通常称为企业的财务结构或资本结构。合理的财务结构可发挥财务杠杆的作用。负债与股东权益比率越高，企业财务杠杆作用越大，企业获利越多，但风险也就越大。

6）利息保障倍数。企业税前利润加利息费用之和与利息费用的比率，反映企业支付债务利息的能力。如果企业的付息能力低，长期下去，会资不抵债，直至破产。

（2）营运能力分析

1）应收账款周转率。企业赊销收入净额与应收账款平均额的比率，反映应收账款的变现速度和营运能力。公式如下

$$应收账款平均额=\frac{期初应收账款+期末应收账款}{2}$$

$$应收账款周转率=\frac{赊销收入净额}{应收账款平均额}$$

$$应收账款平均收账期=\frac{365天}{应收账款周转率}$$

2）存货周转率。存货周转率是指一定期间存货余额与同期销货成本的比率，用来衡量存货的周转速度，衡量企业营销能力和经营业绩。公式如下

$$平均存货=\frac{期初存货+期末存货}{2}$$

$$存货周转率=\frac{销货成本}{平均存货余额}$$

评价存货周转率时，应与销售收益率结合起来分析。

3）流动资产周转率。销售净收入与同期流动资产平均总额的比率。反映企业全部流动资产的营运能力和变现速度。公式如下

$$流动资产平均总额=\frac{期初流动资产+期末流动资产}{2}$$

$$流动资产周转率=\frac{销售净收入}{流动资产平均总额}$$

4）固定资产周转率。也称固定资产利用率，指企业销售净收入与固定资产净值的比率。

5）总资产周转率。是指企业销售净收入与同期资产总额的比率，反映企业全部资产综合的利用效率。

（3）获利能力分析

1）资产报酬率。也称投资报酬率或资产收益率，是指企业在一定时期的净利润与平均资产总额的比率。

2）所有者权益报酬率。也称资本收益率，是净利润与实收资本的比率，评价投资者投入资本的获利能力。计算公式为

$$所有者权益报酬率=\frac{净利润}{（期初净资本+期末净资本）\div 2}$$

3）主营业务净利率。净利润与主营业务收入的比率。反映每一元主营业务收入带来的净利润是多少，表示主营业务收入的收益水平。

4）主营业务毛利率。主营业务收入与主营业务成本之差与主营业务收入之比。

5）每股收益。本年净利润与发行在外的年末普通股总数的比值。每股收益是衡量上市公司盈利能力最重要的财务指标，反映普通股的获利水平。

6）市盈率。普通股每股市价与每股收益的比率，又称本益比。市盈率越高，风险越大。但成长型新兴行业的市盈率普遍较高，传统行业普遍较低。通常认为正常的市盈率为5～20倍。

7）股利支付率。普通股每股股利与每股收益的比率。反映公司股利分配政策和支付股利的能力。

8）每股净资产。年末股东权益与发行在外的年末普通股总数的比率，也称每股权益。每股净资产在理论上提供了股票的最低价值。

9）市净率。每股市价与每股净资产的比率。用来评价股价相对于每股净资产而言是否高估。市净率越小，说明股票的投资价值越高，反之，就越低。市净率是证券分析师判断股票投资价值的重要指标。

第十六章

信息管理

◇ 理解信息的概念，信息管理在企业管理中的作用

◇ 理解管理信息系统（MIS）在企业管理中的重要性及应用

◇ 掌握管理信息系统的概念、发展阶段及其功能

◇ 了解管理信息系统开发方法

16.1 信息与企业管理

1. 信息的概念

信息是现代社会人类交往中经常使用的术语之一。但是人们往往在实际应用中对数据和信息混淆不清，有必要弄清楚它们的概念、含义以及其区别。

（1）数据与信息的概念

1）数据。数据是人们用来反映客观世界而记录下来的可以鉴别的物理符号，或者说数据是用各种可以鉴别的物理符号记录下来的客观事实。

数据的含义包括两个方面。一方面是它的客观性。数据是对客观事实的描述，它反映了某一客观事实的属性，这种属性是通过属性名和属性值同时来表达的，缺一不可。例如，某企业某日机床生产的产量 10 台，是用文字、数字记录下来的反映企业生产成果的一个事实，其中产量是这个数据的属性名，10 台则是这个数据的属性值。另一方面是它的可鉴别性。数据是对客观事实的记录，这种记录是通过一些特定的符号来表现的，而这些特定的符号是可以鉴别的，尤其是可以由计算机识别的，这是以后进行数据处理的基本前提。常用的特定符号包括：声、光、电、数字、文字、字母、图形、图表和图像等。

2）信息。信息是在经济社会中经常使用的一个术语。由于人们可以从不同的领域、不同的行业、不同的角度去解释，所以目前还没有一个公认的关于信息的确切定义。这里只给出几种有代表性的关于信息的定义：①信息是加工后的数据；②信息是具有新内容、新知识的消息；③信息是事先不知道结果的消息；④信息是使不确定因素减少的有用知识；⑤信息是对客观世界现象通过直接观察，或对信号的语义解释领会得到的知识；⑥信息是帮助我们做出决策的知识；⑦信息是导致决策行动的外界情况；⑧信息是关于客观事实的可通信的知识。

概括以上的各种解释，这里给出一个比较确切的定义是：信息是将数据经过加工处理以后，提供给人们的有用资料。

无论对信息如何解释，都可以归纳出信息的含义应该包括 3 个方面：①信息的客观性，信息来源于现实世界，它反映了某一事物的现实状态，体现了人们对事实的认识和理解程度；②信息的主观性，信息是人们对数据有目的的加工处理结果，它的表现形式是根据人们的需要情况来决定的；③信息的有用性，信息是人们从事某项工作或行动所需要的数据，它和人们的行为密切相关，并通过信息接受者的决策或行动来体现它所具有的价值。

（2）数据与信息的区别与转换

数据与信息的区别在于数据是客观的，它来源于客观的现实世界，它只反映了某一客观存在的事实，而不能说明这一事实与我们的行动是否有关系；信息是人们对数据加工后的结果，它取决于人们的主观需求，要对人们的决策行动产生影响，人们把数据和信息的关系形象地解释为原材料与产品之间的关系。将数据看作是原材料，将信息看作是产品。由于原材料和产品是相对而言的，一个部门的原材料可能是另一个部门的产品，同时一个部门的产品也可能是另一部门的原材料。因此相同的一组数据对一部分人来讲是信息，而对另一部分人来讲可能就是数据。

总之，数据来源于现实世界，经过加工后形成了信息，对决策过程产生影响再用于推动改造现实世界。数据与信息在人们认识现实世界、改造现实世界过程中不断实现相互转换。这种转换过程如图 16-1 所示。

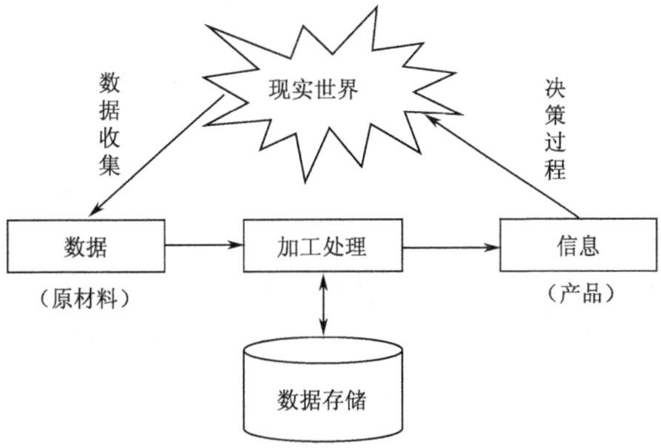

图 16-1　数据与信息的转换过程

2. 信息管理与企业管理现代化

（1）企业管理的一般过程

企业管理是企业管理者在一定的社会条件下，为了实现企业预定目标对企业生产经营活动实行计划、组织、指挥、协调、控制工作的总称。企业管理活动可以分为生产过程和管理过程两部分，实际上是对企业中的人、财、物、能源、技术和信息等资源进行合理配置的工作。其中最重要的是对物流和信息流的管理。

1）物流。这是指企业生产所需要的原材料等资源从输入企业系统开始，经过一系列加工制造变形，到转化为产成品输出企业销售为止的运动过程。

2）信息流。这是指引导物资流动的计划、定额、工艺标准、设计图纸等，以及伴随着物资流动所产生的产量、质量和销售量等大量资料的运动过程。

由以上的概念可以看出，物流是有形实体的单向流动，它体现了企业生产过程和现状。信息流是无形的双向流动（带有反馈），它反映并控制着企业的生产过程和成果。所以说企业管理一方面是对企业生产过程的物流管理，另一方面就是对企业管理过程的信息流管理，二者密切相关也缺一不可。从某种意义上讲，企业的信息流管理是更重要的管理，它决定着企业生产经营活动的成功与否。

（2）信息管理在企业管理中的作用

1）信息是现代企业的宝贵资源。随着社会的进步与科学技术的发展，现代企业的生产经营活动已经不仅仅取决于人、厂房设备、原材料和能源技术等传统的资源，而更加取决于企业对信息的占有程度和处理能力。信息是知识、是财富已经正在成为人们广泛的共识。

2）信息是现代企业决策的基础。企业管理工作的关键和核心是决策，正确的决策来自于对未来行动和后果的正确判断，这个正确的判断就必须以掌握全面、及时、准确的信息为依据。尤其在市场经济条件下的现代企业中，影响决策的不确定因素越来越多，信息提供的及时准确与否，直接关系到决策的正确与否。信息是提高现代企业管理决策的科学性与正确性的基础，是决定企业在市场经济竞争中兴衰存亡的关键所在。

3）信息管理是现代企业管理的核心。现代企业的管理工作以物流和信息流的管理为主要对象，而物流又必须在信息流的引导下进行，同时又经过信息流的反馈得到调整与控制，因此信息管理是现代企业管理中的核心工作。

4）信息管理的现代化是企业管理现代化的重要组成部分。现代化的企业必须要有现代化的管理与之相适应。企业管理的现代化涉及的内容十分广泛，可以归纳为由四大要素组成，即管理思想的现代化、管理组织的现代化、管理方法的现代化和管理手段的现代化。其中管理手段的现代化最重要的就是信息管理的现代化。信息管理的现代化水平已经成为衡量一个国家、地区、行业、企业、部门的科学技术水平与经济实力的重要标志之一。

（3）现代企业管理对信息处理的要求

随着我国科学技术的发展和市场经济体制的不断完善，现代企业的生产经营活动对信息的处理提出了越来越高的要求。具体要求可以归纳为及时、准确、适用、经济四个方面。

1）及时。及时包括两个方面的含义：①对已经发生的信息进行必要的及时记录；②对信息的加工、检索和传递要快。现代化企业生产以规模大、分工细和自动化水平高为特征，只有将企业生产经营的状态和瞬息万变的市场需求信息及时地提供给各级决策控制管理部门，才能保证企业高效率、高时间价值地运行。

2）准确。“输入的是垃圾，输出的仍然是垃圾”是计算机界信守的格言。只有准确、可靠的原始数据才能加工出准确的信息，才能保证决策者依此做出正确的判断，使企业的生产经营活动能够得到有效的控制。否则不正确的信息只能给企业带来适得其反的影响。

3）适用。各个子系统，各级管理部门和领导，他们所需要的信息在范围、内容、精度和使用频率等方面各不相同。只有为各级管理部门和领导提供有针对性适用的信息，才能使他们节约大量的精力和时间，抓住时机做出相应正确的决策，避免发生不应有的损失。

4）经济。信息在现代化企业管理中具有重要的作用，但是，信息的处理是一项劳动量大、复杂、耗资、耗时的工作。因此，对信息的处理必须进行技术经济分析，不能盲目地追求“信息化”。信息的经济性也是及时性、准确性、适用性的前提，否则都毫无意义。

16.2 管理信息系统概述

1. 管理信息系统的概念与发展

（1）管理信息系统的基本概念

管理信息系统是一个以人为主导，利用计算机硬件、软件、网络通信设备以及其他办公设备，进行信息的收集、传输、加工、储存、更新和维护，以企业战略竞争、提高效益和效率为目的，支持企业高层决策、中层控制、基层运作的集成化的人机系统。

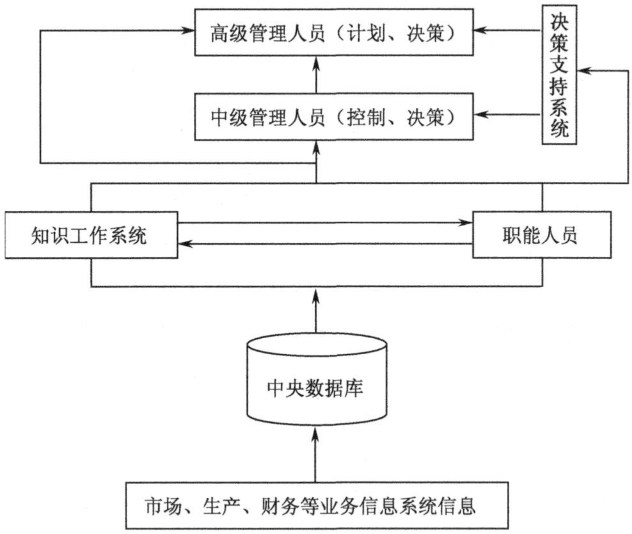

图 16-2　管理信息系统概念图

从管理信息系统的定义可以得到它的总体概念图，如图 16-2 所示。从图中可以看出：

1）管理信息系统是一个人机系统。机器包括计算机硬件及软件（包括业务信息系统、知识工作系统、决策支持系统），各种办公机械及通信设备；人员包括高层决策人员、中层职能人员和基层业务人员，由这些人和机器组成一个和谐的配合默契的人机系统。系统设计者应当很好地分析把什么工作交给计算机做比较合适，什么工作交给人做比较合适，人和机器如何联系，从而充分发挥人和机器各自的特长。

2）管理信息系统是一个集成系统，也就是说管理信息系统进行企业的信息管理是从总体出发，全面考虑，保证各职能部门共享数据，减少数据的冗余度，保证数据的兼容性和一致性。具有集中统一规划的数据库是管理信息系统成熟的重要标志，它象征着管理信息系统是经过周密的设计而建立的，它标志着信息已集中成为资源，为各种用户所共享。

3）管理信息系统用数学模型分析数据，辅助决策。只提供原始数据或者综合数据对管理者来说往往感到不满足，管理者希望给出决策的数据。为得到这种数据往往需要利用数学模型，例如，联系于资源消耗的投资决策模型，联系于生产调度的调度模型等。模型可以用来发现问题，寻找可行解、非劣解和最优解。在高级的管理信息系统中，系统备有各种模型，供不同的子系统使用，这些模型的集合叫模型库。高级的职能模型能和管理者以对话的形式交换信息，从而组合模型，并提供辅助决策信息。

（2）管理信息系统的发展

管理信息系统的发展是与计算机技术的发展密切相关的。自从 1946 年美国宾夕法尼亚大学穆尔工学院研制成功世界上第一台电子计算机（ENIAC）以来，计算机技术已经历了四代革新。与此相应，管理信息系统的发展也大体经历了四个阶段。

第一阶段（1953～1958 年）。第一代计算机开始进入大企业。大企业把计算机看作企业先进的标志，当时流行的观念认为，要先进，就得有计算机。这一代计算机的硬件是由电子管和磁带记录器组成的，软件很少，因而功能有限，多用于企业的财会部门，从事单项数据处理。第一代计算机对管理决策和企业组织结构的影响还是潜在的。

第二阶段（1958～1966 年）。计算机技术进入了第二代，晶体管代替了电子管，磁芯存储器取代了磁带存储器，计算机的内存扩展了，运算速度加快了，输入——输出功能更强了，特别是软件的进步是这一代计算机的重要标志。第二代计算机在管理应用方面最显著的成果是发展了联机系统，例如航空公司预订机票系统、旅馆预订房间系统，以及股票市场行情系统等。管理信息系统的发展开始进入数据的综合处理阶段。第二代计算机对组织的影响主要是开始改变中层事务管理的方式，原有的大量核算、登账、查找、统计和报表等工作逐步交由计算机来完成。但业务人员并未因此而大量减少，多数情况反而增加了业务人员，例如系统分析人员、程序设计人员、数据录入人员和计算机维护人员等。

第三阶段（1966～1974 年）。第三代计算机问世，采用的是集成电路装置，从而使计算机日益朝着大型化方向发展。通过与终端的远距离通信，把信息集中到中央处理机，提高了信息处理的能力，扩大了资源共享的程度。第三代计算机引起的组织变化是很大的，设置在总部的中央处理系统，使得全公司的信息实现了高度集中统一的管理。并且为了设计、使用和维护大型计算机的软件和硬件，在大公司的管理组织中分化出了专门的信息处理职能和相应的机构，这是一种专业化的具有通信和控制功能的高度集权的组织。管理学家们注意到第三代计算机促进了大公司重新集权化的趋势。

第四阶段（1974 年至今）。我们仍处在应用第四代计算机的阶段。超大规模集成电路和更加丰富的软件，一方面继续扩展计算机的功能，另一方面使计算机日益小型化、微型化、廉价化。微型计算机逐步普及，集成电路被装在诸如电话、复印机、打字机、传真机等各种办公设备上，使之成为一种“智能化”的装置。特别是分布式数据库技术和计算机网络管理软件使得管理信息系统的发展进入了数据的系统处理阶段。计算机已经能够把企业生产经营过程中的数据全面地收集和存储起来，并向企业的各个环节或职能部门提供信息，形成了以信息系统为主的管理中心，使管理职能进一步集中，使整个管理系统发生了质的变化。

管理信息系统的最大特点是数据的集中统一。正是有了数据的集中统一，才使得信息真正成为一种资源，并且实现了信息资源的共享。这项工作是通过数据库系统实现的，数据库系统是管理信息系统的核心，也是其最显著的特征。

管理信息系统虽然将企业内部的各种信息统一管理起来，加强了对企业生产经营活动的计划与控制，大大改善了企业的中层管理工作，提高了整个企业的效率，但对企业的上层管理并没有产生决定性的影响。企业上层主管人员的主要任务是确定目标、选择战略和进行重大决策，对他们来说，重要的不是工作的效率，而是决策的效果，即主要不在于“正确地做事”，而在于“做正确的事”。这使人们认识到，完成例行的信息处理任务，只是计算机在管理中发挥作用的初级阶段，要对管理目标做出实质性的贡献，必须更直接地面向决策，面向在不断变化的环境中出现的不那么固定的信息需求。这也就是决策支持系统（decision support system，DSS）产生的原因及背景。

简单地说，决策支持系统就是为主管者提供信息，帮助他们作决策的系统。DSS与MIS的一些主要区别和联系在于：①MIS考虑的主要是企业内部的数据，在多数情况下主要是反映当前情况的数据；而DSS则是要向决策者提供大量历史的和外部的数据。经验表明，这些数据往往难以统一格式，从而对数据库的设计提出了更高的要求。②各种运筹学和数理统计方法虽然在MIS和DSS中都得到使用，但是使用的方式不同。在MIS中，它们构成例行工作中的某一环节定期地按固定方式得到使用；而在DSS中，它们按照决策问题的性质和决策者的需要，随时以灵活易用的方式组织起来。③从功能上看，MIS的主旨是代替人们做某一部分处理工作；而DSS的主旨是协助人们做好决策工作。

进入20世纪90年代以来，计算机网络特别是互联网络迅速发展起来，已逐渐渗透到人类社会方方面面，并且在组织管理中发挥了重要作用，同时也使得组织的管理方式，包括沟通方式、交易方式等发生了前所未有的变化。决策所需的许多信息能够随时从网络上获得，通过电子邮件、视频会议等进行沟通，节约了时间和费用；通过电子数据交换系统（electronic data interchange，EDI）和电子商务系统（electronic commercial，EC），实现了无纸化交易、网上交易等。网络的充分运用说明MIS的发展进入到一个新的阶段，也使组织的管理提高到一个新的水平。

2. 管理信息系统的功能

为了满足管理者的信息需求，信息系统需要完成大量的信息处理工作。其基本功能可概括为以下六个基本方面：信息的收集、传输、加工、储存、维护和使用。

（1）信息的收集

根据数据和信息的来源不同，可以把信息收集工作分为原始信息收集和二次信息收集两种。原始信息收集是指在信息或数据发生的当时当地，从信息或数据所描述的实体上直接把信息或数据取出，并用某种技术手段在某种介质上记录下来。二次信息收集则是指收集已记录在某种介质上，与所描述的实体在时间与空间上已分离的信息或数据。

原始信息收集的关键问题是完整、准确、及时地把所需的信息收集起来，记录下来，做到不漏、不错、不误时。二次信息收集实质是从别的信息系统得到本系统所需要的关于某种实体的信息，它的关键问题在于两个方面：有目的地选取或抽取所需要的信息和正确地解释所得到的信息。

（2）信息的传输

当信息系统具有较大的规模，在地理上有一定分布的时候，信息的传输就成为信息系统必备的一项基本功能。系统越大，地理分布越广，这项功能所占的地位就越重要。

信息系统的管理者与计划者必须充分考虑所需要传输信息的种类、数量、频率、可靠性要求等因素。

信息传输问题比较突出的是业务信息系统和办公信息系统。业务信息系统由于要尽可能地在信息源上收集原始信息，信息点在地理上往往是分散的，所以传输问题比较突出。办公信息系统的办公室工作人员之间有大量信息需要共享和交流，因此信息传输工作量也很大。目前阶段的管理信息系统与决策支持系统规模还不是很大，因此一般说来，信息的传递还不很频繁。随着信息系统范围的扩大，这些信息系统中信息传输的任务也会逐步增加。

（3）信息的加工

除了一些最简单的信息系统，如简单的小型查询系统以外，一般说来，系统总需要对已经收集到的数据或信息进行某些处理，以便得到某些更加符合需要或更加反映本质的信息，或者使信息更适于用户使用。

信息加工的种类很多。从加工本身来看，可分为数值运算和非数值处理两大类。数值运算包括简单的算术与代数运算，数理统计中的各种统计量的计算以及各种校验，运筹学中的各种最优化算法以及模拟预测算法等。非数值数据处理包括排序、归并、分类等。

在各类信息系统中，决策支持系统对信息的要求最高，这是由于管理决策常常要用到一些相当复杂的加工方法。管理信息系统也常用各种类型的算法，但以比较固定的方式使用，因此处理起来比较容易。业务信息系统所使用的加工方法比较简单，但是由于它们使用频繁，要求加工速度快，在制定具体算法时，应认真考虑其效率问题。

（4）信息的储存

信息系统必须具有某种信息存储功能，否则它就无法突破时间与空间的限制，发挥提供信息、支持决策的作用。信息系统的存储功能就是保证已得到的信息能够不丢失，不走样，不外泄，整理得当，随时可用。

在各类信息系统中，存储的要求是不同的。业务信息系统中，需要存储的信息格式往往比较简单，存储时间比较短，但数量往往很大。管理信息系统与决策支持系统中的信息格式比较复杂，要求存储比较灵活，存储时间也较长，因此信息存储问题的难度较大。

在实际工作中，信息传输与信息存储常常是联系在一起的。当信息分散存储在若干地点时，信息传输量可以减少，但安全性、一致性就会变得难以解决。如果信息集中存储在同一地点，存储问题比较容易解决，但信息传输的负担将大大加重。实际工作者常常面临对两者的权衡和合理选择。

（5）信息的维护

保持信息处于合用状态叫信息维护，它包括系统建成后的全部数据管理工作。信息维护的主要目的在于保证信息的准确、及时、安全和保密。

信息的保密性是当前十分关心的一个问题。随着信息越来越成为一种资源，人们也越来越把它当成一种财产来对待，因而被盗的情况也越来越多。为了维护信息的密级，信息系统采用了很多技术。在机器内部以及信息系统程序中，可采用密码方式，以及在机器上记录终端试探次数等办法。

（6）信息的使用

信息系统的服务对象是管理者，因此它必须具备向管理者提供使用信息的手段或机制，否则它就不能实现自身的价值。提供信息的手段是信息系统与管理者的接口或界面，它的情况应由双方的情况来定，即需要向使用者提供的信息情况以及使用者自身的情况。

从需要向用户提供的信息来看，决策支持系统的复杂程度及灵活性要求是最高的，因此对话式的用户接口是比较适宜的。业务信息系统和管理信息系统，一般倾向于提供固定的例行信息服务。

3. 管理信息系统（MIS）在企业管理中的重要性及应用

（1）管理信息系统建设的必要性

当前，席卷全球的信息化浪潮正在蓬勃兴起。我国政府已经采取了有力措施来推动国民经济信息化的建设。以“金”字号工程为龙头，金融、邮电、贸易、交通等领域的信息系统飞速发展，各省市、各部委也在着手经济信息系统的建设。企业作为国民经济的细胞，建设MIS已势在必行。

企业建设MIS的必要性可从三个方面分析：

1）企业转换经营机制的必要性。在由计划经济体制向社会主义市场经济体制转变过程中，企业必须按照市场要求组织生产经营，必须及时、准确、全面地获得市场信息，经过信息系统的处理和分析作为企业决策的参考。尤其对于外向型企业，国际市场信息是重要的战略资源。

另一方面，要加快集约型经济增长，企业必须加强内部管理，以提高劳动生产率，适应市场竞争。这也必须利用现代化管理方法和技术，以实现资源合理配置，获得经济效益和社会效益。

2）行业宏观调控的必要性。我国各级政府部门在实现了政府职能转变之后，产业部门的管理职能越来越少，而信息服务成为宏观调控的重要内容。广大企业是经济信息系统的基础，是主要的信息源。离开了企业信息系统，国家和行业的信息管理就成了无源之水，无本之木。企业又是行业信息系统服务的对象。企业只有建设好自身的系统，才能更有效地利用信息网络上的资源。

3）企业长远发展的必要性。国际上信息技术高速发展，信息技术革命是现代科技革命的核心和主流，其影响将超过历史上出现的工业革命。发达国家纷纷把信息高速公路列入世纪议程，因特网迅速发展。信息系统是将来企业与信息高速公路接轨的通道，企业在制定长期发展规划时要着重考虑，这样才能适应日益激烈的市场竞争，保持持续发展。

（2）管理信息系统对企业的作用

企业是国民经济的基本单元，企业的发展对国家的工业现代化建设有着不可估量的影响。在计算机的帮助下，对企业生产经营诸要素进行优化组合和合理配置，使生产和经营过程中的人流、物流、资金流和信息流处于最佳状态，达到以最小的投入获得最大的产出，这就是企业管理信息系统的作用所在。

具体说来，MIS带给企业的效益有以下几点：

1）加快资金周转。财务部门可以及时发现问题，不失时机地调度资金，提高资金使用效率，从而节省银行利息支付。如实施MIS较成功的某电子集团，三年内公司的资金周转分别为184.8天、157.4天和99.8天，效果显著。

2）降低生产成本。计算机生产管理加强了对产品全过程的监控，及时反馈信息。首先在产品设计和工艺环节，在材料选用、设备使用等方面进行分析；制定合理和优化的生产计划和作业计划；对原材料、辅料、在制品库存及时调整等，都可以达到降低生产成本的目的。

3）压缩库存积压。在满足生产供应的前提下，合理调整原材料和备品备件库存，及时采购入库，压缩库存积压，减少流动资金的占用；充分发挥生产计划和销售管理的作用，做好产销衔接的平衡工作，从而压缩成品库存。例如，某企业集团 1991 年实施 MIS 后，尽管因原材料涨价损失 189 万元，但在降低成本方面增加利润 245 万元；产品集成电路的库存由 1623 块下降到 1121 块，库存减少约 1/3。

4）缩短生产周期。在市场竞争中，缩短产品生产周期，尽快交货和投放市场是扩大市场份额的关键。例如，在印染厂中，要迅速根据订单安排工艺试验，调整生产计划，准备坯布和染料，维护关键设备。在生产过程中，不断掌握生产进度和问题，随时监测质量。最后，及时取得成品检验和入库信息，及时包装发货。

5）提高工作效率和管理水平。计算机全面管理保证了数据的准确性，减少了繁重的统计报表的工作量，及时向各级领导提供了信息。共享数据库保证了整个企业数据的一致性，方便了各类人员不同要求的查询。例如，某机器生产厂统计，该厂劳动处定额室仅就工时汇总和工时完成情况统计一项，全年就节省工作时间 14685.5 小时，相当于一个人工作 4.7 年；财务处与银行对账，原来需要半个月的时间，用计算机后半小时即可；计量仪器处的仪器清查工作，以前每年才进行一次，花大量人力工作两个月，用计算机后可以随时清查，一次十几分钟。

更重要的是，各个环节的工作效率提高后，企业将出现新的工作方式，传统组织机构的层次信息传递和跨级命令逐渐转换为平铺传递。这样，可以将工作责任更多地直接赋予工作人员，从而改变以往的多层领导方式。全厂人员素质和管理水平的提高，有利于企业的长远发展。

6）扩展信息渠道，加快市场反应。在市场经济条件下，企业要扩大与外部的联系。获取外部的市场信息，进行及时的处理和分析，做出快速反应，可以获得显著的经济效益。如某棉纺集团通过 1995 年建立的 MIS 广域网，及时获得棉纱市场信息，一笔交易就获利 220 万元。

（3）管理信息系统应用

1）计算机集成制造系统（CIMS）。CIMS 是将企业生产全过程中有关人、技术、设备及经营管理四要素及信息流、物流、价值流有机地集成，并实现企业整体优化，以实现产品高质、低耗、上市快、服务好，从而使企业赢得竞争的一门综合性技术。它包含两个基本概念：企业中各个部门是一个整体；整个生产过程实质上是一个数据的采集、传递、加工处理和利用的过程，最终形成的产品可以看作是物化了的数据。

CIMS 由生产指挥系统、产品工程设计系统、制造自动化系统、质量保证系统、计算机网络及数据库技术支持系统等组成。

2）物料需求计划（MRP）。MRP 是一种连动的物料管理的战略。它并不是消极地等待什么时候订购，而是根据对未来的分析来确定将来所需物料的品种、数量及什么时候需要使用它们。其组成包括生产计划系统（客户订单、销售预测、库存、生产能力）；物料需求计划系统（生产计划系统、原材料、材料账单）和指令分派系统物料需求计划系统与能力需求系统结合以确保计划的生产任务在工厂生产能力范围之内，输出计划订购表、计划订单的改变等；指令分派系统是使用计划订购表作为输入资料，然后打印出一份指令报告分派给采购员、车间管理人员。

MRP 的功能主要是更好地管理物料，提前掌握未来物料的采购等。

3）企业资源计划（ERP）。ERP 采用现代信息技术形成的经营管理模式，将供应商和企业内部的采购、生产、销售等紧密联系起来，便于对供需链上的所有环节进行有效管理，实现对企业的动态控制和各种资源的集成和优化，提高基础管理水平。ERP 的核心思想是供应链管理。

16.3 管理信息系统开发

1. 企业开发 MIS 所应具备的条件

企业开发 MIS 系统，应具备一些基础条件，这些条件包括以下几方面。

（1）主要领导亲自参与和领导，有专职信息机构

MIS 项目与一般基本建设和技术改造项目不同，它是系统工程，涉及企业的方方面面，工作量大，实施周期长，投资大，见效益慢。所遇到的问题远非信息部门或技术部门所能解决，必须有企业主要领导，特别是第一把手亲自参与和领导。

在决定开发 MIS 后，可以成立 MIS 领导小组，由企业主要领导负责，各个主要业务部门负责人参加。小组进行项目的可行性、投资和改革措施等重大决策；制定目标和长期建设规划；协调项目实施中的各部门关系，解决出现的重大问题。例如，MIS 需要财务、生产计划、销售等部门及时提供数据，当这些信息需求与部门自身的需求不一致时，靠信息部门是很难开展工作的，必须由领导小组出面协调；在制定各种信息编码时，也需要领导小组牵头，统一各个有关部门的意见，由主管部门确定标准编码。

实施 MIS，不能完全是现行管理的翻版，需要对现行管理体制进行改革和调整，这也是领导小组的重要任务。

（2）搞好基础管理

制定和完善必要的规章制度和标准规范。要实现计算机管理，需要加强基础管理，规范各个部门的管理职能。在全企业范围内，对一些主要的管理对象，如人员、资金、产品、物资实现统一的规范化管理。例如，仓库管理，不论仓库属于哪个部门、存储什么对象，都应该制定统一的制度和管理办法。实行统一的管理方法有利于计算机管理发挥作用。

标准化是 MIS 正常运行的基础。对于部门、人员、产品、原材料、设备等要实行统一标准的编码。其原则是能够采用国家标准、行业标准的都要采用；自行编码应有一致的规则，由指定部门确定。企业范围内的同类合同、账页、报表、单据要采用统一格式，并力求完整准确，便于计算机处理。

（3）各级管理人员积极参与，培养一支应用技术队伍

人员是信息系统技术应有的重要因素，拥有一支应用开发队伍是 MIS 正常运行的保证。许多企业在多年的 MIS 应用开发中培养了计算机应用专业技术骨干，形成了一定的基础力量。他们熟悉本企业的情况，有责任心，又掌握了计算机知识，对信息系统的正常运行发挥了巨大的作用。有些 MIS 验收后不能正常运行，或者运行几年后就瘫

痪了，人才流失是一个重要原因。

(4) 必要的资金保证

MIS开发需要资金投入作为保证。需要注意的是，对MIS的资金投入不仅是用于购置计算机设备，还包括系统分析和设计、软件开发、人员培训等费用。

在开发完成后，还有系统运行和维护费用。许多企业规划资金只考虑硬件设备，不考虑软件开发；只考虑系统开发，不考虑运行维护。这样会造成许多系统轻则开发阶段困难重重，进度一拖再拖，重则开发完成后不能正常运行，最后前功尽弃。

2. 结构化生命周期法

结构化生命周期法（SDLC）是一种采用结构化分析与设计，按照生命周期的工作步骤来进行管理信息系统开发的方法。

任何一个系统都要遵循一个发生、发展、成熟和消亡的过程。一个新的系统是在旧的系统基础上产生、发展、成熟、老化、淘汰，最后又被更新的系统所取代。这一如此反复循环的系统发展过程被称之为系统的生命周期。一个管理信息系统的生命周期一般分为五个阶段，也称为SDLC法的开发过程。

(1) 系统规划阶段

系统规划阶段是根据用户的系统开发请求进行初步调查，明确问题，确定系统目标和总体结构，确定分阶段实施进度，然后进行可行性研究。

在适当的准备完成之后，主要是开展初步综合业务调查。调查由企业人员和开发单位人员共同进行，覆盖面要大，应包括企业的绝大多数部门。调查的方式多种多样，如问卷调查、面谈、座谈会、搜集文件资料、查阅档案、现场考察等。调查的内容包括：企业概括、管理状况、外部环境、现行信息系统、需求调查等。

企业状况分析是总体规划中的重要环节，其关键问题是整理出企业的业务流程和信息流程，找出现行管理中的问题。这包括分析建立计算机管理信息的应用需求、数据处理需求和管理功能需求；分析现行管理体制的合理性与缺陷，包括机构设置、职能划分、业务流程的合理性；分析建立计算机管理的信息系统内部资源所能投入的能力和适用能力；分析外部环境的变化对企业经营生产的影响程度；分析现行信息系统运行效果；分析影响管理水平提高的薄弱环节和“瓶颈”问题。

新系统的规划要确定几个重要内容：明确新系统的目标；确定新系统的总体结构和层次；确定新系统的主要功能和子系统划分；确定新系统的配置原则。同时要考虑在新系统中现有资源的利用，MIS与本企业CAD、OA等系统的接口，与外部系统的连接等问题。

接着是制定新系统实施计划，包括系统开发阶段划分、系统开发的进度计划、开发的组织方式、制定投资概算，以及对管理方面调整的初步构想。

另外，企业在准备MIS时，必须进行可行性分析，主要是必要性分析和效益分析，以决定是否建立MIS。在总体规划中，还要进一步进行技术可行性、投资/效益分析和组织管理可行性分析等。

(2) 系统分析阶段

系统分析的主要任务是将在系统详细调查中所得到的文档资料集中到一起，对组织内部整体管理状况和信息处理过程进行分析。它侧重于从企业全过程的角度进行分析。系统分析的主要内容是：业务和数据流程是否通畅，是否合理；数据、业务过程和实现管理功能之间的关系；老系统管理模式改革和新系统管理方法的实现是否具有可行性等。系统分析的目的是将用户的需求及其解决方法确定下来。其中包括开发者关于现有组织管理状况的了解；用户对信息系统功能的需求；数据和业务流程；管理功能和管理数据指标体系；新系统拟改动和新增的管理模型。系统分析所确定的内容是今后系统设计、系统实现的基础。

系统分析过程分两步：首先应将业务或数据流程弄清楚，然后再提出新系统拟采用的方案。与初步综合业务调查相比，详细业务调查要明确既定的调查范围，不像初步调查那样广，但却详细、深入得多。详细调查的内容有组织机构和功能调查、业务调查、信息调查、现行信息系统调查等。

现行系统分析主要包括系统目标分析、系统功能分析、内部关系分析、信息分析、存在问题和解决问题的途径分析、需求分析等。最后，要绘制出分部门和分业务的业务流程图、业务关联图等系统分析文档。

接下来要进行新系统逻辑模型的确定。其主要内容包括确定新系统的目标、系统的总体结构描述、子系统功能描述、子系统数据分析、数据输入输出描述、确定技术性能指标、优化业务处理流程和数据流程、定义经济数学算法和模型。

确定代码体系也是系统分析的一项重要内容，也是企业的一项基础管理工作。企业的产品、原材料、设备以及人员、机构都应该有统一的代码，否则就不可能实现信息的标准化，也就不能进行信息的加工与集成。

另外还需确定计算机系统配置，主要内容包括计算机体系结构、主机或服务器选型、外部设备的确定、网络和系统集成、工作站配置以及系统软件和应用软件的配置等。

(3) 系统设计阶段

系统设计是信息系统开发过程中另一个重要阶段。在这一阶段中我们将要根据前一阶段系统分析的结果，在已经获得批准的系统分析报告的基础上，进行新系统设计。系统设计包括两个方面：首先是总体结构的设计，其次是具体物理模型的设计。系统设计的主要内容包括新系统总体结构框架设计、代码设计、数据库设计、输入/输出设计、处理流程及模块功能的设计。

在系统设计阶段，我们的主要任务就是在各种技术和实施方法中权衡利弊，精心设计，合理地使用各种资源，最后勾画出新系统的详细设计方案。

系统设计的主要任务之一就是进行子系统和模块的划分。划分的原则包括：

子系统要具有相对独立性；要使子系统之间数据的依赖性尽量小；子系统划分的结果应使数据冗余较小；子系统的设置应考虑今后管理发展的需要；子系统的划分应便于系统分阶段实现；子系统的划分应考虑到各类资源的充分利用。

接下来要根据系统分析中确定的代码体系，进行具体的代码设计。具体内容包括代码结构设计；使用范围、期限和维护修改权限；编制代码表等。

输入数据的正确性对于整个系统质量的好坏起决定性的作用。输入设计不当有可能使数据发生错误，即使计算和处理十分正确，也不可能得到正确的输出。

因此输入设计既要给用户提供方便的界面，又要有严格的检查和纠错功能，以尽可能减少输入错误。同时，尽可能采用自动输入方式，如条码输入、在线监测等。输入设计包括：输入类型设计；输入来源和频度；输入格式、内容和精度；输入设备和介质；输入检查纠错。输出设计的出发点是保证输出达到用户的要求，正确地反映和组织各种有用的信息。输出设计包括输出类型设计；输出频度和对象；输出格式、内容和精度；输出设备和介质等。

数据库设计在系统设计阶段主要包括数据库的逻辑设计和物理设计，需要综合企业各个部门的存档数据和数据需求，分析各个数据之间的联系，按照 DBMS 提供的功能和描述工具，设计出规模适当，正确反映数据关系，数据冗余少，存取效率高，能满足多种查询要求的数据模型。其步骤是：数据库结构设计；数据表定义；存储设备和存储空间组织；数据使用权限设置；数据字典设计。

系统设计阶段还包括其他一些设计，如系统安全性、可靠性设计，与外部系统的连接设计等。

(4) 系统实施阶段

系统实施是使系统设计的物理模型付诸实现的阶段。要投入大量时间、人力、物力进行设备安装调试、程序设计、编程和系统测试工作，形成目标系统的运行环境。

程序设计的准备工作主要包括制定编程的规范约定、结构化程序模块设计、模块内部处理过程描述和程序设计语言选择。编程工作量较大，要分模块进行，通常把程序分配给多个程序员完成。因此，要严格遵守程序设计规范。编程主要包括：程序设计、程序运行和程序测试。

测试工作在软件开发中占有重要的地位。测试的目的是寻找和发现程序中的错误。测试的方法有多种，常用的有黑盒法、白盒法。测试的步骤为模块测试、组装测试和确认测试。

(5) 系统运行与维护阶段

新系统在试运行成功之后，进行系统转换，进入系统运行与维护阶段，这标志着新的 MIS 已经建成。运行与维护阶段的主要任务是做好系统的正常管理和维护工作，使系统处于良好状态，在系统运行中不断根据环境变化和用户要求不断修改、扩充软件，使目标系统更加完善。

要保证系统的正常运行，必须建立各种制度，包括安全保密制度、软件管理制度和备份制度。

系统维护是 MIS 生命周期中的一个重要阶段，工作量大，需要人员和资金保证。系统维护主要包括计算机硬件、系统软件维护；机房设备的管理和维护；数据库及其代码维护；应用软件维护。

结构化系统开发方法的优点是强调系统开发过程的整体性和全局性以及严格地区分开发阶段，避免了开发过程的混乱状态。但随着时间的推移，这种方法也暴露出很多缺点，如起点太低，所使用的工具落后，致使系统开发周期过长。另外，这种方法要求系统开发者在调查中就充分地掌握用户需求、管理状况以及可能发生的变化，这不大符合人们的认识规律。

3. 快速原型法

快速原型法是20世纪80年代以来发展起来的，旨在改进生命周期法缺点的一种系统开发方法。它是根据用户提出的需要，由用户与开发者共同确定系统的基本要求和主要功能，并在较短时间内建立一个实验性的、简单的信息系统原型，在用户使用原型的过程中，不断地依据用户提出的评价意见对简易原型进行不断地修改、补充和完善，如此反复，使快速原型越来越能够满足用户的要求，直至用户和开发者都比较满意为止，就形成了一个相对稳定、较为理想的管理信息系统。

快速原型法的开发过程可以归纳为5个步骤。

(1) 确定系统的基本要求和功能

确定系统基本要求和主要功能是开发者根据用户对系统提出的主要需求与功能，确定计算机管理的范围和应具有的基本功能、人机界面的基本形式等，得到一个简单的计算机模型。这是建立快速原型法的首要任务和构成原型报告的依据。

(2) 建造初始快速原型框架

系统开发人员在明确了对系统基本要求和功能的基础上，依据计算机模型，以尽可能快的速度和尽可能多的开发工具来建造一个结构仿真模型，即快速原型框架。所以称为原型框架，是因为这样的模型是系统总体结构子系统以上的高层模型。

(3) 运行、评价、修改快速原型框架

快速原型框架建造以后，就要交给用户立即投入试运行，各类人员对其进行试用、检查，分析效果。由于构造原型中强调的是快速，省略了许多细节，一定存在许多不合理的部分。所以，在试用中要充分进行开发人员和用户之间的沟通，尤其是要对用户提出的不满意的地方进行认真细致地反复修改、完善，直到用户满意为止。

(4) 建造各子系统的快速原型，并将其连接到总体原型系统

用户基本满意的快速原型框架是管理决策的原型。作为一个管理信息系统，管理的范围很广，业务处理子系统很多，必须在原型的基础上通过各子系统快速原型的构造，最后连接全部子系统快速原型，才能构成总体原型系统。总体原型系统的建立需要通过用户和开发者的密切合作，不断改造，反复迭代，直至双方完全满意才最终完成。

(5) 补充完善原型，形成最终管理信息系统

如果用户和开发者对原型比较满意，则成为正式原型，经过双方继续进行细致工作，把开发原型过程中的许多细节问题逐个补充、完善、求精，最后形成一个适用的管理信息系统。

快速原型法具有开发周期短、费用低、实用性强等特点，但是也存在着系统性差，规范性不强等缺点。这种方法适用于规模比较小，有可以借鉴经验的系统开发工作。

4. 面向对象法

面向对象法（OO）是近10年来发展起来的基于问题对象的自底向上的一种系统开发方法。这种方法借助于软件工具综合反映的信息、过程和软件系统结构的关系，强调了从“用什么做”到“做什么”，由系统内部结构去模拟现实世界。它解决了其他方法在开发过程中出现的不一致性问题。

5. 计算机辅助软件工程方法

计算机辅助软件工程法（CASE）是自20世纪80年代末期，从计算机辅助编程工具、第四代语言（4GLS）和绘图工具发展而来的一个大型综合计算机辅助软件工程开发环境。CASE法系统开发的基本思路是：任何一种系统开发方法中，如果满足在系统开发过程中的每一步都可以在一定程度上形成对应关系的条件下，完全可以借助于专门的软件工具来实现系统开发的每一个过程。

CASE具有自动编程的功能，并逐渐发展成可以进行各种需求分析、功能分析、结构图表生成（如数据流程图、结构图、层次化功能图）等功能并支持整个系统开发全过程的一种大型综合系统。它简化了软件管理和维护工作，使开发者从复杂的分析设计图表和编程工作中解脱出来，从而缩短了开发周期、提高了系统开发的质量和效率。

综上所述，无论哪一种方法，都具有各自的优点和不足，只有在实际运用中相互结合才能在系统开发中发挥较为理想的效果。

第十七章

质 量 管 理

◇ 理解质量、 质量管理的概念

◇ 了解系统化质量改进方法的思路

◇ 深入理解全面质量管理理念及其意义

◇ 掌握质量管理的一般过程和管理体系架构

◇ 了解质量管理的工具和方法

近年来，在全球范围内，质量正在日益成为人们的关注重点。质量管理大师朱兰博士曾讲过，“正如20世纪是生产率的世纪一样，21世纪将是质量的世纪”。在一个全球化的竞争性市场上，质量已经成为了取得成功的最重要的因素之一。人们现在已经深刻地认识到，质量是企业竞争力和国家竞争力的核心。追求质量，成为现代组织的核心使命之一，而全面质量管理也日益成为各类组织提升竞争力的强大战略武器。目前关于质量管理的知识，已经形成包括基本理念、实施过程、管理系统及一系列工具方法在内的十分庞大的体系，逐步发展为一种顾客和市场导向的管理学。追求卓越成为质量管理的代名词。

17.1 质量管理理念

质量是组织运行中一个永恒的主题。人类社会从一开始就面临着质量方面的问题，质量活动可以追溯到远古时代，并伴随着社会生产力的发展和文明的进步而变得日益重要。质量管理的概念和思想，是随着人们对质量的认识和实践的深化，而不断丰富的。

17.1.1 质量的含义

1. 质量定义

国际标准化组织在ISO9000：2000《质量管理体系——基础和术语》标准中，将质量（quality）定义为：一组固有特性满足要求的程度。

这一定义看上去高度抽象而概括，但只要把握了“特性”和“要求”这两个关键词就很容易理解。这一定义是从“特性”和“要求”这两者之间关系的角度来描述质量的，亦即某种事物的“特性”满足某个群体“要求”的程度，满足的程度越高，就可以说这种事物的质量就越高或是越好，反之则认为该事物的质量低或差。

上述定义中的“特性”的载体，亦即质量概念所描述的对象，早期只是局限于产品，以后又逐渐延伸至服务，现今则不仅包括产品和服务，而且还扩展到了过程、活动、组织乃至它们的结合。相应的除了狭义的实物产品质量之外，还有服务质量、过程质量、体系质量、工作质量、经营质量和生活质量等广义的质量概念。

上述质量定义中的“要求”（requirement）是由各种不同的相关方，亦即与组织的业绩或成就有利益关系的个人或团体，如顾客、股东、雇员、供应商、银行、工会、合作伙伴、政府或社会等所提出的。“要求”反映了人们对于质量概念所描述的对象的需要或期望。这些“要求”有时是明确规定的，如产品购销合同中对于产品性能的规定；也可以是隐含的或不言而喻的，如银行对客户存款的保密性，即使人们没有特别的提出，也是必须保证的；还可以是由法律、法规等强制规定的，如食品的卫生、电器的安全等。

与质量概念密切相关而又常常引起混淆的一个概念是“等级”。当人们在习惯上用质量这一术语来表述卓越程度时，如将五星级酒店同街道小旅馆相比较时，有时会引起歧义。在这种场合下，使用“等级”这一概念将有助于避免分歧。等级反映了同一用途或功能的事物为了满足不同层次的需要而对质量要求所作的有意识的区分。不同的等级意味着不同的购买能力或消费层次。质量的比较只有针对同一等级时才是有意义的。从这个意义上而言，酒店的星级并不等同于服务质量的卓越，小旅馆同样也可以提供非常高质量的服务。

2. 质量特性

这里的特性指的是“可区分的特征”。质量特性是指“产品、过程或体系与要求有关的固有特性”。可见 ISO 的质量定义中特别强调了用于描述事物质量的特性是“固有特性”，就是指某事或某物中本来就有的，尤其是那种永久的特性。“固有”的反义是“赋予”或外在，事物的“赋予”特性如“价格”等，不属于质量的范畴。

通常，一般产品和服务的质量特性可以区分为以下几类：

1）技术特性或理化特性。这些特性可以用理化检测仪器精确测定。例如，机械零件的刚性、弹性、耐磨性；汽车的速度、牵引力、耗油量、废气排放量；手表的防水、防震、防磁等。科学技术的进步使得许多原来无法测定的特性可以进行精确的测定，从而使得人们对质量进行更加客观的判断成为可能。

2）心理方面的特性。例如，服装的式样、食品的味道、汽车象征的地位和气派等。这些特性反映了顾客的心理感觉和审美价值，一般很难用准确的技术指标来加以衡量。

3）时间方面的特性。例如，耐用品的可靠性、可维修性、精度保持性。电力供应的及时性等。产品使用过程中的及时性、可靠性、可维修性以及使用费用等都极大地影响着顾客的质量评价。

4）安全方面的特性。产品的使用不仅要可靠、及时，更加重要的是不能给顾客造成伤害和事故，因此，产品必须有保证条款，有各种安全措施。

5）社会方面的特性。仅仅考虑对应顾客需要是不充分的，还必须考虑法律、法规、环保以及社会伦理等有关社会整体利益方面的要求。

上述的 ISO 的质量定义固然具有权威性，但也并非无懈可击。例如，“提高质量会导致成本的增加还是降低?”这一命题常常会导致人们的争论。美国质量管理专家朱兰博士认为，事实上争论的双方讨论的常常并非同一个问题。根本在于“质量”这个词，往往有两种理解：一是，“质量”意味着能够满足顾客的需要从而使顾客满意的那些产品特征。这等于说，“质量”就是具有“好”的产品特征。按照这种理解，这种高质量的目的旨在实现更高的顾客满意，从而以此来实现收益的增加。但提供更多或更好的质量特征常常要求增加投资，从而会导致成本的增加。二是，“质量”意味着免于不良，亦即没有那些需要返工或会导致现场失效、顾客不满、顾客投诉等的差错。这等于说，“质量”就是没有“不好”。按照这种理解，提高质量通常会导致成本更低。

从朱兰对质量的分析看，第一种质量是顾客满意的源泉，第二种质量则是顾客没有不满的原因。有些产品只是招致了很少或几乎没有不满，其表现与其生产商宣称的不折不扣，但这些产品却并不好销，因为一些竞争性的产品具有能够提供更大的顾客满意的产品特征。例如，自动电话交换系统，早期是电磁模拟差转方式，现在则普遍应用了数字化差转方式。因此，模拟差转系统即使绝对没有不良，也仍然是无人问津。对应于这两种理解，便有了两种性质不同的“质量改进”，其一是“提供更多或更好的质量特性”，其二则是“减少或消除不良”。

3. 质量与顾客满意

顾客是“接受产品的组织或个人”。“顾客”一词常常有着许多的含义，它可以指一个人、一个组织、一个组织中的一部分人或某一个人。在市场经济关系中，顾客作为买方，作为提出需要的一方，是市场经济的主体之一。从不同的角度看，组织有多类型的顾客，有些是显在的，有些则是潜在的。顾客可以是组织外部的外部顾客，也可以是组织内部的内部顾客。

外部顾客又可以根据其在购买决策和价值链中的不同作用和地位，进一步细分，如购买者、购买决定者、最终用户/终极顾客、中间商、加工者、原始设备制造商（OEM）等。内部顾客就是组织内部互相协作的“下一个环节”、“下一道工序”。一个组织中的每个人或部门都扮演着三重角色：供应者、加工者和顾客。每个人都会从他人那里接受某物，对其做某些加工，然后传递给第三个人，“下道工序是上道工序的顾客”，如制造部门可以看作是采购部门的顾客。

顾客满意是指顾客对其要求已被满足的程度的感受。这里的“要求”是顾客的要求，而满足顾客要求的程度或顾客满意度即是质量。通常认为，产品和服务满足顾客要求，顾客会满意，否则会产生不满。高质量的产品和质量，会引起顾客更高的满意程度。这里顾客不满是指顾客因产品的不良而产生烦恼、抱怨、投诉的这样一种状态。

顾客满意的形成过程如图 17-1 所示。由这一模型可以看出，顾客满意度是由顾客感知质量、顾客期望和顾客感知价值这三个因素所决定的，不同的满意程度可以导致顾客抱怨和顾客忠诚两种结果。

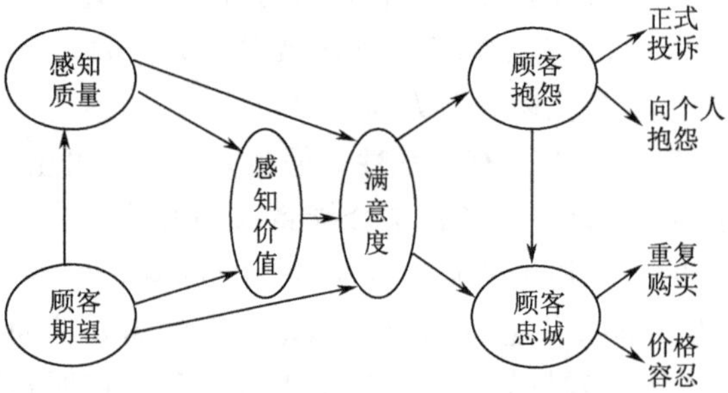

图 17-1　顾客满意的形成过程模型

具体来说，当感知质量超过顾客期望时，顾客会感到物超所值，则非常满意，很有可能成为忠诚顾客或常客；当感知质量低于顾客期望时，顾客会感到失望和不满意，从而可能会引起顾客的抱怨或投诉乃至失去顾客；当感知质量与顾客期望相一致时，顾客会感到物有所值，顾客的期望得到证实，可能满意或没有不满意，如果没有竞争者，顾客可能会继续使用该产品和服务，一旦出现更强劲的竞争对手，则将失去顾客。从该模型中还可以看出，满意的来源在于为顾客所创造的价值，顾客忠诚是顾客满意的直接结果；而顾客抱怨得到出色的解决，也有可能达到顾客满意甚至顾客忠诚。

质量和顾客满意并不是抽象的，它体现在各个具体的方面——质量特性。相应地，顾客满意程度取决于产品或服务的某些质量特性满足顾客要求的程度。日本质量管理专家狩野纪昭，根据不同质量特性与顾客满意之间的关系，对质量特性做了进一步分类。质量特性与顾客满意之间并非都是简单的线性关系，不同的质量特性对于顾客满意有着不同的作用。狩野讨论了三种主要类型的质量特性，即魅力特性、必须特性和线性特性，如图 17-2 所示。纵轴表示顾客满意的程度，横轴表示质量特性提供或实现的程度。这里要注意的是，满意和不满并非一对非此即彼的状态。也就是说，没有满意并不等同于不满；同样，没有不满也不等同于满意；满意与不满之间存在着无所谓满意与不满的状态。

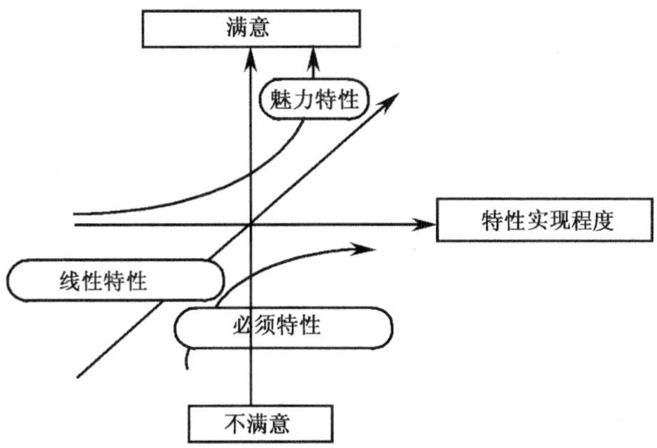

图 17-2　狩野纪昭模型

1）必须特性。指即使充分提供也不会使顾客感到特别的兴奋和满意，但一旦不足却会引起强烈不满的那些质量特性。这类特性是顾客认为理所当然应当具备的特性。例如，火车卧铺车厢应当保证开水供应和提供清洁的卧具，乘客并不会因为享有这种服务而特别兴奋，但如果做不到这一点却肯定会使乘客不满甚至愤怒。在竞争性市场环境中，缺乏必须特性的产品和服务是很难有竞争力的。

2）线性特性。指那些提供得越是充分就越能导致满意，而越不充分就越使人产生不满的那些特性。商场售货员的服务态度、餐馆菜肴的味道等均可以看作是这类特性。上述几种特性中，必须特性比魅力特性更容易决定。另外，随着时间流逝，由于竞争的结果，魅力特性会逐渐演变为必须特性。

3）魅力特性。指如果充足的话会使人产生满足，但不充足也不会使人产生不满的那些特性。例如，民航客机中向旅客提供酒就可看作是魅力特性。有了这项服务会使顾客感到喜悦，但如果没有一般也不会有人提出投诉。显然，在其他条件相同的情况下，具有充分的魅力特性的产品或服务无疑会更容易吸引顾客的注意，从而形成竞争优势。

4. 过程与产品

过程是指一组将输入转化为输出的相互关联或相互作用的活动。将上述定义中的修饰语均去掉的话，剩下来的核心词汇是“活动”，也就是说，所谓“过程”也就是一系列的活动。如图 17-3 所示，一个过程有其输入、输出和转化过程。一定意义上，可以将组织视为由诸多过程所构成的一个集合体，在这个集合体中，一个过程的输入通常是其他过程的输出。“过程”是理解现代质量管理的最重要的概念之一。识别、了解过程，就是了解过程的输入、输出、转化及其与前、后其他各个过程之间的关系。过程的输入是计划和资源。中间的转化过程是指实现计划目标的途径，即程序，是一个过程之所以不同于其他过程的环节。

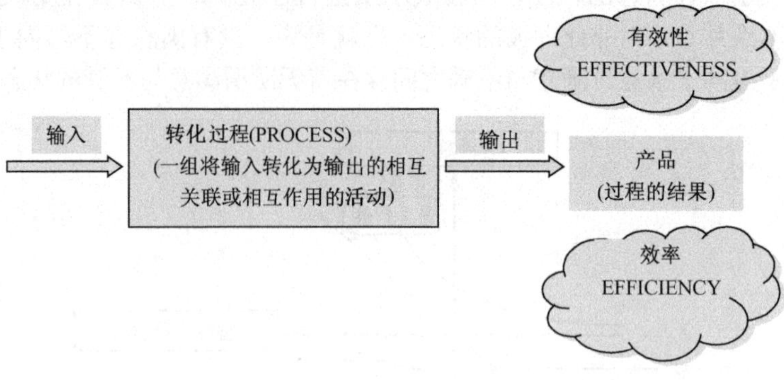

图 17-3　过程示意图

过程的输出是产品。在质量管理中，任何活动或过程的结果均可以被称为产品。产品可以是有形的，也可以是无形的，还可以是两者的组合。产品可以是预期的（如提供给顾客），也可以是非预期的（如污染或不愿有的后果）。产品可包括实物、服务、场所、组织、思想等多种形式。国际标准化组织把产品分成了四个大类：服务、软件、硬件、流程性材料。

管理关注过程输出的两个关键因素：一是有效性或效果（effectiveness）——完成计划的活动和达到计划结果的程度。二是效率（efficiency）——达到的结果与所使用资源之间的关系。为了确保过程有效地运行，需要在过程的关键环节监视的测量过程。

17.1.2　质量管理的定义和基本过程

1. 质量管理的定义

现代意义上的质量管理活动是从 20 世纪初开始的。根据解决质量问题的手段和方式的不同，一般可以将现代质量管理划分为三个阶段。第二次世界大战以前可以看作是第一阶段，人们通常称之为质量检验阶段。第二阶段是从第二次大战开始到 20 世纪 50 年代的统计质量控制（SQC）阶段。第三阶段是从 20 世纪 60 年代开始的全面质量管理（TQM）阶段。

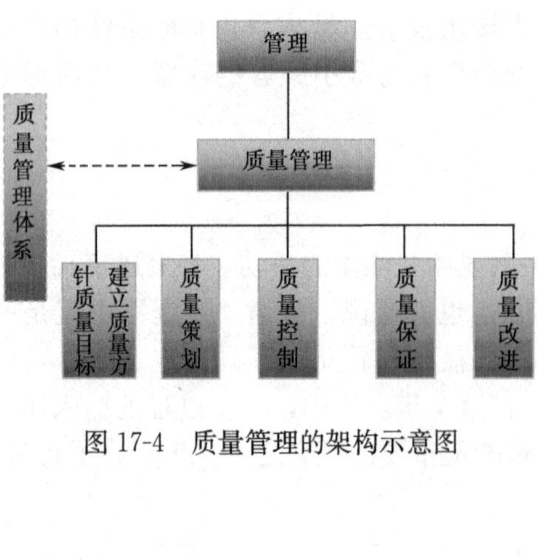

图 17-4　质量管理的架构示意图

质量管理是为了实现组织的质量目标而进行的计划、组织、领导与控制的活动。ISO9000 标准中质量管理定义为：在质量方面指挥和控制组织的协调一致的活动。在质量方面的指挥和控制活动通常包括制定质量方针和质量目标以及质量策划（质量计划）、质量控制、质量保证和质量改进。如图 17-4 所示。

质量方针是由最高管理者正式发布的

与质量有关的组织总的意图和方向。质量方针应与组织的总方针相一致并提供制定质量目标的框架。

质量目标是组织在质量方面所追求的目的。质量目标是建立在组织的质量方针基础上。在组织内的不同层次规定质量目标。在作业层次，质量目标应是定量的。质量目标是组织运作目标的组成部分。

质量策划致力于制定质量目标并规定必要的运行过程和相关资源以实现质量目标。质量控制致力于满足质量要求。质量改进致力于增强满足质量要求的能力。质量保证致力于提供质量要求会得到满足的信任。组织中有效的质量控制与改进，是质量保证的基础；产品和质量体系认证，是一种外部质量保证的方式。

2. 质量管理的过程

朱兰博士认为："要获得质量，最好从建立组织的'愿景'以及方针和目标开始。目标向成果的转化（使质量得以实现）是通过管理过程来进行的，过程也就是产生预期成果的一系列活动。在质量管理活动中频繁地应用着三个这样的管理过程，即：质量计划、质量控制和质量改进。这些过程被称为'朱兰三部曲'。"这也就是说，质量计划、质量控制和质量改进这三个管理过程构成了质量管理的主要内容。

质量计划是旨在明确组织的质量方针和质量目标，并对实现这些目标所必需的各种行动进行规划和部署的过程。质量控制也就是实现质量目标、落实质量措施的过程。广泛应用统计方法来解决质量问题是质量控制的主要特征之一。质量改进是指实现前所未有的质量水平的过程。

在质量管理的"三部曲"中，质量计划明确了质量管理所要达到的目标以及实现这些目标的途径，是质量管理的前提和基础；质量控制确保组织的活动按照计划的方式进行，是实现质量目标的保障；质量改进则意味着质量水准的飞跃，标志着质量活动是以一种螺旋式上升的方式在不断攀登和提高。朱兰三部曲的具体内容如表 17-1 所示。

表 17-1　质量管理的三个普遍过程

质量计划	质量控制	质量改进
1. 设定质量目标 2. 辨识顾客是谁 3. 确定顾客的需要 4. 开发应对顾客需要的产品特征 5. 开发能够提供这种产品特征的过程 6. 建立过程控制措施，将计划转入实施阶段	1. 评价组织和过程的实际绩效 2. 将实际绩效与质量目标对比，发现偏差 3. 采取措施纠正措施，消除产生偏差的原因	1. 提出改进的必要性 2. 做好改进的基础工作 3. 确定改进项目 4. 建立项目改进小组 5. 为小组提供资源、培训和激励，以便分析原因、设计纠正措施 6. 实施控制措施以巩固成果

还应当指出的是，上述三个管理过程要能够有效地实施必须具备一个前提，这就是组织必须建立起一个完善而有效的质量管理体系。

17.1.3　全面质量管理的产生与发展

第二次世界大战以后，人类在科技上取得了许多划时代的重大突破，生产力获得了前所未有的大发展。战后物资生产的大发展使得人们对产品质量的要求越来越高，世界市场的竞争达到了空前的激烈程度，消费者权益运动呈现出日益高涨的局面，员工的能动性和参与对于企业的成功愈加成为不可或缺的因素。人们开始普遍认识到，仅仅依靠制造领域中的统计质量控制已经远远不能满足顾客对于质量的要求，也远远不足以应付日益严峻的挑战。在这样的背景下，美国的朱兰博士明确提出，为了对质量进行有效地控制，除了统计质量控制以外，尚有许多其他重要的质量职能必须予以关注。1951 年问世的、由朱兰博士主编的著名的《质量控制手册》（第 1 版）便是这一领域的研究和经验的集大成之作。

1956 年，美国通用电气公司的 A. V. 费根堡姆发表了题为“Total Quality Control”的论文，首先提出了“全面质量管理（TQC）”的概念，并于 1961 年出版了同名的著作。费根堡姆主张解决质量问题不能只是局限于制造过程，因为制造过程中出现的质量问题不过是所有质量问题的 20%左右而已，80%的质量问题是在制造过程以外产生的。解决问题的手段仅仅局限于统计方法也是不够的，而必须是多种多样的。

全面质量管理的观点在全球范围内得到了广泛的传播，各个国家都结合自己的实践进行了各方面的创新，但质量管理的最优秀的实践者非日本企业莫属。成功的质量管理使得日本产品在全球成为了高质量的代名词，对于日本的战后复兴起到了巨大的作用。质量管理在日本是按照所谓的“全公司的质量管理”（简称 CWQC）的方式推进的。

改革开放以后，全面质量管理在我国得到了广泛深入的推行。我国企业在实践中将全面质量管理概括为“三全”，即全过程、全员和全面的质量。全过程意味着质量产生、形成和实现的整个过程，这一过程是由多个相互联系、相互影响的环节所组成的，每一个环节都或轻或重地影响着最终的质量状况，为了保证和提高质量就必须把影响质量的所有环节和因素都控制起来。全员意味着提高产品质量需要依靠组织中的全体人员的共同努力，必须加强质量教育，强化质量意识，使每个人都树立起质量第一的思想，人人关心质量，全员参加管理。全面的质量指的是在全面质量管理中的质量概念是广义的，不仅仅是指产品和服务的质量，而且还包括工作的质量。

随着国际贸易和国际间经济合作规模的日益扩大，人们越来越认识到质量问题是一个超越国家和地区边界的问题，国际间的合作变得日益必要。在这种背景下，国际标准化组织于 1987 年发布了关于质量管理体系的 ISO9000 族国际标准，在全球范围内掀起了一股贯彻 ISO9000 标准并获取认证的热潮。企业界的质量意识获得了空前的高涨。

17.1.4 全面质量管理的特征与理念

1. 全面质量管理的特征

在国际标准化组织的 ISO8402：1994 标准中，将 TQM 定义为“一个组织以质量为中心，以全员参与为基础，目的在于通过让顾客满意和本组织所有成员及社会受益而达到长期成功的管理途径”。从全面质量管理的内容和实施过程看，这个定义意味着，TQM 是作为一种以质量为中心的企业管理的方式或道路。这种管理途径的体系架构如图 17-5 所示。它的特征可以概括为：

1）在强有力的最高管理层的领导下，建立明确的中、长期愿景和战略；

2）正确地应用 TQM 中的各种概念、价值观和科学方法；

3）把人力资源和信息视为组织的至关重要的基础架构；

4）在一个适当的管理体系中，有效地运作质量保证体系及其他的跨职能管理体系，如成本、交货期、环境和安全方面的管理体系；

5）在诸如核心技术、速度和活力这类组织的基本能力的支持下，确保与顾客、雇员、社会、供应商和股东的健康关系；

6）持续地实现公司的目标，目标的实现应当有利于促进达成组织的使命，使组织成为一种受人尊重的存在并能够持续地获取利润。

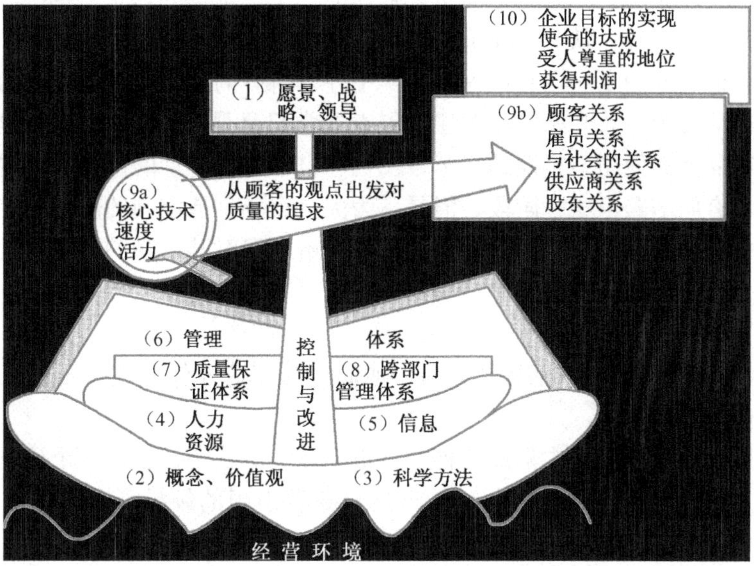

图 17-5　全面质量管理的体系架构示意图

资料来源：《朱兰质量手册》（第 5 版）

2. 全面质量管理的理念

在质量管理的理论体系形成与发展过程中，以美国的戴明（W. Edwards Deming）、朱兰（J. M. Juran）、休哈特（W. A. Shewhart）和日本的石川馨（Ishikawa Kaori）为代表的现代质量管理的大师，做出了巨大贡献，提出许多著名的质量管理思想，形成了全面质量管理的理念基础。例如，戴明于 1986 年在其《走出危机》一书中提出，为了向以顾客满意为宗旨的质量型组织转变，组织的管理者必须关注 14 个要点或必须承担 14 个方面的义务提出了“系统驱动行为”的思想，阐明了通过改进系统，实现劳动生产率、质量的提高和成本的下降的机制；朱兰提出的质量即“适用性”的概念、质量改进三部曲、关键的少数原理等；休哈特等提出统计控制思想和统计控制方法；石川馨关于质量管理教育、普及和统计方法的开发和应用的思想等。

质量管理的理念不断丰富，形成了一个庞大的体系。然而，人们在半个世纪的实践中，逐步形成了共识。无论是由各国质量奖所体现的卓越绩效模式，还是近 20 年来在全球企业界独领风骚的ISO9000族标准，或是其他各种形式的质量管理与质量改进模式，如六西格玛管理、精益制造模式等，均体现了质量管理的八项原则。质量管理的八项原则构成了现代质量管理的各种模式的精神实质。这些质量管理原则是对过去一个世纪中全球先进企业质量管理发展经验和教训的总结，也是对戴明、朱兰等质量先驱们的管理理念的进一步提炼。下面对这些原则做一简明的阐述。

（1）以顾客为关注焦点

“组织依存于其顾客。因此，组织应理解顾客当前的和未来的需求，满足顾客要求并争取超越顾客期望。”

关注顾客或以顾客为中心是全面质量管理的一个最基本的理念。组织只有为顾客提供产品和服务才能生存。从顾客的角度出发来思考问题，这是管理企业的一个立场问题，是思考其他问题的出发点和前提。现实中并非所有的组织都是以顾客为中心的。在每个行业演进的过程中，开始阶段关注的焦点通常只是最基本意义上的新产品的质量，目标只是使产品能够使用。早期的汽车、飞机和电话就是生动的例子。那些技术驱动的公司一直都没有向前跨出这一阶段。但是，为大众市场创造定制的产品正在成为在当今的经营环境中生存下去的必要条件。企业必须了解顾客对其产品的满意程度，并以此作为修正其行为的杠杆。

（2）领导作用

“领导者确立组织统一的宗旨及方向，他们应当创造并保持使员工能充分参与实现组织目标的内部环境。”

领导作用就是要在组织中形成一种“上下同欲”的状态，创造一个让员工为实现组织目标充分发挥作用的积极的内部环境。这意味着组织的领导者首先要确立组织的方向，包括使命、愿景、价值观等，并与组织中的全体成员进行有效的沟通，还要在组织中营造一种能够让人们全力以赴的环境以动员整个组织的力量。在此基础上，还要明确地设定出为了实现组织的追求所必需的那些关键的少数目标。然后要将这些目标分解到整个组织当中，使每个人都清楚自己的工作是如何与组织的目标相联系的。这实际上涉及的是一个战略计划的问题。

与传统做法的最大区别在于，全面质量管理的战略计划过程中包括了多重的参与者，他们是雇员、顾客、供应商甚至还有竞争者在内。组织与顾客、供应商以及竞争者之间建立起了一种全新的关系网络，目的在于获得新的竞争优势、新的市场和新的机会。员工的广泛参与是这一过程的重要特点。参与不仅强化了人们执行战略的能力，而且还使人们获得了更高程度的使命感。

有效的战略计划是实现目的的一种工具或手段，而不是目标本身。它应当成为使组织的全体人员都参与其中的一种努力。它必须立足于现行的活动，而不是使组织忙上加忙。它必须有助于高层管理者面对困难的抉择，理清轻重缓急。它不只是要启动新的举措，而且还要消除许多不增值的现行活动。每一位成员都必须同组织的目标一致起来，每一位成员必须能够理解组织的战略目标并且清楚自己应该怎样为此而努力。每一个战略目标必须分解为一系列的子目标，每个子目标又进而分解为年度目标。组织还必须确定具体的工作项目来支持这些年度目标。必须确定出明确的优先次序，建立专门的测量体系，并且为每个项目提供所需资源以实现预期的结果。

(3) 全员参与

“各级人员是组织之本。只有他们的充分参与，才能使他们的才干为组织带来最大的收益。”

组织是人的集合。企业组织要实现向以顾客满意为宗旨的组织的转变，没有人员的转变是不可想像的。人力资源不同于诸如资金、设备这些硬性资产，其中蕴含着巨大的潜能，有效的管理能够使人力资源发生聚变和裂变，从而释放出巨大的能量。企业的管理当局必须通过营造适当的环境来激发人们的热情和主动精神，使人们懂得并愿意高效地工作，从而极大地促进组织的彻底转变。员工的参与是全面质量管理的最基本特征之一。丰田公司每年从它的 8 万名雇员中收到的建议数为 400 万条。这些建议 95%以上都会被采纳，这意味着每年每个雇员被采纳的建议数达 46 条之多。

除了合理化建议之外，还有许多其他形式的员工参与方式，如参与质量改进和质量计划团队，成为业务过程再造小组的成员，对自己的工作过程进行统计质量控制和自我控制等。许多先进的公司都强调使员工能够拥有所需的知识、技能、职权和愿望来决策和行动，为自己的行动结果负责，为公司的成功承担义务。他们通过提供充分的培训力争实现这一点。雇员们带着改进项目来参加这种培训。质量教练们对他们的工作提供直接的支持。

(4) 过程方法

“将活动和相关的资源作为过程进行管理，可以更高效地得到期望的结果。”

过程即一整套共同为顾客创造价值的首尾相连的活动。除非能够把所有的努力都整合起来，否则就很难实现企业所渴望的结果。管理重要的过程并对关键过程进行持续改进的步骤已经相当明确。首先是辨识组织的关键过程。然后要建立必要的测量指标。有许多企业其大量的测量指标关注的都是部门内的活动，但对于决定公司成功的关键过程却几乎没什么测量指标。最后一个步骤是要真正地确实地来管理这些过程。为此就必须对组织结构进行重大的改变，任命过程的主管人员，重新部署职权、责任和义务。

人们已经认识到，企业就是一系列过程的组合，顾客只是根据这些过程的输出来认识某一个公司。顾客并不关心该公司究竟是怎样组织起来的，谁向谁报告，都有些什么头衔，以及各个部门究竟位于何处。顾客甚至不关心产品的哪一部分是由该公司生产的，哪一部分是由供应商或是竞争者提供的。顾客需要的只是产品，希望它们准时送到，在需要时能够获得所需要的服务。一个过程若没有向顾客提供价值，这个过程就是在产出浪费。几乎所有的关键过程都会贯穿组织的许多不同领域。要成功地管理这些过程，就必须采取一种团队的方式，团队成员要求具有新的技能，具有对于公司的战略、目标和竞争者的新的认识，具有完成工作所必需的新的工具。

(5) 管理的系统方法

“将相互关联的过程作为系统加以识别、理解和管理，有助于提高组织的有效性和效率。”

相互关联的过程的集合构成了组织系统。组织是存在于环境中的，由包括个人、群体、态度、动机、正式结构、相互作用、目标、职权、资源等相互依赖的多种要素组成的系统。构成系统的要素的有机结合产生了新的质，赋予了系统以生命，使得系统具有了不同于其任何一个要素的特性。组织是存在于一定环境中的开放系统，通过适应环境的变化而得以生存和发展。组织还是一个自适应的系统，具有通过学习而改变自身的能力，企业及各子系统处于不断的变动之中。就企业组织而言，它是一个复杂得多目标系统，绝非单纯的追求利润最大化的“资本的化身”。

全面质量管理的基本思路就是通过建立、实施和改进质量管理体系的方式来实现质量的改进、成本的降低和生产率的提高。质量、成本和生产率是果，而体系则是因。具体而言，就是要确定顾客和其他相关方的需求和期望；建立组织的质量方针和质量目标；确定实现质量目标必需的过程及过程间的相互关系和作用；明确职责和资源需求；规定测量过程的有效性和效率的方法；应用这些测量方法确定每个过程的有效性和效率；确定防止不合格并消除产生原因的措施；建立和应用持续改进质量管理体系的过程。

（6）持续改进

“持续改进总体业绩应当是组织的一个永恒目标。”

改进已经成为了当今企业界的一种生活方式。但传统的企业构造中并没有鼓励改进的土壤；厚重的手册、规章等操纵着企业；晋级提升的机会属于“循规蹈矩者”；坚固的层级制度控制着所有单位和个人的工作；职位说明书清楚地规定了一个人该做什么和不该做什么。一直到第二次世界大战以后情况才开始发生迅速的变化。日本人当时在许多生产领域都是如此的落后，为了生存而不得不进行迅速的改进，他们所提炼出来的持续改进的方法论发挥了良好的作用。严酷的竞争使得越来越多的其他国家的公司开始模仿这些做法，有些因此而取得了巨大的成功。有关改进的文献可以说是汗牛充栋，这些改进发生在制造公司、医院、通讯企业、政府机构、各种类型的服务性公司以及学校中。有关改进的各种方法已经日益为人们所熟悉，如跨职能的团队、QC小组、新点子建议制度、过程改进小组等。

（7）基于事实的决策方法

“有效的决策建立在数据和信息分析的基础上。”

管理者的正确决策建立把握事实的基础之上。以事实为依据来决策，也就是人们常说的“一切用数据讲话”，这是全面质量管理的最主要的特征之一。为此就要求组织必须有一个用于测量（收集）、加工和分析数据的有效系统。这不是一件轻而易举的事情。当今的企业经理们获取所需的信息是一件耗时、耗资且充满困难的事情，诸如“顾客到底想要什么？我们对他们的需要满足得如何？竞争者正准备采取什么行动？”这样的基本问题并不容易回答。无论具有多少令人眼花缭乱的测量装置、顾客调查、统计方法、数据库及网络技术，情况并不会有所改变。正如质量管理是一个永无止境的旅途一样，对所有能够有效利用的数据和信息加以了解、获取、选别、综合以及理解的这一工作也是如此。

获取所需信息的一个关键步骤便是测量。另外，选择什么进行测量、分析、归纳及展示其结果信息，正如测量活动本身一样重要。测量过程是由收集数据及展示结果所需的各个步骤构成的。测量系统的目标是帮助组织始终如一地做出更好的决策，并采取更好的行动。

（8）与供方互利的关系

“组织与供方是相互依存的，互利的关系可增强双方创造价值的能力。”

外购产品和服务对于许多产业的企业来说，都在成本中占据着巨大的份额。这些外购产品和服务的质量在很大程度上影响着某个组织的成品质量。而且，质量差的供应商会成为一个组织的总不良质量成本的主要贡献者。只有当供应商被视为与顾客追求共同目标的伙伴，而非讨价还价的敌手时，只有当供应商关系建立在合作和信任的基础上时，供应商关系才能成为一种互利共赢的关系。

在全面质量管理的原则下，改进供应链的绩效成为了采购职能的目标。为此就必须考虑到整个供应链上的参与者，包括间接的供应商、制造商、分销商和最终用户。供应链优化是以质量为中心的，其压倒一切的目标是通过在供应链中联合供应商和最终用户来共同创造价值进而增进顾客的满意。供应链的优化大大促进了质量改进、运转周期缩减、不良质量成本的降低、总占有成本的降低、技术创新和风险共担等。

（9）八项原则之间的逻辑关系

上述八项原则之间存在着内在的逻辑关系。要实现成功的转型，首先要解决一个立场问题，这体现了第 1 个原则的要求（以顾客为关注焦点）。在明确了立场的基础上，管理当局要带领（原则 2 的“领导作用”）全体成员（原则 3 的“全员参与”）去实现这种转变。上下同欲的努力还必须有正确的方法论（原则 4 的“过程方法”和原则 5 的“系统方法”）。因为存在着激烈的竞争，同时顾客的期望也在不断地升高，因而所建立起来的管理系统必须加以持续不断的改进（原则 6）。基于事实的决策方法（原则 7）是持续改进的最有力的武器。这种改进仅仅局限于组织内部所能够取得的成果，这是非常有限的，组织还必须与自己的顾客和供应商进行紧密的合作才有可能取得更大的成功。

17.1.5 实施全面质量管理的成效

实践表明，开展全面质量管理可以取得多方面的成效。得到人们普遍公认的成效包括高质量、低成本、高收益、顾客忠诚和员工的活性化等几个方面。

（1）高质量是全面质量管理最直接的成效

人们对于质量的认识已经变得越来越广义。质量不只是符合规格和要求，还意味着满足和超越顾客的需要和期望。质量包括了具有适当特性的产品、正确的文件以及无误的发货单。它还包括了关键业务过程的正确运行，即准时的交货、友好准确的技术支持和无故障。质量也包括了降低所有的不良质量成本。

（2）高质量会意味着更低的成本，因为它减少了差错、返工和非增值的工作

全球企业界的实践已经反复证明了更高的质量常常意味着更低的成本。在设计阶段所花费的预防差错的成本远低于在生产阶段纠正这些差错所需的成本，生产阶段预防差错的成本远低于最终检验之后纠正差错的成本，在最终检验中发现和纠正差错的成本远远低于在顾客接收了这些商品或服务之后处理这些差错所花费的成本。

（3）高质量会带来更高的收益

因为高质量造就了更满意的顾客、更大的市场份额、更高的顾客保持力、更忠诚的顾客甚至还有更高的定价。顾客越来越期望和要求高质量的商品和服务，如果你能够超越竞争者的质量水平，你就可以增加新顾客，留住老顾客，以及进入新的市场。较高的质量水平意味着或者提供了新的有用的产品特征，或者减少了总的寿命周期成本，顾客通常愿意为此付出更高的价格。

（4）全面质量管理为组织造就忠诚的顾客

忠诚的顾客是指那些一再重复购买的顾客，那些帮你推销的顾客，那些会首先考虑你是否提供他欲买的商品再决定到别处购买的顾客。忠诚的顾客常常会将他们的采购量增加到只向单一的供应商购买的程度。

（5）全面质量管理还为组织造就了活性化的雇员（empowered employee）

雇员的活性化是指这样一种状态，即雇员具有做出决定和采取行动的知识、技能、职权和欲望。同时雇员对其行动的后果以及对企业的成功负有责任。雇员的活性化以往一直被组织视为实现更低的成本、更高的收益和忠诚的顾客的一种手段。而现在有许多领先的组织都认识到，创造这样的雇员本身就是全面质量管理的重要目标。这些组织不仅着眼于解决今天的问题，而且还希望创造一个能解决、甚至避免明天的问题的组织。

活性化的雇员这个概念蕴含着许多新的思想。活性化的雇员处于自我控制的状态，他们能够衡量自己的工作过程的质量，解释衡量的结果并与目标相对照，当过程与目标偏离时能够采取调整的措施。但活性化的雇员这一概念远不止限于自我控制，他们还懂得如何变革过程和改进绩效；知道如何计划质量；清楚自己的顾客以及顾客的需要、欲求和期望是什么；懂得如何设计新的产品和服务来满足这些需要；懂得如何开发必要的工作过程；知道如何开发和使用必要的质量测量手段以及如何来持续改进这些过程。

17.2 质量管理范式

在20世纪80年代以来，经过长期而广泛的实践、积累、总结和升华，全面质量管理成为全球企业界的共同实践。全面质量管理在一定意义上来讲，已经不再局限于质量领域，而演变成为一套以质量为中心的，全员参与、持续改进、追求卓越绩效的系统的管理体系。其中具有典型意义和代表性的管理范式是ISO9000质量管理体系，二是以各国的国家质量奖评奖准则为代表的“卓越绩效模式”等。

17.2.1 ISO9000质量管理体系

ISO9000族标准于1987年的问世是近20多年来对于全球的企业界影响最为深远的事件之一。目前已有150多个国家和地区等同采用了这套标准，获得ISO9001质量管理体系认证的企业多达数十万家。这套标准连国际标准化组织自身都称为是“一个意想不到的成功”。

1. ISO9000族标准构成及用途

ISO9000族标准是指由ISO/TC176（国际标准化组织质量管理和质量保证技术委员会）制定的所有的国际标准。ISO9000族标准是关于质量管理体系的通用要求和指南，它由一组标准构成，形成一个“家族”。这套标准第一版于1987年问世，1994年进行了第一次修订，2000年12月15日又正式发布了经过第二次修订的2000年版本。

这套标准的问世为各类组织实现有序、有效的质量管理提供了方法论的指导，为贸易中的供需双方建立信任、实施质量保证提供了通用的质量管理体系规范。前述的“八项质量管理原则”构成了ISO9000族标准所蕴含的基本理念。

国际标准化组织推出 ISO9000 族标准的最主要目的是为了促进国际贸易，降低供应链上的成本。在 ISO9000 族标准问世之前，存在着众多的国家的和区域性的质量体系标准，这些标准有着许多的共同点和历史渊源。但由于它们在术语和内容上不完全一致，难以在国际贸易中得到广泛的应用，甚至在一定程度上形成了国际贸易的壁垒和障碍。ISO9000 族标准的问世对于国际贸易和各国的各类组织实施质量体系的活动产生了巨大的影响。这些国际标准在众多的产业、经济部门和政府管制领域内得到了广泛的应用。

2000 年版的 ISO9000 族标准的主要核心标准如下：

ISO9000：2000《质量管理体系——基础和术语》，阐述了质量管理体系的基本原理并定义了质量管理体系的术语。ISO9000 是一个说明性的标准，为标准的制定和应用提供统一的语言和思想基础。

ISO9001：2000《质量管理体系——要求》，规定了质量管理体系的要求，用于证实组织具有提供满足顾客要求和适用法规要求的产品的能力，目的在于增进顾客满意。它用于质量管理体系认证。

ISO9004：2000《质量管理体系——业绩改进指南》，对于组织建立兼具效果和效率的质量管理体系提供了指南，目的在于促进组织的绩效改进，实现顾客及其他相关方的满意。它不用于质量管理体系认证。

ISO9000：19011《质量和（或）环境管理体系审核指南》，提供审核质量管理体系和环境管理体系的指南。用于指导对一个组织所建立的 ISO9000 质量管理体系和 ISO14000 环境管理体系的有效性、充分性和适宜性进行审核。

2. ISO9000 族标准的质量管理过程模式

企业通过产品和服务来实现顾客的满意，而产品和服务是由过程来实现的，质量、成本和生产率都是过程的结果。通过对过程进行控制和改进来实现高质量、低成本和高的生产率，是现代企业管理的一种最有效的途径。

从本质上来讲，ISO9000 族标准所确立的质量管理体系便是对实现质量目标所必需的过程的规定。质量管理体系是一系列的相关过程的集合。

质量管理体系的过程模式如图 17-6 所示。由图中可以看出，位于模型中心处的产品实现过程将顾客的要求转换为了顾客的满意；为了使这一过程得以顺利实现，必要的资源的保证是不可缺少的；顾客的需要和期望在不断变化，从而必须对产品实现过程进行不断的测量、分析和改进。但归根结底，产品实现、资源管理和过程改进的有效性和效率均取决于组织的管理当局。从而，管理职责、资源管理、产品实现以及测量分析和改进这四个方面便构成了质量管理体系要求的基本内容。

3. ISO9000 质量管理体系认证

在当今这个高度竞争的时代，组织的管理不再是一种纯粹的内部事务。组织管理的透明性日益影响着其获得以及持续获得订单的能力。ISO9000 标准中开宗明义指出，“为了成功地领导和运作一个组织，必须采用一种系统和透明的方式进行管理”。从这个意义上而言，将自己的内部管理中的最基本的部分用明确无误的方式展示给他人，以便

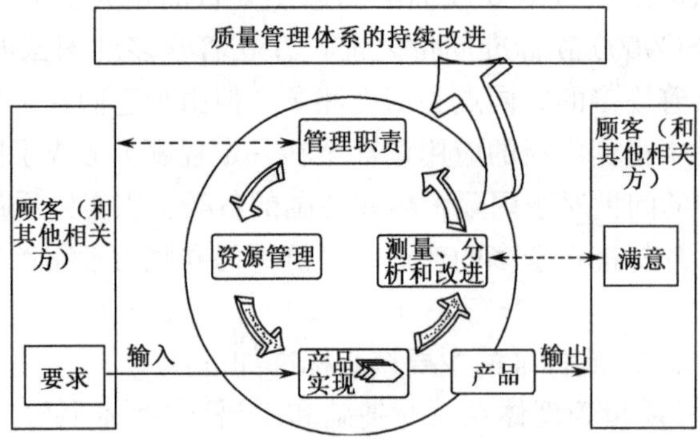

图 17-6　基于过程的质量管理体系模式

让对方相信自己具有持续地生产满足要求的产品或服务的能力，是实施这套标准的最基本的功能之一。这也是 ISO9001 质量管理体系认证所起到的最基本的作用。到 2003 年底，全世界获得 ISO9001 认证的组织约有 40 万家，我国约有 5.5 万家。

质量管理体系认证是由可以充分信任的第三方证实某一个经过鉴定的质量管理体系符合 ISO9001 标准或其他规范要求的活动。一般的认证过程是，作为组织与顾客之外的第三方认证机构，按照 ISO19011 规定的审核准则、审核方法、审核人员资格的要求，派出质量管理体系审核组，根据 ISO9001 标准的要求，对一个组织的质量管理体系进行系统的、正式的、独立的审核，当确认其质量管理体系建立与实施符合标准要求后，通过发放证书和公示的方式，证明该组织的质量管理体系符合标准要求。ISO9001 是国际标准，经过质量管理体系认证企业，则可以向全球范围内顾客和市场提供信任。

当然，ISO9000 族标准本身所蕴藏的能力远不止是通过认证“向人展示”，提供信任等这样简单，但这却是现阶段绝大多数企业或其他组织的应用方式。从这一“展示”功能可以看出，ISO9000 族标准，尤其是得到最广泛应用的 ISO9001 标准，并非是对于一个企业达成卓越水准的要求，而是一个最基本的要求，是必要条件而非充分条件。

17.2.2　卓越绩效模式

“卓越绩效模式”即由国际上三大质量奖（日本戴明奖、美国马尔科姆·波多里奇国家质量奖和欧洲质量奖）的评价准则——《卓越绩效评价准则》（Criteria for Performance Excellence）所体现的一套综合的、系统化的管理模式。其实质是对全面质量管理的标准化，是全面质量管理的实施细则。

目前，实施卓越绩效模式已成为又一波管理热潮。一是世界各国或各地区的政府借助质量奖的形式来推动本国、本地区企业竞争力的提升，二是各国的企业借助于质量奖评价准则来进行自我评价、自我改进。

在我国，中国质量协会于 2001 年参照美国质量奖建立了“全国质量管理奖”，2001～2004 四年间有数百家各种类型的企业通过创奖而实施了卓越绩效模式，其中有 20 余家企业获得全国质量奖。值得一提的是，在参照世界著名的质量奖准则并结合我国实践的基础上，中华人民共和国国家标准 GB/T19580-2004《卓越绩效评价准则》

于2004年8月正式发布。这标志着这种"卓越绩效模式"在我国的推广进入到了一个新的阶段。该标准的发布迅速引起了企业界及其他相关领域的关注和重视，也预示着会有众多的企业和人员会受到其影响。本节以美国国家质量奖为例，介绍卓越绩效模式的有关知识。

1. 美国的《卓越绩效评价准则》

20世纪80年代，在日本企业以高质量大举进攻美国市场，并在电子、汽车等许多领域处于竞争优势的背景下，美国的工商企业界对于质量活动呈现出了与日俱增的兴趣。有许多人都主张，建立一个类似于日本的戴明奖那样的国家质量奖来促进美国公司的质量活动。这最终促成了以当时的商务部长马尔科姆·波多里奇的名字命名的美国国家奖于1987年的诞生。值得一提的是，美国各位在任总统每年会亲自出席马尔科姆·波多里奇国家质量奖的颁奖仪式并向获奖者颁奖，其重视程度不言而喻。

设立马尔科姆·波多里奇国家质量奖具有四个方面的目的，即：①促进美国公司为荣誉而改进质量和生产率，同时增加利润、获得竞争优势；②表彰那些改进了其产品和服务质量的公司的成就，并为其他公司提供榜样；③建立指南和准则，以使企业、行业、政府及其他的组织可以用来评估各自的质量改进活动的成效；④通过提供得奖组织是如何变革其文化并实现了卓越的详细信息，为其他的希望实现高质量的组织提供具体的指导。

创立马尔科姆·波多里奇国家质量奖的第一步便是建立一套评价准则。1987年首先发布了用于对企业进行评价的《卓越绩效评价准则》。1998年，作为试行，制定对医疗保健和教育机构进行评价的《卓越绩效评价准则》。此后，马尔科姆·波多里奇国家质量奖的授奖对象正式扩展到了教育和医疗保健领域。

在设计这套准则时遵循了如下的策略：即使之成为一套全国性的质量价值体系；为经营管理诊断和信息交流提供一个基础；为跨组织的合作提供一种载体；提供一套动态的奖励制度，并使之不断得到进化和改进。这一策略得到了一致的遵循，评奖准则每年都会有所改变和改进。该评奖准则是决定获奖者和向申请者提供反馈的基础，此外它还有助于提高质量绩效准则和期望水平；在对于关键的质量要求和运作绩效要求有着共同理解的基础上，能够促进各类组织之间及组织内部的交流与共享；作为计划、培训、评估及其他用途的工具。

《卓越绩效评价准则》是确定获奖者和向申请者提供评审反馈的基础，此外它还有助于提高质量绩效标准和期望水平；在对于关键的质量要求和运作绩效要求有着共同的理解的基础上，能够促进各类组织之间及组织内部的交流与共享；还可作为企业进行计划、培训、评估等活动的工具。

1995年，美国国家标准技术研究院（NIST）曾发布了一份报告，对于实施《卓越绩效评价准则》的公司与一般公司在股票市场上的成功进行了比较，其研究结果很有说服力。国家质量奖项目并不能保证某个特定企业的财务成果，但整体上的比较研究则显示出了显著的差异。实施马尔科姆·波多里奇国家质量奖的企业作为一个群体，其绩效表现胜过了标准普尔500指数，收益比约为2.5∶1。这些企业实现了362%的增长率，而一般公司的增长率只是148%。

2.《卓越绩效评价准则》的结构及特点

马尔科姆·波多里奇国家质量奖计划，包括 11 个核心价值观、一个《卓越绩效评价准则》、一套系统的“经营管理质量”评审方法和计分系统。其三个部分组成所构成的卓越绩效模式如图 17-7 所示。

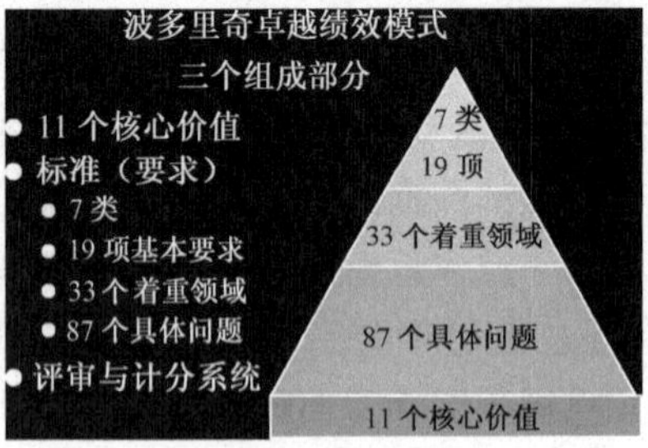

图 17-7　《卓越绩效评价准则》的组成

(1) 价值观

作为卓越绩效模式思想基础的企业价值观是在组织使命、文化、战略中表述或反映的、为广大员工所接受和认同的基本理念和价值取向，共有 11 项。这些价值观和核心观念是从根植于高效能组织的各种行为中发现的。价值观和核心理念是把关键的经营管理要求集成于一个基于成果的框架下的基础。这些核心价值观和理念渗透到国家质量奖标准的各个组成部分之中。11 个价值观分别为：①前瞻式领导；②顾客驱动的卓越；③组织的和个人的学习；④注重雇员和合作伙伴；⑤敏捷性；⑥着眼于未来；⑦促进创新的管理；⑧依据事实的管理；⑨社会责任；⑩注重成果和创造价值；⑪系统的视野。

(2)《卓越绩效评价准则》构成及评分值

卓越绩效模式的价值观具体体现在七个类目的评价准则上。2005 年版准则的要求包括七个类目（categories）、19 个条目（items）和 33 个要点（areas to address），总分为 1000 分。其中的七类目和 19 项要求及其评分如表 17-2 所示。

表 17-2　2005 年美国《卓越绩效评价准则》的结构

类目（categories）	条目（items）	分值（point value）
1. 领导	1.1 高层领导	70
	1.2 治理与社会责任	50
	2.1 战略制定	40
2. 战略计划	2.2 战略展开	45
3. 顾客与市场	3.1 对顾客与市场的了解	40
	3.2 顾客关系与满意	45
4. 测量、分析和知识管理	4.1 组织绩效的测量、分析与评审	45
	4.2 信息与知识管理	45
	5.1 工作系统	35
5. 人力资源	5.2 雇员学习与激励	25
	5.3 雇员福祉与满意	25

续表

类目（categories）	条目（items）	分值（point value）
6. 过程管理	6.1 价值创造过程	45
	6.2 支持过程与运营筹划	40
7. 经营结果	7.1 产品与服务结果	100
	7.2 顾客结果	70
	7.3 财务与市场结果	70
	7.4 人力资源结果	70
	7.5 组织有效性结果	70
	7.6 领导和社会责任结果	70

这七类要求分为两种类型，前六种称为“过程”型的要求，第七类称为“结果（results）”型的要求，在回答这两类要求时所需要的信息是不同的。这些要求又可以分为三个层次，即基本要求、总体要求和多项要求。基本要求（basic requirements）就是条目的标题，它是各条目的最核心的概念和最基本的主题。总体要求（overall requirements）即每个条目标题之下的黑体字句子，它是条目要求中的最重要的特征，是在针对条目的核心主题做出回答时必须包括的要点。多项要求（multiple requirements）指每一“要点”中所包括的提问。这些提问构成了条目要求的细节。把握这三个层次的要求是进行正确评分的关键。

（3）卓越绩效模式的管理架构

《卓越绩效评价准则》的七个部分构成如图17-8所示的管理架构。其中的领导作用、战略计划以及顾客和市场代表着领导的三要素。这几个方面放在一起旨在强调以战略和顾客为关注焦点的领导的重要性。人力资源、过程管理和经营结果代表着结果三要素。组织产出经营结果的工作是由公司的雇员和供应商伙伴通过其关键过程来实现的。公司所有的行动都指向经营结果，这里的经营结果是由顾客方面的绩效结果、财务的以及非财务的绩效结果所构成的一个综合体，还包括了人力资源方面的结果和社会责任方面的结果。对于有效的管理和以事实为依据的企业绩效和竞争为改进体系而言，测量、分析和知识管理起着至关重要的作用，它构成了绩效管理系统的基础。

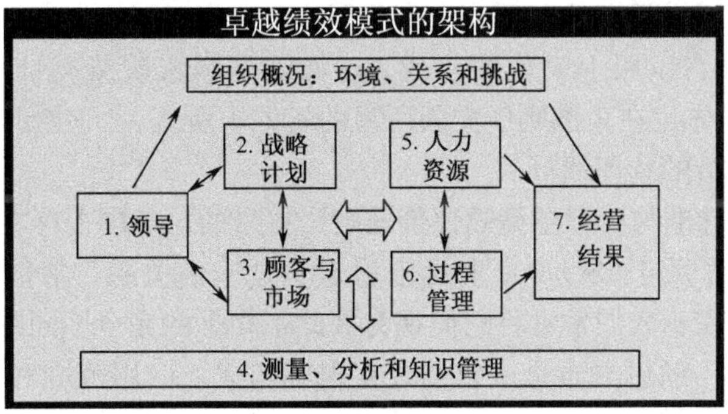

图17-8　卓越绩效模式的架构

3.《卓越绩效评价准则》的实质

分析《卓越绩效评价准则》的内容和应用途径，了解TQM、ISO9000和国家质量奖（《卓越绩效评价准则》）之间的关系可以进一步认识其实质，从而发现当代质量管理的发展轨迹和趋势。

（1）《卓越绩效评价准则》中的质量，是“经营管理质量”

从对基于《卓越绩效评价准则》的国家质量奖的具体内容看，“质量”这个术语在此处有了更为广泛的含义。这些奖项与其说是针对“质量”或“质量管理”，倒不如说是针对“管理的质量”或“经营管理的质量”要更为确切。正因为如此，这些奖项才被人们称之为“卓越绩效模式（performance excellence)”。这些评价标准构成了企业经营管理的框架。其中“卓越绩效”这四个字已不再只是其字面上所表达的简单含义，而成为了一个具有特定含义的术语，亦即“一种综合的组织绩效管理方式”。

卓越绩效模式为人们提供了一个沟通的平台，使得人们能够用同一种语言来讨论和沟通企业的经营管理问题；它是一个指挥棒，告诉人们满足了哪些方面的要求才算得上是真正的“卓越”；它是一个诊疗仪，有助于人们认清自身的强弱之所在；它是一个标尺，使得人们能够明确相对于他人的位置，明确改进效果的进展如何；当然，它还是一个奖项，激励人们为了荣誉和成就而付出非凡的努力。

（2）《卓越绩效评价准则》是全面质量管理的标准化

《卓越绩效评价准则》是全面质量管理（TQM）的一种实施细则，是对以往的全面质量管理实践的标准化、条理化和具体化。在上述诸概念中，TQM或全面质量管理是一个最大的概念。通过设立国家质量奖来提升企业竞争力的做法为许多国家所采用，其中最具代表性的便是日本的戴明奖、美国的马尔科姆·波多里奇国家质量奖和欧洲质量奖。这些奖项均体现了全面质量管理的概念和原则和具体实施要求。如果用土地的灌溉方式来类比的话，以实施卓越绩效模式的方式来开展全面质量管理的做法可以认为是一种“滴灌”的方式，每一份努力都能够用到最适当的地方。传统上的那种只是依靠精神、勇气或魄力的实施方式则是一种“漫灌”的方式，看似声势浩大，但却难以收到实际的效果。

当然，有必要强调的是，TQM也在随着时代的发展而不断地发展着，不断地被注入新的内涵，绝非一成不变的东西。作为TQM之实施细则的《卓越绩效评价准则》同样也会不断地演化，以跟上时代的步伐。正如美国国家质量奖计划主任哈里·赫兹(Harry S. Hertz）先生在为准则中文版所写的贺词中所言，“它始终力图体现‘被证明行之有效的那些前沿的管理惯行’”。

（3）ISO9000标准与《卓越绩效评价准则》在目的、范围上存在很大的不同

在实践中，对于关于ISO9000和国家质量奖之间的关系，常常会有各种各样的误解。最常见的误解在于人们常常将它们视为彼此不相干的完全不同的东西。实际上它们之间有天然的联系，思想本质是一致的，在内容构成、应用范围和应用方法上存在着差异。

《卓越绩效评价准则》与ISO9000族标准之间的关系实际上涉及两方面的问题，即与ISO9001的关系和与ISO9004的关系。就基本目的而言，ISO9000族标准的目的旨

在促进企业间及国际间的贸易活动。与此相对照，《卓越绩效评价准则》的目的则有两个方面，一是选拔代表质量管理最高成就的少数典范，二是为其他希望实现最高绩效水平的组织提供准则和指南。

ISO9001 是关于质量体系要求的一个标准，用于双方合同或第三方认证的场合。与这一角色相对应，ISO9001 只是关注那些最直接地影响着产品质量的职能。它不涉及经济效果和成本效率这样的问题，而只是涉及那些直接影响产品质量的特定的人事方面和特定的销售及营销方面。因此，ISO9001 的范围比卓越绩效模式或是质量奖的范围要窄，如美国马尔科姆·波多里奇国家质量奖的标准要审查七大类组织活动，ISO9001 的要求中对于过程管理给予了最大的重视，而对于其他类别的活动则关注不多。

ISO9000 认证在许多方面都更是一些适度的要求，它更强调一致、规范和文件化的质量体系的必要性，强调定期的内、外部审核以保持成果并使持续改进制度化。

ISO9004 是 ISO9000 族中为组织提供业绩改进指南的标准。它比 ISO9001 的要求所覆盖的范围更广，程度更深，因而更接近于质量奖准则的范围和深度。为了与 ISO9000 族标准的目的一致，ISO9004 定位于介于 ISO9001 和卓越绩效模式之间的范围上。可以认为，ISO9001 为组织提供了有效运营和满足市场质量要求的最起码的准则，ISO9004 则为组织的进一步提高提供了指南。

17.3 质量管理工具与方法

人们在质量管理实践特别是质量改进过程中，发明许多质量管理的工具和方法，其中有的用于数据处理，有的用于过程控制和改进，还有的用于策划、收集创意和解决问题。在这些方法中，有单一的工具和方法，也有综合性的、系统化的方法。它们以统计技术和数据处埋理论为基础，应用于质量管理过程的各个环节，或者说用于解决问题的各个环节。同时各个管理质量方法和技术与新的质量管理理论技术进一步综合与集成，形成了许多系统化的质量管理与质量改进途径，如标杆分析法（BMK）、六西格玛质量管理法等。

17.3.1 常用工具和方法

在质量管理中，有一些人们熟知的日本于 20 世纪 50～60 年代开展群众性质量管理活动中开发和总结出来的，以数据收集、分析和评价为主，主要用于现场质量管理的“老七种工具”：调查表、分层法、因果图、排列图、直方图、控制图、散布图；以及于 70 年代开发的用于解决计划和管理问题的“新七种工具”：关系图、KJ 法、树图、矩阵图、矩阵数据分析法、矢线图等。此外还有随着过程管理和业务流程再造而日益广泛应用的流程图。

1. 调查表

调查表（data-collection form）又称检查表、核对表、统计分析表，是用来系统地收集资料和积累数据、确认事实、并对数据进行粗略整理和分析的统计图表。它被广泛地运用于现场管理，用以迅速取得或整理数据。

在应用实践中，还可根据收集数据的目的和数据类型等，自行设计所用的表格。在现场质量管理中，常用的调查表有不合格品项目调查表、缺陷位置调查表、质量特性分布调查表、矩阵调查表。

2. 分层法

引起质量波动（或称变异）的原因是多种多样的，因此搜集到的质量数据和意见往往带有综合性。为了能真实地反映产品质量波动的实质原因和变化规律，就必须对质量数据、意见等进行适当地归类和整理，即分层。分层法（stratification）又叫分类法、分组法，它是按照一定的标志，把搜集到的大量有关某一特定主题的统计数据或意见等加以归类、整理和汇总的一种方法。

分层的目的在于把杂乱无章和错综复杂的数据和意见加以归类汇总，使之更能确切地反映客观事实。分层的目的不同，分层的标志也不一样。分层的原则是：同一层次内的数据波动（意见和观点差别）幅度尽可能小，而层与层之间的差别尽可能大。这样才能达到归类汇总的目的。

3. 因果图

因果图（cause and effect diagram）又叫石川图、特性要因分析图、树枝图，鱼刺图等。它是表示质量特性波动与其潜在原因关系，即表达和分析因果关系的一种图表，运用因果图有利于找到问题的症结所在，然后对症下药，解决质量问题。因果图在质量管理活动中，尤其是在 QC 小组、质量分析和质量改进活动中有着广泛的用途。

4. 排列图

排列图（pareto analysis）又称为帕累托图，它是将质量改进项目从最重要到最次要进行排队的一种简单的图示技术。排列图由一个横坐标、两个纵坐标、几个按高低顺序排列的矩形和一条累计百分比折线组成。

排列图基于在帕累托原理即“关键的少数和次要的多数”原理而建立的。美国质量管理学家朱兰最先把这一原理运用到质量改进活动之中，同社会财富的分布状况类似，在质量改进的项目中，其中的少数部分起着主要的、决定性的作用，通过区分“关键的少数和次要的多数”，就可找到最具改进潜力的问题，从而用最小的努力获得最大的改进。

5. 直方图

直方图（histogram）是频数直方图的简称。一般用于产品加工阶段，它是把实际加工过程中测试得出的数据按一定的组距加以分组归类做出直方图。其形式是用一系列宽度相等（表示数据范围的间隔）、高度不等（表示在给定间隔内的数据个数）的长方形表示。通过分析直方图的形态，以及对照规格要求进行分析，可以了解过程能力和过程所处的状态，并可以发现原因，以进一步采取改进措施。

6. 控制图（Control chart）

控制图是统计质量控制（SPC）的主要工具，又称为管理图。控制图由两个坐标轴、中心控制线、上下控制限构成。纵轴表示某个过程质量特性参数的取值；模轴表示时间序列；中心控制线和上下控制限用于判定一个过程的受控状态。控制图是在对过程质量特性进行测定、记录的基础上，通过观察控制图中数据点的随着时间变化分布形态，对过程进行监测和控制的一种质量控制工具。它用来区分一般原因引起的变异和特殊原因引起的变异。或者说，它是发现某个生产过程中，由于受到处于不正常的或不期望的波动状态的因素所引起的异常原因变异工具。

7. 散布图

散布图是研究两个变量之间相互关系的图示方法，是一种简单的回归分析技术。质量管理中，常常需要研究两个或多个变量之间的关系，其中有些是确定的函数关系，有些则是有关但不完全确定的关系，这些关系即为散布图的研究对象。在散布图中，成对的数据形成点子云，研究点子云的分布状态，即可推出数据间的相关关系和相关程度。

8. 流程图

流程图（follow chart）就是用一些简单、容易识别的标识符号表示一个过程（如加工过程、检验过程、改进过程等）的步骤（或活动）的图示技术。其中基本标识符号包括表示过程开始与结果的椭圆圈，表示活动的方形框，表示活动方向的箭线，表示决策、选择与评价的菱形框等四种。流程图可用于描述现有的过程，也可用于设计一个新过程。通过在建立流程图时对过程各步骤的研究，可以发现潜在的失效原因和改进区域。

9. 关系图

关系图（relationship-diagram）是用箭头线表示事物之间因果关系的一种连线图，也称为关联图。关系图法是一种运用关系图，以群体的方式解决问题的方法。确定了所要解决的问题后，若干成员组成一个小组，由全体成员多次反复构画关系图。在这一过程中小组成员充分发挥创造性思维，利用关系图明确各种复杂的因素之间的因果关系，就问题形成共识，最终找到解决问题的对策。

10. KJ 法

KJ 法（KJ method）也称为亲和图法，由日本的川喜田二郎开发出的一种创造性问题解决法，KJ 取自其姓氏的字头。KJ 法的做法是针对那些未来要解决的问题或未知、未接触过的领域的问题，搜集与之有关的想法、意见等语言文字资料，并根据其内在的相互关系（亲和性）作成归类合并图，进而从中找出应解决的问题和明确问题的形态。KJ 法所使用的亲和图是按照头脑风暴法的思想设计的，并成为头脑风暴法的有效工具之一。

KJ 法具有与一般统计方法不同的鲜明特点，它属于问题发现型，而非假设查证型。

该方法对搜集到的语言文字资料侧重于综合分析和分层，主要用感情、灵感等来归纳问题，无须量化，这一点也是它与其他几种工具的区别之处。

11. 树图

树图（tree-diagram）也称为系统图，是一种通过对目的和手段进行系统的展开，以寻求解决问题、实现目的的最佳手段和措施的分析方法。树图可以分为两类，一是以构成要素的展开为目的-手段关系的“构成要素展开型”；二是把解决问题时所采用的手段和对策作系统性展开的“措施展开型”或“因果展开型”。

12. 矩阵图

矩阵图（matrix-diagram）是以矩阵的形式，展示相关事项中各个子要素之间相互关系，寻求解决问题着眼点的图形。它由三个部分组成：对应事项、事项中的各个要素和对应要素交点处表示相关程度的符号构成。表示相关程度的符号有三种：◎表示强相关关系；○表示有关系（或弱相关关系）；△表示可能有关系。

所谓矩阵图法就是运用矩阵图，根据各个要素之间的相关程度，发现有效解决问题的关键点，即“着眼点”或“设想点”，寻求解决问题的方法。这种方法，从所要解决的事项（或问题）中找出成对的要素，分别按行与列进行排列，在要素交点处表示出这一对要素的关系，分析问题和解决问题的手段，通过多维思考明确问题所在。

13. 矩阵数据分析法

矩阵数据分析法（matrix-date analysis）当前述矩阵图中的各个要素之间的关联程度能够定量表示时，亦即要素间的关联程度能在交叉点处用数据表示时，对这些数据进行计算和整理，以找出解决问题的途径或对问题的评价的方法。矩阵数据分析的主要是在多变量分析法中应用较广的“主成分分析法”。这一方法是将定性分析转化为定量分析的一种方法。

14. 矢线图

矢线图（arrow diagram）是基于时间、拟订日程计划和实施进度管理的网络图。它是计划评审技术（PERT）与关键路径法（CPM）在质量管理中的应用。

矢线图把所有的作业（或工作）组织成为一个系统，便于从整体上计划与协调，既是一种有效的计划方法，又是一种组织和控制生产的手段。任何一项工程或计划，都需要很多具体的作业来完成，而这些作业或作业之间的关系往往是错综复杂的，若要将它们按照其内在规律进行有序的组织和安排，使各项作业活动顺利进行，使计划如期完成，就需要矢线图这一工具。

17.3.2 系统化的质量工具和方法

质量管理的工具和方法，从根本上说就是正确地解决问题的方法。在解决问题时有一套系统的方法和工作程序，并将具体的质量管理工具和方法综合起来，对于提高管理的效率和有效性十分重要。

这些系统化的解决问题的方法有许多，其中包括将顾客需要系统地转化为设计和管理要求的质量机能展开（quality function deployment，QFD），质量控制与改进的P-D-C-A循环（plan-do-check-action），各种寻找根本原因解决问题的模式，以头脑风暴法为代表的创造性思维方法，系统进行质量改进的标杆分析法（benchmarking）以及六西格玛法等综合性改进方法等。这些方法在实践中整合起来则形成质量改进的一般程序和内容，即解决问题的过程模式。下面简要标杆分析法、六西格玛管理。

1. 标杆分析法

标杆分析（benchmarking）是近年来国内外企业中普遍开展的一种活动，它已成为企业的战略计划活动和运营改进活动的必要组成。这种活动被认为是企业“开展工作的一种常规方式”，是各级各类人员履行职务的一种强大的武器。

（1）标杆分析的含义

标杆分析可定义为“对照公认的领先组织或最强的竞争对手持续地对本组织的产品、服务、过程等关键的成功因素进行衡量的结构化的过程。”benchmark一词原意是测量学中的“水准基点”，在此引申为在某一方面的“行事最佳者”或“同业之最”，也就是组织所要学习和超越的“标杆”。在我国，这一方法还有标杆学习、水平对比、基准评价、标杆管理、基准化、标高超越等多种译名。

（2）标杆分析的作用

标杆分析的作用可以归纳为三个方面，即设定目标、改进绩效和促进组织的变革。

首先，标杆分析是战略计划活动的重要组成。标杆分析是一种依据产业最佳行事方式来确立绩效目标的方法。标杆分析有助于企业确立可信的目标，它是一个设定方向的过程。标杆分析在确立目标时采用的是一种放眼外部的方式，而非从内部活动和以往趋势来外推的做法。外部环境的变化是如此之快，埋头于内部所设定的目标经常会难以满足顾客对于他们的供应商的期望。顾客的期望是由行业中最优秀的供应商所达到的水准所决定的，同时也受到对其他行业供应商的诸多体验的影响。因此，标杆分析的终极益处在于它有助于实现领先的绩效水平，从而能够充分满足持续高涨的顾客期望。

其次，标杆分析也是组织绩效改进的强大武器。它是一种有助于找到并理解实现新目标所必需的行事方式的手段。标杆分析是一种广泛开展的调研与取经的运动，它能使管理者通过公司与公司之间的过程和行事方式的比较来识别“优中之优”，确保最佳行事方式能够被发现、采纳和实施，从而实现卓越水准或建立起竞争优势。找到最佳者并加以学习，会使每个参与其中的人都受到激发和鼓舞，从而时常会产生出突破性的成果。

再次，开展标杆分析的过程也是促进组织的文化、结构、行事方式等进行变革的过程。标杆分析的实质是对组织的变革，是对因循守旧、抱残守缺、按部就班、不思进取等陋习的围剿，它必然伴随着企业原有“秩序”的改变。要在企业中导入标杆分析活动，企业的高层管理者必须是勇于变革的人。

正因为如此，标杆分析活动应当成为企业的一项常规性的工作，而不应成为面临危机、走投无路时的救命稻草。标杆分析活动也完全不同于工业间谍，而是一种完全合法的、公开的、系统化的学习和赶超的艺术。

（3）标杆分析的基本方式、思路和步骤

企业在开展标高超越活动时，通常是采用专门小组或团队的方式来进行的。小组一般由 3～6 人所组成，他们应当是最熟悉所要改进领域的人。小组成员应当具备相应领域的专业知识以及把握问题、分析问题的能力和技能，应当具备较强的合作精神。

标杆分析的基本思路在于，企业的经营绩效在很大程度上取决于其所拥有的过程；绩效的差异反映了过程的差异；绩效的改进必须自过程入手。具体来说，标杆分析活动是由“标高”和“超越”两个基本阶段所构成的。

标高阶段就是要针对企业所要改进的领域或对象，首先确定“谁”在这一方面是最好的，以及他为什么做到了最好？我们为什么差，差在哪里？这意味着要标定学习和赶超的“标杆”，对其进行解剖和分析，同时也要解剖和分析自己，通过对比找出自身与所分析的标杆之间的差距及原因。这一阶段实际上是一个“知己知彼”的过程。

但实施标杆分析的目的并不在于对于榜样的简单模仿，而是在于“超越”对手，使自己成为“同业之最”。因此就必须在前一阶段“知己知彼”的基础上，拟定出超越对手的策略并加以实施，努力使自己成为同业最佳，这便是“超越”或“蛙跳”的阶段。

这两大阶段又可以具体细化为以下五个步骤：第一步，确定实施标杆分析活动的领域或对象；第二步，明确自身的现状；第三步，确定谁是最佳者，也就是选择标杆分析的标杆；第四步，明确标杆组织是怎样做的；第五步，确定并实施改进方案。

实施标杆分析活动的最直接的效果是可以给企业的产品、服务和过程带来大幅度改善。此外，它还有利于企业利用外部信息建立有效的目标，从而使企业变得更有竞争力，有利于企业正确认识自身在市场中的真实地位，找出差距，从而激发企业中的个人、团体和整个组织的潜能，促进组织的变革。

2. 六西格玛管理法

近年来，最受关注的质量改进方法和质量改进活动莫过于六西格玛管理。六西格玛管理作为一种持续改进产品和服务质量的方法，最早起源于美国摩托罗拉公司 1980 年开始的“质量振兴计划”，内容包括加快产品开发、大幅度提高产品质量以及通过调整生产过程来降低成本等，希望以此来提升企业的竞争力，从而能够同竞争对手抗衡。这一计划的核心构成便是所谓的六西格玛管理活动，这一活动成为了摩托罗拉在全公司范围内实施的质量改进活动。摩托罗拉的成功引起了许多其他的公司的注意，后来，许多著名企业如通用电器、爱立信、IBM、ABB、索尼、DEC、柯达等也都纷纷开展了这一活动，也取得了很大的成绩，其中尤以通用电器的成果最为显著。

（1）六西格玛管理的测量指标

六西格玛管理活动体现了“只有能够衡量，才可以实施改进”的思想。管理意味着通过有组织的努力去实现目标的活动或过程。没有测量，就不能认识事物，就谈不上确立目标。正是基于这种认识，摩托罗拉公司在开发六西格玛管理方法论时，首先确定了用以衡量企业各方面质量的一种通用的、可横向比较的测量尺度，在此基础上设定了企业质量改进的奋斗目标，进而又提出了实现质量目标的一套系统化的步骤或程序。

为了能够实现改进，摩托罗拉公司创造性地引入了一个衡量质量的通用指标，称为“百万机会缺陷数”（defects per million opportunity，DPMO）。该指标的计算公式为

百万机会缺陷数（DPMO）＝单位缺陷数（DPU）/百万个出错机会

这里的缺陷是指所有导致顾客不满的情况。单位缺陷数是指所衡量的每个单位对象（如一个产品、一个过程）出现的缺陷数。人们习惯上使用的衡量质量的指标通常是缺陷率、合格率等，但这些指标无法在不同产品、不同部门之间进行横向的比较。不同产品、不同种类的工作其复杂程度不同，在同样的工作质量下，对象越复杂，出错的机会也就越多，其缺陷率也就会越高；反之，出错的机会少，缺陷率也就会低一些。为了开发出可以横向比较的测量指标，摩托罗拉公司引入了一个“出错机会”的概念，用这一概念来表示每个单位对象出错的可能性。通过将缺陷平均到每个出错机会上，就可以实现不同复杂程度的产品以及过程的比较，从而使得DPMO成为了一个通用的衡量质量的尺度。

由于DPMO是一个比率，从而可以将其与正态曲线上的一定σ（西格玛）范围内所包括的面积相对应。每一个DPMO的取值都可以用一个相应的西格玛值来表示，反之也一样（注：在将DPMO与西格玛值进行对应时，正态曲线设定为离中心值有1.5个西格玛的偏移)。DPMO的值越小，则其相对应的西格玛值就越大，意味着质量水平就越高。因此，从这个角度来说，西格玛值可以用于度量质量水平。四西格玛的质量水平对应着的DPMO为6210，五西格玛的质量水平对应着的DPMO为233，而六西格玛的质量水平便对应着DPMO为3.4这一目标。这也便是“六西格玛管理”这一名称的由来。

（2）实现六西格玛目标的“六步法”

现代质量管理是通过对过程进行改进来实现高质量、低成本和高的生产率的。实现六西格玛质量目标便是要对过程进行持续不断的改进。持续改进是通过六个步骤的循环来实现的。这六个步骤分别为：

第一步，明确你所提供的产品或服务是什么？

这里的“你”代表组织的过程链条上的任意一个环节，可以是一个部门、一道工序或一个团队等；这里的“产品或服务”指的便是这一特定环节的输出。通过这个步骤的活动，要明确你所提供的产品和服务是什么，同时也要确定测量你的产品或服务的单位。

第二步，明确你的顾客是谁？他们的需要是什么？

这里的顾客是指过程链上的“你”的下一个环节，你的产品或服务质量的优劣是由你的顾客来判定的。在这一步骤中，要明确你的顾客，明确顾客的关键需要，并要同顾客就这些关键需要达成共识。

第三步，为了向顾客提供使他们满意的产品和服务，你需要什么？

这是要明确为了满足你的顾客的需要，你需要什么？谁来满足你的需要？从过程链的角度来看，这是要明确你的上一个环节，以及为了使你能够满足顾客的需要，他们应当为你提供什么条件。

第四步，明确你的过程。

在这一步骤中，通常要借助于流程图将过程的现状描绘出来。

第五步，纠正过程中的错误、杜绝无用功。

在上一步对过程的现状充分认识的基础上，分析过程中的错误和冗余，制定纠错后的理想流程图。

第六步，对过程进行测量、分析、改进和控制，确保改进的持续进行。

计算过程的DPMO及相应的西格玛水平，制定并实施用新过程取代旧过程的改进计划，将取得的成果与他人分享。

通过周而复始地实施这六个步骤，企业就可以实现持续改进，逐步实现六西格玛质量水平。六西格玛管理的循环也称为是MAIC循环，MAIC分别取之英文的measure（测量）、analyse（分析）、control（控制）和improve（改进）的字头。在后来的应用过程中，前5个步骤也被统称为“定义”（define），故六西格玛管理这套方法论也常被简称为是“DMAIC”。

（3）成功实施六西格玛的关键

成功实施六西格玛需要遵循几个关键的原则：

1）高层管理者的承诺。

2）与公司当前的工作重点、战略以及绩效测评体系进行整合。

3）过程思维。关注过程是六西格玛必要的先决条件。描绘出所有的业务过程是六西格玛的一项关键性的活动。甚至在信息收集、数据分析以及问题解决过程中也要建立规范的工作过程。

4）确保收益。无论是长期还是短期，六西格玛项目必须能够产生实际的收益。

5）多层次的、深入现场的领导。在GE公司，六西格玛活动调动了来自关键业务领域的各个层次的人员，包括技术人员、非技术人员以及管理者等。其中倡导者（champions）是受过全面训练的业务领导，主要的责任是推动和领导六西格玛活动在关键业务领域的开展。大黑带（master black belt）是受过全面训练的质量领导，负责六西格玛战略、培训、指导、部署以及结果。黑带（black belt）是受过全面训练的六西格玛专家，主要责任是领导跨职能的改进团队和工作项目，并且指导绿带（green belt）。绿带是受过全面训练的质量活动领导者，具备数量分析的技能以及培训和领导的能力，负责项目的培训、指导、部署以及结果。项目成员是在各自领域里支持特定项目的个人。

6）培训。六西格玛需要将大量的资源投入到培训中。很多开展全面质量管理的企业只是为员工提供了基本质量意识的培训，然而六西格玛的公司培训则要对几乎每个人进行严格的统计和解决问题工具方面的培训。

7）不断强化和奖励。

（4）实施六西格玛的支持性工具

在实施六西格玛活动中，需要使用很多统计与改进工具。但是这些工具基本上都不是新的。六西格玛的独特之处在于它将这些工具和方法整合到整个组织的管理体系当中。在六西格玛活动中可能用到的工具和方法主要有以下几类：

1）基础统计工具。包括基础统计、统计思想、假设检验、相关分析和简单回归。

2）高级统计工具。包括实验设计、方差分析、多重回归。

3）产品设计和可靠性。包括质量机能展开、故障模式与影响分析。

4）测量。包括过程能力、测量系统分析。

5）过程控制。包括控制计划、统计过程控制。

6）过程改进。包括过程改进计划、绘制流程图、防误措施。

7）实施和团队。包括组织效能、团队评估、协调工具和团队发展。

第五篇

管理发展

☆ 创新管理

☆ 知识管理

☆ 战略管理

第十八章

创新管理

◇ 掌握企业创新的概念

◇ 理解系统创新战略与技术跨越战略

◇ 了解企业的创新环境与创新的动力来源

18.1 企业创新概述

18.1.1 企业创新的作用

1912年，美籍奥地利经济学家熊彼特提出了创新的概念，认为创新是企业家对生产要素的重新组合。创新与发明不同，创新是根据客观的需要，把已有的生产要素、已有的条件与技术组合起来产生一个新的飞跃，创新不一定是发明，但它必须能够组合起来产生一个新的东西，能够提高效率。熊彼特试图通过创新来描述企业发展的源动力，由此得到了社会的普遍认同，也使更多的人认识到创新不但是企业深层次的竞争，也是企业发展的核心动力。

当今世界最大的特点就是变化速度快，尤其是进入20世纪90年代以来，经济全球化的趋势日益高涨，企业的内外经营环境不断变化，企业是否具有变革能力决定着企业的命运。以往企业都是按一条较平滑的生命曲线发展，生命周期也相对较长，而现在企业基本上是沿着一条波浪线发展，随时需以创新为支撑，将企业推向新的一浪，而随时又可能被竞争对手的创新浪潮所吞噬，迅速衰落下去。当今企业随时处在立体创新竞争的包围和追赶中，如果企业躺在成果的摇篮里享受曾经创新的美梦，可能很快就会被竞争对手采用更高的创新所超越，因为创新竞争已成为公司竞争的焦点，市场竞争只不过是创新竞争的变形。随着信息技术的发展和世界经济一体化进程的加快，给创新传播带来了更大的便利，使得创新竞争在世界范围内展开，对敢于创新的企业提供了前所未有的机遇，对因循守旧的企业提出了更为严峻的挑战。

企业永远是适者生存、勇者发展。无数个企业倒下去，又有无数个企业在诞生。世界上最长寿的公司，是斯托拉公司，已有700年的历史。它经历了中世纪、文艺复兴、17世纪的战争、工业革命以及20世纪的两次世界大战后仍然能够幸存下来。在其生命的大部分时间里，她依赖信使、骑士和轮船而不是电话、飞机和电子网络来传送信息。斯托拉公司的业务从铜矿开采，逐步发展到森林的开发利用、钢铁、水力发电、纸张、纸浆以及化学产品。随着时间的推移，其生产技术从蒸汽机发展到内燃机，从电力发展到芯片，不断地发生着变化。斯托拉公司的成功奥秘是：它一直都在适应并追赶着这个永远变化着的世界。

无独有偶，美国通用电气公司也有120多年的历史，而且一直兴盛不衰。1879年美国通用电气公司创始人托马斯·爱迪生发明了世界上第一盏白炽灯，从那时起的100多年来，通用电气公司一直致力于企业创新和管理变革。1900年通用创立了研究实验室，比贝尔实验室早13年，开创了大公司进行基础研究的历史，使企业拥有较多的知识产权。20世纪30年代创立了通用电气公司管理学院，成立了美国最早的公司大学，培养了一大批人才。40年代，它又系统地完善了由斯隆在通用汽车公司首创的分权制，在结构和制度上成为所有大公司的楷模。20世纪50年代和60年代，它首创了全面质量管理，创造了新的质量管理模式。1981年成为通用电气公司第八任董事长兼总裁的杰克·韦尔奇表现得更加突出，虽然他不是GE公司的最大股东，却担负起重任，大刀阔斧地进行改革和创新。其中重要的举措是，所有权与经营权真正地分离，使GE公司体制形成了既能放手发展又能自我约束的机制。他知道要想在变化如此迅速的环境中生存，通用电气需要新观念、新策略。近20年来，GE公司的经济指标以每年10%以上的速度增长，创造了全球跨国公司的奇迹。2002年，GE公司净年利润达151亿美元，销售收入达到1317亿美元，居全球大企业前列，是道·琼斯工业指数1896年设立以来唯一至今仍在指数榜上的公司，连续多年被《财富》杂志评为“全球最受推崇的公司”。通用电气公司能够保持持续发展的势头，最重要的仍是不断地创新和变革。

纵观世界企业发展历程，有的企业历经磨难，却能保持几百年长盛不衰，而大多数企业的寿命却不过20年？有的企业从无名小卒成为超级巨人，而有的企业却盛极而衰？究其原因在于企业发展战略的创新性选择。合理的发展战略和企业与之相适应的创新能力不仅能使一个企业获得超常规的飞速发展，而且可以使病入膏肓的企业起死回生，不合理的发展战略及墨守成规很可能使优势企业很快变为劣势企业。

18.1.2 企业创新的概念

1. 企业创新的涵义

企业创新，是指从构想新概念开始，到渗透到具体的生产、操作，形成真正的生产力，从而进入市场，最终获得经济效益的全过程。创新不同于发明、创造，也不仅仅是高、精、尖、奇。创新是以市场为导向，以提高经济效益为最终目的的。

在市场经济的浪潮中，企业竞争成败的关键在于企业的创新，企业创新的关键在于企业的创新能力。企业创新能力是指企业获取先进技术和信息并结合企业内部知识进行吸收，并对知识、技术进行再加工，通过组织、生产和扩散实现经济效益的能力。企业的创新能力越强，企业创新所开辟的市场前景与利益越大，企业越有可能凸现其竞争优势，提高竞争力。

2. 企业创新的地位和作用

政府、企业、科研机构和大专院校是国家创新体系的承担主体。在国家创新体系的构成中，企业是创新的需求者，又是创新转为经济效益的实现者，是创新体系中的重要环节，在创新中处于重要地位，发挥着重要作用。

1）企业追求效益最大化的动机，及在市场竞争中求生存和发展的要求是企业创新的动力，从而形成购买或开发创新成果的欲望和行为，拉动知识创新。

2）企业在使用创新成果过程中，同时检验创新成果，促进创新升级。

3）企业把创新转化为效益，实现创新的价值和作用。并通过向社会提供更丰富、更先进的产品满足社会需求，提高社会福利，增强开发创新和改造自然的能力。

4）企业是支持创新的重要力量。企业生存和发展对创新的高依存度，决定企业将高度重视创新投入，形成良性创新循环。

3. 企业家与企业创新的关系

企业家是企业的灵魂，企业家赋予企业不断地开拓创新的进取精神，给予企业以持久创新动力；企业家具有强烈的责任感，对企业创新行为予以正面的激励；企业家的本质在于创新，并决定了企业的创新能力。美国经济学家熊彼特在他著名的《经济增长理论》一书中，首次把企业家的创新能力描述为五个方面：采用一种新产品，采用一种新的生产方式，开辟一个新市场，掠夺或控制原材料或半制成品的一种新的供应来源，实现任何一种工业的新的组织。今天的中国，众多企业家面对的是由计划经济体制向社会主义市场经济体制转变的深刻革命，在这特定的条件下，对企业家所要求的创新意义更加深远。

在目前中国由计划经济向市场经济转轨的过程中，因为资本所有者与职业经理人之间的委托代理关系，需要较长的时间才能建立起来。所以，一个真正的企业家应不同于只具备管理能力的职业经理人，也不同于只重视投资收益的资本所有者，而应该是职业经理人和资本所有者的结合体。企业家的本质是其创造价值的强烈愿望，"企业家是创造价值的经济动物"。真正的企业家，应具有冒险精神，富有创造性，具有发现新市场的眼力，具有洞察顾客需求的洞察力。要成为一个真正的企业家，需要具备超凡的个人魅力，在对企业的发展和事物的发展趋向上具有一定的预见性，行动和语言要具有感染力，富有激情、具有理性和韧性，更重要的是具有良好的信用，敢于承诺与兑现，勇于承担责任。

18.1.3 企业创新的环节

企业创新包括多个环节，主要有研究开发创新，产品设计创新，工艺创新，制造创新，管理创新。这些环节既可单方面实现创新，也可以整体创新（图18-1）。

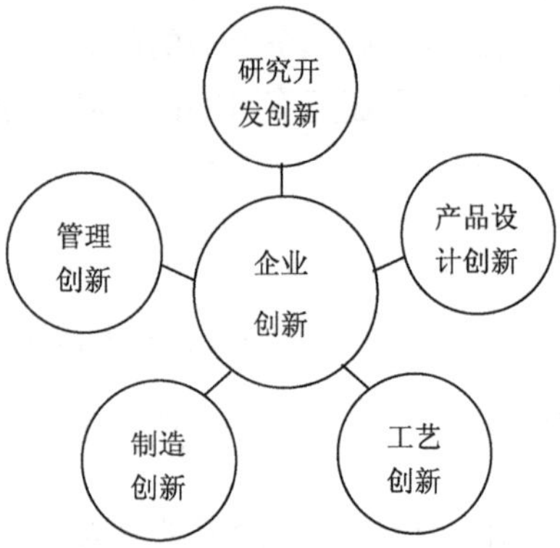

图 18-1 企业创新的环节

1. 研究开发创新

企业依据现有技术能力，有条件地以各种形式进行研究开发，增强企业研发力量，注重产、学、研相结合，加强组织学习，在此基础上创造或产生新的生产技术与产品。如小天鹅集团以占销售收入 5%的投入构筑技术创新体系，1999 年开发出 200 多个新产品，申请专利 82 项。

2. 产品设计创新

通过发明、构思产品设计，提高产品的技术含量和性能差异。产品设计创新是指以符合科技、社会、生活发展趋势的且区别于市场上已有产品的新产品来使顾客产生新的需求。其实这种方法就是通常所说的"人无我有，人有我新"。实现产品创新的方式有很多，如在 20 世纪的美国市场，几乎所有厂商们热衷于生产大型影印机时，日本厂商却把小型影印机推向市场，占领了这片市场，是产品设计的一个典型范例。

3. 工艺创新

通过研究和采用新的生产方法，或对原有的生产方法进行改进，从而改进现有产品的生产或提高产品的生产效率。工艺创新对开发新产品、改进原有产品以及提高原有产品的产量和质量都具有重要作用。

4. 制造创新

通过引入或采用新的制造形式，对生产制造的过程、方式、途径以及工具等进行变革，并能提高制造效率和效益的创新形式。

5. 管理创新

改革陈旧的管理体制，引进吸收如知识管理、生态系统理论、企业整体策略理论等适合本企业的管理新理念，或根据企业实际创造出新的管理理论与管理模式。如亚星集团创造出“购销比价管理”的新模式，6 年间共节支 9772 万元。

18.1.4 创新制胜的原则

在现代企业发展管理史上，企业的发展模式由如 18-2 图所示的五个阶段构成，由效率型到质量型、由质量型到灵活型，最后到创新型。

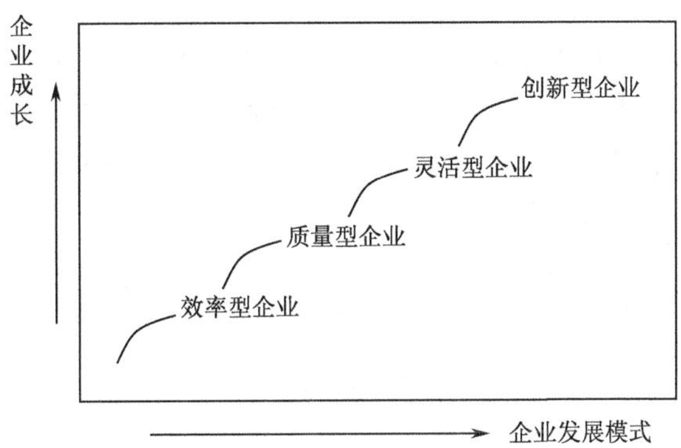

图 18-2 企业发展模式图

未来的企业，要想在竞争中脱颖而出，则需要将创新作为经营发展的重中之重。作为创新型的企业，制胜的五项原则如下：

原则 1：创新必须作为一项修炼。

创新必须成为企业日常坚持不懈的必修内容，加强企业内功，提升企业竞争力。企业创新是一个长期的过程，渗透到企业日常经营管理的方方面面，只有把创新真正作为企业的一项修炼，企业才能够真正地得到长远的可持续性发展。

原则 2：创新必须具有综合性。

创新不是一项单一的工作，必须依附于企业管理中的各项实体，并能够转化成真正的生产力。企业创新是各项创新环节的整合和融合，只有在整体上进行综合性的创新，企业创新才能真正的发挥效用。

原则 3：创新必须有组织地、系统地、持续地寻找新机会。

创新是一项系统工程，在一个开放的组织中不断地寻找新的机会，为创新提供可以施展的平台和可以发挥的空间。创新必须是有序的、不间断的，只有保持这种系统的、持续的创新状态，企业才会不断的进行自我更新和突破，才能在市场竞争的浪潮中立于不败之地。

原则4：创新必须涉及组织所有人的参与。

创新不仅仅是管理者的创新，不仅仅是技术人员的创新，创新是全员的创新，是整个团队的创新。组织体系中所有涉及的人员都要纳入企业的创新体系中去，企业创新的每个人都承担着创新的任务和责任。创新需要全员的动力来推动，来执行，来完善。只有全员的创新才能够到达胜利的彼岸。

原则5：创新必须以顾客为中心。

贯穿创新过程的主线是以顾客为中心，让顾客满意是市场竞争的基本规则，创新是为了达到甚至超越顾客满意度，创新的目的是为了满足顾客的需要。偏离了顾客这一基准点，企业创新则如无源之水，无本之木，一切无从谈起，所以，创新要时刻以顾客为出发点。

18.2 企业创新动力

企业是以盈利为目的的经济行为主体，也是创新成果的主要需求者。为提高自身竞争能力和经济效益，要求企业必须进行创新，企业创新的产生是在内、外因相互作用的条件下产生的。企业创新的动力可以归结为五个因素：市场需求、技术推动、政府行为、企业家偏好和路径依赖（图18-3）。

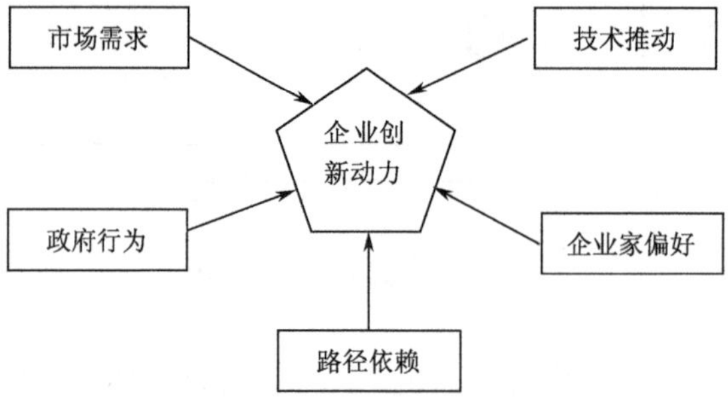

图18-3 企业创新动力

1. 市场需求

市场对企业技术创新的动力激励，是通过市场需求表现出来的。企业经济利益的实现有赖于其产品和服务通过市场满足社会需求的程度，产品在市场上存在的社会需求就成为拉动企业创新的重要力量。市场需求拉动企业创新，主要有几种情形：①对新产品需求，以市场需求拉动产品创新；②对现有产品质量的更高要求，以市场需求拉动改变产品质量的过程创新；③对现有规模扩大化的需求，以市场需求拉动提高生产效率的过程创新。

2. 技术推动

技术创新是以新技术投入为特点的技术经济活动，新技术既是企业创新的前提，又是推动企业创新的重要力量。科学技术在其宏观动力和内在运动规律的共同作用之下，总在不断运动和发展，并且总要不断被应用于生产，成为推动生产技术基础变革的强大动力；科学技术上的重大突破，往往会引起技术创新活动，并形成高潮。

3. 政府行为

政府行为可以为企业创造一个有利于创新的外部环境，对企业创新起到配置和激励作用。政府的宏观调控职能能够促进市场体系的发育，加强对企业创新政策方向上的导向和支持。政府对企业技术创新的推动具体表现在各项政策的实施上，包括财政刺激政策、公共采购政策、风险投资政策、中小企业政策、专利政策和放松政府管制政策等。此外，某些特殊的产品创新需要政府的直接参与。例如，在中国目前的发展阶段，芯片、军工产品、航天产品等关系国计民生的产品的研制与生产，都需要政府与企业的共同参与。

4. 企业家偏好

熊彼特曾经说过，“所谓创新，是指企业家对生产要素的新的组合”，企业家的偏好是推动企业创新的重要因素。企业经营的实质就是通过企业家的创新，使企业内部生产要素的组合适应市场需求，在满足市场需求中谋求企业的发展。

5. 路径依赖

一般来说，企业创新在形成以后会具有相对稳定性和惯性，即存在所谓路径依赖，企业一旦进行某种创新之后，惯性的力量会使这种创新在以后的发展中得到不断自我强化，而这种强化又形成了新一轮的企业创新。

18.3 企业创新环境

创新是现代企业经济活力之源，企业创新是经济发展和生产率增长的基本驱动力。但企业创新不是孤立进行的，要依赖创新环境条件。企业创新环境是企业创新潜力转化为实际创新能力的决定性因素及动力所在，所以，企业创新与创新环境是相互作用、相互联系，息息相关的。企业的创新环境又分为外部环境和内部环境。

18.3.1 外部环境

1. 政府调控

政府调控是企业创新至关重要的外部环境之一，政府的干预和调控，影响着企业创新的趋向和动力，决定着企业创新的活跃程度。政府对企业创新的调控往往决定了国家对创新的投资和管理动向，指明企业创新的大方向和基本领域，以避免重复投资和过度建设。此外，政府调控对企业创新的影响还表现在各种政策和法规的作用。政府调控是保持企业创新适度性和合理性的一个重要前提，也是企业创新得到技术支撑、社会支撑和人才支撑的重要保障。

2. 市场环境

企业创新需要一个公平、统一、开放、竞争有序的市场环境，靠企业自身的努力去获得市场机会，靠市场机制去优胜劣汰，而不是靠政府行政力量去分配市场机会和决定存亡。同时，为了不断地开展技术创新活动，健全发育的要素市场也发挥着重要作用，其中包括金融市场、劳动力市场、信息市场、技术市场等。

3. 资源环境

企业的创新应在有序的资源环境中进行。企业创新需要的主要是技术、信息、人才、资金等方面的资源，较为公平的资源获取机会和开放的资源配置机制可为企业提供良好的创新环境。通过市场机制或采取市场手段，企业获取所需的各种资源，通过公开竞争的方式，使资源得到高效率的配置和使用。

4. 投入机制

资金是进行企业创新的前提和基础。政府和企业是两个最主要的科技资金来源，在实际技术创新活动中，由于政府对企业技术创新拨款所占份额较低、企业贷款困难以及企业自筹资金能力差等多方面的原因，造成企业技术创新资金短缺，这已成为全国性的普遍问题。因此，建立多渠道、多层次的投入机制已成为解决企业技术创新资金短缺问题的当务之急。

5. 制度基础

包括企业创新的产权制度和法律环境。建立企业自主产权，激励企业经营者、研究开发人员及广大员工的创新积极性和自主能动性，通过完善健全的制度体系，加强对企业技术创新的政策倾斜，使企业进行规范的市场竞争和创新活动。

18.3.2 内部环境

1. 企业的创新意识

创新意识是企业创新最重要的价值观之一，从大的方面它可分为战略创新意识和过程创新意识，有了企业管理者和全体员工的创新意识，才能增强创新的紧迫感和使命感，才能解放思想，大胆创新。

2. 企业的体制和机制

企业创新需要一整套相应的组织机构和运行机制，建立符合企业自身的所有制形式，有利于生产力的发展。建立以企业为主体的技术创新体制和机制能够推动整个企业的创新积极性，促进企业创新更好的进行。

3. 企业素质和实力

企业的创新能力是企业素质和企业实力的体现，是企业创新的内部条件和环境，主要包括企业的研究开发结构、科技人员素质、经费、手段、装备、技术引进消化吸收、成果推广、市场营销等许多方面。加强企业管理者和员工的素质建设，增强企业创新实力，加大对企业培训的资金投入，强化企业技术开发和创新。

4. 企业生存与发展目标

企业创新是与企业的生存发展紧密地联系在一起的，把企业创新纳入企业的发展战略规划。制定发展规划是企业创新的必要前提。只有通过制定创新战略目标，规划实施步骤和措施，才能使企业创新有组织、有步骤、系统地有效地进行下去。

5. 企业的创新氛围

企业内部需要一个良好的创新氛围，包括学术文化环境、科技人员的工作条件、设备及其管理、物质生活待遇等。培育企业民主、科学的学术环境，建立学习型组织，营造良好的企业创新氛围（图 18-4）。

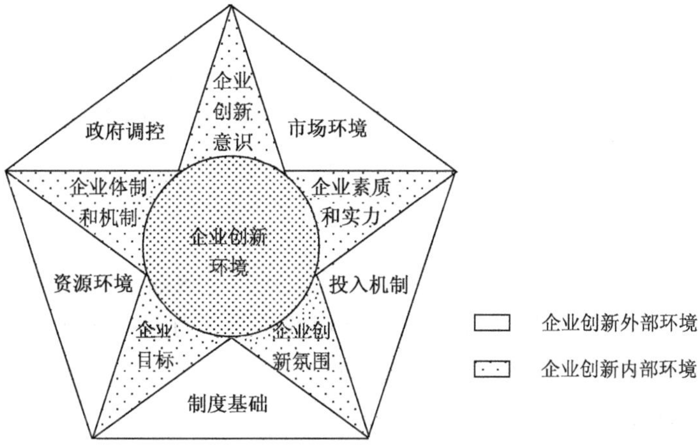

图 18-4　企业创新环境

18.4　企业创新战略

18.4.1　系统创新战略

综观世界企业，很多企业在创新中兴起，但又在创新中遭到失败，曾经在短期内盛极一时但却因为种种原因无法得以持续性的发展，这种例子不胜枚举。如前几年赫赫有名的巨人集团公司和飞龙集团公司，又如山东秦池集团，广东爱多电器有限公司等，这些企业都曾勇于创新，使公司获得了发展，在创新中走向辉煌，却又在创新中走向了失败。这些企业的领导人不乏创新精神、创新勇气、创新知识与信息。这些企业“短命”的现象，反映了一个企业没有正确的战略规划，对企业的总体目标、实现途径和手段，以及企业资源的判断及把握的失误，在外部环境发生巨大变化的情况下，特别是在信息爆炸性增长和真伪信息混合并存的环境下，缺乏适应现代市场竞争环境的企业系统创新战略，使得他们在创新中被信息误导，从而使创新失败。制定并实施企业的系统创新战略，可确保企业适应瞬息万变的市场需求，系统创新战略将成为今后企业运行的主导方向（图 18-5）。

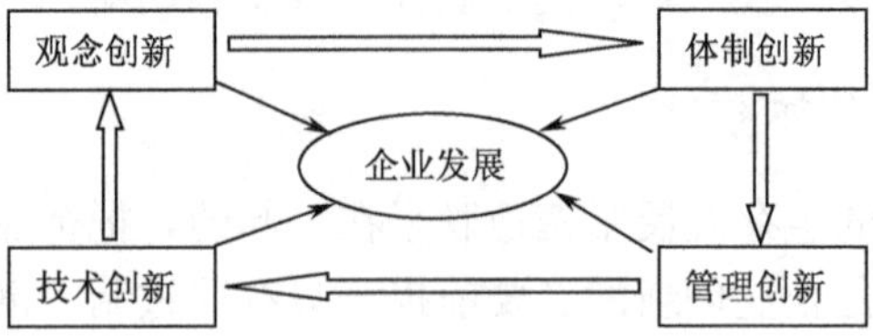

图 18-5 企业系统创新战略

企业的系统创新战略是由四个创新子系统组成的，分别是观念创新、体制创新、管理创新、和技术创新。如果说观念创新、体制创新和管理创新好比企业的“软件”，那么技术创新则是企业的“硬件”。观念创新是企业系统创新战略的先导，对企业的发展方向起到至关重要的定位作用，是企业创新的发源地；体制创新是系统创新战略的基础，是企业创新的动力源泉，使企业内部各种要素进行合理配置，发挥最大效能。管理创新是系统创新战略中的关键，是企业改革的突破口。技术创新是企业系统创新战略得以正确实施的保证，是效益提高的物质基础。企业的系统创新战略解决了企业想生产什么、为谁生产、如何生产、用什么生产的问题。

1. 观念创新

观念创新的精髓是永远不存在固定的思维模式。世界著名管理大师杜拉克曾经指出：“当今社会不是一场技术也不是软件、速度的革命，而是一场观念的革命。”华人管理大师石滋宜博士同样指出：“现在是人们的想法、观念必须完全改变的时代。”过去最有价值的东西是看得见的，而现在，最有价值的东西是看不见的，如知识、智慧。过去是企业利益优先，一切以利润最大化作为企业行为标准，而现在要改为顾客利益优先，一切为顾客着想，让顾客满意。过去看中的是实物财产，现在更重视商品品牌、企业形象等无形资产。例如，青岛海尔集团，1984 年从一个资不抵债、亏损 147 万元的集体所有制小厂，发展壮大成为今天中国家电行业的骄子，其中关键的一条就是企业领导人总是在自己思想深处找原因，面对市场不断转换经营观念，牢牢树立顾客导向意识并信奉“市场唯一不变的法则是永远在变”。观念变革要求企业应成为“学习型组织”，因为知识经济时代，对于每一个参与竞争的企业来说，学习能力正成为新的核心竞争力。企业要善于突破现有观念的束缚，对新思想、新观念抱有积极的态度，以开放的心态主动地吸收外部新的信息，不断提高自身的综合素质和风险承受能力，才能真正的发展。

2. 体制创新

体制创新是企业创新的基础。体制创新的精髓在于分配必须与贡献相适应。贡献大，才能分配多。这是企业发展持续动力的真正来源。因此体制创新所要解决问题是，企业的管理者是否意愿去引领企业发展，企业员工是否有足够的动力去努力工作。体制创新是要在企业内部建立真正适应生产力发展水平的所有制形式。

3. 管理创新

管理创新是企业创新的关键。管理创新的核心是服务创新与市场创新，管理创新的精髓是企业的共赢理念。在全球经济一体化的今天，每一个企业都处在一个巨大的网络之中。因此，企业必须与客户共赢、与员工共赢、与所有相关的单位和人员共赢，才能确保可持续协调发展。服务创新是当今企业发展的两个载体之一，而且服务创新的作用越来越显得比有形的产品创新更重要。海尔的最核心的竞争力并不在于它的产品多么出众，而在于海尔的服务永远是最好的。市场创新是一个企业经济活动的最终目的。市场创新的速度要快，否则会“快鱼吃慢鱼”；市场创新要有活力，否则会“活鱼吃死鱼”；市场创新要有效益，否则即使企业的骨架大，也会“鲨鱼吃鲨鱼”。

4. 技术创新

技术创新是企业创新的保障，通过技术创新，企业能够更好地把握自己的竞争优势。技术创新是以市场为导向，以提高国际竞争力为目标，研究与开发新技术、新工艺、新产品，并通过市场实现其商品化、产业化，最终在市场上检验是否成功的过程。技术创新对经济发展和增强企业竞争力有着重要的推动作用，伴随第二次世界大战以来新技术革命浪潮的兴起，已在很大程度上代表着一个企业乃至一个国家的产品和产业在国际经济舞台上的地位和竞争实力。这也正是技术创新成为当今世界范围内研究热点之一的重要原因。技术创新具有知识性、创造性、高投入、高效益和高风险等特点。它需要政府行为的推动，但其主体是企业自身。在技术创新中，产品创新占有十分重要的地位。因为市场经济条件下企业之间的竞争往往都是通过产品展开的，产品是市场需求的物质体现，产品是企业竞争实力的物化，因此，根据市场需要，按照消费者需求开发和生产产品，并通过市场获得企业所追求的回报必然成为企业产品创新的出发点和归宿。

18.4.2 技术跨越战略

1. 技术跨越战略的内涵

企业要进行技术创新，必须选择合适的技术创新战略。技术创新战略是企业在市场竞争中利用技术创新获取竞争力的方式。制定技术创新战略，就是为了探索适合中国国情的技术创新之路。就中国目前的情况来看，无论是高技术领域、还是传统产业领域，与世界发达国家都存在很大的差距，这种总体差距的存在，迫使我们不能循规蹈矩、亦步亦趋，而是应当抓住有利时机，充分利用自己的优势，实现技术跨越，在最短时间内，缩小、甚至赶上世界的先进水平。这就决定了中国企业技术创新的战略，应围绕技术跨越这个中心来做。中国的技术创新战略可以概括为：立足国情，有所为，有所不为，集中优势实施技术跨越。

所谓技术跨越，就是跨越技术发展的某些阶段，直接开发、应用新技术、新产品进而提高产品竞争力的过程。技术跨越是相对于中国企业目前的技术水平的，所以，它有两层含义：一层是在某些领域，依靠我们自己的各种优势，通过实施巧妙的创新战略，使我们的技术水平真正达到国际领先或国际先进水平，也就是说直接从较低的技术水平，跨越到世界的领先水平，本书称这种跨越为“绝对跨越”；另一层含义是，相对我们目前较低的技术水平，通过我们的努力，跳过发展的几个阶段，直接上升到较高的水平，这种水平也可能只是接近世界的平均水平，但是，依靠我们的人力资源、自然资源的优势，照样可以提供在国际上具有强大竞争力的产品，也就是从较低的技术水平，跨越到相对自己而言的较高的技术水平，本书把这种跨越称为“相对跨越”。对于我们这样的国家，“相对跨越”更不能忽视，因为，传统的制造业、流通业、服务业、以及许多其他劳动密集型行业，目前是我们整个国民经济的重要组成部分，这些企业实现技术跨越，必然伴随着企业的跨越式发展，这对我们整个国家经济的影响将是巨大的。

立足国情，就是要根据中国企业的发展状况，制定符合现实的、具有操作性的对策；有所为，有所不为，就是我们应该在具有优势的领域“为”，在具有劣势的领域“不为”，即必须“集中优势兵力打歼灭战”。

2. 中国企业实施技术跨越战略的可行性

既然技术跨越是中国短期内缩短与发达国家之间差距的必由之路，那么中国目前技术跨越的可能性到底有多大？下面以实证来分析一下。

第一，从本世纪科学的重大发现，我们得到重要启示：物质条件不是取得科学突破的充分条件，它只能作为一项必要条件；充分利用自己的优势，避开自己的劣势，进行正确的战略选择，可能是取得最后成功的决定因素。

20 世纪人类最伟大的科学发现有三个：一个是爱因斯坦发明的相对论；一个是量子力学的建立；一个是 DNA 双螺旋结构的发现。爱因斯坦发明相对论的主要条件，一个是爱因斯坦的伟大天才，一个是爱因斯坦在逆境中不屈不挠的科学献身精神。爱因斯坦发明相对论时，连一个在大学研究机构的职位都没有得到，当时他只是专利局的一名普通职员。量子力学是在德国诞生的。当时的德国正处于第一次世界大战之后，整个国家正在医治战争留下的巨大创伤。当时，科学家工作的条件、生活的条件、科学研究的条件都很差，与当时美国的经济条件根本无法相比，但量子力学恰恰是在这样的背景下完成的。

第二次世界大战后，科学研究的中心从欧洲移到美国。但作为 20 世纪最伟大发现之一的 DNA 的双螺旋结构，却是在饱受战争创伤的英国剑桥大学卡文迪许实验室完成的。其成功的原因，一是实验室领导人战略方向的正确选择；二是充分利用自己的优势和已有的积累，尽最大可能避开自己的劣势；三是注重在学科交叉点上做文章，分子生物学是化学、物理学、生物学、信息学等多门学科的交叉学科；射电天文学是物理学、天文学等学科的交叉学科。这又一次说明，在没有好的物质条件下，同样可以做出杰出成就。

中国 20 世纪的“两弹一星”工程，是可以与美国的曼哈顿工程媲美的工程。它对于提高我国的国际地位起到过重要作用。两弹一星是在西北高原的荒漠中，在中国严重的自然灾害期间完成的。其成功的原因，就是依靠中国人的智慧、团结协作、不怕牺牲的献身精神。

第二，新技术革命的机遇。不仅科学的重大发现并不完全取决于物质因素，而且技术上的重要突破也是如此。特别是新技术革命的到来，给我们提供了千载难逢的机遇。

针对当前高技术产业的竞争，美国经济学家提出“胜者全得”，其意思是，技术上领先一步，有可能占领该领域的大部分市场。因为在信息技术飞速发展的情况下，如果在技术上领先，可以在极短时间内通过先进的通讯设施、网络设施，在全球范围内宣布，这就为占领这项技术的大部分市场打下了基础。值得注意的一点是，在新技术的应用上，所有国家和企业，都面临相同或相似的机遇，大家都处于同一起跑线上，关键看谁先领先一步。这其中的关键在于创新。也就是说，我们的命运在很大程度上掌握在自己手里。

第三，发展中的后发优势。除了新技术革命带来的良好机遇外，我们还有一个重要优势，那就是发展上的后发优势。

发达国家的产业结构体系完整而且联系密切，具有强大的惯性，进行结构调整，成本过大，需要付出沉重的代价。而对于我们国家，许多主导产业还处在初级阶段，这样可以不用重复产业发展的全过程，直接从高起点开始，实现技术跨越式发展。

第四，中国人的智慧和潜力。我们实现技术跨越的重要优势之一，就是我们中国人有无穷的智慧潜力，这是历史已经反复证明了的。

中国古人有杰出的成就。据考证，从汉朝到明朝，中国一直是技术的纯出口国；她不但为世界贡献了四大发明，而且还有许许多多其他的技术。这些技术对于推动早期资本主义的发展具有重要作用。

在现代世界科学技术的发展史上，已经有李正道、杨振宁、丁肇中、李远哲、朱棣文、崔琦等六位华裔科学家获得诺贝尔奖，充分显示了中国血统科学家的杰出的才能。

新中国成立后，中国依靠自己的力量，成功地研制出了两弹一星，使得中国在此领域进入了世界先进水平；此外，中国还首先合成了人工胰岛素，等等。

中国人有着过人的智慧和潜力，关键是怎样最大限度的开启智慧、挖掘潜力；这就需要制定合适的战略和策略。

3. 企业技术跨越的模型与途径

为说明企业技术跨越式发展的途径，把世界上的国家按经济发达的程度分为三种：一种是经济发达国家，一种是经济次发达国家，一种是发展中国家。发达国家利用人才和科技优势，采用领先创新战略，首先生产出高科技产品，此种高科技产品将在国际市场上经过如下五个过程：

1）发达国家率先把高科技产品销往次发达国家和发展中国家，并获得高额的创新利润。

2）随着产品数量的增加。发达国家在继续向发展中国家销售高科技产品的同时，向次发达国家由销售高科技产品改为销售制造高科技产品的制造设备，继续获得高额创新利润。

3）随着产品及产品制造设备的普及，发达国家向次发达国家由销售高科技产品的制造设备，改为销售制造设备的关键零部件；发达国家向发展中国家，由销售高科技产品，改为销售制造设备。

4）随着产品及制造设备市场的饱和，创新利润越来越低，发达国家向发展中国家，由销售制造设备，改为销售制造设备的关键零部件；发达国家由向次发达国家销售关键零部件改为由次发达国家进口该类产品，因为此时产品的价格已经较低，发达国家依靠进口比自己生产更有利。

5）当产品市场完全饱和时，发展中国家已经掌握产品的制造技术，并拥有制造设备，所以改向发达国家和次发达国家出口，但此时产品的价格已经很低，利润非常微薄。而发达国家已经研究开发出新一代或新种类的高科技产品，由此拉开与上述过程完全一样的新一轮竞争。

在以上五个过程中，发展中国家只能吃发达国家剩下的残羹冷炙。要改变这种局面，必须打破这种格局，在上述五个过程中，想方设法在第三个过程甚至第二个过程，便向发达国家或次发达国家销售产品，因为这时的产品市场还远没有饱和，仍然有可观的创新利润，只要做到这一点，企业便可实现跨越式发展。

4. 中国企业的技术跨越战略

(1) 基于竞争优势的企业分类

中国企业实施技术跨越的关键是如何发现和创造自己的竞争优势。20 世纪 50 年代，著名科学家钱学森留学回国后，建议中国先搞导弹，后搞飞机。人们都很奇怪，因为飞机是 20 世纪初发明的，而 50 年代初，世界上还没有洲际导弹。钱学森的理由很简单，对当时中国的国情而言，导弹容易飞机难。因为容易与难是相对于一个国家的国情来讲的。当时的中国，如果搞飞机，则需要雄厚的基础工业、材料工业，而当时中国发动机还不很过关。因为飞机需要长期的安全飞行。而导弹是一次性消耗，材料可以差一点，关键是要准确命中目标，要有一个精确的制导系统，这正好应用中国人的聪明才智。结果，钱学森的论断得到了应验，我们的导弹水平在当时进入了世界的先进行列。

制定一个企业的发展战略，也必须首先发现这个企业的优势和劣势。

中国既有一定数量的高技术企业，更有数量众多的传统制造业，以及分布极广的劳动密集型企业，而不同类型的企业具有不同的竞争优势，这决定了他们技术跨越的战略也是不同的。因此，按照竞争优势的不同，本文把中国的企业分为：高新技术企业、传统制造业、劳动密集型企业三种类型，其中高新技术企业主要是从事信息技术、生物技术、空间技术等高新技术的企业；传统制造业是指传统机电设备生产的企业以及一般的家电企业，当然，也不否认里面存在一定的高新技术，但其中的含量较低；劳动密集型企业主要是指从事服装、食品等的生产企业，这些企业的特点是以人工劳动为主，当然，也不否认生产过程中的机械化和自动化的生产。这里需要特别强调一点：目前发达国家的主要力量是发展高技术，而我们不但要发展高技术，还要发展传统制造业以及劳动密集型产业，这不仅是我们国情的需要，而且我们有自己特有的优势。

我国目前是发展中国家，我们的最大劣势，就是研究开发经费不足。这是我们所有行业共同面临的问题。据统计，我国的研究开发经费只相当于美国经费的 2.1%～2.2%，美国 IBM 公司 1996 年，仅网络软件的开发经费就达 43 亿美元，比当年我国财政开发研究投入的总量还要多。因此，在下面制定技术跨越战略的过程中，一个共同的原则就是：必须充分利用自己的优势，集中力量、重点突破、不能全面出击。

(2) 高新技术企业的竞争优势及跨越战略

中国高新技术企业的竞争优势，除了以上我们提到的新技术革命带来的机遇以及后发优势以外，还包括如下几个方面：

1) 中国的高新技术企业直接面对庞大的中国市场需求，直接感受需求的强烈刺激。这是国外的企业或跨国公司所不具备的竞争优势。因为，中国的高新技术企业扎根于中国的土壤，他们更了解中国市场对高新技术的需求。

2) 中国的高新技术企业易于根据中国现有技术的不足，发现未来的需求。更容易根据中国人的消费习惯、心理需求，掌握和预测未来的需求。

3) 中国人在某些特殊高科技领域具有天赋。软件是计算机的灵魂，软件产业被称为21世纪的“黄金产业”。中国人的文化传统、思维方式、严密的逻辑思维和勤奋精神，具备了开发软件的天赋，在软件最发达的美国，有1/3的软件高级开发人员和管理人员是华人血统，这充分说明了我国具有发展软件产业的人才优势。

4) 中国的高新技术企业，大部分管理水平比较低，在这种情况下，结合中国的国情，创造性地吸收国外的先进管理经验，可以使企业短时期内大大提高竞争能力，这也是一种技术创新，也是一种跨越。

根据中国高技术企业的竞争优势，我们提出技术跨越的战略。这种战略分为两种模式：第一，利用当代最先进的技术平台，根据自己的特有的竞争优势，重点突破某些关键技术，力争在某些特殊领域，使自己的产品进入领先行列。第二，利用当代最先进的流通管理技术和方法，积累资本，成为明星企业，然后利用雄厚的资本，进行技术跨越，研制名牌产品，成为名牌企业。

一个企业究竟采用何种战略，取决于企业的实际情况。一般来讲，如果企业创建之初，已在某个高技术领域有较多的技术积累，比如储备了很多有市场潜力、技术领先的专利，只是需要在一个企业的环境中，使技术工程化、商业化、市场化。在这种情况下，宜采用第一种跨越战略。反之，如果企业创建之初，不具备这个条件，那么只有采用第二种跨越战略。实际上，在我们中国，北大方正基本上就是采取了第一种模式，因此，我们又可以把这种模式称为“方正模式”。而联想集团基本上采用了第二种模式，我们又可以把第二种模式，称为“联想模式”。

北大方正在发展过程中，在技术上实现了四次跨越。

第一次跨越是告别铅与火的跨越。北大方正没有经过日本流行的第二代光机式照排。也没有经过美国流行的阴极射线管式照排，而是直接从第一代铅字排版，跨越到最先进的第四代激光照排。

第二次跨越是告别报纸传真机的跨越。以前都是采用报纸传真机送纸型，速度慢，而且失真严重。北大方正首次采用页面描述语言传送报纸版面，传送速度明显加快，而且毫无失真。

第三次跨越是告别传统电子分色机的跨越。以前报纸的彩色版要用分色机出照片，然后进行人工剪贴，严重影响了速度和质量，北大方正首次采用了开放式的彩色照排出版系统，取代电子分色机，使文字与照片合一处理，输出速度大大加快。

第四次跨越是告别纸与笔的跨越。北大方正采用彩编流程管理系统，实现了报社主要流程的电脑管理，从而告别了纸和笔。

每一次跨越，都会给企业带来发展的跨越，目前北大方正并没有满足已有的跨越，而是正在向新的跨越进军。北大方正精心选定的第二大支柱产业——广播电视业，又是一次大的跨越，一般电视正在从模拟影像带进入数字影像带，最后再进入最先进的视频服务器。而香港的亚洲电视台，正准备利用方正的高科技，一步跨越到视频服务器。

联想最成功的地方，在于他们推出“贸、工、技”发展战略，把贸易作为龙头，优先发展，由此进行资金积累，成为“明星企业”，然后利用雄厚的资金积累，研究开发出自己的名牌产品，最后成为“名牌企业”

“贸、工、技”战略能否成功的关键，在于贸易上的流通管理创新。联想的“高速运作驱动模式”，具有极强的操作性和实用性。具体来讲，就联想电脑公司来说，其物流的过程大体是：散件的采购、入库、组装车间、成品库/代理/用户/资金回收。拿散件采购来说，对电脑的每一部件（CPU 除外），都要选 2～3 家供货商。引入竞争机制，降低采购成本，保证及时供货。根据 IT 行业降价周期短的特点，采取小步快跑的进货方式，即每一次进货量都不大，但进货次数较多，这样可以尽可能享受到降价的好处。凭借完善的市场网络，快速灵敏的信息流动，对市场进行准确的预测，避免销售过旺，导致散件断货，又可以避免销售淡季，造成存货积压。这样使库存始终处于最少状态，即零库存。在电脑出库到代理或用户的过程中，联想电脑凭借遍布全国的运输网络，尽可能缩短运输时间。联想电脑基本上是现款提货，保证了资金的快速流动。

这种物流、资金流、信息流的高速运作，在市场上形成了以快吃慢、以快鱼吃慢鱼的竞争态势，由于这种快速运作，大大降低了产品成本，增强了产品的竞争力，在市场上可以给竞争对手以致命打击，最后拖垮对手，占领大部分市场。

（3）传统制造业的竞争优势及跨越战略

中国传统制造业的竞争优势主要在以下几个方面：

1）目前世界发达国家的注意力，大部分集中在高新技术上，不再把过多的人力、物力、财力集中到传统制造业。特别是对于传统制造业的技术出口，不再有过多地限制。因为对他们来说，这些技术，已经没有带来超额利润的机会。但是，对中国这样的发展大国来说，这些技术可能比我们现有的技术先进得多，这样就可以用极小的代价，得到对我们来说价值很大的东西，从而实现技术上的相对跨越。

2）我国的传统制造业，有一定的基础，在这个基础上，通过引进技术或自行发明创造，在某些关键技术上有较大的提高后，产品的质量和数量将会有较大的提高；反之，全部放弃我国的传统制造业，向世界发达国家一样追求高新技术，既不现实，也会付出极高的代价。

3）发达国家继续从事传统制造业，已经没有竞争力，关键是他们产品的成本太高，使产品缺乏市场竞争力。而中国的情况则不同。中国从事传统制造业的工人的平均工资，不到发达国家的十分之一，这就决定了中国继续从事传统制造业，将有很大的市场竞争力。根据中国传统制造业竞争优势，我们提出技术跨越的战略是：放眼世界、博采众长、结合国情、拿来最佳、集成综合、创新提高。

放眼世界，就是我们的目光应当在世界范围内，很多技术，在国内可能认为是很先进的，但在整个世界范围内，却是相当落后的。因此，应该走出国门，主动到世界发达国家去取经；博采众长，就是比较不同发达国家的先进技术和设备，做到胸中有数；结合国情、拿来最佳，就是根据自己的国情，通过引进吸收，拿来最适合自己的技术、设备、产品；集成综合，就是把来自不同国家的某种设备的各种部件集成综合起来；创新提高，把自己的发明创造融会到设备的制造中去，这样才能真正获得具有自己知识产权的产品。

实际上，中国传统制造业中的许多企业，正是依靠自己的种种优势，制定并实施了适合自己的技术跨越战略，实现了跨越式发展。

例如，江苏中大集团的主导产品——“中大牌”烤漆房，便是成功地引进了意大利的轻油燃烧器，荷兰飞利浦的照明系统，西门子的外转式风机，采用德国阻燃拼装式房体，加上自主发明的三项专利，使得“中大牌”烤漆房的性能达到了国际先进水平，而成本却比国外低的多，依靠此优势，“中大牌”烤漆房遍布了全世界。还有，湖南的长沙远大集团，由于创业者掌握了几项燃烧器的专利技术，同时把国外先进技术，例如控制系统、电气系统等有机组合起来，进行优势综合集成。开发出了具有国际先进水平的新产品——直燃式空调，这种空调一出现，很快就占领了80%的国内市场，1996年产值已经接近20亿元，取得了前所未有的成功。

（4）劳动密集型企业的竞争优势与跨越战略

中国劳动力密集产业的竞争优势在于：

1）劳动力成本很低，而这种行业的主要成本由劳动力的成本决定。中国的劳动密集型产品，不仅在发达国家具有市场竞争力，在新兴的工业化国家和地区，也颇具市场竞争力。

2）中国的劳动密集型企业，在中国的所有企业中，其管理水平是最低的。在国外企业以及跨国公司的影响下，在中国管理先进的企业的带动下，中国劳动密集型企业，易于在短期内实现管理水平的极大提高，从而大大提高经济效益，提高市场竞争力。

3）随着高新技术的发展，以及先进制造技术的普及，也会使得劳动密集型企业的技术水平，以较小的代价，提高到较高的水平，从而实现技术跨越。

根据中国劳动密集型企业的竞争优势，本文提出的技术跨越战略是：紧紧抓住动力成本低的优势，结合关键技术的突破，提高产品竞争力；或者依靠管理跨越，积累资本，最后实现技术跨越。

在这里，对于关键技术的突破，有两层含义：一是依靠自己的力量，突破其中的某项关键技术；二是直接采用国际上已有的先进技术，比如，在生产过程中，采用先进的信息技术等。例如，安徽丰源集团，从一个小厂，用了不到5年的时间，发展成为柠檬酸生产行业的亚洲第一、世界第三的大型集团。其成功的直接原因，就是在关键技术上，成功地进行了突破。柠檬酸的生产，一般是采用山芋作原料，但生产的柠檬酸的质量低，产量很难提高。国外曾经设想用玉米粉来发酵柠檬酸，但是没有成功。安徽丰源集团，依靠自己的科学分析和勇敢实践，打破了外国人的神话，成功地研制出了以玉米粉为原料发酵柠檬酸的工艺技术，由于产品质量的提高、成本的降低，使得丰源产品在国际市场上的竞争力空前提高。

丰源技术创新成功的一个重要启示，世界上的发达国家判了死刑的技术，并不一定行不通。我们有必要分析一下这项技术的背景。以玉米粉直接发酵生产柠檬酸的技术来说，发达国家除了认为这项技术实现的可能性不大以外，还有一个重要的原因，就是以玉米粉为原料生产柠檬酸，对节省人工效果不大，而发达国家的劳动成本是很高的，这样就大大减小了他们开发这种技术的动力；而我们国家则不同，我们的劳动力成本很低，开发这种技术具有重要的意义，可以大大提高产品的竞争力。

5. 管理跨越是技术跨越的保证

作为中国信息产业的龙头企业，北大方正与联想集团的发展并不是一帆风顺的。联想集团在1995～1996年出现了亏损；北大方正在1998年出现了亏损。其主要原因在于没有充分认识到管理对一个企业的极端重要性。两个企业都认识到：技术创新与技术跨越必须融会到一个现代化的管理体系中，才能真正发挥作用。他们在总结企业的发展过程时认为，决不能只培养光懂技术的专家，必须培养具有现代管理理念、有科学技术背景的管理人才。对方正与联想是这样，对中国的其他企业也是如此。一个企业要想通过技术创新，实现跨越式发展，必须实现技术与管理的双重跨越。

中国企业发展中的一个敏感而又十分重要的问题，是产权明晰问题。因为产权问题不解决，将严重影响企业的持续发展。对于在企业发展中做出突出贡献的人员，应当而且必须按照他们贡献的大小，给予他们相应的产权。一个科学家可能把毕生的精力，贡献给了一个企业的发展，而科学家迟早会有退休的时候，只有给予他们应得的产权，才能符合公平的分配政策，而决不能简单地将科学家逐出企业。

大企业为了在短期内实现管理水平的跨越，应注意把学习国外的先进管理经验与中国的国情结合起来，可以采用国外管理专家高级培训的方式，也可以直接派人员到著名跨国公司实地学习、培训、提高。

对于数量众多的中小企业，一般来讲，其管理水平比大企业更要落后一些。我们认为提高中小企业管理水平的一条捷径就是，企业通过与高校或科研单位联合，通过管理咨询来解决。

企业技术的跨越式发展，可以带动一个企业实现跨越式发展，但是，要使企业能够在跨越式发展后能够持续稳定的向前发展，还必须有先进的管理做保证，即在成功实现技术跨越的同时，也必须实现管理科学化的跨越。

第十九章

知 识 管 理

◇ 理解知识的概念、分类、特征

◇ 理解知识经济的含义、特征以及知识经济对现代企业管理的影响

◇ 理解组织的知识管理模型

◇ 理解知识管理的概念、内容

◇ 掌握成功的知识管理项目特征和促使因素

◇ 掌握知识管理与信息管理的联系与区别

◇ 了解经济范式的变迁

◇ 了解知识管理的实施过程

世界银行在《中国与知识经济：把握21世纪》(2001) 报告中指出：所有的经济都是以知识为基础的，当今经济的快速增长主要依靠知识的创造、获取、分配和使用，知识的有效应用正在成为提高国际竞争力、创造财富和改善社会福利的最重要的因素。在此背景下，知识管理应运而生，成为知识经济时代一种全新的管理思想和管理模式，在近年来引起世界各国的广泛关注。

19.1 知识经济时代的企业管理

19.1.1 经济范式的变迁

从20世纪80年代开始，以数字化和网络化为特征的信息技术迅速发展，几乎触及了工业、农业和服务业的所有部门，正以其强大的渗透力和支撑力推动着经济领域的一场革命，使全球经济发生着根本的变化。这些变化突出表现在以下几个方面：

第一，知识的大量生产和更新，以及知识对传统产业的高渗透使得传统产业所提供的产品和服务的附加值提高，知识含量大大增加。

第二，劳动密集型产业失去以往的霸主地位，取而代之的是知识密集型的高科技产业，它成为所有产业中产出、出口和就业增长最快的行业。

第三，投资方向发生改变，资本更多地流向高科技产业和知识密集型行业，并且用于研究与开发的投资也大大增加。

第四，有一定知识和专长的劳动者就业数量逐渐上升，而一般劳动者的就业数量则下降。

第五，知识创新不但是企业竞争力的来源，也逐渐成为一个国家提高竞争力的焦点。

第六，经济的发展不再是完全靠劳动力资源和资本的占有与配置，更多的是取决于知识的占有与配置，知识成为了最重要的生产要素。

导致这些变化的根本原因是知识与经济之间的相互渗透、相互融合、相互作用和相互促进，这种相互融合导致了以知识为基础的高科技企业的大量涌现，知识密集型部门，如教育、文化、通信等的发展极为迅速。据统计，在过去的10年中，世界经济合作与发展组织（OECD）成员国的高科技产品在制造业和出口中所占的份额增加了1倍多，达到了20%～25%，主要成员国50%左右的国内生产总值来自以知识为基础的产业。

这种变化还导致了社会范式的转变，即从以生产物质产品为主导的工业社会转变为以生产知识信息为目的和以知识进行生产为主导的“网络社会”或“知识社会”。这种转变表现为以下方面：第一，知识将成为推动社会前进的基本动力，劳动将更多地从体力劳动转向脑力劳动。据著名管理大师彼得·德鲁克估计，到21世纪的第一个10年，美国制造业的雇佣工人（或蓝领工人）所占比例将下降到12%。但同时，制造业的劳动生产率并没有因从业人员的数量减少而降低，反而逐年增长。由于计算机、通信技术的巨大发展，知识工作者成为主要劳动力，从而实现体力劳动向脑力劳动的转变。第二，从封闭性、地区性转变为开放性、全球性。信息技术的发展，网络的存在使得目前的经济成为一种无边界的全球性服务经济，并且是以知识为基础的经济，它最宝贵的资源是信息和知识，而不再是传统的土地、劳动力和资本。第三，组织管理产生了巨大变革。信息技术的迅猛发展还使得社会各层面的活动量大大增加，知识流大大加速，时间的压力要求做出快速反应和决策以维持企业的竞争力，而传统的等级制度严重阻碍了这种决策和反应速度，于是形式促使组织结构扁平化，中层管理人员越来越少，以便适应目前的趋势。

19.1.2 知识的内涵

1. 知识的概念

所谓知识，它包括了人类发明和发现的所有的知识，其中主要是科学技术、管理和行为科学的知识。它是迄今为止人类通过思索、研究和实践所获得的对世界（包括物质世界和精神世界）认识的总和。托马斯·达文波特（Thomas Davenport）给出知识的工作定义为：知识是一种包含了结构化的经验、价值观、关联信息以及专家的见解等要素流动态的混合物。它起源于认识者的思想，并对认识者的思想起作用。在组织内，知识不仅存在于文档和数据库中，而且嵌入在组织的日常工作、过程、实践和规范中。

2. 知识的分类

从不同的角度可以对知识作多种分类。

（1）编码知识与隐性知识

编码知识是那些能够通过书面陈述、数字表达、列举、手册、报告等方式以正式的语言明确表达的知识，能够正式、方便地在人们之间传递和交流。隐性知识是建立在个人经验基础之上并涉及各种无形因素，如个人信念、观点和价值观等的知识，是难以公式化和明晰化的。能够用语言和数字表达的知识只占人类所有知识的一小部分，据统计，企业中隐性知识大约占知识总量的 90%，经过编码的知识所占比例不足 10%。

（2）知识五层次分类

Beckman（1998）将知识分为数据、信息、知识、专门知识和能力五个层次，并且认为知识可以从较低价值的层次向更有价值的高层次转化，如表 19-1 所示。数据是原始的、不相关的事实。信息是被给予一定的意义和相互联系的事实。数据是形成信息的基础，也是信息的组成部分，数据只有经过处理、建立相互关系并给予明确的意义后才形成信息。知识则是对信息的推理、验证；从中得出的系统化的规律、概念或经验，它是言行的基础。智能是知识的外在表现，是通过绩效来反映个人的知识修养。

表 19-1 Beckman 的知识五层次

知识层次	知识范畴
数据	文本、事实、代码、形象、声音（+意义+结构=）
信息	组织的、结构化的、解释的、总结性的数据（+推理+抽象+关系+应用=）
知识	案例、规则、过程、模型（+选择+经验+原理+限制+学习=）
专业知识	快速而准确的建议、结果的解释和辩护、推理（+整合+分布+导航=）
能力	组织的专业知识：知识库、整合的业绩支持系统、核心能力

(3) 根据知识的内容和性质划分分类

1996年OECD发表了关于对世界科学、技术和产业展望的报告，把知识分为四类：①知道是什么的知识（know-what），是指有关事实方面的知识。②知道为什么的知识（know-why），是指自然原理与规律方面的科学理论。③知道怎么做的知识（know-how），是指做某些事情的技艺和能力，包括技术、技巧和诀窍等。④知道是谁的知识（know-who），设计谁知道和谁知道如何做某些事的信息。其中，know-what和know-why类知识属于“编码知识”；但know-how和know-who类知识属于“隐性知识”。我国学者吴季松博士在这四类知识的基础上加上“知道什么时间”（know-when）和“知识什么地点”（know-where）两类知识，还根据中国人轻视数量概念的传统加上“知道是多少”（know-quality），结果是6W，1Q。

3. 知识的特征

知识具有许多特征，主要有如下几个方面。

1）指数特性。知识和智力可以按照指数方程增加。随着知识逐步被获取和吸收，可提供的知识基础本身也在不断增大。于是知识基础由按比例不断增大变成了总体的指数增长。

2）知识的非竞争性。人们能够通过语言、书籍、音像制品及网络等多种媒体学习各种知识和技术，并能将所得到的知识用于实践，从这种意义上讲，知识具有共享性而非竞争性。

3）知识的部分排他性。某些知识或技术成果不能完全为大众所使用，它是个别人或部分人的创造、发明，是他们付出很大的代价而取得的。尽管这样的知识资产能够通过一定的载体保存，但是必须通过知识产权保护措施和相关的法律排除他人任意使用。

4）知识的收益递增性。传统的资源要素具有稀缺性，在知识经济时代，知识取代资本、土地和劳动力等传统资源而成为占主导地位的资源要素。知识是无形的，它不会因使用的人多而使得每个人分到的越少或产生任何损耗。相反，它产生作用的范围越大，知识的价值就越显著。

5）知识的专用性。知识是否能够专有决定了知识所有人能否借此获取收益，编码知识因具有公共物品的性质而使人可不付任何代价地获得，因而易于被盗用（不具有专用性），专利和知识产权除外（但仍具有被盗用的风险）；相反，隐性知识因其隐含性而难以被盗用和模仿，具有较强的专用性。

6）知识的共享性和不可逆性。一个人拥有的知识不排除他人也同样完整地拥有，知识从本质上说是可能相互交流学习的，而且使用的越多，越能创造出新的知识，不同的知识交融可以产生新的知识，知识拥有者都有交流与共享的愿望，因而具有共享性。另一方面，人们一旦拥有某种知识，便不可逆转，不可被剥夺，并且可以重复使用，知识一旦传播开来，就不可收回。

7）知识资本的时效性与非磨损性。一方面，对个人来说，知识资本在使用中本身不会被消耗，可被重复使用，但随着新知识资本的出现，旧的知识资本可能被淘汰，或变成公有的知识，因而有很强的时效性。知识资本的有形损耗很小，无形损耗很大。

19.1.3 知识经济及其对现代企业管理的影响

1. 知识经济的内涵

(1) 知识经济的概念

1990年，联合国的研究机构提出了“知识经济”一词之后，便传遍了全世界。直到1996年，总部设在巴黎的OECD明确定义了“以知识为基础的经济”，第一次提出了这种新经济的指标体系和测度，并在该组织发表的《以知识为基础的经济》报告中指出，知识经济是建立在知识和信息的生产、分配和使用之上的经济。OECD又在随后发表的《1996年科学、技术和产业展望》报告中指出，知识经济是以知识（智力）资源的占有、配置、生产和使用（消费）为最重要因素的经济。知识经济以知识资源开发自然资源，以高科技产业为支柱，在经济的运行中知识占支配作用。知识经济的确认预示着社会生产、消费领域的一场革命，无论对个人、企业还是整个人类社会都将具有重要而深远的意义。

(2) 知识经济的特征

与传统的工业经济时代相比，知识经济时代有如下不同特征：

1）知识成为发展经济的最重要和最关键的资源。这是知识经济的最重要的一个特征。传统经济中土地、资本、劳动力等有形生产要素对经济的增长和发展起着决定性作用。但是在知识经济中，知识作为一种生产投入要素并作为经济发展的基础和直接驱动力，其作用将比有形要素更加重要。知识要素占有的数量和质量以及配置是否合理将从根本上决定一个企业甚至一个国家的经济发展水平和竞争力，从而决定能否在21世纪知识经济时代在全球经济舞台上占有一席之地。

2）高科技产业将成为国民经济的支柱性产业，知识密集型产品比例大大增加。高科技产业是指以知识中的高新技术为重要依托的产业。就目前而言，高科技主要是指信息科学技术、生命科学技术、新能源与可再生能源科学技术、新材料科学技术、空间科学技术、海洋科学技术、有利于环境的高技术和软科学技术等。这些高科技产业将取代传统的支柱产业如钢铁、纺织等而成为知识经济时代的支柱性产业。因此，知识经济时代的产品中将有更高的知识含量和更高的附加值。

3）知识经济是全球一体化的经济，具有共享性的特征。高科技尤其是网络技术的发展使得国家的界限趋于模糊，开放的社会也使得经济要素的流动不再有国界。基于发达的电信和网络技术的电子商务的发展，使商品流通中大量的中间过程消失，时空阻隔被消除。网上购物、EDI和金融电子化等商务模式将是知识经济时代商业销售的重要形态。一些组织和跨国企业在世界各地都有分部，可以一天24小时不断地工作，其产品可以从一个国家设计，另一个国家生产零件而到第三国进行组装。例如，波音飞机的生产就早已实现了这种国际化。

4）学习具有特殊重要的意义。在知识经济中，创新是灵魂，没有创新就没有发展，因而掌握一定知识和技能的人是推动知识经济发展的源泉。组织将逐渐变为学习型组织，为适应和领先于新的技术、新的市场、新的竞争环境而不断改进其技术水平、组织结构、管理模式和管理方法。学习和创新对于个人、组织、企业乃至国家都是至关重要的。

2. 知识经济对现代企业管理的影响

(1) 资源环境变化的影响

21世纪稀缺的资源，如土地、原材料、资本等将更加紧张，而知识资源则相对较为丰富，它表现为知识生产速度将大大加快，而且知识借助于信息技术将在全世界得到迅速和广泛的传播，知识也将被得到更加合理和有效地利用，知识已经成为最重要的资源。但是传统的企业管理中，管理者以及管理学家经常忽略知识这一资源。有资料表明，美国企业市场价值中，约有50%以上的智力资本和无形资产并没有记录在资产负债表中。另外，知识资源的一系列新特征也为企业管理提出一系列新的课题。

(2) 技术环境变化的影响

随着人类知识生产的飞速发展，高科技产业化进程的加快，高新科技在各个领域的不断渗透以及在全球范围内的迅速扩散，企业为消费者提供的商品和服务的知识含量大大增加，而同时也加大了企业提供产品和服务的难度以及企业经营管理的复杂性。企业之间的竞争将更多地停留在技术和相应的管理水平的竞争方面。另一方面，信息技术的发展为管理的变革与发展提供了技术上的可能性和保证。随着计算机和网络在企业内部的普及，信息的收集、处理、存储和传输、决策支持系统、人工智能、网络技术等信息科学技术在企业中的应用，企业的组织结构开始出现扁平化趋势，企业产品和服务的设计、生产、销售等都将产生根本性的变化。这些都给传统的企业管理方式带来巨大的冲击，虚拟企业、网络营销、电子商务等新的组织和管理模式的不断涌现，导致了企业间界限的模糊化并引发着企业管理的深刻变革。

(3) 市场环境变化的影响

消费者或企业的顾客由于知识素质的提高、收入水平的增加和选择范围的扩大，主要消费者将越来越多地转向知识密集度较高的产品或服务，并且顾客要求越来越多，期望也越来越高。因此，在知识经济时代，企业间的竞争必然围绕产品、服务和信息一体化展开。这种新的市场需求特点，就要求企业改变以往注意力主要集中在产品硬件功能和价格上的做法，必须对顾客需求的迅速变化和多样性做出及时的反应。另外，经济的全球化也带来了竞争的全球化，这种趋势下的竞争会更加激烈和白热化。企业进入新的市场领域更加容易，一种新的产品、新的技术一旦问世，很快就会在世界上最适宜的地方进行高质量低成本的生产。同时，由于各个国家政府所设置的市场壁垒将随着经济全球化不断降低的关税和世界范围内管制的取消而逐渐土崩瓦解，无国界经营将是知识经济时代企业经营的显著特点。激烈的竞争使得企业不断地进行市场细分，不断地寻找自己的市场，不断地理解和满足顾客需求。为了满足市场需求，企业的生产方式将发生改变，小批量、多品种、高效灵活和非标准化的柔性生产越来越突出。与此相适应，企业组织小型化、灵活机动化、虚拟化、高效化将成为一种趋势。激烈的竞争也将导致企业与供应商和顾客的进一步合作。企业只有同顾客建立起密切的关系，努力为顾客提供更有特色和更有价值的产品、服务和信息，才能为自己开拓市场，找到更多的市场机遇。

19.2 知识管理的内涵

知识经济是以知识为基础的经济，是建立在知识的生产、分配和使用之上的经济。在知识经济时代，知识是企业的战略性资源，知识管理是企业面对新形势所做出的战略反应。知识管理，简单地说就是对企业或组织的知识资源进行管理的过程。如何对知识进行搜集和整理，如何使每一个员工都最大限度地贡献出其积累的知识，使企业或组织实现知识的共享，成为企业进行知识管理的主要目标。知识管理是一种全新的经营管理模式，是市场经济发展到一定阶段后的产物，随着知识经济的到来，知识管理将遍及整个经济领域，使企业摆脱自身资源的限制，获得新的竞争优势，因而企业的知识管理具有强大的生命力和广阔的发展前途。而这也要求企业的每一个管理人员都必须懂得如何利用知识和如何有效地管理知识。

19.2.1 知识管理的概念

到目前为止，“知识管理”这个词还没有一个定义明确而取得共识的概念，不同领域不同角色对知识管理强调的侧重点各有不同，概念内涵也自然有所差异。其中比较有代表的定义有：

“知识管理是通过知识共享，运用集体的智慧提高应变能力和创新能力。”

“知识管理是对知识进行管理和运用知识进行管理的学问。”

“知识管理是关于有效利用公司的知识资本创造商业机会和技术创新的过程。”

“知识管理是为企业是显线性知识和隐性知识共享寻找新的途径。……知识型企业能够迅速对外部需求做出反应，精明地运作内部资源，预测外部市场的发展方向和变化。”

美国生产和质量委员会（APQC）对知识管理所下的定义为：“知识管理应该是组织有意识采取的一种战略，它保证能够在最需要的时间将最需要的知识传送给最需要的人。这样可以帮助人们共享信息，并进而将通过不同的方式付诸实践，最终达到提高组织业绩的目的。”

这些定义中存在着一些共同点，即都强调了以知识为核心和充分发挥知识的作用。简单说，知识管理就是以知识为核心的管理，它是通过确认和有效利用已有的和获取的知识，并通过对各种知识的连续性管理，提高企业的创新能力和创造价值的能力，以满足企业现有和未来开拓市场机会的需要的一种过程。

知识管理的出发点是把知识看作最重要的资源，把最大限度地获取和利用知识作为提高企业竞争力的关键。因此，开展和加强知识管理，有利于企业有效地开发其知识资源，使知识资源在深度和广度上不断地得到扩展；有利于企业有效地利用其知识资源促进和强化企业的创新能力以适应经济的不断变化；有利于企业促使其知识资源与其他资源更好地结合从而提高企业创造价值的能力。知识管理的主要任务是要对企业的知识资源进行全面和充分的开发以及有效的利用，这也是知识管理区别于其他管理的一个主要方面。

19.2.2 知识管理的主要内容

知识管理的内容十分丰富，主要有以下几个方面。

1. 组织内部知识的交流和共享

只有在交流中知识才能得到发展，也只有通过共享和交流才可能产生新的知识。对一个组织尤其是一个企业来说，创新是企业竞争优势之源，而创新本身归根到底是新知识的创造，也是企业知识资源的积累，因此，在企业内部各个部门以及各个员工之间，在企业的内部与外部之间，都应该加强知识的交流与共享，否则就不可能实现创新。这方面有大量工作可做。比如可以建立内部信息网以便于员工进行知识交流，利用各种知识数据库、专利数据库存放和积累信息，从而在企业内部营造有利于员工生成、交流和验证知识的宽松环境，并制定激励政策鼓励员工进行知识交流，通过放松对员工在知识应用方面的控制，鼓励员工在企业内部进行个人创业来促进知识的生产。1994 年，Intel 公司微处理器事业部在开发高性能奔腾处理器的过程中发现，有 60%以上的技术问题在别的小组的开发过程中碰到过并且已经解决了。于是他们发起了一个计划，目标是分享“最佳设计方案（best known method，BKM)”，提高群体学习的能力。当时，他们采用的是 MOSAIC 浏览器，让所有人能够由网络工作站读取资料库的内容。“要整个组织一起选择合适的题目、制造文件储存到 BKM 资料库中，我们由技术经理团队和技术小组共同合作，在组织的各个角落推动 BKM 计划和整体学习。”这大幅度减低了问题重复出现的概率，使新产品产出的速度大约为过去的 2 倍。

2. 驱动以创新为目的的知识生产

随着技术的不断发展和全球一体化趋势的逐渐增强，企业面对的市场竞争也日趋激烈。在知识经济时代的市场竞争中，知识是竞争力之源。企业必须拥有比别人领先一步的产品、技术或管理优势，而这些优势必须是来源于企业以创新为目的的知识生产。企业创造适宜的环境和条件，充分开发和有效利用企业的知识资源，进行以创新为目的的知识生产，必然是知识管理的一项重要内容。

3. 支持从外部获取知识，并提高消化吸收知识的能力

企业的知识资源是创新的源泉，因此企业要使创新不断进行就必须积累和扩大企业的知识资源。而这种知识积累又不能仅仅依靠企业自身知识的生产，因为这是非常有限的，所以必须注重从外部获取相应的知识，并进行消化吸收，成为企业自己的资源。供应商、用户和竞争对手等利益相关者的动向报告；专家、顾客的意见；员工情报报告系统的信息；行业领先者的标杆等都可以成为企业外部知识的来源。

4. 将知识资源融入企业产品或服务以及生产过程和管理过程

知识管理的直接目的是企业创新，使企业赢得持续竞争力。而企业的创新是使企业的知识资源转化为新产品、新工艺、新的组织管理方式等等。因此，创新离不开知识资源与企业产品或服务及其生产过程和管理过程的融合。所以，知识管理的一个重要内容

就是要明确企业在一段时间内所需的知识以及开发的方式和途径，贯彻相应的开发和利用战略，保证企业的知识生产和知识资源的积累与扩大和企业的产品、服务、生产过程和管理过程紧密结合。

5. 管理企业的知识资产

企业的知识资产主要包括四个方面：市场资产（来自客户关系的知识资产）、知识产权资产（纳入法律保护的知识资产）、人力资产（知识资产的主要载体）、基础结构资产（组织的潜在价值）。企业的这些资产在当前的资产负债表中得不到反映，其价值却占有很大的比例，因此，如何妥善的管理企业的知识资产并尽可能地利用这些知识资产来创造价值是一个挑战性的课题。

19.2.3 知识管理与信息管理

人们普遍认为，知识管理是信息管理的一个新的发展阶段。美国学者马夏德（Marchand）于20世纪80年代中期提出将信息管理分为四个发展阶段，即：

阶段Ⅰ（1900～1950年左右）：物的控制（文献管理）；

阶段Ⅱ（20世纪60年代中期～70年代）：自动化技术的管理；

阶段Ⅲ（20世纪70年代后期～80年代）：信息资源管理；

阶段Ⅳ（20世纪80年代后期～90年代）：知识管理。

在这个阶段论中，作者有预见性地将知识管理视为信息管理发展的新阶段。1986年，马夏德与霍盾（Horton）在两人合著的《信息趋势：从你的信息资源中获利》一书中，在上述阶段Ⅲ与阶段Ⅳ中插入了一个新阶段：商业竞争分析与智慧。这样知识管理便成为阶段Ⅴ。这五个阶段的内容和区别见表19-2中所列出“战略信息管理”就是马夏德的“知识管理”。

表19-2 信息管理的各阶段的特征

发展阶段	基本的焦点	主要的内容	机构的地位	面向内部还是外部	依靠人还是物的因素	商业性的目标
战略信息管理（Ⅴ）	战略与方向协调	符合战略需要的决策支持	高层管理战略功能	外部及内部	各种人文资源	超越商业职能
商业竞争分析与智慧（Ⅳ）	某种商业战略与方向	重视智力分析和信息利用的质量	高层管理部门功能	基本面向外部	强调人文资源和信息	为商业机构或公司取得竞争优势
信息源的综合管理（Ⅲ）	多种信息源的管理，焦点是：成本/效益	管理各种信息技术及手工或自动处理信息	高级管理支持功能	基本面向内部，有时涉及外部	信息源和系统的商业性质管理	追求低的成本/效益，应用信息资源及技术
自动化技术的综合管理（Ⅱ）	各种信息技术	技术性质的管理	中级管理	内部	各种技术资源和技术人员的管理	技术上的效率
文献管理（Ⅰ）	纸张信息源和媒介的管理	其物理属性的管理	控制、运行和支持功能	内部	物的管理	工作程序的效率

从表 19-2 中可以认为，知识管理是信息管理发展的新阶段。它表明了知识管理与信息管理之间有联系的一面，但新近的研究结果表明，知识管理与信息管理是很不相同的。知识管理不仅仅是出色的信息管理，是因为知识管理不仅仅只是管理信息和信息技术，它重在知识的创造和知识的应用，与此同时还着重对人的管理，开发人的智力。

19.2.4 组织的知识管理模型

戴布拉·埃米顿在《知识的进化》一书中介绍了一种知识管理模型。这个模型被称为知识管理评估工具，由亚瑟·安德森和美国生产力和质量中心开发的。它把知识理解为复杂系统，认为知识就是集组织知识的实体（静态知识）、过程（动态知识）和组织性于一体。在此基础上构建出一个特定的知识管理模型，该模型将支持组织创造知识的因素表示为两个动态的轨道，如图 19-1 所示。外轨道暴落关键的组织可行条件，即那些促进知识繁荣发展的技术、文化、领导和测度。内轨道包括知识管理的关键过程：适应、收集、识别、创造、共享、运用和组织。这些过程可以根据实体和过程的观点进行分类。识别、收集和组织过程适合于知识体的集聚和管理，而创造、共享、运用和适应适合于知识的创造和更新。

这个模型的前提是把知识看作是一个复杂的自组织系统。“从组织的观点看待知识，组织文化扮演了主要的角色。组织环境是知识生长的‘花园’。这种观点强调了文化、领导、行为和标准，还有辅助性的‘可行条件’，诸如支持技术和信息流。这种看法利用了系统论的概念，并使用了知识生态学这样的术语。”

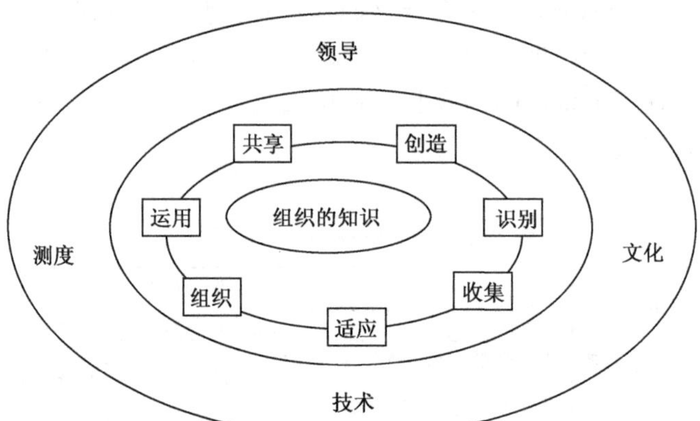

图 19-1 组织的知识管理模型

19.3 知识管理的实践

19.3.1 知识管理的实施

为了更好地完成知识管理的任务，实现企业知识管理的目的，企业可以参照知识管理的实施阶段来进行。

第一阶段：进入知识管理。

在这一阶段，组织中的某些人对于知识管理非常感兴趣，并对组织实施了知识管理后的前景充满了信心。于是他们试图利用机会来证明知识管理对于组织的价值，他们创立一个远景来激励其他的员工也行动起来，共同探索如何利用知识管理来为组织和员工创造价值。在此阶段，要想最有效地说服管理层实施知识管理的方法是找到组织内部面临的最大问题，暴露出知识管理能迫切解决的问题，发现知识管理的需求并大力宣扬知识管理的潜力。

第二阶段：探索和试验。

在知识管理的第二阶段实施过程中，必须考虑在组织内制定一个实际的知识管理定义，并考虑它的应用。同时也有必要从公司经费中争取更多的资源。知识管理试验小组活动为了显示出知识管理的概念与功效，还应开始专注于知识管理原则的发展。

第三阶段：发现并进行知识管理试点。

这一阶段是正式的知识管理实施。它的目标是通过实施一些试验性项目，并帮助组织获取那些可以在公司范围内转移的经验，以实现在更大范围内进行知识管理。

第四阶段：扩展知识管理。

当组织到达第四个阶段时，知识管理已证明能够产生较大的价值，而能成为组织活动的重要部分，其他部门对于知识管理的支持也日益高涨。这个阶段的组织将在多个业务领域实施项目，因此有必要评估每个知识管理项目相对于整个组织的适用性，也就是决定哪些知识管理的项目组合将对组织的成功产生较大的影响。在这一阶段，知识管理将有可能成为组织的核心战略的一部分。

第五阶段：知识管理制度化。

在某些方面，第五阶段是上一阶段知识管理实施的延续，然而它还是在以下三个方面与第四阶段有显著的不同：①除非知识管理已经嵌入组织的商业模型中，否则它不会发生；②组织结构必须重新调整；③知识管理的能力已经成为公司正式的绩效考评的重要部分。知识的共享和使用也已经成为组织的业务运作方式，并成为组织核心能力的一部分。在这一阶段中，知识管理也不再是一个项目，因为公司的业务已经紧紧地与它结合起来，成为不可缺少的部分。

19.3.2 成功的知识管理项目特征和促使因素

1. 特征

成功的知识管理有哪些因素组成？以下是成功的知识管理项目的主要特征：

1）项目可分配的资源得到增加。

2）知识的内容和使用量增加。

3）项目不仅仅由特定的一或两个人来维持，也就是说，项目是一个组织行为，而不是个人项目。

4）在整个组织内惯用“知识”以及“知识管理”的概念。

5）财务回报上的一些证明。

在评价知识管理项目的时候，有两种程度上的成功。一种成功的表现是知识管理项目带来了公司根本性的变革；另一成功类型则表现在经营过程的改善。例如知识管理项目在新产品开发、客户支持、教育和培训、软件开发、专利管理，以及许多其他的功能和过程上带来具体的改善。

例如，有一家咨询公司在知识管理期间，财务状况有了明显的好转。行业咨询人员从公司的知识中心获取了大量的知识，如服务顾客的方式、服务顾客的过程、系统设计说明书、工作计划，以及其他项目的管理经验。通过知识管理，公司提高了向客户建议的“命中比率”。

2. 促使因素

成功项目有九大因素。它们是：

1）面向知识的企业文化；

2）技术体系和组织体系；

3）高级管理层的支持；

4）与经济收益的联系；

5）面向过程；

6）明确的术语；

7）重要的激励手段；

8）某种层次的知识结构；

9）知识传递的多条渠道。

（1）面向知识的企业文化

这种企业文化具有以下特征：

1）对知识的积极倾向性。员工有着强烈的求知欲，愿意探究问题，可以自由任意地这样做，知识创造活动也得到主管人员的信任。

建立积极的知识文化，最重要的因素就是公司吸引并雇佣的人的类型。实际上，在任何环境中都能努力探索并运用知识的员工是很有潜力的员工。当然，追求知识有可能要以忽略其他工作目标为代价，这也许是过分面向知识的文化带来的负面效应。

2）没有知识约束者：人们对公司毫无芥蒂，也不用担心共享知识会使自己丢掉饭碗。

由于企业重组与裁员，在某些组织文化中存在对知识共享的消极态度。例如，员工可能觉得他的知识对他作为雇员的独特价值至关重要，并且关系到他在公司中是否能继续被聘用。在这样的环境中，他们可能不愿意和别人分享自己的知识，极易导致项目失败。

企业文化中还存在其他一些阻碍项目目标实现的因素。追求创造新业务往往要求员工必须充满活力、别出心裁，然而这种态度使得人们讨厌共享和使用现有的知识。例如，在一家公司，工程师们只崇尚个人的设计成果，为了让那些创造性人才与同事们分享他们所拥有的知识，公司改变其激励和报酬制度。

3）组织文化应和知识管理活动相符合。如果不能和文化很好地协调，项目很可能不会成功。例如，在惠普，知识管理项目在整个公司都有出现，但极为分散。这种业务单元高度自治的企业文化无法很好地支持公司级的协同的、自上而下的项目，甚至也无法支持一个公司级的高级知识主管的工作。

(2) 技术和组织体系

知识项目利用的技术体系和组织体系越广泛，就越容易取得成功。其中，技术体系是容易把握的，而组织体系往往难以融合。技术体系中部分包括面向知识的技术，如 Lotus Notes 和 World Wide Web，如果已经具备了这些工具和使用技术，知识管理项目在开始实施的时候就会很顺利。这些工具在知识管理的早期阶段比较合适。用于知识管理项目的另一套技术体系就是用于桌面计算和通讯的技术，即在每张桌上都有一台性能优良的联网 PC。

建立用于知识管理的组织体系，就是建立一套组织结构，确定一系列职能角色和有益于知识管理项目的技能。有些公司已经能建立多个层次的新职能角色，从知识主管到知识项目经理，到知识记者、编辑以及知识网络的推动人员。对于大多数公司来说，这一点往往难以做到，因为建立新的职能往往需要成本支出。例如，某咨询公司有 22 个人员专门负责不同的知识网络的推动，还有几个新的经理负责面向知识的组织，另有一个知识主管以及几个新的委员会。虽然这些职能岗位和结构代价不菲，但他们的设立意味着所有新的项目都可以得到支持，从而能够迅速启动并运行。

(3) 高级管理层的支持

高级管理层的支持对于知识项目至关重要，有效的支持有以下几种：

1) 在组织中宣扬这样的思想，知识管理和组织学习对公司的成功很重要。

2) 为基础体系建设提供资金。

3) 明确哪一类知识对公司最重要。

(4) 与经济收益的联系

知识管理代价可能昂贵，从某种程度上来说必须和经济利益或行业价值联系起来。好的知识管理往往可以带来很大的收益，如节约的成本或增加的收入。比如通过许可专利和知识产权来增加收入。产品开发周期的缩短、顾客满意度等都是经济收益的表现。在顾客支持服务中，知识管理项目的目的是减少电话服务等待时间，或提供在线知识来提高顾客的满意度。在惠普，知识管理系统大大减少了人工服务的电话次数，从而减少了所必需的员工人数。

(5) 面向过程

知识管理项目的基本目标就是设计一个新的知识管理流程，而对于其他项目而言，从过程的角度来看问题往往是非常重要的。知识项目经理应该很充分地了解他的顾客、顾客的满意度以及所提供的服务的生产效率和质量。然而，大多数情况下项目经理都没有意识到描述知识管理中具体过程的重要性。例如，一家公司把一个组织学习过程分为 4 个子过程和 15 个子子过程，然而，重新设计后的过程中只有约 5%是真正被实施的。

(6) 明确的术语

明确的术语对于完善的知识管理是一个尤为重要的因素。克莱斯勒公司努力不把未经加工的原始数据加入到工程的知识库中，并且通过体会这种明确的语义差别来设计关键的汽车部件。

(7) 重要的激励手段

必须激励员工创造和共享知识。麦肯锡公司对咨询顾问的评估有一部分是根据他们对知识仓库和人际关系网的贡献来进行的。如果激励只是短期的，则这些措施必须非常明显。在 Buckman 实验室，经理们每年评出前 50 名在线网络及知识仓库的知识共享者，并在一个度假胜地为他们举办庆功会。

(8) 某种层次的知识结构

成功的知识管理项目得益于某种层次的知识结构，如果知识仓库毫无结构，就无法发挥作用。因此，建立知识仓库或专家网络的公司必须创建目录和关键词。有一家公司，员工每天记录用户查询时输入的关键词，并将其加入辅助词典，不断更新系统。因此，知识经理应该随时准备重新定义公司的知识库结构。

(9) 知识转移的多种渠道

知识是通过多种渠道传送的。这些途径相互促进。一些建有知识仓库的公司意识到，必须把知识的贡献者集中起来，制定一套固定的准则。在这种环境下，可以建立相互的信任，发展知识结构以解决困难问题。MIT 的研究员发现，科学家和工程师交换知识的程度和他们之间的接触程度成正比。

19.4 惠普公司知识管理案例

提高组织智商、减少重复工作、避免组织失忆——惠普的知识管理在中国走过了一条艰辛的路，其轨迹标识了在中国开展知识管理的一个侧面，给了我们较多、较深刻的启示。

可以说，在"知识管理"这个词的规模实践还没有启动、"CKO"还不存在的时候，惠普就开始实施知识管理了。1995 年，惠普总部在信息总监兼副总裁 Bob Walker 的倡导下就尝试开展知识管理。当时，提出的知识管理目标很明确，就是要解决存在于各部门中已影响公司经营发展的问题，其中主要的有：产品相关知识传播未能加快产品市场占有的问题；老专家头脑中经验知识要留传下来以避免研发人才新老交替的知识断代问题；全球生产机构工艺流程技术和管理方法参差不齐致使各厂效能不平衡的问题；对众多用户提出的大量问题进行及时咨询服务的问题；等等。惠普总部在 Ernst & Young 咨询公司的辅导下，采用 IT 手段（IBM LOTUS 平台）开展了：基于网络论坛的共享观念和共同推进知识管理的文化建设；基于培训师网上讨论库的产品知识汇总与及时传播管理；基于专家地图网络（CONNEX）的专家头脑隐性知识管理；基于工艺流程技术和管理方法全球网上共享的生产机构管理；以及基于自动化用户咨询的交易服务知识管理；等等。这些知识管理活动取得了立竿见影的效果，有力支持了企业的经营发展。虽然没有直接经济效益的统计数字，但从它们今天仍然发生重要作用就足以说明惠普总部的知识管理活动是成功的，并成为知识管理界津津乐道的经典案例。

中国惠普开展知识管理是在 2001 年的下半年。当时的动机是中国惠普高层领导对知识经济时代的认识，感到"过去一个企业更多的是管理你的财务、你的工厂、你的工人，而未来越来越多的管理者面对的是知识员工，所以管理知识员工以及知识员工脑子里面的这些知识成为未来的关键"。于是在 2001 年 9 月成立了知识管理委员会来推动，制定了以提高组织智商、减少重复工作、避免组织失忆的知识管理目标。为了实现这个目标，开展了以下知识管理实践活动：

（1）知识文档“写下来”活动

这包括分类整理汇总一系列的标准文件。内容涵盖从企业发展至如何与客户沟通等多个方面，使员工迅速掌握关于企业以及如何拓展业务流程的基本常识。

（2）经验知识“师带徒”活动

中国惠普最初对知识管理的实施手段没有运用 IT 手段，而是以抓人为主。通过集中培训和一种被称为“师傅带徒弟”的活动，使员工有机会从行业专家吸收消化经验和开阔视野。在惠普内部已经形成了一个良好的机制鼓励员工参与知识分享，并与个人业绩考核挂钩。

（3）方式方法“标准化”活动

中国惠普力求在公司里建立一种公认的工作方式、方法。通过培训让员工接触同样的思想、方法、工具，共用一致的标准，以求在工作中达到方式、方法上的统一。

（4）事务流程“规范化”活动

当时中国惠普很重视流程规范，认为知识管理工作的重点就在于是否把现有流程中的一些环节与知识管理的价值链相结合，并且对结合的效果进行量化。

（5）基础知识“读书会”活动

2001 年底，在总经理的支持下，经过两个月的努力，中国惠普成立了读书会。定期举行所有员工参与的读书会，推荐员工阅读相关业务书籍和个人成长书籍，并进行读后交流。惠普的读书小组一度达到了 70 个。2002 年 1 月，位于中国惠普大厦 9 层的领导力培训中心和惠普商学院建成。

（6）知识贡献业绩评估与激励

中国惠普还把这种分享与和员工每年个人的业绩评估结合在一起。员工乐于分享，将获得额外的加分。除了业绩评估外，另外，惠普在管理制度上也给一些名誉上的鼓励，比如在员工铭牌上标明“星级”，对那些乐于与大家分享知识员工个人铭牌上加上星形标志。在物质奖励上，分享知识也是惠普认可的一个方面。

中国惠普的知识管理推动规划为三个阶段：先有文化、再有内容、后有系统。可以说，一二阶段当时正在形成和充实，但第三阶段还未开始。随着惠普与康柏的合并，第三阶段无法开始，且第一二阶段的成果也在成为故事。

纵观中国惠普的知识管理，无论在国际还是在国内，不管怎样，都做得有声有色，确实为知识管理实践做了许多开拓性的尝试。

第二十章

战略管理

◇ 掌握战略、企业战略、企业战略管理的概念

◇ 掌握企业战略的层次结构

◇ 了解企业使命、宗旨、远景等企业理念

◇ 了解企业战略的构成

◇ 了解企业战略的选择过程

◇ 了解企业战略的保障、评价与控制

20.1　企业战略与战略管理

20.1.1　企业战略的本质与特征

1. 战略的本质

（1）战略

“战略”一词，我国自古就有这一概念，是指战争全局的筹划。例如“习起剪之兵书，用关张之战略”（唐·郑数）、“当时无战略，此地即边戎”（唐·唐适）、《孙子兵法》、《三国演义》等，便是世界著名的战略杰作。毛泽东同志深刻论述了中国革命战争的战略问题，指出“战略问题是研究战争全局的规律性的东西”，“凡属带有要照顾各方面和各阶段性质的，都是战争的全局，研究带全局性的战争指导规律，是战略学的任务”（《中国革命战争的战略问题》）。20世纪70年代末，我国一些经济学家开始将“战略”一词引入经济学。1981年，中国社会科学院等单位发起定期举办中国社会主义经济发展战略问题座谈会，并邀请一批美国发展经济学家在京举行经济发展战略研讨会。1982年，党的十二大在论述我国社会主义现代化时，正式使用了战略一词，并明确提出我国到20世纪末的战略目标、战略方针、战略重点和一系列战略措施。20世纪80年代初，中国工业科技管理大连培训中心和天津企业管理培训中心等单位邀请美国及日本企业经营专家来华，讲授企业经营战略课并开始编写、出版了介绍国外企业经营战略的书籍，在全国及各省市又相继召开了各种类型的企业经营战略研讨会，这时企业管理者才开始把注意力放在企业经营战略上。80年代以来，全国掀起一股“战略热”，各大中型企业也都在研究和制定自己的经营发展战略，其范围之广，人数之多，不仅在我国是空前的，在世界上也是罕见的。

在西方，战略（strategy）源于古希腊的“strategia”一词，意思是“将领之术”（generalship）。在西方的军事术语中，战略通常是指在与敌人开战之前对部队的部署和机动，而在与敌人开战之后则将注意力集中于策略（tactics）。西方著名军事理论家克劳塞维茨（Clausewitz）对战略的定义则似乎包含了上述战略和策略两部分，即战略是“作为达到战争目的的手段而使用战斗的艺术”。在中国文化中，战略是从高层次上对全局胜利的决策和把握，“运筹于帷幄之中，决胜于千里之外”。《孙子兵法》中更加推崇战略制胜，在伐谋、伐交、伐兵和攻城四种方式中“上兵伐谋”。

（2）企业战略

• 安索夫：把企业的日常业务决策同长期计划决策结合而形成的一系列经营管理业务。贯穿于企业经营与产品和市场之间的一条“共同经营主线”，决定着企业目前所从事的、或者计划要从事的经营业务的基本性质。

• 钱德勒：经营战略就是企业的战略性决策。

• 安东尼：从经营计划体系的角度来理解企业战略。

• 霍弗和申德尔：战略是企业目前的和计划的资源配置与环境相互作用的基本模式。该模式表明企业将如何实现自己的目标。

• 格卢克：制定一种或几种有效的战略，以达到企业目标的一系列决策和行动。

•安德鲁斯："战略是目标、意图或目的，以及为达到这些目的而制定的主要方针和计划的一种模式。"

•斯坦纳：企业确定使命，根据企业外部环境和内部经营要素确定企业目标，保证目标的正确落实，并使企业使命最终得以实现的一个动态过程。

本书的定义：企业以未来为基点，在分析外部环境和内部条件的现状及其变化趋势的基础上，为寻求和维持持久竞争优势而做出的有关全局的重大筹划和谋略。

（3）企业战略管理

在西方，企业战略管理被誉为企业管理的顶尖石。主要回答问题：

•如何对环境做出反应？

•如何对资源进行配置？

•是否选择正确的业务领域？

战略管理是"决定企业基本的长期目标与任务，制定行动方案，配置必要的资源以实现这些目标"（钱德勒）。

2. 战略的特征

战略的本义是对战争全局的谋划和指导。企业经营战略是指把战略的思想和理论应用到企业管理当中，指企业为了适应未来环境的变化，寻求长期生存和稳定发展而制定的总体性和长远性的谋划。经营战略的特征如下：

（1）全局性和系统性

战略是一个组织的总体发展规划，它是以企业全局为研究对象，来确定企业的总体目标，规定企业的总体行动，追求企业的总体效果。因此，在它的制定过程中必须站在全局的高度，运用系统的观点，全面审视该组织内各个局部之间的联系、局部和整体之间的联系，以及整体和环境之间的联系，通过整体运筹和合理调配各种资源，实现组织的总体目标。为此，有时需要牺牲部分局部利益，来换取整体利益的提高。因此，战略规划的决策者应当是组织最高层的管理者，他们在与组织中层的部门管理者协调和沟通后，站在全局的高度来确定组织的战略方案。

（2）长远性

战略是一个组织对未来较长时期（如 5 年以上）的生存和发展道路所进行的筹划。因此，战略的制定必须根据该组织及其环境的历史和目前的情况，充分预测未来可能发生的变化，做出审时度势和富有远见的决策。企业战略的着眼点是企业的未来而不是现在，是为了谋求企业的长远利益而不是眼前利益。因而，战略规划在实施过程中常常会牺牲某些方面的近期利益，以保证长远规划的实现。

（3）稳定性和适应性

战略通常具有相对的稳定性，一旦建立不宜轻易变更。否则，如果一遇到一点点困难就轻易地变更战略方向或降低战略要求，这样就失去了战略的指导意义，组织就无法向着一个正确的方向不断前进。但从另一个方面来说，战略也不是一成不变的东西，在必要的时候也得根据情况做出及时的调整和修正。尽管在战略的制定过程中，要求对组织的内部和外部环境进行深入的调查研究和科学的预测，使组织的战略方案能够适应未来环境的各种变化，但是未来趋势的不确定性很大，不可能率先预料所有的变化。例如，一种相关的新技术的诞生，竞争对手采用了新的竞争策略，有关政府部门出台了最新的管理条例和政策，一项新的成功实施的战术对战略的影响，顾客消费倾向的新变化等都是很难预测的，这些将使得我们不得不适当改变原定的战略方案，以适应新的环境变化。因此，有的专家认为，实际的战略应当由原先规划的“预先性战略”和针对环境变化而做出变更的“适应性战略”两部分组成。实际上，从战略管理的整个过程来看，战略的形成是一个多次反馈和不断演进的过程。

（4）抗争性（抗扰性和竞争性）

战略的抗争性承继了“战略”一词的原始内涵，体现了在不确定环境下一个组织与对手之间激烈竞争的特性。因此，“战略”不同于仅仅是为了改变组织的现状、增强组织的效益和提高组织的管理水平的一般行动方案，而是在抵抗外界各种压力、冲击和挑战的情况下，在复杂多变的环境中寻求机会，以便战胜竞争对手的具有抗扰性和博弈性的行动方案。具体来说，战略的抗争性包含抗扰性和竞争性（博弈性）两个方面：①抵抗非智能环境的干扰——在准确地分析环境的过去和现在的状况，科学地预测其未来的发展趋势的基础上，提出有效地应对各种挑战，并能及时把握发展机遇的策略；②与智能环境的博弈——密切注视竞争对手的发展状况和战略动机，并结合本组织的情况进行对比分析，做到知己知彼，以便在激烈的竞争中能够扬长避短，发挥出自己的优势，使组织在竞争中立于不败之地。

（5）风险性

由于战略问题涉及面广，影响时期长远，而且它具有强烈的抗争性，因此它具有较大的风险性。一个战略性的决策失误要比战术性的失误所造成的损失大得多，后果严重得多。例如，我国建国初期的人口政策导致了我国人口的急剧膨胀，几十年来，使国民经济背上了十分沉重的包袱，严重地制约了经济的发展和人民生活水平的提高。除了决策失误所造成的损失外，有些战略决策由于信息量等因素的制约，在当时的条件下不失为一种正确的抉择，但是，由于某些不可控环境因素的不可预见的变化，或者由于竞争对手采取了新的应对策略，也会导致战略性的失败。因此，为降低战略风险，在战略制定的过程中，就必须进行深入的调查研究，充分预料可能发生的情况和竞争对手的动向，认真分析各种有利的和不利的后果，做出能同时兼顾利益最大化和风险最小化的战略方案；在战略的实施过程中，要做好应对出现最坏情况的各种准备工作，做好战略执行过程中的信息反馈和控制，以便及时地采取必要的应变措施。

（6）纲领性

一个组织的战略无论从时间上还是从空间上都具有相对的宏观性，它对组织的长远目标、发展方向、前进道路、行动方案、重大措施和基本步骤等方面做出了原则性和概括性的规定，起到了行动纲领的作用。在此基础上，经过展开、分解、细化和具体化等过程，形成战术计划和作业计划。在战略规划的指导下，通过这些细化了的计划的实行，可逐步完成战略规划的要求。

20.1.2　企业战略的结构与任务

1. 战略管理的结构

企业战略的结构根据企业所从事业务的多少，分为业务多元化的战略结构和单一业务的战略结构。

（1）单一业务的企业战略结构（图 20-1）

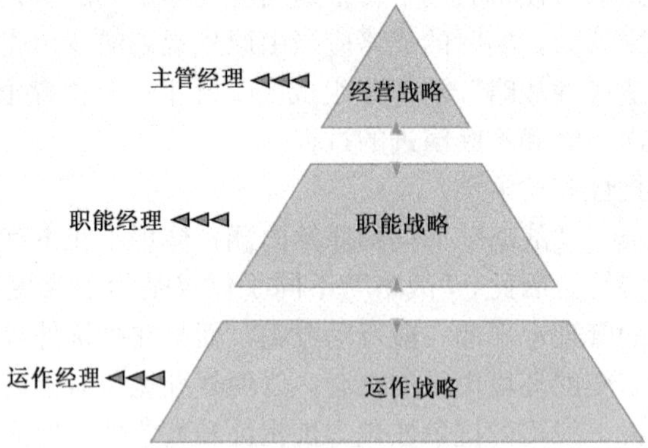

图 20-1　单一业务的企业战略结构

（2）业务多元化的企业战略结构（图 20-2）

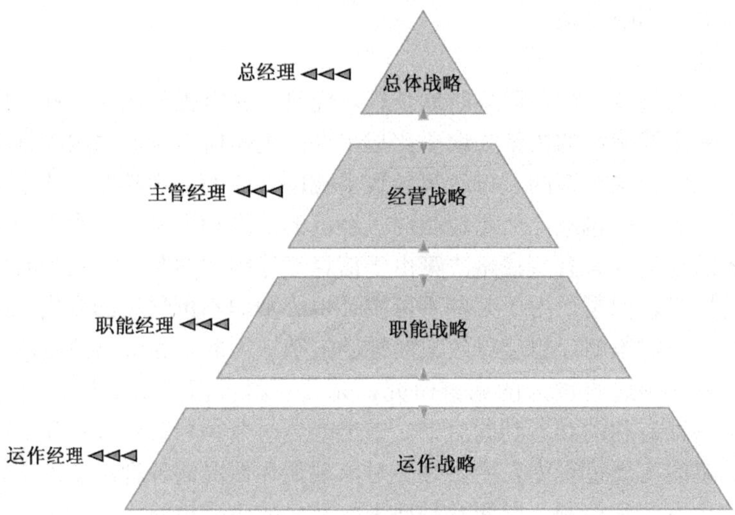

图 20-2　多元化的企业战略结构

2. 战略管理的五项任务

战略管理过程，主要是指战略制定和战略实施的过程，主要包括五项相互联系的管理任务（图 20-3）。

1）提出公司的战略展望，指明公司的未来业务和公司前进的目的地，从而为公司提出一个长期的发展方向，清晰的描绘公司将竭尽全力于所要进入的事业，使整个组织对一切行动有一种目标感。

2）建立目标体系，将公司的战略展望转换成公司要达到的具体业绩标准。

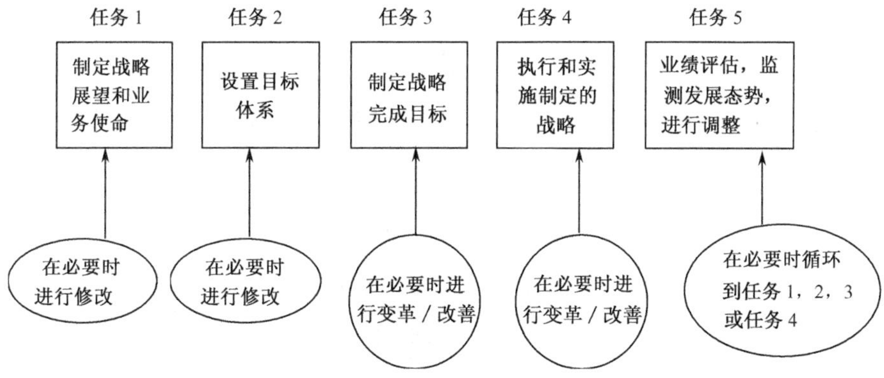

图 20-3　战略管理的五项任务

3）制定战略、达到期望的效果。

4）高效、有效的实施和执行选择的公司战略。

5）评价公司的经营业绩，采取完整性措施，参照实际的经营事实、变化的经营环境、新的思维和新的机会，调整公司的战略展望、公司的长期发展方向、公司的目标体系、公司的战略以及公司战略的执行。

3. 公司战略的主要内容

公司战略又称总战略，是一个企业的整体的战略总纲，是企业最高管理层指导和控制企业的一切行动的最高行动纲领。公司战略强调两个问题：①做什么业务；②怎样去发展这些业务。

公司战略的侧重点表现在以下三个方面：①企业使命的制定；②战略经营单元的划分及战略事业的发展规划；③关键的战略经营单元的战略目标。

（1）多元化公司的战略内容（图 20-4）

（2）单一业务的公司战略内容（图 20-5）

4. 事业部战略的主要内容

事业部是指分权型组织结构中的一个管理层次，该层次主要根据地理区域、产品或服务、用户、工艺等四个方面的因素合并组织而成，每个事业部作为企业内部的一个独立经营部门，自行开展营销、生产制造、研究开发、财务管理、计划组织等职能活动。事业部战略考虑的是在一个特定的产品市场上如何增强产品的竞争地位，实现可持续的竞争优势。

5. 谁从事战略管理的五项任务

（1）企业高层管理者

1）制定公司的任务和战略；

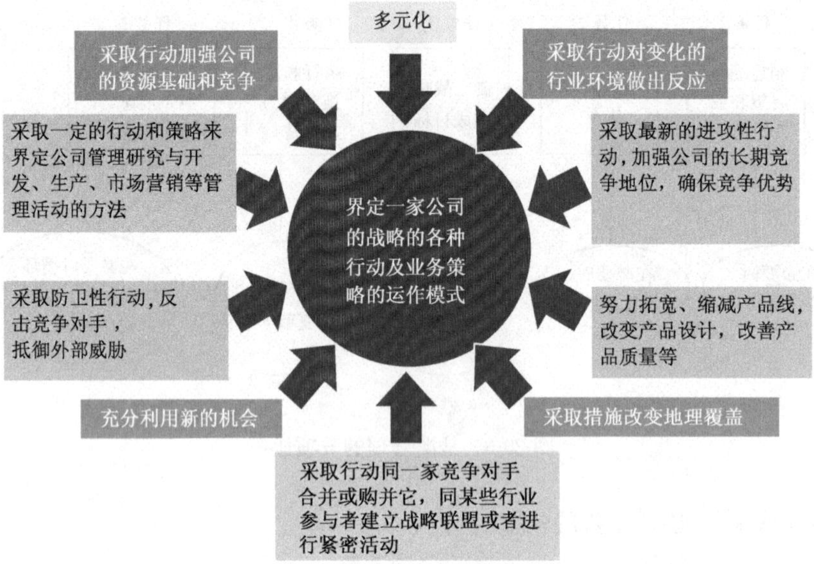

图 20-4 公司战略的主要内容

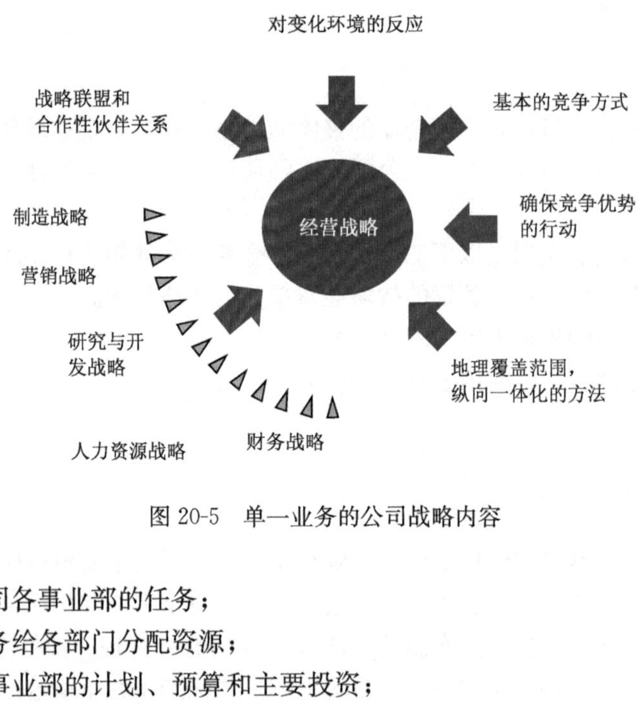

图 20-5 单一业务的公司战略内容

2）确定公司各事业部的任务；

3）按照任务给各部门分配资源；

4）批准各事业部的计划、预算和主要投资；

5）考核各事业部的工作，保证整个公司按照战略规划顺利运作。

（2）经营单位的管理者

1）向公司高层管理者提出本事业部执行公司总体战略的事业部战略；

2）制定本事业部的经营计划并获得上级的批准；

3）为取得最佳利润率和业务增长率而经营；

4）按照公司方针、政策与程序进行管理。

（3）职能部门的管理者

1）参与制定公司战略；

2）制定公司范围的方针、政策与标准，通过考核与监督，保证执行的一致性；

3）就各事业部的任务、战略、经营计划与预算问题，向公司高层管理者提出建议；

4）就各事业部的职能部门工作，向公司高层管理者提出专门性的意见；

5）制定职能部门系统的战略、目标与职责；

6）对于关键岗位的任命、工作标准的设置以及考核评价，提出建议；

7）在需要的地方提供职能方面的服务。

20.1.3 企业战略的发展与演进

企业战略管理，无论是在理论还是在实践上，与财务管理、生产管理等学科相比，产生较晚，经历了一个兴起、热潮、回落、重振、创新的发展时期。如今，它已成为企业管理的一个重要发展方向。从企业战略管理理论的发展时间顺序来看，大致划分为：传统战略管理理论、竞争战略管理理论、核心竞争力战略管理理论和超越竞争战略管理理论。

1. 以环境因素为基础的传统战略管理理论

1938年美国经济学家切斯特·巴纳德的《经营者的职能》一书中，首次使用了战略概念，把战略观念引入企业管理理论及实践。在这本书当中，作者对影响企业发展的各种因素及各种因素间的关系进行了分析，总结为企业外部产生各种机会的利用能力和企业自身调动职工积极性的能力等两个方面。1962年之后，美国著名管理学者小阿尔福莱德·D. 钱德勒出版了《战略与结构——美国工业企业史的考证》一书，揭开了企业战略理论研究的序幕。在这部论著中，钱德勒给企业战略管理下了一个明确的定义，同时分析得出：企业战略应当适应环境变化，满足市场需求，而组织结构又必须适应企业战略要求，随战略的发展变化而变化。因此，钱德勒是研究在环境—战略—结构之间相互关系的开山鼻祖。

20世纪60年代的战略管理理论发展中，形成了两个关于战略构造问题的学派：设计学派与计划学派。设计学派的代表人物是哈佛商学院的著名教授安德鲁斯及其同事。他们提出的基本模型是将战略构造分为制定和实施两大部分，在制作的过程中使用SWOT分析法。具体而言，该学派的基本内容有：第一，战略构造应该是一个有意义的思想过程；第二，战略构造的模式应该是简单而又非正式的；第三，组织结构中的高层管理者应是战略家，专门从事全局问题的把握，负责战略设计和控制；第四，最佳的战略应该是具有创造性、灵活性及充足的弹性，能不断适应变化。产生于同一时代的计划学派，其代表人物是安索夫。其1965年发表的《公司战略》一书，首次将战略划分为企业总体战略和经营战略两大类。其主要观点是：战略构造应是一个有控制、有意识的正式计划过程；组织中的高层管理者负责；企业战略一旦形成，要能通过目标、项目、预算的逐级分解使之得以实施。1979年，安索夫《战略管理》一书的出版，系统提出了战略管理模式，认为战略行为是一个组织对其环境的交感过程以及由此而引起的组织内部结构变化的过程。

综上所述，从 20 世纪 30 年代至 70 年代，当时理论研究主要集中在：一是研究战略与环境的关系，分析企业能否赢得高额利润；二是战略应从上至下；三是战略应该通过正式计划予以实施。传统战略管理实质是一个组织对其环境的适应过程以及由此而引发的组织内部结构化的过程。但传统战略管理理论忽视了对企业行业和竞争环境的分析，企业处于一种被动适应企业外部环境的状态。

2. 以产业竞争结构分析为基础的竞争战略理论

为弥补传统战略理论的缺陷，迈克尔·波特根据产业经济学中的结构—行为—绩效理论，提出了以产业竞争结构分析为基础的竞争战略理论。

这一理论说明，企业要盈利就必须在具有吸引力的行业中竞争。因为许多企业有类似的战略资源，这些资源在企业间又可以流动，所以竞争变得更加白热化。在这样的情况下，企业必须寻找有最高潜在利润的行业，并学会如何利用自身的资源结合产业竞争的特点实施企业战略。如何选择有吸引力的行业，就成为企业战略管理的首要任务。战略管理的另一项任务就是如何在已选择的产业中确定企业自身的优势竞争地位，就如同竞赛中选手或赛马当中的骑手争夺有利的位置一样。

在整个 20 世纪 80 年代，迈克尔·波特的著作《竞争战略》和《竞争优势》对战略管理的理论和实践产生了巨大的影响，并成为这一时期的系统模式——波特模型。这种竞争结构模型认为，一个产业中投资的收益率，取决于五个方面的竞争压力，其中三个源于"水平"竞争——替代品供应者、新进入者、产业内部现有的竞争者，两个源于垂直方面的竞争——供应者和用户的讨价还价能力。每一种竞争力量的强度都取决于许多内在的结构因素，通过分析各种竞争力量及影响因素，然后识别、评价和选择适合所选定行业区域的竞争战略：成本领先战略、差异化战略和集中一点战略。最后，实施所选定的战略。

上述过程表明企业竞争战略理论的观点：行业吸引力是赢利性的主要决定因素，企业的恰当定位是获取竞争优势的基础。与传统战略理论相比，竞争战略理论有一定的进步，但产业边界的模糊性以及产业结构稳定性差的局限，使得竞争战略理论仍缺乏对企业内部环境的综合分析考虑，停留在对可流动竞争资源的分析上，而对差异资源未能深入分析。

3. 以资源为基础的核心竞争力理论

随着经营环境中不确定性的增大，以企业恰当定位获得竞争优势变得越来越难以持续，与之相反，却可能在产业竞争力量突变或产业转型过程中落伍。在这种严峻的挑战面前，企业战略管理的理论竞争优势，从理论上讲，重点开始转向以资源为基础的竞争优势，并认为唯一可持续的竞争优势就是比竞争对手更快的学习能力。因此，这一时期的企业战略管理理论我们称其为以资源、学习为基础的核心竞争力理论。

该理论的三大基本假设是：第一，每个组织是独特资源和能力的结合体，它们是战略的基础，也是利润的源泉；第二，企业具有不同资源，开发了独特的能力，同样，在特定的行业竞争中的所有企业不一定拥有相同的战略资源和能力；第三，资源不能在公司间自由流动。资源的差异、企业利用资源的独特方式是企业形成竞争优势的基础。

在此基础上，该理论认为一个企业的资源可分为三类：物力、人力和组织。单项资源是无法形成持久的竞争优势的，只有当机器、设备和企业运行的其他因素能有效地成为一个有机整体时，才能成为战略的相关资源。总的来说，正是通过一系列资源的组合和整合，才形成了持续的竞争优势。能力是指一系列资源整体完成一项任务或活动的能力，是一系列资源整合的结果。另外，并非企业的所有资源和能力都有潜力或可能成为持续竞争优势的基础，只有当资源和能力是珍贵的、稀有的、不完全可模仿的和不可替代时，这种潜力或可能才成为现实。当资源能增加企业外部环境中的机会或减少威胁，这种资源和能力才是有价值的；当它没有被当前或潜在的竞争者所拥有时，我们称之为稀有的，当其他企业无法获得时称之为不完全可模仿的；当没有战略性的等价物时称为不可替代的。只有所有的这些标准都符合，资源和能力才成为核心竞争力，并成为企业持续竞争优势、战略竞争力和获得高于平均利润的收益的基础。

显然，以资源为基础的核心竞争力理论的出现，标志着战略管理理论的重心已经从对短期、外在的竞争优势的追求转向持久的、内在的竞争优势的追求，已由产业和产品的竞争转向为创造未来而竞争，克服了迈克尔·波特的竞争模型的局限性，着力培养企业新的核心竞争力。为此，企业要获得竞争优势，就必须去寻找最有价值的核心能力，去发现怎样运用这些能力获取最大利润的方式。

4. 超越竞争的新战略管理模式

在进入 20 世纪 90 年代以后，随着产业环境的日益动态化，技术创新的日益加剧，竞争的全球化及顾客需求的个性化，创新成为企业战略管理研究的重点。在这样的环境下，超越竞争成为战略管理的新理论模型。有一定代表性的有德-博诺的超越竞争理论、莫尔的企业生态系统使用演化理论以及达韦尼的超级竞争模型。生态系统使用演化理论认为：产业界限日益模糊，企业作为一个企业中生态系统成员，应围绕一个或多个核心企业的指引方向，合作演进各自的角色和能力；企业的竞争优势源于成功的企业生态系统中取得的领先地位等。超越竞争的理论标志着企业战略管理理论的进一步完善和丰富，也体现其日益动态化的新趋势。

20.2 企业使命与战略目标

20.2.1 企业使命

1. 企业使命的定义

企业使命是关于企业存在的目的或对社会发展的某一方面应做出的贡献的陈述，有时也称为企业宗旨。企业的使命就是公司的基本任务，即经营理论、业务范围、服务对象、自我认知、对生存和盈利的关切、对公众形象的关切、对雇员的关心等。

企业使命必须解决两个问题：企业存在的理由是什么？其业务是什么？应该是什么？

企业使命不仅陈述了企业未来的任务，而且要阐明为什么要完成这个任务以及完成任务的行为规范是什么。也就是说，尽管企业的使命陈述千差万别，但它要回答两个基本问题：①我们这个企业是干什么的以及是按什么原则干的？②我们这个企业应该树立什么样的社会形象以区别于同类企业？因此，企业的使命陈述应该包括以下基本内容：

1）企业形成和存在的基本目的。这一内容提出了企业的价值观念，及企业的基本社会责任和期望在某方面对社会的贡献。

2）为实现根本目的应从事的经营活动的范围。这一内容规定着企业在战略期的生产范围和市场范围。

3）企业在经营活动中的基本行为规则和原则。这一内容阐明了企业的经营思想。经营思想的陈述，往往反映在企业的经营方针中。

虽然并不是所有的企业都有文字的使命，或公开发表自己的使命陈述，但是越来越多的企业以将企业的使命陈述看成是企业的战略的一个重要组成部分。企业使命陈述的重要性可以概括为以下三个方面：

1）提出企业的价值标准（价值观），确保企业内部对企业的目的和项目的主要行动达成共识。企业宗旨中关于企业存在的根本目的的陈述，为全体员工树立了一个共同为之奋斗的价值标准。企业的价值标准是企业以及全体员工选择自身行为的总规范和总指导。个人的行为和目标，部门的行为和目标乃至整个企业的行为和目标是否符合企业发展的方向，其最终的价值标准就是企业的价值标准。同时，以企业存在的根本目的所表达的企业价值标准还起着激励员工的作用。

2）为企业战略管理者确定企业战略目标、选择战略、制定政策，有效利用资源提供了方向性指导。企业使命中关于企业经营范围或经营领域的陈述，及企业发展防线的陈述，为企业选择实现目标的手段即战略方案提供了依据。也就是说，企业宗旨为企业确定战略目标，为了实现战略目标应进行哪些经营活动（生产哪些产品，进入哪些市场）和以什么方式（制定什么政策，如何配置资源）进行这些活动指明了方向、提供了依据。

3）树立区别于其他企业的形象。企业使命中关于企业经营思想的行为准则的陈述，有利于企业树立一个特别的、个性的、不同于其他竞争对手的企业形象。因为，它反映了企业处理自身和社会关系的重点和态度，反映了企业处理与各种相关利害团体和个人关系的观点和态度。良好的社会形象是企业宝贵的无形财产。

2. 企业使命的概念

企业的使命就是公司的基本任务，即经营理论、业务范围、服务对象、自我认知、对生存和盈利的关切、对公众形象的关切、对雇员的关心等。

企业使命必须解决两个问题：

1）企业存在的理由是什么？

2）业务是什么？应该是什么？

3. 企业使命产生和发展

企业使命的产生如图 20-6 所示，企业使命内涵发展如图 20-7 所示。

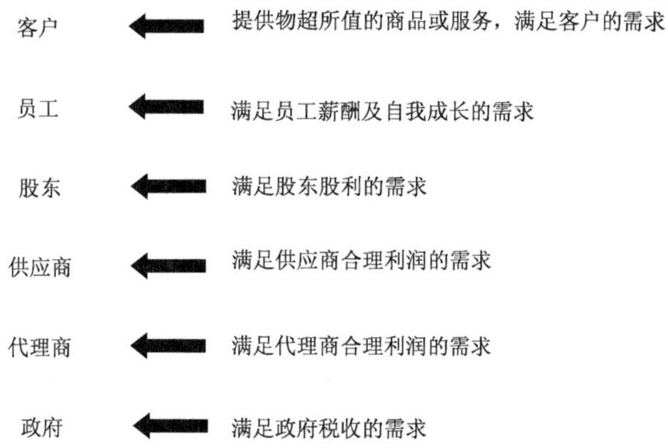

图 20-6　企业使命的产生

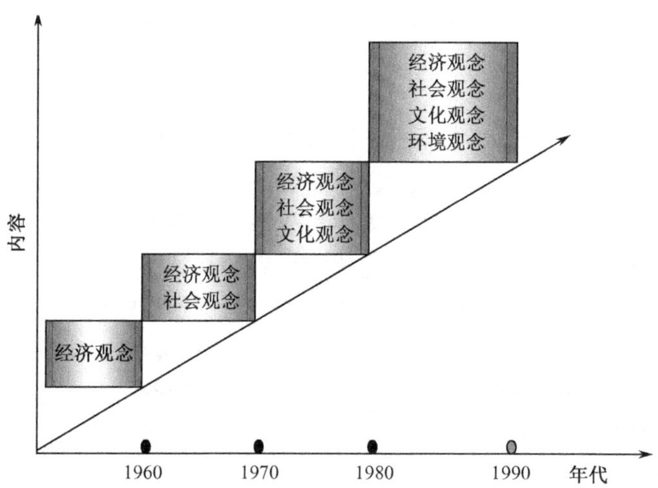

图 20-7　企业使命内涵发展图

4. 几个著名的公司使命

- 英特尔：成为全球新兴计算机行业的卓越的模块供应商！
- AT&T：让每一个美国家庭和公司都装上电话！
- IBM：让每个办公室和家庭的桌上摆上一台电脑！
- 微软公司：使每一个家庭都使用微软公司的软件！
- 福特公司：使每一个家庭都拥有一辆小汽车！
- 波音公司：让空中旅行走进千家万户！
- 沃尔玛：向美国乡村人提供最低价格便利服务！
- 迪斯尼：使人人都快乐幸福！
- 安利公司：通过安利直销，为每个人提供实现其人生目标的良好机会。
- TCL：创新科技、共享生活！

•海尔：敬业报国、追求卓越！

•创维：创中国籍的世界名牌！

•霍煤集团[①]：开发这片蕴藏了千百万年的“乌金”，并把她以最有价值的形式奉献给主宰这片美丽土地的人们。

•新时达电气公司：为客户提供最好的控制、驱动、节能产品，加速社会工业化、信息化、智能化进程！

•齐鲁软件园：振兴民族软件产业，成为中国软件产业的中流砥柱和国际知名品牌。

•青岛软件园的使命：打造半岛产业芯，提升青岛国际大都市核心竞争力！

20.2.2 战略目标

1. 战略目标制定过程

一般来说，确定战略目标需要经历调查研究、拟定目标、评价论证和目标决断这样四个具体步骤。

（1）调查研究

在制定企业战略目标之前，必须进行调查研究工作。但是在进入确定战略目标的工作中还必须对已经做过的调查研究成果进行复核，进一步整理研究，把机会和威胁，长处与短处，自身与对手，企业与环境，需要与资源，现在与未来加以对比，搞清楚他们之间的关系，才能为确定战略目标奠定起比较可靠的基础。

调查研究一定要全面进行，但又要突出重点。为确定战略而进行的调查研究是不同于其他类型的调查研究的，它的侧重点是企业与外部环境的关系和对未来的研究和预测。关于企业自身的历史与现状的陈述自然是有用的，但是，对战略目标决策来说，最关键的还是那些对企业未来具有决定意义的外部环境的信息。

（2）拟定目标

经过细致周密的调查研究，便可以着手拟定战略目标了。拟定战略目标一般需要经历两个环节：拟定目标方向和拟定目标水平。首先在既定的战略经营领域内，依据对外部环境、需要和资源的综合考虑，确定目标方向，通过对现有能力与手段等诸种条件的全面衡量，对沿着战略方向展开的活动所要达到的水平也做出初步的规定，这便形成了可供决策选择的目标方案。

前面对企业战略目标包含的内容已经做出了介绍。在确定过程中，必须注意目标结构的合理性，并要列出各个目标的综合排列的次序。另外，在满足实际需要的前提下，要尽可能减少目标的个数。一般采用的方法是：①把类似的目标合并成一个目标；②把从属目标归于总目标；③通过度量求和，求平均或过程综合函数的办法，形成一个单一的综合目标。

在拟定目标的过程中，企业领导要注意充分发挥参谋智囊人员的作用。要根据实际需要与可能，尽可能多地提出一些目标方案，以便与对比选优。

---

① 以下四个企业的使命由北京交通大学发展战略研究所制定。

(3) 评价论证

战略目标拟定出来之后，就要组织多方面的专家和有关人员对提出的目标方案进行评价和论证。

1) 论证和评价要围绕目标防线是否正确进行。要着重研究：拟定的战略目标是否符合企业精神，是否符合企业的整体利益与发展需要，是否符合外部环境及未来发展的需要。

2) 要论证和评价战略目标的可行性。论证与评价的方法，主要是按照目标的要求，分析企业的实际能力，找出目标与现状的差距，然后分析用以消除这个差距的措施，而且要进行恰当的运算，尽可能用数据说明。如果制定的途径、能力和措施，对消除这个差距有足够的保证，那就说明这个目标是可行的。还有一个倾向要注意的是，如果外部环境及未来的变化对企业发展比较有利，企业自身也有办法找到更多的发展途径、能力和措施，那么就要考虑提高战略目标的水平。

3) 要对所拟定的目标完善化程度进行评价。要着重考察目标是否明确。所谓目标明确，是指目标应当是单义的，只能有一种理解，而不能是多义的；多项目标还必须分出主次轻重；实现目标的责任必须能够落实；实现目标的约束条件也要尽可能明确；目标的内容要协调一致。如果内容不协调一致，完成其中一部分指标势必会牺牲另一部分指标，那么，目标内容便无法完全实现。

如果在评价论证时，人们已经提出了多个目标方案，那么这种评价论证就要在比较中恰当进行。通过对比、权衡利弊，找出各个目标方案的优劣所在。

拟定目标的评价论证过程，也是目标方案的完善过程。要通过评价论证，找出目标方案的不足，并想方设法使之完善起来。如果通过评价论证发现拟定的目标完全不正确或根本无法实现，那就要回过头去重新拟定目标，然后再重新评价论证。

(4) 目标决断

在决断选定目标时，要注意从以下三方面权衡各个目标方案：①目标方向的正确程度；②可望实现的程度；③期望效益的大小。对这三个方面宜作综合考虑。所选定的目标，三个方面的期望值都应该尽可能大。目标决断，还必须掌握好决断时机。因为战略决策不同于战术决策。战术目标决策常常会时间比较紧迫，回旋余地很小，而战略目标决策的时间压力相对不大。在决策时间问题上，一方面要防止在机会和困难都还没有搞清楚之前就轻率决策；另一方面又不能优柔寡断，贻误时机。

调查研究、拟定目标、评价论证与目标决断，这四个步骤是紧密结合在一起的，后一步的工作要依赖于前一步的工作，在进行后一步的工作时，如果发现前一工作的不足，或者遇到新情况，就需要回过头去，重新进行前一步或前几步的工作。

2. 战略目标核心结构

在企业使命和企业功能定位的基础上，企业战略目标可以按四大内容展开：市场目标、创新目标、盈利目标和社会目标。并且，每一个目标又可以作如下分解。

(1) 市场目标

一个企业在制定战略目标时最重要的决策是企业在市场上的相对地位，它常常反映了企业的竞争地位。企业所预期达到的市场地位应该是最优的市场份额，这就要求对顾客、目标市场、产品或服务、销售渠道等做仔细的分析。

1）产品目标。包括产品组合、产品线、产品销量和销售额等。

2）渠道目标。包括纵向渠道目标，即渠道的层次，以及横向渠道目标，即同一渠道成员的数量和质量目标。

3）沟通目标。包括广告、营业推广等活动的预算和预算效果。

（2）创新目标

在环境变化加剧、市场竞争激烈的社会里，创新概念受到重视是必然的。创新作为企业的战略目标之一，是使企业获得生存和发展的生机和活力。在每一个企业中，基本上存在着三种创新：技术创新、制度创新和管理创新。为树立创新目标，战略制定者一方面必须预计达到市场目标所需的各项创新，另一方面必须对技术进步在企业的各个领域中引起的发展做出评价。

1）制度创新目标。随着生产的不断发展，引起新的企业组织形式的出现。制度创新目标即对企业资源配置方式的改变与创新，从而使企业适应不断变化的环境和市场。

2）技术创新目标。这一目标将导致新的生产方式的引入，即包括原材料，能源、设备、产品等有形的创新目标，也包括工艺程序的设计、操作方法的改进等无形目标。制定技术创新目标将推动企业乃至整个经济广泛和深刻的发展。

3）管理创新目标。管理创新涉及到经营思路、组织结构、管理风格和手段、管理模式等多方面的内容。管理创新的主要目标是试图设计一套规则和程序以降低交易费用，这一目标的建立是企业不断发展的动力。

（3）盈利目标

这是企业的一个基本目标，企业必须获得经济效益。作为企业生存和发展的必要条件和限制因素的利润，既是对企业经营成果的检验，又是企业的风险报酬，也是整个企业乃至整个社会发展的资金来源。盈利目标的达成取决于企业的资源配置效率及利用效率，包括生产资源、人力资源、资本资源的投入—产出目标。

1）生产资源目标。在通常情况下，企业通过改进投入与产出的关系就可以获利。一方面，提高每个投入单位的产量；另一方面，在单位产量不变的情况下，成本的降低同时也意味着利润增加。

2）人力资源目标。人力资源素质的提高能使企业的生产率得以提高，同时还能减少由于人员流动造成的成本开支。因此，企业的战略目标中应包括人力资源素质的提高、建立良好的人际关系等目标。

3）资本资源目标。达成企业盈利目标同样还需要在资金的来源及运用方面制定各种目标，一方面，确定合理的资本结构并尽量减少资本成本；另一方面，则通过资金、资产的运作来获得利润。

（4）社会目标

现代企业越来越多的认识到自己对用户及社会的责任，一方面，企业必须对本组织造成的社会影响负责；另一方面，企业还必须承担解决社会问题的部分责任。企业日益关注良好的社会形象，既为自己的产品或服务争得信誉，又促进组织本身获得认同。企业的社会目标反映企业对社会的贡献程度，如环境保护、节约能源、参与社会活动、支持社会福利事业和地区建设活动等。

1）公共关系目标。这一目标的着眼点在于企业形象、企业文化的建设，通常以公众满意度和社会知名度为支持性的目标。

2）社会责任目标。常常是指企业在处理和解决社会问题时应该或可能做什么，如在对待环境保护、社区问题、公益事业时所扮演的角色和所发挥的作用。

3）政府关系目标。企业作为纳税人支持着政府机构的运作；同时，政府对企业的制约和指导作用也是显而易见的。这一目标的达成往往会给企业带来无形的竞争优势。

20.3 企业战略选择与制定

20.3.1 总体战略

企业总体战略是企业战略的总纲，是企业的最高管理层指导和控制整个企业的一切行为的最高行动纲领。企业总体战略包括企业战略决策的一系列最基本的因素：企业的宗旨与性质、企业资源的配置、企业的组织结构与组织形式、企业从事的行业或业务、企业的发展速度与发展规模、企业的投资决策，以及其他有关企业命运的重大决策。企业总体战略由一系列重大目标、重大计划、重大行动所构成，是企业战略利益的基础。因此，一个企业的总体战略能够最好地体现这个企业的精神，反映这个企业的需要。

- 企业是否应扩张、收缩或维持现状不变？
- 假如企业要扩张，是通过内部发展，还是通过外部收购、合并或合资经营？
- 企业应当集中从事现有产业的经营，还是涉足于其他产业？
- 企业是采取何种战略类型，是扩张型战略、稳定型战略，还是紧缩型战略？

1. 增长型战略

（1）增长型战略的类型

1）多元化战略。

①多元化经营的目的为：发展多种业务分散风险；充分利用闲置资源获得范围经济；业务协同效果；品牌家族效应。多元化经营的条件为：主业在同行中已有一定的优势，拥有稳固的产业地位；准备进入的行业前景光明，自身的竞争优势明显；进入新行业的资金、人才、管理经验等有保障；新行业与主业有一定的关联。

②相关多元化战略。相关多元化战略是指进入与公司现在的业务在价值链上拥有竞争性的、有价值的“战略匹配关系”的新业务。战略匹配存在于价值链非常相似以至于能够为公司的以下方面带来不同机会的经营业务之间，这些方面包括分享技术，对共同的供应商形成更强的讨价还价力量，联合生产零件和配件，分享共同的销售力量，使用共同的销售机构和同样的批发商或者零售商售后服务的联合，共同使用一个知名商标，将竞争性的有价值的技术秘诀或生产能力从一种业务转移到另一种业务，合并相似的价

值链活动以获得更低的成本。

③ 不相关多元化战略。在不相关的多元化中，不需要寻求与公司其他业务有战略匹配关系的经营领域。寻求不相关多元化的公司努力使其多元化目标确切符合行业吸引力和进入成本检验，而符合状况改善检验的条件或者不被考虑，或者被放置次要地位。之所以做出多元化进入某一行业的决策是因为这一行业可以找到可以购并的公司。不相关多元化的基本前提是：任何可以购并具有有利财务条件和令人满意的利润前景的公司都是多元化进入领域的很好的选择。公司要投入很多时间和努力按下述原则挑选和审查购并候选的公司：

- 这项业务是否可以达到公司获利能力和投资回报率的目标。
- 新业务是否需要注入资金以更新固定资产、扩充资金和提供流动资金。
- 这项经营是否处于有着重大增长潜力的行业。
- 这项业务是否能够达到为母公司的底线（利润）做出重大的贡献。
- 是否可能出现业务统一困难或者违反政府有关产品安全或环境的规定。
- 这一行业对萧条、通货膨胀、高利率或政府政策的变动是否是脆弱的。

2）集中型战略。实施集中型战略的原因在于：

- 在相关市场内缺乏一个完善的产品系列（产品系列缺口）。
- 通往相关市场或在相关市场内的销售渠道体系不完善或不健全（销售缺口）。
- 现有市场潜力没有得到充分利用（利用缺口）。
- 竞争对手的销售缺口（竞争缺口）。

我们可以用图 20-8 的增长策略来满足这些缺口。

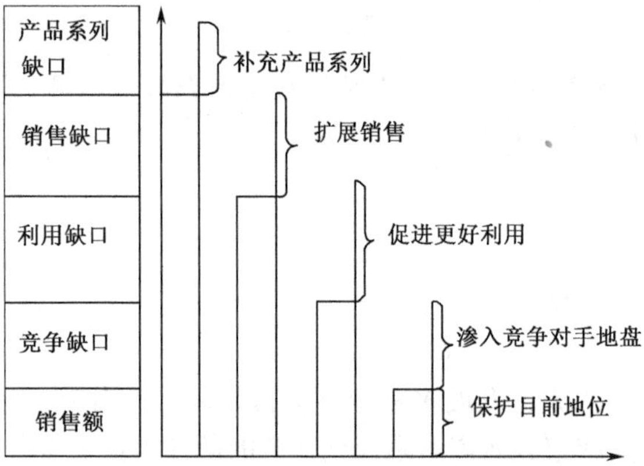

图 20-8 缩小缺口的增长型战略

集中单一产品或服务的增长战略风险较大，因为一旦企业的产品或服务的市场萎缩，企业就会面临困境。因此，企业在使用单一产品或服务的集中增长战略时要谨慎。

3）一体化战略。

① 后向一体化。它是指企业产品在市场上拥有明显的优势，可以继续扩大生产，打开销售，但是由于协作供应企业的材料，外购供应跟不上或成本过高，影响企业的进

一步发展。在这种情况下，企业可以依靠自己的力量，扩大经营规模，由自己来生产材料或配套零部件，也可以向后兼并供应商或与供应商合资兴办企业，组合联合体，统一规划和发展。

② 前向一体化。从物资的移动角度看，就是朝与后向一体化相反的方向发展。一般是指生产原材料或半成品的企业，根据市场需要和生产技术可能的条件，充分利用自己在原材料，半成品的优势和潜力，决定由企业自己制造成品或与成品企业合并，组建经济联合体，以促进企业的不断成长和发展。

③ 水平一体化。它是指企业以兼并处于同一生产经营阶段的企业为其长期活动方向，以促进企业实现更高程度的规模经济和迅速发展的一种战略。

4）企业并购战略。企业并购是指一个企业通过购买另一个企业全部或部分的资产或产权，从而控制、影响被并购的企业，以增强企业竞争优势、实现企业经营目标的行为。企业并购从 19 世纪末开始在西方迅速被企业界采用，其对西方大跨国公司的形成，经济的迅速发展起到了不可估量的推动作用。在我国，由于长期受计划经济的影响，这种发展方式并没有被很好采用。近年来，随着我国经济体制改革和现代企业制度的推行，这一方式越来越受到我国企业界的重视。通过企业并购必然会大大提高我国企业的竞争能力，促进企业的发展。

企业并购从不同角度有不同的分类，下面分别从并购双方所处行业、并购方式、并购动机、并购支付方式进行分类。

① 从行业角度划分。根据并购双方所处的行业情况，企业并购可以分为横向并购、纵向并购和混合并购。② 从是否通过中介机构划分。根据并购是否通过中介机构进行，企业并购可以分为直接并购和间接并购。③ 从并购动机划分。根据收购公司的动机，企业并购可以分为善意并购与恶意并购。④ 按支付方式划分。根据并购过程支付方式的不同，企业并购可以分为现金并购、股票并购、综合证券并购。

5）企业战略联盟。战略联盟是指两个或两个以上的企业为了一定目的通过一定方式组成的网络式联合体。这个概念首先由美国 DEC 公司总裁简·霍普罗德和管理学家罗杰·内格尔提出，随即得到实业界和理论界的普遍赞同。从 20 世纪 80 年代初以来，战略联盟在西方和日本企业界得到迅速发展。1980～1990 年，日本企业和美国企业签署了 500 多个战略联盟。近几年，战略联盟又在欧洲掀起一股狂潮，尤其是在东欧与西欧之间。

战略联盟具有如下主要形式：合资、研究与开发协议、定牌生产，特许经营、相互持股。

战略联盟的组建动因有：增强自身实力、扩大市场份额、迅速获取新技术、进入国外市场、降低风险。

（2）增长型战略的利弊分析

1）增长型战略的优点：①企业可以通过发展扩大自身价值，这体现了经过扩张后的公司市场份额和绝对财富的增加。这种价值既可以成为企业职工的一种荣誉，又可以成为企业进一步发展的动力。②企业能通过不断变革来创造更高的生产经营效率与效益。由于增长型发展，企业可以获得过去不能获得的崭新机会，避免企业组织的老化，使企业总是充满生机和活力。③增长型战略能保持企业的竞争实力，实现特定的竞争优势。如果竞争对手都采取增长型战略，企业还在采取稳定或紧缩型战略，那么就很有可能在未来实现竞争优势。

2）增长型战略的缺点是：①在采用增长型战略获得初期的效果后，很可能导致盲目的发展和为了发展而发展，从而破坏企业的资源平衡。②过快的发展很可能降低企业的综合素质，使企业的应变能力虽然表面上不错，而实质上却出现内部危机和混乱。③增长型战略很可能使企业管理者更多地注重投资结构、收益率、市场占有率、企业的组织结构等问题，而忽视产品的服务或质量，重视宏观发展而忽视微观问题，因而不能使企业达到最佳状态。

2. 稳定型战略

（1）稳定型战略的类型

1）按照偏离战略起点的程度划分，可以分为无增战略和微增战略。①无增战略。无增战略似乎是一种没有增长的战略。采用它的企业可能基于以下两个原因：一是企业过去的经营相当成功，并且企业内外环境没有发生重大变化；二是企业并不存在重大的经营问题或隐患，因而战略管理者没有必要进行战略调整，或者害怕战略调整会给企业带来利润分配和资源分配的困难。②微增战略。企业在稳定的基础上，略有增长与发展的战略。

2）从企业采取的防御态势上划分。①阻击式防守战略（以守为攻）。这一战略的指导思想是“最有效的防御是完全防止竞争较量的发生。”它的操作方法是：首先，企业投入相应的资源，以充分显示企业已经拥有的阻击竞争对手进攻的能力；其次，不断明白无误的传播自己的防御意图，塑造出顽强的防御者形象，使竞争对手不战而退。②反应式防御战略：当对手的进攻发生以后，针对这种进攻的性质、特点和方向，企业采用相应的对策，施加压力，以维持原有的竞争地位和经营水平。

3）从战略的具体实施来看，可以分为以下几种：①维持利润战略。这是一种牺牲企业未来发展来维持目前利润的战略。维持利润战略注重短期效果而忽略长期利益，其根本意图是渡过暂时性的难关，因而往往在经济形势不景气时被采用，以维持过去的经济状况和效益，实现稳定发展。但如果使用不当的话，维持利润战略可能会使企业的元气受到伤害，影响企业长期发展。②暂停战略。在一段较长时间的快速发展后，企业可能会遇到一些问题使得效率下降，这时就可以采用暂停战略，即在一定时期内降低企业的目标和发展速度。暂停战略可以充分达到让企业积聚能量的目的，为今后的发展做准备。③谨慎实施战略。如果企业外部环境中某一重要因素难以预测或变化趋势不明显，企业的某一战略决策就要有意识的降低实施进度，步步为营，这就是所谓谨慎实施战略。

（2）稳定型战略的优缺点

1）稳定型战略的优点为：①企业的经营风险相对较小。由于企业基本维持原有的产品和市场领域，从而可以利用原有的生产领域、渠道，避免开发新产品市场的巨大资金投入、激烈的竞争抗衡和开发失败的巨大风险；②能避免因改变战略而改变资源分配的困难。由于经营领域主要与过去大致相同，因而稳定战略不必考虑原有资源的增量或存量的调整，相对于其他战略态势来说，显然要容易得多；③能面对因发展过快而导致的弊端。在行业迅速发展的时期，许多企业无法看到潜伏的危机而盲目发展，结果造成资源的巨大浪费；④能给企业一个较好的修整期，使企业积聚更多的能量，以便为今后的发展做好准备。从这个意义上说，适时的稳定型战略将是增长性战略的一个必要的酝酿阶段。

2）稳定型战略的缺陷为：①稳定型战略的执行是以市场需求、竞争格局等内外条件基本稳定为前提的。一旦企业的这一判断没有得到验证，就会打破战略目标、外部环境、企业实力之间的平衡，使企业陷入困境。因此，如果环境预测有问题的话，稳定型战略也会有问题；②特定细分市场的稳定型战略也会有较大的风险。由于企业资源不够，企业会在部分市场上采用竞争战略，这样做实际上是将资源重点配置在这几个细分市场上，因而如果对这几个细分市场把握不准，企业可能会更加被动；③稳定型战略也会使企业的风险意识减弱，甚至形成害怕风险，回避风险的文化，这就会大大降低企业对风险的敏感性、适应性和冒风险的勇气，从而增加了以上风险的危害性和严重性。

稳定型战略的优点和缺点都是相对的，企业在具体的执行过程中必须权衡利弊，准确估计风险和收益，并采取合适的风险防范措施。只有这样，才能保证稳定型战略优点的充分发挥。

3. 紧缩型战略

（1）紧缩型战略的类别

1）从采用紧缩型战略的原因来看，紧缩型战略可以分成以下三类：①适应性紧缩战略，它是指企业为了适应外部环境而采取的紧缩型战略。外部环境的变化主要有：整个国家的经济处于衰退之中，市场需求的缩小，资源的紧缺，从而导致企业在经营领域中处于不利地位。②失败性紧缩战略，它是指企业由于经营失误造成竞争地位的下降，经济资源的短缺，只有撤退才有可能最大限度的保存实力。③调整型紧缩战略，它是指企业为了利用环境中出现的新机会，谋求更好的发展，不是被动采用，而是有长远目标的积极的紧缩型战略。

2）根据实施紧缩型战略的基本途径，将紧缩型战略划分为以下3类：

第一，抽资转向战略。抽资转向战略是企业在现有的经营领域不能维持原有的产销规模和市场面，不得不采取缩小产销规模和市场占有率，或者企业在存在新的更好的发展机遇的情况下，对原有的业务领域进行压缩投资，控制成本以改善现金流为其他业务领域提供资金的战略方案。

第二，放弃战略。在采取抽资转移战略无效时，企业可尝试放弃战略。放弃战略是指将企业一个或几个主要部门转让、出卖或停止经营。这个部门可以是一个经营单位、一条生产线或一个事业部。

第三，清算战略。清算战略是指卖掉其资产或停止整个企业的运行而终止一个企业的存在。显然，只有在其他战略都失败时才考虑使用清算战略。但在确实毫无希望的情况下，尽早的制定清算战略，企业可以有计划的逐步降低企业股票的市场价值，尽可能多的收回企业资产，从而减少全体股东的损失。因此，清算战略在特定的情况下，也是一种明智的选择。

（2）紧缩型战略的利弊分析

1）紧缩型战略的优点。①能帮助企业在外部环境恶劣的情况下，节约开支和费用，顺利地度过面临的不利处境。②能在企业经营不善的情况下最大限度的降低损失。③能帮助企业更好的实行资产的最优组合。

2）紧缩型战略的缺点。①实行紧缩型战略的尺度较难以把握，因而如果盲目的使用紧缩型战略的话，可能会扼杀具有发展前途的业务和市场，使企业的总体利益受到伤害。②一般来说实施紧缩型战略会引起企业内外部人员的不满，从而引起员工情绪低落，因为实施紧缩型战略常常意味着不同程度的裁员和减薪，而且实施紧缩型战略在某些管理人员看来意味着工作的失败和不利。

20.3.2 竞争战略

经营/竞争战略的主要目的就是通过集中于一个行业，通过产品/市场的经营，实现利润和市场占有率的最大化。

企业竞争战略涉及这个企业在它所从事的某一个行业中如何竞争的问题，涉及企业在自己的这一经营领域扮演什么角色，以及在经营单位内如何分配资源的问题。在实行事业部体制的大中型企业里，企业经营战略通常是由事业部负责的。因此，企业的最高层往往将事业部视为企业内部具有高度自主权的战略经营单位。在企业总体目标和总体战略的范围内，可以允许各战略经营单位发展自己的经营战略，可以允许它们对本事业部范围内产品与服务的生产、销售、成本控制、销售利润率等不同方面有所侧重。

1. 成本领先战略

成本领先战略是指企业通过在内部加强成本控制，在研究开发、生产、销售、服务和广告等领域内把成本降低到最低限度，成为行业中的成本领先者的战略。企业凭借其成本优势，可以在激烈的市场竞争中获得有利的竞争优势。

（1）成本领先战略的类型

根据企业获取成本优势的方法不同，我们把成本领先战略概括为如下几种主要类型：

1）简化产品型成本领先战略。取得低成本最直接的方式，就是使产品简单化，即将产品或服务中添加的花样全部取消。因此，仓库型的家具商场、法律咨询服务站、毫无装饰的百货店，均能以远远低于同产业企业的成本从事经营。企业的竞争对手，由于原来已经附加的种种为顾客所熟知而又无法取消的服务，不得不负担高额费用支出。因此，简化产品而取得的低成本可以建立一项企业竞争优势。例如，日本东芝公司在美国市场推出一种计算机化的CT扫描仪，由于省去了那些非顾客必需的使造价昂贵的功能，使该产品售价比通用电气公司的同类产品便宜40%以上，牢固地占领了美国医疗设备市场。

2）改进设计型成本领先战略。改进产品的设计或构成，也能形成成本优势。例如，某公司开发一种可以替代木料的“压缩木料”，这种木料用一般的锯屑、木片等压制而成，其成本只是竞争对手的一半。某计算机企业凭借优秀的工程技术，改善产品设计，以产品的部件数量少、成本低及装配作业费用便宜取得成本优势。

3）材料节约型成本领先战略。企业如果能够控制原材料来源，实行经济批量采购与保管，并且在设计和生产过程中注意节约原材料，也能降低产品成本，建立木材的成本优势。

4）人工费用降低型成本领先战略。在劳动密集型行业，企业如能获得廉价的劳动力，也能建立不败的成本优势。例如，服装行业中人工成本约占50%，劳动力成本低的国家或企业就占有较大优势。近年来乡镇企业服装加工业务量迅速增加，主要原因之一是其具有工资成本低的优势。

5）生产创新及自动化型成本领先战略。生产过程的创新和自动化，可以作为降低成本的重要基础。美国内陆钢铁公司的产品市场占有率不高，但通过工厂设备的自动化以及营销系统的创新，仍能取得低成本的优势地位。

（2）成本领先战略的收益与风险

从国际范围角度来看，随着人们对规模经济与学习效应认识的不断深入，20世纪70年代开始成本领先战略逐渐为多数企业所采用。采用成本领先战略的收益在于：

1）抵挡住现有竞争对手的对抗。在以价格为基础的竞争中，低成本企业可以利用低价格的优势从竞争对手那里挖掘销售额和市场占有率，在价格战中存活下来并获得高于行业的平均利润。

2）抵御购买商讨价还价的能力。在防御购买商讨价还价能力方面，低成本能够为企业提供部分的利润率保护，因为再强大的客户也很难通过谈判使价格低于行业最低成本水平。

3）更灵活地处理供应商的提价行为。当强有力的供应商抬高企业所需资源的价格时，处于低成本地位的企业有更多的灵活性来解决困境。

4）形成进入障碍。低成本企业可以利用建立起来的巨大生产规模和成本优势，使欲加入该产业的新进入者望而却步，形成进入障碍。

5）树立与替代品的竞争优势。低成本企业可以利用其低价格来抵御那些试图用替代品或者服务来侵占市场的企业，从而树立竞争优势。

2. 差异化战略

差异化战略是提供与众不同的产品和服务，满足顾客特殊的需求，形成竞争优势的战略。企业形成这种战略主要是依靠产品和服务的特色，而不是产品和服务的成本。但是应该注意，差异化战略不是讲企业可以忽略成本，只是强调这时的战略目标不是成本问题。

（1）差异化战略的类型

差异化战略的核心是取得某种对顾客有价值的独特性。企业要突出自己产品与竞争对手之间的差异性，主要有四种基本的途径：产品、服务、人事与形象，如表20-1所示。

表 20-1 差异化战略的类型

产品	服务	人事	形象
特征 性能 结构 耐用性 可靠性 易修理性 式样 设计	送货 安装 顾客培训 咨询服务 修理 其他服务	能力 言行、举止 可信度 可靠性 敏感度 可交流性	标志 传播媒体 环境 项目、事件

下面详细说明每种类型：

1）产品差异化战略。这里的产品主要是指有形产品。有些产品高度标准化，相互之间差异很小，如鸡蛋和水果，但仍可以发现一些差别。例如，宝洁公司成功地把洗衣粉设计成了汰渍（Tide）、奇尔（Cheer）、格尼（Gain）、达诗（Dash）、波德（Bold）、卓夫特（Dreft）、象牙雪（Ivory Snow）、奥克多（Oxdol）和时代（Era）九个品牌。有些产品的差异化程度很高，如汽车、建筑物和家具等。产品差异化的主要因素有：特征、工作性能、一致性、耐用性、可靠性、易修理性、式样和设计。

①特征。产品特征是指对产品基本功能给予补充的特点。产品特征是企业实现产品差异化的极具竞争力的工具。企业可以通过增加新的特征来推出新的产品。例如，先锋公司推出一种新音响，它不仅可以让卡拉 OK 歌手唱歌，而且还可以直接在高密光盘上为他们录音，从而形成品牌的独特风格。

②工作性能。工作性能是指产品首要特征的运行水平。如果东芝笔记本电脑具有更快的处理速度和更大的内容，那么就要比宏基的工作效率高，就更容易受到消费者的青睐。但是，这并不意味着产品的质量越高越好，因为有时候过高的质量不一定给企业带来过高的利润，反而可能因成本过高而降低企业的收益水平。所以，企业的质量水平只要符合目标市场的特征和竞争对手的质量水平即可。例如，为普通家庭设计的计算机系统并不需要像为航空工程师设计的那样灵敏。

③一致性。一致性是指产品的设计特征和工作性能与预期标准的符合程度。一致性越高，产品许诺的功能越容易实现，消费者就会感到越满意；反之亦然。例如，人们之所以盛赞日本企业的产品，原因之一就是产品具有很高的一致性。

④耐用性。耐用性是指产品的预期使用寿命。一般而言，产品的耐用性越长，消费者愿意为之支付的价格越高，但也并非全部如此。例如，宣传个人电脑具有很高的耐用性就并不一定很有吸引力，因为这种产品的特征和工作性能变化很快。

⑤可靠性。可靠性是衡量产品在一定时期内不会发生故障或无法工作的指标。因为消费者希望避免发生故障而修理所形成的高成本，所以愿意为质量可靠的产品支付高价格。例如，美国坦德姆计算机公司开发了一种多部系列使用电子计算机系统，操作这种系统时，某一计算机发生故障，其余计算机可以替代工作。该公司这种独特的产品可靠性在市场上影响很大，甚至连国际商用机器公司开发的操作系统都难适应。

⑥易修理性。易修理性是指当产品失灵或无法工作时，能易于修理。易修理性越强，当产品出现问题时，消费者自己处理问题的可能性就越大，就会感到产品的使用越

方便，从而比较满意；反之亦然。

⑦式样。式样是指产品给予消费者的视觉效果和感觉。例如，尽管美洲豹汽车可靠性不佳，但仍有不少消费者愿意为之支付高价格，这是因为它的外形独特。

⑧设计。一种整合的力量。前面所有的品质都是产品设计的参数。设计包括产品设计、工序设计、图案设计、建筑物设计以及内部设计、企业标志设计等。卓越的产品设计能吸引顾客的注意力，提高产品的质量和工作性能，降低生产成本，并能更好地将产品的价值信息传递给消费者。可以预见，随着竞争的加剧，设计将成为企业对产品和服务实现差异化的强有力途径。

2）服务差异化战略。除了对有形产品实行差异化战略外，企业还可对服务进行差异化。尤其是在难以突出有形产品的差异化时，服务的数量与质量往往成为竞争取胜的关键。服务的差异化主要包括送货、安装、顾客培训、咨询服务等因素。

①送货服务。送货服务是指企业如何将产品和服务送到顾客手中。它包括送货的速度、准确性和对产品的保护程度。消费者常常选择能按时送货的供应商。

②安装服务。安装是指将产品安放在计划位置上，使之开始运转。例如，IBM 公司会将顾客所购买的设备一起送到指定地点，而不是在不同时间运送不同的零部件。

③顾客培训服务。顾客培训是指对购买者的职员进行培训，让他们能正确、有效地使用供应商的设备。例如，麦当劳公司要求特许店店主到汉堡大学进修两星期，学习合理经营特许店的方法。

④咨询服务。咨询服务是指销售商向购买者免费（或收取一定费用）提供资料，建立信息系统，给予指导等。这些服务能帮助顾客更有利地参与竞争，从而更忠实于供应商。

⑤修理服务。修理服务是指公司向产品购买者提供的修理项目。例如，日产公司向顾客保证承担因修理不当而造成的一切费用。

⑥其他服务。企业还可发现许多其他途径来区分服务和服务质量。例如，设立顾客奖，这在航空公司竞争中很常见。

3）人事差异化战略。企业可以通过雇佣、培训比竞争对手更优秀的员工，来赢得强大的竞争优势。例如，新加坡航空公司的声誉在大部分市场上都很高，因为他们的航空小姐美丽优雅；麦当劳的员工十分有礼貌；IBM 公司的员工技术水平很高；迪斯尼公司的员工态度非常乐观；大多数日本百货商店都在电梯旁设有一位女士，告知顾客各层销售的商品种类。训练有素的员工应能体现出下面的六个特征：

①胜任。员工具备必需的技能和知识。

②礼貌。员工对顾客的态度友好，充满敬意，能为顾客着想。

③可信。员工值得公司的信任。

④可靠。员工能自始至终、准确地提供服务。

⑤反应敏捷。员工能对顾客的需要和有关问题迅速地做出反应。

⑥善于交流。员工能尽力去理解顾客，并能准确地与顾客沟通。

4）形象差异化战略。即使其他竞争因素都相同，但由于企业或品牌的形象不同，消费者也会做出不同的反应。品牌可以形成不同的“个性”，供消费者识别。

①个性与形象。个性是指公司期望向公众展示的特征；而形象则是公众对公司的看

法。公司个性设计是为了在公众心目中塑造形象，但其他因素也会影响公司的形象。公司形象不可能一夜之间在公众心目中形成，也不可能凭借一种媒体就可塑造。形象需要各种可能的沟通给予传播，并要不断地扩散。像“IBM意味着优质服务"这一条信息要通过产品标志、书面与听觉——视觉媒体、环境等各种活动项目等途径来表达。

②标志。鲜明的形象应包括易于识别企业或品牌的一个或多个标志。企业可以选择自然物或者人名来突出自己的品质，如老虎、苹果以及派盛等。口号有时也可表现一定形象，如宏基在不同时期的口号是：“微处理器的园丁”、“为了明天更美好，缩短差距”、“为每个人提供现代技术”。进一步的标志还有颜色和特定的声响或音乐，如蓝色在美国是最受欢迎的企业色彩（最突出的是IBM公司），而红色则是亚洲使用最多的企业色彩等。

③书面与听觉——视觉媒体。在公司或品牌个性的广告宣传中，必须融入已选定的标志。广告要能传播与众不同的信息——一条信息、一种情感、一种质量水平。消息还应在其他出版物上反复出现，如年度报告、宣传手册和目录等。公司的信笺和商业卡上也可设计公司所宣传的形象。

④环境。生产或运送产品或服务的有形空间正成为另一种有力的形象宣传工具。例如，银行要显得态度友好，就应选择合适的建筑设计、内部设计、布局、色彩、原材料和装饰等。

⑤活动项目。公司可以通过它所赞助的活动项目的类型来塑造个性。例如，银行可以举办喜乐会；饮料的生产企业可以赞助体育项目等。

（2）差异化的风险

1）可能丧失部分客户。如果采用成本领先战略的竞争对手压低产品价格，使其与实行差异化战略的厂家的产品价格差距拉得很大，在这种情况下，用户为了大量节省费用，放弃取得差异的厂家所拥有的产品特征、服务或形象，转而选择物美价廉的产品。

2）用户所需的产品差异的因素下降。当用户变得越来越老练时，对产品的特征和差别体会不明显时，就可能发生忽略差异的情况。

3）大量的模仿缩小了感觉得到的差异。特别是当产品发展到成熟期时，拥有技术实力的厂家很容易通过逼真的模仿，减少产品之间的差异。

4）过度差异化。差异化虽然可以给企业带来一定的竞争优势，但这并不意味着差异化程度越大越好，因为过度的差异化容易使得企业产品的价格相对竞争对手的产品来说太高，或者差异化属性超出了消费者的需求。

3. 重点集中战略

在一个窄的领域成为第一，比在一个宽的领域成为第二要成功许多倍，却要容易许多倍。

集中于整体市场的一个狭窄的区间比对手更好地服务于利基顾客

选择一个市场利基，这里的买主具有特殊的偏好和要求

形成独特的能力服务于目标顾客区间的需求

重点集中战略是指把经营战略的重点放在一个特定的目标市场上，为特定的地区或特定的购买者集团提供特殊的产品或服务。重点集中战略与其他两个基本的竞争战略不同，成本领先战略与差别化战略面向全行业，在整个行业的范围内进行活动；而重点集中战略则是围绕一个特定的目标进行密集型的生产经营活动，要求能够比竞争对手提供更为有效的服务。企业一旦选择了目标市场，便可以通过产品差别化或成本领先的方法，形成重点集中战略。就是说，采用重点集中型的战略的企业，基本上就是特殊的差别化或特殊的成本领先企业，由于这类企业的规模较小，采用重点集中战略的企业往往不能同时进行差别化和成本领先的方法。如果采用重点集中战略的企业要想实现成本领先，则可以在专用品或复杂产品上建立自己的成本优势，这类产品难以进行标准化生产，也就不容易形成生产上的规模经济效益，因此也难以具有经验曲线的优势。如果采用重点集中战略的企业要实现差别化，则可以运用所有差别化的方法去达到预期的目的，与差别化战略不同的是，采用重点集中战略的企业是在特定的目标市场中与实行差别化战略的企业进行竞争，而不在其他细分市场上与其竞争对手竞争。在这方面，重点集中的企业由于其市场面狭小，可以更好的了解市场和顾客，提供更好的产品与服务。

重点集中战略于其他竞争战略一样，可以防御行业中的各种竞争力量，使企业在本行业中获得高于一般水平的收益。这种战略可以用来防御替代品的威胁，也可以针对竞争对手最薄弱的环节采取行动。需要形成产品的差异化，或者在为该目标市场的专门服务中降低成本，形成低成本优势，或者兼优产品差异化和低成本的优势。在这种情况下，其竞争对手很难在目标市场上预制抗衡。这样，企业在竞争战略中成功的运用重点战略，就可以获得超过行业平均水平的收益。应当指出，企业实施重点集中战略，尽管能在其目标市场上保持一定的竞争优势，获得较高的市场份额。但由于其目标市场是相对狭小的，该企业的市场份额的总体水平是较低的。重点集中战略在获得市场份额方面有某些局限性。因此，企业选择重点集中战略时，应该产品获利能力和销售量之间进行权衡和取舍，有时还要在产品差别化和成本状况中进行权衡。

1）产品线集中化战略。对于产品开发和工艺装备成本偏高的行业，例如，汽车工业和飞机制造业，通常以产品线的某一部分作为经营重点；再如，日本汽车厂家一直将经营重点放在小型轿车生产和销售方面，并以小型汽车性能好、节省油、外观美、价格低的特点，打入美国和西欧市场，获得巨大的成功；再如，天津微型汽车制造厂面对进口轿车与合资企业生产轿车的竞争，将经营重心放在微型汽车上，凝聚成强大的战斗力。该厂生产“大发"微型客车和“夏利"型轿车，专门适用于城市狭小街道行驶，颇受出租汽车司机的青睐。

2）顾客集中化战略。将经营重心放在不同需求的顾客群上，是顾客集中化战略的主要特点。有的厂家以市场中高收入顾客为重点，产品集中供应注重最佳质量，而不计较价格高低的顾客。例如，手表业中的劳力士、时装业中的皮尔卡丹，体育用品业中的阿迪达斯、耐克、王子等产品，都是以高质高价为基础，对准高收入、高消费的顾客群。还有的厂家将产品集中在特定顾客群，如“金利来”领带和衬衣将重点消费对象对准有地位的男士公民，强调该产品是“男人的世界”。再如，美国一家公司针对大型化妆品公司忽略黑人公众产品偏好的特点，通过生产、销售适用于黑人消费者的护发及化妆用品，成功地运用了顾客集中化战略。此外，有的经销商专以用量庞大的顾客为重点，通过这种集中，求得规模经济；有的服装零售店，只为满足特体身材销售特大号服装。这些都是顾客集中化的范例。

3）地区集中化战略。划分细分市场，可以按地区为标准。如果一种产品能够按照特定地区的需要实行重点集中，也能获得竞争优势。例如，原天津自行车二厂生产加重自行车，该产品集中对准农村市场，从设计、耐用性、质量、价格各方面都以农村特点为依据，在农村市场十分畅销，被农民称为“不吃草的小毛驴”。此外，在经营地区有限的情况下，建立地区重点集中战略，也易于取得成本优势。如砖瓦、水泥、板材等建材企业，由于运输成本很高，将经营范围集中在一定地区之内是十分有利的。

同其他战略一样，集中化战略也能在本行业中获得高于一般水平的收益。主要表现在：①集中化战略便于集中使用整个企业的力量和资源，更好地服务于某一特定的目标。②将目标集中于特定的部分市场，企业可以更好地调查研究与产品有关的技术、市场、顾客以及竞争对手等各方面的情况，做到“知彼”。③战略目标集中明确，经济效果易于评价，战略管理过程也容易控制，从而带来管理上的简便。

企业在实施重点集中战略的时候，可能会面临以下风险：①以较宽的市场为目标的竞争者采用同样的重点集中战略，或者竞争对手从企业的目标市场中找到了可以再细分的市场，并以此为目标实施重点集中战略，从而使原来采用重点集中战略的企业失去优势。②由于技术进步、替代品的出现，价值观念的更新、消费者偏好变化等多方面的原因，目标市场与总体市场之间在产品或服务的需求差别变小，企业原来赖以形成重点集中战略的基础也就失掉了。③在较宽的范围经营的竞争对手与采取集中战略企业之间在成本上的差异日益扩大，抵消了企业为目标市场服务的成本优势，或抵消了通过重点集中战略而取得的产品差别化，导致重点集中战略的失败。

20.3.3 职能战略

企业的职能战略，则是为贯彻、实施和支持企业总体战略与企业竞争战略而在企业特定的职能领域制定的战略。企业职能战略的重点是提高企业资源的利用效率，使企业资源的利用效率最大化。在企业既定的战略条件之下，企业职能部门根据企业职能战略采取行动，保证企业战略目标的实现。与总体战略或竞争战略相比较，企业职能战略更为详细、具体。它是由一系列详细的方案和计划构成的，涉及企业经营管理的所有领域，包括财务、生产、销售、研究与开发、公共关系、采购、储运、人事等各个部门。实际上，企业职能战略是企业竞争战略的自然延伸，它使得企业的经营计划更有可能实现、充实与完善。

加强职能部门策略的制定工作，有助于企业总体战略的实施，是企业总体战略实施的重要环节，其重要性表现为以下三点：

1）职能部门策略是具体而丰富的，因而在企业总体战略中增加了实际的内容，明确了企业内部职能部门必须完成的工作，从而丰富、完善甚至发展了企业总体战略。

2）具体的职能部门策略是向企业高层管理人员阐明了各职能部门准备如何实施总体战略，可以增加高层管理人员实施与控制总体战略的信心。

3）具体职能部门的策略可以说明职能部门间相互依赖的战略关系，以及潜在的矛盾，有利于促进各职能部门间的协调，也有利于总体战略的实现。

职能部门的战略必须在市场营销、财务会计、研究开发、生产作业、人力资源开发等企业主要职能部门中制定，即制定出市场营销战略、财务投资战略、研究开发战略、生产战略以及人力资源开发战略等。由于各职能部门主要任务不同，不可能归纳出一般型战略。各职能部门的关键变量也是不同的，即使在同一部门里，关键变量的重要性也会因为经营条件的不同而不同，因此职能部门的策略必须分别加以制定。

20.4 企业战略实施与控制

> Plan is nothing，Planning is everything.
> Planning is nothing，Executing is everything.
>
> 任何变革都会面对持倡导、推动、支持、希望、观望、反对等不同心态的人群。战略的实施，必须消除既得利益者的影响，必须协调统一、齐心协力、保持高昂的斗志，才能把蓝图变成现实。

20.4.1 战略实施

1. 实施模式

战略实施的模式一般有五种类型：

（1）指挥型

这种模式主要运用严密的逻辑分析方法，重点考虑战略制定的问题。系统高层管理人员或者自己制定战略，或者指使战略计划人员去决定系统所要采取的战略行动。

（2）变革型

与指挥型模式相反。在这种模式中，系统高层管理人员重点研究如何在系统内实施战略。其任务是为有效地实施战略，设计适当的组织管理系统。为此，高层管理人员本人或在其他各方面的帮助下进行一系列的变革，如建立新的组织结构，新的信息系统，以增加战略成功的机会。

（3）合作型

在这种模式里，高层管理人员启发其他的管理人员运用头脑风暴法去考虑战略制定与实施的问题。管理人员可以充分发表自己的意见，提出各种不同的方案。这时，高层管理人员的角色是一个协调员，确保其他管理人员提出的意见都能够得到充分地讨论和调查研究。

（4）文化型

在这种模式里，负责战略制定和实施的高层管理人员，首先提出自己对系统使命的看法，然后鼓励系统基层人员根据系统使命去设计自己的工作活动。在这里，高层管理人员的角色就是指引总的方向，而在战略执行上则放手让每个人员做出自己的决策。

(5) 增长型

在这种模式里，系统高层管理人员鼓励中下层管理人员制定与实施自己的战略。这种模式与其他模式的区别在于，它不是自上而下地灌输系统战略，而是自下而上地提出战略，它集中了来自底层管理人员的经验和智慧，而高层管理人员只是在这些战略中做出自己的判断，并不将自己的意见强加在下级身上。

2. 实施方式

1) 在实施方式上面临着自己建造、合资、收购的选择。

2) 在资产连接的方式上，面临着另外三个类型的选择——全资、控股还是参股。

3) 在营销、生产、零配件的配套、培训、研究开发等各个经营和职能领域中，企业面临着三种类型的选择：①自我发展，即完全依靠自己的力量，独立自主，自我配套；②战略联盟，即在上述领域与其他企业，包括同行业的其他企业进行资产连接或者非资产连接方式的合作，在合作中学习进步；③战略性外购，即完全通过市场交易的方式从专业公司购买上述职能活动，目的是提高效率和降低成本，集中资源建立核心竞争力。

4) 企业在财务管理方面有若干的原则和政策上的选择。在融资决策方面：股票融资、负债融资。

5) 在资产结构方面：高负债、低负债。

3. 实施策略

(1) 战略实施阶段主要问题

1) 组织形式不适应战略实施；

2) 企业战略没有转化为员工自觉行动；

3) 各职能部门没有相应政策；

4) 企业缺乏对战略的不断检查与反思。

(2) 战略实施策略

1) 适应战略的组织调整：① 分析现有结构利弊；② 设计新型组织结构；③ 匹配职能、责任和权力；④ 选派关键岗位人员。

2) 经营战略实施的资源配置：① 人力资源分配；② 财力资源分配；③ 硬件资源分配。

3) 完善的战略运行机制：① 建立战略情报收集机制；② 成立企业战略制定机构；③ 建立企业战略定期评价机制。

4) 完善的管理机制：① 法人治理结构；② 考评薪酬机制；③ 竞争协同机制；④ 激励约束机制；⑤ 企业文化机制。

20.4.2 战略评价

1. 检查战略基础

1) 内部优势是否仍为优势？内部优势是否有所加强？如果是，体现在何处？

2) 内部弱点是否仍为弱点？是否又有了其他新的内部弱点？如果是，表现在何处？

3）外部机会是否仍为机会？是否有了新的外部机会？如果是，体现在何处？

4）外部威胁是否仍为外部威胁？是否有了新的外部威胁？如果是，体现在何处？

2. 度量企业绩效

(1) 定量比较

1）将公司不同时期的业绩比较；

2）将公司的业绩与竞争者的业绩比较；

3）将公司的业绩与产业平均水平比较。

(2) 定性比较

1）战略是否与企业内部情况相一致；

2）战略是否与企业外部环境相一致；

3）从可利用资源的角度看，战略是否恰当；

4）战略所涉及的风险程度是否可以接受；

5）战略实施的时间表是否恰当；

6）战略是否可行。

3. 评价标准

(1) 适用性（suitability）

是一种评估标准，用来评估所提出的战略对战略分析中所确定的组织情况的适应程度，以及它如何保持或改进组织的竞争地位。又有人把这个标准称为“一致性”。

1）战略完全利用了组织的优势和环境提供的机遇？

2）战略能解决战略分析发现的组织劣势和环境威胁到什么程度？

3）战略与组织目标一致吗？

(2) 可行性（feasibility）

分析是否能成功地实施该战略。

1）有资金支持？

2）能达到要求的经营水平吗？

3）能实现所必需的市场地位吗？具有所必需的营销技巧吗？

4）能处理竞争性活动吗？

5）管理能力和经营能力有保障吗？

6）有技术进行有效的竞争吗？

7）能获得所必需的材料和服务吗？

(3) 可接受性（acceptability）

这是一个很难的“领域”，因为可接受性与人们的期望密切相关。

1）从利润率的角度看组织的财务状况将会怎样？或成本/收益如何？

2）财务风险会怎样变化？

3）对资本结构产生怎样的影响？

4）所提出的变动都符合组织内的一般期望吗？

5）各部门、团体或个人的职能变化大吗？

6）组织与外部利害相关者的关系需要改变吗？

7）组织的环境接受这个战略吗？

20.4.3 战略控制

1. 战略控制时机

公司对战略目标可以滚动地实行“一年微调、两年中调、五年大调”。

（1）一年微调

就是根据公司在战略实施方面取得的进展、公司整体实力提高的程度以及外部环境发生的变化，结合年度经营计划，对战略目标实行一定程度的调整，使之更加切合公司内外部的实际。

（2）两年中调

是指公司在发展到一定阶段的时候，对公司战略、经营、管理和外部环境进行全面的分析研究，根据新情况调整公司发展战略，修正经营方针，为下一阶段的发展制定更为切合实际的战略目标和战略措施。

（3）五年大调

需要公司根据过去五年所取得的战略成果以及在实施战略目标过程中的经验教训，根据公司内外部环境的新特点和变化，重新审视公司的战略目标和战略措施，在实事求是和坚持创新原则的基础上，重新确认公司的战略规划，保证战略规划的稳定性、连续性和可变性。

2. 战略控制原则

- 领导与战略相适应；
- 组织与战略相适应；
- 执行计划与战略相适应；
- 资源分配与战略相适应；
- 企业文化与战略相适应；
- 企业要有战略控制的预警系统；
- 严格执行完整的奖惩制度。

3. 战略控制内容

◆ 业务控制	◆ 事前控制
◆ 财务控制	◆ 事后控制
◆ 结构控制	◆ 过程控制
◆ 权力控制	◆ 适时控制
◆ 目标控制	◆ 开放控制
◆ 预算控制	◆ 适度控制
◆ 审计控制	◆ 例外控制

4. 战略控制流程（图 20-9）

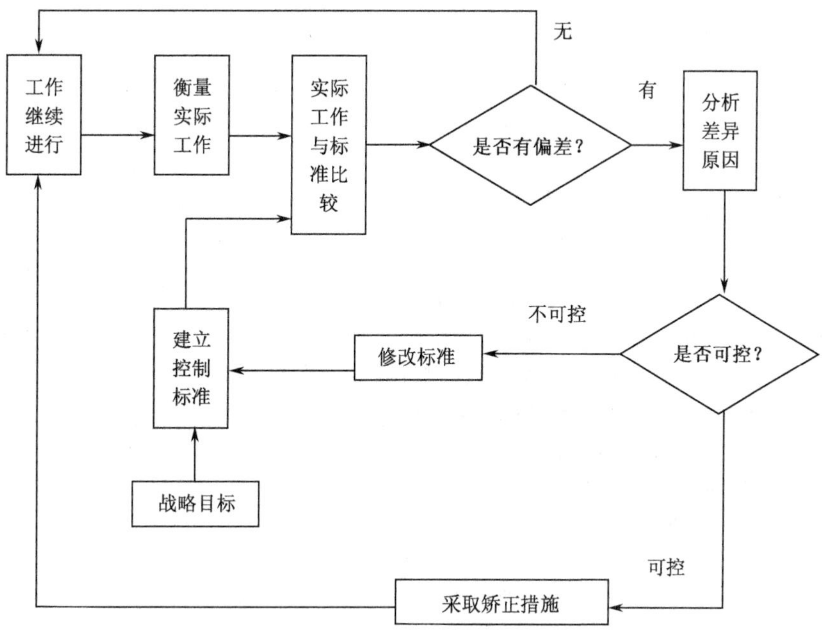

图 20-9　战略控制流程

主要参考书目

宝贡敏. 2001. 现代企业战略管理. 郑州：河南人民出版社
保罗·S. 麦耶斯主编. 1998. 知识管理与组织设计. 蒋惠工等译. 珠海：珠海出版社
北京交通大学发展战略研究所研究报告. 霍林河煤业集团人力资源战略
北京交通大学发展战略研究所研究报告. 上海新时达电气公司人力资源战略
崔介何. 2002. 企业物流. 北京：中国物资出版社
戴维·贝赞可，戴维·德雷诺夫，马克·尚利. 2005. 公司战略经济学. 武亚军译. 北京：北京大学出版社
方振邦. 2003. 绩效管理. 北京：中国人民大学出版社
盖勇，王怀明. 2003. 管理沟通. 济南：山东人民出版社
哈罗德·孔茨，海因茨·弗里克. 1993. 管理学（第9版）. 郝国华等译. 北京：经济科学出版社
亨利·明茨伯格，布鲁斯·阿尔斯特兰德，约瑟夫·兰佩尔. 2002. 战略历程——纵览战略管理学派. 刘瑞红，徐佳宾，郭武文译. 北京：机械工业出版社
侯贵松. 2002. 知识管理与创新. 北京：中国纺织出版社
胡巍. 2003. 管理沟通：原理与实践. 济南：山东人民出版社
加里·德斯勒. 2001. 人力资源管理. 北京：中国人民大学出版社
金吾伦. 2001. 知识管理——知识社会的新管理模式. 昆明：云南人民出版社
李长武. 1991. 近代西方管理思想史. 长春：吉林大学出版社
李培煊. 1999. 管理学. 北京：中国铁道出版社
李培煊. 2002. 管理学（第3版）. 北京：中国铁道出版社
李雪松. 2003. 企业财务管理咨询与诊断. 北京：中国经济出版社
理查德·L. 达夫特. 2004. 管理学. 北京：机械工业出版社
理查德·L. 达夫特，多萝西·马西克. 2005. 管理学原理（第4版）. 高增安，马永红等译. 北京：机械工业出版社
刘娥平. 2000. 现代企业财务管理（第3版）. 广州：中山大学出版社
卢家仪，蒋冀. 1997. 财务管理. 北京：清华大学出版社
孟祥茹，吕延昌，孙学琴. 2002. 现代物流管理. 北京：人民交通出版社
乔忠. 2003. 管理学. 北京：机械工业出版社
全国工商管理硕士入学考试研究中心. 2003. 2004年MBA联考管理考试辅导教材. 北京：机械工业出版社
芮明杰. 1999. 管理学：现代的观点. 上海：上海人民出版社
斯蒂芬·P. 罗宾斯. 1997. 管理学（第4版）. 黄卫伟译. 北京：中国人民大学出版社
孙耀君. 1999. 管理思想发展史. 太原：山西经济出版社
孙耀君，管维立. 1995. 西方管理学名著提要. 南昌：江西人民出版社
汤谷良，王华称. 2000. 企业财务管理学. 北京：经济科学出版社
托马斯·S. 贝特曼. 2001. 管理学：构建竞争优势（第4版）. 王雪莉译. 北京：北京大学出版社
王自勤，周晓敏，时永刚等. 2002. 现代物流管理. 北京：电子工业出版社
魏江. 2001. 管理沟通：理念与技能. 北京：科学出版社
翁心刚. 2002. 物流管理基础. 北京：中国物资出版社
徐国华等. 2003. 管理学. 北京：清华大学出版社
杨文士等. 2004. 管理学原理（第2版）. 北京：中国人民大学出版社
翟丽. 2001. 企业知识创新管理. 上海：复旦大学出版社
赵国杰，于海洋. 2000. 企业发展战略的选择. 天津：天津大学出版社
赵国忠. 2002. 财务报告分析. 北京：北京大学出版社

赵慧军．2003．管理沟通——理论·技能·实务．北京：首都经济贸易大学出版社
郑欲权．2000．企业财务管理学．广州：中山大学出版社
周三多等．2003．管理学——原理与方法（第3版）．上海：复旦大学出版社